本书是国家社会科学基金重大项目"正确处理经济平稳较快发展、调整经济结构、管理通胀预期的关系研究"（12&ZD038）最终研究成果

经济平稳较快发展、调整经济结构与管理通货膨胀预期的关系研究

张连城 等 著

Research on the Relationship among Steady and Rapid Economic Growth, Economic Structure Adjustment and Inflation Expectation

中国社会科学出版社

图书在版编目（CIP）数据

经济平稳较快发展、调整经济结构与管理通货膨胀预期的关系研究/张连城等著.—北京：中国社会科学出版社，2019.10
ISBN 978-7-5203-5228-4

Ⅰ.①经… Ⅱ.①张… Ⅲ.①中国经济—经济发展—研究②中国经济—经济结构调整—研究③通货膨胀—研究—中国 Ⅳ.①F12②F822.5

中国版本图书馆 CIP 数据核字（2019）第 216494 号

出 版 人	赵剑英
责任编辑	卢小生
责任校对	周晓东
责任印制	王　超

出　　版	中国社会科学出版社
社　　址	北京鼓楼西大街甲 158 号
邮　　编	100720
网　　址	http：//www.csspw.cn
发 行 部	010-84083685
门 市 部	010-84029450
经　　销	新华书店及其他书店
印　　刷	北京明恒达印务有限公司
装　　订	廊坊市广阳区广增装订厂
版　　次	2019 年 10 月第 1 版
印　　次	2019 年 10 月第 1 次印刷

开　　本	710×1000　1/16
印　　张	43
插　　页	2
字　　数	704 千字
定　　价	220.00 元

凡购买中国社会科学出版社图书，如有质量问题请与本社营销中心联系调换
电话：010-84083683
版权所有　侵权必究

前　言

本书是国家社会科学基金重大项目"正确处理经济平稳较快发展、调整经济结构、管理通货膨胀预期的关系研究"（12&ZD038）的最终研究成果。本项目自2012年9月立项以来，中国经济形势发生了巨大变化：经济从高速增长到"稳中向好、稳中有进"，再到"稳中有变、变中有忧"。客观上需要较长时间的观察和研究，才能较好地掌握经济的变动趋势。这是本项目到2018年才最终结项的主要原因。

本书共分为五篇二十四章。第一篇经济增长的阶段性特征与增长路径，重点讨论长期经济增长的阶段性特征和经济增长阶段转换的技术条件、经济条件和制度条件，试图揭示长期经济增长的规律性；同时，分析了结构性减速背景下提高潜在产出增长率、实现经济可持续增长的驱动因素，以及如何实现经济增长模式转型的路径；探索了制度安排和制度变革、知识技术阶层的再生产以及人力资本积累在经济可持续增长和跨越中等收入陷阱中的作用及途径。

第二篇经济波动与经济平稳增长，主要从短期增长角度探讨了经济周期性波动的规律性，分析了计划经济制度和市场经济制度下经济周期的形成机制及周期形成的微观基础，并试图在此基础上揭示经济周期形成的根源以及平抑经济波动和实现经济稳定增长与增加制度供给和制度安排的关系，并对经济增长的平稳性进行了实证分析。同时，揭示了中国对外贸易周期与经济周期的内在联系，探讨了外贸模式转型促进经济可持续增长的路径。

第三篇经济可持续增长与供给结构调整，首先，通过构建三部门结构变迁的动态一般均衡模型，揭示了中国经济增长过程中产业结构的变迁路径，并对中国未来经济增长路径和结构演进进行了动态模拟。其次，探讨了产业结构、产权结构、效率与经济增长的关系以及创新、技术引进与产业结构升级的关系；分析了服务业、金融业发展对产业结构和经济增长的影响，并尝试用替代弹性生产函数取代柯布—道格拉斯生产函数，引入行业中间投入价格弹性，在投入产出网络结构中刻画了各行业间的联动协同效果。

第四篇宏观经济稳定与需求结构演进，分析了不同经济发展阶段的需求结构特征和需求结构演进与经济稳定增长的关系；揭示了决定短期增长因素与决定长期增长趋势因素之间的内在联系；分析了中国总需求的变动趋势以及总需求与总供给的均衡对经济可持续增长的影响；同时对政府收支波动对经济增长的影响进行了实证分析。

第五篇通货膨胀与通货膨胀预期管理研究，实证分析了中国经济周期和价格波动周期的内在联系，分析了影响价格周期性波动的因素，揭示了管理通货膨胀预期与实现价格水平稳定的关系；讨论了新形势下居民通货膨胀预期的新特征对宏观经济政策以及经济增长、产业升级和结构变迁的影响，提出了基于结构性通货膨胀的预期管理政策建议；同时，分析了结构性减速背景下储蓄耗散对资产价格膨胀及隐性通货膨胀的影响；分析了同时出现通货膨胀率下降和资产价格增长率上升的机制及综合管理问题，并对异质性通货膨胀预期、现实通货膨胀形成与货币政策的关系进行了实证分析。此外，对跨越中等收入阶段的国际经验进行了比较分析。

众所周知，本项目所涉及的问题十分广泛，几乎涵盖了宏观经济学的大部分内容；同时，无论是从国内还是从国际角度看，宏观经济理论本身就存在很大的争议，存在众多经济学流派。此外，我国进入新的发展阶段以后，经济发展的趋势和经济政策的效应还有待于进一步观察。因此，本书的出版，在期待引起学术界兴趣的同时，也希望同行专家和读者对本课题成果的探索提出宝贵意见。

本项目得到了国家社会科学基金的资助；中国社会科学出版社经济与管理出版中心主任卢小生编审为本书的出版付出了辛勤的劳动；中国社会科学院经济研究所张平研究员、刘霞辉研究员、张自然研究员在研究过程中给予了大力帮助；《经济研究》《经济学动态》等杂志在阶段性研究成果发表方面给予了重要支持。本书是课题组成员共同研究的集体成果，首都经济贸易大学和中国社会科学院经济研究所的部分博士研究生也参与了资料收集、写作、编辑等工作，他们为此付出了艰辛的努力。在此一并表示衷心的感谢。

项目首席专家　张连城
2019 年 6 月

目　录

第一篇　经济增长的阶段性特征与增长路径

第一章　经济增长的阶段性特征与中国经济增长的路径 …………… 3
　　一　引言 …………………………………………………………… 4
　　二　经济增长的阶段性 …………………………………………… 5
　　三　跨越经济增长阶段的典型分析 ……………………………… 8
　　四　跨越经济增长阶段的技术条件、经济条件和制度条件 …… 12
　　五　中国经济增长进入过渡期和减速的必然性 ………………… 19
　　六　中国经济保持可持续较高增速的可能性和必要性 ………… 23
　　七　结论和启示 …………………………………………………… 26

第二章　中国经济可持续增长的驱动因素分析 ……………………… 30
　　一　引言 …………………………………………………………… 31
　　二　中国经济时变系数状态空间模型的设定 …………………… 33
　　三　潜在产出增长波动与产出缺口周期 ………………………… 39
　　四　潜在产出增长的动力机制 …………………………………… 52
　　五　全要素生产率增长的决定因素 ……………………………… 61
　　六　结论和建议 …………………………………………………… 68

第三章　结构性减速背景下提高潜在产出增长率的路径选择 ……… 75
　　一　引言 …………………………………………………………… 75
　　二　文献述评 ……………………………………………………… 77
　　三　研究方法与数据 ……………………………………………… 80
　　四　数据处理与测算结果 ………………………………………… 83

五　结论和政策建议 ………………………………………… 93

第四章　知识技术阶层再生产：效率和发展的一类等价命题 ……… 97

　　一　引言 ……………………………………………………… 97
　　二　等价性 …………………………………………………… 98
　　三　阶段性和转换 …………………………………………… 104
　　四　中国城市化过程中的现实问题 ………………………… 109

第五章　跨越中等收入陷阱的人力资本因素 ……………………… 113

　　一　引言 ……………………………………………………… 114
　　二　经济增长过程中人力资本积累和结构演变 …………… 116
　　三　不同国家或地区人力资本水平比较 …………………… 118
　　四　人力资本积累和产业结构变迁 ………………………… 122
　　五　日本和韩国经验对中国人力资本结构升级的启示 …… 131
　　六　中国人力资本发展与存在的问题 ……………………… 137
　　七　政策建议 ………………………………………………… 143

第六章　知识产权保护与中国经济增长相关性实证研究 …………… 147

　　一　引言 ……………………………………………………… 147
　　二　文献述评 ………………………………………………… 149
　　三　理论模型 ………………………………………………… 151
　　四　构建知识产权保护指数 ………………………………… 154
　　五　实证分析 ………………………………………………… 157
　　六　结论和政策建议 ………………………………………… 163

第二篇　经济波动与经济平稳增长

第七章　经济周期的根源、形成机制与稳定经济增长的制度安排 … 169

　　一　引言 ……………………………………………………… 170
　　二　经济周期具有客观性 …………………………………… 171
　　三　西方经济学和马克思主义经济学对经济周期的解释 … 174
　　四　社会主义计划经济条件下周期的根源和形成机制 …… 178

五　社会主义市场经济条件下周期的根源和形成机制 ………… 180
　　六　不同经济体制下经济周期的特征 ……………………………… 184
　　七　稳定经济增长的制度安排 ……………………………………… 188

第八章　中国对外贸易周期与经济周期 ……………………………… 192
　　一　引言 ……………………………………………………………… 193
　　二　经济周期与国际贸易周期 ……………………………………… 195
　　三　经济周期与中国对外贸易周期 ………………………………… 198
　　四　中国对外贸易周期与经济周期的关系：理论模型和
　　　　实证分析 ………………………………………………………… 207
　　五　结论和启示 ……………………………………………………… 228

第九章　中国经济增长的平稳性研究 ………………………………… 233
　　一　引言 ……………………………………………………………… 234
　　二　经济增长的平稳性 ……………………………………………… 234
　　三　未来经济增长潜力的来源 ……………………………………… 248
　　四　结论和对策建议 ………………………………………………… 255

第十章　短期经济波动如何影响长期增长
　　　　——来自中国省级层面的证据 ………………………………… 259
　　一　引言 ……………………………………………………………… 259
　　二　理论模型 ………………………………………………………… 264
　　三　计量模型和数据来源 …………………………………………… 266
　　四　计量结果和分析 ………………………………………………… 268
　　五　结论和政策建议 ………………………………………………… 275

第三篇　经济可持续增长与供给结构调整

第十一章　中国经济增长的产业结构变迁 …………………………… 283
　　一　引言 ……………………………………………………………… 283
　　二　典型化事实 ……………………………………………………… 285
　　三　基于结构变迁的经济增长模型 ………………………………… 289

  四 中国经济增长的未来校准和模拟 ························ 301
  五 结语和讨论 ··· 307

第十二章 产业结构、产权结构、效率与经济增长 ············ 311
  一 引言 ·· 312
  二 产业结构、效率与经济增长 ··································· 314
  三 产权结构、效率与经济增长 ··································· 330
  四 结论和启示 ··· 335

第十三章 自主创新、技术引进与产业结构升级
     ——基于外部性视角的省级面板数据的实证分析 ······ 339
  一 引言 ·· 339
  二 文献综述 ·· 340
  三 理论解释 ·· 343
  四 模型设定 ·· 344
  五 实证结果和稳健性检验 ··· 347
  六 政策建议 ·· 356

第十四章 金融业增加值与经济增长
     ——基于国际比较的研究 ······································ 358
  一 引言 ·· 358
  二 金融发展与经济增长相互促进的逻辑 ····················· 359
  三 主要国家金融业增加值占 GDP 比重的差异 ············ 360
  四 主要国家金融业增加值的波动 ······························· 364
  五 影响高质量金融发展的因素 ··································· 370
  六 中国金融业发展需要提质增效 ······························· 372
  七 政策建议 ·· 375

第四篇 宏观经济稳定与需求结构演进

第十五章 需求结构演进与宏观经济稳定增长 ··················· 381
  一 引言 ·· 382
  二 需求结构变迁与稳定经济增长的一般关系 ·············· 383

三　经济发展阶段与需求结构特征的关系 ………………………… 386
　　四　需求结构变迁路径与国际经验借鉴 …………………………… 391
　　五　中国需求结构特征分析 ………………………………………… 398
　　六　影响需求结构优化和升级的因素 ……………………………… 400
　　七　需求结构与宏观经济稳定增长关系实证分析 ………………… 408
　　八　结论和启示 ……………………………………………………… 412

第十六章　中国总需求的变动趋势与经济可持续增长 ………………… 416
　　一　引言 ……………………………………………………………… 416
　　二　总需求、总供给均衡与经济增长的关系 ……………………… 417
　　三　总需求增速变动趋势 …………………………………………… 420
　　四　三大需求结构及其对经济增长贡献的变化 …………………… 427
　　五　结论和政策建议 ………………………………………………… 438

第十七章　政府收支及其波动对经济增长的影响 ……………………… 441
　　一　引言 ……………………………………………………………… 441
　　二　研究方法和理论模型 …………………………………………… 445
　　三　实证分析 ………………………………………………………… 448
　　四　结论 ……………………………………………………………… 461

第五篇　通货膨胀与通货膨胀预期管理研究

第十八章　价格波动周期与经济周期
　　　　　——基于合成因子视角 ……………………………………… 469
　　一　引言 ……………………………………………………………… 470
　　二　经济波动周期分析 ……………………………………………… 470
　　三　价格波动周期分析 ……………………………………………… 490
　　四　价格波动的影响因素分析 ……………………………………… 503
　　五　经济波动周期与价格波动周期的相关分析 …………………… 511
　　六　结论和政策启示 ………………………………………………… 524

第十九章　结构变迁背景下的通货膨胀及其预期管理 ………………… 532
　　一　引言 ……………………………………………………………… 533

二　结构性通货膨胀机制与发展趋势 ················· 534
　　三　中国居民通货膨胀预期计算 ···················· 540
　　四　居民通货膨胀预期实证分析 ···················· 543
　　五　结构性通货膨胀及通货膨胀预期管理政策路径 ········· 548

第二十章　结构性减速过程中的储蓄耗散：假说与事实 ········ 552
　　一　引言 ··································· 552
　　二　工业化向城镇化转型以及城镇化时期储蓄变化的典型事实：
　　　　储蓄下降和收敛 ··························· 553
　　三　结构性减速与储蓄耗散假说的新的分析视角：两种
　　　　分化与耗散路径 ··························· 561
　　四　启示：中国的结构性减速与储蓄耗散趋势 ············ 567

第二十一章　结构性减速、通货膨胀与资产价格综合管理 ······ 571
　　一　引言 ··································· 571
　　二　典型化事实 ······························· 573
　　三　理论模型 ································ 575
　　四　资产价格泡沫的产生与发展 ···················· 577
　　五　中国结构性减速条件下的通货膨胀与资产泡沫 ········· 586
　　六　结语和启示 ······························· 588

**第二十二章　异质性通货膨胀预期、现实通货膨胀形成与
　　　　　　货币政策** ···························· 591
　　一　引言 ··································· 592
　　二　异质性预期与现实通货膨胀的动态关系 ············· 594
　　三　异质性通货膨胀预期对货币政策的影响 ············· 598
　　四　结论和政策建议 ···························· 602

第二十三章　杠杆调整和汇率脱钩
　　　　　　——我国宏观经济形势分析与展望 ············· 605
　　一　引言 ··································· 605
　　二　我国宏观经济运行的基本态势 ··················· 606
　　三　杠杆调整 ································ 612

四　强势美元周期和人民币汇率 …………………… 616

第二十四章　跨越中等收入阶段的国际经验比较 …………… 626

一　典型国家经济发展水平的划分及中等收入国家的
基本特征 ………………………………………… 627

二　跨越中等收入阶段国家（地区）和步入高收入国家行列的
经验分析 ………………………………………… 645

三　典型国家陷入中等收入陷阱的原因分析：
以拉美国家为例 ………………………………… 658

第一篇

经济增长的阶段性特征与增长路径

第一章　经济增长的阶段性特征与中国经济增长的路径*

　　任何一个国家经济增长的特征和路径都是同其经济增长的阶段性联系在一起的。依据经济规模和经济增长速度，可以把一个国家的经济增长划分为经济规模较小同时增长速度较低（A）、经济规模较小但增长速度较高（B）、经济规模较大但增长速度较低（C）以及经济规模较大同时增长速度较高（D）四个阶段。通过建立一个二维增长模型，一个国家的经济增长在长期中将有规律地按照 A、B、C、D 的顺序在坐标上走出一个"N"形的轨迹。任何一个国家要实现经济增长阶段的跨越，都需要具备一定的技术条件、经济条件和制度条件，是在技术、经济和制度因素的相互作用下实现的。当这些条件或基础发生实质性变化时，一个国家经济就会从一个阶段过渡到另一阶段。经济发达国家已经走完一个倒"V"形的增长路径，目前处于经济增长的 C 阶段，尚无任何一个国家实现了从 C 阶段到 D 阶段的跨越。中国的经济起飞即从 A 增长阶段到 B 增长阶段的飞跃，是以政府主导的工业化为技术条件、以大规模的要素投入为经济条件、以推进市场化取向的经济体制改革和社会主义市场经济制度的确立为制度条件的。目前，中国虽然仍处在经济增长的 B 阶段，但是，随着上述条件的变化，已经进入了从 B 增长阶段到 C 增长阶段的过渡期，因而呈现出供给侧结构性减速的态势。尽管中国的经济增长减速具有必然性，但依然具有保持经济可持续较快增长和高质量增长的潜力及必要性。为此，首先要继续深化以市场化为取向的经济体制改革；其次要实现经济增长模式从主要依靠要素投入的粗放型增长方式向主要依靠技术进步的集约型增长方式转换。此外，由于我国的工业化和

---

　　* 本章由张连城执笔。

城市化进程还没有结束，因此，还要继续推进新型工业化和城市化的进程。

一　引言

改革开放以来，中国经济经过 30 多年的快速发展，取得了举世瞩目的成就，不仅成功地跨越了贫困陷阱，实现了经济起飞，进入了中等收入国家的行列，而且一跃成为世界第二大经济体，创造出了"中国奇迹"。但是，自 2009 年以后，尤其是 2012 年以来，中国经济增长呈现出持续下降的态势。如何从理论上解释经济增长趋势的变化，认清中国当前所处的经济增长阶段及其特征，以及未来经济的发展趋势和增长路径，对于中国保持可持续的、较快的和高质量的经济增长具有十分重要的意义。

经济增长是人类社会经济发展的永恒主题，也是经济学研究的永恒主题。世界经济发展的历史表明，在不同的经济增长阶段，会有不同的因素对一个国家的经济增长起着主导作用，因而也就有不同的增长模式。探索经济增长从一个阶段到另一个阶段的演进规律，分析跨越经济增长阶段的技术条件、经济条件和制度条件，不仅可以在某种程度上丰富经济增长理论，也可以解释发达国家和发展中国家在经济增长速度和人均收入方面存在巨大差异的原因。同时，也为中国经济进入"新常态"构建理论基础，因而具有重要的理论意义和学术价值。

任何一个国家的经济增长，在不同时期都会呈现出不同的阶段特征，这是由该国的技术条件、经济条件和制度条件决定的。中国的经济起飞，是以政府主导的工业化为技术条件、以大规模的要素投入为经济条件、以推进市场化取向的经济体制改革和社会主义市场经济制度的确立为制度条件的。随着技术条件、经济条件和制度条件的变化，我国经济已经进入从经济高速增长但经济规模依然较小的 B 增长阶段到经济增长速度较低但人均收入规模较大的 C 增长阶段的过渡期，经济增长减速主要是供给侧结构性减速，这一进程具有客观必然性。

二 经济增长的阶段性

任何一个国家经济增长的特征都是同其经济增长的阶段性联系在一起的。美国著名经济史学家华尔特·惠特曼·罗斯托（Walt Whitman Rostow）在他的专著《经济成长的过程》（1951）、《经济增长的阶段》（1960）以及《政治和成长阶段》（1970）中把一个国家的经济增长分为六个阶段，即传统社会阶段、为起飞创造前提条件的阶段、起飞阶段、走向成熟阶段、大众消费阶段和超越大众消费（追求生活质量）阶段。在经济发展理论中，罗斯托的理论是最有代表性的经济增长阶段理论。罗斯托是一位史学家，他的经济成长阶段理论是在考察了世界经济发展的历史后提出的，因而是对已经过去的经济增长的一种历史性描述。我们注意到，罗斯托的经济成长理论中最初只包含五个阶段，后来又被他扩展为六个阶段。伴随经济社会的发展，人类社会肯定还会出现经济成长的第七个阶段以及更多的阶段，那么这第七个阶段和更多的阶段是什么？每个阶段又会有什么特征？显然，根据罗斯托的理论，我们无法做出合理的预测和判断。可见，罗斯托的经济成长阶段理论虽然对经济落后国家和地区的经济发展具有指导意义，但对经济发达国家的经济发展却没有多大参考价值。

针对罗斯托的经济成长阶段理论的缺陷，从 20 世纪 70 年代开始，美国产生了一批思考美国以及人类未来的著作，如阿尔文·托夫勒（Alvin Toffler）的《未来的冲击》（1970）和《第三次浪潮》（1980）以及约翰·奈斯比特（John Naisbitt）的《大趋势——改变我们生活的 10 个新方向》（1982）等，这些探索世界未来的著作都涉及信息革命或者信息社会的问题。例如，在《第三次浪潮》一书中，托夫勒将人类社会的发展划分为三个阶段：第一阶段为农业阶段，从约一万年前就已经开始了；第二阶段为工业阶段，从 17 世纪末开始；第三阶段为信息化（或者服务业）阶段，从 20 世纪 50 年代后期开始。哈佛大学霍利斯·钱纳里（Hollis B. Chenery, 1918－1994）利用第二次世界大战后发展中国家，特别是其中的 9 个准工业化国家或地区 1960—1980 年的历史资料，建立了多国模型，并把经济发展分为六个阶段：第一阶段是不发达经济阶段，产业结构以农业为主；第二阶段是工业化初期阶段，产业结构由以农业为主的传统结构逐步向以现代化工业为主的工业化结构转变，产业主要以劳动密集型产业为主；第三阶段是工业化中期阶段，制造业内部由轻型工业的迅速增长转向重型工业的迅速增长，即所谓的重化工业阶段，这一阶段产业大部分属于资本密集型产业；第四阶段是工业化后期阶段，这一阶段在第一产业和第二产业协调发展的同时；这一阶段第三产业开始由平稳增长转入持续高速增长，并成为区域经济增长的主要力量；第五阶段是后工业化社会阶段，制造业内部结构由以资本密集型产业为主导向以技术密集型产业为主导转换，同时实现了生活方式现代化；第六阶段是现代化社会，这一阶段第三产业开始分化，知识密集型产业开始从服务业中分离出来并占主导地位；人们的消费欲望呈现出多样性、多边性和追求个性。

上述对经济增长阶段性的探索虽然在不同程度上揭示了经济增长的阶段性特征，但大都是基于历史的描述，未能揭示出一个符合经济发展规律的逻辑思维。

刘霞辉（2003）曾经把经济增长分为马尔萨斯均衡（贫困陷阱）、工业革命、发展经济学中的赶超、卡尔多典型事实下的经济增长和新经济分叉五个阶段。在第五个阶段，经济增长速度有可能持续上行，也可能走下坡路。

实际上，我们可以从多个角度对经济增长进行阶段划分。从什么角度划分经济增长的阶段，取决于分析和研究问题的需要。由于本章我们所要分析的是影响经济增长的因素、经济增长的特征和经济增长的路径问题，因此，我们尝试从一个新的角度对经济增长的阶段进行划分，即依据一个国家或地区的经济增长速度和经济规模对经济增长进行阶段划分。

从影响长期经济增长的因素来看，生产要素的投入量、生产要素的使用效率以及制度因素对一个国家和地区经济增长的影响，会因为这三类因素作用的深度、广度的变化和三类因素组合的变化对一个经济体的经济增长速度和规模产生不同的影响，从而也会使经济增长呈现出阶段性的特征。

在不同的经济增长阶段，一个国家或地区即一个经济体的经济会有不同的经济增长速度，而不同的经济增长阶段和经济增长速度又是与一个经济体的经济规模联系在一起的。为了说明这个问题，我们可以设想一个坐标，用坐标的纵轴表示经济增长速度，横轴表示一个国家或地区的经济规模，坐标中的水平线和垂线分别代表一个国家或地区的经济从一个阶段进入另一个阶段的临界点，其中水平线代表一个国家或地区经济高增长和低增长的临界点，它可以用该国或地区的国内生产总值（GDP）或国民总收入（GNI）增长率的一定数值来表示。垂线代表一个国家或地区经济规模较大和经济规模较小的临界点，它可以用该国或地区的人均 GDP 或人均 GNI 的一定数值来表示。坐标中的 A、B、C、D 四个区间各代表一个国家或地区不同的经济增长阶段（见图 1-1）。

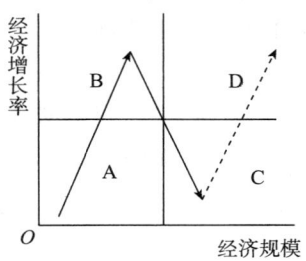

图 1-1 经济增长的阶段划分

在图 1-1 中，一个国家或地区的经济增长将按 A、B、C、D 的顺序走出"N"形路径，即是说，在初始阶段，任何一个国家或地区的经济一般都处在经济增长的 A 阶段。这时，不仅经济增长水平低，而且经济规模小。经济增长从 A 阶段越过坐标中的水平线过渡到 B 阶段，意味着一个国家或地区的经济从小规模、低速度增长阶段向经济高速增长但经济规模依然相对较小的阶段迈进，亦即表明一个国家或地区的经济实现了第一次起飞。当一个国家或地区实现了经济起飞进入经济增长的 B 阶段后，尽管经济规模的扩大仍具有相当大的空间，但经济的持续增长终将会达到规模经济的临界点，即坐标中的垂线附近。此时，经济增长速度将会逐步放缓，并最终使该国或地区的经济增长进入 C 阶段。C 阶段是经济规模较大但经济增长速度较低的增长阶段。当一个国家或地区的经济在 C 阶段得到了充分发展，然后从 C 阶段再次跃过坐标中的水平线而进入 D 阶段时，则标志着经济实现了第二次起飞，即进入了经济规模较大且增长速度较高的增长阶段。

这里需要说明的是，上述一个国家或地区经济发展四个阶段的划分是基于经验分析和理论假说得出的。但这种根据经济发达国家的经济实践和经验估计，水平线所代表的经济增长率（平均增长率或潜在产出增长率）约为6%；而垂线所表示的经济规模，应以一个国家或地区在特定技术水平条件下生产要素已得到充分利用为标志，实践中，可以用人均GDP或人均GNI达到一定的标准来表示。例如，根据世界银行在《东亚经济发展报告（2006）》中提出的衡量标准，人均GDP超过1万美元，是一个国家或地区从发展中状态进入发达状态的标志线。[1] 2016年，世界银行又将这一标准修订为人均GNI超过12736美元。因此，我们可以将人均GNI达到12736美元作为坐标中垂线的参考值，即作为从发展中状态进入发达状态的标准。

需要说明的是，由于国情不同，不同国家或地区在不同增长阶段停留的时间会有较大差异。同时，从无穷长的时间来看，一个国家或地区的经济增长可能会走出无数个"N"形，只是作为临界点的增长率和经济规模会有所不同而已。

三　跨越经济增长阶段的典型分析

如果上述理论假说能够成立，那么目前发达国家的经济增长大都已进入C阶段，即经济已具相当规模但经济增长率相对较低的阶段。而我国的经济增长则处于B阶段，即经济增长速度很高但经济规模依然相对较小的阶段。例如，据世界银行计算，2010年，主要发达国家的人均GNI按汇率折算都在4万美元左右，2016年，虽然差距有所拉大，但也都在3万美元以上。而我国2010年的人均GNI只有4260美元，2016年虽然上升到8264美元，但远远低于发达国家的人均GNI水平，仅相当于

---

[1] 目前，世界银行将世界各国或地区按年人均GNI划分为三组，即低收入、中等收入和高收入，并每年公布新调整的标准。2010年，低收入标准为年人均国民总收入1005美元及以下，中等收入标准为1006—12275美元，高收入标准为12276美元及以上。其中，在中等收入标准中，又划分为偏下中等收入和偏上中等收入，前者的标准为1006—3975美元，后者的标准为3976—12275美元。2016年世界银行又将中高收入标准的边界从12275美元调高到12736美元。

世界银行2016年规定的中高收入边界12736美元的65%。即是说，我国距离经济发达国家的水准还相去甚远。但是，如果从经济增长速度来看，中国从1978—2010年GDP平均增长率为9.8%，而发达国家的GDP增长率平均不到3%。

表1-1给出的是2010年和2016年中国与主要发达国家的经济规模和人均收入，表1-2给的是1980—2010年中国与发达国家经济增长率比较。

表1-1　　　中国与主要发达国家的经济规模和人均收入

国家	2010年		2016年	
	GNI（亿元）	人均GNI（元）	GNI（亿元）	人均GNI（元）
中国	57000	4260	113936	8264
美国	146008	47240	181535	56181
日本	53691	42130	48252	37995
德国	35372	43290	36094	43662
英国	23993	38560	27823	42390
法国	27498	42390	26058	38953
意大利	21258	35150	19141	31586

资料来源：世界银行官方网站（www.worldbank.org）。

表1-2　　　1980—2010年中国与发达国家经济增长率比较　　单位：%

国家	1980—1990年	1990—1998年	1990—2000年	2001—2010年
中国	10.2	11.1	10.3	10.5
美国	3.0	2.9	3.4	1.7
日本	4.0	1.3	1.3	0.9
德国	2.2	1.6	1.5	0.9
法国	2.3	1.5	1.7	1.1
英国	3.2	2.2	2.5	1.4
意大利	2.4	1.2	1.5	0.3
加拿大	3.3	2.2	2.9	1.9

资料来源：世界银行官方网站（www.worldbank.org）。

表1-1和表1-2的数据表明，发达国家目前均处在经济增长率较低但经济规模较大的C增长阶段，即是说，发达国家已经走完了"N"形

经济增长路径中的一个倒"V"形。我国自 1978 年以后就进入了经济增长的 B 阶段，经过 30 余年的高速发展以后，我国虽然仍处在经济增长速度较高但经济规模较小的 B 增长区间，但此后的分析可以证明，我国目前已经进入从 B 增长阶段到 C 增长阶段的下行期，或者称为过渡期。不过，过渡期并不是一个独立的增长阶段。

在图 1-2 中，横轴代表一个国家或地区的经济规模，用人均 GDP 来表示；纵轴表示一个国家或地区的 GDP 增长率。坐标中给出的每一个点都是某一年某一个国家或地区人均 GDP 和 GDP 增长率的组合点。坐标中不同形状的点分别是美国、英国和日本 GDP 增长率及人均 GDP 规模的散点图，图 1-2 中的 GDP 增长率是按 2005 年可比价格计算的，人均 GDP 是按购买力平价（PPP）折算的 2005 年不变美元价格。其中，美国和英国的散点图取自 1831—2008 年期间的数据，由于资料的可得性较差，日本的散点图取自 1956—2008 年期间的数据。①

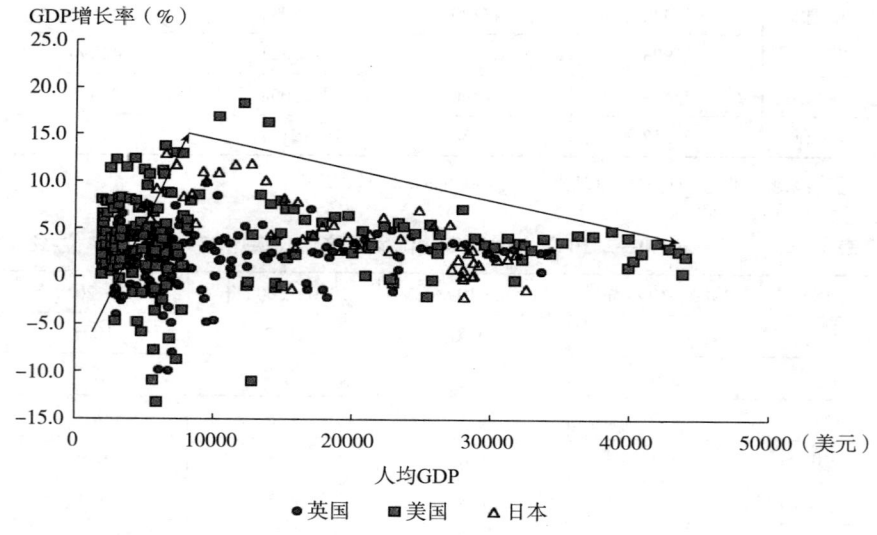

图 1-2　美国、英国和日本的 GDP 增长率和人均 GDP 规模

资料来源：www.measuringworth.org。②

---

①　由于选取不同的基年会对数据的计算结果产生一定的影响，因此，下文中引用的相同国家或地区的数据或结论与本节中的数据或结论有一定的差别。

②　该网站创办人是伊利诺伊大学芝加哥分校经济学教授劳伦斯·奥菲瑟和萨缪尔·威廉姆森（Lawrence H. Officer and Samuel H. Williamson）。

从图 1-2 的散点图来看，美国、英国和日本都已经完成了"N"形经济增长路径中的前两笔，即呈现出一个倒"V"形的增长路径。

从经济增长率和人均 GDP 的数据及其变动趋势来看，美国经济从 1934 年就已经运行在经济增长的 B 阶段，并且是运行在 B 阶段的波峰附近，这是毫无疑问的。因为 1934—1944 年，GDP 增长率超过 5% 的年份就有 10 年，超过 6% 的年份也有 9 年，只有 1938 年的 GDP 增长率低于 5%，为 -3.4%。在经济增长的 B 阶段，增长的波峰发生在 1941—1943 年。1941 年美国的经济增长率是 17.1%，人均 GDP 为 10240 美元，这是美国的人均 GDP 首次突破 1 万美元；1942 年的经济增长率最高，为 18.5%，人均 GDP 是 11999 美元；1943 年的经济增长率是 16.4%，人均 GDP 是 13771 美元。此前的 1939 年和 1940 年，美国的经济增长率分别是 8.8% 和 8.1%，人均 GDP 分别为 8188 美元和 8832 美元。此后，虽然美国的经济规模日益扩大，到 2008 年人均 GDP 已经达到 43714 美元，但 1967 年以后，经济增长率逐步下降。除 1972 年的经济增长率曾达到 7.2% 外，40 年间没有任何一年的经济增长率能够超过 6%，绝大多数年份的经济增长都在低位徘徊。这意味着美国经济从 20 世纪 70 年代开始，就已经进入了经济增长的 C 阶段。

英国经济起飞的时间可能比美国要早。但是，从经济增长率和人均 GDP 的数据及其变动趋势来看，英国经济运行在 B 增长阶段的波峰发生在 1940 年和 1941 年，1940 年的经济增长率是 10%，人均 GDP 是 9343 美元；1941 年的经济增长率是 8.6%，人均 GDP 是 10153 美元，这也是英国的人均 GDP 首次超过 1 万美元。此后，英国的经济规模虽然日益扩大，到 2008 年人均 GDP 已经达到 33518 美元，但经济增长率再也没有一年能够超过 5.5%。其中，经济增长率超过 5% 的年份只有两年，分别是 1960 年（5.3%）和 1964 年（5.5%），绝大多数年份的经济增长都在低位徘徊。可以认为，从 20 世纪 40 年代开始，英国的经济增长就已经进入了 C 阶段。

日本也有类似于美国和英国的情况。由于数据的可得性较差，我们只能说，日本从 20 世纪 50 年代中期就进入了经济增长的 B 阶段，并且一直持续到 1973 年。在长达近 20 年的时间里，日本的经济一直都在高位运行，在 1956—1973 年的 17 年中，超过 10% 经济增长率的年份就长达 8 年，低于 6% 增长率的年份只有两年，分别是 1965 年（5.7%）和 1971

年（4.4%）；经济增长速度最高的年份是 1968 年和 1969 年，GDP 增长率分别为 11.9% 和 12%，人均 GDP 分别是 11379.91 美元和 12614.45 美元。日本人均 GDP 首次超过 1 万美元的年份是 1967 年，这一年日本的人均 GDP 是 10215.26 美元，经济增长率是 11.1%。1973 年以后，日本人均 GDP 的规模虽然持续增长，并且在 2008 年达到了 32423.91 美元，但在经济增长速度上再也没有能够书写过去的辉煌，在 1974—2008 年的 30 多年中，只有两年的经济增长率超过 6%（1985 年 6.3%，1988 年 7.1%），还有 4 年的 GDP 增长率为 5%—6%，其他多数年份的经济增长率都在低位徘徊，其中 8 年的时间经济增长率都在 1% 以下。可以认为，从 20 世纪 70 年代中期开始，日本就已经进入了经济增长的 C 阶段。

毋庸讳言，到目前为止，尚没有任何一个发达国家从经济增长的 C 阶段进入到 D 阶段，但这不意味着在人类社会发展的过程中不存在第二次经济飞跃的可能性。事实上，只要具备了相应的技术条件、经济条件和制度条件，实现经济增长从 C 阶段到 D 阶段的跨越是可以实现的。

四 跨越经济增长阶段的技术条件、经济条件和制度条件

一个国家或地区的经济增长实现从 A 阶段到 B 阶段的飞跃，需要具备一定的技术条件、经济条件和制度条件。首先是技术条件或技术基础。只有当代表着一种新的生产力的科学技术出现并大规模地应用于社会生产，形成能够带动整个社会生产发展的新的产业之后，才有可能使一个国家或地区经济实现从 A 阶段到 B 阶段的飞跃。在这一过程中，科学技术的释放和与之相联系的产业规模和产业数量的扩张具有内在联系，因而通常会导致一个国家或地区经济的高速增长。但要实现这一点，还必须具备相应的经济条件和制度条件，若不具备相应的经济条件和制度条件，代表新的生产力的科学技术效应就无法大规模地扩散，新的产业就无法形成，经济就无法实现起飞。一个国家或地区的经济增长实现从 A 阶段到 B 阶段的飞跃，从历史上看，所必需的技术条件是工业化；所必需的经济条件是大规模的资本积累、劳动投入和自然资源投入，尤其是资本积累；所必须具备的制度条件或制度基础是市场经济制度的逐步确

立。实际上，工业化、资本积累和市场经济制度三者之间存在着互为因果的内在联系。如果没有工业化的发展，大规模的资本积累就没有存在的必要，当然，也不会有大规模的劳动和自然资源投入，更不会有现代市场经济制度的建立；而没有市场经济制度的建立，工业化的发展、支撑工业化进程的资本积累及其他生产要素的投入都会受到束缚和制约。另一个历史事实是：最初的工业化和资本主义市场经济制度的建立，都伴随着资本原始积累的过程、大量的产业后备军和对自然资源的大规模利用。显然，工业化、资本积累和其他要素的大规模投入与市场经济制度之间的关系反映了社会生产力和生产关系的矛盾运动。一个国家或地区经济从 A 阶段到 B 阶段的飞跃，正是在生产力和生产关系的矛盾运动中，在技术、经济、制度诸因素的相互作用下实现的。

从历史上看，西方经济发达国家的经济从 A 阶段到 B 阶段的飞跃，是以机器大工业的发展以及随之而来的工业化进程为先导和技术基础的，是在资本主义市场经济制度确立以后的一百年间完成的。资本主义市场经济制度的确立，不仅为发达国家的经济从 A 阶段到 B 阶段的飞跃创造了制度条件，也为其提供了资本积累和产业后备军这一重要的经济条件。例如，英国在 18 世纪 30 年代爆发了产业革命，直到 19 世纪 40 年代产业革命才基本完成，机器大工业开始占据统治地位；美国在 19 世纪 60 年代南北战争结束以后完成了产业革命，建立了现代工业体系。与产业革命相联系的是资本主义市场经济制度的确立和不断完善，以及资本的迅速积累过程。假如没有工业革命，英国、美国及其他经济发达国家就不可能有资本主义市场经济制度的建立和完善，也无须大规模的资本积累和产业后备军的存在。正是由于具备了上述技术条件、制度条件和经济条件，发达国家的经济才有可能进入经济增长的 B 阶段，实现了经济起飞。

我国经济增长从 A 阶段到 B 阶段的飞跃，是以工业化为先导和技术基础的，并且是以政府主导的"低成本快速工业化"为基础的；同时也是以大规模的要素投入为经济条件或经济基础的，并且是以廉价的资本、劳动和自然资源的投入为基础的；是以社会主义市场经济制度的逐步建立为制度条件或制度基础的。

从历史上看，我国的工业化始于 20 世纪 50 年代后期。在之后的 20 年间，我国实行的是典型的计划经济制度。在高度集权的计划经济制度下，为实现"赶超战略"的目标，政府集中了全社会的资源发展工业生产，1977 年的工业产出是 1956 年的 9.8 倍，占 GDP 的比重由 1956 年的 21.8% 上升到了 1977 年的 42.6%，但实际 GDP 只增长了 2.3 倍，人均 GDP 仅增长了 1.1 倍①，年均经济增长率未能超过 5.2%，潜在产出增长率甚至没有超过 5.0%。同时，这种在计划经济制度下由政府主导的优先发展重工业的工业化道路不可能带动城市化进程，二元经济结构始终占据统治地位。中国的经济实践证明，高度集权的计划经济制度难以实现经济增长从 A 阶段到 B 阶段的飞跃，实现真正的经济起飞。

实际上，我国的经济起飞是从改革开放以后开始的。中国的经济体制改革大体经历了三个阶段：第一阶段是 1978—1983 年，这是经济体制改革的起步期，经济体制逐步从典型的计划经济过渡到了"计划经济为主、市场调节为辅"阶段；第二阶段是 1984—1991 年，经济体制从"计划经济为主、市场调节为辅"过渡到了"公有制基础上有计划的商品经济"阶段；第三阶段始于 1992 年，这是社会主义市场经济体制确立的初始年。从那之后，中国的经济体制逐步踏上了以市场化为取向的改革期。社会主义市场经济体制的逐步建立和完善不仅为加速工业化提供了制度基础，也为我国的经济起飞创造了经济条件：多种所有制形式的现代企业制度的建立加速了企业自身资本积累的进程，同时，对外开放则加速了我国通过引进外资的形式进行资本积累的进程，还有一点不容忽视的事实是，大规模的资本投入不仅仅依靠企业的资本积累和引进外资，在很大程度上也是依靠政府集中资金来实现的：1979—2010 年，我国实际利用外资总额 12504.43 亿美元，在 1992—2010 年的 19 年间全社会固定资产投资总额 1389211.09 亿元，年平均增速 23.5%；劳动投入主要依赖于供给充裕且廉价的劳动力以及这一特定时期存在的劳动红利：1978—2009 年，中国人口数量净增加 3.7 亿，而就业人数也增加了近 3.6 亿。②此外，大规模的自然资源投入是建立在价格扭曲后的廉价自然资源投入的基础之上的。政府主导的市场经济体制为此提供了制度供给。这是我国经济迅速起飞的重要原因。

伴随着经济体制改革的全面推进和社会主义市场经济制度的建立以

---

① 根据《中国统计年鉴》的数据计算得出。
② 根据国家统计局官方网站、中国商务部官方网站、《中国统计年鉴》、世界银行数据库的数据计算得出。

及对外开放度的日益提高，我国实现了经济增长从 A 阶段到 B 阶段的飞跃。1978—2009 年，我国 GDP 年平均增长率为 9.91%，潜在产出增长率平均值为 9.9%，人均 GDP 增速为 8.8%。显而易见，1978 年以后，我国的经济已经稳步运行在经济增长的 B 阶段。

综上所述，加速工业化、大规模的资本积累和廉价生产要素的投入，以及社会主义市场经济制度的建立，不仅为我国经济起飞奠定了坚实的技术基础、经济基础和制度基础，同时也是我国实现经济起飞的直接动力。

图 1-1 显示，同其他经济增长阶段一样，B 阶段也是一个宽广的增长区间。因此，在一个国家或地区的经济进入 B 阶段以后，无论是增长速度还是经济规模，都具有较大的发展空间，也需要一个较长的时间。[①]但是，一个国家或地区的经济增长不可能永远处于 B 阶段。当一个国家或地区的经济规模达到一定水平，支持经济高速增长的动力消失以后，该国家或地区的经济就不可避免地从经济增长的 B 阶段进入 C 阶段。

经济增长之所以会从 B 阶段过渡到 C 阶段，从理论上说，这也是一个国家或地区的技术条件、经济条件和制度条件发生变化的结果。

第一，一个国家或地区实现经济起飞以及在 B 阶段的经济增长所依赖的阶段性技术终将进入后期，从而导致经济增长从 B 阶段过渡到 C 阶段。这首先是因为，按工业发展的自身规律，工业化本身就存在一个从初期到中期再到后期的发展过程。即使不断出现的技术进步，也无法阻止工业化这一自身发展规律的实现。在加速工业化的进程中，当经济规模的扩大实现了既定技术条件下的规模经济以后，若继续增加生产要素的投入，会导致规模收益递减。当一个国家或地区经济的增长到达规模经济的临界点，即图 1-1 坐标中的垂线附近时，经济增长就将不可避免地进入经济规模较大但经济增长速度较低的 C 阶段。

第二，伴随着经济在 B 阶段的高速增长，社会财富会不断增加。随着社会财富的急剧积累和与之相联系的供给能力的快速提高，相对于总供给而言的总需求对经济增长的约束会变得越来越显著，过剩资本会逐渐增多，这意味着资本积累对经济增长的推动作用将会递减以致逐渐消失，或者说，此时的经济增长已经不再主要依赖于资本积累。同时，伴

[①] 一个经济体在 B 增长阶段停留时间的长短，与一国的国情有关，一般而言，大国经济高增长的跑道要比小国更长。

随着经济在 B 阶段的高速增长，劳动力可能会由于人口自然增长率的下降而出现区域性短缺或结构性短缺，特别是劳动力成本将会伴随经济的高增长而逐渐上升，这意味着劳动投入对经济增长的推动作用也将递减。此外，工业化所赖以发展的生产要素的供给不可能是无限的。伴随着经济的高速增长，经济规模会越来越大，而支撑规模越来越大的粗放的经济增长所需要投入的自然资源会越来越多，这种以指数形式增长的对资源的需求是任何一个国家或地区都无法永远满足的，即使是在完全开放的经济条件下，世界经济资源也难以永久支撑一个国家或地区经济的持续高速增长，自然资源的价格会不断被推高。同时，与加速工业化相联系的环境的不断恶化，也是一个不容忽视的制约经济高速增长的重要因素。上述因素的出现，对高速增长的经济会不可避免地形成有效约束。美国经济学家德内拉·梅多斯等在《增长的极限》一书中说："增长并不必然导致崩溃；但是，如果增长导致了过冲、导致需求的扩张超出了地球资源所能维持的水平时，崩溃必然随之而来。"①

第三，既定的制度因素对经济增长的推动作用不是无限的。一般而言，某一种特定的经济制度只是与某一特定的技术基础和经济基础相适应的。当建立在某一特定技术基础和经济基础之上的经济制度的红利消失以后，其对经济增长的推动效应会变得越来越不显著，对经济增长的贡献将显现出递减的趋势，甚至还有可能成为经济发展的桎梏。制度因素对经济增长的阻碍作用可能是通过多种途径传导的：一是制度本身作为一个独立变量对经济增长直接构成约束，例如，与经济进一步发展不相适应的产权制度安排以及不能对生产性活动形成持续激励的金融制度、税收制度等；二是通过生产要素的配置效率影响经济增长。某些制度安排在一定的经济增长阶段对经济发展是适应的，因而对经济增长起促进作用，但当经济增长进入一个新的阶段后，固有的制度安排就可能对经济增长起阻碍作用。马克思曾在《〈政治经济学批判〉序言》中指出："人们在自己生活的社会生产中发生一定的、必然的、不以他们的意志为转移的关系，即同他们的物质生产力的一定发展阶段相适合的生产关系。这些生产关系的总和构成社会的经济结构，即有法律的和政治的上层建筑竖立其上并有一定的社会意识形式与之相适应的现实基础。物质生活

---

① 德内拉·梅多斯等：《增长的极限》，机械工业出版社 2013 年版。

的生产方式制约着整个社会生活、政治生活和精神生活的过程。不是人们的意识决定人们的存在，相反，是人们的社会存在决定人们的意识。社会的物质生产力发展到一定阶段，便同它们一直在其中运动的现存生产关系或财产关系（这只是生产关系的法律用语）发生矛盾。于是这些关系便由生产力的发展形式变成生产力的桎梏。那时社会革命的时代就到来了。随着经济基础的变更，全部庞大的上层建筑也或慢或快地发生变革。"[1]

目前世界上现存的市场经济制度以及成千上万人聚集在一起从事共同劳动的企业制度，是与机器大工业的技术基础相适应的。一旦工业化进程终结并被信息产业或其他新兴产业取而代之，无论是现存的市场经济制度还是企业制度，如果不发生变革，也必将成为经济增长的桎梏。目前，发达国家的工业化已经进入后期，大规模的资本积累和要素投入已经不再是推动这些国家经济持续高增长的决定因素，现存的市场经济制度不仅没有能够继续发挥推动经济高速增长的作用，而且还时常暴露出许多弊端，这些弊端常常会引发新一轮的经济危机，或者很难使经济发达国家从危机中自拔。这就是既定的制度安排从推动经济增长的动力转变为经济发展桎梏的有力证明。

综上所述，当一个国家或地区的技术条件、经济条件和制度条件出现上述变化后，该国家或地区的经济就不可能再停留在经济高速增长的 B 阶段，而必然进入经济规模较大但经济增长速度较低的 C 阶段。

当然，也存在着另外一种可能性：如果经济增长模式不能实现成功的转变，经济不能实现可持续增长，就有可能落入中等收入陷阱，滞留在 B 阶段甚至重新回到经济增长的 A 阶段。即是说，一个国家或地区完成 B 阶段的高速增长后，面临着两种前途：或者进入经济发达国家的行列，或者落入中等收入陷阱。

一个国家或地区的经济进入经济增长的 C 阶段以后，尽管经济增长速度相对较低，但经济规模将会跃上一个新台阶。同时，虽然经济规模最终会到达既定技术条件下规模经济的边界，但并不意味着经济不再具有持续增长的潜力。实际上，同 B 阶段一样，C 阶段也是一个经济具有较大发展的区间，在这一阶段，不但经济规模会在技术进步的推动下继续扩大，而且经济增长速度也仍然具有较大的伸缩性。这就意味着，即

---

[1] 《马克思恩格斯选集》第二卷，人民出版社 2012 年版，第 3 页。

使是已经进入经济增长 C 阶段的发达国家，经济也不会是零增长。不过，处在经济增长 C 阶段的国家或地区，经济增长的主要动力大多来源于技术进步和创新，经济增长以集约型的增长方式而不是粗放型模式为主导，经济结构实现了升级。因此，经济增长从 B 阶段过渡到 C 阶段，不是经济发展和人类社会的退步，而是一种进步。在经济增长的 C 阶段，虽然经济增长率低一些，但人均国民收入迈上了一个新台阶，这意味着人们更加富裕并具有更高的福利水平，可以有更好的社会保障和医疗保健，可以享受到更好的教育，可以呼吸到更加清洁的空气，也意味着资源可以得到更有效的利用。总而言之，这是经济发展和社会进步必经的一个阶段。当然，如果经济增长能够从 C 阶段过渡到 D 阶段，那将使经济发展和人类社会进步更上一层楼。

根据图 1-1 的"N"形经济增长假说，已经处在经济增长 C 阶段的国家或地区有没有可能从 C 阶段进入经济规模较大且经济增长率较高的 D 阶段，实现第二次经济起飞呢？从理论上说，只要不出现世界末日，人类社会实现第二次经济飞跃是必然的，因为世界上任何事物的发展都是螺旋式上升的，经济的"N"形增长就体现了这一事物的发展规律，并且在人类社会漫长发展的未来，还会有无数个"N"形增长。但是，一个国家或地区的经济增长要实现从 C 阶段到 D 阶段的飞跃，即在较大经济规模的基础上再次实现高速经济增长，首先，需要科学技术的革命性变革，其标志是产生能够代替工业化的新的技术基础。构成这个新的技术基础的产业也应当像工业那样，不仅具有巨大的自我增值空间和能力，而且具有强大的带动效应，即能够改造传统产业（包括工业），并把传统产业提升到一个新的发展阶段的能力。其次，要实现经济增长从 C 阶段到 D 阶段的飞跃，还需要具备与新的技术基础相适应的经济条件和制度条件。显然，到目前为止，我们还没有看到有哪一个经济发达国家已经完全具备了上述条件，能够在不远的将来实现新的经济起飞。这意味着，无论是在经济发展的技术基础和经济基础方面，还是在制度变革方面，经济发达国家都面临着新的挑战。

不过，令人振奋的是，在后工业化时代，信息产业脱颖而出。信息产业似乎是可以代替工业从而构成经济实现第二次起飞即从经济增长的 C 阶段跨越到 D 阶段的技术基础，但目前这还只是一种猜测。因为信息产业的发展还不够充分，它只是刚刚展现出一缕曙光，还不具备把发达国家带入到经济增长 D 阶段的现实能力，并且信息产业能否担当人类社会实现经济第二次起飞的重任也不能给予肯定。更何况，与信息产业发展相适应的经济条件和制度条件究竟是什么，我们现在也还不得而知。但可以肯定的是，如果信息产业能够代替工业并构成实现经济第二次起飞的技术基础，那么，无论是现存的企业制度，还是经济制度，都将发生革命性的变革。显然，这需要时间。也正是由于这个原因，到目前为止，世界上还没有哪一个国家或地区能够进入经济增长的 D 阶段，更没有一个较大的国家或地区能够逾越经济增长的 B 阶段直接从经济增长的 A 阶段过渡到经济增长的 D 阶段。毕竟，经济发展和人类社会发展，从本质上说是一个自然而然的历史发展过程。正如马克思所说："无论哪一个社会形态，在它所能容纳的全部生产力发挥出来以前，是决不会灭亡的；而新的更高的生产关系，在它的物质存在条件在旧社会的胎胞里成熟以前，是决不会出现的。"[①] 从这个意义上说，"经济的社会形态的发展可以理解为一种自然史的过程"。[②]

五　中国经济增长进入过渡期和减速的必然性

从总体上看，目前中国经济仍然处在 B 增长阶段或 B 增长区间。但 2010 年以后经济增长率已经连续七年下降，并且从目前的发展趋势来看，在可预见的将来，中国已不再可能回到年均增长率近 10% 的超高速增长年代。即是说，中国经济目前虽然仍处于经济增长的 B 阶段，但已经进入从 B 阶段到 C 阶段的下行期，正在构筑一个倒"V"形的增长路径。

自 1956 年所有制改造完成之后到现在，仅从经济增长速度来看，大体可以分为三个时期：第一个时期是 1956—1977 年的典型计划经济时期，这个时期，GDP 平均增长率为 5.14%；第二个时期是实行改革开放的 1978—2009 年[③]，GDP 平均增长率高达 9.91%；第三个时期是 2010—

---

① 《马克思恩格斯选集》第二卷，人民出版社 2012 年版，第 3 页。
② 《马克思恩格斯文集》第五卷，人民出版社 2009 年版，第 10 页。
③ 2009 年第一季度经济增长率为 6.4%，是该轮经济周期的季度谷值。如果没有 4 万亿元刺激经济增长的政策冲击，2009 年将会完成本轮经济周期的筑底。因此，这一时期可以截至 2009 年。刺激经济增长计划于 2011 年结束后，中国经济进入了新常态。

2016 年，平均增长率为 7.68%。显然，在经济增长的三个时期，平均增长率呈现出了从低到高再下降的趋势。

与平均增长率相比，潜在产出增长率更能说明经济增长的阶段特征。1956—1977 年，潜在产出增长率在 1.97%—7.19% 之间变化，平均值只有 4.99%，其中，1960 年最低，1977 年最高；1978—2009 年，潜在产出增长率在 7.67%—10.95% 之间变化，平均值高达 9.90%，其中，1978 年最低，2005 年最高；2010—2016 年，潜在产出增长率在 6.39%—9.29% 之间变化，平均值下降到 7.79%，其中，2016 年最低，2010 年最高。图 1-3 中较平滑的潜在产出增长率曲线也显示出了 1956—2016 年经济增长速度从低到高再下降的趋势。①

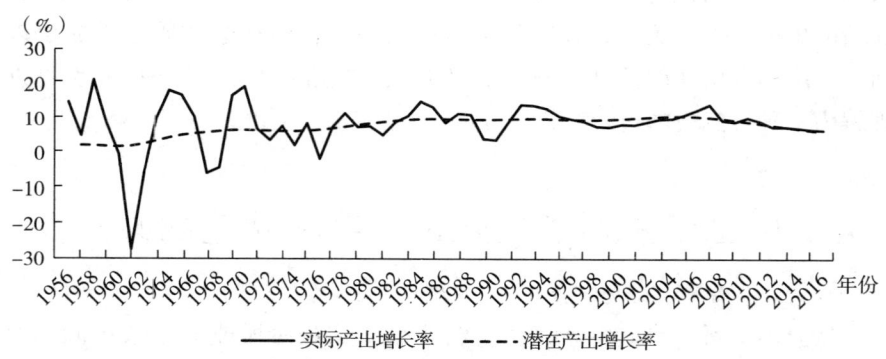

图 1-3 中国潜在产出增长率的变动趋势

资料来源：各年度实际经济增长率根据国家统计局网站数据计算得出。

潜在产出增长率的变化反映的是一个国家或地区经济资源被充分利用条件下生产能力的变化和长期经济增长趋势的走向。潜在产出增长率的持续下降无疑代表着长期增长趋势的下降。实际上，潜在产出增长率在 2005—2006 年达到高点以后就开始下滑，2010 年尤其是 2012 年以后开始加速下滑，目前正在刻画出一个倒"V"形或倒"U"形的增长路径，表明中国经济增长已经进入了从 A 阶段到 B 阶段的过渡期。观

---

① 平均增长率和潜在产出增长率根据 2016 年国家统计局调整后的数据计算。数据来源：国家统计局官网，http://www.stats.gov.cn。潜在产出增长率和图 1-1 中的潜在产出增长曲线用 HP 滤波方法得出。

察图1-3还可以发现,自2008年开始产出缺口就已经趋向封闭,只是2008年之后实施的4万亿元刺激经济增长的扩张性经济政策才使2008年之后的两年又呈现出一个产出正缺口,到2011年,产出缺口已经完全封闭。产出缺口测度的是经济波动对实际产出的影响,因此,不能再单纯用经济波动来解释近几年经济持续下行的走势,也就是说,中国近几年经济持续减速基本上属于趋势性下降。由于潜在产出增长趋势的变动主要取决于供给侧方面的因素,包括要素投入数量的变动、要素使用效率的变动即技术进步的状况以及制度供给。因此,对近几年经济持续下行的解释,首先应当从改变潜在产出增长趋势的因素中寻找答案。

第一,从支持经济增长的技术基础来看,中国的工业化进程总体上已经进入中后期,尤其是低成本加速工业化的进程已经基本结束;同时,与工业化相联系的城市化进程在2011年就已经达到50%,2016年更达到57.35%[1],这意味着,支持经济超高速增长的技术条件已经基本消失,尤其是在经济发达的东部地区。

第二,经过30多年的发展,支持中国经济高速增长的经济条件也发生了很大变化。

首先,从资本投入来看,随着老龄化程度的提高,储蓄率逐步下降,资本积累速度势必减缓,同时,根据城市化率与投资增长率的倒"U"形关系,在2011年中国的城市化率超过50%的情况下,中国资本存量增长率将会下降到10%以下。此外,随着资本积累规模的增大,资本边际报酬递减也是必然趋势。2010年以后,我国全社会固定资产增速出现了持续性的断崖式下跌,已从2009年的30%下降到2016年的8.1%,2017年更下降到7.2%。[2] 资本积累速度减缓和资本边际收益递减规律的双重作用必然导致资本投入对经济增长的贡献度下降。

其次,从劳动投入来看,20世纪80年代,我国大规模的工业化刚好与当时的人口结构提供的人口红利相重叠。1985—2007年,中国人口增长率为1.58%,2008—2015年下降到0.61%,2017年的人口自然增长率

---

[1] 历年《中国统计年鉴》。
[2] 国家统计局网站(http://www.stats.gov.cn)。

更进一步下降到0.532%,同时,随着人均收入水平的提高,富裕人群对闲暇追求倾向提高、低龄劳动人口受教育年限延长,都导致了劳动供给下降;加之独生子女成为劳动大军等原因,劳动参与率也出现显著下降趋势。1985—2007年,我国劳动参与率增长幅度为-0.07%,2008—2015年为-0.24%①,并且还有进一步下降的趋势。劳动供给的减少和劳动参与率的下降,使劳动红利消失殆尽,是经济增长速度下降的重要原因之一。事实上,2012年中国适龄劳动人口达到峰值后,劳动投入对GDP的贡献度也随之转为负值。更为重要的是,劳动力成本的大幅度上升,也对经济超高速增长形成有效约束。

最后,在过去30多年的经济发展历程中,大规模的资源投入为中国经济的高速增长做出了重要贡献。但是,伴随资本积累率和劳动投入的下降,廉价自然资源的大规模投入势头已经锐减,当前,我国资源型企业生产能力的大范围过剩和以"三去一降一补"为内容的"供给侧结构性改革"就是有力的证据。显然,这对经济的高速增长也产生了负面影响。事实上,我国过去30多年的高速经济增长主要是依靠要素投入的粗放型增长方式而不是主要依赖于技术进步的集约型增长方式推动的。然而,自2010年以来,随着经济规模的迅速扩大,这种粗放型的增长方式已经难以为继,同时也受到了环境的有效约束。

第三,从经济增长的制度基础来看,1978年中央提出并开始了经济体制改革的有益尝试,并逐步展开了以市场化为取向的经济体制改革,市场经济制度的逐步确立,为中国高速经济增长提供了制度基础。但是,经过30多年的高速增长,"制度红利"已经消失殆尽,甚至不完善的市场经济体制在某些方面已经成为经济持续增长的障碍,而深化经济体制改革,发挥市场机制在资源配置中决定性作用的改革路程又举步维艰。显然,现存体制对经济高速增长也形成了有效约束。

综上所述,经过30多年的超高速增长,中国经济进入了从B增长阶段到C增长阶段的过渡期已经不可避免。

---

① 中国经济增长前沿课题组:《中国经济转型与十三五展望》,《经济蓝皮书(夏季号)——中国经济增长报告(2014—2015)》,社会科学文献出版社2015年版。

六 中国经济保持可持续较高增速的可能性和必要性

虽然中国经济目前已经进入过渡期，但并不意味着近几年中国经济增长的速度会下降到经济发达国家的水平，如果我们能够成功地推进以市场化为取向的经济体制改革和转变经济增长模式，在可预见的未来十年左右，中国的潜在产出增长率仍有可能保持在6%以上。

（一）中国保持经济较高增速的可能性

一个国家或地区的经济在任何一个经济增长阶段的运行都会持续一定的时间。一般而言，经济增长运行在起飞之前的 A 增长阶段和 C 增长阶段的时间会相对长一些，因为经济起飞需要从技术、经济、制度等方面积聚足够的能量，并且需要制度的变革和创新，显然，这是一个质的飞跃，在短时间内是不可能完成的。相对而言，一个国家或地区的经济停留在经济增长 B 阶段的时间会短一些，因为 B 增长阶段是经济起飞后增长能量的进一步释放，一般而言，能量释放期会短于能量积聚期，并且持续的高增长会受到许多条件的约束。

实际上，一个国家或地区的经济增长在 B 阶段究竟能够停留多长时间，会依各国的不同国情而有所差异。从历史上看，发达国家的经济运行在经济增长 B 阶段的时间在 10—20 年，而我国从 1978 年算起，到 2010 年已经持续高增长 32 年了，即使从 1992 年算起，也已经近 20 年了。显然，人们普遍关心的一个问题是：中国在 B 阶段的经济增长亦即较高的增长速度还有可能持续下去吗？

从我国的客观条件来看，在未来十年左右，甚至更长的时间内，实现可持续的、较快的和高质量的增长还是可能的。

第一，与经济发达国家不同，我国的工业化以及与之相联系的城市化进程尚未结束，并且发展极不平衡。虽然沿海一些经济发达地区已经进入了工业化后期，但我国广袤的中西部地区的工业化和城市化进程仍然处在中期阶段。工业化和城市化是推动经济高速增长的主要动力，只要我们采取有力措施，继续推进新型工业化和城市化，实现经济可持续的较高增长速度是可能的。

第二,我国经济经过30多年的高增长,已经积累了巨额财富。与30多年前相比,资本积累虽然已经不再是严重制约经济增长的"瓶颈",但缺乏资源的有效配置。例如,对我国GDP贡献了60%以上的中小企业,目前依然遇到了严重的资金约束。在这种情况下,政府只要放松金融机构准入管制,有效地推进普惠金融,使非公企业和中小企业获得低成本的资金支持,就能为我国的经济增长注入新的活力。同时,只要我们继续扩大对外开放的力度,积极引进外资,保持经济较快增长速度和可持续增长是可能的。

第三,尽管我国的"人口红利期"已经结束,劳动供给和劳动参与率有所下降,并且劳动成本在不断升高,但作为一个人口大国,我国劳动力供给的绝对量依然庞大。同时,随着我国人口政策的调整,以及城市化还有进一步推进的空间,劳动供给还有较大的增长潜力。事实上,我国劳动供给的短缺是结构性的,只要大力加强职业教育和研发投入,增加人力资本积累,结构性劳动短缺的状况就会逐步缓解。此外,相对于经济发达国家,我国劳动力相对廉价的优势依然会保持一段较长的时间,这也是经济可持续增长的有利条件。

第四,如果考虑到我国是一个地域辽阔的大国,各地区经济发展很不平衡的实际情况,不但经济起飞的"跑道"要比中小国家长得多,而且按照增长极理论,经济发达地区的率先发展对落后地区的带动效应会使我国经济在长时期内出现此起彼伏的高速增长态势,这种态势使我国经济从总体上保持较长时期的高速增长成为可能。当然,要发挥中国的"大国"优势,制定特别是实施正确的经济发展战略是必不可少的,例如,在推进"一带一路"建设时,把推进"西部大开发战略"与之结合起来,就可以出现"东方不亮西方亮"的经济发展态势,从而推动中国经济以较快的速度实现可持续高增长。

第五,从经济增长方式来看,我国过去30多年的高增长,主要是依靠要素投入的粗放型增长方式实现的,在粗放型增长方式难以为继的情况下,必须加快从粗放型增长方式向以技术进步为主导的集约型增长方式转变。但时至今日,这种转变尚未成功。1985—2007年,我国经济增长中全要素生产率(TFP)的贡献接近30%,由于产业结构的变化和主要依靠"干中学"实现技术进步的潜力下降①，2008—2015 年 TFP 下降到 20% 。② 在这种情况下，依靠资本深化和知识积累、人力资本积累的内生技术进步就成为今后我国经济增长的主要推动力，而在这方面，我国有着非常广阔的发展空间。这也是经济增长从 B 阶段到 C 阶段的过渡期实现经济较快平稳增长，特别是实现高质量增长的主要路径。③

第六，从经济增长的制度基础来看，我国的市场化程度还不是很高，经济体制也很不完善，通过制度变革和创新推动经济较快增长的潜力尚具有广阔的空间。如果我们继续深入推进市场化取向的经济体制改革，增加制度供给，进一步完善包括产权制度、金融体制、税收体制等在内的社会主义市场经济体制，那么制度变革和制度创新的效应就会继续得到释放，从而实现经济的可持续增长。

但是，毋庸讳言，同经济发达国家一样，当代表某种生产力水平的技术基础以及与之相联系的经济基础、制度基础的效应得到充分释放以后，中国的经济增长就将步入经济规模较大但经济增长率相对较低的 C 阶段。尽管从 B 阶段到 C 阶段的过渡具有渐进性，但作为经济发展的一般趋势，这种过渡是不可避免的。我们所要争取的是：当经济进入 C 增长阶段即进入低增长区间时，中国已经跻身于经济发达国家的行列。

（二）中国当前保持经济较快增长的必要性

一种观点认为，与发达国家相比，目前我国的经济增长速度虽然已经下降到 7% 以下，但与发达国家相比，依然是"风景这边独好"。

其实，我国现阶段的经济增长速度，与经济发达国家并无可比性。从前述分析可以看出，经济增长速度的高低，在不同的经济增长阶段应有不同的内涵：处在 B 增长阶段的国家，例如我国，如果经济增长率低于 6%，相对于 B 阶段经济发展的需要和经济增长潜力来说，就应被视为低增长；而处在 C 阶段的国家，例如美国，其经济增长率若能接近 6% 甚至接近 5%，相对于处在 C 阶段的客观限制和美国的经济增长潜力来看，就应被视为高增长。原因应该不言自明：处在不同增长阶段国家的生产

---

① 我国过去 30 多年的技术进步在很大程度上是通过引进先进技术和设备从而通过"干中学"实现的。

② 中国经济增长前沿课题组：《中国经济转型与十三五展望》，《经济蓝皮书（夏季号）——中国经济增长报告（2014—2015）》，社会科学文献出版社 2015 年版。

③ 高质量增长应建立在经济成功转型和居民可支配收入及福利水平不断提高的基础之上。

潜力和人均经济收入具有较大差异。假如中美两国经济均增长6%，美国的劳动力就会出现极度短缺，并伴随严重的通货膨胀；而我国经济增长的潜力则得不到充分的发挥，生产能力会出现严重过剩，失业率迅速上升，居民收入增长率也会有较大幅度下降。由此引起的问题是：伴随居民收入增长率的下降，有效需求会出现不足并导致经济增长不可持续。2017年，我国的人口自然增长率虽然只有0.532%，但是，由于人口基数大，依然增加了737万人；[①] 同时，由于我国总体上尚处在城市化进程之中，因此，在未来若干年中，若不能保持较高的经济增长速度，就难以吸纳新增劳动力就业，并有可能阻断城市化进程。显然，就业的巨大压力和城市化进程的推进也迫使我国必须保持较快的可持续的经济增长速度，否则就不利于社会的稳定。

目前，我国尚处于中等收入国家。2016年，根据世界银行统计，我国人均国民总收入（GNI）为8264美元，与世界银行公布的2016年从发展中国家进入发达国家的人均GNI标准12736美元相比还有较大距离。如果不能保持可持续的较快的经济增长速度，中国跌入中等收入陷阱也不是不可能的。

因此，在从经济增长B阶段到C阶段的过渡期，必须避免经济增长速度的过快下滑。实际上，只要较高的经济增长速度不至于导致严重的环境污染，不至于导致经济过热和通货膨胀，不至于导致经济总量和经济结构的严重失衡；只要经济的高速增长不是昙花一现，而是能够持续发展，那么这种较高增长速度就应当是合理的和可以接受的。如果我们能够把握住机会，使我国的经济在未来十年中保持较高的增长态势，中国就会在不远的将来跻身世界经济强国的行列。相反，如果不能认清中国经济目前所处的位置，采取经济保守主义的政策和措施，就会坐失良机，并把改革开放所带来的大好形势和发展机会丧失殆尽。

七 结论和启示

任何一个国家或地区的经济增长，在不同的时期都会呈现出不同的

---

① 《中华人民共和国2017年国民经济和社会发展统计公报》，《中国统计》2018年第3期。

阶段特征，这是由该国的技术条件、经济条件和制度条件决定的。我国的经济起飞即从 A 增长阶段到 B 增长阶段的飞跃，是以工业化为技术条件、以大规模的要素投入为经济条件、以推进市场化取向的经济体制改革和社会主义市场经济制度的确立为制度条件的。当前，我国虽然仍处于经济高速增长但经济规模较小的 B 增长阶段，但已经进入了从经济增长的 B 阶段到 C 阶段的过渡期，经济增长减速属于供给侧结构性减速，这一进程具有客观必然性。

从我国当前的技术条件、经济条件和制度条件来看，保持经济可持续较快增长和高质量增长，既有可能性，也有必要性。在经济增长从 B 阶段到 C 阶段的过渡期，必须避免经济增长速度的过快下滑，保持可持续的较快的增长速度，才有可能跨越中等收入陷阱，跻身世界强国的行列。

但是，要保持经济可持续的较快增长和高质量增长，首先要继续深化以市场化为取向的经济体制改革，让市场机制在资源配置中真正发挥决定性作用。同时要转变和完善政府职能，为经济可持续较快增长和高质量增长提供制度供给。其次要通过资本深化和知识积累、人力资本积累的内生技术进步，实现经济增长模式从主要依靠要素投入的粗放型增长方式向主要依靠技术进步的集约型增长方式转换，实现供给侧的结构性转变，这是实现高质量经济增长的核心和基本动力。此外，由于我国的工业化和城市化进程在客观上还没有结束，因此，我们不能因为环境污染而中断工业化进程，也不能因为大城市人口密度过大而终止城市化进程，正确的选择应当是推进新型工业化和城镇化的进程。考虑到我国地区经济发展很不均衡的现状，特别要注重推进中西部地区的新型工业化和城镇化进程，这也是实现经济可持续较快增长的基本动力和实现地区经济均衡的发展战略与关键举措。

参考文献

[1]《马克思恩格斯选集》第二卷，人民出版社 2012 年版。
[2]［美］阿尔文·托夫勒：《第三次浪潮》，生活·读书·新知三联书店 1983 年版。
[3]［美］阿尔文·托夫勒：《未来冲击》，中信出版社 2006 年版。
[4]［美］阿瑟·刘易斯：《经济增长理论》，商务印书馆 1999 年版。

[5] [美] 道格拉斯·诺斯、罗伯斯·托马斯：《西方世界的兴起》，华夏出版社2009年版。

[6] [美] 德内拉·梅多斯等：《增长的极限》，机械工业出版社2016年版。

[7] [美] 丹尼森：《美国经济增长的核算：1929—1969年》，布鲁金斯研究所1974年版。

[8] [美] 罗伯特·J. 巴罗、哈维尔·萨拉依马丁：《经济增长》，中国社会科学出版社2000年版。

[9] [美] W. W. 罗斯托：《经济增长的阶段：非共产党宣言》，中国社会科学出版社2001年版。

[10] [美] 罗伯特·M. 索洛等：《经济增长因素分析》，商务印书馆1999年版。

[11] 刘霞辉：《论中国经济的长期增长》，《经济研究》2003年第5期。

[12] [美] 西蒙·库兹涅茨：《各国的经济增长》，商务印书馆1999年版。

[13] [美] 约瑟夫·熊彼特：《经济发展理论》，商务印书馆1990年版。

[14] 中国经济增长前沿课题组：《中国经济转型与十三五展望》，《经济蓝皮书（夏季号）——中国经济增长报告（2014—2015）》，社会科学文献出版社2015年版。

[15] 张连城：《论经济增长的阶段性与中国经济增长的适度区间》，《管理世界》1999年第1期。

[16] Ahlerup, P., Olsson, O. and Yanagizawa, D., "Social Capital vs Institutions in the Growth Process", *European Journal of Political Economy*, Vol. 25, No. 1, 2009.

[17] Auty, R. ed., *Resource Abundance and Economic Development*, Oxford: Oxford University Press, 2001, p. 340.

[18] Beugelsdik, S. and Schaik, T. V., "Social Capital and Growth in European Regions: An Empirical Test", *European of Journal of Political Economy*, Vol. 21, No. 2, 2005.

[19] Gylfason Thorvaldur, "Natural Resources, Education, and Economic Development", *European Economic Review*, Vol. 45, No. 42001.

[20] IMF, World Economic Outlook Database, *World Investment Report* 2004, United Nations, 2006.

[21] Krugman, P., "The Myth of Asia's Miracle", *Foreign Affairs*, Vol. 73, No. 6, 1994.

[22] Mikael Apel, Per Jansson, "System Estimates of Potential Output and the NAIRU", *Empirical Economics*, Vol. 24, No. 3, 1999.

[23] Robert Merton Solow, "Technical Change and Aggregate Production Function", *Review of Economics and Statistics*, Vol. 39, No. 3, 1957.

第二章　中国经济可持续增长的驱动因素分析*

　　本章构建了一个时变系数多变量状态空间模型，在传统状态空间模型中加入政策变量和国际联系的外生影响，并放松系统参数恒定的典型约束以体现中国经济渐进式转型的特点。该模型是非线性的，特别是时变系数与不可观测变量的乘积形式使标准的卡尔曼滤波失效；本章使用扩展的卡尔曼滤波法估计模型，得到中国经济潜在产出增长和产出缺口的估算，从数据特征上识别和定义中国经济的"新常态"。基于总体经济和三次产业的增长核算，从资本、劳动和全要素生产率（TFP）增长率趋势率上分析潜在产出增长的动力机制，从三个因子的贡献度上判断经济增长方式的阶段变化；通过回归分析，从制度变迁、技术进步、人力资本和对创新性风险的激励四个指标探索全要素生产率增长的决定。研究发现：产出负缺口经常由外部需求冲击引发，需求管理政策回应冲击的力度不当造成缺口交替反复；需求面的外部冲击及政策刺激不能改变潜在产出增长的运行方向，单一投资式刺激方式不断积累着供给侧的结构问题；2011年以来经济的周期性特征不明显，结构性减速的实质是潜在产出增长的放缓。潜在产出增长的波动方向基本受 TFP 增长支配，而长期以来拉动增长的资本投入是粗放的、与 TFP 对立的；技术进步、人力资本配置优化和对冒险精神的激励都能够解释 TFP 的增长，但制度变迁是关键因素；中国经济目前已进入向集约型、创新型增长转变的重要阶段，应当转变旧有的粗放型投资拉动模式，以适当的制度安排激励技术进步和人力资本配置优化，使 TFP 走向良性增长、惯性增长的轨迹，成为增长的主导力量。

---

* 本章由张连城、任光宇执笔。

一 引言

从1992年党的十四大提出建立社会主义市场经济体制的改革目标算起，中国的经济体制改革已经持续了25年，高增长是瞩目的亮点：中国GDP的年平均增长率约为10%，远高于西方发达国家2%—3%的水平。近年来，中国经济增长降速令世界忧虑，是否会从此走向下降通道以及对就业市场的冲击和经济结构调整的影响，都是经济学术界热议的话题。在一片"保八"的呼声中，2012年中国经济增长率从2011年的9.3%下降到7.7%，2013年继续维持在7.7%的水平。在推动"双创"和对"保七"充满信心的情况下，2015年GDP仅实现了6.9%的增长。"十三五"时期，经济年均增长目标是保住6.5%的底线。但要素成本的上升、人口红利的下降、环境污染对工业生产的限制等因素使人们担忧处于低谷的中国经济的未来走向。

中国经济体制改革的突出特点是渐进式转型，即在计划经济体制的基础上逐渐引入市场机制因素，实现经济体制转型。这包括与国外经济体联系程度的加强、国有经济所占比重的降低、民营经济和外资企业的壮大、商品价格逐渐放开由市场决定等。因此，在中国经济模型的设定中，动态化主要经济变量的关联才能较准确地刻画这25年的中国经济变革特征。本章的研究由递进深入的三个层次构成。首先，建立了具有时变系数状态空间的宏观经济模型，从模型估计中得到潜在产出增长和产出缺口。我们在模型中加入了宏观经济政策变量，考察政府需求管理政策在经济运行中的作用，同时借鉴过去的经验，以正确看待中国政府在经济调整期应起的作用，启示未来。其次，在经济进入新常态背景下，供给侧结构性改革直接指向的是推动潜在产出增长。通过基于总体经济和三次产业的增长核算，得到资本、劳动和TFP的贡献率，发现粗放的资本拉动已受到边际收益递减的制约，中国已进入经济增长方式转变的阶段，推动质量提升、效率变革、动力转换，TFP增长最为关键。最后，通过回归分析，探索全要素生产率增长的决定因素，着重探讨制度供给的重要性，根据论证结果为转型阶段提出政策建议。

本章在研究方法上的创新点体现在以下五个方面。

第一，放松系统参数恒定这一典型约束，根据中国经济的变革特点和历史数据，建立一个具有时变系统参数的多变量状态空间模型，将产出缺口作为模型的不可观测成分与动态系数一起估计，实证分析使用中国经济变量的时间序列数据，从估计结果中提取出主要经济体变量（通货膨胀率、利率、汇率、财政支出和产出缺口）间的关联程度变化，对宏观经济政策产生的经济效应做出评价。由于需要对状态变量和时变系统参数同时作估计，新模型本质上是一个非线性方程，标准的卡尔曼滤波方法不再适用，在模型估计上采用扩展的卡尔曼滤波法（Extended Kalman Filter，EKF）。

第二，加入政策变量和国际联系的外生影响并联立通货膨胀率方程，通过增加更多的宏观信息以较准确地对中国经济主要变量做出描述。经济的周期运动尽管有自己的规律性，但也会受到经济系统外部因素的冲击，包括政策冲击。外部冲击尽管不能改变经济运行的规律，但影响个别周期的波长和波幅是完全可能的。在我国目前的社会主义市场经济制度下，经济发展的过程中融入了过大的政府目标函数，因此，经济运行受政策冲击是难免的。在状态方程和测量方程中均加入外生变量，如用汇率体现国际经济的影响，用财政状况体现政府支出对产出缺口的贡献，以体现中国经济政策干预的特点。

第三，识别和定义经济新常态的数据特征。结合通货膨胀率、产出缺口和潜在产出增长率三大核心变量的数据，我们认为，2011 年以后经济出现周期性不明显、潜在产出增长放缓的常态性新特点。

第四，在增长核算环节采用趋势率研究资本、劳动、TFP 的增长关系以及对潜在产出增长的驱动力。增长核算是对实际产出做贡献度分析，其核算方法主要基于生产函数设定正确、完全竞争市场和规模报酬不变的假定，结果并不是精确的，但依然适用于对潜在产出增长引擎做宏观性的认知和分析，为了达到这个研究目的，我们用滤波法从核算结果中提炼出增长驱动因素的变动趋势。

第五，挖掘更具代表性的指标量化制度变迁、技术进步、人力资本积累、人力资本配置优化和对创新性冒险精神的鼓励，解释 TFP 增长。通过额外引入人力资本项目的乘积和 TFP 增长的惯性，构建了 6 个回归模型，深入研究了人力资本和制度因素对 TFP 增长的作用。

二 中国经济时变系数状态空间模型的设定

通过产出缺口连接潜在产出增长率和通货膨胀率，建立考虑政策外生变量影响的时变系数状态空间模型，目的是得到关于潜在产出增长率波动的长周期和产出缺口正负交替的短周期。对于潜在产出及产出缺口，经济学术界有不同的解释（颜双波和张连城，2007；Kiley，2013）。这里，我们将潜在产出定义为一个经济体可持续的总供给能力，这种可持续性体现在零通货膨胀压力（实现的通货膨胀率等于预期通货膨胀率），即非加速通货膨胀产出（Non–Accelerating–Inflation Rate of Output，NAI-RO）。潜在产出是由要素投入、技术状态、生产结构、制度环境等要素综合决定的，反映着这些要素的经济限制。因此，这里的潜在产出不能理解为一个经济体能达到的最大产出水平，即生产要素的最大利用；由于边际成本递增，当要素投入升高到一定程度时，就会到达高于边际收益的不经济状态。相应地，产出缺口是实际产出与潜在产出的偏离，实证中用实际产出相对于潜在产出的偏离率表示。这种偏离源于经济体中价格和工资存在刚性，需要一个较长的调整过程。因此，潜在产出是价格体系充分调整下没有通货膨胀压力的产出水平。当总需求旺盛或者萎靡时，由于价格体系存在刚性，经济体不能瞬时协调供需，造成了总需求和总供给间的失衡，形成产出缺口。因而，产出缺口可以反映通货膨胀压力和供需失衡的程度。

潜在产出和产出缺口对于宏观经济政策的制定及实施起关键作用。货币、财政、监管等政策，为了减小不平衡和波动性，都会兼顾两者。作用和效力则取决于对两者估计的准度。潜在产出反映经济发展的可持续路径，产出缺口是经济不平衡的反映。政府和中央银行迫切希望利用各种信息准确地预测未来物价的变动，特别是2008年后，中国在全球货币量化宽松的浪潮中加速了货币发行，同样出现了关于价格稳定性的问题。最被政府密切观测的一个重要变量信息就是产出缺口。在短期内，经济运行会不断地偏离潜在产出增长路径，尔后向路径收敛，形成周期性的经济波动。一个正的产出缺口往往传递着过度需求的信号，当局就应当采取紧缩型财政政策和货币政策以防止经济过热；一个负的产出缺口提醒政府考虑推出扩张型经济政策；在不存在产出缺口或产出缺口较小即经济运行在潜在产出增长路径附近时，经济政策应当保持中性。

潜在产出和产出缺口并不能直接观测，只能通过数量技术估算。一种常用的策略是对产出序列利用一元去趋势统计滤波法，但该方法存在着信息含量方面的局限。例如，常用的 HP（Hodrick – Prescott）滤波法就是一种纯统计方法，并不对产出序列提取任何经济联系，所估计出来的周期成分之和为 0，这显然不是必然成立的。[①] 生产函数法将潜在产出分解为资本、劳动和全要素生产率的贡献，尽管为潜在产出背后的变化提供了因素解释，但需要对每种要素分开估计，也具有强不确定性。目前，多变量状态空间模型因为能够引入宏观变量之间的关联，已经成为新的标准方法。它可以融入其他经济信息、依据更多的宏观指标来估计经济周期。从经济意义上说，利用产出缺口和其他经济变量间的可能关系能够将潜在产出的估计与其概念更吻合；从统计原理上说，能够提升估计量的统计性质，尤其是缓解终值问题。融入菲利普斯（Phillips）曲线，将产出缺口作为通货膨胀率的一个解释变量，是最典型的方式之一。例如，库特纳（Kuttner，1994）借助菲利普斯曲线揭示的变量关系，提出与可观测的通货膨胀率数据一致的产出缺口估算法，发现加入供给面能够降低参数的不确定性和总标准误，从而提升估计效果。刘斌和张怀清（2001）比较了产出缺口的常用估算法，认为多变量状态空间方法估计的潜在产出和产出缺口在经济解释上更加合理。石柱鲜等（2004）利用基于菲利普斯曲线和奥肯定律的状态空间模型估计中国的潜在 GDP。许召元（2005）运用多变量状态空间方法估计出 1979—2004 年中国潜在经济增长率的变动范围。邓创等（2012）基于多变量状态空间方法对我国潜在产出、自然利率以及均衡汇率在统一的框架下进行了定量估计，并进一步计算出相应的产出缺口。

然而，由于对关键宏观经济变量间关联结构的假设性较强，多变量状态空间方法也引致了不少诟病。在上述文献中的模型设定里，经济动态的关联系数在样本期内是保持不变的，这对于变化显著的经济体显然不符合。特别是对于中国这样的新兴市场国家，持续深入的市场体制改革包括货币政策区制、财政政策松紧、金融市场化等都在改变着经济人

---

① Cogley 和 Nason（1995）及 Canova（1998）等较早就对这种方法提出批评。

的行为，宏观经济变量之间的关联程度在不断变化，每隔几年都可能有显著的跨越。因而，多变量状态空间方法仍然有改进的空间。改进之一是将区制转移融入多变量状态空间模型中（Kim，2004；Kuan et al.，2005；Kim et al.，2014；Kang，2014）。尽管刘金全等（2006）通过将具有两状态区制转移的通货膨胀率预期方程加入物价—产出菲利普斯曲线中以反映该关系的区制转移，但区制转移设定往往带来的是经济关系的突变，不大符合我国改革的渐进式特征。比较而言，另一种改进，即时变参数状态空间方法更适合描述中国经济，此方法由 Özbek 和 Özlale（2005，2008）提出，对土耳其和美国经济做过实证，但缺陷是仅针对GDP而没有考虑宏观变量关联，也没有考虑外生政策变量等对状态变量的影响。

本章的时变系数状态空间模型以若干方程构造主要宏观经济变量的关系。模型并非通过解决包括家庭、厂商和政府部门的最大化问题后得到的结构模型，而是通过对历史数据的大量拟合实验，结合新凯恩斯模型的简化估计式得到的。实验模型除包含下面模型的变量外，还有如存贷利差、国际原油价格等多项外生变量的水平效应和增长效应及滞后阶数的考量，以及内生变量滞后阶数的确定。最终通过稳健性分析确定最终的模型。

（一）模型设定

实际产出分解为：

$$y_t = y_t^* + gap_t \tag{2.1}$$

产出缺口动态为：

$$gap_t = a_{1,t} gap_{t-1} + \phi_t Policy_t + \zeta_t \tag{2.2}$$

通货膨胀—产出缺口方程为：

$$\pi_t = \beta_{1,t} \pi_{t-1} + \beta_{2,t} \pi_{t-2} + \beta_{3,t} gap_{t-1} + \beta_{4,t} \Delta REER_t + \beta_{5,t} \Delta M_{t-1} + v_t \tag{2.3}$$

潜在产出增长方程为：

$$y_t^* = y_{t-1}^* + \mu_t + \omega_t \tag{2.4}$$

潜在产出增长率过程为：

$$\mu_t = \mu_{t-1} + \varepsilon_t^\mu \tag{2.5}$$

上述系统参数都是时变的，我们在这里对其动态演变做最简单的假设，认为所有时变系统参数均服从简单随机游走。如果令 Param 表示任一系统参数，则：

$$Param_t = Param_{t-1} + \varepsilon_t^p \tag{2.6}$$

以上各方程中的随机干扰项 $\{\zeta_t\}$、$\{v_t\}$、(ω_t)、$\{\varepsilon_t^\mu\}$、(ε_t^p) 均假设为序列间互不相关、各序列是均值为零方差恒定的独立同分布随机序列。

以 RGDP、Y^* 分别表示实际产出和潜在产出，两者的对数分别用 y、y^* 表示。式（2.1）是一个恒等式：实际产出的对数是潜在产出对数（以 y^* 表示）和产出缺口（以 gap 表示）之和。[①] 如果实际经济增长率高于潜在产出增长率，就会出现产出正缺口，经济运行就会呈现出"热"的状态；反之，如果实际经济增长率低于潜在产出增长率，则会出现产出负缺口，经济运行就会呈现出"冷"的状态。

式（2.2）是产出缺口的动态设定。将产出缺口视作一个随机过程，使用其自身滞后项，以及可以影响实际产出（从而影响产出缺口）的经济变量描述产出缺口的演化。本章简化假设中国经济社会在研究期内的一般状态是供给能力充足，投资驱动型增长使社会供给能力可以满足市场需求。[②] 因此，经济波动源于总需求方面，将随机冲击中的政策因素提出，强调凯恩斯需求管理型的宏观经济政策将对经济波动施加的影响。我们从总需求影响因素方面选取了两个宏观政策变量：用贷款利率衡量投资的资金成本，用财政支出增长代表政府财政刺激：

$$gap_t = a_{1,t} gap_{t-1} + a_{2,t} \Delta R_t + a_{3,t} expend_t + \zeta_t \tag{2.7}$$

面对经济过热，提高贷款利率以抑制过度投资是我国为经济景气降温的主要方式之一。经济体在利用利率调节经济时，往往遵从一定的利率规则，在经济过热即存在产出正缺口时，自发调高利率，因此，式（2.2）引入贷款利率的变化。为了测算不同经济阶段下财政工具的效率，式（2.2）引入实际财政支出的增长率（以 expend 表示），通过估计时变参数研究财政支出对产出缺口的作用程度。从短期来讲，这两方面的外部因素至少会影响实际产出，从而影响产出缺口。

式（2.3）是新凯恩斯菲利普斯曲线的简化型估计式（Kuttner and Robinson，2010），在外生因素的选取上融入我国经济的特点。我国的通

[①] 由于 $gap_t = y_t - y_t^* = \log(RGDP_t/Y_t^*) = \log[1 + (RGDP_t - Y_t^*)/Y_t^*] \approx (RGDP_t - Y_t^*)/Y_t^*$，产出缺口是实际产出偏离潜在产出的比率。

[②] 这个假设符合中国经济的实际。

货膨胀主要是由通货膨胀预期、上一期产出缺口、货币供应量、供给冲击和国际传导五个因素造成的（张连城，2011）。这里定义预期通货膨胀率是一种广义预期，即经济人通过三方面对通货膨胀率做预期。其一，用通货膨胀率（以 π 表示）的滞后一阶和二阶形成对通货膨胀持续性的预期。其二，观测广义货币供应量 M2 的存量增长率（以 ΔM 表示）的滞后一阶项，估算其对通货膨胀的带动作用，以体现货币学派观点，一定的货币供应增长率将继之以同向的通货膨胀变动率。国内外学者实证均发现货币供应是通货膨胀现象的重要影响因素，但具体关联会因政策区制、经济货币化、汇率自由化程度等的变迁而复杂化（Benati，2005；Roffia and Zaghini，2007；Wimanda，2014；王国刚，2009；周景彤和辛本胜，2011）。其三，用实际有效汇率的变化（以 $\Delta REER$ 表示）表示国际传导的贸易因素与热钱因素：从贸易角度看，人民币升值可以降低进口原材料推动的生产成本变化和进口消费品价格变化对于通货膨胀的压力；从"热钱"渠道看，2005 年汇改后，人民币汇率持续升值强化了升值预期，"热钱"通过各种渠道涌入我国，在外汇储备增加的过程中，中央银行被迫投放大量人民币，推动商品价格上涨。因此，汇率变化与通货膨胀率的关系较为复杂，阶段性经济特征可能会带来迥异的综合性影响。第二和第三方面预期形成的特点也启发本章将货币供给、汇率对通货膨胀率的影响系数动态化。根据本章对潜在产出和产出缺口的定义，通货膨胀率去掉预期通货膨胀率后，就是直接由产出缺口决定的通货膨胀压力。当通货膨胀率的实现水平与预期水平相等时，通货膨胀压力为零，经济实现潜在产出水平，产出缺口封闭。而式（2.3）用产出缺口的滞后一期体现生产成本和价格对于需求冲击调整的时滞性。

式（2.4）和式（2.5）是对潜在产出及其增长率的描述，称为随机局部线性趋势模型（Harvey，1985；Clark，1987）。[①] 这一方面意味着对潜在产出的冲击是永久性的。Aguiar 和 Gopinath（2004）认为，新兴市场国家的随机趋势项容易遭受极端不稳定冲击的影响，并且实证发现，经济周期是由这些冲击所驱动的，而形成冲击的根源是相对频繁变化的经济

[①] 笔者同样尝试了 Özbek 和 Özlale（2005，2008）对潜在产出增长率的设定。两种做法都增设了时变系数 ρ_t 将对潜在产出的持久性冲击固化在其滞后项中，要求 $0 < \rho_t < 1$。然而，在对应常系数模型的实证中，ρ 接近于 1 且对 $\rho = 1$ 的假设检验不显著。

政策。式（2.4）和式（2.5）可以体现这一观点。另一方面，这样的设定意味着潜在产出增长率不会出现跳跃性变化。尽管考虑突变是未来研究的一个方向，但综观样本期内的数据情况，实际产出未发生过突变，潜在产出增长率的变化应该是较平滑的，毕竟潜在产出的波动性相对于实际产出还要弱得多，领导层也深知经济环境稳定对国家发展的重要性。

（二）模型的状态空间表示和 EKF 估计

近年来，状态空间模型被广泛用于估计潜在产出，该方法不仅可以纳入未知的状态变量，还可以综合考虑复杂的经济联系。一旦模型被表示成为状态空间形式，就可以使用卡尔曼（Kalman）滤波技术作估计。

状态空间模型由转换方程和测量方程构成。令 m 为状态变量的维数，d 为观测变量的维数，n 是观测样本数，转换方程和测量方程可分别表示为[①]：

$$a_t = F_t \cdot a_{t-1} + G_t \cdot u_t + H_{1t} \cdot \eta_t$$

$$x_t = c_t + Z_t \cdot a_t + H_{2t} \cdot \varepsilon_t$$

式中，a_t 表示状态变量，x_t 表示观测变量，u_t 表示外生变量组成的向量，F_t 表示转换矩阵，G_t 表示外生变量作用于状态变量的系数矩阵，Z_t 表示状态变量与观测变量的联系矩阵；$\{\eta_t\}$ 和 $\{\varepsilon_t\}$ 分别是服从 $N(0, I_m)$、$N(0, I_d)$ 的独立同分布的随机扰动序列，$\{H_{1t}\}$ 和 $\{H_{2t}\}$ 是扰动项的作用系数矩阵。在本章的模型中，可观测变量是通货膨胀率 π 和实际产出 y，测量方程就是要将可观测变量表示为关于不可观测的状态变量的函数：

$$\begin{pmatrix} y_t \\ \pi_t \end{pmatrix} = \begin{pmatrix} 1 & 0 & 1 & 0 & 0 \\ 0 & 0 & 0 & 1 & 0 \end{pmatrix} \begin{pmatrix} y_t^* \\ \mu_t \\ gap_t \\ \pi_t \\ \pi_{t-1} \end{pmatrix}$$

其中，第一个观测方程是（2.1），表明实际产出等于潜在产出和产出缺口之和，第二个观测方程（2.2）是一个恒等式。不可观测的状态变量（包括潜在产出、潜在产出增长率、产出缺口）和通货膨胀率的演化

---

① 此处符号相近于 Durbin 和 Koopman（2012）。

遵从下面的转换方程①:

$$\begin{pmatrix} y_t^* \\ \mu_t \\ gap_t \\ \pi_t \\ \pi_{t-1} \end{pmatrix} = \begin{pmatrix} 1 & 1 & 0 & 0 & 00 \\ 0 & 0 & \beta_{3,t} & \beta_{1,t} & \beta_{2,t} \\ 0 & 0 & 0 & 1 & 0 \end{pmatrix} \begin{pmatrix} y_{t-1}^* \\ \mu_{t-1} \\ gap_{t-1} \\ \pi_{t-1} \\ \pi_{t-2} \end{pmatrix} + \begin{pmatrix} 0 & 0 & 0 & 0 \\ 0 & 0 & 0 & 0 \\ a_{3,t} & a_{2,t} & 0 & 0 \\ 0 & 0 & \beta_{4,t} & \beta_{5,t} \\ 0 & 0 & 0 & 0 \end{pmatrix}$$

$$\begin{pmatrix} expend_t \\ \Delta r_t \\ \Delta REER_t \\ \Delta M_{t-1} \end{pmatrix} + \begin{pmatrix} 1 & 0 & 0 & 0 \\ 0 & 0 & 0 & 0 \\ 0 & 0 & 1 & 0 \\ 0 & 0 & 0 & 1 \\ 0 & 0 & 0 & 0 \end{pmatrix} \begin{pmatrix} \omega_t \\ \varepsilon_t^\mu \\ \zeta_t \\ v_t \end{pmatrix}$$

这个模型的特别之处在于:将系数矩阵如 F_t、G_t 中的未知参数赋予时变性,以考察变动经济环境下变量之间的联系变化。难点在于:这些时变参数和不可观测的状态变量以乘积的形式存在,使整个状态空间模型是非线性的,常用的标准卡尔曼滤波技术(Standard Kalman Filter,SKF)不再适用,只能借助较为复杂的扩展的卡尔曼滤波技术(Extended Kalman Filter,EKF)。EKF 是以 SKF 为基础的,将非线性模型以前一次估计值做一阶线性展开,迭代估计;将所有时变参数视为新的状态向量加入原始的转换方程中,并假设其遵从随机游走。此时,EKF 便可以用来估计包含时变参数的扩展的状态向量。关于 EKF 的估计步骤,可参阅 Harvey(1990)和 Civera 等(2012)。模型共有 8 个时变参数,将其构成参数向量与原始状态向量连接,构成扩展的状态向量,相应地扩展状态转换方程,再利用 EKF 同时估计原始状态变量和时变参数。

三 潜在产出增长波动与产出缺口周期

(一)数据

在关于季度潜在产出和产出缺口的实证中,所用经济序列的表示及

---

① 此处状态向量应是包含时变系数的扩展的状态向量,共 13 个状态变量。这里省略了时变系数状态变量及对各矩阵的扩展。

计算方法如表 2-1 所示。

表 2-1　　　　　　　　　　变量的数值计算

变量	含义
$\{y_t\}$	季节调整后的实际 GDP 指数的对数
$\{\pi_t\}$	通货膨胀率：季度调整后的 CPI 的对数差分
$\{expend_t\}$	财政支出增长率：月度财政支出（流量）经过 CPI 调整并加总为季度实际财政支出，经季节调整后做对数差分
$\{\Delta r_t\}$	贷款利率的季节变化率：贷款利率季度数据的对数差分
$\{\Delta REER_t\}$	人民币实际有效汇率的季节变化率：REER 季度数据的对数差分
$\{\Delta M_{t-1}\}$	滞后一阶广义货币 M2 季节存量（经季节调整）的对数差分

所用实际季度 GDP 指数和季度 CPI 指数的算法是依照吕介民（2012）的分法。根据国家统计局 2011 年第一季度开始公布的实际 GDP 环比增长率和 1992 年第一季度以后的累计季度同比增长率数据，可以推算出 1991 年第一季度开始的实际季度 GDP 指数。根据月度同比和环比 CPI 指数，可以计算以 2001 年 1 月为基期的月度 CPI 指数，季度 CPI 指数为每个季度 3 个月的定基指数之平均。对实际季度 GDP 指数和季度 CPI 指数均用 X12 法进行季节调整，调整后可以计算实际季度 GDP 增长率和季度通货膨胀率，如图 2-1 所示。人民币实际有效汇率（REER）和贷款利率的季节数据来自国际货币基金组织的国际金融统计数据库（International Financial Statistics，IFS）。广义货币 M2 的季节存量数据和财政支出月度流量数据来源于国家统计局网站公布的统计数据库。由于考虑了 M2 对物价的一阶滞后效应，又用到了 CPI、贷款利率和人民币实际有效汇率的变化率，这四个序列使用 1991 年第四季度至 2018 年第一季度的数据，其余序列均涵盖 1992 年第一季度至 2018 年第一季度。

状态空间模型估计完毕后，可以得到不可观测的潜在产出增长率 $\{\mu_t\}$ 和产出缺口 $\{gap_t\}$ 的估计序列。

（二）1992—2016 年的潜在产出增长波动

图 2-2 中，实线展示了 25 年间潜在产出增长率路径。潜在产出增长率季度平均为 2.3%，年平均约为 9.5%。25 年中共有两个波峰，2006 年第三季度潜在产出增长率达到一个峰值 3.06%，2006 年全年高达 12.7%；

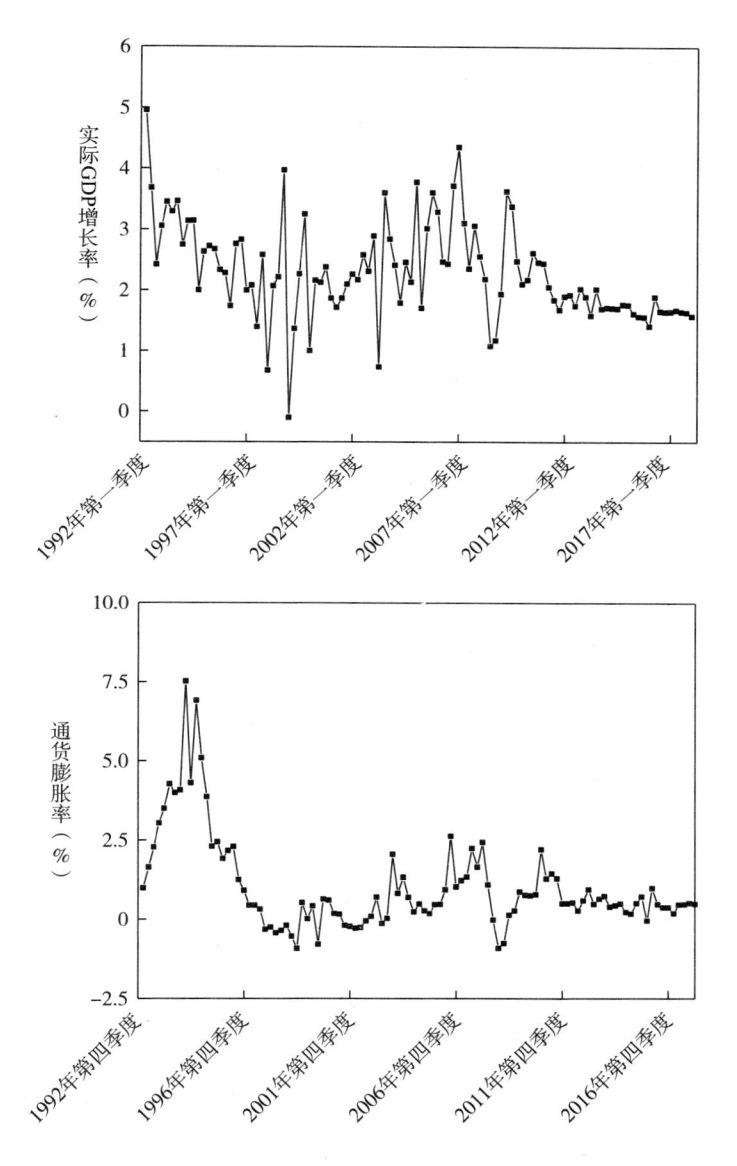

图 2-1 实际 GDP 增长率（上）和通货膨胀率（下）季度走势

结合通货膨胀率和实际产出的情况，猜测样本期的开始端的 1992 年也是一个波峰年，这个猜测在已有文献中已被证实（刘树成等，2005；张连城，2008），1992 年潜在产出增长率是 13.3%。1998 年出现了第一次波谷，潜在产出增长率是 7.7%。定义波幅是波峰与波谷高度差的一半，则第一次波峰到波谷共历时约 6.5 年，波幅在季度上为 0.7%、在年度上约为 2.8%。从 2006 年第三季度起进入第二个下降期，截至 2016 年第四季度已历时 10 年，下降总幅度在季度上为 1.33%，在年度上为 6%。样本期内只有一次波谷向波峰的攀升，历时 7 年（1999—2006），波幅季度上为 0.6%，年度上为 2.5%。用"峰—峰"法测定的第一个经济长周期约为 13.5 年，"峰—谷"与"谷—峰"的历时相当，高度非对称，因而调整的速度较快。

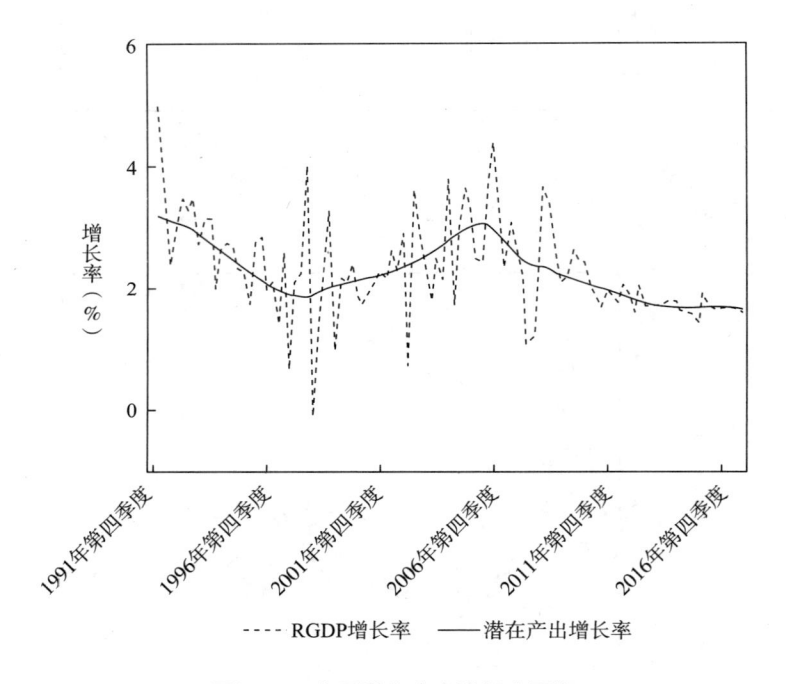

图 2-2 中国潜在产出增长率周期

从最近一次波峰至 2016 年的调整来看，2015 年年底进入短暂止跌，历经一年有继续寻底的迹象，经济在高速增长通道的下线运行。结合政府"十三五"时期经济年均增长守住 6.5% 的目标，若能在未来几年深化改革，合理配置产业发展资源，释放要素活力，潜在增长率有望迎来新的长周期。需要注意的是，即便对基于历史数据的计量结果有很高的信任度，也不能想当然地套用于未来，未来的潜在产出增长率取决于未来的经济政策、产业结构、要素投入、技术进步以及制度变迁等多种因素的变化，只能参考历史统计、分析经济现状、基于政府对经济运行的理念做出判断。在样本期25年内,中国是以资源投入为主的粗放型增长方式维持高速增长的,但从图2-2不难看出,始于2006年第四季度的收缩期已经历时10年,且潜在产出增长率已低于上一个波谷年(1988)。事实上,在可预见的将来,中国的经济增长已经不可能再收敛到原先的增长路径。根据第一章对经济增长阶段的划分,我国长期处于经济增长率较高但人均收入不高的增长阶段,但经济增长不可能永远处于这个阶段,在我国目前已经进入偏上中等收入国家的行列,支持高速增长的条件和动力消失以后,就不可避免地进入经济增长率较低但人均收入较高的增长阶段。结合当前"环境约束倒逼经济增长方式转变"的基调,我们认为,目前中国经济已经到了发展阶段转变的时点,即经济增速的换挡期和增长方式的转变期:由潜在产出运行在高速增长通道放缓到中高速增长通道,由粗放型经济增长方式向集约型增长方式转变。

(三) 1992—2016年的产出缺口周期

图2-3是模型估计的产出缺口(gap)变化图,从图中可以更细微地看到实际增长偏离潜在产出百分比的动态变化。由于使用的是季度数据,

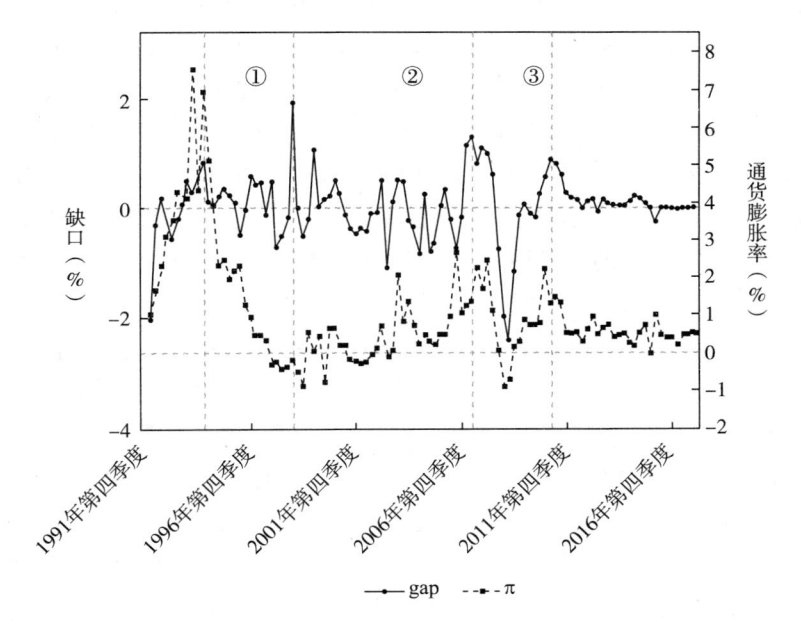

图2-3 中国产出缺口波动

短期正负缺口交替非常频繁,给文字分析带来不便,故我们希望划分出较高一级的周期。将通货膨胀率的走势图叠加作为参照,利用价格周期和产出周期的关联帮助找到更具规模的波动周期。影响价格水平波动的因素,大多与经济运行周期存在着一定的内在联系,因此,价格水平也有周期性特征。一个完整的价格波动周期体现在通货膨胀率上,包括通货膨胀期和通货紧缩期。需要注意的是,通货膨胀率对于产出缺口的变化存在滞后性,由式(2.3)体现。因此,产出缺口和通货膨胀率的波峰与波谷在时间上不会完全一致。从微观基础上说,市场经济中产出变动机制总是先于价格机制发生作用,当总量失衡时,短期内企业一般是通过调节产量以平衡供求,较长时间后才会调整产品价格。

结合通货膨胀率的波动和产出缺口波峰的相对显著性,可以去除纷杂的小波动,将目光聚焦于较高一级的周期,简化分析。1992年以来,波峰季度有4个,分别是1994年第三季度(0.84%)、1998年第四季度(1.93%)、2007年第二季度(1.31%)和2011年第一季度(0.86%)。由"峰—峰"法可以将这17年划分为3个周期,周期的平均波长约为22个季度或5.5年。自2011年起,中国经济短周期处于波峰至波谷的一次调整,在新常态的判断下,政府使用刺激政策以承托结构性减速的下行压力,产出缺口多年趋于闭合,实际产出跟随潜在水平探索下行空间。

三个周期各自有不同的特点,体现出经济环境的变迁和政策制定者对经济的不同理解。在第一个周期内(图2-3中用①标注),产出缺口波幅较大。我国市场化取向的经济体制改革实质上是从20世纪80年代初开始的。1984年党的十二届三中全会明确提出了社会主义"有计划商品经济"的改革理念,开始摆脱计划经济的束缚,党的十三大进一步强调发展商品经济离不开市场的发育和完善。这种体制的运行机制是"国家调节市场,市场引导企业",从而使价格改革在更广阔的经济领域展开。直到1992年才彻底摆脱了计划经济的束缚,确立经济体制改革的目标是建立社会主义市场经济。伴随着市场化改革进程的逐步加快,市场主体释放了空前的活力,经济逐步趋于过热。由于1992年以后产出正缺口不断扩大以及价格放开等因素的影响,引起了1992—1994年通货膨胀高企,此后为抑制通货膨胀;1993—1997年,政府持续使用了适度从紧的经济政策,经济开始回落。

第二个周期(图2-3中用②标注)的特点是产出缺口围绕零轴窄幅

变化。依据物价特征可以以 2003 年第二季度为界划分为两个阶段。第一阶段是由波峰至波谷运行的下降期，通货膨胀率一直低于 1%，政府的需求管理政策恰到好处地将总需求维持在潜在产出附近，价格总水平基本稳定，调控措施协调。结合潜在产出增长率，可以发现，这个阶段是伴随着低通货膨胀水平的高增长，即所谓"缩胀"。周期②的第二个阶段，由波谷到波峰运行的上升期，同样攀升的是通货膨胀率。党的十六大后，新一届政府采取刺激经济政策，通过对受"非典"影响的行业减免税收、国有银行放松信贷、鼓励固定资产投资等措施，使资金源源不断地流入各经济领域，在一个季度（2003 年第三季度）填补了负缺口之余，还造成了经济过热（表现为正缺口）。但此时经济仍然没有过多偏离潜在产出水平，然而，由于部分行业如钢铁业出现产能过剩、盲目投资等问题，政府匆匆采取了抑制固定资产投资的紧缩型政策。由于潜在产出增长率在周期②的第二个阶段向波峰攀升，此阶段的 GDP 年增长率达到 10%。经济增速快但产业结构不合理、局部产能过剩的情况仍在加剧，于是政府抑制经济致使产出出现负缺口，之后又再拉动经济，在结构失衡下再抑制，如此反复，持续到 2006 年第三季度。目前看来，产业发展不均衡、产能过剩的问题在很大程度上应当归结为政府对经济的频繁干预，尤其是对投资拉动的过度依赖。当政府为经济降温出现了负缺口时，其实并无必要立即刺激增长，周期运行规律会对之自行调整。即便想通过干预手段迅速摆脱负缺口，刺激政策也不能过猛，不可放大已存在的结构不平衡。事实上，频繁地使用一种刺激手段，对企业或给予财政补贴（软补贴）和减免税收（软税收）或政府直接对企业投资（软外部投资）或责令金融机构照顾贷款（软信贷），会使企业尤其是国有企业形成一种软预算约束的政策预期。企业的政策预期在反复的政策刺激下逐渐积累，在 2007 年第二季度得以充分释放，拉出了一个大的正缺口（1.3%），2007 年最终核实的实际 GDP 年增长率高达 14.2%。周期②运行了 8.5 年，时间两倍于周期①和周期③，我们认为，是政府的频繁干预和政策冲击干扰了周期运行的客观规律，延长了波长。

2007 年第三季度产出正缺口收缩，进入图 2-3 中的周期③，至 2009 年第一季度产出缺口达到 25 年来的最低谷（-2.42%）。从波峰走向波谷是经济周期的必然规律，2008 年国际金融危机爆发只是加剧了这一下降趋势。然而，我国的货币政策依然没有得到及时调整。以法定存款准备金为例，2008 年中央银行竟然连续 5 次上调存款准备金率至空前的 17.5%，直到 2008 年 10 月才开始下调大型金融机构的存款准备金率，并且只下调了 0.5 个百分点，此后在 2008 年 12 月不得不连续两次下调。面对这次经济下行和国际金融危机的影响，我国货币政策前瞻性不足，存在着严重的失误。为了扭转经济不断下滑的趋势，政府于 2008 年 11 月出台了刺激经济增长的计划，这无疑是正确的选择。但 4 万亿元的财政投资要在 2009 年和 2010 年两年支出完毕，力度过大过猛，在短时期内就把经济从过冷推向了过热。"激素刺激型"拉动不具有持续性，这必然会为后来的结构调整埋下伏笔。

2011 年第一季度后，产出缺口和通货膨胀出现了与以往迥异的新特点：产出缺口常年近于封闭，季度通货膨胀率常年稳定在 0.5% 附近即经济的周期性不明显。进入 2012 年后，产出缺口的季度样本标准差仅约 0.1，通货膨胀率的季度样本标准差仅约 0.23，波动性约是 2011 年以前的 1/8。① 此前由政府主导的粗放型投资拉动固然实现了高速增长，但在供给侧积累了诸多问题，如低利润、产能过剩、高污染，企业和政府部门杠杆率高企，市场机制难以真正发挥对资源配置的决定作用等。这些弊病在 2011 年后资本要素的回报率下降、出口优势和参与国际产业分工模式面临新挑战之后，越发凸显：低效率的资本投放推升了全社会的杠杆风险；30 年的旧有增长模式根深蒂固，政策的制定和执行都会出现路径依赖；市场化取向的经济体制改革举步维艰。因而，2011 年后，供给侧出现结构性减速，需求侧固有模式的刺激经济增长政策难以实现扩张经济的效应。中国经济进入了新常态。

（四）外生变量的时变影响

系统参数随时间的动态变化如图 2 - 4 所示。② 时变参数的历史演化能够反映中国经济体制变革、政策区制转移的主要特征。

序列 $\{\alpha_1\}$ 是产出缺口的滞后影响系数，反映产出缺口自行运转的规律性。样本期初由高位下降，外生因素主导着缺口变化；从 2006 年开始呈上升态势，显示市场经济运转的规律性越来越强，2011 年后稳定在 0.66 的水平。

---

① 2011 年以前产出缺口和通货膨胀率的季度样本标准差分别约为 0.87 和 1.68。

② 图 2 - 4 展示的是各参数的平滑（smoothing）滤波，即 $\{param_{t/T}\}$。

图 2-4 时变系统参数的估计

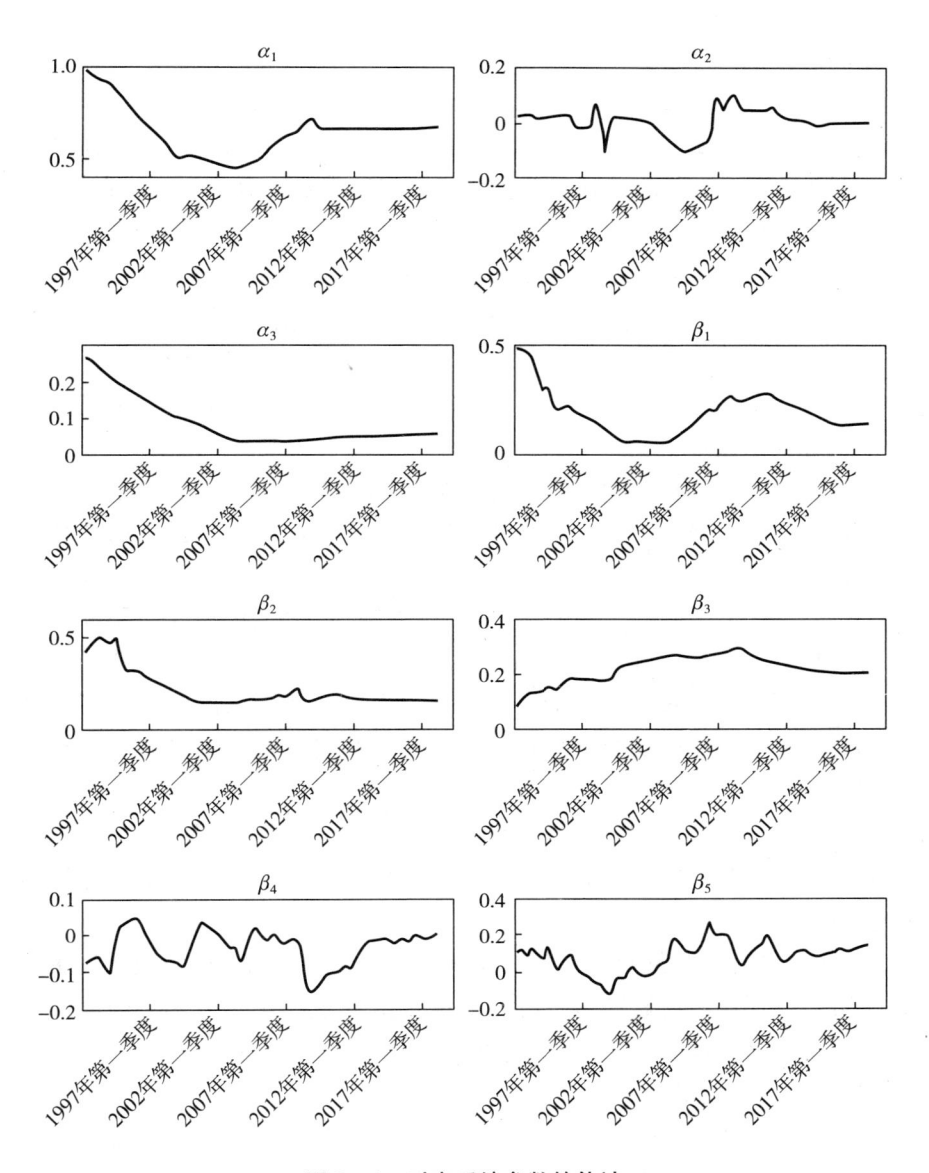

序列 $\{\alpha_2\}$ 描述产出缺口与贷款利率变化之间的关联，除了少数几个年份外，基本都是正值，体现了政府制定货币政策时遵循一定的利率规则：当产出缺口为正时，经济运转在潜在产出水平之上，政府为了避免过热而提高贷款利率。例如，2008 年为了应对经济过热，贷款利率迅

速拉高。

序列 $\{\alpha_3\}$ 描述政府财政支出对产出缺口的影响。在整个样本期，财政支出对产出缺口是具有拉动作用的，只是拉动经济的效率在降低。尽管近年来拉动效率稳定，仍处于低效状态。面对政府部门的杠杆压力，应优化支出结构和效率，避免粗犷式的支出投放。

序列 $\{\beta_1\}$ 和 $\{\beta_2\}$ 是通货膨胀率的二阶自回归系数，属于物价调整的惯性力量。类似于 $\{\alpha_1\}$，滞后的影响先逐渐降低，自 2004 年后，滞后一期的影响快速提升，滞后二期的影响基本平稳。作为测算通货膨胀自相关性的指标，$\{\beta_1 + \beta_2\}$ 在 2010 年后递减至目前的 0.3，通货膨胀的自适应预期在减弱。

序列 $\{\beta_3\}$ 刻画的是产出缺口对通货膨胀率的引致作用。企业对产量的调节快于价格，因此，价格变动应滞后于以产出缺口显示的产品需求热情。

$\{\beta_3\}$ 一直为正，符合理论预期。自 2001 年后，$\{\beta_3\}$ 呈现不断下滑之势，特别是 2008 年国际金融危机后快速下滑至 0.2 以下，说明短期的产出刺激对通货膨胀率的影响渐弱，近年来对通货膨胀的解释应多从供给因素着手，产能过剩的基本状态和化解过剩的产业政策更多主导着通货膨胀的变化。

从 $\{\beta_4\}$ 的走势可以看到汇率在大多数时间对通货膨胀率是负影响，因此，人民币升值更重要的效应是通过降低资源品的进口成本而降低国内物价。

$\{\beta_5\}$ 描述滞后期货币供给对通货膨胀的重要影响，结合通货膨胀率的走势，发现在通货膨胀高企时，货币供给的正向影响较强，因此，紧缩货币供给是治理通货膨胀率高企的重要手段。

（五）稳健性分析

时变系数状态空间模型无法进行显著性检验，为了考察时变系数设定的合理性、实证结果对样本期变化的敏感程度，本部分聚焦于产出缺口的估计，将式（2.1）至式（2.6）的 EKF 方法与 HP 滤波以及恒定参数状态空间模型的 SKF 方法做比较，进行两项稳健性分析：产出缺口的估计比较；估计结果对于新增样本的稳健性。

1. 产出缺口的估计比较

图 2-5 是将三种方法对产出缺口的估计描点。对于产出缺口估计，

第二章 中国经济可持续增长的驱动因素分析

HP滤波法存在一个问题，同向缺口可以持续很长一段时间。例如，从1992年第二季度至2006年第三季度，中国产出缺口均为负向，经济长期处于过冷状态，这不但不符合经济周期的运行规律，也不符合中国经济的实际。产出缺口是对潜在产出的偏离率，它是对经济周期的刻画，因此应该围绕零轴上下波动，不会长期处于过冷或过热。对于学术界公认的过热或过冷期，如2003年第三季度至2004年第一季度，HP滤波错误地将经济状态识别为过冷。在"非典"事件后期，我国实行扩张型需求管理政策，鼓励固定资产投资，直到发现过热，匆忙采取紧缩型政策，一些即将上马的投资计划因"盲目投资"而被叫停——这半年应该是经济过热期。另外，HP滤波显然没有完全去除掉增长趋势。样本期开始产出缺口数值就有一段明显的上升趋势，接着呈下降趋势，直到2003年第二季度。因此可以认为，HP滤波法对产出缺口的估计并不准确。

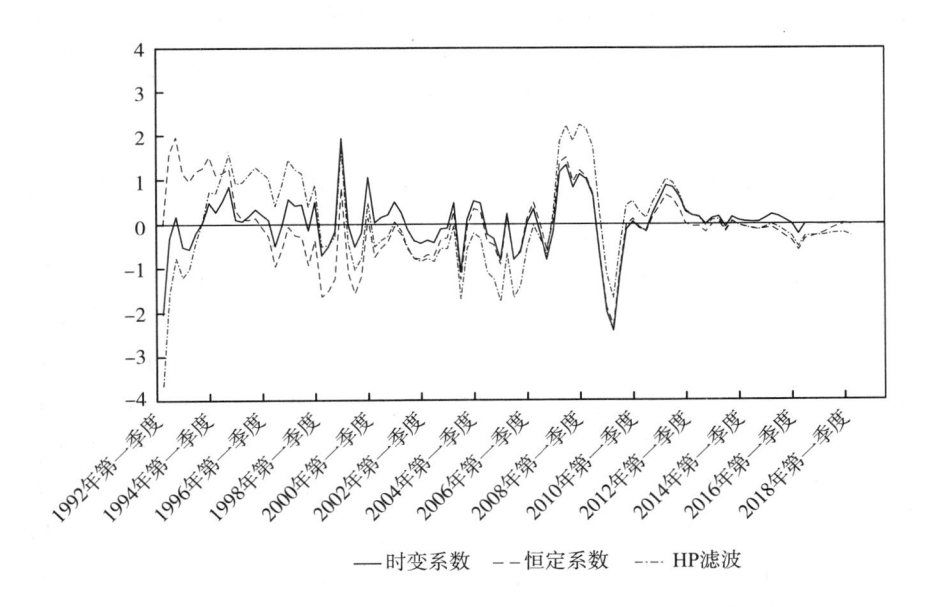

——时变系数　– –恒定系数　–·–HP滤波

图 2–5　三种滤波技术对产出缺口的估计

时变系数与恒定系数状态空间模型的估计结果很近似，所有转折点在时间上高度一致，故前文对产出缺口周期的运行时间划分不因系数的恒定与否而变化，结果具有稳健性。那么哪种模型估计得更好呢？

首先，我们认为，恒定系数模型的产出缺口估计与经济背景并不十分吻合。例如，1997年上半年，我国经济处于过热期，政府宏观经济政策的基调是适度从紧，而恒定系数模型估计这期间产出缺口为负。

其次，恒定系数模型在产出缺口的估计中并没有完全消除趋势项。以1998年第一季度分界，在此之前的产出缺口在数值上呈下降趋势，在此之后直到2003年第一季度又有明显的上升趋势。这使在1996—2005年的十年里，恒定系数模型估计的产出缺口大多数季度都处于负状态，而理想的趋势效果应该令缺口水平在较长的时期平均为零。

综合以上分析，我们认为，恒定系数模型对中国产出缺口的估计不如时变系数模型更准确。

2. 新增样本下估计的稳健性

随着样本期扩大，产出缺口如果不断变动，即估计的方法对新样本敏感，那么估计结果将不让人信服，这被称为尾点问题。在引入新样本下，理想的产出缺口估计方法是没有大的结果变化。HP滤波法等许多技术的缺陷就是对新数据较敏感，这是因为，HP滤波技术同时利用了前向和滞后信息，当样本期末缺失未来数据时，该项技术的准确性大大降低。政府对于产出缺口不但要了解其状态，还要利用产出缺口对未来通货膨胀率等重要经济指标做预测。由于HP滤波依赖于未来信息，单纯依靠历史信息做预测的精准性也较低。

现在考察EKF法估计时变系数状态空间模型对新数据的敏感性，以评估该方法在此方面的缺陷程度。将样本末端分别划定在2006年第四季度和2011年第四季度，图2-6比较了三种滤波的估计结果。HP滤波对新样本尤为敏感，基于部分样本的产出缺口估计和全部样本下的估计差别很大。例如，当样本在2006年第三季度截断，在2006年上半年缺口已经转为正向，而对应的全样本估计缺口却仍为负向；当样本在2011年第一季度截断，在2010年缺口已变为负向，体现出新增样本后向下的趋势。SKF滤波在2011年第四季度的截断比较理想，但2006年第四季度截断与全样本偏差较大，样本较小的适用性不好。对于EKF滤波，样本截断后的缺口估计和全样本估计很近似，基本无明显区别，尤其在转折点前后的趋向是一致的。状态空间方法对尾点问题的处理更优异，能为模型预测提供更高效力；而时变系数状态空间方法由于放松固定系数假设，动态反映着环境的渐变，故对新增样本的多变性有更强的适应能力。

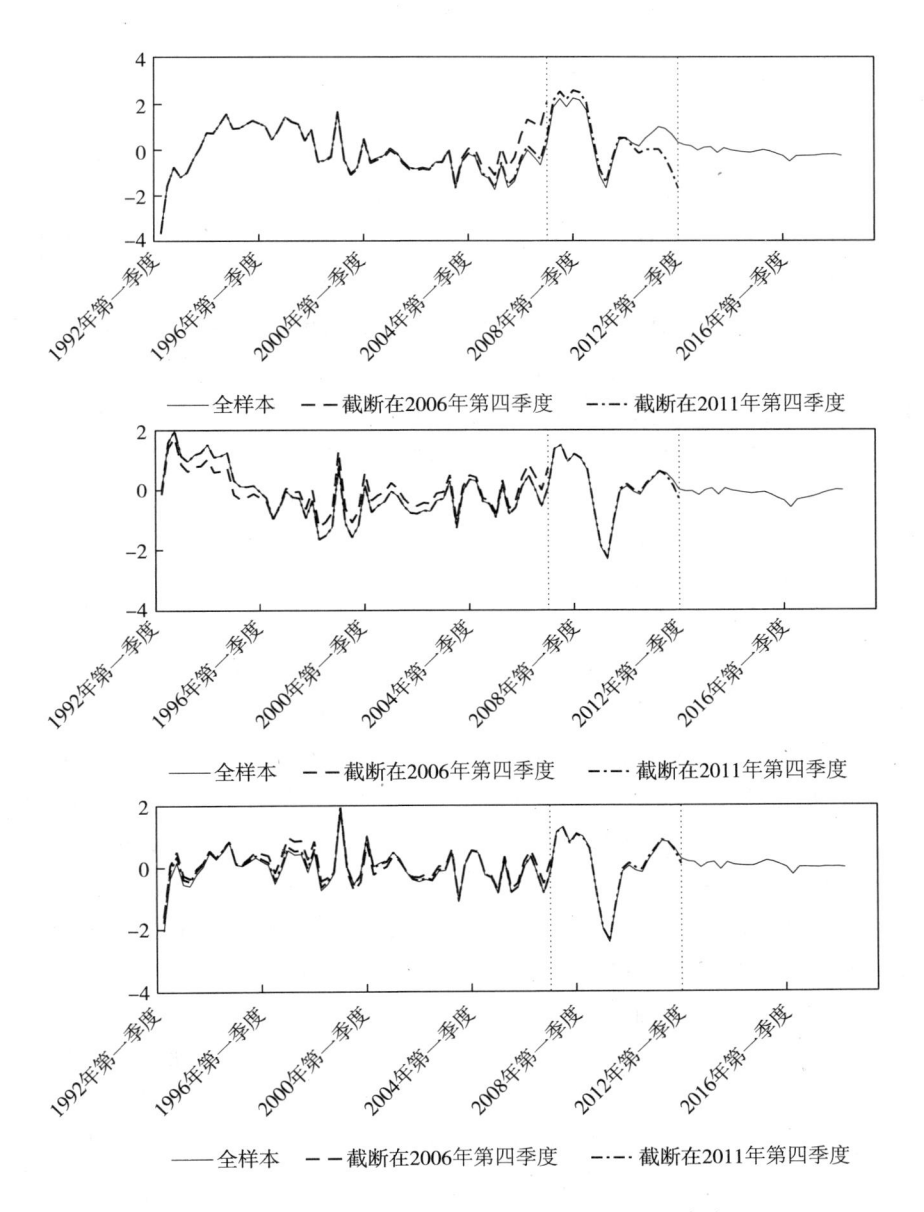

图 2-6 HP 滤波（上）、SKF 滤波（中）和 EKF 滤波（下）在样本截断时的表现

四 潜在产出增长的动力机制

对我国经济长周期进行估计，尤其需要解释中国潜在产出增长率的波动较大（潜在产出高速增长通道内的高峰年和低谷年的落差约为5%），这可以帮助理解潜在产出的内涵，摒弃不科学的增长观念。从图2-3可见，近几年的产出缺口基本呈闭合状态，故实际产出与潜在水平同步下降。作为经济体的总供给水平的理论标杆，潜在产出还具有很强的现实意义。如果从历史数据中洞察潜在产出增长的动力机制和动力转换特点，就能明晰当前的经济形势，为供给侧结构性改革指出方向。

用生产函数法对实际产出的增长进行要素核算。假定经济总量生产函数为柯布—道格拉斯形式：

$$Y = AK^{\alpha}L^{\beta} \tag{2.8}$$

式中，Y为总产出，A表示全要素生产率（TFP），L表示劳动力的投入数量，K表示资本的投入数量，α表示资本的产出弹性，β表示劳动的产出弹性。对式（2.8）取对数后再求导，可以得到经济增长核算方程：

$$G(Y) = G(A) + \alpha \cdot G(K) + \beta \cdot G(L) \tag{2.9}$$

式中，$G(x)$表示x变量的增长率。式（2.9）将GDP增长率分解为资本和劳动投入增长率的加权之和，再加上TFP的增长率。较准确地测算产出、资本、劳动、资本弹性、劳动弹性、TFP的时间序列数据是困难的，还需要做出其他假设。

假设要素市场处于完全竞争的均衡状态，规模报酬不变，利润率（r）等于资本的边际产出（$\partial Y/\partial K$），工资率（w）等于劳动的边际产出（$\partial Y/\partial L$）。资本要素收入在国民收入中的占比（rK/Y）等于资本的产出弹性（α），劳动要素收入在国民收入中的占比（wL/Y）等于劳动的产出弹性（β），满足$\beta = 1 - \alpha$，从而式（2.9）可以表示为：

$$G(Y) = G(A) + \alpha \cdot G(K) + (1 - \alpha) \cdot G(L) \tag{2.10}$$

TFP是抽象、无直接统计数字的。通常根据核算方程，从产出增长率中扣除要素投入部分，反算TFP的增长率，这称为索洛余值法：

$$G(A) = G(Y) - \alpha \cdot G(K) - (1 - \alpha) \cdot G(L) \tag{2.11}$$

从式（2.11）可以看出，TFP增长率的内涵很广，它估算的是资本和劳动保持不变状态下的产出增长。关于这部分"剩余"的 TFP 增长率，不少文献力图做出解释，相对经典的，Abramovitz（1956）认为，其远比技术进步的内容广泛，包括技术效应、制度改进、创新和不需要的部分（测量误差、模型设定误差、加总偏误等）；肯德里克（Kendrick，1961）认为，其包含技术进步、管理水平的提高、科技发明和科技应用、劳动生长率的提高；丹尼森（Denison，1974）解释其为就业人员教育程度的提高、适合于生产知识的进展、市场规模的扩大、资源配置效率的改进、法律制度层面的进步等。

本部分研究涵盖的样本为 1978—2016 年的年度数据。以 1978 年为基期经过价格调整得到的国内生产总值序列作为 Y，以全国就业人员数量作为 L，使用王维等（2017）的计算结果、以永续盘存法测度不变价格的资本存量 K。对于产出弹性的估算常用的是两种：一种是对式（2.9）做计量回归，将两个弹性 α 和 β 作为参数估计出来；另一种是通过校准的方法，在完全竞争假设下，使用各要素收入份额替代。计量方法会遇到检验的技术问题和系数的经济意义问题，本章采用校准的方法，计算资本要素收入份额（资本收入份额为生产税净额、固定资产折旧和营业盈余之和占国内生产总值的比重），将这个份额作为资本产出弹性 α 的近似，劳动要素收入份额则为（1 − α）。有了总产出、资本存量、劳动投入的数据，就容易计算它们的增长率，再利用式（2.1）即可求出全要素生产率增长率 G(A)。计算结果见图 2 − 7。

采用 Ravn – Uhlig（2002）的建议，设定 HP 滤波，提取资本、劳动、TFP 的增长率的趋势，分别定义为资本增长率趋势率 G(K*)、劳动力增长率趋势率 G(L*) 和全要素增长率趋势率 G(A*)，在图 2 − 7 中，同时以虚线描出。这样做出于三个原因：

第一，样本期内涵盖了改革开放以来较长时段，固定资产折旧率在变化，统计口径在变化，要素收入比重对要素产出弹性的替代不精确，尚有其他测量误差和模型设定误差等，这些统计细节尽管造成计算结果年份间的小波动，但不妨碍我们对经济增长三大引擎的增长率做趋势分析。

第二，关联研究本身就是做趋势性、大致的讨论，这样可以避免纠缠于增长率琐碎的波动细节。

第三，潜在产出增长率是实际产出增长率的趋势率，与之对应的应当是要素增长的趋势率。

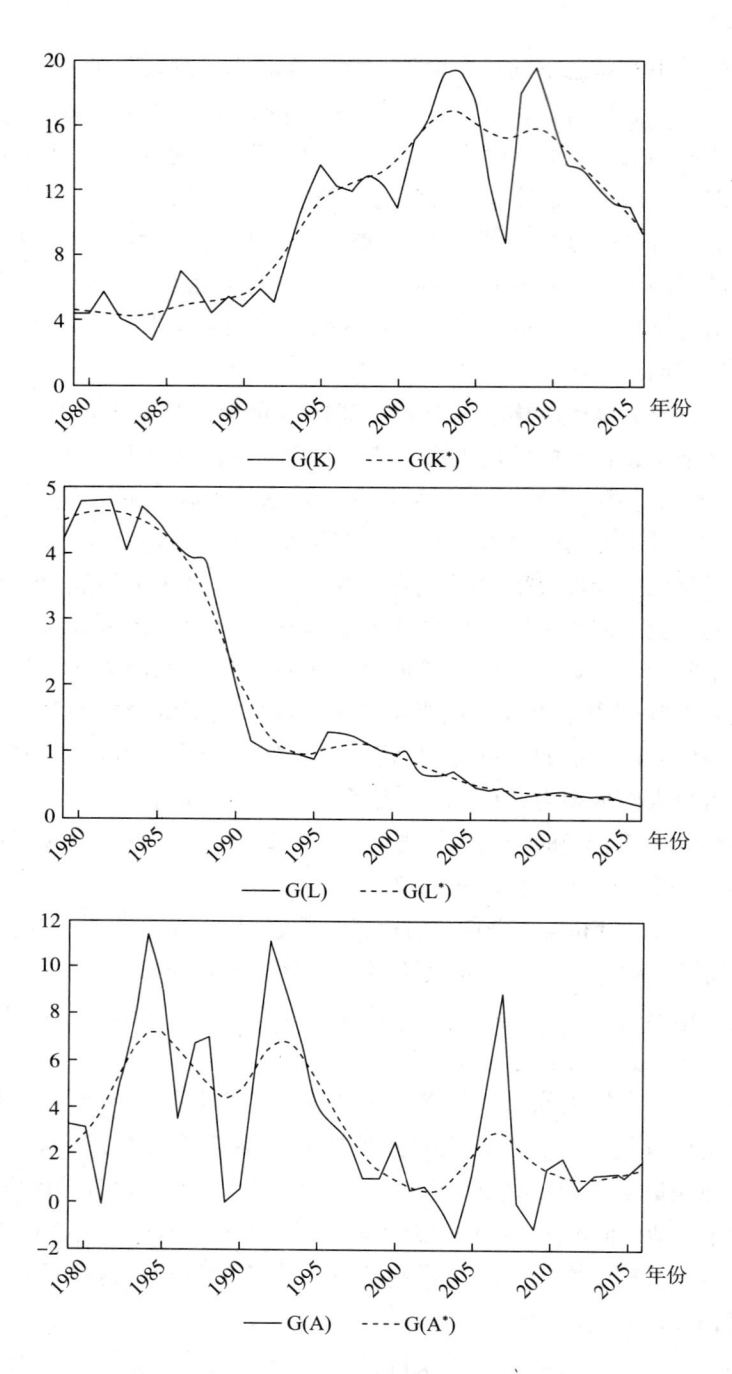

图 2-7 资本增长率（上）、劳动增长率（中）和 TFP 增长率（下）

将此前得到的 1992—2016 年季度潜在产出增长率换算为年度，为了更好地描绘改革开放以来的全景，用 HP 滤波法计算 1979—2016 年潜在产出增长率，将两种滤波做对接（1979—1991 年使用 HP 滤波，1992—2016 年使用扩展的卡尔曼滤波）。这种方式既摒除了 HP 滤波对新增样本点的敏感性，又满足了数据要求——在扩展的卡尔曼滤波方法中很多变量没有较早的数据。图 2-8 展现了改革开放以来我国潜在产出增长与其三大引擎的关联，可以总结出四个特征：

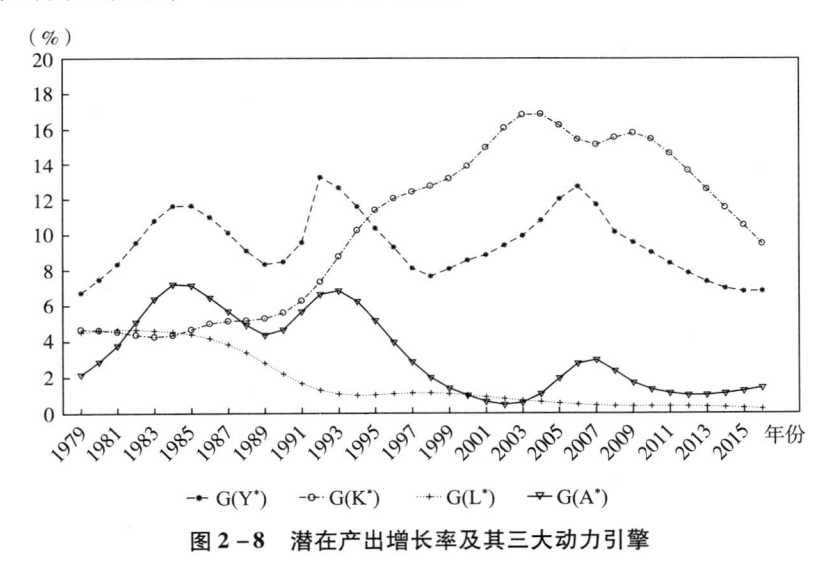

图 2-8 潜在产出增长率及其三大动力引擎

（1）整个样本期，就业增长率 G（L*）持续下行，1985—1993 年最剧烈，从 4.4% 下滑至 1.1%，而后缓慢走低至今，我国经济增长的高速并不依赖于劳动要素。

（2）潜在产出增长率 G（Y*）和 TFP 增长率趋势率 G（A*）的波动方向基本一致，尤其是峰值和低谷的节点，表明 TFP 增长率是现代经济增长的核心力量。同样注意到两处差异。一是在 1998 年由于资本增长率 G（K*）陡增，先行将潜在产出增长拉上去了，TFP 增长率还在下行，这使 G（Y*）与 G（A*）数值差异加大。二是在 2006 年 TFP 增长还在加速，但资本增长的连年下滑令潜在增长率较 TFP 先行一年的样子下滑。

（3）1993—2009 年，资本和 TFP 的增长呈现反向走势，只要拉投资，TFP 就萎缩。1993—2003 年，资本积累高歌猛进，G（K*）从 8.8% 增长至 16.8%，G（A*）却从 6.8% 下降到 0.5%。直到 2004—2007 年

G(K*)出现调整，G(A*)才得到反弹的机会。在2008—2009年G(K*)的回弹，G(A*)又被打下。

（4）自2010年后，资本增长率G(K*)下行趋势确立，TFP增长提升却微弱，使潜在产出增长减速调整。如果资本积累难以再度拉回12%以上的增长，唯有TFP快速增长方能拉动潜在经济增长。

图2-9是对三大产业做增长核算的结果，进一步验证资本和TFP增长的反向关系。

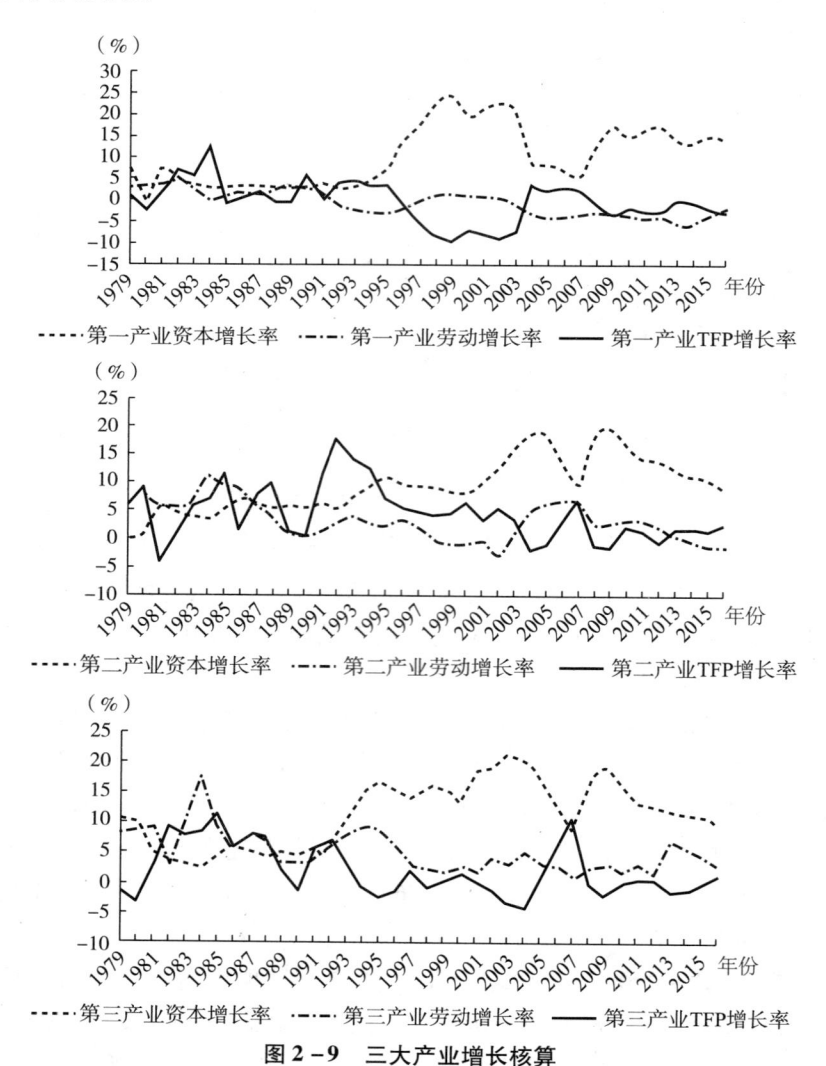

图2-9 三大产业增长核算

提取出三大产业的 TFP 增长率,以 1978 年为基期,定值 100,构建 TFP 指数,如图 2-10 所示。自 1992 年以来,TFP 增长仅靠第二产业推动,第一、第三产业没有增长。自 2007 年以来,第二产业的 TFP 也放缓了,十年间增长率仅 7%。如果从 2003 年算起,第二产业的 TFP 在 15 年间共增长 15%,相对于资本的增速每年都在 8.5% 以上,考虑到对国外新技术新知识的学习,可以说没有本土原创性的增长,第一产业和第三产业的 TFP 完全是停滞的。因此可以认为,2003 年以后,中国的增长依靠粗放的资本投入,当资本拉动乏力后,TFP 没有适时接替,导致 2013 年以来潜在产出增长率下滑。

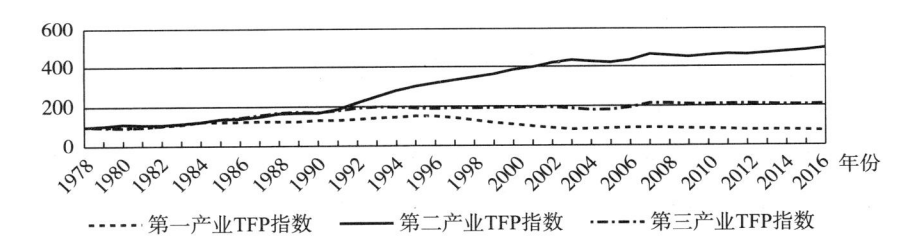

图 2-10 三大产业 TFP 指数

资本和 TFP 增长率的对立,源于粗放式的资本投入对应的是技术创新的不思进取和制度改革的缓慢。自主研发技术需要漫长而高昂的研发投入,市场风险也很大,这对于企业而言构成了很高的成本,不如从其他国家引进现成的技术和管理架构。由于引进的技术一般包含在所购买的技术设备中,已经核算在资本的增加中,因此,也就无法表现为 TFP 对增长的贡献。相对而言,粗放型增长方式的成本较低。目前,中国改革正在从"浅水区"进入"深水区",市场化取向的改革举步维艰,企业之间的竞争性越来越弱。由于居于产业链上游的国有企业具有垄断性套利的机会,因而不具有技术创新的强烈冲动;而处于中下游的民营企业受困于产业管制和融资制约,无法正常发挥其创造力。权衡成本、收益和风险后,粗放型增长方式就成为自然而然的选择。

综上所述,拉动潜在经济增长可以有两种方式:一是将资本积累再度拉回 12% 以上,依靠要素投入驱动经济增长,这不仅会导致投资低效率,还会继续打压 TFP,造成更严重的产能过剩,并推迟增长方式的转变;二是通过提高TFP实现经济增长,带动技术性投资,经济增长向集约型方式转换。显然,后一种方式是明智选择,也符合经济增长的规律。

根据经济增长阶段性的演变规律,增长方式必须从粗放型向集约型转变,TFP应成为未来中国经济增长的主导力量。为了证明这一点,可以利用要素的贡献度。要素的贡献度可以帮助我们确定经济体的增长方式。

定义劳动、资本和TFP对经济增长的贡献度分别为:

$$C_L = \frac{dL}{L} \bigg/ \frac{dY}{Y} \quad C_K = \frac{dK}{K} \bigg/ \frac{dY}{Y} \quad C_{TFP} = \frac{d_{TFP}}{TFP} \bigg/ \frac{dY}{Y}$$

从贡献度的计算公式可以看到各增长要素的贡献度和其增长率是相近的,如图2-11所示。这里我们没有采用趋势率平滑。粗放型增长方式是以要素投入为主导的,集约型增长方式是以要素使用效率提高为主导的。大体上说,当TFP贡献率大于0.5或者在工业化中后期出现TFP贡献率超越资本时,表明经济以集约型增长方式为主导;反之,经济增长以粗放型增长方式为主导。

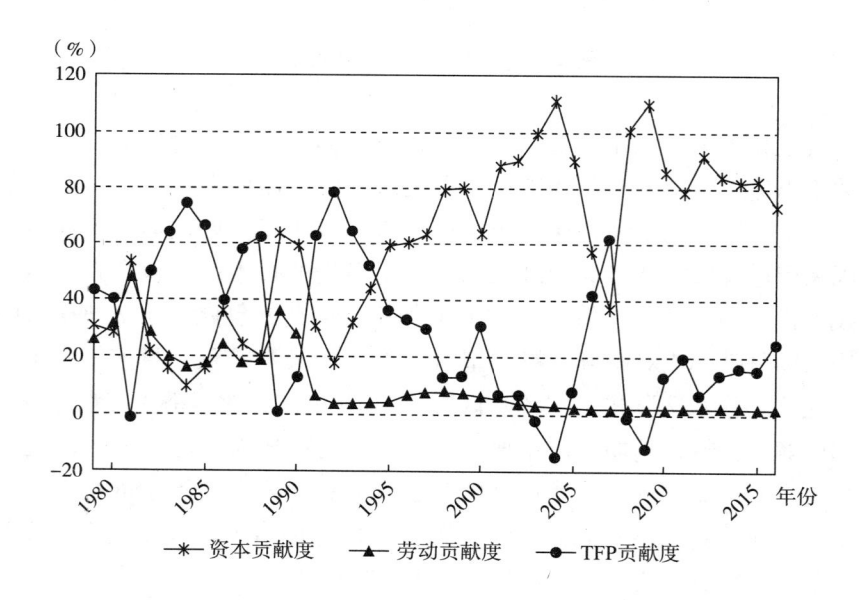

图2-11 增长要素的贡献度

从要素贡献角度可以将增长阶段粗略地分为三个。首先,发展中国家依靠劳动和自然资源的大规模投入使经济进入起飞前的跑道，这个时期储蓄率提高为起飞阶段做铺垫。其次，由高储蓄率带来的资本积累成为首要生产要素，辅以金融发展带来的资金的便捷集中和投放，释放劳动力人口流入工业，与资本要素配比推进工业化。这个阶段的特点是增长迅猛，但高投入、高消耗，在后期会遇到资本边际收益递减规律的制约，以及环境承载力、资源紧缺的压力，因而难以持久维系。社会需求结构的剧变也要求调整生产结构，走向创新型、集约型生产。最后，知识技术和制度等无形要素和软环境成为增长的主导引擎，在激励驱动和竞争压力的双重推动下，这些无形要素、软竞争力、软环境等持续被创造出来，改善着生产要素的投放质量和配置方式，经济体进入发达国家行列。

经济起飞对应着资本增长率的攀升。结合我国的经济数据，自1992年党的十四大提出建立社会主义市场经济体制的改革目标，资本贡献率逐年攀升，基本维持在50%以上。到2004—2013年，出现了资本增长的"瓶颈"，急需改变增长方式，进入到创新型经济体。经过漫长的TFP增长率下滑，在2004—2007年，TFP增长率出现过跃升，但2008年西方世界出现的国际金融危机令政府过于担心就业和经济增长，用粗放的巨额投资拉动经济，尽管资本"回春"，但TFP增长率又回到低位。2013年，我们迎来了再一次机会。2013年是资本边际收益率掉头向下的第二年（在图2-12用总资产贡献率可近似地表示），资本积累增速已有数年下滑，经济规律要求扭转经济增长方式。2013年，TFP增长率已有缓慢爬升的倾向，第三产业对GDP的占比超越第二产业且对就业的占比显现优势（见图2-13），结合"库兹涅茨事实"，我们认为，中国经济从2013年已进入增长方式转换的阶段，迫切需要TFP接替要素投入成为增长的新引擎。

增长方式的转换是困难的。中国的经济起飞，是在改革开放以后伴随工业化的进程实现的。资本积累是现代工业化的前提条件，市场化取向的经济体制改革是催化剂，市场经济不仅调动了全员要素，充分利用了劳动红利和廉价的自然资源，而且受到了资本获取超额收益的强刺激；不断扩大的对外开放吸引了外资进入，既加速了中国资本积累的进程，也通过对外贸易吸收了发达国家的知识溢出；加之宽松货币政策的牵引，使我国仅在20年间便完成起飞阶段。这20年完全体现了后发优势和体制特性，因而与其他国家的发展经验相比，既有一致也有特殊的地方。到

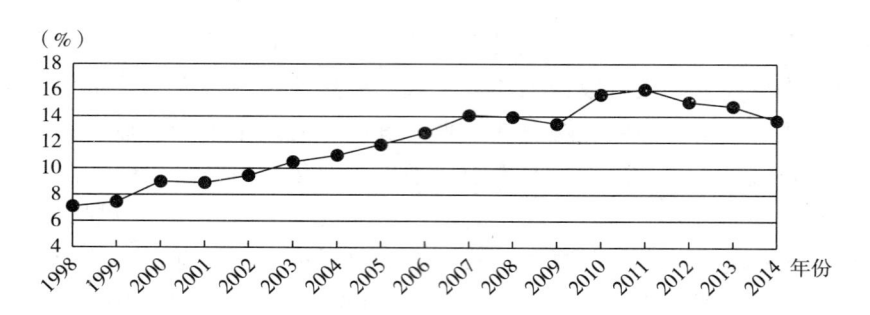

图 2-12 规模以上工业企业总资产贡献率

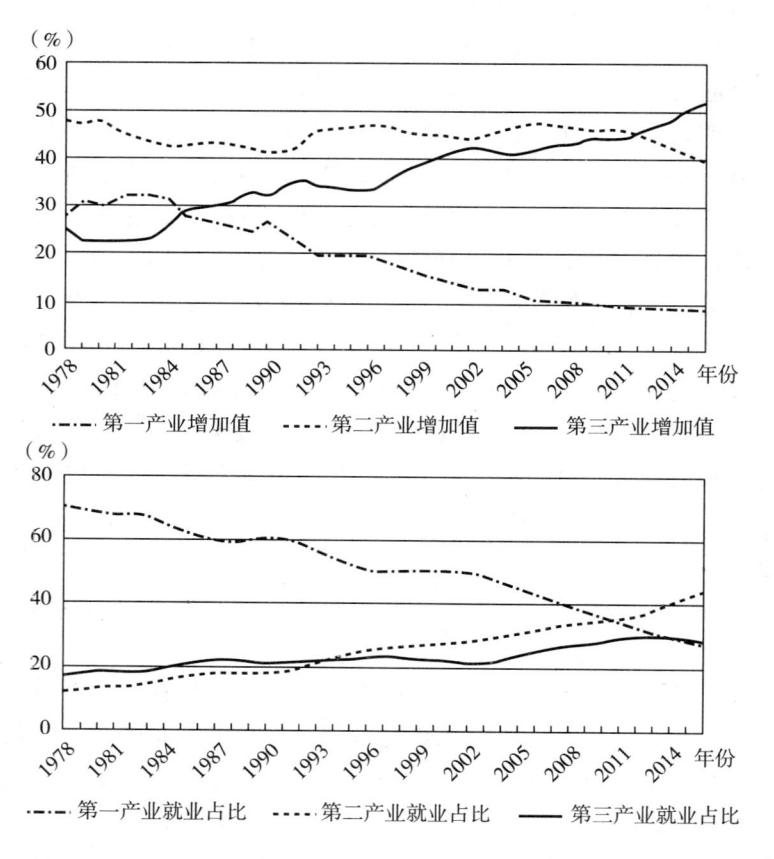

图 2-13 GDP 的三次产业构成（上）和就业的三次产业构成（下）

了工业化中后期，中国同样面临着资本收益递减、产能过剩、资源环境承载力的约束。高增长的光环掩盖了众多的问题，不积极培育未来增长的新动力，简单地进行技术模仿，忽视知识产权保护，使企业逐渐丧失了原创动力，企业家缺乏开拓精神。各级地方政府借助融资平台和土地财政推进城市化，迫使货币超额发行，使房地产业吸纳了大量流动性和经济资源，挤压了其他实体产业的发展，单极增长点应对外界的冲击是很脆弱的，高企的杠杆率在经济转型中形成了强大的阻力和流动性风险。垄断和要素价格的扭曲造就了较大的贫富差距，加大了需求侧从投资驱动型增长方式向消费驱动型增长方式转变的难度。经济体制改革步伐缓慢，固有的利益阶层对体制改革存在强烈的抵触。如果政府把"看得见的手"作为过去推动经济高速增长的依据，就会进一步排斥市场机制的作用，"看得见的手"就会成为"闲不住的手"。这些都为我国实现经济转型增添了难度。如今，若继续原有的发展模式，TFP 增长率会继续走低，不但无法实现经济增长方式的转变和可持续增长，还会给整个经济带来巨大风险。

综上所述，我国经济目前已经进入由粗放型向集约型增长方式转变的关键期和艰难期，只有成功实现经济转型，才能提高全要素生产率；而只有提高全要素生产率，才能实现经济可持续增长，成功跨越中等收入陷阱。

五 全要素生产率增长的决定因素

全要素生产率（TFP）指的是产出中无法用要素投入数量解释的部分，包括对投入要素质量的一切未加度量的改进。这里特别强调技术进步、人力资本积累、激励技术创新和制度因素。首先是技术进步。即便出现资本相对过剩、劳动人口增长停滞甚至负增长，但是，只要存在技术进步，就可以提高劳动效率，等同于劳动力数量增长的效果，并推迟或避免资本收益递减的情况发生。其次是人力资本。人力资本具有溢出效应，能够对冲掉资本收益递减的影响，还能够为供给侧提供创新的基础，满足新的经济需求。制度因素，包括宏观经济体制、产业规制、税收制度、金融体系、产权制度的改革，司法效率的提高以及货币系统的稳定等，都能使资源配置效率提高，使生产要素产生成倍放大的效果。同时，宽松自由的创新环境，也需要制度保证。

对于技术进步，这里采用能源利用效率的变化率（techE）来表示，能源利用效率是单位能耗的产值。以 1978 年不变价格计算的各年 GDP 除以各该年能源消耗量计算得到。实证分析曾探索使用研发经费支出、专利授权等替代变量，但效果欠佳，或者因这些变量对技术的促进作用存在较大的时滞，或者因成果的转化受阻，而能源利用效率的提升则能从应用结果上综合性地反映技术进步。

人力资本作用于经济包含两个层次。首先是潜在就业者的知识水平，主要在教育部门积累；其次是将知识积累运用到生产过程，使人力资本作用得以最终实现。已有指标大都着眼于第一个层次，将教育部门内知识积累情况作为人力资本存量的代表性指标，显然欠缺考虑人力资本向实际使用的转化率问题。现实问题是，为什么中国培养了这么多高知识储备的就业者，却没有产生相匹配的高效率呢？高学历毕业生在职业选择上面临收益—风险的权衡，国有企业和政府部门是享有垄断利润和体制照顾的"铁饭碗"，收益高、风险低，毕业生选择到这些创新动能低下的部门就业，而急需人才的创新生产部门却难以吸纳人力资本和提高效率，导致要素报酬下降，从而进一步丧失吸引力，如果人力资本失去发挥其才能的环境，就等同于没有人力资本积累增加。人力资本错配属于资源配置低效的一个表现，归根结底，是一个制度问题，其外在表现为就业者未能广泛参与市场化程度高的行业。本章借鉴陆明涛（2017）构造的人力资本增长率指标（humCP）来刻画知识积累速度；选择民营企业和个体行业从业人数与国有单位从业人数之比的增长率（innoEMP）表示人才市场优化，反映人力资本向生产力的转化速度。由于劳动者就业选择意识的转变有一个过程，实证中将其滞后二期解释 TFP 增速。

对于制度变迁，这里用自筹资金、其他资金和外资占全社会固定资产投资的比重变化率（instuINV）来定量描述市场化速度。尽管 instuINV 只是量化制度变迁指标之一，却最具代表性。根据此前论述，我国近 25 年的高速增长主要是依靠投资，投资的非公占比可以说明资金投向偏于市场决定还是政府计划，这种投资方式的转变反映着经济生活中的主导力量，能够体现经济的市场化程度。

创新需要有冒险精神，我国的传统文化是不鼓励冒险的，甚至把冒险视为异端和等同于危险。冒险精神需要有物质基础作保障，也需要有激励冒险的宽容的制度作保障。这里使用全国社保基金支出增长率（soc-

INSURE）来近似地表示社会对冒险精神的鼓励，为社会个体创造性冒险行为提供物质和制度保障。

下面使用 techE、humCP、innoEMP、instuINV、socINSURE 解释 TFP 的变化率 G(A)，因变量和五个解释变量的走势如图 2-14 所示。因为数据的缺失，几个变量可供回归的样本段为 1992—2016 年，共 25 年的样本。由于变量都是增长率指标，经检验皆为平稳序列，避免了伪回归问题。尽管在展示的大部分实证结果中，随机干扰项都没有自相关和异方差的问题，计量检验中仍使用异方差和自相关一致的标准误（HAC）。

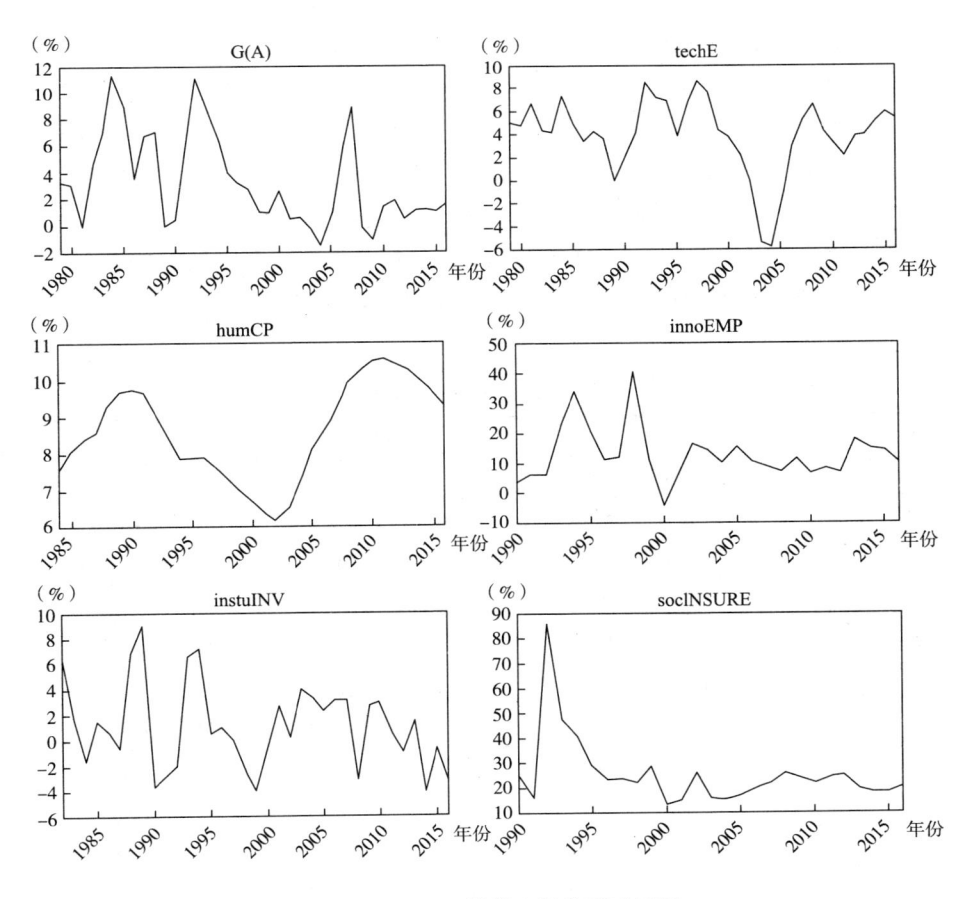

图 2-14　TFP 增长率及其影响因子

在表 2-2 的实证结果中，模型（1）至模型（3）是利用前文所选变量对 G(A) 进行解释,模型（4）至模型（6）额外添加了 G(A) 的二阶自回归项。模型（2）和模型（5）包含人力资本实现的两层变量,但表示知识积累速度的 humCP 并不显著。此外,还尝试了教育经费支出增速、教育经费占 GDP 比重,以及高等教育劳动者增长率等指标,也未发现显著的影响力。除测算精准度外,我们的猜测如前所述,根据劳动者受教育年限得来的指标未考虑人力资本的错配问题。政府长期推动教育事业发展以来,按照估算,劳动者知识储备始终保持在 6% 以上的增速,人力资本实现的"瓶颈"在于人力资源配置的优化问题,即合适的人应当选择合适的教育、从事合适的岗位。这个猜测在实证结果中体现在两处。第一,在所有包含 innoEMP 的模型中,反映人力资本转化速度的 innoEMP 都是显著的正值。第二,模型（3）和模型（6）含有人力资本两个层面的交叉乘积变量,均显著为正,知识积累和人力资本转化速度结合在一起能提速 TFP,两个层面是紧密联系的：知识积累对 TFP 的促进作用,与人力资本转化速度成正比；人力资本转化速度对 TFP 的贡献度,也与知识积累水平成正比。然而,在模型（2）和模型（5）中,我们仅看到了人力资本转化速度的正效应,说明仅靠知识积累难以促进 TFP 增长。

表 2 – 2　　　　　　　　　TFP 增速决定的回归结果

解释变量	因变量：TFP 增速 G(A)					
	模型（1）	模型（2）	模型（3）	模型（4）	模型（5）	模型（6）
常数项	-3.4334*** (0.8276)	-2.9316* (1.5354)	-3.6273*** (0.8391)	-2.8579*** (0.6609)	-1.4097 (1.9015)	-3.0206*** (0.6900)
techE	0.2449** (0.0974)	0.2540** (0.0965)	0.2284** (0.0925)	0.3010** (0.1403)	0.3393* (0.1769)	0.2813* (0.1372)
innoEMP（-2）	0.0717** (0.0309)	0.0688** (0.0262)		0.0766*** (0.0257)	0.0690*** (0.0230)	
instuINV	0.3986** (0.1431)	0.3970** (0.1495)	0.4010** (0.1414)	0.44684** (0.1953)	0.4748** (0.1957)	0.4668** (0.1977)
socINSURE	0.1473*** (0.0220)	0.1462*** (0.0212)	0.1503*** (0.0206)	0.1242*** (0.0188)	0.1222*** (0.0211)	0.1264*** (0.0182)
humCP		-0.0553 (0.2717)			-0.1619 (0.2104)	

续表

解释变量	因变量：TFP 增速 G(A)					
	模型（1）	模型（2）	模型（3）	模型（4）	模型（5）	模型（6）
humCP × innoEMP（−2）			0.0103 ** (0.0046)			0.0107 ** (0.0039)
G(A)（−1）				0.3124 *** (0.1046)	0.2985 *** (0.1102)	0.3171 *** (0.1064)
G(A)（−2）				−0.4330 ** (0.1862)	−0.4459 ** (0.1948)	−0.4280 ** (0.1837)
回归标准误	1.8932	1.9407	1.8930	1.5201	1.5456	1.5283
$\bar{R}^2$	0.6626	0.6454	0.6626	0.7825	0.7751	0.7801
对数似然	−48.6407	−48.6192	−48.6386	−41.8367	−41.5376	−41.9716

注：***、**、*分别表示1%、5%、10%的显著性水平；括号中是系数的标准误。

制度变迁、技术进步、人力资本转化和社会保障大致在6个模型中都显著为正。通过对比，包含 humCP 并不能增大解释力。去除掉 humCP 变量后，模型（1）较简洁，但已经能解释近70%的TFP增长，模型（4）的解释力最优，两者在共有变量的显著性和系数意义上都相仿。进一步地，由于加入二阶自回归项后，拟合优度提升了0.12，对数似然值增大7，回归标准误也有下降，在模型解释力和复杂度之间做权衡，我们认为，模型（4）对全要素生产率增速的刻画最好。

由于各个变量都是增长率的形式，回归系数天然表示着弹性。随着模型复杂度提高，techE、innoEMP（−2）、instuINV、socINSUR 的系数变化并不大，制度变迁对TFP增速的弹性最大（0.45），然后依次是技术进步（0.30）、社会保障（0.12）和人力资本转化速度（0.08）。如前所述，人力资本向生产力的转化终究与制度有关，因此，制度变迁对TFP增速的弹性甚至会超过0.5，远高于技术进步，而后者经常被简单地等同于TFP增速。事实上，技术进步可能也在很大程度上受制度的影响。制度包括经济制度和企业制度。吴延兵（2012）通过构建循环结构联立方程分析框架，发现民营企业在创新投入和专利创新效率上处于领先地位，国有企业在创新投入、创新效率和生产效率上均缺乏竞争力；任毅、丁黄艳（2014）利用 DEA 模型和 Malmquist 指数法，发现民营工业企业技术创新效率在整体上要强于国有及国有控股工业企业。这样看来，TFP增长的主要逻辑应当是：以适当的制度安排提供技术进步和人力资本配置优化的环境，使TFP走向良性增长、惯性增长的轨道。

脱离制度优化，单纯靠技术进步，很难令TFP成为主导力量，也就难以走向高质量、可持续的增长。从回归系数的意义上讲，在控制制度等因素不变的情况下，技术进步对TFP增长的单纯效应仅为0.3。事实上，我国以往的研发投入不可谓不大，但多数前沿的科研成果和创新应用几乎都来自国外，国内科研成果向应用层面的转化也存在着体制障碍，成果造假、骗研发经费的情况屡见不鲜，皆与制度设计和安排不合理有关。随着贸易不确定性的增加，通过技术溢出获得后发技术优势越来越难，外生的技术红利又是可遇不可求。新形势下更需要靠原发的自主创新，自主创新需要差异化个性培养和解放思想，创造力的精髓是自发性，一个社会的创造力的大小与人员和思想的流动速度成正比。同时，要鼓励创新，还必须有充裕的物质保障和社会保障。

改革开放以来，因变量G(A)出现的三次峰值（1984年、1992年、2007年），之后都是极盛而衰，波动较大。1979—1992年，尽管其他变量缺少数据，但可以看到，制度变迁和技术进步的波动较大，而且与G(A)的走势有较大的重合，能够解释G(A)的高波动。尽管有些波折，但这一时期全要素生产率年平均增长率约为5.2%，属于高速增长。这一时期高增长的主要应归功于市场化取向的经济体制改革。虽然社会主义市场经济的概念是1992年提出的，但早在1984年党的十二届三中全会上就已经提出了"在公有制基础上有计划的商品经济"的改革思路，并从此迈上了以市场化为取向的经济体制改革的正确道路。更进一步说，1984年前后，所有制结构和收入分配方式的变革、农村土地制度的变革、价格体制的改革以及对外开放等，都是以市场化为取向的经济体制改革的有机组成部分。体制变革以及与之相联系的工业化进程的加速，才是全要素生产率的增长率G(A)提高的真正原因。这也很好地诠释了TFP在中国的真正内涵：它不仅仅代表技术进步的贡献。①

1993—2002年，全要素生产率年平均增长率G(A)约为3.13%，尽

---

① 把TFP主要视为技术进步的贡献，这在经济发达国家经济制度极为稳定的条件下是可能的，而中国的经济体制正处于深化改革和不断完善的过程中。

管仍然属于较快增长，但与之前的 13 年相比，已然下了一个台阶。如果进一步观察会发现，2008—2016 年的 G(A) 再也没有超过 2%。这表明制度红利已然消失，并且人力资本增速在 2010 年后也出现了下滑。因为一种要素不可能长久保持高速增长，制度效应会衰减，人力资本增速也不可能持续保持较高的增长速度。这个时期，G(A) 下降的另一个重要原因是产业结构的变迁：2012 年以后，第三产业增加值首次超过了第二产业增加值（见图 2-13）。如前所述，TFP 增长几乎完全是靠第二产业推动的。

由能源使用效率代表的技术进步在 1997 年后从近 9% 的高位急转直下，2001 年进入 5 年的倒退期（2002 年几无增长，2003—2005 年转为约 5% 的负增长），在 GDP 高速增长的背景下反衬出增长方式的粗放。2004 年后，TFP 增长率年平均仅为 1.6%，属于低速增长。socINSURE 和 inno-EMP 在这 13 年间较稳定地分别处在 20% 和 10% 的水平上，加之两者对 G(A) 的弹性系数较小，G(A) 的波动主要受制于制度变迁、技术进步。从 2004 年起，资本对经济增长的拉动趋弱，中国经济第一次迎来增长方式转换的契机，TFP 增速在 2004—2007 年也确实出现过短暂的增长。这可能与 2004 年商业银行实行股份制改革，同年首次把保护公民的私有产权写入宪法、2007 年党的十七大提出推进各方面体制改革创新以及社会保障制度的不断完善有关；也可能与 2008 年受国际金融危机的影响、外需不振和技术引进萎缩有关。政府使用需求侧的强刺激政策，重启政府主导的资本拉动的粗放型增长模式，用计划手段将信贷和财政资源配置给国有企业，在危机中挤压和限制了民营企业，本来是需求层面的小周期，反而因政府高度干预削弱了市场机制的作用，从而延缓了制度变迁的进程，导致供给侧效率下降。另外，由于国有企业具有软预算约束的特征，粗放的投资驱动必然挤压财政空间，进而抬高经济杠杆，但是，为了提供流动性又会继续抬高经济杠杆，当陷入恶性循环后，只能进一步挤压市场、使民营经济陷入困境，从而留给制度改革的资源就会越来越稀少。由图 2-14 可知，2013 年后，制度变迁变量虽未见转好，但技术进步在迎来智能制造的新契机后却略有向上，TFP 增长率有向上的迹象，中国经济可能又一次迎来了增长方式转型的机会，如能加大制度供给，释放制度红利，TFP 可以成为中国经济潜在增长的新引擎。

六 结论和建议

（一）结论

本章构造了一个具有时变系数的非线性结构模型，描述中国经济环境的变化，用对通货膨胀—产出缺口的动态设定保证经济内涵，使用扩展的卡尔曼滤波法实证估计出潜在产出增长率变动的长周期、产出缺口波动的短周期、主要经济变量之间的动态联系以及外生变量施加影响的时变作用系数，揭示了1992年以来经济波动的规律。从长周期来看，始于2006年第四季度的收缩期已经历时十年，并且已经低于上一个波谷年1998年的增长率，至今尚未完成筑底。事实上，在可预见的将来，中国的经济增长已经不可能再收敛到原先的增长路径。作为长期增长的趋势，潜在产出增长率的这种变化表明，中国经济已进入一个新的增长阶段，以往的增长模式已经难以为继。从短周期来看，在市场化改革的探索早期，产出缺口波动基本是由经济活力释放带来的过热和政府反通货膨胀的紧缩性政策导致。随着中国融入世界经济，产出缺口多因外部冲击导致需求不振进入过冷期，尔后政府因使用财政和货币政策刺激过猛导致过热，需求政策反复收放带来小周期波动。短期内政府干预频繁，忽视了市场机制调节经济的功能，刺激经济的政策过于频繁且过于猛烈，放大了已经存在的结构不均衡。我国的货币政策前瞻性不足，存在着严重的失误。但仅依靠国有企业体制的投资刺激会带来产业结构不合理、产能过剩和打压市场经济等供给面弊病，长久积累则为结构性减速埋下了伏笔。自2011年起，产出缺口已多年趋于闭合，实际产出水平跟随潜在产出水平探索下行的空间。

潜在产出增长的波动受供给面因素影响，"非典"、外部金融危机等需求面冲击以及需求面的政策刺激不能改变潜在产出增长的运行方向。改革开放以来，我国潜在产出增长与其三大引擎的关联，可以总结出四个特征：（1）就业增长率呈现持续下行的趋势，我国的高速经济增长并非依靠劳动要素。（2）潜在产出增长率和TFP增长的波动方向基本一致，TFP增长率应是现代经济增长的核心力量。（3）资本和TFP增长自1992年以来基本呈现对立走势，意味着资本投放是粗放型的，这在三大产业增长的要素核算上得到了验证：TFP 增长自 1992 年以来仅靠第二产业推动，第一、第三产业没有增长；2007 年后第二产业的 TFP 十年仅增长 7%，相对于资本的增速每一年都在 8.5% 以上，要素效率基本没有自主性的增长，第一产业和第三产业的 TFP 则完全是停滞的。(4) 自 2010 年后，粗放的资本拉动的效率降低，TFP 增长提升却微弱，使潜在产出增长减速调整。2013 年后，第三产业比重超越第二产业，且在吸纳就业方面显现出优势，中国经济已进入到增长方式转换的阶段，必须向集约型、创新型增长转变，提高 TFP 应成为未来中国经济增长的主要途径和主导力量。

通过计量实证发现，制度变迁、技术进步、人力资本配置的优化和对创新性冒险精神的鼓励，与 TFP 自身的增长惯性一道能够解释近 80% 的 TFP 增长。人力资本积累因错配并未起到应有的作用。制度因素对 TFP 增速的弹性超过 0.5，远高于技术进步，应以适当的制度安排激励技术进步和人力资本配置优化，使 TFP 走向良性增长、惯性增长的轨道上。过往政府主导的粗放型资本投放，除拉低技术进步外，生产资源向国有企业体制内的计划性倾斜必然会延缓市场化进程，导致资本投入和 TFP 对立。中国经济的高速增长以前是建立在粗放型和投资驱动型的经济增长方式基础之上的，这种增长方式不仅具有较高的投入产出比和较低的经济效率，并且导致了严重的资源短缺和环境污染，经济增长质量低下。虽然这种增长方式在实现我国经济起飞的过程中起到了积极的作用，也有其存在的客观必然性，但不能保证经济增长具有可持续性。在增长方式转变的关键期，当首要戒除旧有的增长模式。目前，制度变迁变量虽然未见转好，但技术进步在迎来智能制造的新红利后略有向上，TFP 增长率有向上的势头。未来加大制度供给，继续释放制度红利，是实现增长方式向集约型、创新型转变，跨越中等收入陷阱的关键。

（二）建议

第一，进一步深化经济体制改革，切实使市场机制在资源配置中起决定性作用，同时要转变政府职能，切实把市场和政府的优势都充分发挥出来，才有可能有效地提高 TFP，成功地实现经济转型，实现经济可持续增长。

在市场机制中，价格机制和竞争机制的作用尤为重要。虽然我国一般商品和服务的市场化程度已经很高，但资本、劳动、包括土地在内的自然资源等最主要的生产要素的市场化程度却不高。生产要素价格改革的方向是要尽可能反映出各类资源的稀缺程度。为此，政府应逐步放松对价格的直接管制，让价格在市场竞争中形成。只有这样，才能抑制对生产要素的掠夺性、浪费性使用，缓解自然资源的供需矛盾，提高资源的使用效率，激励企业采用更为集约的生产方式，从而促进经济增长方式的转变。

竞争是实现技术进步的必要条件。目前，中国的市场竞争机制远未完善，垄断行业过多，垄断程度过高，而且多以行政性垄断为主。在这样的市场结构下，许多垄断企业往往靠垄断地位或者政府给予的特殊政策就可以获取高额利润，从而丧失了通过技术进步和创新提高要素使用效率的动力和外在压力，使市场价格机制难以发挥应有的调节作用。另外，在垄断程度较高的情况下，也不利于人力资本配置优化。因此，政府应通过市场化路径，把不属于国家安全和国民经济命脉领域的国有资本通过资产重组、优胜劣汰等方式，从竞争性、非关键性领域中退出，收缩国有经济的战线。同时，在部分垄断性领域放宽市场准入，清理行政性干预，给予企业的政策保护，吸引民间资本参与经营，促进市场竞争。

总之，继续深入推进我国的经济体制改革和企业制度改革，是提高TFP和经济转型的关键。政府应根据经济社会发展对制度的需求提供相应的制度供给，实现制度供求的均衡。

第二，逐步构建转变经济增长方式的微观基础，同时对企业转变经济增长方式给予政策支持。经济增长方式的转变是由企业而不是由政府完成的。在现实经济中，企业究竟是选择以要素投入为主导的粗放型增长方式，还是选择以技术进步、知识积累和人力资本积累为主导的集约型增长方式，取决于对两种方式的成本收益比较，这是一种市场化的选择。假如粗放型增长方式具有更低的成本或更高的收益，企业的理性选择自然是粗放型增长方式；反之亦然。因此，要加大企业运用粗放型增长方式进行生产的成本，包括要素价格由市场决定、加速企业固定资产的更新改造、提高污染企业进入市场的门槛以及将企业负外部性内部化和节能减排等政策措施，逐步构建转变经济增长方式的微观基础，激发企业自觉转变经济增长方式的内生动力。此外，为降低企业采用集约型经济增长方式的成本，政府还应对企业实现技术进步、人力资本积累的措施给予激励,例如,企业因提前更新固定资产所造成的折旧损失、对劳动者因使用新机器设备进行技术培训所发生的费用等,都应给减免税等激励政策,这种有针对性的精准激励效应要强于政府对企业是否为高新企业的认定。因为后者不能避免企业通过"寻租"方式获取高新企业资格的认证,政府也无法避免"指鹿为马"的现象发生。

第三,重视人力资本存量的积累和优化人力资本的配置效率。加大教育经费投入,大力发展高等教育、职业教育,提高教育质量固然能够提高劳动效率和创新的潜力,但是,积累起来的人力资本如果没有适配的发挥环境也是枉然。导致人力资本错配的根本原因还是体制上的原因。因为高校无论设置何种专业或者学生学习什么专业,其就业选择大都倾向于收入高且稳定的行业,尤其是垄断行业。因此,根本性的解决办法依然是体制改革。为此,必须缩小垄断行业的范围和垄断企业的数量以及政府机构的人员规模,改革分配制度和社会保障制度,充分发挥市场竞争机制的作用。此外,深化户籍制度改革,降低劳动者流动的搜寻成本和试错成本,拆除行业进入和退出壁垒,消除生产要素流动的制度性障碍,创造一个个人能进能退、企业能生能死的制度和政策环境,通过竞争机制实现优胜劣汰,也是实现人力资本最优配置的有效途径。

总之,只要不断地深入推进以市场化为取向的经济体制改革,完善社会主义市场经济体制,构建经济转型的微观基础,重视人力资本的积累和配置效率,同时推出各项有利于 TFP 提高和经济转型的政策,并通过社会保障制度的改革和完善,有力地保障和改善民生,中国经济就可以实现长期可持续增长和高质量发展。

参考文献

[1] 邓创、吴泰岳、石柱鲜:《我国潜在产出,自然利率与均衡汇率的联合估计及其应用》,《数理统计与管理》2012 年第 3 期。

[2] 科尔奈:《短缺经济学》,经济科学出版社 1986 年版。

[3] 刘斌、张怀清:《我国产出缺口的估计》,《金融研究》2001 年第 10 期。

[4] 刘金全、金春雨、郑挺国:《中国菲利普斯曲线的动态性与通货膨胀率预期的轨迹——基于状态空间区制转移模型的研究》,《世界经济》2006 年第 6 期。

[5] 刘树成、张晓晶、张平:《实现经济周期波动在适度高位的平滑化》,《经济研究》2005 年第 11 期。

[6] 吕介民:《实际季度 GDP 指数和季度 CPI 指数的测算》,《中国统计》2012 年第 3 期。

[7] Rawski, T. R.:《近年来中国 GDP 增长核算——目前的状态》,《经济学》(季刊) 2002 年第 1 期。

[8] 石柱鲜、黄红梅、石庆华:《关于中国潜在 GDP 与景气波动,通货膨胀的经验研究》,《世界经济》2004 年第 8 期。

[9] 王国刚:《物价变动并非总是货币政策的函数》,《经济学动态》2009 年第 10 期。

[10] 许召元:《中国的潜在产出、产出缺口及产量—通货膨胀交替关系——基于 Kalman 滤波方法的研究》,《数量经济技术经济研究》2006 年第 12 期。

[11] 颜双波、张连城:《潜在产出与产出缺口的界定与测算方法》,《首都经济贸易大学学报》2007 年第 1 期。

[12] 张连城:《通货膨胀周期及其影响因素分析》,《人民日报》2011 年 3 月 17 日第 23 版。

[13] 张连城:《中国经济波动的新特点与宏观经济走势》,《经济与管理研究》2008 年第 3 期。

[14] 周景彤、辛本胜:《货币增长是通货膨胀的主因吗?》,《经济学动态》2011 年第 3 期。

[15] Abramovitz, M., "Resource and Output Trends in the United States Since 1870", *American Economic Review Papers and Proceedings*, No. 46, 1956, pp. 1 – 23.

[16] Aguiar, M. and Gopinath, G., "Emerging Market Business Cycles: The Cycle is the Trend", *Journal of Political Economy*, Vol. 115, No. 1, 2007, pp. 69 – 102.

[17] Benati, L., "Long – run Evidence on Money Growth and Inflation", *Bank of England Quarterly Bulletin*, Vol. 45, No. 3, 2005.

[18] Canova, F., "Detrending and Business Cycle Facts", *Journal of Monetary Economics*, Vol. 41, No. 3, 1998, pp. 475 – 512.

[19] Civera, J., Davison, A. J. and Montiel, J. M., *Structure from Motion*

Using the Extended Kalman Filter, Berlin: Springer, 2012.

[20] Clark, P. K. , "The Cyclical Component of US Economic Activity", *The Quarterly Journal of Economics*, Vol. 102, No. 4, 1987, pp. 797 – 814.

[21] Cogley, T. and Nason, J. M. , "Effects of the Hodrick – Prescott Filter on Trend and Difference Stationary Time Series Implications for Business Cycle Research", *Journal of Economic Dynamics and Control*, Vol. 19, No. 1, 1995, pp. 253 – 278.

[22] Colander, D. , Howitt, P. and Kirman, A. et al. , "Beyond DSGE Models: Towards an Empirically Based Macroeconomics", *The American Economic Review*, Vol. 98, No. 2, 2008, pp. 236 – 240.

[23] Durbin, J. and Koopman, S. J. , *Time Series Analysis by State Space Methods*, Oxford University Press, 2012.

[24] Harvey, A. C. , *Forecasting, Structural Time Series Models and the Kalman Filter*, Cambridge University Press, 1990.

[25] Howitt, P. , "Coordination Issues in Long – run Growth", *Handbook of Computational Economics*, Vol. 2, No. 5, 2006, pp. 1605 – 1624.

[26] Kang, K. H. , "Estimation of State – space Models with Endogenous Markov Regime – switching Parameters" , *The Econometrics Journal*, Vol. 17, No. 1, 2014, pp. 56 – 82.

[27] Kiley, M. T. , "Output Gaps", *Journal of Macroeconomics*, Vol. 37, 2013, pp. 1 – 18.

[28] Kim, C. J. , "Markov – switching Models with Endogenous Explanatory Variables", *Journal of Econometrics*, Vol. 122, No. 1, 2004, pp. 127 – 136.

[29] Kim, C. J. , Manopimoke, P. and Nelson, C. R. , "Trend Inflation and the Nature of Structural Breaks in the New Keynesian Phillips Curve", *Journal of Money, Credit and Banking*, Vol. 46, No. 2 – 3, 2014, pp. 253 – 266.

[30] Kirman, A. P. , "Whom or What does the Representative Individual Represent?" , *The Journal of Economic Perspectives*, Vol. 6, No. 2, 1992, pp. 117 – 136.

[31] Kuan, C. M. , Huang, Y. L. and Tsay, R. S. , "An Unobserved – com-

ponent Model with Switching Permanent and Transitory Innovations", *Journal of Business and Economic Statistics*, Vol. 23, No. 4, 2005, pp. 443 – 454.

[32] Kuttner, K. N., "Estimating Potential Output as a Latent Variable", *Journal of Business and Economic Statistics*, Vol. 12, No. 3, 1994, pp. 361 – 368.

[33] Kuttner, K. and Robinson, T., "Understanding the Flattening Phillips Curve", *The North American Journal of Economics and Finance*, Vol. 21, No. 2, 2010, pp. 110 – 125.

[34] Özbek, L. and Özlale, U., "Employing the Extended Kalman Filter in Measuring the Output Gap", *Journal of Economic Dynamics and Control*, Vol. 29, No. 9, 2005, pp. 1611 – 1622.

[35] Özlale, U. and Özbek, L., "Analyzing Time – varying Effects of Potential Output Growth Shocks", *Economics Letters*, Vol. 98, No. 3, 2008, pp. 294 – 300.

[36] Roffia, B. and Zaghini, A., "Excess Money Growth and Inflation Dynamics", *International Finance*, Vol. 10, No. 3, 2007, pp. 241 – 280.

[37] Solow, R. M., "Reflections on the Survey", in Colander ed., *The Making of an Economist*, Redux, Princeton: Princeton University Press, 2008, pp. 234 – 238.

[38] Wimanda, R. E., "Threshold Effects of Exchange Rate Depreciation and Money Growth on Inflation: Evidence from Indonesia", *Journal of Economic Studies*, Vol. 41, No. 2, 2014, pp. 196 – 215.

第三章　结构性减速背景下提高潜在产出增长率的路径选择*

本章在传统的增长核算框架中引入了人力资本、产出弹性变化和要素配置效率，为进行经济潜在增长率评估和政策建议提供了一个分析框架。本章运用这一框架探讨了挖掘中国经济增长潜力应对结构性减速的可行性。本章提出，采用以下政策组合可以缓解结构性减速的压力：通过深化高等教育事业发展以提升人力资本规模；通过发展现代农业挤出隐性冗余劳动力以提升简单劳动配置效率，通过去产能提高企业的设备产能利用率以促进资本配置效率，通过实行弹性退休制度、加强社会保障建设等以提高人力资本的配置效率；通过提升人力资本溢价、人力资本规模和广义劳动份额等方式以提升人力资本的产出弹性。本章进一步的情景模拟结果表明，这些政策组合对经济增长有显著的提升作用，在积极的增长促进政策特别是人力资本发展政策的综合作用下，2017—2030年经济潜在增长率可以维持在7.5%左右，结构性减速压力将基本消除。

一　引言

中国经济增长面临结构性减速，虽有研究表示异议[①]，但投资减速、劳动人口下降和资本产出弹性下降，一起构成了中国经济面临的减

---

*　本章由陆明涛执笔。

①　张月友、董启昌、倪敏：《中国经济进入"结构性减速"阶段了吗?》，《经济学家》2017年第5期。

速压力，已成为学术界的共识。① 基于这一共识，如何进一步挖掘经济增长潜力，成为学术界关注的重点。② 在党的十九大开启全面建设社会主义现代化国家新征程的新时代，如何运用统一的分析框架分析探讨中国经济增长的历史动力与未来潜力，挖掘中国经济的新增长点，确保经济平稳较快增长，对于决胜全面建设小康社会具有重要的理论和现实意义。

根据现有研究，中国经济增速下降是由结构性减速这一长期趋势决定的。③ 但是，若将这种结构性减速理解为机械而不能有任何改变的确定型轨迹，无疑是过于悲观了。事实上，长期趋势分析都是在既定制度和政策下进行的分析，而经济增长机制不仅受制于长期趋势，也受许多短期因素的重要影响，特别是许多制度性、政策性因素的影响。因此，在结构性减速背景下，我们仍然可以通过制度变革和政策措施来挖掘增长潜力，确保经济增长率保持适当水平。这些制度变革和政策措施，需要建立在成熟完备的经济增长理论的基础上。

在研究经济增长的分析中，常用的经济增长分析工具有增长回归和增长核算。④ 但是，增长回归主要关注的是收敛和各国差异等问题，因而并不适用于一个国家的分析，因此，在经济增长分析中，主要采用增长核算框架，对经济增长方程进行分解，然后逐个考察分解项。这种做法

---

① 张平、刘霞辉等：《中国经济长期增长路径、效率与潜在增长水平》，《经济研究》2012年第11期；张平、刘霞辉等：《中国经济转型的结构性特征、风险与效率提升路径》，《经济研究》2013年第10期；中国经济增长前沿课题组：《中国经济增长的低效率冲击与减速治理》，《经济研究》2014年第12期；李子联、华桂宏：《新常态下的中国经济增长》，《经济学家》2015年第6期。

② 翁媛媛、高汝熹：《中国经济增长动力分析及未来增长空间预测》，《经济学家》2011年第8期；沈坤荣、滕永乐：《"结构性"减速下的中国经济增长》，《经济学家》2013年第8期；任保平：《新常态要素禀赋结构变化背景下中国经济增长潜力开发的动力转换》，《经济学家》2015年第5期。

③ 陆明涛、袁富华、张平：《经济增长的结构性冲击与增长效率：国际比较的启示》，《世界经济》2016年第1期。

④ Steven N. Durlauf, Paul A. Johnson and Jonathan R. W. Temple, "Growth Econometrics", in Aghion, P., Durlauf, S. N. eds., *Handbook of Economic Growth*, The Netherlands: Elsevier, B. V., 2005, pp. 555 – 677. Francesco Caselli, "Accounting for Cross – country Income Differences", in Aghion, P. and Durlauf, S. N. eds., *Handbook of Economic Growth*, The Netherlands: Elsevier, B. V., 2005, pp. 679 – 741.

简单明快,因而成为对中国经济进行评估和政策分析最为重要的基准方法①,也是结构性减速结论产生的基准框架。② 但是,结构性减速分析并未关注增长要素及产出弹性之外的制度、政策和结构等深层因素,因此,结构性减速这种悲观前景仍然有改善的空间。

二 文献述评

从长期趋势来看,经济增长理论的基础是生产函数,而最为常见的生产函数为柯布—道格拉斯生产函数(CD 生产函数),假定经济中的总产出服从如下方程:

$$Y = AK^{\alpha}L^{\beta} \qquad (3.1)$$

对式(3.1)取对数并求导,可以将经济增长率分解为全要素生产率、用产出弹性加权的资本和劳动增长率之和,这就是建立在索洛模型基础上的最为简单的国民收入核算框架。③ 但是,在现有的经济增长分析中,采用索洛模型进行国民收入核算或增长回归,往往难以得到符合现实的满意解释。特别是随着非参数法计算全要素生产率的引入,TFP、资本和劳动的增长率都可以通过各自的方式求得,理论上说,加总三者后就应该得到经济增长率,但加总的结果往往非常不理想。④ 因此,要对各国经济增长的国民收入核算体系进行深入探讨,就需要对式(3.1)进行修正。更重要的是,在结构性减速趋势难以逆转⑤的条件下,上述框架并未给经济政策提供政策工具,这就要求我们必须进一步扩展上述框架。

---

① 范志勇、毛学峰:《开放条件下中国收入增长的效率及结构特征:1981—2010》,《经济研究》2013 年第 3 期;陆旸、蔡昉:《人口结构变化对潜在增长率的影响:中国和日本的比较》,《世界经济》2014 年第 1 期。

② 陆明涛、袁富华、张平:《经济增长的结构性冲击与增长效率:国际比较的启示》,《世界经济》2016 年第 1 期。

③ Solow, R. M., "A Contribution to the Theory of Economic Growth", *The Quarterly Journal of Economics*, Vol. 70, No. 1, 1956, pp. 65 – 94. Solow, R. M., "Technical Change and the Aggregate Production Function", *The Review of Economics and Statistics*, Vol. 39, No. 3, 1957, pp. 312 – 320.

④ Del Gatto, M., Di Liberto, A. and Petraglia, C., "Measuring Productivity", *Journal of Economic Surveys*, Vol. 25, No. 5, 2011, pp. 952 – 1008.

⑤ 陆明涛、袁富华、张平:《经济增长的结构性冲击与增长效率:国际比较的启示》,《世界经济》2016 年第 1 期。

扩展之一是进一步对 TFP 进行分解，试图得到更为细致的分析结论。根据 TFP 的基本理论，TFP 表示的是除生产要素规模扩张所引致的产出增长效应，一般可分解为技术进步（TC）和生产效率变化（TEC）。① 但是，无论是参数法还是非参数法对 TFP 的分解和研究，都未能解释 TFP 的来源和决定因素，使 TFP 特别是 TEC 等仍然算是未知测度，无助于我们对现实问题的理解。基于企业、行业、地区等层面的 TFP 及其分解项目的研究，也因为 TFP 的计算方法及加总问题等因素而难以得到整体经济层面的规律性认识和政策性启示。② 对于生产效率变化，由于技术效率既可以从投入角度来衡量，也可以从产出角度来衡量，而且在规模报酬不变假定下，两种方法应是等同的，因此，我们可以通过测度技术投入效率来分析生产效率变化。③ 在要素配置效率测度方面，现有方法要么通过测算要素配置相对于要素价格均等时的理想配置的偏离来测度要素的配置效率④，要么基于某种理论推导出配置效率的计量模型，通过现实数据进行计量回归得到配置效率的估计结果⑤，但这些方法都需要对理论模型进行先验设定，这种先验设定往往会因为经济结构变迁而造成设定失误。而另一些研究直接选用部分统计变量作为要素配置效率的测度，如采用设备利用率或产能利用率等作为资本配置效率⑥，选用失业或冗余人口等指标作为劳动配置效率的指标⑦，能够更好地利用公开的长期统计数据测度较长时期不同投入要素的配置效率，能够给出更为客观的测度，从而更有助于得出政策建议。

---

① [澳] 科埃利、拉奥、奥唐奈等：《效率与生产率分析引论》，王忠玉译，中国人民大学出版社 2008 年版。

② Del Gatto, M., Di Liberto, A. and Petraglia, C., "Measuring Productivity", *Journal of Economic Surveys*, Vol. 25, No. 5, 2011, pp. 952 – 1008.

③ [澳] 科埃利、拉奥、奥唐奈等：《效率与生产率分析引论》，王忠玉译，中国人民大学出版社 2008 年版。

④ Adamopoulos, T., Brandt, L. and Leight, J. et al., "Misallocation, Selection and Productivity: A Quantitative Analysis with Panel Data from China", *Social Science Electronic Publishing*, 2017. Bento, P. and Restuccia, D., "Misallocation, Establishment Size, and Productivity", *Social Science Electronic Publishing*, Vol. 9, No. 3, 2017, pp. 267 – 303.

⑤ David, J. M. and Venkateswaran, V., "Capital Misallocation: Frictions or Distortions?", *The National Burea of Economic Research*, 2017.

⑥ 董敏杰、梁泳梅、张其仔：《中国工业产能利用率：行业比较、地区差距及影响因素》，《经济研究》2015 年第 1 期。

⑦ 蔡昉、王德文：《中国经济增长可持续性与劳动贡献》，《经济研究》1999 年第 10 期。

扩展之二是将人力资本纳入式（3.1），用人力资本的提高来解释式（3.1）中的技术进步。由于人力资本和技术进步是紧密相连的[①]，相对于技术进步的难以测度，人力资本可以用教育、研发投入、专利等各种变量进行衡量。[②] 因此，我们可以直接将可观测的人力资本作为劳动增进型技术进步的代理变量。典型的做法包括将人力资本作为一个独立的生产要素构建三要素的索洛方程[③]，但由于人力资本有多种测量方法，根据现有测量方法得到的人力资本索洛方程对于OECD国家的解释力并不好，且有研究发现，人力资本对索罗残差、人均GDP水平和经济增长率的解释力非常有限。[④] 我们认为，经济学意义上的人力资本，主要是指具有高等教育水平的劳动者所拥有的技能，并计算了基于这一定义的人力资本。[⑤] 由于这一定义确保了人力资本与劳动之间的独立性，且具有测量尺度的客观性和可比性，因而可以弥补现有增长核算框架的不足。

扩展之三是将资本和劳动的产出弹性由常数改为可变变量。事实上，索洛最早的研究就是首先通过会计核算方法得到资本收入份额作为资本产出弹性的估计，然后反推TFP。[⑥] 同时，在发展中国家高速增长的过程中，存在资本要素产出弹性的逐渐上升和劳动要素的逐渐下降的趋势。要素产出弹性的变化主要源于产业结构的变化，这也是我们早先有关结构性减速结论论证的一个重要前提。[⑦] 但是，现有的研究大都只是对劳动和资本的产出弹性变化进行分析，并未考虑人力资本产出弹性的变化。

从现有研究进展可以看出，通过将人力资本、可变要素产出弹性和

---

① Romer, P. M., "Endogenous Technological Change", *Journal of Political Economy*, Vol. 98, No. 5, 1990, pp. 71 – 102.

② Lucas, R. E., "On the Mechanics of Economic Development", *Journal of Monetary Economics*, Vol. 22, No. 1, 1988, pp. 3 – 42.

③ Mankiw, N. G., Romer, D. and Weil, D. N., "A Contribution to the Empirics of Economic Growth", *The Quarterly Journal of Economics*, Vol. 107, No. 2, 1992, pp. 407 – 437.

④ Benhabib, J. and Spiegel, M. M., Growth Accounting with Physical and Human Capital Accumulation, New York, NY: C. V. Starr Center for Applied Economics, New York University, 1991.

⑤ 陆明涛：《结构变迁过程中的人力资本与高等教育投资回报》，《金融评论》2017年第5期。

⑥ Solow, R. M., "Technical Change and the Aggregate Production Function", *The Review of Economics and Statistics*, Vol. 39, No. 3, 1957, pp. 312 – 320.

⑦ 陆明涛、袁富华、张平：《经济增长的结构性冲击与增长效率：国际比较的启示》，《世界经济》2016年第1期。

要素配置效率引入式（3.1），将在传统增长核算框架和我们早先结构性减速研究的基础上，进一步扩展增长核算框架，有助于提升该框架的解释力，并为促进增长提供政策分析框架。

三　研究方法与数据

基于现有研究，我们将式（3.1）拓展为下式：

$$\tilde{Y}_t = A\,(\phi_t \cdot K_t)^{\alpha_t}(\psi_t \cdot L_t)^{\beta_t}(\chi_t H_t)^{\gamma_t} \tag{3.2}$$

式中，$0<\alpha,\beta,\gamma<1$ 分别为时间可变的资本、劳动和人力资本的产出弹性，$0<\phi,\psi,\chi\le 1$ 是时间可变的资本、劳动和人力资本的利用效率。这样，我们就完全综合了之前归纳的增长核算框架研究进展，从而试图得到更有解释力的研究框架。采用类似的对数求导方法，可以得经济增长的分解如下：

$$\frac{\dot{\tilde{Y}}_t}{\tilde{Y}_t} = \alpha_t \cdot \frac{\dot{K}_t}{K_t} + \beta_t \cdot \frac{\dot{L}_t}{L_t} + \gamma_t \cdot \frac{\dot{H}_t}{H_t} + \alpha_t \cdot \frac{\dot{\phi}_t}{\phi_t} + \beta_t \cdot \frac{\dot{\gamma}_t}{\gamma_t} + \gamma_t \cdot \frac{\dot{\chi}_t}{\chi_t} +$$

$$\frac{\mathrm{d}\alpha_t}{\mathrm{d}t} \cdot \ln(\phi_t \cdot K_t) + \frac{\mathrm{d}\beta_t}{\mathrm{d}t} \cdot \ln(\psi_t \cdot L_t) + \frac{\mathrm{d}\gamma_t}{\mathrm{d}t} \cdot \ln(\chi_t \cdot H_t) + \varepsilon_t \tag{3.3}$$

由式（3.3）可知，经济增长率可以分解为产出弹性加权的要素规模增长（第1—3项）、产出弹性加权的要素配置效率变化（第4—6项）、要素产出弹性变化（第7—9项）和一个误差项。可以看出，传统的资本劳动两要素增长模型就是上式的特殊形式，即第3—9项均为0。由于第1—2项、第7项所代表的资本和简单劳动的增长率及要素产出弹性已经在之前的研究中进行了分析[1]，式（3.3）所增加的第3—6项、第8—9项通过引入人力资本和要素配置效率，扩展了传统的增长核算框架，从而为提升经济增长提供了更多的政策变量。

第3项人力资本的引入突破了由生育率下降带来的劳动增长率"瓶颈"。我们参照笔者之前的研究，把人力资本定义为劳动之外的知识技能

---

[1] 陆明涛、袁富华、张平：《经济增长的结构性冲击与增长效率：国际比较的启示》，《世界经济》2016年第1期。

所带来的更高生产率①，用微观数据计算得到了高等教育劳动者因更高的教育水平和经验积累带来的相对于本科毕业生的生产率，然后用人力资本倍数之和作为人力资本的度量，即：

$$H_t = \sum_{i=1}^{n} H_{i,t} = H_0 \sum_{i=1}^{n} \varphi_i N_{i,t} \tag{3.4}$$

式中，$H_{i,t}$表示t期i类人力资本的总量，$N_{i,t}$表示该类人力资本的劳动者数量，H_0表示标准人力资本（可单位化为1）。

与人力资本相关，第9项人力资本产出弹性若能求出，则第8项就直接通过规模报酬不变的约束条件 $\alpha + \beta + \gamma = 1$ 得到。本章沿用另一项研究的做法②，将第9项 γ 做如下推导：

$$\gamma = \frac{vH}{Y} = \frac{v'N}{Y}$$

$$= \frac{v'}{w+v'} \times \frac{N}{L} \times \frac{(w+v')L}{Y}$$

$$= 人力资本溢价比 \times 人力资本劳动者比重 \times 广义劳动份额 \tag{3.5}$$

式（3.5）的第一行等式是将人力资本价格 v 与人力资本数量 H 的乘积转换为人力资本拥有者的人力资本溢价 v' 与人力资本拥有者人数 N 的乘积。上述等式的三项都可以从统计数据的简单分析中得到，从而能更为便捷地进行长期增长分析。③

第4—6项关于要素配置效率，由于我们选用统计指标法充分利用公开统计数据进行测算，则我们将根据统计数据的可得性对不同要素采用针对性的方法，但总的原则是我们要求要素配置效率与要素规模相乘能够得到经济生产中充分发挥作用的生产要素，即式 (3.2) 的乘积必须具有经济意义。

第4项资本配置效率 ϕ，我们选择工业企业设备利用率测算资本配置效率的测度指标。由于对产能利用率等研究都集中在工业企业，可以假定工业利用率仅发生在工业部门，则我们可以用式（3.6）计算资本配置效率：

---

① 陆明涛、刘潋：《人力资本测度与国际比较》，《中国人口科学》2016年第3期。
② 陆明涛：《结构变迁过程中的人力资本与高等教育投资回报》，《金融评论》2017年第5期。
③ Mitchell, M. F., "Specialization and the Skill Premium in the 20th Century", *International Economic Review*, Vol. 46, No. 3, 2005, pp. 935–955.

$$\phi = \frac{K^*}{K} = 1 - \frac{K^R}{K} = 1 - \frac{K_2^R K_2}{K_2 K} = 1 - \left(1 - \frac{K_2^*}{K_2}\right)\frac{K_2}{K} = 1 - \left(1 - \frac{K_2^*}{K_2}\right)\frac{\delta K_2}{\delta K} \quad (3.6)$$

式中，K^*、K^R 和 K_2^R 分别表示最优资本规模、资本错配规模和工业部门资本错配规模。式（3.6）表明，若资本错配主要发生在工业部门，则资本配置效率可通过计算工业部门资本错配率乘以工业部门占全部资产的比重得到。最后一个等式为在分行业资本存量数据不可得的情况下，我们可以通过工业部门的折旧金额占全行业折旧的比重推导得到资本的比重。

第5项简单劳动的配置效率 ψ，我们根据中国二元经济的现实，参考现有研究①，定义简单劳动配置有效为劳动者能够获得市场出清工资水平的状态，在这一状态下劳动者能够按照贡献获得相应的报酬水平。由于中国实行严格的城乡户籍制度，劳动者从乡村向城镇转移面临突出的成本与障碍，因此，农业部门的劳动者很难获得市场出清时的工资水平。假定我们已知市场出清时的工资水平，且冗余劳动力主要分布在第一产业，则简单劳动的配置效率可以用式（3.7）求出：

$$\psi = 1 - \frac{L_1^R}{L} = 1 - \frac{L_1 - L_1^*}{L} = 1 - \frac{L_1 - W_1/w^*}{L} \quad (3.7)$$

式中，L_1^R 表示计算得到的冗余劳动力，L_1 表示现实劳动力，L_1^* 表示计算得到的最优配置的第一产业劳动数量，W_1 表示第一产业的工资总额，w^* 表示第一产业市场出清的工资水平。

第6项人力资本的配置效率 χ，由于我们缺乏对人力资本在行业间的流动障碍、工资机制等微观配置效率的基础数据，我们将人力资本配置效率定义为由于过早退休等原因，部分高人力资本劳动者未参与劳动从而造成人力资本配置效率低下，可按方程（3.8）进行计算：

$$\chi = \sum_{i=1}^{n} H_{i,t}^e / \sum_{i=1}^{n} H_t = \sum_{i=1}^{n} \varphi_i N_{i,t}^e / \sum_{i=1}^{n} \varphi_i N_{i,t} \quad (3.8)$$

式中，$H_{i,t}^e$ 和 $N_{i,t}^e$ 分别表示参与劳动的人力资本数量和人力资本劳动者人数，H_t 表示 t 时期的人力资本规模。式（3.8）表明，人力资本的劳动参与率对于人力资本的利用率有重要影响。由于不同类型人力资本的经验的生产率效应差异和不同年龄层次的参与率差异，人力资本配置效率与人力资本所有者的劳动参与率并不相同。

---

① 蔡昉、王德文：《中国经济增长可持续性与劳动贡献》，《经济研究》1999 年第 10 期。

四　数据处理与测算结果

（一）人力资本规模与产出弹性的测算

首先，计算人力资本规模 H。根据式（3.4），我们采用陆明涛等有关教育层次—工作经验—相对劳动生产率的估计结果[①]，结合统计数据，测算中国人力资本的规模。为了尽可能降低测算的主观性，我们采用第六次全国人口普查的人口结构数据和《中国教育统计年鉴》得到的各层次教育的招生数、毕业数、专本科比重推导出各年度大学毕业人数作为人力资本计算的基础。参照我们另一篇论文的做法[②]，计算出各年份的人力资本数量（见图3-1）。

由图3-1可知，自1977年恢复高考以来，高等教育毕业生人数及其工作经验的迅速积累，带来了人力资本的迅速提升，造就了人力资本增长的第一轮高峰。2002年开始的高等教育扩招则带来了人力资本的第二轮高速增长，之后随着招生规模与比重的稳定和老龄化带来人力资本劳动者从劳动市场的退出，人力资本增速将逐渐下降。

其次，估算人力资本的产出弹性。本章直接援引我们之前有关人力资本溢价和中国1982—2016年的广义劳动份额的计算结果，并将前面得到的高等教育劳动者人数、全体劳动者数量代入式（3.5），即可获得中国经济1982—2016年的人力资本收入份额即产出弹性的测算和估计［见图3-1（c）］。我们的测算结果表明，由于高等教育劳动者人数比重和广义劳动份额的不断上升，人力资本份额在不断提高，从1982年的不到0.5%逐渐上升到2016年的3.38%，虽然比重仍然非常小，但上升趋势非常显著。

最后，我们测算1982—2016年资本和简单劳动的产出弹性。资本份额直接援引我们之前的研究结果[③]，根据规模报酬不变法则我们得到三种

[①] 陆明涛、刘澈：《人力资本测度与国际比较》，《中国人口科学》2016年第3期。
[②] 陆明涛：《结构变迁过程中的人力资本与高等教育投资回报》，《金融评论》2017年第5期。
[③] 陆明涛、袁富华、张平：《经济增长的结构性冲击与增长效率：国际比较的启示》，《世界经济》2016年第1期。

要素产出弹性的演化趋势如图 3-1（d）所示。根据我们的分析，资本份额将表现出显著的下降趋势，简单劳动份额将表现出显著但逐渐放缓的上升趋势，而人力资本将表现出加速上升的态势。

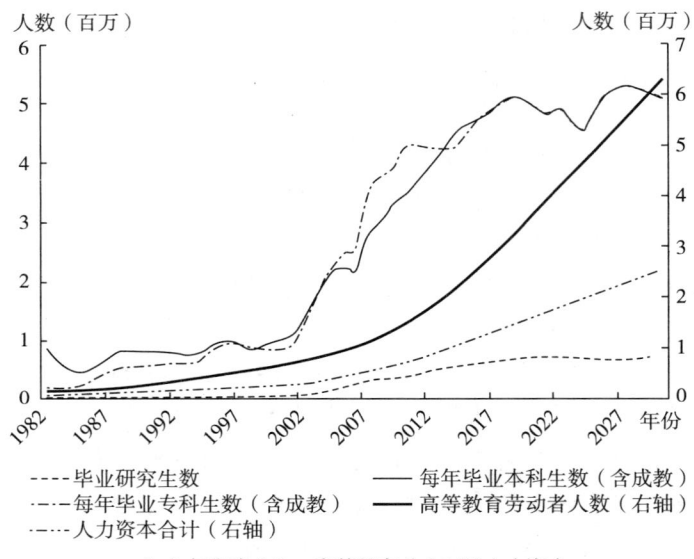

（a）年度毕业生、高等教育总人口及人力资本

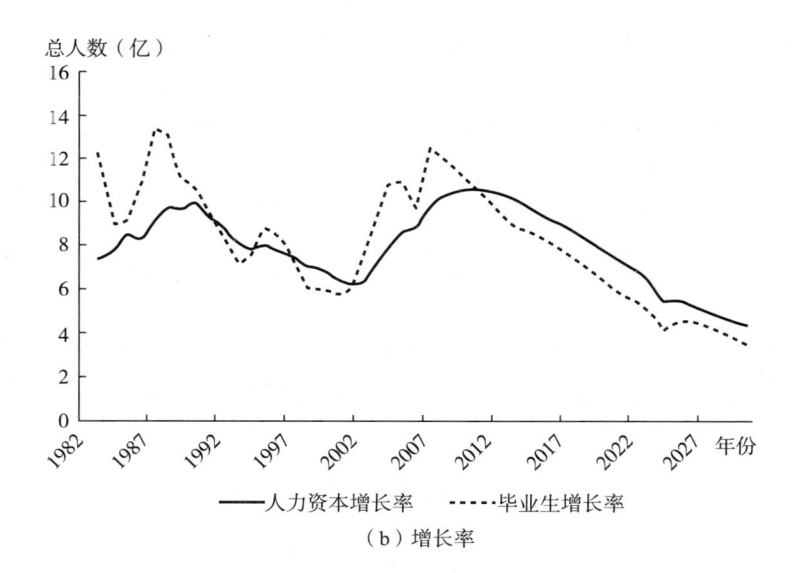

（b）增长率

第三章 结构性减速背景下提高潜在产出增长率的路径选择 | 85

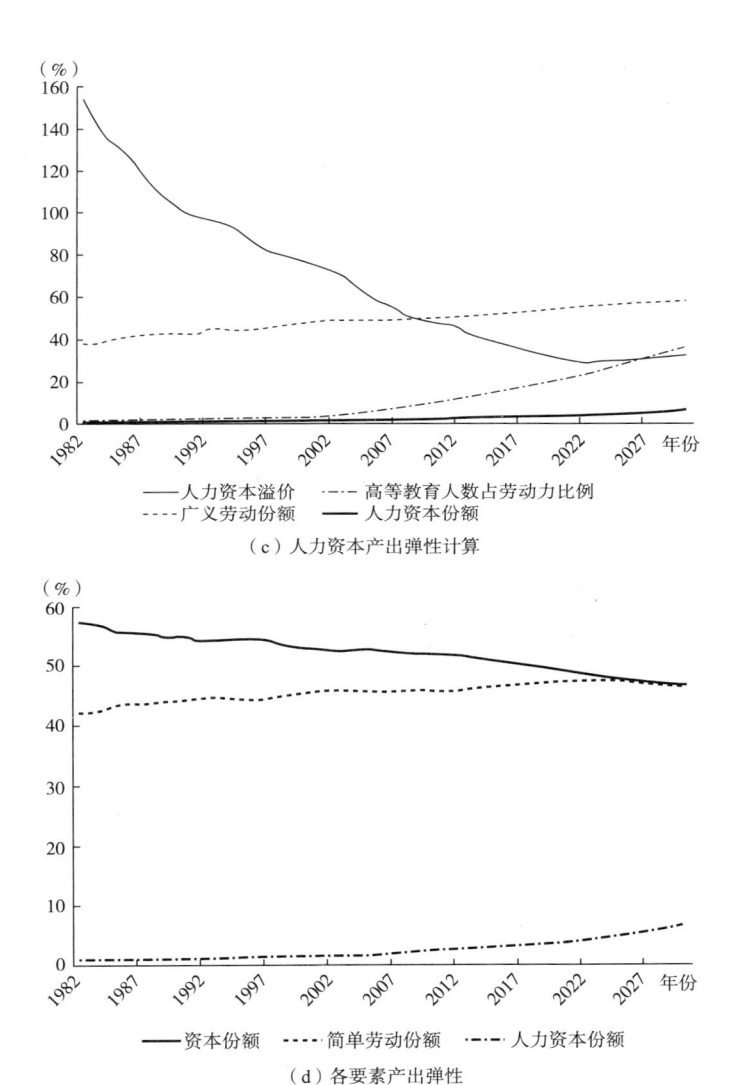

（c）人力资本产出弹性计算

——人力资本溢价　　-·-高等教育人数占劳动力比例
----广义劳动份额　　——人力资本份额

（d）各要素产出弹性

——资本份额　　----简单劳动份额　　-·-人力资本份额

图 3-1　1982—2030 年我国人力资本规模与产出弹性的测算

资料来源：根据各年度人口普查、人口抽样调查数据及《中国教育统计年鉴》《中国教育成就统计资料》、WPP2017、陆明涛等①②③测算。

---

① 陆明涛、刘湘：《人力资本测度与国际比较》，《中国人口科学》2016 年第 3 期。
② Barro, R. J. and Lee, J., "A New Data Set of Educational Attainment in the World, 1950 – 2010", *Journal of Development Economics*, Vol. 104, 2012, pp. 184 – 198.
③ Erumban, A. A., Gouma, R. and de Vries, G. et al., *WIOD Socio-Economic Accounts (SEA): Sources and Methods*, 2012.

（二）要素配置效率的测算

我们首先根据式（3.6）计算资本配置效率。具体来说，采用中国人民银行5000户企业家调查扩散指数中的设备能力利用指数，作为工业部门资本配置效率的衡量指标。从CEIC数据库中获得了根据2009年新算法调整的1992年第一季度到2016年第四季度的设备能力利用指数。由于数据结果都在50%以下，根据指标定义，当设备能力利用指数在50%以上时，设备能力利用水平达到了最佳水平，我们可以将这一指标乘以2，作为工业企业设备利用率。工业企业设备利用率来自中国人民银行5000家企业调查；工业资本占全行业份额通过国家统计局各年度投入产出表计算得出。在各行业资本折旧率相等的假定条件下，这一比重可以通过从各年度投入产出表中计算工业部门固定资产折旧占全行业的比重得到，部分缺失年度采用插值法补齐。计算结果如图3-2（a）所示。

由图3-2（a）可知，全行业资本配置效率与5000家工业企业设备利用率波动基本一致，但是，由于假定农业和服务业不存在资本配置错配，因此，全行业资本配置效率要高于工业企业设备利用率。同时，也能看出这一指标表现出鲜明的顺周期性特征，在2007年后呈现出缓慢下降的趋势，表明经济目前处于较为严峻的形势之中。

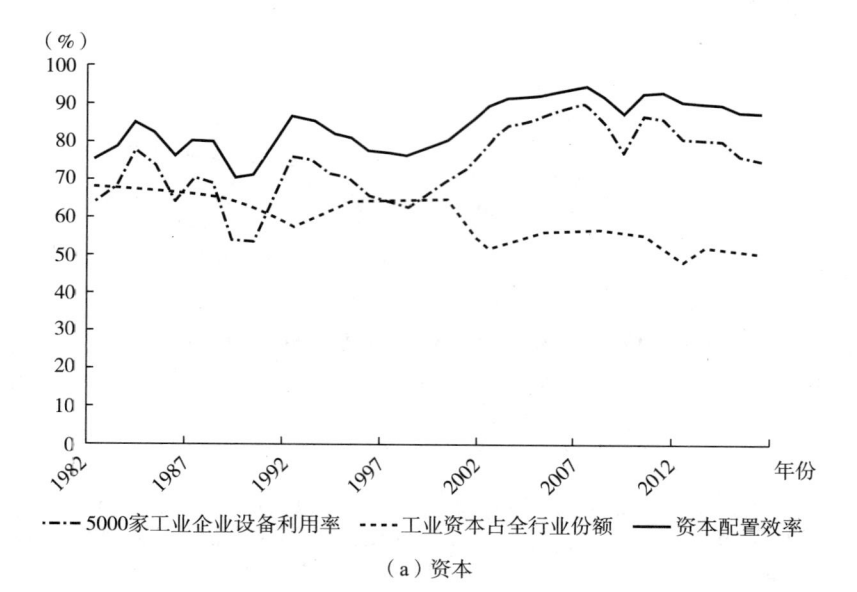

(a) 资本

(b) 简单劳动

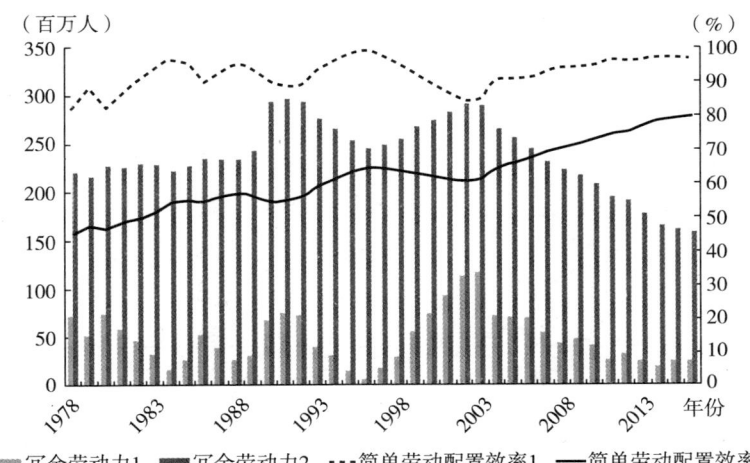

■ 冗余劳动力1　■ 冗余劳动力2　---- 简单劳动配置效率1　—— 简单劳动配置效率2

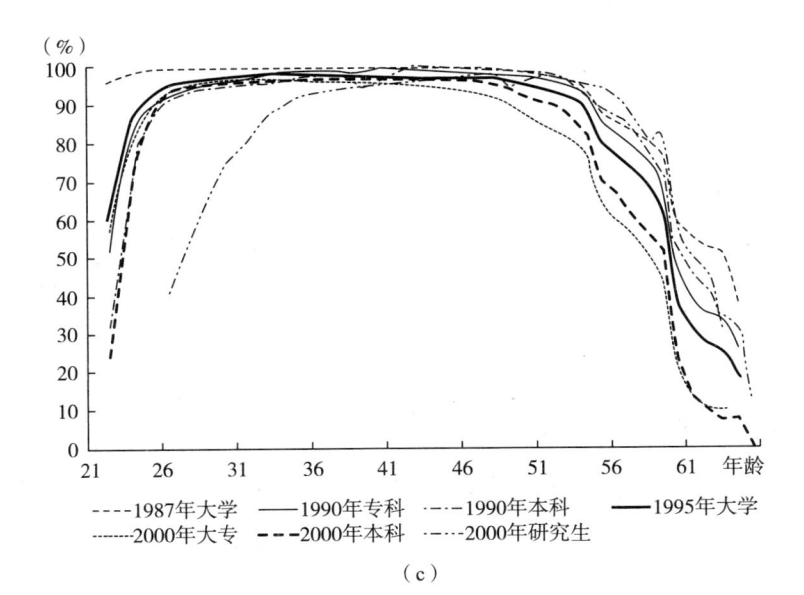

---- 1987年大学　—— 1990年专科　-·-·- 1990年本科　—— 1995年大学
······ 2000年大专　━━ 2000年本科　-··-··- 2000年研究生

(c)

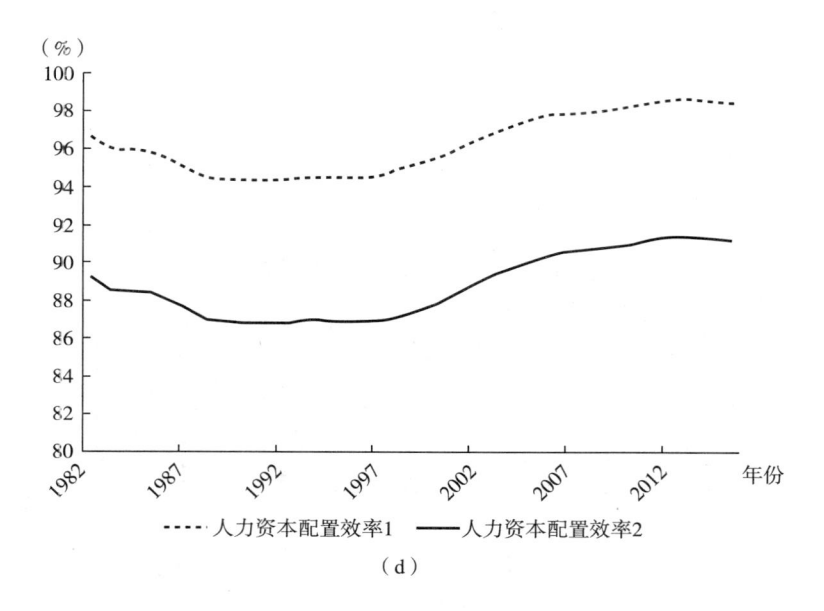

(图表)

(d)

图 3-2　中国 1982—2016 年资本、简单劳动和人力资本配置效率测算

资料来源：资本配置效率为笔者自测；工业企业设备利用率来自中国人民银行 5000 家企业调查；工业资本占全行业份额通过国家统计局各年度投入产出表计算得出；劳动配置效率根据国家统计局各年度第一产业 GDP 和就业人数及农林牧渔行业国有单位平均工资测算；人力资本配置效率根据各年度人口普查和人口抽样调查数据及陆明涛等[①]测算。

注：图 3-2（b）冗余劳动力 1 为根据全部均 GDP 计算所得；冗余劳动力 2 为根据劳动份额为 35% 计算所得；图 3-2（d）中人力资本配置效率 1 为按照第六次全国人口普查数据计算的劳动参与率一直计算到 64 岁，人力资本配置效率 2 则设定了 60 岁强制退休。

其次，我们计算劳动配置效率。根据式（3.7），第一产业及第三产业就业人数可以直接从国家统计局网站获取。国家统计局提供了国有单位农林牧渔业平均工资，可作为 w^*。第一产业的工资总额有两种处理方式：一是将全部农业增加值作为工资总额；二是根据农业的劳动份额计算农业增加值中的劳动收入，我们参照陆明涛等选用 0.35 作为第一产业的劳动份额。第一种计算口径可以理解为显性的冗余劳动力，第二种为隐性的冗余劳动力。为了便于比较，我们将两种口径的冗余劳动力都进行了计算，其结果如图 3-2（b）所示。

---

① 陆明涛、刘澈：《人力资本测度与国际比较》，《中国人口科学》2016 年第 3 期。

由图 3-2（b）可知，即便将全部农业 GDP 作为农业部门工资，按照国有单位平均工资测算得到的冗余劳动力也达到了 5000 万左右，按照式（3.7）计算所得的简单劳动配置效率长期在 90% 左右波动，但是，从 2003 年起开始稳定上升到 2016 年的 96.7% 左右，只有 3.3% 的优化配置空间，这与我们感受到的"民工荒"和劳动市场供需变化等现象一致。而如果劳动按照 35% 的收入份额计算，冗余劳动力人数从 1978 年的 2.2 亿逐渐上升到 1990 年的近 3 亿，随后经历了一次震荡，并在 2004 年起稳步下降至 2016 年的 1.58 亿，而根据这一标准计算的简单劳动配置效率长期保持上升的态势，从 1978 年的 45% 上升到 2016 年的近 80%，表明随着户籍制度的改革和城镇化趋势的不断深化，中国的简单劳动配置效率在不断上升。

最后，计算人力资本的配置效率。我们从国家统计局历次人口普查和人口抽样调查中获得了部分年份的分年龄分教育程度未从业人口数据，计算得到了各年龄各教育层次人力资本劳动者的劳动参与率［见图 3-2（c）］。可以看出，人力资本劳动者的劳动参与率除 1987 年外，在 1990—2000 年保持稳定，不同学历层次有着显著的差异。大致说来，学历越高，职业生涯早期劳动参与率越低，但后期劳动参与率越高。

根据式（3.8）计算的人力资本配置效率［见图 3-2（d）］有两种口径，其中之一是根据现有退休年限要求，60 岁人力资本全部退出劳动市场，则人力资本配置效率为 96% 左右；如果将人力资本退休年限按 65 岁计算，则配置效率降至 90% 左右。从时间趋势看，人力资本配置效率呈现出了较为显著的"U"形路径，即从 1982 年以来缓步下降，到 1997 年前后逐渐上升，但 2014 年以来似乎又开始下降。这一波下降可能也与人口结构带来知识女性回归家庭有关。

（三）中国潜在增长率的情景分析

在上述测算的基础上，可以对中国 2017—2030 年经济增长的潜力进行深入细致的分析。根据前文分析，促进经济增长，可以通过提升人力资本规模、人力资本产出弹性和各要素配置效率实现。下面分以下四种情景进行分析。

首先，估算人力资本增长态势。作为一种基准情景，假定每年初中升高中比重均为 52%，本科和专科招生比重为 1:1，则根据前文的人力资本计算办法，可以得到 2017—2030 年人力资本规模及其增长［见

图 3-3（a）、（b）]。估算结果表明，由于人口增速放缓，人力资本规模将同步放缓，增长率将从 2010 年前后的 10% 逐渐回落到 2030 年的 4% 以下。

其次，估算资本、简单劳动和人力资本的产出弹性。在人力资本溢价保持不变的假定条件下，人力资本劳动者占比按照基准情景进行预测，人力资本溢价和资本份额直接援引我们之前的研究结果①，将这些情景数据代入式（3.5），得到三种要素产出弹性的演化趋势如图 3-1（d）所示。根据我们的分析，资本份额将呈继续下降趋势，简单劳动份额将呈继续缓慢上升趋势，而人力资本将表现出加速上升的态势。根据式（3.5），人力资本产出弹性取决于人力资本的溢价、人力资本劳动者的占比和广义劳动份额三者的乘积。因此，要提升人力资本产出弹性，就可以从这三者分别入手。

再次，为了确保未来能够实现较高水平的经济增长率，我们对中国要素配置效率采用一系列假定，使资本、简单劳动和人力资本配置效率自 2017 年起至 2030 年逐渐平稳增长至 98% 左右，即未来要素配置效率演化趋势假定如图 3-3（a）所示。

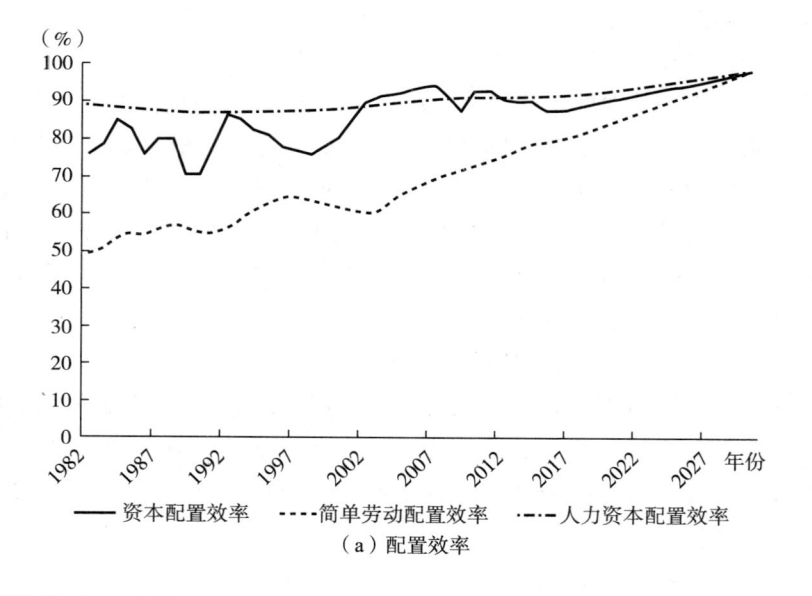

（a）配置效率

---

① 陆明涛、袁富华、张平：《经济增长的结构性冲击与增长效率：国际比较的启示》，《世界经济》2016 年第 1 期。

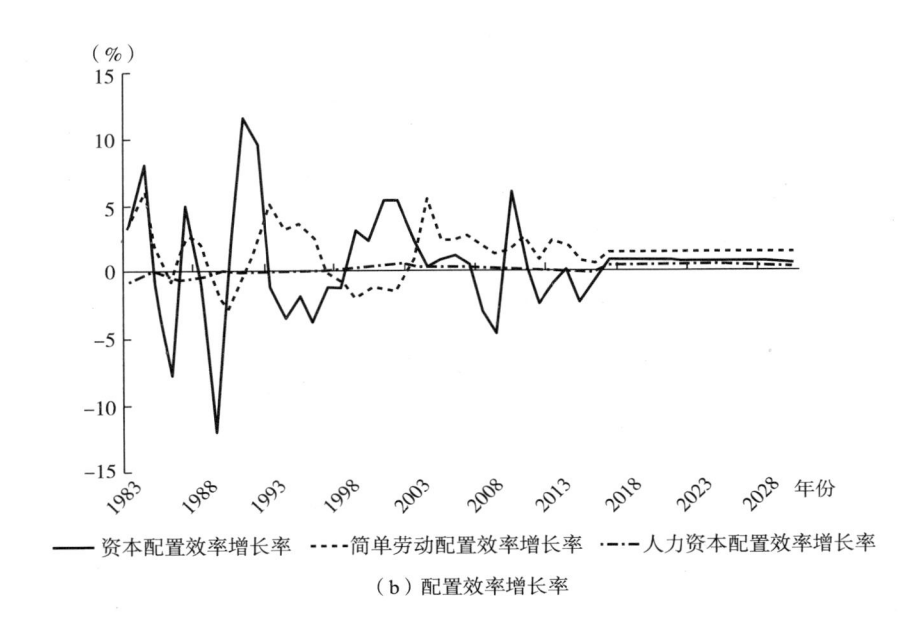

(%)
15
10
5
0
-5
-10
-15
1983 1988 1993 1998 2003 2008 2013 2018 2023 2028 年份

—— 资本配置效率增长率　---- 简单劳动配置效率增长率　-·-· 人力资本配置效率增长率

(b) 配置效率增长率

图 3-3　中国 1982—2030 年要素配置效率演化趋势

资料来源：笔者制作。

最后，在上述假定的基础上，我们就能根据式（3.3）对经济增长绩效进行评估，并得到精确的政策建议。根据中国 1978—2014 年经济增长历史对上式进行校准拟合，在基准情景下，对中国经济增长前景进行预测（如图 3-4 中的经济增长率 1），并将这一预测结果与从国家统计局得到的 GDP 实际增长率及陆明涛等[1]的估算结果进行比较（如图 3-4 中的经济增长率 2）。实际上，陆明涛等[2]的测算中并未计算因资本产出弹性下降带来的增长率下降，即式（3.3）中的第 7—8 项，因此，我们也将这一效应加入估计结果，即图 3-4 中的经济增长率 4。类似地，我们也将式（3.3）中的第 7—9 项忽略作为比较，即图 3-4 中的经济增长率 3。可以看出，忽略产出弹性变化造成了约为 -0.6% 的估计值偏差，在一定程度上高估了经济增长率。与陆明涛[3]的估计结果相比，本章的预测结果

---

[1] 陆明涛、袁富华、张平：《经济增长的结构性冲击与增长效率：国际比较的启示》，《世界经济》2016 年第 1 期。

[2] 同上。

[3] 同上。

更好地拟合了1982—2016年的经济增长态势，虽然在部分年份在一定程度上放大了经济增长的波动，但波动的时机和规模大致与现实经济相符。这表明，相比该研究测算，本章的分析结果能较好地捕捉中国经济增长的结构性特征。

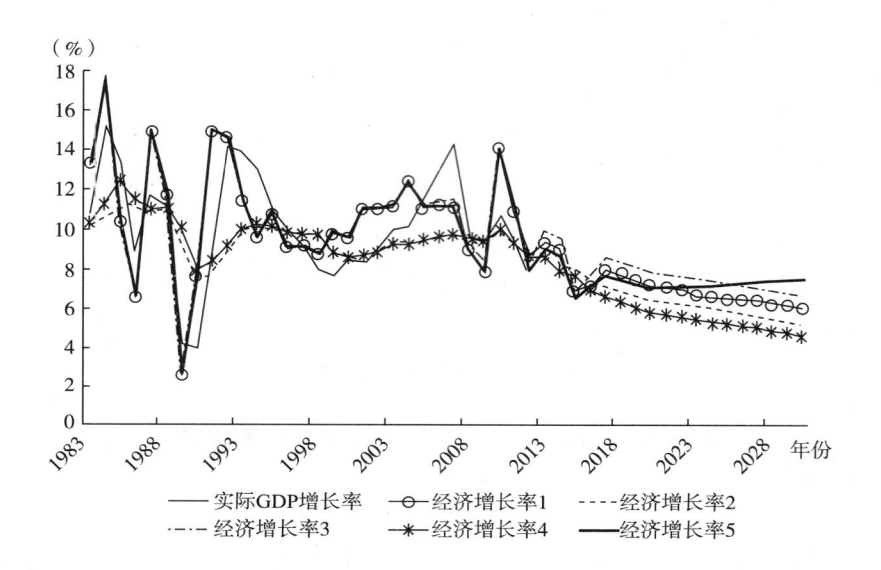

图 3-4　中国1983—2030年经济增长测算与情景模拟

注：经济增长率1为根据式（3.3）计算；经济增长率2为根据陆明涛[①]测算；经济增长率3为根据式（3.3）计算，但忽略第7—9项；经济增长率4为根据陆明涛[②]测算，但忽略式(3.3)中的第7—8项；经济增长率5为积极的人力资本促进政策情境。

为了进一步展示本章分析框架的有效性，我们在基准情景的基础上进一步放宽假设，考虑更为积极的增长促进政策带来的增长效果，以审视挖掘增长潜力的可能性。例如，我们可以通过提高人力资本规模和产出弹性来提升经济增长率，可以采用的措施包括将高中入学率从原有的约52%提高到80%，将大学招生比重从高中毕业生的90%提高到95%，将本科与专科招生比重从1∶1提高到3∶1，将硕士和博士招生比重在

---

① 陆明涛、袁富华、张平：《经济增长的结构性冲击与增长效率：国际比较的启示》，《世界经济》2016年第1期。
② 同上。

2015 年的基础上提高 1 倍，将人力资本溢价提高到平均人力资本年限相对于无工作经验的本科毕业生（高于相对于具有平均受教育年限劳动者的比率），我们得到的人力资本数量、产出弹性都将进一步提高，使经济增长率得以维持在 7.5% 的增长水平，从而可使经济摆脱结构性减速的趋势。

五　结论和政策建议

本章在扩展增长核算框架的基础上，深入探讨了通过提高提升人力资本规模、提升各要素配置效率和推动人力资本产出弹性提升以提高潜在增长率的可行性，并得到以下研究发现和政策建议：

第一，在资本和劳动要素规模提升日益困难的条件下，中国的高等教育发展水平仍有较大的提升空间，具体表现为高等教育的毛入学率相对于欧美发达国家而言还有较大的差距。若未来中国经济将转型为知识密集型和创新驱动型经济增长模式，则人力资本将成为重要的驱动要素，因此，深化高等教育事业发展以提升人力资本的规模有助于未来经济协调发展与稳定增长。可以采取的政策包括通过提高高中教育普及率，从而提高大学招生对象的规模、提升大学录取率、加大本科招生比重、提升研究生招生录取规模等。

第二，中国的资本、劳动和人力资本都存在突出的冗余和低效配置的状况，因此，通过提升要素配置效率也有助于潜在增长率的提升。通过发展现代农业，优化农业经营体制，创造条件从农村挤出隐性冗余劳动力，引导劳动者从农业部门向现代工业和服务业部门转移，能够在一定程度上较好地抵消劳动供给下降的效果。通过减少政府对企业投资的干预和去产能提高企业的设备产能利用率，促进资本的优化配置，以提高资本的配置效率和对经济增长的促进作用。通过对人力资本劳动者实行弹性退休制度，加强社会保障建设，提升社会服务行业发展水平，也将进一步提高人力资本的配置效率。

第三，中国的劳动和人力资本产出弹性也有较大的提升空间，通过提升人力资本溢价、人力资本规模和广义劳动份额等方式提升人力资本的产出弹性也将对经济增长有较大的提升作用。首先，要提升人力资本的溢价，可以通过优化人力资本的定价机制，给予人力资本更高的工资溢价，中国的科教文卫及金融行业都是人力资本密集但高度管制的行业，放松管制将带来工资溢价的提升。其次，可以通过大力发展高附加值且人力资本密集的产业，让人力资本创造更多的最终产出，从而提升人力资本的报酬水平。最后，在人力资本溢价给定的条件下，可以通过扩大人力资本规模提升人力资本的收入份额，如通过进一步巩固高等教育事业的发展，提升高等教育培养人才的质量，通过提升人力资本的规模来提高人力资本的产出弹性。

若上述建议都能得到落实，中国在未来将保持较高的增长率，有效地缓解甚至基本消除结构性减速所带来的增长压力。情景模拟结果表明，在积极的增长促进政策特别是人力资本发展政策的综合作用下，2018—2030年经济潜在增长率有可能维持在7.5%左右，结构性减速压力将基本消除。

参考文献

［1］蔡昉、王德文：《中国经济增长可持续性与劳动贡献》，《经济研究》1999年第10期。

［2］董敏杰、梁泳梅、张其仔：《中国工业产能利用率：行业比较、地区差距及影响因素》，《经济研究》2015年第1期。

［3］范志勇、毛学峰：《开放条件下中国收入增长的效率及结构特征：1981—2010》，《经济研究》2013年第3期。

［4］科埃利、拉奥、奥唐奈等：《效率与生产率分析引论》，王忠玉译，中国人民大学出版社2008年版。

［5］李子联、华桂宏：《新常态下的中国经济增长》，《经济学家》2015年第6期。

［6］陆明涛、刘漵：《人力资本测度与国际比较》，《中国人口科学》2016年第3期。

［7］陆明涛、袁富华、张平：《经济增长的结构性冲击与增长效率：国际比较的启示》，《世界经济》2016年第1期。

［8］陆明涛：《结构变迁过程中的人力资本与高等教育投资回报》，《金融评论》2017年第5期。

［9］陆旸、蔡昉：《人口结构变化对潜在增长率的影响：中国和日本的比

较》,《世界经济》2014 年第 1 期。

[10] 任保平:《新常态要素禀赋结构变化背景下中国经济增长潜力开发的动力转换》,《经济学家》2015 年第 5 期。

[11] 沈坤荣、滕永乐:《"结构性"减速下的中国经济增长》,《经济学家》2013 年第 8 期。

[12] 翁媛媛、高汝熹:《中国经济增长动力分析及未来增长空间预测》,《经济学家》2011 年第 8 期。

[13] 张月友、董启昌、倪敏:《中国经济进入"结构性减速"阶段了吗?》,《经济学家》2017 年第 5 期。

[14] 张平、刘霞辉等:《中国经济长期增长路径、效率与潜在增长水平》,《经济研究》2012 年第 11 期。

[15] 张平、刘霞辉等:《中国经济转型的结构性特征、风险与效率提升路径》,《经济研究》2013 年第 10 期。

[16] 中国经济增长前沿课题组:《中国经济增长的低效率冲击与减速治理》,《经济研究》2014 年第 12 期。

[17] Tasso Adamopoulos, Loren Brandt, Jessica Leight and Diego Restuccia, "Misallocation, Selection and Productivity: A Quantitative Analysis with Panel Data from China", University of Toronto, Department of Economics, *Working Paper* 574, 2017.

[18] Barro, R. J. and Lee, J., "A New Data Set of Educational Attainment in the World, 1950 – 2010", *Journal of Development Economics*, Vol. 104, 2012, pp. 184 – 198.

[19] Benhabib, J. and Spiegel, M. M., "*Growth Accounting with Physical and Human Capital Accumulation*", New York: C. V., Starr Center for Applied Economics, New York University, 1991.

[20] Benhabib, Jess and Spiegel, Mark M., "The Role of Human Capital in Economic Development: Evidence from Aggregate Cross – country Data", *Journal of Monetary Economics*, Vol. 34, No. 2, 1994.

[21] Bento, P. and Restuccia, D., "Misallocation, Establishment Size, and Productivity", *Social Science Electronic Publishing*, Vol. 9, No. 3, 2017, pp. 267 – 303.

[22] David, J. M. and Venkateswaran, V., "Capital Misallocation: Frictions

or Distortions?", The National Burea of Economic Research, *Working Paper*, 2017.

[23] Erumban, A. A., Gouma, R., de Vries, G. et al., *WIOD Socio-Economic Accounts (SEA): Sources and Methods*, 2012.

[24] Francesco Caselli, "Accounting for Cross-country Income Differences", in Aghion, P. and Durlauf, S. N. eds., *Handbook of Economic Growth*, The Netherlands: Elsevier, B. V., 2005, pp. 679-741.

[25] Gatto, M. D., Liberto, A. D. and Petraglia, C., "Measuring Productivity", *Journal of Economic Surveys*, Vol. 25, No. 5, 2011, pp. 952-1008.

[26] Lucas, R. E., "On the Mechanics of Economic Development", *Journal of Monetary Economics*, Vol. 22, No. 1, 1988, pp. 3-42.

[27] Mankiw, N. G., Romer, D. and Weil, D. N., "A Contribution to the Empirics of Economic Growth", *The Quarterly Journal of Economics*, Vol. 107, No. 2, 1992, pp. 407-437.

[28] Mitchell, M. F., "Specialization and the Skill Premium in the 20th Century", *International Economic Review*, Vol. 46, No. 3, 2005, pp. 935-955.

[29] Romer, P. M., "Endogenous Technological Change", *Journal of Political Economy*, Vol. 98, No. 5, 1990, pp. 71-102.

[30] Solow, R. M., "A Contribution to the Theory of Economic Growth", *The Quarterly Journal of Economics*, Vol. 70, No. 1, 1956, pp. 65-94.

[31] Solow, R. M., "Technical Change and the Aggregate Production Function", *The Review of Economics and Statistics*, Vol. 39, No. 3, 1957, pp. 312-320.

[32] Steven, N., Durlauf, Paul A., Johnson, Jonathan R. and Temple, W., "Growth Econometrics", in Aghion, P. and Durlauf, S. N. eds., *Handbook of Economic Growth*, The Netherlands: Elsevier, B. V., 2005, pp. 555-677.

第四章 知识技术阶层再生产：效率和发展的一类等价命题[*]

中国以高速增长和利润最大化为目标的工业化所带来的主要问题，是对知识生产配置作用的长期忽视。与工业化增长模式不同，知识技术阶层的再生产，构成消费和服务业主导的城市化的实质。消费结构升级及与之相关的知识和人力资本的积累，需要依赖知识技术阶层的扩展，以此作为城市化可持续发展的根本，这也是实现经济转型和经济可持续增长的必要条件。

一 引言

作为理解发展的一个新的和综合的角度，本章尝试对知识技术阶层再生产的发展内涵，给出一个逻辑上的分析，目标是建立经济效率与知识技术阶层扩张之间的等价性。不同于以物质生产为核心的工业化，在转型和城市化阶段，供给侧的效率改进是一个涉及投资再平衡和消费结构升级的问题，由消费结构高端化所引致的知识生产配置及人力资本结构升级，成为城市化发展的实质，这一实质进一步体现在知识技术阶层的再生产和稳步扩展上。

作为趋向发达城市化的必由路径，（与消费结构高端化对应的）知识技术阶层再生产的发展理念，不同于中产阶层或中间阶层再生产的传统认识。一个重要的区别是：具有知识技能的个体或群体，通常具有上升到中产阶层甚至更高阶层的能力和稳定性，转型和发展社会的首要目标，

---

[*] 本章由袁富华、张平执笔。

就是注重培育附着于发展过程中的这个新特性。现有中产阶层或中间阶层是一个相当随意和宽泛的概念，但是，我们强调现代化发展的知识和专业化特性，在这种意义下，即使存在中产阶层，那也必须是有知识技能支撑的中产阶层。

从发展阶段变化和可持续性角度来说，经济效率的不断改进，需要知识技术阶层的再生产来支撑。此时，消费不再是单纯的生产目的，消费结构的升级，特别是与人力资本生产相关的消费比重的增加，越来越具有阶层区分和差异化的特征。就知识技术阶层的再生产而言，高端的科教文卫消费具有跨期或代际投资性质，也正是从这个意义上说，发展的关键在于知识技术职业的创造。就城市化的可持续性而言，职业发展或者就业质量的提高，比经济效率更具有优先性。

二 等价性

（一）知识技术阶层的扩展转换为生产率

我们首先提取一个抽象的社会空间，据以观察经济效率产生的社会环境，以便从一个侧面重新给出发展的定义。这个社会空间的原型，由布尔迪厄（2017）关于社会阶层划分和定位的三个基本维度构成：资本总量、资本结构以及这两个属性的动态变化。特定阶层成员的资本占有，是经济资本和教育（及其他文化）资本的合成，社会阶层的资本及其变化，影响着消费模式和品位的变化，也因此决定了阶层区分。现实中，作为群体和个体差异的一类主要区分性因素，职业和职业发展在很大程度上体现了社会结构的变化。换句话说，职业的多样性和社会的流动性，是促进社会经济变化的积极因素。这个出发点把我们带入发展——这个传统理论主题的重新认识之中，职业，就其社会的和经济的双重属性而言，它的结构及其变化本质上是社会系统和经济系统相互作用的纽带。

与职业变动相关的经济与社会发展的相互作用和问题，在经济发展的特定阶段特别是从工业化走向成熟到大众高消费阶段（及其后）表现得最为突出。正如传统经济理论所普遍认为的那样，如果把工业化过程看成为了解决物品稀缺而进行的偏向于经济增长的过程，那么，对于这种目标的追求，最终将会遇到非经济条件的制约。从动态和联系的角度看，经济过程自身无法解决经济可持续发展的问题（袁富华、张平，2018）①，在一定阶段上，职业发展即相应社会阶层的变化，甚至可能比经济效率具有优先性要求，或者，经济效率依附于职业特征及其职业变化趋势。正如加尔布雷斯（2012）②所认为的那样，需要以一种总体思路把握经济发展或经济变革，以免让对经济目标的强调以其他更有价值的利益为代价而垄断生活，当稀缺时代结束的时候，重要的不是商品的消费数量而是生活质量。

生活质量提高与职业发展，与横向的岗位数量增加和多样化以及纵向的知识技能提高密切相关。从这个现实逻辑来看，消费不再是单纯为了满足或享乐的目的，在再生产过程中消费体现为区分和差异化（布尔迪尔，2017③；鲍德里亚，2014④）。由此引申出了我们关于生产系统和社会系统等价性的第一个命题：知识技术阶层的扩展转换为生产率。与简单追求物质满足的普通民众比较起来，知识技术阶层的再生产，可以从知识技能累积和品位变化两个方面促进经济增长。在罗斯托（1960）⑤那里，技能提升和消费偏好多样化，被看作大众高消费时代赖以维持的主要因素，加尔布雷斯更是明确地把技术专家和知识阶层的存在，看成发达和富裕社会再生产的一个本质特征。

因此，从"社会→经济"这个逻辑方向来看，应厘清两种带有模糊性甚至错误的认识：（1）利润最大化意义上的效率观念。纯粹统计学意义上的成本—供给最优化度量，如果不与社会发展中知识技术阶层扩展这个创新的动力源泉联系起来，就不能理解诸多非经济约束条件的本质重要性，类似的经济分析也将失去本质意义——重复一下，从动态和发展的角度看，职业发展即相应社会阶层的变化，甚至可能比经济效率具有优先性要求。（2）人力资本的属性问题，作为既具有生产要素特征又具有社会身份区分价值的一类指标，它充当了联系品位变化和（由产出

---

① 袁富华、张平：《增长非连续的原因与创新路径的转换》，《中共中央党校学报》2018年第1期。
② [美]约翰·肯尼斯·加尔布雷斯：《新工业国》，嵇飞译，上海人民出版社2012年版。
③ [法]皮埃尔·布尔迪尔：《区分：判断力的社会批判》，刘晖译，商务印书馆2017年版。
④ [法]让·鲍德里亚：《消费社会》，刘成富、全志钢译，南京大学出版社2014年版。
⑤ Rostow, W. W., *The Stages of Economic Growth: A Non-communist Manifesto*, Cambridge: Cambridge University Press, 1960.

多样化和质量提升体现的）效率的中介。在典型的发展意义上，知识技术阶层的再生产充当了人力资本和创新的支撑。发展过程中的人力资本的积累，既可以通过上层阶层——典型如拉美国家，也可以通过平民阶层教育的普及和受教育年限的提高来实现，这是知识技术层的扩展主要路径，也只有这种模式代表了一种总体的发展和进步。

（二）生产率转换为知识技术阶层再生产

接下来，我们看一下知识生产配置与知识技术阶层扩展的经济环境。布尔迪厄运用经济资本和文化资本配置以及两者的变化，对社会阶层进行分类，强调经济资本向教育资本和文化资本的转换，是社会职业变化和新阶层产生的促进因素；或者，按照加尔布雷斯更加明晰的表述，就是包括技术专家和科教文卫工作者在内的白领阶层的扩展，以及白领阶层对蓝领阶层的替代。根据发展阶段理论，这种趋势对应了城市化阶段的大众高消费阶段，也正是在这个阶段上，以知识技能为特征的中产阶层的崛起引人注目。对此，有以下三个问题需要给出一些更加细致的分析。

1. 中产阶层或中间阶层的概念

鉴于这个流行的概念的模糊性，我们用知识技术阶层这个更加狭义的概念替代，用意是明显的，即我们倾向于使用吉登斯（1998）[①]的"现代性"概念来理解中产阶层的发展，在他那里，高度现代性的一个重要源泉就是专业技术知识的积累和广泛运用，这同时构成了现代化过程和增长可持续的本质特征（罗斯托，1997）。[②] 因此，可以这样理解，作为经济发展的成果和现代化的主要标志，中产阶层或中间阶层的存在与发展，是一个与效率持续增进和社会流动性紧密联系的概念，但是，误解也容易在这里发生。

首先，统计学上的简单分类带来的混乱。为了显示发展绩效，人们习惯于使用收入或财富指标把中产阶层分离出来[③]，而忽视同样重要的其他指标，尤其是反映该阶层变动趋势的知识属性指标，而知识技能恰恰是现代化意义的中产阶层的本质特征。比如，发达国家的中产阶层和拉

[①] ［英］安东尼·吉登斯：《现代性与自我认同》，赵旭东、方文译，生活·读书·新知三联书店 1998 年版。

[②] ［美］W. W. 罗斯托：《这一切是怎么开始的》，董其祥、纪坚博译，商务印书馆 1997 年版。

[③] 即布尔迪厄的经济资本概念。

美国家的中产阶层的区别，不仅仅在财富占有上，而且突出表现在专业技能和知识拥有及其积累上。

其次，经济资本转换为教育资本的能力，以及这种跨期转换的持续性（对子女的投资意愿和能力），这是知识技术层扩展和再生产的动力，在发展问题研究中容易受到忽视。从"经济→社会"这个逻辑方向来看，在再生产循环提供物质资本和服务的同时，也再生产出来各种各样的消费方式和投资方式，对于发展的阶段变化这种动态情景来说，经济社会的消费结构升级，特别是教育投资意愿和投资能力的提高，反映了知识技术阶层的再生产。与简单拥有财富的中产阶下层不同，知识技术阶层的成长是再生产的根本性动力。由此引申出了我们关于生产系统和社会系统等价性的第二个命题：生产率转换为知识技术阶层的扩大再生产。

这个命题包含两层含义：第一，生产层面，知识技术阶层的扩大，意味着生产投入要素质量的提高（连同高质量投入要素数量的扩大），个体或群体经济资本向教育投资的转换增加了专业技能等相关人力资本，改变了劳动力要素的性质。第二，附着于个体或群体之上的其他属性如品位等，也将因为经济资本向教育投本的转换而提高，并推动消费者的身份发生变化，进而成为激发社会活力的源泉。

2. 中产阶层稳定性问题

我们强调发展过程中知识技术阶层的成长和培育，还有一个理由和担心，即中产阶层的不稳定问题，这个问题在布尔迪尔（2017）、鲍德里亚（2015）[1] 那里受到关注。例如，鲍德里亚认为，工业社会中的中产阶层具有一种临界的和不确定的地位，属于正在整合的阶层，处于社会阶层分化的关节点上。问题根源在于这个阶层平均说来比较尴尬的经济条件：这个阶层必须通过教育投资发现上升机会，否则将不得不面对下降的困境，因此，（代际）教育投资的资金约束是一个关键。关于这一点，我们可以获得以下两个方面的经验支持。

（1）停滞的中产阶层与停滞的经济。对于教育投资和知识技术阶层再生产的长期忽视，是拉美国家经济停滞的主要原因。我们的前期研究显示，在三类人力资本模式中，拉美模式是最不利于知识技术阶层成长

---

[1] ［法］让·鲍德里亚：《符号政治经济学批判》，夏莹译，南京大学出版社2015年版。

的（袁富华等，2015）。① 具体来说，日本和韩国伴随着城市化发展，均发生了高等教育年限的显著提高和高等教育在劳动力中的普及，而且，日本在大规模工业化初期，就明确认识到知识技术阶层扩展的重要性，把工业化建立在内生的知识创造和创新基础上，这是可以借鉴的成功追赶模式。中国大规模工业化过程采用的是加工制造业和出口拉动，这种增长路径反映在人力资本积累上，就是积累了占比重很大的中等教育水平的劳动力，目前正面临人力资本结构高级化的趋势，但是，鉴于人口规模巨大的刚性约束，只能走技术教育与高等教育相结合的路子。与这两种模式相比较，拉美国家普遍呈现出中低层次人力资本主导增长的局面，而且中等教育程度劳动力比重相对较低且教育质量较差（Hofman，2000）②，这种问题从根本上阻碍了经济社会的稳定发展。知识技能和就业能力的缺乏，导致了拉美城市化时期的震荡和不稳定。

（2）棘轮效应。我们对于知识技术阶层的强调，旨在突出发展过程中阻止经济向下震荡的一种"棘轮效应"。更明确地说，教育投资有利于上升阶层的成长——在发展状态下主要是较下层的民众阶层向中间位置的上升，当然，有利的经济和社会环境，也会阻止现有中产阶层的下降。由此引申出来的一个假设是：只要上升的势头保持着稳定，便有知识技术阶层的扩张和经济活力的发生。而且，特别重要的是，由于潜在的社会结构的僵化被打破，知识技术阶层本身具有的活力，实际上赋予了经济发展面对各种风险和冲击的弹性，在这种情况下，短期的震荡不会对长期发展造成伤害，因为有着知识技术阶层的适应能力。

3. 品位的生产与变动

知识技术阶层的再生产及相应经济资本向教育投资的转化，蕴含了品位的再生产和偏好变化。人力资本就其品位属性来说，随着发展阶段的不同而不同，我们认为，这是传统和现代赖以区分的重要标志之一。也正是在这种再生产意义上，消费效用已经不仅仅是甚至不是一个最大化的问题，而是一个区分和差异问题——这种认识在鲍德里亚、布尔迪厄、加尔布雷斯、罗斯托那里以不同的表述存在。重申一下，在经济系

---

① 袁富华、张平、陆明涛：《长期经济增长过程中的人力资本结构——兼论中国人力资本梯度升级问题》，《经济学动态》2015年第5期。
② Hofman, A., *The Economic Development of Latin America in the Twentieth Century*, Northampton: Edward Elgar, 2000.

统和社会系统协同发展的实践与历史中，品位再生产和显示为动态变化的经济条件有两个：一是通过教育投资特别是代际跨期投资，经济资本向人力资本转化，以此推动知识技术阶层的成长和品位变化，知识积累和知识生产配置方式的变化，是促进品位变化的力量。二是伴随着不同发展阶段知识积累和存量调整，新的品位不断引入，传统偏好不断更新，并且日益与新产品、新服务相联系，品位再生产也因此越来越具有与传统不同的现代性。关于这一点，我们联系经济和社会两大系统的联系进一步分析。

（三）协同

基于上述两个等价原则，本部分对经济系统和社会系统的一些主要关联机制给出分析，针对人力资本作为再生产要素和品位这两个层面，由此获得关于发展的一个新的综合认识。这种认识立足于知识技术层的再生产，并将其作为发展可持续的关键环节看待。

1. 需求、生产与协同机制

推动消费变化的是优势需求（马斯洛，2016）[①]，这种在特定阶段占支配地位、必须首先保证满足的需求，包含总量和结构的意义，优势需求的更替沿着产品或产业结构的更新换代进行。消费和生产协同运作的雁阵更替模式，隐含了布尔迪尔所谓普遍化的恩格尔定律，也就是更加新奇的、特别的新消费品的出现，更新了消费者品位，新一轮的优势需求出现，这也是现代过程中企业生产创新的一种普遍取向（加尔布雷斯，2010）[②]。

2. 报酬递增、知识技术层成长与发展

根据"S"形曲线的更替规律，每一轮优势需求的产生和产出扩张，总有报酬递增机会的发现，这种变化通常与消费者偏好的再生产及其不断变化有关，品位的这种上升倾向与拥有知识和专业技术的消费能力有关，它是发展现代性的一个主要标志。优势需求的更替在两个维度上与专业技术的扩展相关：一是横向的规模扩张，也就是产出和消费的上升直至饱和的阶段，这个阶段对应了知识技术阶层消费水平的持续扩大；

[①] ［美］亚伯拉罕·马斯洛：《动机与人格》，许金生等译，中国人民大学出版社2016年版。

[②] ［美］约翰·肯尼斯·加尔布雷斯：《经济学与公共目标》，于海生译，华夏出版社2010年版。

二是纵向的质量提升，一般代表消费品位的较大变化，或消费品知识技术含量的增加，是一种知识技术阶层扩展的棘轮效应。

由此，我们得出本章关于发展的一个主要观点：从发展阶段变化和可持续性角度来说，经济效率的不断改进需要知识技术阶层的再生产来支撑。此时，消费不再是生产的最终目的，消费结构升级，特别是与广义人力资本相关的消费，越来越具有阶层区分和差异化的特征。特别地，就知识技术阶层再生产而言，高端的科教文卫消费具有跨期或代际投资性质，也正是从这个意义上说，发展的关键在于高质量就业机会的创造，职业发展就其现代性而言，比经济效率更具有优先性。

三　阶段性和转换

以上文理论框架为基础，我们拟对一个理想的发展过程给出分析，这个由工业化阶段、转型阶段和现代城市化阶段构造的长期发展路径，近似于发达国家尤其是日本、韩国等短期内实现赶超的阶段演进情景。这三个阶段大致对应着物质资本时代、资产时代和知识时代。[①] 不同发展阶段的特征与消费偏好和社会阶层的特征存在着一致性。

（一）工业化、资本积累与消费

罗斯托（1997）对于工业化的一个重要认识是，技术进步使经济增长具有可持续性。这种可持续性得益于不断增长的物质资本，工业化最主要的任务就是终结普遍的稀缺和达成普遍的物质消费满足。根据前面的文献征引及发展思想，发达国家以及像日本那样追赶成功的国家，在通过工业化实现经济目标的同时，也注重越来越具有现代知识技术能力的劳动力的培育。但是，对于大多数工业化追赶国家而言，受到再平衡能力的制约，阻碍发展可持续的结构问题得不到及时矫正，甚至陷入所谓的中等收入陷阱问题。

1. 投资与消费理论观念的补充解释

无论是成功实现追赶的国家还是仍然处于追赶过程中的发展中国家，一个普遍经验就是国家干预，典型的如通过价格扭曲实现国家对私人储

---

① 加尔布雷斯（2012）的发展阶段是土地控制、资本控制和技术专家控制。

蓄的替代，以此作为资本积累的主要来源。这种做法大都源于追赶国家工业化初始条件的特殊性：劳动力过剩和非现代化的二元经济结构。之所以称为追赶，主要是因为工业化以物质生产增长为中心，以消除普遍的稀缺为首要目标。追赶的一类路径是规模和效率建立在储蓄向投资的持续转换之中，并从根本上形成对消费的压抑。另一类是纳克斯（Nurkse，1958）① 国际示范效应下的消费早熟，从而不利于资本积累。实际上，这两类发展路径所遵循的理论，通常都是消费作为投资抵消项这个传统观念，考虑到知识技术阶层再生产的重要性，这个基本观念需要修正。在我们的一系列研究中，这种修正体现在对消费结构升级及其蕴含的效率补偿效应的认识（袁富华、张平，2018②），在工业化步入成熟直至迈向消费主导的城市化阶段，效率补偿作用始终是理解发展的一个枢纽。

2. 职业和阶层变动的原因与转换

工业化的积极方面是经济可持续增长所带来的资本快速积累以及收入水平的提高。按照罗斯托的增长阶段思想，从起飞到成熟的工业化过程，推动了与经济相关的社会阶层上升和职业现代化：在二元性缩小的同时，现代部门的内部分工发生积极变化——体现为横向的行业和部门多样化，以及纵向上产品质量提高和新行业对老行业的替代，就业质量和数量不断扩张。这个变化对劳动力的知识技术能力的增加提出了要求，并导致具有知识技能属性的劳动力的再生产和新阶层的产生。即使如此，就消极方面而言，与其后更高级的理想城市化比较起来，工业化过程中的消费结构仍然以物质品主导，（相对于知识消费而言）相对低廉的物质品消费成为资本积累的必要条件，以压低消费以取得快速增长和追赶的现象，在第二次世界大战后新兴工业化国家更为普遍。

3. 消费的局限

这个阶段的所谓中产阶层，更多的是从收入和财富占有上定义的。换句话说，品位更多地表现在技术劳动力的消费偏好之中，消费结构处于恩格尔定律的较低阶段。造成这种局面的原因也是很显然的，只是在

---

① Nurkse, R., *Problems of Capital Formation in Underdeveloped Countries*, Oxford: Basil Blackwell, 1958.

② 袁富华、张平：《稳中求进：风险防范与效率增进——兼论储蓄、投资、消费的再平衡》，《中国特色社会主义研究》2018 年第 2 期。

第二次世界大战后,教育发展和知识累积在发达国家才获得了长足的进步,消费者品位的再生产与工业化这个阶段的规模化、技术标准化是一致的。与发达国家比较起来,那些旨在快速追赶的新兴工业化国家,资本积累过程对消费结构升级趋势的抑制更加严重,这种问题要么表现为短期内消费的收入弹性偏低,要么表现为对经济资本向人力资本转化的忽视。

(二) 转型时期中产阶层的不稳定性与路径分化

从工业化成熟到大众高消费时代的这个转型时期,或者称为后工业化时代来临的时期,由于稀缺性得到缓解甚至消除,发展开始出现向富裕社会演进的特征。第二次世界大战后,世界各国的发展经验的对比表明,这个时期大致与中等收入水平向高收入水平提升的过渡时期重叠,其典型特征是:发展进入了一个资产时代,财富、风险和不稳定主导了经济和社会阶层的分化,本质上不同于工业化加速时期的情景。转型时期面临的压力和挑战有两类:一是比重较小且上升能力较弱的贫困问题;二是知识技术层的扩展和提升问题。这两个问题都与中产阶层的不稳定有关,中产阶层的状况直接反映了发展潜力和发展活力。

1. 收入增长的不确定成为不稳定的根源

工业化向城市化转型时期不稳定性的根源,在于经济增长速度和收入增长速度的降低,主要是产业结构调整所诱致的减速及其冲击。转型过程中,随着服务业的发展及其对制造业的替代,原有依赖工业体系的规模化动力机制受到削弱并导致增长减速,直接后果就是收入增长速度的下降。这种趋势与城市化阶段的高成本相互作用,成为抑制经济资本向人力资本转化的障碍,导致持续效率改进阻断。这是新兴工业化国家转型时期的常见问题。世界各国的发展经验的比较表明,后发国家转型时期的经济调整,重点在于效率改进的可持续性,但是,恰恰因为消费结构高端化、服务业现代化和制造业深加工度化这个良性发展环节的缺失,导致了收入增长不稳定及其一系列后果。

2. 职业分化

当然,上述良性循环的缺失或者延迟,与转型时期社会阶层僵化的刚性约束有着很大关系,尤其是以追赶为目标的新兴工业化国家,这种路径依赖和调整滞后更加明显。正如我们前期研究所揭示的那样,如果说发展中国家转型时期有可能存在——服务业成本病和内生机制无法建立——这种发展阶段非连续问题的话（袁富华等，2016）①，那么，这种问题的起因也只能在经济系统和社会系统失调中寻找。主要约束仍在于社会阶层和相应的职业发展"瓶颈"。转型时期的职业结构与经济部门和行业结构一致，这些行业由工业化规模扩张产生，劳动力收入和知识技能水平也是由相应的工业生产技术决定。按照产业雁阵理论，在制造业进入知识技能密集的深加工度化之前，经济主要充斥了中低层次的劳动力，此时职业发展沿着工业化规模扩张的路径以横向扩展为主，在劳动力充裕的国家甚至出现非正规就业部门的不断扩张。此时的职业发展是适应于规模经济的标准化、物质供给而发生的，产品和要素市场的过度竞争压低工资，在转型时期往往表现得更加明显。

3. 公共政策

转型时期的公共服务需求开始增加，但是，受到工业化自身路径依赖的影响，这些政策很多时候并不能惠及大众，特别是针对有利于知识技术阶层所给予的教育投资相对较少。由于投资需求主要围绕工业化和产出增长建立，这就造成了如下后果：在以国外先进技术替代国内技术基础的情况下，纯粹为了追求短期利益最大化，以至于到了后工业化时期仍然是中低层次人力资本主导发展。中等收入陷阱国家结构扭曲的一个重要方面，就是转型时期公共政策的选择上，长期忽视了经济资本向人力资本转换这个环节。

转型时期既是中产阶层的扩展时期，也是中产阶层由于经济不稳定和公共政策忽视而下降的时期。经济资本向人力资本转换的缺失，以及消费结构升级的迟缓或高层次消费结构无法达成，将最终导致效率和社会发展良性循环基础的缺失。就转型时期的普遍情景而言，这时稀缺问题得到缓解，工业化的生产力使财富得以累积，资产时代主导的格局也基本形成。但是，大多数新兴工业化国家的主要问题在于，受到原有路径依赖的影响，消费者个体和经济部门的需求通常局限于一般的生产技能，消费结构升级受到抑制，从而在根本上阻断了现代经济发展所必需的知识技术阶层的成长。最终结果往往是：第一，短期内，以抑制消费为代价的持续的高投资，导致投资收益递减和投资结构扭曲，产生无效

---

① 袁富华、张平：《中等收入阶段的增长停滞与增长跨越——兼论中国经济结构的调整方向》，《中共中央党校学报》2016年第5期。

率的生产再循环；第二，从长期看，知识技术再生产的培育缺乏一个稳定的社会阶层支撑，进一步放大无效率的再生产循环，最终造成城市化发展的不稳定。

（三）城市化和知识技术阶层

对于知识技术阶层的再生产和人力资本积累问题，这里有一个基本假设，即它为现代城市化的可持续发展所必需。为此，有必要重申一下我们前期研究的一个观点：不同于工业化阶段以物质品需求为中心的消费模式，城市化阶段的消费倾向于科教文卫等项目，消费越来越具有跨期或跨代投资的性质，这种特征与服务业要素化或知识技能自身再生产的趋势相关，同时，这也是知识技术阶层成长的经济社会背景（袁富华、张平，2018）。[①] 城市化进程中，消费倾向和品位的上述变化，不仅意味着消费作为投资抵消项的认识需要扭转，更加重要的是，由于消费的跨期影响，工业化过程中利润最大化的传统假设也受到削弱。[②] 知识技术层再生产和知识要素累积，更加强调上文所述经济协同与社会系统的协同和内生机制的培育，这是不同于最大化计算的另一种模式。

1. 转换与城市化发展的侧重

经济资本向人力资本转换，是城市化阶段投资再平衡的重心。只要论及发达城市化的达成及其可持续，知识技术阶层的稳定和扩展问题总是无法回避的。深入到结构的深层观察不难发现，作为工业化进步的产物，现代城市化总是体现为品位和技术的提升，职业现代性越来越成为经济效率持续改进的条件和保障，从而与作为工业化结果的职业发展路径显著不同。也正是由于知识技术阶层所具有的阻止下降的棘轮效应，发达国家城市化才能出现效率改进和人的发展的良性循环。

2. 发展连续性的机制

这个良性循环在现实中发挥了突出作用。一是为服务业和消费主导的城市化提供效率补偿，从而维持"消费结构升级—资本深化—高劳动生产率"的经济系统；二是避免拉美国家那样的效率改进和知识技术阶层扩展路径的中断。这是我们对于城市化特殊性的一个基本认识（中国

[①] 袁富华、张平：《增长非连续的原因与创新路径的转换》，《中共中央党校学报》2018年第1期。

[②] 加尔布雷斯（2010，2012）基于专家组合的特征论述发展过程中利润最大化的不适用性，本章把这个观点纳入消费结构升级背景之下。

经济增长前沿课题组，2015）。① 其中，就发展的经济和社会协同性而言，与科教文卫相关的那部分高层次消费比重的提高，直接与服务业结构现代化和制造业知识技术密集相联系，并将最终引致就业质量的提高，知识技术阶层和经济因此也将获得稳定发展。

3. 生产消费一体化

无论是工业化阶段的投资偏向还是城市化阶段的成本病，都是对生产消费一体化协同发展的破坏。城市化的知识过程，与工业化围绕物质品提供的生产函数不同。城市化的可持续发展，建立在消费者品位多样性和差异化之上，也即服务业和消费的非标准化及个性化追求。这不仅表现为现代服务所包含的知识密集度的提高，而且体现在制造品的技术知识含量提高，也正是因为如此，消费能力和生产能力的协调又成为关键。于是，我们回到了本章第二部分的观点——知识技术层具有生产要素和消费多样性的双重特性，它的扩展和稳定成为经济社会发展协同运作的基础。由此引申出第三个命题：知识技术阶层的再生产促进城市化。

四　中国城市化过程中的现实问题

参照上述逻辑分析，下面对中国经济转型和城市化的主要现实问题，给出四点说明。

（一）利润最大化追求及其扭曲

改革开放 40 年来，中国工业化经历了劳动密集型轻工业到资本技术密集型重化工业的发展阶段，目前正处于向深加工和知识信息密集阶段的转型时期，并与其他两种转型叠加：一是中等收入水平向高收入水平提升；二是工业化生产供给主导转向服务业和消费主导。现阶段备受关注的投资消费失衡、城乡发展失衡、生态环境失衡等问题，都与以往增长产出最大化的发展理念及其扭曲效应有关。这种注重短期利润最大化的理念，是建立在压低劳动力价格、抑制消费、忽视人力资本结构升级基础上的，工业化进程中的结构调整和演进，也是以最大化利润和产出

---

① 中国经济增长前沿课题组：《突破经济增长减速的新要素供给理论、体制与政策选择》，《经济研究》2015 年第 11 期。

为前提，而不是注重长期的内生动力和结构变化适应性的培育，这一点与追赶成功的日本的工业化路径有着本质的不同。

（二）转型时期的扭曲

中国经济的最脆弱之处，在于忽视了服务业发展所需要的知识过程的建立。这个过程的建立，不是简单的信息化和互联网的建设所带来的交易成本的降低和消费便利，这毕竟是表面的经济现象。关键之处应该是让未来的城市化具有现代性内核——消费结构升级和知识过程的建设，换句话说，就是知识生产配置能力和内生增长机制的建立。我们之所以强调这一点，原因有三：第一，中国工业化长期坚持的技术外部依赖和加工贸易路线，导致现阶段人力资本低度化问题突出，鉴于中国人口规模巨大的国情，按照目前的发展速度，未来一二十年的高等教育普及率，与日本、韩国差距仍将有较大差距。第二，服务业不是一个规模问题。城市化和由此导致的服务业对制造业的替代，应该视为更高效率的行业替代低效率行业，而不是简单的比重增减替换。为此，应该抛弃服务业的规模发展理念，培育服务业发展的效率补偿能力。第三，现阶段中国制造业与服务业发展不协调问题突出，特别是所谓的非实体经济挤压实体经济问题。

（三）被忽视的阶层提升问题

就像发展理论所预期的那样，中国快速工业化解决了稀缺问题，转型和城市化过程的新任务是实现富裕。问题在于，中国现阶段的发展理念，对于知识技术层成长的重要性认识不足。典型的如文献和社会舆论的争论焦点，很多仍然立足于经济资本范畴的中产阶层定义，这实在是一种混淆甚至误导。我们认为，强调知识技术阶层的扩展，就很容易理解现实中，中产阶层不稳定的一些原因，特别是城市化的知识生产配置的重要性这个本质。不可否认的是，中国工业化的确造就了不少中产阶层。但是，如果考虑到中产阶层再生产所需要的收入持续增长和宏观稳定这些因素，知识技能越来越成为关键。

（四）服务业与消费观念的再探讨

鉴于中国人口规模的庞大，人力资本再生产和劳动力要素更新必然迟缓，平均数意义上的高层次人力资本比重意义不大。这就为城市化发展提出了知识集聚的要求，以城市特别是大中城市的消费结构升级和服务业现代化为"龙头"，实现产业发展协同、城乡发展协同。这就再次回到了我们一再强调的服务业和消费的补偿效应上——通过知识—人力资本循环的嵌入，达到产业结构升级以及知识技术阶层主导的可持续发展。如果要为中国城市化成功与否树立评价标准的话，那么，可以将知识技术阶层是否保持了健康的发展，作为唯一的选择。

参考文献

[1] [英] 安东尼·吉登斯：《现代性与自我认同》，赵旭东、方文译，生活·读书·新知三联书店1998年版。

[2] [英] 皮埃尔·布尔迪尔：《区分：判断力的社会批判》，刘晖译，商务印书馆2017年版。

[3] [法] 让·鲍德里亚：《符号政治经济学批判》，夏莹译，南京大学出版社2015年版。

[4] [法] 让·鲍德里亚：《消费社会》，刘成富、全志钢译，南京大学出版社2014年版。

[5] [美] W. W. 罗斯托：《这一切是怎么开始的》，董其祥、纪坚博译，商务印书馆1997年版。

[6] [美] 亚伯拉罕·马斯洛：《动机与人格》，许金生等译，中国人民大学出版社2016年版。

[7] 袁富华、张平、陆明涛：《长期经济增长过程中的人力资本结构——兼论中国人力资本梯度升级问题》，《经济学动态》2015年第5期。

[8] 袁富华、张平：《中等收入阶段的增长停滞与增长跨越——兼论中国经济结构的调整方向》，《中共中央党校学报》2016年第5期。

[9] 袁富华、张平：《增长非连续的原因与创新路径的转换》，《中共中央党校学报》2018年第1期。

[10] 袁富华、张平：《稳中求进：风险防范与效率增进——兼论储蓄、投资、消费的再平衡》，《中国特色社会主义研究》2018年第2期。

[11] [美] 约翰·肯尼斯·加尔布雷斯：《经济学与公共目标》，于海生译，华夏出版社2010年版。

[12] [美] 约翰·肯尼斯·加尔布雷斯：《新工业国》，嵇飞译，上海人民出版社2012年版。

[13] 中国经济增长前沿课题组：《突破经济增长减速的新要素供给理论、体制与政策选择》，《经济研究》2015年第11期。

[14] Hofman, A., *The Economic Development of Latin America in the Twentieth Century*, Northampton, MA: Edward Elgar, 2000.

[15] Nurkse, R., *Problems of Capital Formation in Underdeveloped Countries*, Oxford: Basil Blackwell, 1958.

[16] Rostow, W. W., *The Stages of Economic Growth: A Non – communist Manifesto*, Cambridge: Cambridge University Press, 1960.

第五章　跨越中等收入陷阱的人力资本因素[*]

2016年中国人均GDP已经达到8000美元，步入中等收入国家水平。在近年中国经济增长速度持续放缓的情况下，面临着陷入中等收入陷阱的风险，提高人力资本存量、优化人力资本结构的要求日益迫切。由于经济体的赶超在很大程度上是人力资本的量的积累和结构的升级，本章将日本、韩国、东南亚、拉美和东欧等主要国家或地区划分为四种经济体的赶超类型：成功实现赶超、正在赶超、中国、东欧国家。通过比较四种类型的人力资本积累和结构升级的指标发现，成功赶超的国家或地区在经济高速发展的同时，人力资本存量逐渐提高，成功跨越中等收入陷阱。正在赶超的国家或地区中等层次人力资本存在明显过于饱和并且高级人力资本积累不足的现象，人力资本梯度升级与产业结构演进密切相关，具有高存量高级人力资本的国家或地区在提高现代产业在国民经济部门中的比重方面成绩更为突出。同时，陷入中等收入陷阱的国家科研能力薄弱，包括科研费用支出和科研人员比重过低、其全要素生产率难以提升，甚至有所下降。相比较成功赶超的国家或地区甚至正在赶超的新兴经济体，中国存在更加明显的地区间、行业间、性别间分布不平衡，人力资本回报率低，以及高层次人力资本不足和中等层次人力资本过于饱和的现象。未来中国要跨越中等收入陷阱，成功实现赶超，必须加大对教育尤其是高等教育的投入，促进人力资本结构的梯度升级，改革户籍制度，使人力资本能够自由流通，实现产学研真正融合。

---

[*] 本章由陈润执笔。

一 引言

　　中等收入陷阱指的是一个国家或地区的人均收入步入中等收入阶段后，经济增速长期缓慢增长，无法实现跨越至高等收入国家的现象。考察陷入中等收入陷阱国家的社会经济发展状况，可以发现一些普遍的特征，包括创新能力不足、人力资本水平过低及老龄化、产业结构不合理、金融体系脆弱、收入分配不平等、公共服务短缺和社会阶层固化等。此外，这些国家还不同程度地出现就业困难、城市化不合理、腐败严重和社会动荡等诸多问题。图5-1显示，当前中国已经步入中等收入国家行列，但是，随着经济增长速度放缓，中国在某些方面已经出现中等收入陷阱国家的某些征兆，如增长动能减弱、经济转型困难；土地、资源、劳动力等生产要素的成本迅速攀升，边际收益不断递减，比较优势正在弱化。中国陷入中等收入陷阱的风险正在加大，若不能及时正确地应对，中国宏观经济或将出现大幅波动甚至长期缓慢增长，无法突破发展"瓶颈"。

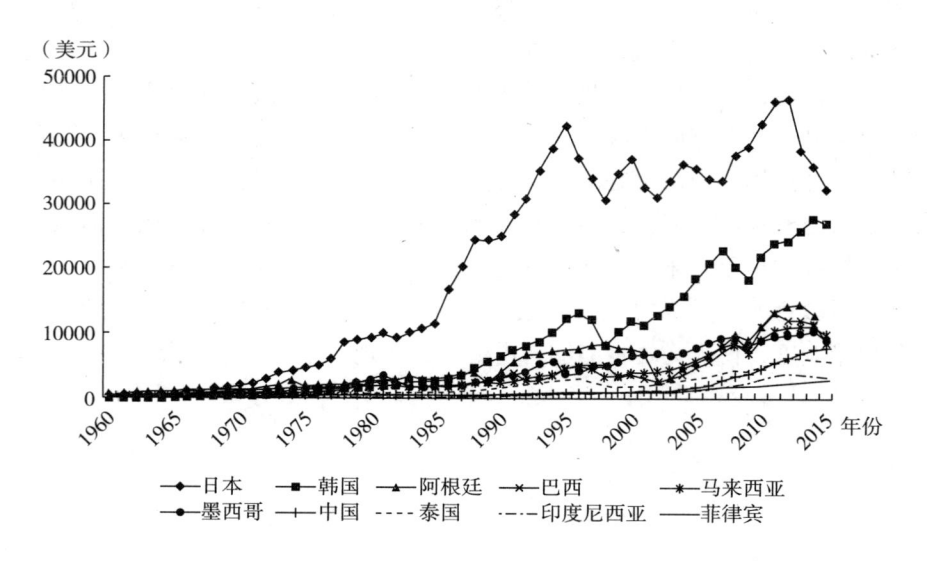

图5-1　1960—2015年世界部分国家人均GDP（现价美元）

资料来源：世界银行。

第五章　跨越中等收入陷阱的人力资本因素

在知识经济时代，人力资本的提高是促进国家经济发展经久不衰的动力。内生增长理论的诸多经济学家都试图证明人力资本累积是促进长期经济增长的根源。20 世纪 60 年代，舒尔茨（1960）提出了人力资本概念并且证明人力资本对经济增长的贡献率。[①]　卢卡斯（Lucas，1988）认为，专业化人力资本是长期经济增长的根源。[②]　罗默（Romer，1990）通过建立研发、中间产品和最终产品三部门增长模型，说明了技术进步的溢出效应被追加到企业的投入要素上。[③]　曼昆（Mankiw，1992）将人力资本作为一种投入要素引入到新古典增长模型，对索洛模型进行扩展，来解释人力资本对人均收入的影响。[④]　埃蒙德·坎农（Edmund S. Cannon，2000）等经济学家研究发现，卢卡斯模型对发达国家的人力资本与经济增长的关系方面做出了比较好的解释，而尼尔森模型对发展中国家人力资本与经济增长的关系方面做出了比较好的解释。[⑤]　宋家乐（2011）用中国 1952—2009 年的数据在控制追赶效应的前提下，实证检验了中国人力资本水平的上升促进了劳动生产率的提高。[⑥]　Manuelli 和 Seshadri（2014）发现，人力资本质量差异加大了国家发展水平的差异，进一步支持了人力资本积累影响发展程度的观点。[⑦]

自改革开放以来，中国经济实现快速持续的增长，引发学术界对中国经济增长动力引擎的高度关注。对经济增长的因素研究也从早期的投资驱动和人口红利逐渐转向其他因素的研究。在中国经济高速增长的同时，人均受教育水平大幅提高，"干中学"快速提升了劳动力素质，产业结构也在从传统产业向现代产业不断演进。然而，中国经济发展模式存

[①]　舒尔茨：《论人力资本投资》，北京经济学院出版社 1990 年版。
[②]　Lucas, R. E., "On the Mechanics of Economic Development", *Journal of Economics*, Vol. 22, No. 1, 1988, pp. 3 – 42.
[③]　Romer, Paul M., "Endogenous Technological Change", *Nber Working Papers*, Vol. 98, No. 98, 1989, pp. 71 – 102.
[④]　Mankiw, N., Romer, Gregory, D. and Weil, D. N., "A Contribution to the Empirics of Economic Growth", *The Quarterly Journal of Economics*, Vol. 107, No. 2, 1992, pp. 407 – 437.
[⑤]　Cannon, Edmund S., "Economies of Scale and Constant Returns to Capital: A Neglected Early Contribution to the Theory of Economic Growth", *American Economic Review*, Vol. 90, No. 1, 2000, pp. 292 – 295.
[⑥]　宋家乐：《中国人力资本及其分布同经济增长的关系研究》，《管理世界》2011 年第 5 期。
[⑦]　Manuelli, R. and Seshadri, A., "Human Capital and Wealth of Nations", *American Economic Review*, Vol. 104, No. 9, 2014, pp. 2736 – 2762.

在过度依靠物质资本积累、环境资源投入和"人口红利",随着中国经济增长动力不足,经济发展转型升级的要求日益迫切,提高人力资本存量和优化人力资本结构成为亟待解决的问题。

二 经济增长过程中人力资本积累和结构演变

经济体赶超,从某种意义上说,是人力资本的量的积累和结构的升级。[①] 在成功赶超的国家或地区中,人力资本遵循平均受教育年限的提升和人力资本结构的倒"U"形发展以及各层次人力资本的逐级替换。

图 5-2 和图 5-3 根据巴罗—李(Barro-Lee)关于 1950—2010 年世界各国受教育年限的部分数据,以五年为一个刻度单位,整理出人力资本结构发展的以下几种类型:第一种类型是以美国以及成功实现赶超的日本和韩国为代表的发达国家人力资本结构演进模式,其主要特征是初等教育(或初级人力资本)比重迅速下降;中等教育(或中级人力资本)先上升再下降,呈倒"U"形发展趋势;高等教育(或高级人力资本)

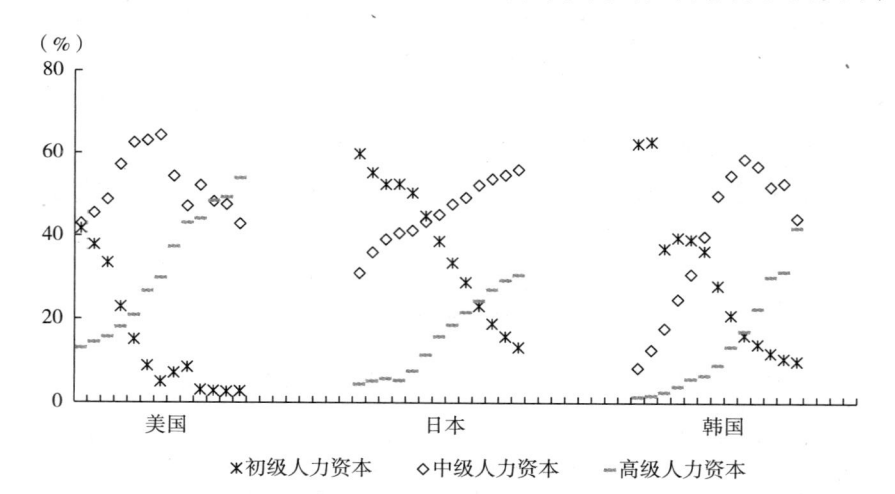

图 5-2 美国、日本和韩国人力资本结构演变

资料来源:BL2013_amf_V1.3。

---

① Barro and Lee, "International Comparision of Educational Attainment", *Journal of Monetary Economics*, Vol. 32, No. 3, 1993, pp. 363-394.

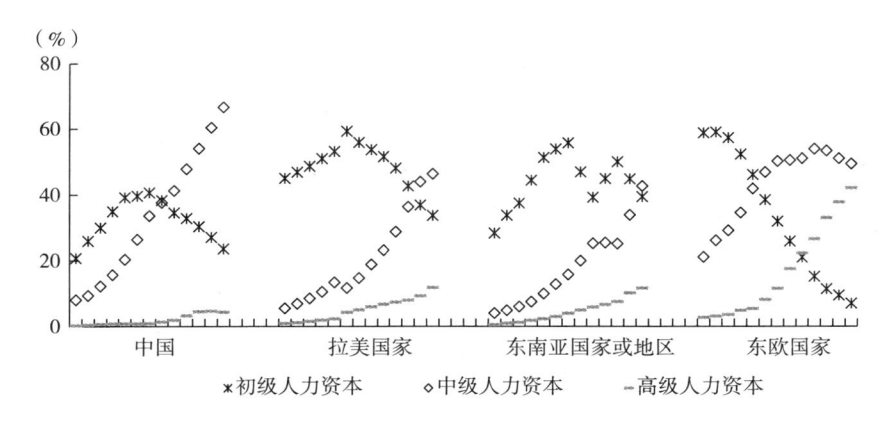

图 5-3　一些正在赶超的国家或地区人力资本结构演变

资料来源：BL2013_ amf_ V1.3。

比重迅速提升，成功地实现中级人力资本向高级人力资本的跨越。整个人力资本结构不断优化，美国和韩国高级人力资本接近甚至超过中级人力资本所占比重。在这一人力资本深化的过程中，中级人力资本和高级人力资本积累的初始条件是美国优于日本和韩国，日本和韩国在第二次世界大战后大力发展教育，其中级人力资本和高级人力资本积累不断追赶并接近美国的水平。

第二种类型是正在赶超阶段的拉美国家和东南亚国家或地区，两者初等教育呈现先上升再下降的倒"U"形发展趋势，中等教育所占比重迅速攀升，高等教育稳定发展，但是，由于初等教育所占比重较高，中等教育所占比重虽然快速发展，但是所占比重仍偏低，由此导致高等教育后备力量缺乏，从中级人力资本向高级人力资本跨越的后劲不足。

第三种类型是中国，典型特征表现在前工业化时代的初始禀赋较差，初等、中等和高等教育人口的比重过低。新中国成立后，初等教育和中等教育人口的比重不断提高，但高等教育发展有限。在工业化进程中，中等教育急速攀升。尤其是在改革开放以后，初等教育所占比重达到40%的拐点，并在此后飞跃发展，同时高等教育加速发展，只是由于高等教育基数过低，造成高级人力资本绝对比重较东南亚国家或地区和拉美国家仍然偏低——中国经济仍被中级人力资本所主导。

第四种类型是东欧国家，这些国家的人力资本结构介于成功赶超的日韩和东南亚国家或地区、拉美国家之间，属于过渡类型。

三 不同国家或地区人力资本水平比较

国际经验表明，一个国家或地区高级人力资本所占比重与其 TFP 明显正相关。突破创新能力上的"瓶颈"，跨越中等收入陷阱，就必须将高级人力资本确立为引领科技创新的主导力量，突破前沿技术创新能力不足的"瓶颈"。彭国华（2007）通过对我国 28 个省际面板数据实证研究表明，高级人力资本对全要素生产率有显著的促进作用。Vandenbussch 等（2006）通过对 19 个 OECD 国家 1960—2000 年的教育数据进行研究，发现人力资本的各组成部分对 TFP 的作用不同，对 TFP 有显著促进作用的是受过高等教育的人力资本部分，而平均人力资本与 TFP 的相关关系是负的。

图 5-4 显示，从 2010 年 Penn World Table 数据中获取中国、印度、日本、韩国、东南亚国家或地区、拉美国家和东欧国家等主要国家或地区的高等教育人数占人口的比重，通过和 TFP 进行比较发现，高级人力资本和一个国家或地区 TFP 水平存在明显正相关关系。其中，发达国家中的美国、日本和韩国是典型代表，其高等教育人口比重和 TFP 都位于较高行列；中国和印度则处于最低行列；拉美国家、东南亚国家或地区等

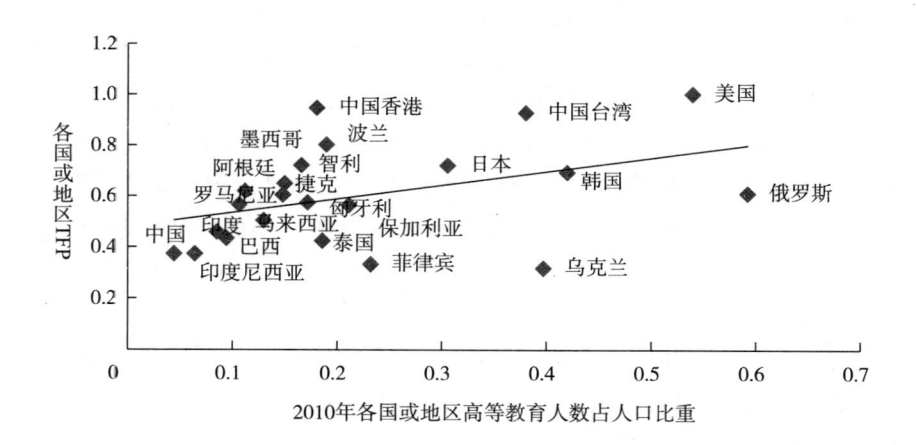

图 5-4 部分国家或地区 TFP 与高等教育人口比重情况

资料来源：根据 Penn World Table 计算得出。

高等教育人口比重和TFP也位于较低水平。当一个国家或地区处于科技水平较弱、创新能力不足的状态时，比较适合采用技术模仿来提高全要素生产率；当一个国家或地区的科技创新水平比较接近世界科技前沿时，技术创新则是促进其经济增长的主要手段，高技能型人力资本比一般人力资本更能促进增长。突破中国在创新能力上的"瓶颈"，完成对中等收入陷阱的跨越，就必须将研究型高校及其他科研机构确立为引领中国科技创新的主导力量，大力发展以基础科学和重大前沿问题为主要研究对象的研究型大学发展，提升高等人力资本存量。同时，也应大力扶持以实用技术革新和职业技术技能培养为重心的应用型大学和高等职业学校，训练一批高素质、高技能的现代技术工人。

设美国的TFP为1，作为基准进行国际比较，研究结果显示，成功赶超的日本和韩国由于高级人力资本的快速发展导致TFP水平大幅提升，其中，日本提升最快，韩国次之。拉美国家和东南亚国家或地区由于初级人力资本增长过于饱和，中级人力资本水平积累不足导致高级人力资本难以实现梯度升级，TFP水平在一度实现快速提升后又逐渐下降，倒"U"形现象较为明显。东欧国家人力资本梯度升级介于拉美国家和日韩的过渡阶段，TFP水平缓慢追赶。而中国TFP水平增长缓慢，主要源于初等教育人口比重急剧下降，中等教育水平占比过量，高级人力资本虽然随着20世纪末高等教育扩招后快速增长，但总体占比尚低（见表5－1）。如何使中国大量的中级人力资本转化为高级人力资本，实现人力资本水平由中级向高级的梯度升级是中国现阶段TFP水平能否不断提升的一个关键影响因素。

表5－1　　　　　　　　部分国家或地区间TFP比较

年份	美国	日本	韩国	拉美国家	东欧国家	东南亚国家或地区	中国
1960	1	0.39	0.31	0.69	—	0.43	0.39
1965	1	0.45	0.31	0.72	—	0.43	0.32
1970	1	0.72	0.35	0.74	0.38	0.43	0.30
1975	1	0.76	0.54	0.78	0.46	0.56	0.29
1980	1	0.83	0.52	0.84	0.50	0.60	0.28
1985	1	0.79	0.62	0.67	0.49	0.55	0.36
1990	1	0.88	0.73	0.58	0.53	0.54	0.28
1995	1	0.82	0.75	0.62	0.45	0.55	0.32

续表

年份	美国	日本	韩国	拉美国家	东欧国家	东南亚国家或地区	中国
2000	1	0.77	0.75	0.59	0.45	0.39	0.27
2005	1	0.76	0.73	0.56	0.54	0.40	0.34
2010	1	0.72	0.69	0.59	0.58	0.41	0.37

资料来源：根据 Penn World Table 整理得出。

成功实现赶超的国家或地区和陷入中等收入陷阱的国家在研发能力上存在明显差别（见表5-2）。日本和韩国研发费用支出占国内生产总值比重，1996年分别达到2.77%和2.24%，明显数倍于拉美国家和东南亚国家或地区。同时期的马来西亚、墨西哥、泰国和阿根廷分别为0.22%、0.26%、0.12%和0.42%，世界排名均在第40名以后。经过近20年的发展，2013年，日本和韩国研发支出占国内生产总值的比重基本实现翻番，而陷入中等收入陷阱的国家虽有进步，但是，从绝对数量上基本还在1%以下。值得一提的是，在此时期，中国研发支出占GDP比重增速保持快速增长，从1996年的0.57%上升至2013年的2.01%。表5-3显示，日本和韩国研发人员（每百万人）人数在1996年分别达到4947人和2211人，明显数倍于拉美国家和东南亚国家或地区。同时期的马来西亚、墨西哥和泰国分别为89人、207人和101人，明显落后于其他发达国家。经过近20年的发展，2013年，日本和韩国研发人员（每百万人）人数分别增长至5201人和6457人，虽然增长缓慢，但是，在发达国家中仍名列前位，说明在成功跨越中等收入阶段后，经济结构处于合理的优化状态，而陷入中等收入陷阱的国家除马来西亚和阿根廷增长较快之外，其余国家在此方面增长缓慢。在此时期，中国研发支出占GDP比重保持快速增长，研发人员（每百万人）从1996年的443人上升至2013年的1089人。

针对上述数据，可给出的解释是：陷入中等收入陷阱的国家存在难以克服的技术创新"瓶颈"。一个国家或地区经济在进入中等收入阶段后，其低成本（原料、劳动力、运输等综合成本）优势逐步丧失，在低端市场难以与低收入国家竞争，在中高端市场由于研发能力、研发投入和高级人力资本条件的制约又难以与高收入国家抗衡。在这种上下挤压的环境中，经济发展很容易失去动力而导致增长停滞。突破这一"瓶颈",需要在自主创新和人力资本方面持续增加投入,培育新的竞争优势。马来西亚等东南亚国家或地区在亚洲金融危机后再也没能恢复到危机前的高增长,拉美国家在拉美货币危机后发展缓慢等现象都与其经济增长缺乏技术创新动力有着直接的关系。

表 5-2   部分国家研发支出占 GDP 比重情况

年份	阿根廷	巴西	墨西哥	中国	日本	韩国	马来西亚	印度尼西亚	泰国	菲律宾
1996	0.42	—	0.26	0.57	2.77	2.24	0.22	—	0.12	—
1997	0.42	—	0.29	0.64	2.83	2.29	—	—	0.10	—
1998	0.41	—	0.32	0.65	2.96	2.15	0.40	—	—	—
1999	0.45	—	0.36	0.75	2.98	2.06	—	—	0.26	—
2000	0.44	1.00	0.32	0.90	3.00	2.18	0.47	0.07	0.25	—
2001	0.42	1.03	0.34	0.95	3.07	2.34	—	0.05	0.26	—
2002	0.39	0.98	0.38	1.06	3.12	2.27	0.65	—	0.24	0.14
2003	0.41	1.00	0.39	1.13	3.14	2.35	—	—	0.26	0.13
2004	0.37	0.96	0.39	1.22	3.13	2.53	0.60	—	0.26	—
2005	0.38	1.00	0.40	1.32	3.31	2.63	—	—	0.23	0.11
2006	0.40	0.99	0.37	1.38	3.41	2.83	0.61	—	0.25	—
2007	0.40	1.08	0.37	1.38	3.46	3.00	—	—	0.21	0.11
2008	0.42	1.13	0.40	1.46	3.47	3.12	0.79	—	—	—
2009	0.48	1.12	0.43	1.68	3.36	3.29	1.01	0.08	0.25	—
2010	0.49	1.16	0.45	1.73	3.25	3.47	1.07	—	—	—
2011	0.52	1.14	0.42	1.79	3.38	3.74	1.06	—	0.39	—
2012	0.58	1.15	0.43	1.93	3.34	4.03	1.13	—	—	—
2013	—	—	0.50	2.01	3.47	4.15	—	0.08	—	—

资料来源:世界银行。

表 5-3   部分国家研发人员(每百万人)人数

年份	阿根廷	巴西	墨西哥	中国	日本	韩国	马来西亚	印度尼西亚	泰国	菲律宾
1996	—	—	207	443	4947	2211	89	—	101	—
1997	692	—	219	472	5002	2267	—	—	73	—
1998	701	—	209	387	5212	2029	153	—	—	—
1999	710	—	216	421	5251	2183	—	—	168	—

续表

年份	阿根廷	巴西	墨西哥	中国	日本	韩国	马来西亚	印度尼西亚	泰国	菲律宾
2000	713	420	216	547	5151	2345	274	213	—	—
2001	685	437	224	582	5184	2932	—	199	279	—
2002	688	454	295	631	4935	3034	293	—	—	—
2003	714	490	314	668	5156	3215	—	—	279	71
2004	761	539	367	713	5157	3301	500	—	—	—
2005	814	580	400	857	5360	3777	—	—	311	80
2006	886	589	326	932	5387	4175	369	—	—	—
2007	968	603	335	1079	5378	4604	—	—	322	78
2008	1028	619	327	1200	5158	4868	601	—	—	—
2009	1072	656	368	864	5148	5001	1070	90	331	—
2010	1154	698	380	903	5153	5380	1467	—	—	—
2011	1208	—	383	978	5160	5853	1653	—	543	—
2012	1226	—	—	1036	5084	6362	1794	—	—	—
2013	—	—	—	1089	5201	6457	—	—	—	—

资料来源：世界银行。

四 人力资本积累和产业结构变迁

（一）人力资本与产业结构升级

结构主义研究者认为，一个国家或地区各部门的结构、技术和TFP等因素都会对经济增长产生影响。库兹涅茨认为，1948—1966年，美国的经济增长中产业结构的贡献率可以达到10%左右，同时库兹涅茨还通过20多个国家经济发展状况数据，分析了产业结构调整和经济增长之间的实证关系。钱纳里（1989）研究发现，经济增长与产业结构存在较为明显的变动规律，他通过分析三次产业的就业人数配比和产值比重，解释了产业结构演进和经济增长之间的变动关系。

在传统社会经由工业化进入现代发达国家的过程中，产业结构基本上要经历两次变迁演进。一是工业化的积累和发展，即从初期劳动密集型产业为主导升级为资本密集型为主导,然后再转向技术密集型为主导的跨越。二是现代服务业的发展,并超过工业部门在国民经济中所占的比重。本章经过对赶超国家和已成功实现跨越国家的数据比较发现,赶超中国家的人力资本和产业结构升级存在因果关系,日本、亚洲的"四小龙"中的韩国和中国台湾等国家或地区的工业化有较高人力资本存量作为支撑,后发国家诸如亚洲"四小虎"延续了这一发展模式。拉美国家陷入中等收入陷阱在很大程度上源于工业化水平的不足,没有建立完备的现代工业体系,长期在低水平上徘徊;同样,这些国家的中级人力资本储备不足,使高级人力资本梯度升级难以成功实现(见表5-4)。

表5-4 1970—2015年各国或地区工业和服务业增加值占GDP比重

年份	日本		韩国		中国		拉美国家		东南亚国家或地区	
	工业	服务业	工业	服务业	工业	服务业	工业	服务业	工业	服务业
1970	43.67	51.19	24.48	47.99	40.49	24.29	31.95	49.31	32.14	36.78
1971	43.22	52.33	23.56	48.59	42.15	23.79	31.70	49.21	32.31	36.84
1972	42.35	53.10	24.63	48.34	43.06	24.09	32.12	49.10	34.25	36.27
1973	42.70	52.39	27.38	47.55	43.11	23.54	32.56	48.60	35.72	35.23
1974	41.37	53.98	26.60	48.47	42.73	23.40	32.45	48.30	35.66	36.13
1975	39.41	56.01	27.39	47.22	45.72	21.88	32.20	48.99	35.28	37.50
1976	39.40	56.17	29.09	46.80	45.43	21.72	32.58	48.70	37.03	36.14
1977	38.65	57.11	30.29	46.89	47.13	23.45	32.23	48.31	38.04	36.58
1978	38.90	57.22	32.38	46.66	47.56	24.54	33.51	49.37	37.56	37.44
1979	38.65	57.72	33.64	46.81	46.79	22.26	33.54	49.54	37.87	37.60
1980	39.06	57.86	34.17	50.72	47.91	22.23	33.18	48.04	37.82	38.21
1981	39.22	57.81	33.83	50.38	45.81	22.64	32.25	48.67	37.30	38.91
1982	38.57	58.56	34.26	50.98	44.45	22.52	31.98	48.86	36.06	40.16
1983	37.75	59.41	35.62	50.88	44.06	23.13	30.97	49.16	37.66	39.67
1984	38.17	59.02	36.75	50.60	42.76	25.48	31.23	47.88	38.26	39.21
1985	38.23	59.07	36.10	51.39	42.55	29.33	31.45	47.80	36.98	40.03
1986	37.78	59.67	37.23	51.71	43.36	29.83	31.87	48.00	37.41	40.02
1987	37.34	60.27	38.15	51.96	43.18	30.35	31.55	48.12	37.67	40.39
1988	37.63	60.12	38.43	51.72	43.40	31.23	31.20	49.47	38.11	40.54

续表

年份	日本		韩国		中国		拉美国家		东南亚国家或地区	
	工业	服务业	工业	服务业	工业	服务业	工业	服务业	工业	服务业
1989	37.79	60.03	37.68	53.18	42.37	32.89	31.26	51.14	39.31	39.96
1990	38.05	59.82	38.18	53.60	40.90	32.38	30.53	53.80	39.81	40.87
1991	37.69	60.33	39.23	53.46	41.36	34.49	29.52	55.44	40.23	41.31
1992	36.53	61.58	37.93	54.96	43.00	35.57	29.14	53.88	42.35	39.84
1993	35.15	63.12	38.17	55.47	46.09	34.52	29.45	52.50	40.80	42.27
1994	33.63	64.39	38.05	55.79	46.09	34.37	29.79	52.17	41.79	42.27
1995	33.06	65.19	38.38	55.80	46.68	33.66	29.30	62.08	42.92	41.90
1996	32.88	65.35	37.81	56.73	47.04	33.57	29.10	62.97	43.87	41.49
1997	32.69	65.68	37.54	57.49	47.03	35.01	29.61	62.62	43.96	41.64
1998	31.84	66.45	37.01	58.35	45.72	37.06	29.42	62.74	42.99	41.51
1999	31.32	67.00	36.49	58.75	45.27	38.60	28.81	63.00	43.33	41.15
2000	31.06	67.35	38.09	57.51	45.43	39.82	28.86	62.21	43.65	41.10
2001	29.51	69.03	36.83	59.05	44.67	41.27	28.21	62.45	43.02	41.71
2002	28.67	69.86	36.38	59.86	44.32	42.30	28.19	62.44	43.02	41.96
2003	28.59	70.02	36.60	59.88	45.49	42.09	28.20	61.33	43.02	41.94
2004	28.56	70.11	37.96	58.51	45.75	41.24	28.57	60.57	42.80	42.51
2005	28.13	70.65	37.50	59.36	46.87	41.40	28.30	61.43	42.52	43.10
2006	28.11	70.71	36.86	60.15	47.40	41.89	28.04	62.05	42.22	43.54
2007	28.21	70.64	37.01	60.28	46.69	42.94	27.76	62.60	41.75	44.32
2008	27.54	71.32	36.28	61.21	46.76	42.91	27.33	62.77	41.08	44.96
2009	26.04	72.79	36.68	60.73	45.67	44.45	26.39	64.18	40.32	45.59
2010	27.54	71.28	38.27	59.26	46.17	44.20	26.64	63.42	40.48	45.89
2011	26.14	72.70	38.38	59.10	46.14	44.32	26.63	63.48	39.88	46.78
2012	26.03	72.76	38.07	59.47	44.97	45.50	26.13	64.49	39.73	47.19
2013	26.37	72.44	38.41	59.25	43.67	46.92	25.74	65.19	39.40	47.63
2014	26.86	71.97	38.06	59.61	42.74	48.09	25.64	65.70	39.21	47.97
2015	—	—	37.98	59.71	40.53	50.47	25.28	68.09	31.44	37.81

资料来源：世界银行。

人力资本水平的提升对产业结构的影响存在差异，其中，对工业和服务业的影响高于对农业部门的影响。相对于单纯的人力资本存量的增加，人力资本梯度结构对产业结构匹配的影响更加明显。不同的人力资本质量和结构对不同国家或地区分布不平衡是造成国家或地区间产业结构升级存在巨大差异的一个重要原因。拉美国家制造业发展缓慢，尤其是高新技术制造业和现代服务业由于缺乏完备的工业体系，过于依赖农产品、矿产资源等出口，整个产业结构不尽合理，难以实现产业上的结构升级和人均收入上的跨越。东南亚国家或地区由于受20世纪末亚洲金融危机冲击，再加上国内或地区内市场较弱，外贸依存度高，抗风险能力薄弱，经济增长速度大幅下滑后难以恢复。

（二）日本产业结构升级

日本在第二次世界大战之后的产业调整可以概括为三次，虽然在各个时期其产业政策有所不同，但总体思路是大力发展第三产业，包括大力提高第三产业增加值和就业人口占GDP比重，逐步降低第二产业比重，显著降低第一产业比重。从1970—2015年各国工业和服务业增加值占GDP比重的数据来看，日本的产业结构发展最为成熟，产业结构的服务化特征逐渐凸显并日益增强，在产业结构演进中表现出如下独特之处。

1. 实现工业化的时间短、速度快

日本自20世纪五六十年代开始经济腾飞，在短短15年的时间内就迅速地完成了工业化，并且日本的工业化主要以发展重工业为主，逐步降低轻工业在国民经济中的比重。日本在高速增长的同时，制造业中的食品行业和纤维行业所占比重大幅降低，而机械工业、金属材料和制品业所占比重明显上升，可以说日本的工业化是以重工业尤其是化学工业为主体的工业化。

2. 第二产业就业比重相对稳定

不同于大多数发达国家第二产业就业人员比重大幅下降，日本的工业就业人员占总就业人员比重下降速度较慢，从1970年的35.71%下降至2016年的24.32%左右，平均保持每年0.25个百分点的下降速度。尤其是在日本经济高速腾飞跻身世界经济第一梯队之前（1994年之前），工业就业人员比重基本保持稳定和略有下降的态势，1970—1994年，日本工业就业人员比重仅仅从35.06%下降至34.03%，仅下降了1个百分点。可以说在日本经济腾飞的过程中，工业部门起着非常重要的作用。

3. 20世纪70年代中期以来服务业地位大幅上升

日本自20世纪60年代后期就开始注重脱离工业化、发展信息化和建设知识型社会等宣传口号,不再注重物质财富的生产,而是重视知识、信息和服务的生产及分配,通过缩短劳动时间、延长受教育年限以及增加居民休闲和娱乐,为日本现代服务业的快速发展提供了良好的契机。

4. 20世纪90年代以来信息产业发展突飞猛进

日本的信息化不是单指信息产业占GDP的比重上升,在第一、第二产业的各生产环节都引进信息技术,并以此拉动信息产业之外的其他产业需求,以此提升自身效率。自1970年至今,日本服务业增加值占GDP比重逐步上升,从1970年的51.19%上升至2014年的72%左右,基本保持每年0.5个百分点的上升速度。而其工业增加值占GDP比重则逐渐降低,从1970年的43.67%下降至2014年的26.86%左右,基本保持每年0.4个百分点的下降速度。伴随产业结构变迁,日本工业和服务业就业人员占就业总数比重也同样发生变化,自1970—2016年日本服务业就业人员占就业总数比重从1970年的46.72%上升至2016年的70.67%左右,平均保持每年0.52个百分点的上升速度(见图5-5)。

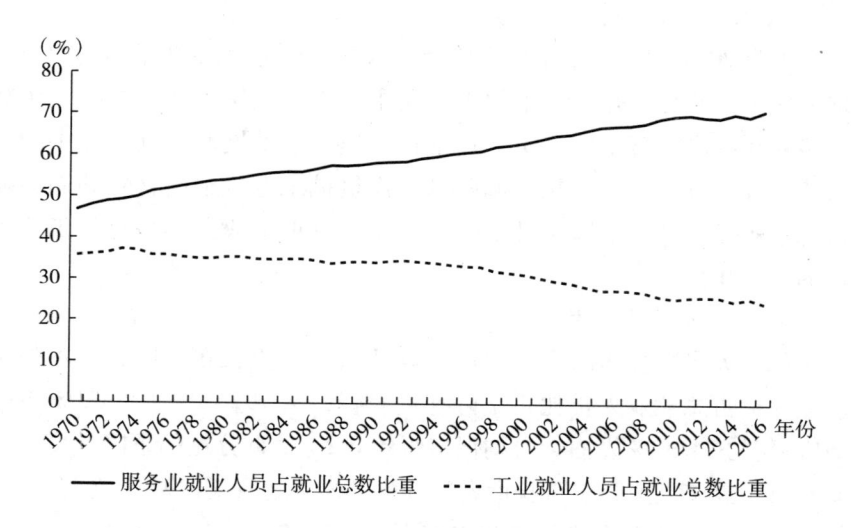

图5-5　1970—2016年日本工业和服务业就业人员占就业总数比重

资料来源:世界银行。

（三）韩国产业结构升级

韩国工业化在20世纪70年代开始起步，政府根据国际市场需求和本国资源禀赋，重点优先发展石油化工、汽车制造、钢铁产业以及有色金属冶炼等重化工业，对科技含量高的技术密集产业主要实行进口替代。同时，根据需求结构变化以及产业演进规律及时调整，主动适应经济形势的变化，并推动产业结构升级和优化。20世纪80年代初，韩国由于外贸依存度过高以及重工业投资过度等原因导致轻工业不振。1985年，《广场协议》使日本出口急剧降低，作为竞争对手的韩国坐收渔利，韩国工业出口快速增加，韩国迎来了经济增长最繁荣的时期。韩国依靠外贸的增长模式也有所转变，出口开始从劳动密集型的轻工业为主转向技术密集型产业。韩国除传统优势的汽车制造、钢铁及有色金属冶炼、化工等重工业之外，电子工业异军突起。

自1970年至今，韩国服务业增加值占GDP比重逐步上升，从1970年的48%上升至2014年的60%左右，增长速度较为平稳。而其工业增加值占GDP比重在20世纪90年代之前快速增长，由1970年的24.48%上升至1991年的39.23%，基本保持每年0.7个百分点的增长速度，自此之后则保持稳定。图5-6显示，伴随产业结构变迁，韩国工业和服务业就业人员占就业总数比重也同样发生了变化：1970—2013年，韩国服务业就业人员占就业总数比重从1980年的37%上升至2016年的70%左右，平均保持每年1个百分点的上升速度。而工业就业人员占就业总数比重先从1980年的29.1%升高至1991年的36%左右（平均每年上升0.64个百分点），然后开始逐渐下降至2013年的24.4%（平均每年下降0.5个百分点）。经过20多年的快速发展，至20世纪90年代初，韩国的产业结构已接近发达国家水平，其很多经济指标也已达到当时发达国家的水平，韩国于1996年左右进入高收入国家行列，基本上跨越了中等收入陷阱。图5-7是韩国与其他国家或地区工业和服务业增加值占GDP比重的比较。

亚洲金融危机时期，在国际货币基金组织和美国、日本等国的支援下，韩国对经济结构进行优化调整。同时，韩国企业逐渐减少技术进口替代，大规模增加自主研发的投资，形成具有韩国特色的创新模式——在引进国外先进技术基础上，进行模仿创新，加大自主知识产权保护力度，增强自主品牌的国际竞争力。世界知识产权组织的数据表明，2007年，韩国专利登记数量升至世界第四位，仅次于美国、日本和德国，在此基础上韩国技术集约性产业飞速发展,例如,在21世纪初,韩国的电子信息产业成为国家经济的主导。

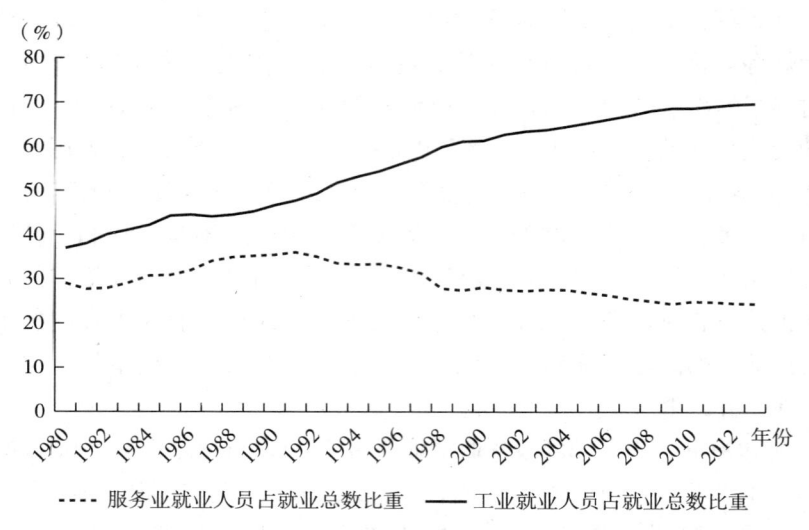

图 5-6　韩国工业和服务业就业人员占就业总数比重

资料来源:世界银行。

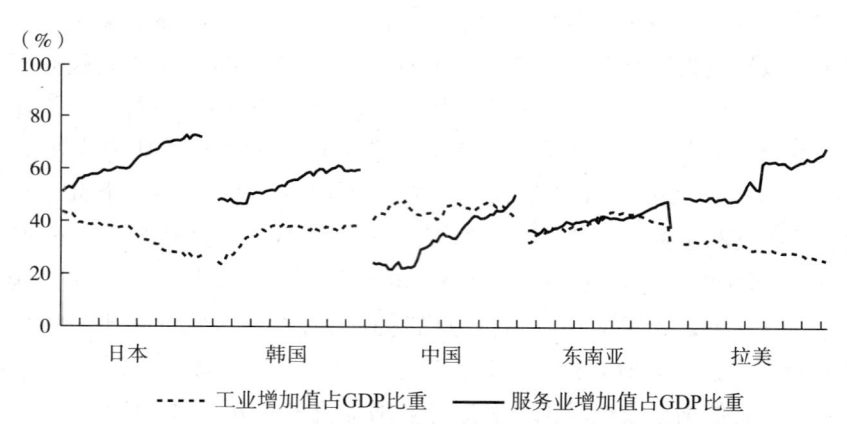

图 5-7　1970—2014 年各国或地区工业和服务业增加值占 GDP 比重

资料来源:EDStats。

进入 21 世纪以后,韩国对产业结构实行差别化发展战略,政府着力扶持核心主导的传统产业,一般非主导的传统产业逐渐向周边国家转移,实现产业升级。发挥市场在服务业中的调节作用,使知识型服务业辅助制造业。政府大力鼓励和支持高新技术开发。2001—2005 年 5 年内共投入近 100 亿美元重点支持"5T"领域的技术发展。此外，政府更是加大高级人才的培养力度，增强高等院校和科研院所在新技术领域的教学和研发力量，为韩国高新技术提供坚实的人才储备基础。韩国实行的产业政策和发展经验对我国产业结构调整和经济发展有很大的借鉴作用。(1) 产业结构调整应注意从低向高产业的循序渐进，避免出现重要产业的升级不畅和断层。(2) 尊重市场的调节作用，形成合理的企业规模结构。尤其是大型企业的规模化和集团化发展更要遵循市场规律，同时不能忽视对中小企业的扶持力度。(3) 鼓励和加大自主创新，加大对科技研发和技术创新的投入，并加强企业、高校和科研院所的联系，实现产学研一体化发展。

表 5-5 中部分国家或地区数据显示，除日本由于发展较快、初级人力资本和工业占 GDP 比重同时下降外，其余各国或地区初级人力资本水平与工业存在显著负相关关系，即随着国家或地区发展，初等教育比重下降以及中级人力资本水平不断提升，国家或地区的工业化水平逐渐提高，最为显著的是韩国和拉美国家，相关系数分别达到 0.8360 和 0.7024。日本和韩国随着高级人力资本不断提升，工业附加值占 GDP 比重逐渐下降。同样，除日本外，各国或地区随着高级人力资本的提升，工业附加值占 GDP 比重不断上升，最为显著的同样是韩国和拉美国家，相关系数分别为 0.7014 和 0.6481。各国或地区服务业与初级人力资本之间存在明显负相关关系，即随着初级人力资本比重的下降，服务业附加值占 GDP 比重不断提高。与之相反，服务业占 GDP 比重与中级和高级人力资本存在显著正相关关系。其中，高级人力资本与服务业占 GDP 比重相关性最强的是日本、中国、韩国，分别为 0.9025、0.9125 和 0.8870。在国家或地区赶超的过程中需要更高的高级人力资本积累程度。

表 5-5 部分国家或地区工业和服务业占 GDP 比重与人力资本结构相关性分析

	相关系数	日本	韩国	中国	东南亚国家或地区	拉美国家
工业	初级人力资本	0.8696	-0.9185	-0.3994	-0.2277	-0.4768
	中级人力资本	-0.8790	0.8360	0.4871	0.4896	0.7024
	高级人力资本	-0.8304	0.7014	0.5268	0.4956	0.6481

续表

相关系数		日本	韩国	中国	东南亚国家或地区	拉美国家
服务业	初级人力资本	-0.9206	-0.7764	-0.9303	-0.4768	-0.8687
	中级人力资本	0.9230	0.2619	0.9364	0.7024	0.8952
	高级人力资本	0.9025	0.8870	0.9125	0.6481	0.7593

资料来源：EDStats。

表5-6显示的是韩国工业和服务业在提高人力资本水平和优化人力资本结构的过程中对日本劳动生产率的追赶。可以看出，相对于日本，20世纪80年代初，韩国无论是工业还是服务业的劳动生产率都处在一个

表5-6　　　　韩国工业和服务业劳动生产率对日本的追赶

年份	日本	韩国工业	韩国服务业	年份	日本	韩国工业	韩国服务业
1980	1	0.16	0.25	1997	1	0.39	0.30
1981	1	0.17	0.25	1998	1	0.41	0.29
1982	1	0.18	0.25	1999	1	0.46	0.30
1983	1	0.21	0.26	2000	1	0.47	0.31
1984	1	0.23	0.27	2001	1	0.50	0.31
1985	1	0.22	0.26	2002	1	0.52	0.33
1986	1	0.23	0.27	2003	1	0.53	0.33
1987	1	0.23	0.28	2004	1	0.53	0.32
1988	1	0.23	0.29	2005	1	0.55	0.33
1989	1	0.22	0.29	2006	1	0.58	0.33
1990	1	0.23	0.29	2007	1	0.61	0.34
1991	1	0.24	0.29	2008	1	0.63	0.35
1992	1	0.26	0.29	2009	1	0.71	0.38
1993	1	0.29	0.29	2010	1	0.65	0.39
1994	1	0.33	0.29	2011	1	0.70	0.39
1995	1	0.35	0.30	2012	1	0.72	0.38
1996	1	0.37	0.30	2013	1	0.73	0.39

注：劳动生产率由工业和服务业附加值与从业人数的比值，其中，设定日本的工业和服务业劳动生产率为基准1，得出韩国的工业和服务业劳动生产率相对值。

资料来源：根据EDStats、International Labour Organization整理计算得出。

较低的水平。1980—2013 年，韩国工业大踏步发展，工业劳动生产率从 0.16 上升至 0.73，增长了 3.5 倍，逐步追赶上日本。服务业生产率由 0.25 提升至 0.39，增长了 60%。因此，若从人力资本结构视角来看，增加教育支出尤其是提高高等教育在劳动力中的占比，对于劳动生产率提高具有拉动作用。基于这一认识，我们认为，无论是已赶超成功的发达国家，还是正处于工业化阶段的赶超中国家，对于国家产业结构的优化和劳动生产率的提高均有裨益。实际上，鉴于发展中国家高级人力资本占比过低，更有必要在扩大教育支出和提高人力资本水平方面有所强调。

五 日本和韩国经验对中国人力资本结构升级的启示

韩国和日本被认为是当今世界经济大国中突破贫困陷阱之后迅速成功跨越中等收入陷阱的典型范例。1966 年，日本人均 GDP 为 1058 美元，突破 1000 美元大关，随后 6 年间更是突飞猛进，至 1972 年，人均 GDP 达到 2917 美元，接近 3000 美元，步入中等收入国家。又经过近十年的发展，于 1983 年人均 GDP 达到 10214 美元，突破人均万美元大关，随后又经过 12 年的发展，于 1995 年达到阶段性高峰，人均 GDP 达到 42522 美元，跻身世界最富裕国家行列。除发展时间滞后之外，韩国可以说是紧跟日本发展的步伐，韩国跨越中等收入陷阱的轨道和模式与日本很相像，韩国人均 GDP 在 1977 年首次突破 1000 美元达到 1105 美元，经过不到十年的发展，其人均 GDP 于 1986 年达到 2906 美元，接近 3000 美元，开始步入中等收入国家水平，又经过 8 年的发展，人均 GDP 于 1994 年达到 10275 美元，超过 10000 美元。随后在亚洲金融危机受到打击，韩国连续几年出现经济负增长，步入 21 世纪后重新恢复正增长，并开始迈向新的发展阶段，2015 年其人均 GDP 达到 27221 美元，成为世界经济第一梯队的高等收入国家。在这期间，日本和韩国分别用了 8 年和 10 年的时间保持较高速的经济增长，成功地进入高收入国家行列。伴随着经济高速增长的同时，日本和韩国在此期间都选择了对人力资本的巨大投资和产业结构向创新密集型转化。日本和韩国的经验启示我们，应重视人力资本在大国崛起过程中的关键作用，根据不同发展阶段，有针对性地制定人力资本战略，同时注重人力资本对经济转型和产业升级的推动作用。本节将着重介绍日本和韩国两个国家加大教育投入以提升人力资本水平的政策,并将其突出提升至国家发展战略中的重要地位。

(一) 日本的经验

日本在其经济社会发展过程中非常重视人力资本投资和积累,人力资本战略积极服务于国家总体的发展规划,采取了"引进来""走出去"的人力资本政策,将人才的自我培养和国外引进作为追赶的突破口。日本机会均等的教育理念、完善的企业内培训和职业教育体系,为日本经济在20世纪七八十年代的飞速发展提供了充足的智力支持。

日本在明治维新时期就开始学习欧美等发达国家在教育方面的先进经验和技术,通过实地考察、派遣留学生等手段发展本国人力资本,以缩小和发达国家的差距。同时,吸引和高薪聘请其他先进工业国家优秀的技术人才到日本进行教育培训,并模仿欧美等国逐渐探索并建立起日本特色的现代教育体系。在明治维新之前,日本尚未形成相互衔接的、全国性的学校制度,但已经存在相当数量的地方诸侯举办的"藩校"和民间举办的私塾、乡学等教育机构,为发展现代教育奠定了较好的基础。

日本在第二次世界大战后着力加大对高等教育的支持和发展,经过近半个世纪的发展,日本高等教育发展水平从占比较低快速增长至20世纪初的高等教育大众化阶段。自20世纪60年代至今,日本高等教育入学率的发展大致分为三个阶段(各个阶段为15年左右),如图5-8所示。第一个阶段是"扩大期"(1960—1975年左右),日本的4年制大学升学率由60年代初的9%增长为70年代中后期的30%左右,完成了高级人力资本的原始积累。第二个阶段是"停滞期"(1975—1990年左右),大学入学率出现停滞甚至有所降低。[①] 由于上一阶段大学入学率的激增,现有的社会就业岗位无法全部吸收急剧增多的大学毕业生,因此,日本政府减少私立大学的设立并对招生数量进行控制,同时,这一阶段的非大学高等教育机构(比如专修学校)快速发展。第三个阶段是"再扩大期"(1990—2005年),高等教育升学率重新又开始提升。在此期间,大学就学率从30%左右上升到60%,并有继续上升的趋势,实现了高等教育的大众化阶段。日本高等教育升学率大约以15年为周期的变化表明,高等教育比重提升不只是经济高速增长的直接结果,同时更受政治文化等要

---

① 金子元久:《日本高等教育大众化的经验与启示》,《教育发展研究》2007年第2期。

素的影响。① 20世纪90年代以后，日本的研究生教育迅速发展，20世纪末，日本研究生在校生达到20万人左右。一般而言，当一个国家的高等教育的入学率达到15%—25%时，可以认为这个国家实现了高等教育大众化。按照这个标准推断，日本在20世纪70年代便已经进入了高等教育大众化阶段，其高等教育入学率在1971年为17.6%，1981年上升至为31%，平均每年的增长幅度达到1.5个百分点，1980年后，日本高等教育的入学率依然约为30%。20世纪60年代正是由于国民教育体系的完善和国民较高的受教育水平，日本才能实现经济的飞速增长。同时，20世纪90年代以来，跻身世界上最富裕的发达国家之一，无疑与日本政府在立法和加大教育支出等方面的主导作用，并以此完成高级人力资本积累密切相关。②

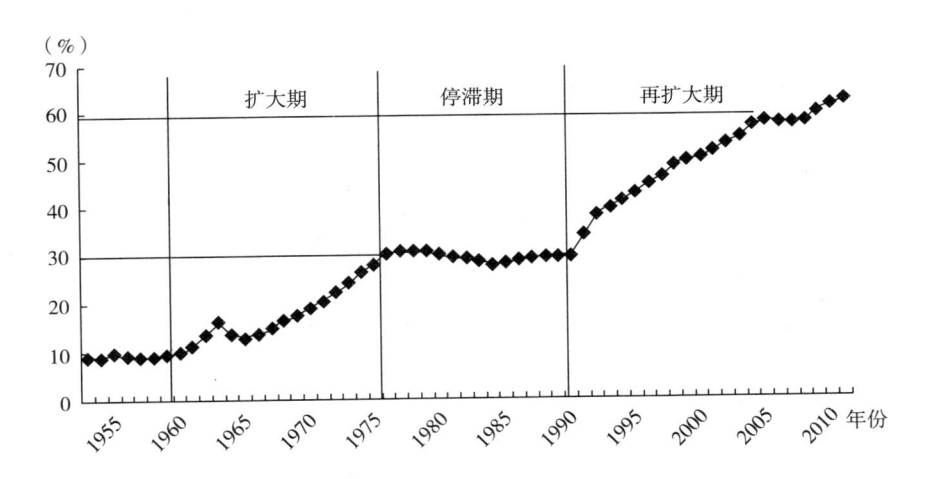

图 5-8 日本高等教育入学率变化（1955—2013 年）

资料来源：日本章部省各年度《学校基本调查》。

日本同样加强企业内部培训对人力资本的提升作用。日本产业结构演进随着高级人力资本的快速提高不断优化，第一产业在国民经济中的占比不断降低，工业化初具规模，服务业飞速发展也为日本的人力资本

---

① 陈润：《经济赶超中的人力资本因素——基于国际经验比较》，《云南财经大学学报》2017年第1期。
② 同上。

发展提供了产业基础和劳动力市场。与此同时，日本除从正规教育方面加快人力资本提升之外，大力提倡企业内部的在职培训。日本所有企业都有内部培训机制来提高人力资本水平，企业内部员工培训已经成为日本企业在经营管理中不可或缺的重要项目。此外，政府通过制定法律来保证职业教育和企业内部在职培训等非正规教育的发展。中央和地方分别开设各种级别的资格考试制度，从法制和社会认同度等方面提升企业内部培训在国民教育体系以及国民心目中的地位。

另外，从日本政府的教育投入水平（见图5-9）来看，教育投入经费占 GDP 比重一直保持较高的水平，尤其是在 1970—1990 年，日本平均教育投入占 GDP 比重平均可以达到 4.8%，最高于 1987 年达到 5.6%。在 1973 年，日本进入中等收入阶段时，教育支出占 GDP 比重就已经达到了 4.1%，1983 年，当日本进入中等收入国家之后，其人力资本投资依然达到 4.9%（见图5-9）。最重要的是，日本在经济飞速增长的同时，非常重视技术的创新和对研发的大量投入。

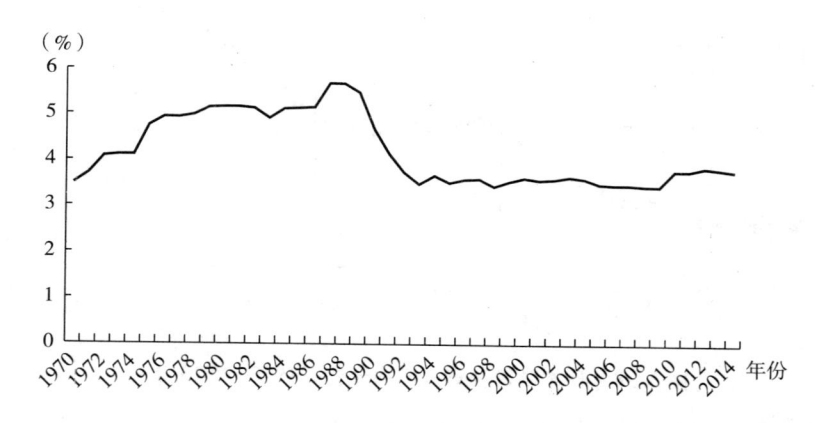

图5-9　1970—2014 年日本公共教育支出占 GDP 比重
资料来源：世界银行。

从 1994 年起，日本开始向高科技产业和信息产业进军，从过去的模仿和改良的"引进来"发展模式，走向自主研发的道路。日本大力提高科技研发的投入，目前日本研发经费支出占 GDP 比重已经超越欧美等发达国家。在技术创新和基础学科研究方面改变了过去进口替代的方式，科技领域人才和成果取得了空前的发展。进入 21 世纪以后，基本上每年都有日本学者获得诺贝尔奖，日本在高精尖技术和科研方面已经完全超越英国、法国、德国等国家，甚至可以和美国媲美。联合国统计数据表明，日本每百万人口中有994项专利，居世界第一位，有科学家和工程师4960人，居世界第二位。进入21世纪以后，日本经济面临长期不振的态势，由此日本政府提出"新经济增长战略"，该战略明确表明，日本长期发展的根源就是人才质量的提升，并提出要吸引全世界的人才。

通过考察日本在不同时期的教育方针可以发现，相对于经济发展需求，日本对教育进行改革和注重提高国民的教育水平比较超前。在工业化起步阶段，日本政府严格实行义务教育制度，通过各种法律和优惠条件，软硬兼施，提高日本适龄儿童的入学率，经过十几年的发展，日本初等教育入学率为亚洲最高；进入工业化阶段，日本的教育逐渐定位于打造一批高素质的企业员工并为制造业的发展提供人才支持，通过企业内部培训和再教育等手段，日本人力资本水平开始赶超欧美等老牌资本主义国家，整体教育水平达到了世界前列。在后工业化时代，日本则更多地强调国际化、多元化和终身化的发展理念，不仅注重人力资本数量上的提升，同时也大力提高教育的质量，期望通过高素质、高水平的人才队伍来激发国民和企业的创造性，依靠发展高新技术来克服经济的长期停滞。

（二）韩国的经验

韩国自20世纪70年代起从人均工资贫穷国家，经过30年的发展，到20世纪末，一跃成为高收入发达国家，并加入经济合作与发展组织。在不到30年的时间内，韩国人均工资增加了10倍，从不足1美元/小时上升至10美元/小时。韩国的教育回报率的快速升高，使大量低工资、低技能的低端劳动力经过教育培训、"干中学"等途径快速转向熟练、高生产率和服务型行业。虽然韩国政府采取了各种经济发展的政策来提升经济增长速度，但毫无疑问，鼓励教育，提高教育支出，提升人力资本的政策是一个非常重要的方面。韩国在劳动力方面从低端向高端的成功转移，在很大程度上是由其政府教育体制和政策所决定的。韩国成年劳动力中几乎所有人都拥有高中教育学历水平（高中入学率超过80%，其余劳动者虽无正式高中学历，但也通过夜校和所在公司的周末培训接受了高中学历教育）。值得一提的是，韩国的中等阶段教育（初级中学和高级中学）无论在质量还是在数量上，农村和城市之间几乎不存在任何差异,区域和城乡教育不平等的情况在韩国几乎不存在。可以说在城乡教育差距这个问题的解决上,韩国走在世界前列。韩国政府大力提高教育投入,鼓励调动企业和其他社会机构开办各类教育,大力发展职业教育以及鼓励产学研相结合等一系列支持和鼓励教育措施,具体可以概括为:多元化教育办学体制、以社会需求为导向的教育先行观念和广开办学筹资渠道。在20世纪90年代,韩国小学入学率就已经达到90%;大学入学率从1975年的10%提高到1995年的50%,20年间增长了4倍,截至2015年,韩国高等教育入学率已经达到66%,比很多西欧国家高出很多,位居世界前列。[①]

韩国是后发国家追赶先进经济体的典型代表,韩国在建国之初的教育基础非常薄弱,12岁以上的人口识字率不到20%,全国只有3所公立幼儿园,小学的入学率只有64%,在韩国政府的大力支持下,韩国教育经过几十年的发展,20世纪70年代初期,韩国的初等教育入学率就已达到100%,1980—1990年,高中入学率从50%提高到了80%,大学入学率也从10%提高到50%。根据巴罗—李的数据,韩国25—64岁劳动人口的平均受教育年限为11.5年。根据我们测算,现在韩国的人均人力资本已超越所有发达国家,居世界第一位。1995年,韩国人均国民收入达到10275美元,突破1万美元大关。从1960年到亚洲金融危机前,韩国一直以每年平均8%的速度增长。1996年,韩国成功地加入经济合作与发展组织,通过依靠快速发展教育和在世界经济格局变动中不断调整产业结构,顺利地实现产业演进的梯度升级,韩国成功地实现经济的赶超,顺利地步入高收入国家行列。从教育的发展历程来看,韩国之所以能够在短时间内从一个教育资源稀缺、教育基础薄弱的国家快速成为一个人力资本大国,在于韩国政府一直采取加大教育投入以及通过鼓励社会力量加大教育投资,大范围普及各级教育。韩国在经济发展的基础上,抓住机遇,不断加大对员工企业培训和职业教育的扶持力度;韩国高等学校、企业和科研院所之间联系密切,产学研结合的成功经验和支持政策是诸多国家的典范。

韩国从20世纪中期开始不断加大政府的教育经费投入,基本上保持

---

① 陈润:《经济赶超中的人力资本因素——基于国际经验比较》,《云南财经大学学报》2017年第1期。

在 4% 以上，1984 年更是超过了 6%，而且该年包括社会资金的总共教育投入达到了 13.3%，是日本的近两倍。近十年来，如果加上社会教育的投入，韩国的教育经费占 GDP 比重都高达 7%，这一比重在所有新兴工业化国家中是最高的，而且从 20 世纪 60 年代开始，韩国全社会教育经费投入的增长率就始终高于 GDP。韩国鼓励社会资本进入教育领域投资，为各级教育经费的高速增长扩展来源，这也是韩国教育经费能够持续高速增长的一大原因。特别是高等教育基本上是以私人投资和社会投资为主，这一点和美国的教育体系类似，不过，韩国的私人教育占 GDP 比重远超欧美等国，韩国在经济合作与发展组织国家中私人投入方面的指标和数据比重是最高的，私人领域尤其是对高等教育更加支持，非政府投入占 83%。正是因为充足的教育经费投入，韩国的高等教育取得了飞速的发展，20 世纪末，韩国人均教育经费达到了 1092 美元。韩国的大型企业都是教育和研发的主要投资者，如现代、三星、大宇等企业。可以说，韩国私立教育的大力发展在提高全民教育水平和补充公共教育投入、推动教育的全民化以及实现国家的强大方面起到了举足轻重的作用。

六 中国人力资本发展与存在的问题

（一）中国人力资本发展

新中国成立之初，中国高等教育事业基础非常薄弱，比许多第三世界的国家都要低很多，这源于中国人口基数过大，高等教育事业发展缓慢，再加上国家刚从战后的阴影中摆脱出来，尤其是国家尚未解决温饱问题。虽然国家也提出重视人才和发展的方针政策，但人力资本的培养和发展始终处于非重要的地位。在建设社会主义的探索时期，我国人力资本也取得了一定的成绩。"文化大革命"期间，由于取消了高考，大部分高校停止招生，国家号召知识青年上山下乡，接受贫下中农再教育，这个阶段，我国人力资本发展几乎处于停滞状态，直至 1977 年国家重新恢复高考。

改革开放之后，我国各级教育开始重新发展，学校教育重新得到重视，高等院校开始重新招生。党的十一届三中全会确定了"教育要面向现代化，面向世界，面向未来"的方针，国家逐步重视人才在经济社会中的主导作用，相继提出"科教兴国"战略、"科学技术是第一生产力"等政策方针，提出经济的发展要依靠科技进步。国家通过自上而下的改革，大力实施"科教兴国"战略，推动我国教育事业的发展，深化教育体制改革，并提出素质教育的要求，形成以国家财政支出为主、多种渠道筹措教育经费的新体制。在国家大力支持下，我国高等教育实现了突飞猛进的发展势头。相对于东南亚国家或地区和拉美国家，中国具备充足的中级人力资本，即中国的中学受教育人数比重大幅提升，这也是发展高等教育事业和提升高级人力资本的基础；但相对于日本和韩国等成功赶超的国家，过于饱和的中级人力资本难以继续升级为高级人力资本，这将阻碍中国产业结构升级和生产效率的提升。由于人力资本结构和产业结构升级之间存在相继规律，因此，即使目前转变调整人力资本的结构比重，到此项人力资本深化的改革措施发生作用时，至少需要15—20年。①

政府扩大教育支出本质上是提升人力资本最重要的手段，人力资本积累又能推动经济体快速增长。尤其是提高对高等教育的支出，培养一定规模化的高级人力资本，不仅对一国或地区经济快速增长起着重要作用，同时会对产业结构优化升级以及提高全要素生产率等方面带来积极影响。② 图 5 - 10 显示，我国各级教育生均公共财政预算事业费在 2005 年之前的增长比较缓慢，尤其是高等教育生均公共财政预算事业费在 2000—2005 年反而出现了下降的情况，这是由于高校扩招，但公共教育支出的增长速度并没有同比重跟上造成的。在 2005 年以后，各级生均公共财政预算教育事业费开始快速增长，这反映政府逐渐加大对各级教育投入。2006 年国家修订《义务教育法》，规定"实施义务教育，不收学费、杂费"。随后先后取消了农村和城市地区的义务教育阶段的学杂费。③ 图 5 - 10 反映了中国各级教育生均公共财政预算教育经费支出情况。

与此同时，中国公共教育经费占 GDP 比重不断提升。改革开放之后，公共教育经费有了明显的进步，但仍显不足。2000 年之前，中国公共教

---

① 陈润：《经济赶超中的人力资本因素——基于国际经验比较》，《云南财经大学学报》2017 年第 1 期。

② Barro and Lee, "International Comparisions of Educational Attainment", *Journal of Monetary Economics*, Vol. 32, No. 3, 1993, pp. 363 – 394.

③ 陈润：《经济赶超中的人力资本因素——基于国际经验比较》，《云南财经大学学报》2017 年第 1 期。

育经费占 GDP 比重长期徘徊在 2% 以下，2005 年之后加速增长，2012 年达到世界发展中国家 4% 的基础线，但离国际平均 4.5% 以及发达国家 6.5% 的水平还有很大距离。为实现经济持续增长动力机制的转换，实现产业结构的优化和价值链的提升，必须加大教育投入尤其是对高等教育的支出，实现人力资本的梯度升级，提高高级人力资本的积累，并与创新融合，为中国经济增长培育新的动力。①

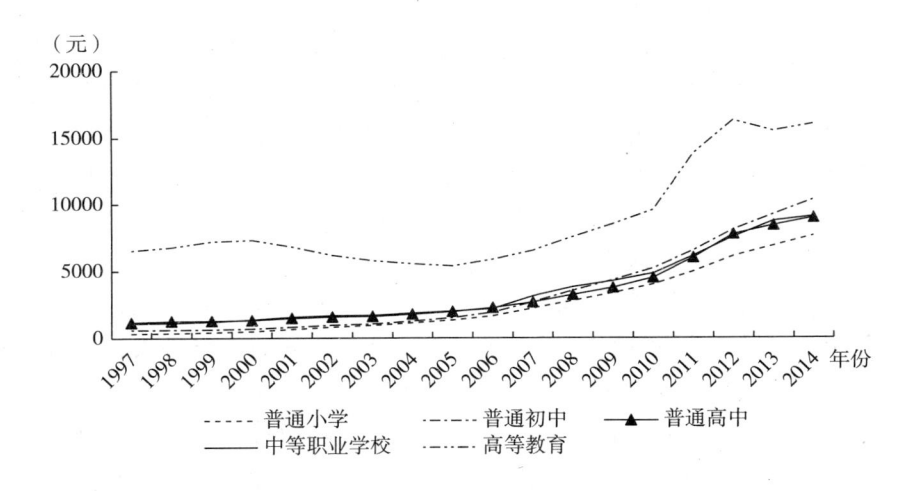

图 5-10 中国各级教育生均公共财政预算教育事业费

资料来源：国家统计局。

（二）中国人力资本存在的问题

改革开放至今，中国在教育投资发展上取得了巨大的成绩，义务教育在中国基本普及，九年义务制教育的入学率保持在很高的水平。近十几年来，随着我国高校教育的大众化，我国科技人才和研发人员总量规模已经居世界首位，且增长迅速，我国已发展成国际人力资本的大国，但是，由于人口基数大，还远不是一个人力资本强国。虽然我国大学经过扩招，入学率和毕业生人数快速增长，但是，毕业生真正从事技术研发、设计、创新等领域的工作却相对较少。从世界银行统计的每百万人

---

① 陈润：《经济赶超中的人力资本因素——基于国际经验比较》，《云南财经大学学报》2017 年第 1 期。

口中从事研发的人员数量来算，中国远低于美国、日本、韩国等发达国家。我国研发投入总费用虽然已经有了不小的进步，从 1996 年的 0.57%上升到 2013 年的 2.1%，但中国的研发投入占 GDP 比重距离发达国家仍有不小的差距，仅为日本的一半，不到韩国的一半。教育事业的跨越式发展尤其是高等教育的突飞猛进，使我国人力资本水平得到明显提升。然而，我国人力资本积累在发展过程中也存在很多问题。

1. 人力资本存在明显的城乡差异

由于我国存在明显的城乡二元结构，农村地区人力资本存在劳动同质简单、科技和知识含量低且人力资本形成以及交易费用高等问题。相比较城市，我国农村天然落后，受城乡发展规律影响，两者在形成机制和发展方面存在明显差异。再加上农村向城市的人力资本流动趋势，尤其是农村中具备一定知识和技能的学生及技术人员，较为优秀的农村子弟通过身份改变走向城市，当这种行为变为巨大的社会潮流，会进一步加大城乡之间的差距。尤其是我国在公共服务方面存在着难以弥补的城乡差距，农村劳动力较少有机会获得教育资源，从而只能进入人力资本水平要求较低的二级市场并获取较低的工资水平。而城镇劳动力则受益于城市部门较高的人均教育投资水平，从而能够通过教育提高自身的人力资本，并进入城镇一级市场，其工资水平和各项福利待遇也明显高于农村劳动力。另外，城乡户籍也是造成收入存在差异的原因之一。农村劳动力在城镇部门往往以"农民工"的身份提供劳动，其工资水平通常低于同种劳动的城镇劳动力。虽然户籍制度改革在持续进行，农村人口获得城镇户口的难度有所下降，但户籍差异所造成的城乡劳动力工资和福利待遇的差距仍然较为明显。从我国人力资本总量的城乡差异来看，1978 年，农村人力资本存量远高于城市。改革开放初期，我国城市化进程尚未起步，八成以上的人口居住于农村。随着社会经济的发展和人口逐渐向城市迁移，1992 年，城市人力资本总量和农村人力资本总量相互持平。截至 2015 年，我国城市人力资本总量远超农村，反映了我国快速的城市化进程和城乡人力资本在增速上的差距。

2. 人力资本在地区和性别分布上不平衡

我国人力资本的地区差距较为明显，各地区受教育年限表现出地区发展不平衡和性别发展不平衡两个明显的特点。平均受教育年限与各地经济发展水平密切相关，其中东部地区高于中部地区和西部地区。从性别构成的角度分析，可以明显看出，我国各省份男性平均受教育年限明显高于女性。从全国范围来看，男性平均受教育年限程度高于女性。

3. 行业、所有制内部存在人力资本不平衡

劳动人口的行业配置受到产业结构和发展阶段的影响，劳动人口从第一产业向第二、第三产业的转移，是结构变迁过程中的重要表现。目前，中国与发达国家在劳动人口行业分布结构上存在明显差异。中国农业劳动人口仍比较大，制造业和低端服务业的就业比重比较高。第二产业中资本密集型行业中劳动力平均受教育年限高于劳动密集型行业。第三产业中，技术密集型行业中平均受教育年限最高，且从业者大部分具有专科以上的学历。而劳动密集型行业劳动力中一半是初中文化程度。现代服务业中我国批发零售、住宿餐饮业、金融业、租赁商务、医疗卫生、公共管理和社会组织等就业比重远低于发达国家，中国的服务业存在一定程度的低端化倾向。随着未来经济发展和产业结构的变迁，要求我国人力资本水平不断提高。囿于中国的户籍、体制、所有制等因素，我国人力资本的自由流动受到较大的阻碍。另外，由于体制和传统文化等因素，中国大部分的高学历人才集中在高校、科研院所和机关，即知识部门、事业单位和公务系统，高端人才源源不断地涌入，造成供给过剩。不利于我国的人力资本效用的发挥。这表现在：一方面，人力资本在体制内外，就业性质等方面分布不合理，配置效率不高，"好钢"大多时候并没有用在"刀刃"上；另一方面，国内体制人才激励不够，阻碍了人才的合理流动。由于收入以及福利待遇等原因，民营企业员工缺乏激励致使其创新能力发挥不畅，而体制内的人才同样由于体制障碍，其人才的最优配置和流动没有得到有效发挥。另外，单从企业角度来看，由于国有、集体和民营等所有制成分的差异，我国劳动力市场存在着严重的所有制分割。国有和民营企业在工资收入、福利待遇和用工方式等方面均存在着显著差异，国有企业部门工资水平远高于劳动要素的边际产出，而民营企业工资水平却低于劳动的边际产出，人力资本回报率在不同所有制部门存在着明显差异。

4. 人力资本回报率较低

改革开放之后，我国经济以平均9%以上的速度增长，但与此同时，我国人力资本回报率并没有出现明显的上升。由于我国高等教育快速增长，中国的人力资本有了极大的提升，但大量高学历的人员在收入上并

没有与经济增长速度相匹配。另外，由于物质资本收益（房地产与其他资产收益）远远超过人力资本的回报率，这将导致对正规教育的负向激励，影响人们未来在人力资本方面的支出费用。

5. 教育水平较低，中级人力资本积累过高

中国人力资本结构面临的主要问题是初级人力资本增长减缓，这与前期计划生育政策过紧、新生儿比重大幅下降密切相关，这一趋势在很长一段时间内难以有效缓解。中级人力资本过于饱和，其向高级人力资本升级过程不够通畅，而高级人力资本比重过低。① 相对于日本和韩国等成功赶超国家，过于饱和的人力资本难以继续升级为高级人力资本，由于中国人口过大，短时间内难以实现高级人力资本数量和比重的双重提高，这也将阻碍中国产业结构升级和生产效率的提升。按照教育程度把各产业劳动者受教育比重进行区分可以看到，虽然中国GDP中的劳动份额在逐渐上升，与美国相比仍有较大差距。中国受过高等教育的劳动者在标准劳动时间和占劳动报酬的比重上，与发达国家相比仍有不小的差距。由于中国受过初中教育及以下的劳动者的比重仍然太大，这意味着中国劳动者的教育水平还有非常大的提高空间，无论是高等教育还是高中及中职教育，都有很大的提高潜力。

6. 社会人口日趋老龄化

一方面，我国长期以来推行的计划生育政策使多数家庭只有独生子女，适龄劳动力的供给能力受到了较大的限制，为劳动力价格的上升形成助推力。另一方面，人口老龄化程度加深，老年抚养比逐年上升，且带来总抚养成本的上升。由于过去几十年我国出生率大幅降低，劳动力人口占总人口的比重不断降低。根据世界劳工组织的数据，我国16岁以上就业人员占总人口比重在2000年为74%，此后不断下降，据估计，在2020年左右将下降为66.2%。此指标不断下降，反映了我国人口老龄化的现象日趋明显。相对于世界平均水平，我国16岁以上就业人员占总人口比重还比较高，据此数据来看，我国在2020年左右将接近达到中高收入国家的水平。但是，由于我国人口基数大，老龄化趋势几乎不可能通过短期内放开二胎政策扭转，人口老龄化社会的到来将给我国经济带来

---

① 袁富华、张平、陆明涛：《长期经济增长过程中的人力资本结构》，《经济学动态》2015年第5期。

巨大的压力和负担。劳动力就业人员占总人口比重的不断降低对我国人力资本水平的提升提出了更为迫切的需求。

七　政策建议

应吸取发达国家人力资本发展战略中的经验和教训，探索一条适合中国实际情况的人力资本升级道路，解决我国人力资本发展中存在的诸多问题，使我国从人口大国、教育大国提升为人力资本强国。

（一）继续扩大教育投入

政府扩大教育支出是提升人力资本最重要的手段。我国各级教育生均公共财政预算事业费在 2005 年之前的增长比较缓慢，以后各级生均公共财政预算教育事业费开始快速增长。2006 年以后，我国先后取消了农村和城市地区的义务教育阶段的学杂费。与此同时，中国公共教育经费占 GDP 比重不断提升。2012 年，达到世界发展中国家 4% 的基础线，但与国际平均 4.5% 以及发达国家 6.5% 的水平还有很大距离。为实现经济持续增长动力机制的转换，提高我国人力资本水平，必须加大教育投入尤其是对高等教育的支出，提高高级人力资本的积累，并与创新融合，为中国经济增长培育新的动力。[①]

（二）促进人力资本结构的梯度升级

从世界各国的经济发展经验来看，一个国家或地区在赶超过程中的人力资本发展基本表现出三种模式。第一种模式以日本、韩国为代表。其主要特点是政府通过高等教育投入，发展高等教育，高等教育占很大的比重，同时在初中等教育普及的基础上向高等教育转移。第二种模式是以中国为代表。大规模工业化形成对中等教育人力资源的巨大需求，在产业转型之前，高等教育回报率较低，国家吸收有限。第三种模式以拉美国家为代表。劳动力市场主要是初等教育劳动者，中高等文化程度的比重很低。

目前，我国的主要劳动者中，初中等教育水平的劳动者总共达到

---

① 陈润：《经济赶超中的人力资本因素——基于国际经验比较》，《云南财经大学学报》2017 年第 1 期。

95%，需要继续大力发展高等教育，提高全民族的教育水平层次，通过教育的普及和人力资本结构的梯度升级来促进产业的效率改进，为创新机制打下人力资源基础。日本和韩国的经验告诉我们，通过 15 年左右高级人力资本的储备，能够实现产业效率的持续提高和创新机制的形成。

（三）深化制度改革，使人力资本能够自由流通

要素的自由流动是市场机制充分发挥作用的必要条件。在价格信号的指引下，人力资本在不同行业、不同市场之间的自由流动，追求利润和效用的最大化，从而消除套利机会，实现生产要素资源的最优配置。因此，我国应做到以下三个方面：（1）继续深化经济体制改革，加强制度建设，缩小人力资本在行业间、地区间以及所有制间的差距，提高工人工资。（2）纠正人力资本的行业和体制性错配问题，进一步深化户籍制度改革，充分发挥劳动力市场的作用，减少或消除社会阶层固化问题，使劳动力能够自由流通。（3）大力提高知识部门的报酬水平，通过创新激励盘活人力资本创新动力，吸收高学历、高技能人才。破除行业垄断，将金融、医疗卫生等人力资本过度集中的行业加速市场化改革，促进人力资本回报的提升。

（四）将人力资本存量转化为创新人才

国家创新驱动战略意味着产业发展需要朝着价值链的更高端攀升。目前，我国人力资本结构存在高端研发人才和技能人才短缺、高等教育毕业生的就业不足等问题，这说明我国人力资本的供给和需求不匹配使我国在技术创新和产业升级方面难以突破。我国劳动密集型行业人才技能普遍低于经济合作与发展组织国家的员工平均水平，缺乏创新型人才支撑，这些都严重制约着我国在全球产业中的竞争力。

突破创新能力方面的"瓶颈"，就必须加强高校和科研院所在培养高端人才方面的作用。大力发展以基础科学和重大前沿问题为主要研究对象的研究型大学发展，提升高等人力资本存量，以应对创新动力不足的现象。同时，应大力扶持以实用技术革新和职业技术技能培养为重心的应用型大学和高等职业学校，训练一批高素质、高技能的现代技术工人。借鉴日本、德国高等教育的经验，在完善和发展普通高等教育的同时，大力发展职业教育，架构普通教育、职业教育和企业之间的桥梁，实现产学研真正的融合，建立健全技工等熟练工人激励机制体系，激励其在竞争中提升人力资本。

(五) 积极参与经济全球化,促进人才国际流动

中国人力资本的报酬水平偏低,甚至在某些年份低于简单劳动的报酬水平,人力资本并没有得到合理的市场定价。随着国内劳动力成本上升,如果高技能人力资本的报酬水平得不到合理提升,将会对未来人力资本的投资形成负向激励,影响我国人力资本投资和积累,形成中低级劳动者拥塞的人力资本结构。开放经济体中,发展中国家在赶超时期,经济增长速度超过发达国家,人力资本具有更高的流动性,因而积极拥抱全球化,能够提高人力资本的报酬。人力资本在全球化中向外输出的方式包括智力外流、对外服务贸易出口、对外金融服务。欧盟建立共同劳动市场实际上起到了促进高技能工人向欧盟边缘国家流动的效果;日本向中国、东南亚国家输出工程师也是这一原因。中国应积极参与世界经济合作,推进我国人力资本的国际交流。为了确保人力资本得到合理的回报,未来中国需要与全球融合,建立辐射全球的现代服务业,促进服务贸易出口,建立国际资本市场,形成人力资本投资与回报的良性循环。

参考文献

[1] 陈昌兵、张平:《突破"中等收入陷阱"的新要素供给理论、事实及政策选择》,《经济学动态》2016 年第 3 期。

[2] 陈润:《经济赶超中的人力资本因素——基于国际经验比较》,《云南财经大学学报》2017 年第 1 期。

[3] [日] 金子元久:《日本高等教育大众化的经验与启示》,《教育发展研究》2007 年第 2 期。

[4] 彭国华:《我国地区全要素生产率与人力资本构成》,《中国工业经济》2007 年第 2 期。

[5] 宋家乐:《中国人力资本及其分布同经济增长的关系研究》,《管理世界》2011 年第 5 期。

[6] [美] 舒尔茨:《论人力资本投资》,北京经济学院出版社 1990 年版。

[7] 袁富华、张平、陆明涛:《长期经济增长过程中的人力资本结构》,《经济学动态》2015 年第 5 期。

[8] 中国经济增长课题组:《中国经济增长的低效率冲击与减速治理》,

《经济研究》2014 年第 12 期。

[9] Barro and Lee, "Internantional Comparisions of Educational Attainment", *Journal of Monetary Economics*, Vol. 32, No. 3, 1993.

[10] Cannon, Edmund S., "Economies of Scale and Constant Returns to Capital: A Neglected Early Contribution to the Theory of Economic Growth", *American Economic Review*, Vol. 90, No. 1, 2000.

[11] Gregory, N. Mankiw, Romer, D. and Weil, D. N., "A Contribution to the Empirics of Economic Growth", *The Quarterly Journal of Economics*, Vol. 107, No. 2, 1992.

[12] Lucas, R. E., "On the Mechanics of Economic Development", *Journal of Economics*, Vol. 22, No. 1, 1988.

[13] Manuelli, R. and Seshadri, A., "Human Capital and Wealth of Nations", *American Economic Review*, Vol. 104, No. 9, 2014.

[14] Romer, Paul M., "Endogenous Technological Change", *Journal of Political Economy*, Vol. 98, No. 98, 1989.

[15] Vandenbussche, Jérôme, Aghion, P. and Meghir, C., "Growth, Distance to Frontier and Composition of Human Capital", *Journal of Economic Growth*, Vol. 11, No. 2, 2006.

第六章　知识产权保护与中国经济增长相关性实证研究[*]

本章分别从微观企业行为和宏观经济增长两个角度建立理论模型,探究知识产权保护与经济增长的作用机制。选取2000—2014年31个省级区域的省际数据,利用面板回归模型及ADL模型,分别对长期和短期变量关系做实证分析。分析认为,知识产权保护强度的变化对技术创新和技术扩散两方面存在直接影响,并以此为传导工具,间接地助推技术进步对经济增长的内生作用。综合学术界研究成果,本章充分考虑了我国经济转型所导致的立法与司法异步性的特点,对传统知识产权指标量化体系提出进一步改进。在指标量化的数据基础上,分别从长期和短期两个阶段对知识产权和经济增长的作用关系进行实证拟合,分析了我国知识产权制度对经济增长的传导机制和制约条件,对于知识产权保护强度的适应性要求及存在的相关问题提出政策建议。

一　引言

目前,中国经济已经进入一个新的发展阶段。在这个阶段,只有实现从主要依靠要素投入的粗放型发展模式向主要依靠技术进步、知识积累和人力资本积累的集约型增长方式转变,才能实现经济可持续增长。而要实现经济增长方式从粗放型到集约型的转变,加强知识产权保护是必要条件之一。

世界已步入知识经济时代,知识资源储备和创新研发对激发市场活力、刺激经济增长的作用日益显著。知识产权作为一项重要的产权制度,

---

[*] 本章由王军、刘新颖执笔。

已影响到国家间的技术转移、吸引外资及产品市场类型等诸多方面，成为制约经济长期均衡发展的关键因素，引发了经济学术界的广泛研究。数据显示，以美国、英国、德国等为首的发达国家，通过严格的知识产权保护制度，维护本国研发成果，激励技术创新，现已占全球84%的研发资源、94%的专利技术及91%的专利许可费，技术推动型增长战略成效显著。而发展中国家，知识积累相对薄弱，模仿创新是技术进步的重要途径，盲目跟从发达国家相关法律政策，推行严格的知识产权制度，可能会阻碍技术扩散及知识积累途径，导致经济增速放缓。因此，全面解析目前中国知识产权保护强度是否对经济增长起到促进作用、知识产权保护力度进一步加大对国内自主创新的正向刺激和对国外先进技术在本国扩散的阻碍作用如何取舍、知识产权制度发展趋势等，已逐步成为学界的研究热点。

针对目前中国知识产权制度对经济增长的作用机制问题，部分学者提出"最优知识产权保护假说"，认为知识产权保护强度内生于经济发展阶段。如王华（2011）比较分析了发达国家与发展中国家异质性知识产权制度形式，认为各国应根据自身发展情况，选取最优知识产权保护力度，强调高知识产权制度不利于发展中国家的长期利益，而且会导致市场窃取和过度依赖国外科技的风险。顾振华和沈瑶（2015）利用2003—2012年美国在亚洲、非洲和拉丁美洲26个国家的跨国面板数据进行经验验证，发现当知识产权保护加强时，实施保护制度的发展中国家的社会福利会恶化。

但也有部分学者提出"保护不足论"，认为中国当前已存在自主创新条件，日趋提高的技术创新水平对知识产权保护强度提出更高要求。如刘思明等（2015）指出，知识产权保护强度的提高可有效激励企业提高核心技术自主研发能力，推动工业实现由大变强的跨越式发展。

还有部分学者认为，受知识引进国发展水平、市场环境等诸多要素的影响，知识产权保护与经济增长的作用关系存在不确定性。如宗庆庆等（2015）指出，行业异质性是导致经济社会对最优知识产权保护强度要求的差异性的主要原因，研究发现，知识产权保护有利于激励高竞争度行业，并通过提升自主创新水平实现经济增长，而对高垄断型行业，知识产权保护强度效应呈倒"U"形，作用方向不确定。

上述三种观点的提出，对科学系统地研究中国知识产权保护的经济效应提出了更高要求。

二 文献述评

20世纪80年代，内生经济增长理论将知识积累和技术进步内生为国家经济长期增长的核心变量。如何建立健全技术进步机制，以实现经济持续增长，成为经济学家研究的核心问题。罗默（1986）的知识外溢模型为研究知识产权制度和经济增长的作用关系提供了理论支持。该模型认为，一个企业的技术进步不仅会增加自己的产出，还会存在"外溢性"，带动其他企业知识水平的提高，从而带动整个经济社会福利水平的提高；而"外溢性"的大小取决于知识产权保护制度的松紧。随着经济全球化程度日益增强，发达国家对发展中国家直接投资所产生的技术输出对增强发展中国家知识积累和技术进步起到了重要作用。由于发达国家和发展中国家在知识产权保护制度与技术发展水平上均存在较大差异，双方如何博弈实现各自利益最大化就成为经济全球化的核心问题。

Yang和Maskus（2001）以技术许可证为研究载体，分析了在技术输出过程中，发展中国家可以通过制定强知识产权保护制度提高发达国家对其的技术租借程度并同时降低许可合同成本，由此将促使发展中国家技术、自主创新能力的提升及可用于研发的额外资源，因而建议发展中国家采取强知识产权保护制度以提高全球技术创新效率。但同时也指出，强知识产权保护制度对区域间相对工资的影响是模糊的。

Glass和Wu（2007）研究发现，发达国家强知识产权保护制度将促使本国企业的利润点由对产品质量的改进转向制造新产品，而随着其研发支出的增加，本国工资上升，发达国家将通过直接投资将产品投入到弱知识产权的发展中国家进行模仿制造。在此过程中，发达国家获取收益，发展中国家通过模仿生产手段，提升本国创新能力，因而弱知识产权保护制度有利于发展中国家创新能力的提高及经济增长。

2000年后，我国学者从中国现实国情出发，多角度分析知识产权保护制度与经济增长的作用机制，研究文献开始大量涌现。研究文献主要可划分为知识产权保护强度不足、最优知识产权保护和作用不确定性三大类。针对知识产权保护不足问题，刘勇和周宏（2008）构建省际面板数据模型，采取区域划分方法，肯定了知识产权保护对经济增长的刺激作用，并指出影响作用强度大小的主要因素为异质性经济发展程度。

郭春野（2012）以南北方划分发展中国家和发达国家，指出影响双方决策的因素分别为技术型劳动力、创新性质差异性和市场结构差异，并针对不同市场背景，以数理分析法分析南北方博弈，最终得出对于发展中国家，任一市场，严格知识产权保护都不利于其长期持续发展，但存在最优知识产权保护强度，因而发展中国家应通过分析其技术水平与市场情况，寻找最优制度点，采取适度知识产权保护制度实现经济增长。

阳立高和贺正楚（2013）通过比较静态均衡方法，研究认为，发展中国家应建立健全知识产权保护制度，加强对自主创新技术的重视及研发投入，以自主创新技术的经济增长效应替代技术模仿经济增长效应。王亚星和周方（2015）运用样本国家的面板数据，分析认为，虽然知识产权保护力度的加强会造成对先进国创新者的激励，但同时也会对本国创新存在激励效应。加强知识产权保护强度可能会冲击南方经济，但知识产权机制优化所带动的创新激励及国际生产力转移，将对南方经济产生正向效应。因而我国应加强知识产权保护，培育国内自主创新力量，实现产业转型。也有众多学者认为，目前我国正处于发展中时期，知识产权制度的骤然提高，将对国内传统产业造成冲击，不利于经济长期平稳增长，因而应针对国家发展情况采取阶段性知识产权保护制度。

林秀梅等（2015）以省际数据为研究对象，将技术差距细分为低、中、高三个阶段，并对各阶段知识产权保护强度与经济增长的作用关系进行分析，认为当技术差距较低时，强知识产权制度有效刺激经济增长；当技术差距较大时，严格知识产权保护对经济增长有抑制作用，因而提出针对不同地区，采取适宜性知识产权保护战略。

陈凤仙和王琛伟（2015）将国家创新能力建设划分为初级、过渡和高级三个阶段，讨论如何制定阶段性知识产权保护强度，以实现整体经济社会最优创新能力。他们指出，目前我国正处于创新型国家建设的过渡阶段，模仿和自主创新是提升创新能力的主要途径，其中模仿占据主导地位，因而一国应遵循创新能力的差异规律，分阶段制定最优知识产权保护强度并建立知识产权保护强度调节机制，以实现社会整体创新能力的平稳提升。还有部分学者认为，受知识引进国发展水平、市场环境等诸多因素影响，知识产权保护与经济增长之间存在不确定性关系。

严成樑和张丽华（2010）强调了政府管制的作用，肯定了政府以税收手段进行知识产权保护的有效性，并研究发现，知识产权保护程度与经济增速之间存在倒"U"形关系，其作用机制仍需具体分析。

董雪兵和朱慧（2012）通过构建两部门模型，从长期和短期两角度分析知识产权保护程度与经济增长的作用机制，认为弱知识产权保护制度可以刺激短期经济增长，而针对经济长期增长，应利用强知识产权保护制度的正向作用机制。

综合梳理国内文献，可以发现以下问题：第一，研究多为微观数理分析，存在理论模型与实证分析脱离的现象，导致问题阐述分析的非统一性，实证结果缺乏说服力。第二，对知识产权强度的设定不明晰，数据分析不严谨。第三，对知识产权的讨论多为法学角度，未将其作为内生制度因素加入模型分析，变量指标化程度不足，对实证分析存在一定的不严谨性。

本章将从以上问题入手，进行创新性研究。从微观和宏观两个层面构建理论模型，以此为基础指导实证模型的构建与分析；将执法力度和执法强度纳入知识产权体系中，使变量指数化；为了使实证模型更符合我国现实情况，本章对全国31个省份进行数据收集与整理，并进行面板分析；在理论模型的基础上，构建面板回归模型和ADL模型，从长期和短期角度分析知识产权保护强度对经济增长的作用机制。

三　理论模型

（一）创新技术扩散模型

本部分借鉴罗默的南北模型理念，构造以企业为研究对象的开放经济条件下创新技术扩散模型。假设一个国家只存在两个企业，领导企业只进行创新型产品生产，跟随企业只进行模仿，社会整体技术进步以非耐用的中间产品质量表现。跟随企业模仿生产出具有同等高质量的产品，瓜分垄断利润，领导企业为了维持垄断地位，进行创新，去开发更高质量的中间品。其中，知识产权保护力度决定了跟随企业的模仿成本，知识产权保护力度越强，跟随企业获取新技术的难度越高，模仿成本随之上升。

假设领导企业和跟随企业的生产函数都具有如下形式：

$$Y_i = A_i L_i^{1-\alpha} \sum_{j}^{n_i} q_{m_j}^{\alpha} X_{ij}^{\alpha} \qquad (6.1)$$

式中，i 表示领导企业与跟随企业，$i=N$ 时，表示领导企业，$i=S$ 时，表示跟随企业；L 表示劳动力供给；q 表示创新成功后新产品质量提高倍数；X 表示中间产品产量。

对于领导企业，完成中间品质量改进的研究成本为：$C_{Nj} = wh$，其中，w 为工资水平，h 为投入技术研究人员数量；跟随企业生产新产品只靠模仿，其研发成本为：$C_{sj} = kh$，其中，k 为知识产权保护力度。

稳态时的领导企业创新速度与跟随企业模仿速度相等，均为：

$$V^* = \frac{H_N h_{SX} + H_S h_{NX} - h_{NX} h_{SX}}{(k h_{NX} + h_{SX})} \qquad (6.2)$$

式中，H 表示各企业研发部门劳动力数量，h 表示中间生产部门劳动力数量，通过对 k 求一阶偏导，可以得出加强知识产权保护力度会导致创新速度下降，模仿速度下降。且与稳态情况下社会经济增长率的关系如下：

$$g^* = V^* (q^{\frac{\alpha}{1-\alpha}} - 1) \qquad (6.3)$$

通过生产函数求得总产出增长速度：$g = V_N (q^{\frac{\alpha}{1-\alpha}} - 1)$，大于稳态时，经济增速，即加大知识产权保护力度会降低长期经济增长速度。

通过对企业决策行为建模，可初步分析得出，经济增长速度取决于劳动力数量与知识产权保护程度，加大知识产权保护力度，会导致领导企业缺乏创新激励，形成行业垄断，不利于市场资源配置及知识技术扩散，从而致使社会整体知识水平增长速度降低，社会福利水平降低；对于追随企业而言，知识产权保护程度的提高导致其模仿成本与创新成本同时提高，不利于企业未来的发展。综合而言，对于主要以模仿型企业为主的发展中国家而言，知识产权程度过高，会导致长期经济发展水平降低，社会整体福利水平下降。

（二）知识—生产两部门模型

从微观企业的角度看，上述创新技术扩散模型分析了知识产权保护程度对经济增速的影响。本部分将从宏观角度分析两者之间的作用关系。

本部分借鉴 Odedokun（1996）的知识—生产两部门模型。通过测定知识部门产出对总产出的贡献程度，界定知识产权保护强度对经济增长的作用机制。假设：（1）经济分为知识生产部门（记为 E）和非知识生产部门（记为 R）两部门；（2）知识生产部门的产出对非知识生产部门的产出存在溢出效应;(3) 两部门投入要素只有资本(K)和劳动力(L);(4) 生产函数不同。两部门的产出函数可表示如下:

$$Y_E = f(L_E, K_E) \tag{6.4}$$

$$Y_R = h(L_R, K_R, Y_E) \tag{6.5}$$

式中,Y_E 表示知识生产部门产出;Y_R 为受到知识生产部门外部影响后,非知识生产部门总产出。

两部门的要素禀赋可做如下分配:

$$Y = Y_E + Y_R \tag{6.6}$$

$$L = L_E + L_R \tag{6.7}$$

$$K = K_E + K_R \tag{6.8}$$

式中,L_E、K_E、L_R、K_R 分别表示知识生产部门、非知识生产部门的劳动投入和资本存量。

对式(6.3)进行全微分,可得等式(6.9):

$$dY = dY_E + dY_R$$
$$= f'_1 dL_E + f'_2 dK_E + h'_1 dL_R + h'_2 dK_R + h'_3 dY_E \tag{6.9}$$

经济均衡时,两部门劳动边际生产力(f'_1、h'_1)与资本边际生产力(f'_2、h'_2)之比相等,即有(6.10)式:

$$\frac{f'_1}{f'_2} = \frac{h'_1}{h'_2} \tag{6.10}$$

假设两部门间可能存在边际生产力差异,可表示为如式(6.11):

$$\frac{f'_1}{h'_1} = \frac{f'_2}{h'_2} = 1 + \delta \tag{6.11}$$

当 $\delta = 0$ 时,两部门的劳动力、资本边际生产力之比相等;本章假设 δ 取值区间为 [-1, 0],即可认为两部门边际生产力存在差异,非知识生产部门的边际生产力较高。这就意味着,如果知识产权保护程度弱化,知识外溢性增强,非知识生产部门通过模仿知识生产部门的先进技术,提高了自身边际生产力,但社会整体边际生产力降低。δ 越小,意味着知识产权保护程度越低,即知识产权保护的加强在一定程度上抑制经济增长,其值越接近 -1,意味着两部门间边际生产力差异加大,知识产权保护对经济增长存在更强的抑制性。

将式(6.8)代入式(6.6),方程左右同时除以 Y,整理可得等式(6.12):

$$\frac{dY}{Y} = \frac{h'_1}{\frac{Y}{L}} \times \frac{dL}{L} + \frac{h'_2}{\frac{Y}{K}} \times \frac{dk}{K} + \left(\frac{Y_E}{Y}\right) \times \frac{d Y_E}{Y_E} \times \left(\frac{\delta}{1+\delta} + h'_{Y_E}\right) \quad (6.12)$$

令 $\gamma = \left(\dfrac{Y_E}{Y}\right) \times \dfrac{d Y_E}{Y_E}$，$P = \dfrac{\delta}{1+\delta} + h'_{Y_E}$，其中，$\gamma$ 表示知识生产部门对总产出的贡献程度；h'_{Y_E} 表示知识生产部门对非知识生产部门知识技术的"外溢性"，其值主要决定于知识产权保护程度。若加强知识产权保护程度，就加大了非知识生产部门获取创新型知识技术的成本与难度，外溢效应减少；反之，如果知识扩散程度加大，就有利于非知识生产部门的经济增长。因而 h'_{Y_E} 越高，表示知识产权保护程度越低。

综合上述分析，由于 δ 取值为负，δ 越小，$\dfrac{\delta}{1+\delta}$ 越小，知识产权保护程度就越低；h'_{Y_E} 越高，知识外溢越多，知识产权保护程度就越低。由此可推导出，$\dfrac{\delta}{1+\delta} + h'_{Y_E}$ 越高，知识产权保护程度就越低；反之则越高。因而，$P = \dfrac{\delta}{1+\delta} + h'_{Y_E}$，可以知识产权保护程度表示。

以 g 表示增速，则式（6.12）可转化为：
$$g(Y) = \beta_0 + \beta_1 g(L) + \beta_2 g(K) + \beta_3 P + \varepsilon \quad (6.13)$$

在理论模型的基础上，以式（6.13）为变量设定依据，本章选取31个省份的相关经济变量，拟合构造面板回归模型，实证分析目前我国知识产权保护强度与经济增长的作用关系以及知识产权保护制度对经济增长的作用途径。

四 构建知识产权保护指数

由于知识产权保护受到知识产权立法、司法、执法、经济发展阶段及社会环境等多因素影响，对知识产权保护的直接度量存在一定难度，因而需采取定量的方式对知识产权强度进行测度。构建知识产权保护指标体系，全面综合量化知识产权保护强度是以知识产权保护为指标基础进行经济学研究的前提与基础。

根据文献，知识产权保护指标体系的构建主要有三种途径：（1）问卷调查法，即以调查问卷的方式综合经理人和律师从业者对知识产权保护的意见，以此为基础进行打分。（2）立法评分法，即以国家知识产权立法、司法、执法强度为基础进行评分。（3）综合评分法，即综合上述两种方法进行评分。由于综合评分法能够对知识产权保护做多角度综合度量，因而在经济学研究中应用较多。吉纳特 - 帕克（Ginarte - Park，1997）把测度知识产权保护程度的指标划分为专利法保护范围、国家条约成员国资格、排除保护丧失条款、执行机制及保护期限五大因素，通过对各因素打分，计算知识产权立法强度得分，设立了标准的评价体系，改善了传统统计方法，被国内外学者广泛应用。

目前，中国正处于发展中阶段，存在一定的国情特殊性，比如，立法与司法存在一定程度的异步性，立法强度的测定不能完全表示知识产权保护指数，针对这一情况，我国众多学者设计符合我国国情的知识产权指数体系。其中韩玉雄和李怀祖（2008）提出用执法力度修正吉纳特 - 帕克方法。他们通过经济发展水平、社会法制程度、法律体系完备程度和国际监管四项指标计算执法强度，在吉纳特 - 帕克方法的基础上，构建了测定我国知识产权保护指数的标准范式。

本章引用韩玉雄和李怀祖（2008）知识产权保护指数的测量方法，即知识产权保护指数是由知识产权立法强度和知识产权执法强度共同决定的，可以表示为：

$$P(t) = LL(t) \times LE(t) \tag{6.14}$$

式中，P 表示的知识产权保护强度，LL 表示知识产权立法强度，LE 表示知识产权执法强度。

（一）知识产权立法强度

知识立法强度指标的测算主要有专利法保护范围、国家条约成员国资格、排除保护丧失条款、执行机制和保护期限五个一级指标，每个指标下都有多项二级指标。每个一级指标为 1 分，其下属二级指标加权求和，各年立法强度指标由一级指标加总得到。具体细项见表 6 - 1。

2001 年，我国加入世界贸易组织，签署《与贸易有关的知识产权保护协定》（TRIPS），立法强度较 2000 年有较大改善。2003 年，我国对《专利法》进行第二次修改，其重要内容为取消对无效宣告条款的保护，且无效是由专利权拥有者以书面声明形式自愿放弃，故而《无效宣告实施细则》于 2003 年生效后得分为 1/3。在之后几年中，《专利法》维持二

表 6-1　知识产权立法强度指标

	年份	2000	2001	2002	2003	2004	2005	2006	2007	2008	2009	2010	2011	2012	2013	2014
专利法保护范围	实用新型	√	√	√	√	√	√	√	√	√	√	√	√	√	√	√
	药品	√	√	√	√	√	√	√	√	√	√	√	√	√	√	√
	化学制品	√	√	√	√	√	√	√	√	√	√	√	√	√	√	√
	食品	√	√	√	√	√	√	√	√	√	√	√	√	√	√	√
	动植物品种	×	×	×	×	×	×	×	×	×	×	×	×	×	×	×
	微生物	√	√	√	√	√	√	√	√	√	√	√	√	√	√	√
	医疗器械	√	√	√	√	√	√	√	√	√	√	√	√	√	√	√
	得分	6/7	6/7	6/7	6/7	6/7	6/7	6/7	6/7	6/7	6/7	6/7	6/7	6/7	6/7	6/7
国际条约成员国资格	巴黎公约	√	√	√	√	√	√	√	√	√	√	√	√	√	√	√
	PCV	√	√	√	√	√	√	√	√	√	√	√	√	√	√	√
	UPOV	√	√	√	√	√	√	√	√	√	√	√	√	√	√	√
	得分	1	1	1	1	1	1	1	1	1	1	1	1	1	1	1
排除保护丧失条款	无实施要求	√	√	√	√	√	√	√	√	√	√	√	√	√	√	√
	无强制许可	×	×	×	×	×	×	×	×	×	×	×	×	×	×	×
	无无效宣告	×	×	×	√	√	√	√	√	√	√	√	√	√	√	√
	得分	1/3	1/3	1/3	2/3	2/3	2/3	2/3	2/3	2/3	2/3	2/3	2/3	2/3	2/3	2/3
执行机制	诉前禁令	√	√	√	√	√	√	√	√	√	√	√	√	√	√	√
	帮助侵权	×	×	×	×	×	×	×	×	×	×	×	×	×	×	×
	举证责任倒置	√	√	√	√	√	√	√	√	√	√	√	√	√	√	√
	得分	2/3	2/3	2/3	2/3	2/3	2/3	2/3	2/3	2/3	2/3	2/3	2/3	2/3	2/3	2/3
保护期限		1	1	1	1	1	1	1	1	1	1	1	1	1	1	1
知识产权立法强度（LL）		3.52	3.86	3.86	4.19	4.19	4.19	4.19	4.19	4.52	4.52	4.52	4.52	4.52	4.52	4.52

次修改版不变,知识产权立法强度维持在 4.19,直至 2008 年,我国对《专利法》进行第三次修改。此次修改取消了对强制许可细则的保护,规定只有在对国家利益或公共利益有重大意义的情况下,许可单位才可针对企事业单位发明专利推广应用,因而无强制许可规则得到保护,于 2008 年生效后得分为 1/3,至此,2008 年之后,知识产权立法强度得到进一步提高。

(二) 知识产权执法强度

本章参考韩玉雄和李怀祖 (2005) 的指标体系,构建知识产权执法强度指标,主要由司法制度、行政水平、经济情况和国际监督四个方面因素决定。具体度量方法如下:

(1) 司法制度指标度量。司法制度指标用律师占总人口比重表示,当比重数达到或超过 5‰时,司法制度指标的分值为 1,否则为比重除以 5‰。数据来源为各年度《中国律师年鉴》。

(2) 行政水平指标度量。行政水平指标与国家法律体系的构建密切相关,以立法时间度量行政水平指标。以 100 年为分界线,如果立法时间达到或超过 100 年,则"行政指标"分值为 1;否则分值记为立法年限除以 100。

(3) 经济情况指标度量。经济指标即以人均 GDP 度量。如果人均 GDP 达到温饱水平即 1200 元左右,则经济情况指标分值记为 1;如果未达温饱水平,则分值等于人均 GDP 除以 1200 元。数据来源为各年各地区统计年鉴。

(4) 国际监督指标度量。国际监督主要由是否为世界贸易组织成员决定。加入世界贸易组织即意味着国家执法强度受国际监督,且逐步完善至国际立法最低水平,达到世界贸易组织要求。因而假设从 1986 年我国"复关"谈判到 2001 年中国加入世界贸易组织,国际监督指标由 0 变为 1,并分值持续保持 1 不变。

对上述四个指标度量后,以各指标权重相同,以加权平均的方法得到知识产权执法强度得分。并通过式 (6.11) 得到知识产权保护强度得分。

五 实证分析

为考察我国知识产权保护对经济增长的作用方向,本章结合 2000—2014 年 31 个省份的截面数据,在理论模型的基础上,构建面板回归模型,论述目前我国知识产权保护程度与经济增长的作用关系,并对相关问题进行分析。

面板回归模型的选择有利于对经济问题进行全面分析,不同省份的不同情况均纳入模型讨论,使实证分析更具严谨性和现实性。除此之外,我国知识产权制度尚处于完善阶段,从1986年"复关"谈判起,知识产权制度的制定与完善才被重视,2001年中国加入世界贸易组织,知识产权制度才逐步与国际基本立法要求接轨。基于这个情况,本章变量选取的时间为2000—2014年,模型时间序列较短,二维信息的模型拟合不能反映真实的行为方程,因而本章引入31个省份的相关数据,以横截面、时期和变量三维信息,利用面板数据模型对实际经济行为进行分析。

(一)计量模型及变量说明

本章以理论模型为基础,根据上述分析及式(6.10),构建以下计量模型:

$$Y = \beta_0 + \beta_1 \times L + \beta_2 \times K + \beta_3 P + \varepsilon \tag{6.15}$$

式中,Y表示产出增速,以本期国内生产总值(GDP)与上一期国内生产总值的差值除以本期国民产出计算作为产出指标;L表示劳动力增速,以本期劳动力增量与上一期的劳动力总量的比值计算;K表示资本量增速,以本期固定资产增量与上一期固定资产投入总量之比计算;P表示知识产权保护强度指数。

除知识产权保护强度以外,本章各变量数据来源均为2001—2015年各省份统计年鉴。知识产权保护强度指标数据来源主要为各年《经济法》打分及《中国律师年鉴》。由于数据量过大,笔者将选取部分数据以对变量计算及知识产权保护强度打分情况予以数据支撑,证实数据的严谨性和可行性。

(二)数据分析

"知识—生产"两部门模型的相关变量如图6-1所示。图6-1(a)为知识产权立法强度、执法强度和保护强度指数趋势。中国于2001年加入世界贸易组织,签署《与贸易有关的知识产权保护协定》(TRIPS),立法强度得到较大提高,且趋于稳定。自2000年以来,我国的执法强度呈现出由快速上升到稳步推进的变化过程,说明现阶段我国执法已基本符合国家发展要求,从而强度放缓。由于知识产权保护指数由执法强度和立法强度共同决定,因而也呈现快速上升到稳中有进态势。

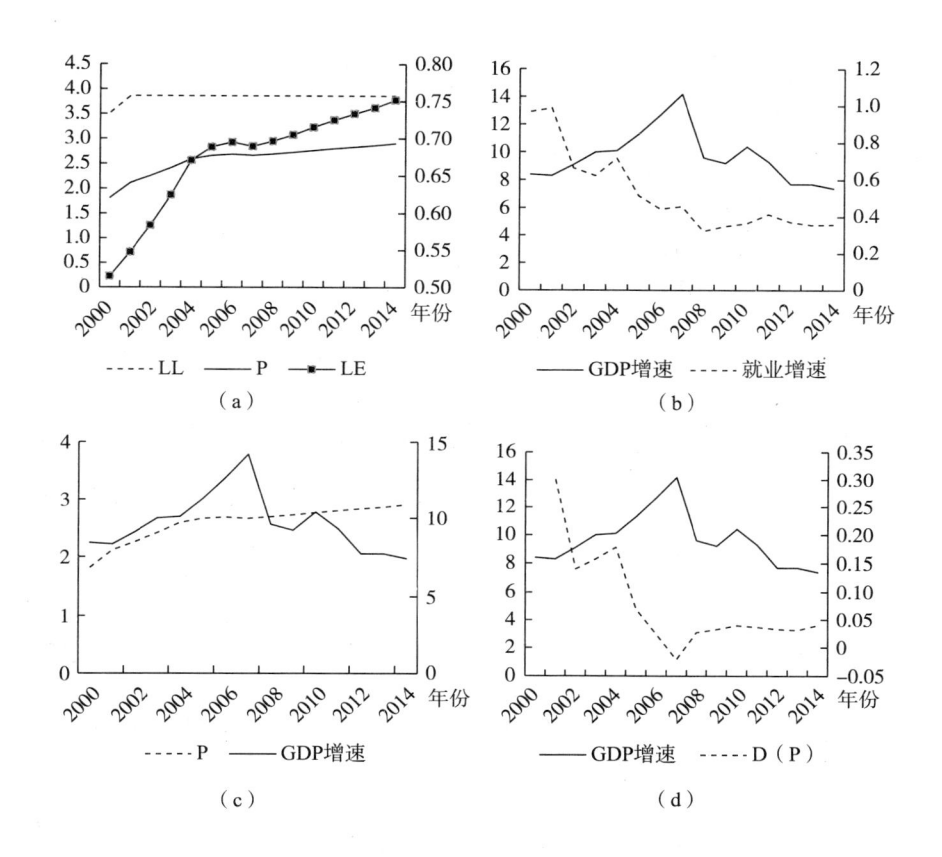

图 6-1 P、L 和 Y 的关系

从图 6-1（b）可观察到，自 2000 年以来，就业增速呈下降趋势，产出增速与就业增速存在反向变动。产业转型即从劳动密集型产业向技术密集型产业的转型问题可能是造成这一现象的原因，下面将对此进行实证分析。图 6-1（c）描述了知识产权保护指数与产出增速的趋势线，知识产权保护指数呈平稳上升态势，但经济增速则呈现两段式波动，这为直观地分析两者作用关系提出了难题，从而需要对数据做进一步的细分处理。知识产权保护始终呈上升趋势，但其波动幅度反映了针对该年经济形势，知识产权强度的变动程度及方向，有助于从数据变化直观地分析知识产权强度对经济增速的适应性变动情况。图 6-1（d）通过对知识产权强度差分表示其年波动幅度，当知识产权保护强度的增长率下降，即较上一年，知识产权保护强度执法幅度减弱时，经济增速呈上升趋势；

当知识产权保护强度的增长率上升,即执法幅度加强时,经济增速呈下降态势,图 6-1(d)初步反映两者反向波动趋势,符合上述理论模型分析,同时也指出了实证部分需要讨论的重点问题。

(三)实证分析及结果

面板数据回归模型的构建要求序列平稳性,因而本章以迪克—富勒(Dickey - Fuller,ADF)检验确认时间序列是否平稳,结果如表 6-2 所示。

表 6-2　　　　　　　　　　单位根检验

变量	检验形式(C,T,L)	ADF 值	P 值
Y	(C,0,0)	-2.52782	0.0057
K	(C,0,0)	139.312	0.0000
L	(C,0,0)	280.888	0.0000
P	(C,0,0)	286.768	0.0000

观察表 6-2 可知,ADF 检验值均小于 5% 的显著性水平检验值,各变量均为同阶单整,时间序列平稳。

在平稳时间序列的基础上,进行协整检验,以判断变量间是否存在长期稳定的作用关系。本章采用约翰森(Johansen)检验,协整检验结果如表 6-3 所示。

表 6-3　　　　　　　　　　约翰森检验

H_0: Rank = r	λ_{trance}	P 值	特征根检验	P 值
R = 0	55.26	0.0000	55.26	0.0000
R ≤ 1	60.75	0.0000	57.35	0.0000
R ≤ 2	17.48	0.0077	9.245	0.1603
R ≤ 3	22.89	0.0008	22.89	0.0008

在表 6-3 的约翰森检验中,迹检验(trance test)和特征根检验基本低于 5% 的显著性水平,拒绝原假设。由此可以分析得出在 5% 的显著性水平下存在至少 3 个协整方程,变量可用于面板数据模型构建。

在理论模型的基础上,构建"知识—生产"两部门计量模型,利用面板数据模型对 Y、L、K 和 P 4 个变量进行拟合,以省份为单位做实证研究,其中,Y 表示 GDP 增速,L 表示劳动力增速,K 表示固定资产投资增速,P 表示知识产权保护强度指数。考虑现实经济中,国内产出增速存在一定的滞后性,受上一期增速影响较大,因而在模型变量中加入 GDP 增速的滞后一期。已知上述变量通过平稳性检验与协整检验,构建面板数据模型。为确定所构建面板模型类型,首先进行似然比检验以及豪斯曼检验,所得结果如表 6-4 所示。

表 6-4 面板模型检验

似然比检验	F 值	P 值
H_0:$\alpha_i = \alpha$	3.5946	0.0000
豪斯曼检验	豪斯曼值	P 值
H_0:个体效应与回归变量无关	64.4554	0.0000

根据似然比检验结果,分析得出在 5% 的显著性水平下,拒绝原假设,省际数据间存在显著差异,说明真实模型不符合混合效应模型。在此基础上,进一步进行豪斯曼检验。在 5% 的显著性水平下,省际数据的个体效应与回归变量相关,说明真实模型应采用个体固定效应回归模型。

模型拟合可得到如下等式①:

$$Y = 4.78 + 0.05K - 0.03L - 0.78P + 0.69Y(-1)$$
$(t 值)7.378^{***} \quad 8.698^{***} \quad -2.478^{***} \quad -2.686^{***} \quad 17.494^{***}$
$R^2 = 0.739 \quad \bar{R}^2 = 0.676 \quad F = 25.649 \quad DW = 2.044$ (6.16)

观察回归结果,各变量均通过 5% 的显著性检验,表示所选取的自变量可用于解释因变量,且解释程度较好。分析整体面板拟合模型情况,拟合优度与调整拟合优度均较高,说明面板模型对经济现实拟合较好,可用于分析现实问题,且回归结果通过 F 检验与 DW 检验,排除伪回归可能,面板数据模型拟合基本完成。

从上述计量模型所得变量关系式可观察到,目前,我国知识产权保护强度和劳动力增长率与经济增速均呈负相关关系,这说明过强的知识

---

① 方程的 t 检验值括号外上标 ***、**、* 分别表示 1%、5%、10% 的显著性水平。下同。

产权保护会抑制经济增长，这就需要实现经济发展与知识产权保护强度之间的平衡，找到知识产权保护强度的最优点。

强知识产权保护制度对新技术的发明创造存在正向激励作用，且较长的知识产权保护期限也为创新企业在一定期限内获得超额收益提供了保障。但是，在强保护制度下，形成了创新企业的市场垄断地位，阻碍了市场机制的高效运行，社会整体福利降低；较强的保护也不利于知识的传播扩散，不利于社会整体发明创造水平的提升，因为所有的创新创造都是在已有知识储备的基础上完善提高，知识产权的垄断造成了创新企业创新激励不足，模仿创新企业获取知识成本过高，知识储备减少，创新难度增高，综合导致了整个社会创新能力的低效率与下降趋势。因而过高的知识产权保护制度不利于整个社会知识创新能力的增加，也造成了垄断行为的产生，不利于市场机制高效运行，经济增长速度降低。

对于类似我国的发展中国家而言，知识积累主要来自国外先进技术，自主创新成本过高，因而我国自主创新的途径为模仿创新。模仿发达国家的先进技术，边生产边学习，在模仿的基础上自主创新，从而生产的产品具有高质量低成本的特点，而能否模仿及模仿程度则取决于知识产权制度的保护力度。如果知识产权保护程度过高，不利于我国引进、学习国外先进技术，知识积累来源将被一定程度阻断，我国自主创新成本将增大且效率降低。就计量模型来看，如果短期加大知识产权保护力度将不利于经济的平稳较快增长。

模型还反映了一个问题，即增加劳动力对经济增速的刺激作用已逐步减弱并呈负相关关系，这说明中国经济发展模式亟待从劳动密集型产业向技术密集型产业转型。就长期经济发展而言，经济产业转型需实现社会整体技术水平的提高，自主创新能力的提高，也就意味着知识产权保护强度的提高。这就要求我们对知识产权与经济增长的长期均衡关系进行探讨研究。

面板数据模型对我国近年来经济情况进行拟合分析，阐述变量间相关关系。在此基础上，构建自回归分布滞后模型（ADL），求得经济变量长期发展趋势。

本章以 AIC 与 SC 之和辅以拟合优度、模型经济含义等指标，建立一阶自回归分布滞后模型，并求取长期趋势项 ECM，回归结果如下：

$$ECM = -3.72 + 0.57Y - 0.04K - 0.01L - 1.02P$$

(t 值) -8.263^{***} 21.712^{***} -9.666^{***} -1.986^{**} 17.494^{***}

$R^2 = 0.721$ $\bar{R}^2 = 0.695$ $F = 28.004^{***}$ (6.17)

根据 ECM 项，可分析得出以经济变量的长期均衡关系，具体如式 (6.18) 所示：

$$Y = 6.53 + 0.07K + 0.02L + 1.79P \tag{6.18}$$

从长期来看，强知识产权保护制度是推动经济增长的必然选择，且对经济的正向刺激作用远超过资本积累及劳动力增加，是未来经济增长的核心动力。知识产权保护能够通过吸引外商直接投资及在华设厂，实现发达国家到发展中国家的技术转移，提高社会整体技术水平。在短期经济发展过程中，知识产权保护程度实现与经济增长的适应性提升，外资来华投资设厂大幅提高，伴随着技术溢出，本国企业资本积累与知识积累均有显著提高，具备自主创新能力。在从短期到长期经济增长的过渡中，面对高新外资企业对垄断利润的瓜分、技术模仿成本提高及本国企业知识积累不断加强的现实背景，严格产权保护制度有利于激励本国企业自主创新，提高相关部门研发投入，促进技术进步，提升本国企业竞争力，拉动经济增长，实现劳动密集型经济向技术密集型经济的转换。以强知识产权保护制度激励本国企业自主创新，实现技术进步拉动经济增长，是我国未来经济发展的必经之路。

六 结论和政策建议

综合上述理论模型与实证分析可知，知识产权保护强度应视国情而定。对于我国这样的发展中国家，过高的知识产权保护制度，不利于经济的持续较快增长，因而应综合经济发展形势、社会福利及企业现状等因素，制定合理较优的知识产权保护强度。本部分将对上文的理论分析与实证模型总结陈述，细分可得如下结论：

（一）知识产权保护强度指标的制定

分析理论模型，知识生产部门对非知识生产部门存在外溢性，具体表现在以下两个方面：（1）知识生产部门与非知识生产部门边际生产力差异：δ，非知识生产部门通过模仿知识生产部门的先进技术，提高了自身边际生产力，但社会整体边际生产力降低，δ 越小，意味着知识产权保护程度越低。(2) 知识生产部门对非知识生产部门知识技术的"外溢性": h'_{Y_E}, 知识扩散程度加大, 非知识生产部门获取知识的成本与难度减小, 有利于该部门的经济增长, 因而 h'_{Y_E} 越高, 表示知识产权保护程度越低。综合而言, 知识生产部门对经济增长的贡献程度大小取决于 $P = \frac{\delta}{1+\delta} + h'_{Y_E}$, P 越高, 知识产权保护程度越低。因而, $P = \frac{\delta}{1+\delta} + h'_{Y_E}$ 可以表示知识产权保护程度。

目前,中国正处于发展中阶段,存在一定的国情特殊性,比如,立法与司法存在一定程度的异步性,立法强度的测定不能完全表示知识产权保护指数。针对这一情况,本章考虑执法力度对律法转型期国家的修正结果,设计了测算我国知识产权保护指数的标准范式。知识产权保护强度由知识产权立法强度和执法强度共同决定。

(二) 知识产权保护强度与经济增长呈负相关关系

综合理论模型与实证分析,均可得出在经济发展的现阶段,我国知识产权保护强度与经济增长呈负相关关系。结合我国国情,目前我国处于发展中时期,与发达国家生产技术、自主研发水平仍存在较大差距。因而我国自主创新的途径为模仿国外先进技术,在积累中自主创新,提高本国技术创新水平,从而刺激经济增长。知识产权立法强度的提高,有利于吸引外资来华设厂,引进国外先进技术。但若知识保护强度过高,则会导致对国外知识产权的保护,形成其垄断地位,不利于本国企业发展,市场竞争机制无法得到高效实施。且知识产权保护强度的提高,造成先进技术的"外溢性"减少,模仿生产企业获取知识的途径被阻断,自主创新难度增加,无法实现低成本高质量的产品产出,对于自主创新企业而言,高知识产权保护在一定程度上保护了其垄断地位,巩固了其垄断利润,则该企业自主创新激励减弱。综合来看,高强度知识产权保护导致社会整体自主创新能力降低,市场运行低效率。

(三) 实现劳动力投入与知识产权强度的平衡

综合面板回归模型及 ADL 模型分析,经济发展的现阶段,劳动力投入与经济增速呈负相关关系,这意味着增加劳动投入已不能有效地刺激经济增长。其原因在于我国处于劳动密集型产业向技术密集型产业转型阶段,要求我国实现以技术替代人工劳动,这就要求社会技术水平的提高。因而长期发展过程中,随着中国自主研发水平的提高,创新型技术能力将成为刺激经济发展的主要因素,并带动各生产要素对经济增长的正向作用。

基于以上总结论述,我们认为,可通过以下两条途径实现我国经济长期可持续增长。

第一,制定合理的知识产权执法强度,根据经济发展阶段,实现知识产权保护强度与经济增长的适应性发展。出于对经济发展的长远考虑,中国 2001 年加入世界贸易组织,签订《与贸易有关的知识产权保护协定》(TRIPS),立法强度已逐渐达到国际标准水平。但过高的立法强度会导致发达国家知识产权在我国的垄断地位被保护,既不利于我国市场机制的运行,也不利于我国知识积累,使我国仍成为发达国家的加工厂而不能达到知识技术进步的目的。因而知识产权执法强度成为调整知识产权保护强度的重要手段,为我国知识产权保护强度与经济增长适应性发展提供了磨合期。在短期内,应随着我国经济发展的实际情况,制定适宜性知识产权保护强度,对知识产权保护强度适时调整,实现社会福利最大化。

第二,持续推进经济转型工作,实现劳动密集型生产方式向技术密集型生产方式的转变。就我国现阶段发展情况而言,劳动力的过度投入导致经济运行效率降低,要求我国实现以技术替代人工劳动,这就要求社会技术水平的提高。因而长期发展过程中,应以经济平稳持续发展为目标,顺应经济转型要求,在发展中实现知识积累和自主创新能力的提高,从而实现严格知识产权保护制度的平缓过渡。

参考文献

[1] 陈凤仙、王琛伟:《从模仿到创新——中国创新型国家建设中的最优知识产权保护》,《财贸经济》2015 年第 1 期。

[2] 董雪兵、朱慧、康继军、宋顺锋:《转型期知识产权保护制度的增长效应研究》,《经济研究》2012 年第 8 期。

[3] 郭春野、庄子银:《知识产权保护与"南方"国家的自主创新激励》,《经济研究》2012 年第 9 期。

[4] 韩玉雄、李怀祖:《关于中国知识产权保护水平的定量分析》,《科学研究》2008 年第 4 期。

[5] 林秀梅、孙海波、王丽敏:《知识产权保护对经济增长的技术差距门槛效应——基于中国省际面板数据的经验分析》,《当代经济研究》

2015年第12期。

[6] 刘思明、侯鹏、赵彦云:《知识产权保护与中国工业创新能力——来自省级大中型工业企业面板数据的实证研究》,《数量经济技术经济研究》2015年第3期。

[7] 刘勇、周宏:《知识产权保护和经济增长——基于省际面板数据的研究》,《财经问题研究》2008年第6期。

[8] 王华:《更严厉的知识产权保护制度有利于技术创新吗?》,《经济研究》2011年第S2期。

[9] 王亚星、周方:《开放经济体中知识产权与经济增长关系的实证分析》,《重庆大学学报》(社会科学版)2015年第1期。

[10] 严成樑、张丽华:《内生的知识产权保护与长期经济增长》,《浙江社会科学》2010年第6期。

[11] 阳立高、贺正楚、柴江艺、韩峰:《发展中国家知识产权保护、人力资本与经济增长》,《中国软科学》2013年第11期。

[12] 宗庆庆、黄娅娜、钟鸿钧:《行业异质性、知识产权保护与企业研发投入》,《产业经济研究》2015年第2期。

[13] Ginarte, J. C. and Park, W. G., "Determinants of Patent Rights: A Cross-national Study", *Research Policy*, Vol. 26, No. 3, 1997.

[14] Glass, A. J. and Wu, X. D., "Intellectual Property Rights and Quality Improvement", *Journal of Development Economics*, Vol. 82, No. 2, 2006.

[15] Kumar, N., "Intellectual Property Rights Technology and Economic Development: Experiences of Asian Countries", *Economic and Political Weekly*, Vol. 38, No. 3, 2003.

[16] Odedokun, M. O., "Alternative Econometric Approaches for Analysing the Role of the Financial Sector in Economic Growth: Time-series Evidence from LDCs", *Journal of Development Economics*, Vol. 50, No. 1, 1996.

[17] Romer, P. M., "Increasing Returns and Long-run Growth", *Journal of Political Economy*, Vol. 94, No. 5, 1986.

[18] Yang, G. F. and Maskus, K. E., "Intellectual Property Rights, Licensing, and Innovation in an Endogenous Product-cycle Mode", *Journal of International Economics*, Vol. 53, No. 1, 2001.

第二篇

经济波动与经济平稳增长

第七章　经济周期的根源、形成机制与稳定经济增长的制度安排*

在现代经济社会中，周期性的经济波动是一种普遍现象。学术界一般把经济周期的直接原因归结为总需求与总供给的偏离。但总需求为什么会与总供给发生周期性的偏离，即周期的根源是什么，则存在很大的争论。现代西方经济学把经济周期的根源归结为经济系统外部随机力量的冲击，马克思则把资本主义经济危机的根源归结为资本主义制度本身。经济实践表明，外生力量的冲击通常不具有周期性，因而很难解释经济周期性波动的根源。要解释社会主义制度下为什么存在经济周期，既要从制度分析的视角，又要从经济周期形成的微观基础的角度，对周期的根源和形成机制进行探索。

虽然社会主义制度下也存在经济周期，但与资本主义制度下周期的根源和形成机制是不同的。在社会主义计划经济制度中，存在着一种强大的力量和机制，这种力量和机制能在很短的时间内把经济推向以需求膨胀为特征的扩张阶段，当经济持续扩张受到资源约束和严重的结构失衡时，经济才会进入收缩阶段。此后，计划经济中固有的力量又会重新把经济推向新一轮的扩张，如此循环不已。于是形成以供给短缺或需求膨胀为特征的经济周期。社会主义计划经济中存在的以需求膨胀为特征的经济周期源于这种制度本身所决定的企业的特殊性质以及企业所具有的软预算约束特征，这构成了计划经济制度下经济周期的微观基础。在社会主义市场经济制度中，存在着一种与计划经济制度中截然不同的力量和机制，这种力量和机制每隔一段时间会自动把经济运行推进到收缩阶段而不是扩张阶段，从而出现经济衰退和萧条。经济的收缩过程实质

---

* 本章由张连城、郎丽华、沈少博执笔。

上是对经济失衡的一种强制调整。只有当调整完成以后，经济运行才会进入扩张阶段，出现经济复苏和繁荣。显然，与计划经济条件下经济周期的根源和形成机制不同，社会主义市场经济中存在的以生产过剩或需求不足为特征的经济周期源于市场经济制度所决定的企业的特殊性质和它所具有的硬预算约束特征，这构成了经济周期形成的微观基础。

既然经济的周期性波动植根于社会经济制度本身，因此，要平抑周期性的经济波动，实现经济长期的稳定增长和较快增长，就必须增加制度供给。为此，要继续推进市场化取向的经济体制改革以及在再分配领域构建居民收入增长与经济增长同步的制度和机制。

一 引言

自1956年所有制改造完成以后，无论是实行计划经济体制还是实行社会主义市场经济体制，我国经济波动就从来没有停止过。在工业化进程中，世界经济也是在不断波动的过程中实现增长的。即使排除经济系统外部随机力量的扰动，经济的波动也从来没有停止过，并且呈现出周期性的特征。可以说，在现代经济社会中，周期性的经济波动是一种普遍现象。

学术界一般把经济周期的直接原因归结为总需求与总供给的偏离。但总需求为什么会与总供给发生周期性的偏离，即经济周期的根源是什么，则存在着很大的争论，至今也没有一个被普遍接受的理论。同时，许多理论在解释经济周期的根源时，并没有构建周期形成的微观基础。究竟是什么原因导致了周期性的经济波动？针对资本主义经济制度下的经济周期，马克思主义经济学和西方经济学具有截然不同的解释。关于社会主义不同经济体制下经济周期性波动的根源和形成机制的研究成果也并不多见。此外，为了平抑经济波动，实现我国经济可持续增长和稳定增长，应当构建一个怎样的制度基础，也是一个需要认真研究的问题。针对上述问题，本章试图从制度分析的视角分析经济周期的根源，揭示社会主义计划经济和市场经济条件下经济周期的形成机制及经济周期形成的微观基础，并在此基础上探索社会主义市场经济条件下稳定经济增长的制度安排。

二 经济周期具有客观性

经济周期是工业化国家普遍存在的经济现象。无论是在资本主义经济制度下,还是在社会主义经济制度下,经济的周期性波动都是一种客观存在。图 7-1 是 1978—2016 年美国经济和世界经济增长变化情况。

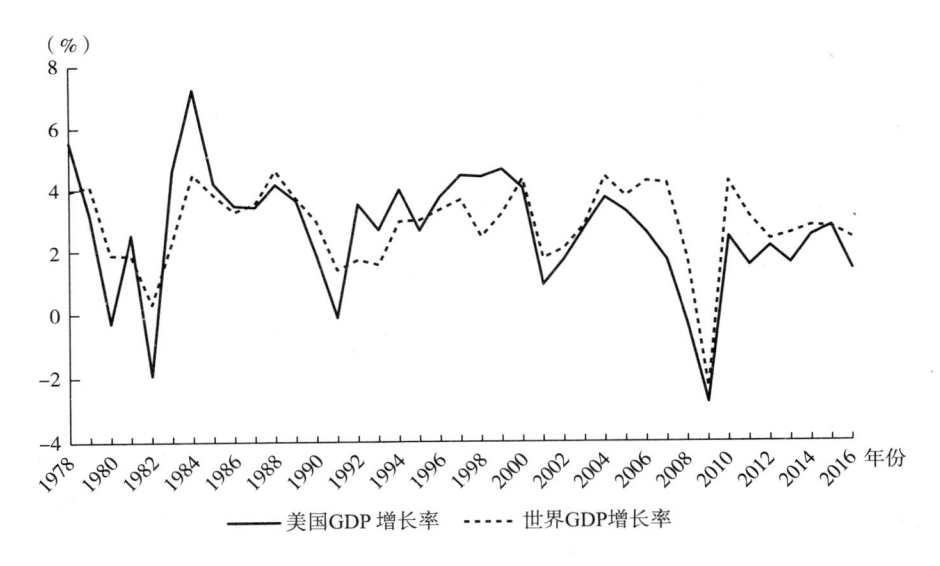

图 7-1　1978—2016 年美国和世界经济的增长变化情况
资料来源:世界银行网站数据库(http://www.worldbank.org)。

在图 7-1 中,横轴是以年为单位,纵轴是 GDP 增长率。图 7-1 描述了世界经济和美国经济在 1978—2016 年间的运行状况。图 7-1 中的世界经济增长曲线表明,世界经济增长具有明显的周期性。1978—2016 年,按照朱格拉周期的时间特征[1],世界经济在运行过程中已经呈现出 4 个谷底,谷底的年份分别是 1982 年(0.36%)、1991 年(1.43%)、2001 年(1.92%)和 2009 年(-1.74%)。[2] 如果按"谷—谷"法计算,在

---

[1] 本章服从于制度分析的需要,根据朱格拉周期的时间特征划分经济周期的波长。
[2] 括号中的数据为当年的经济增长率。下同。

1982—2009 年 27 年间，共完成了 3 次大循环，或者说已经完成了 3 个朱格拉周期：1982—1991 年为第一个周期，1991—2001 年是第二个周期，第三个周期始于 2001 年，止于 2009 年，平均波长为 9 年。

从图 7-1 不难看出，美国经济周期的波谷年与世界经济周期的波谷年是完全一致的，它们都发生在同一年份，即 1982 年（-1.91%）、1991 年（-0.07%）、2001 年（0.98%）和 2009 年（-2.78%）。原因是不说自明的：美国是世界最大的经济体，经济总量一直占世界经济总量的 20% 以上，因此，美国经济的兴衰在很大程度上决定着世界经济的波动。

如果从波峰年份来观察世界经济和美国经济的周期性运动，显得有点杂乱无章。这不仅是因为世界经济是各国经济的集合体，各国的经济波长不尽相同，而且要受多种外部因素的扰动，尤其是经济政策的冲击。因此，在未能剔除经济政策影响的情况下，计算经济周期的波长时，以波谷年份为依据似乎更具客观性。原因很简单：没有哪个国家的政府会故意把本国经济打入谷底，人为地制造经济萧条和社会动乱。相反，各国政府通常的做法是运用经济政策刺激经济增长和就业。因此，运用"谷—谷"法计算经济周期的波长，可以在一定程度上避免经济政策对经济运行的扰动。

与世界经济和美国经济运行相同，中国经济在运行过程中也存在周期性波动。无论是在计划经济时期，还是在市场经济时期，情况都是如此。图 7-2 描述了中国 1956—2016 年的经济运行情况。

图 7-2 中，波幅较大的实线是实际经济增长率曲线，较平滑的虚线是基于中国实际 GDP 年度数据用 HP 滤波方法计算得到的潜在产出增长率曲线。图 7-2 表明，我国在 1956 年生产资料所有制改造基本完成以后，经济的周期性波动就从来没有停止过。同时，经济运行总是不断地偏离和收敛于潜在产出增长路径的事实说明，经济运行过程中总是反复出现产出正缺口和产出负缺口。如果以朱格拉周期的时间特征为依据，按"谷—谷"法计算周期的波长，1961—2009 年，已经完成了 6 次大循环，即经历了 6 个朱格拉周期。这 6 次循环分别是：1961 年（-27.3%）到 1967 年（-5.7%）为第一个周期，1967—1976 年（-1.6%）为第二个周期，1976—1981 年（5.1%）为第三个周期，1981—1990 年（3.9%）为第四个周期，1990—1999 年（7.7%）为第五个周期，1999—2009 年

(9.4%)为第六个周期。① 如果上述观点成立,这就意味着在1961—2009年间,我国经济周期的平均长度是8年。其间既经历了计划经济体制时期,也经历了计划经济和市场经济的双轨体制时期以及社会主义市场经济体制时期。由此可见,在过去的48年间,尽管经济体制不同、经济周期的形成机制不同,但仅就周期存在的客观性和周期的波长而言,我国经济的周期性波动与朱格拉周期所描述的时间特征已经相当吻合了。

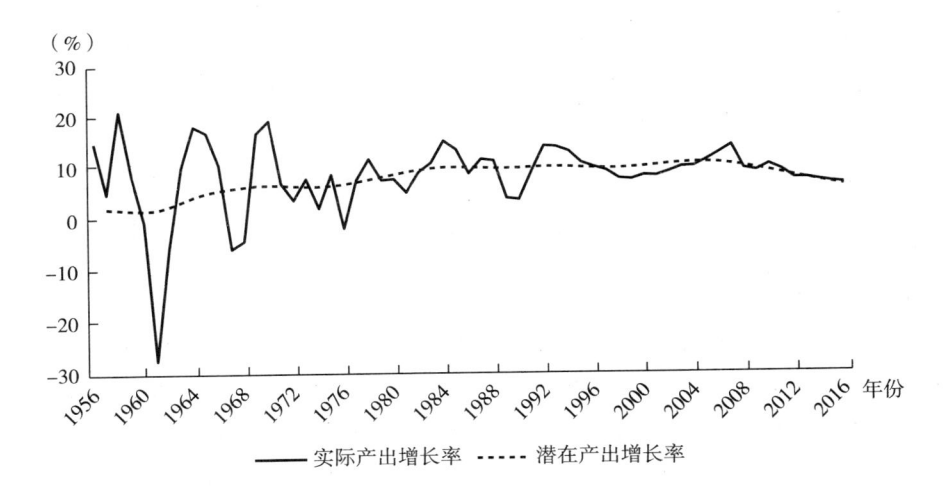

图7-2 中国1956—2016年的经济运行情况

资料来源:各年度实际经济增长率是中国国家统计局网站公布的2016年调整后的数据。

2010年之后,中国经济持续下行,并且产出缺口逐渐封闭,表明中国经济已经进入一个新的增长阶段,未来的经济增长将围绕一个较低的潜在产出增长率波动,经济周期在波长和波幅等方面也许会呈现出一些新的特征。但是,只要经济体制或制度不发生根本性变化,经济周期的根源和形成机制也不会发生根本性的变化。

---

① 2009年第一季度的经济增长率是6.4%,如果没有4万亿元刺激经济计划的干预,中国经济在2009年或之后的一两年内会完成本轮周期的筑底。

三　西方经济学和马克思主义经济学对经济周期的解释

为什么会存在经济周期？马克思主义经济学和西方经济学对此具有完全不同的解释。从西方经济学对经济周期理论的研究来看，西方经济学大体上可以分为内生经济周期理论和外生经济周期理论两类。

作为西方主流经济学的凯恩斯主义经济学，在解释经济周期时，它将视线投向了企业家的"动物精神"和经济系统内部的投资、储蓄和资本产出比等变量间的相互作用，并试图以此来说明经济周期产生的根源。

英国经济学家约翰·凯恩斯（John Maynard Keynes, 1936）在《就业、利息和货币通论》一书中创立了以"有效需求不足"为核心的宏观经济理论。凯恩斯认为，出现周期性经济萧条的直接原因是有效需求不足，而有效需求不足是由边际消费倾向递减、资本边际效率递减和流动偏好三大心理法则决定的。其中资本边际效率递减所导致的投资需求不足是有效需求不足的最主要原因。他的解释是：投资决策取决于企业家对未来盈利的预期，而这种心理预期又依赖于他们对未来的乐观或悲观态度，也就是说，投资决策依赖于企业家的"动物精神"，一旦资本边际效率崩溃，在乘数的作用下，就会出现经济萧条或经济危机。凯恩斯对经济周期的分析是建立在所谓人的心理法则基础上的，既缺乏经济理论基础，又缺乏实证分析的支持，自然引起了后来许多经济学家的批评或者对他的理论进行修正。

凯恩斯的追随者在试图用经济体系内部的因素来说明经济周期性波动的根源时，创立了线性经济周期模型和非线性经济周期模型。如新古典综合派代表人物保罗·萨缪尔森（Paul Anthony Samuelson, 1939）在他的一篇文章《乘数分析和加速原理的相互作用》中提出的解释经济周期的乘数—加速数模型，以及与萨缪尔森理论相近似的同属于线性经济周期模型的梅茨勒（L. A. Metzler, 1973）的存货周期模型、尼科拉斯·卡尔多（Nicholas Kaldor, 1940）创立的非线性经济周期模型、希克斯（J. R. Hicks, 1950）提出的线性乘数—加速数模型以及戈德文（R. M. Goodwin, 1951）的半非线性经济周期模型，都试图用投资、储蓄和资本产出比等内生变量之间的相互作用，并通过建立数学模型来说明经济周期波动的根源，因此，这些理论基本上应属于内生经济周期理论。

诞生于20世纪70年代的新凯恩斯主义经济学将经济周期的原因归结为经济体系本身的不完全性。认为在经济系统中，由于价格和工资不具有完全的伸缩性，而是具有黏性，因此，经济体并不总是以潜在产出水平增长，它可能高于或者低于潜在产出水平，从而出现经济波动；同时，相对于来自总需求的冲击，由于工资和价格调整相对缓慢，从而使实际产出收敛到潜在产出的状态需要一个很长的过程。

与凯恩斯主义经济学不同，一些经济学家并不认为经济周期根源于经济体系内部的因素，而是根源于经济体系外部某些因素的冲击。

在外生经济周期理论中，政治周期理论将经济周期的根源归因于"政治冲击"。较早提出政治周期理论的是卡莱斯基（Micheal Kalecki，1943）。他通过建立理论模型，试图说明某些党派或政府很可能会利用政治手段刻意制造经济衰退，目的是降低工会与企业讨价还价的能力。继卡莱斯基之后，伴随公共选择理论的发展，政治周期理论也得到了进一步的发展。具有代表性的理论有诺德豪斯（Nordhaus，1975）的机会主义模型、罗格夫（Rogoff，1988，1990）和赛伯特（Sibert，1988）的理性机会主义模型、希布斯（Hibbs，1977）的党派模型和阿莱西纳（Alesina，1987）的理性党派模型。他们将政府视为宏观经济变量，并引进政治家的目标函数，将经济周期的产生归因于政治家的行为及其政策的制定。总之，将政府政策视为经济波动产生的原因是所有政治周期模型的共同点。

货币主义经济周期理论把经济周期视为一种货币现象。这种理论主要体现在货币主义的代表、美国经济学家弗里德曼（Milton Friedman）和施瓦茨（Anna Jacobson Schwartz）的论文、著作和演讲中。在这些著述中，货币主义者实际上把经济周期的原因归结为银行货币和信用的扩张与收缩。根据这一理论，银行货币和信用的扩张将会导致经济走向繁荣；反之，银行货币和信用的收缩将导致经济走向衰退，而货币的扰动来自制度和政策的变动。因此，经济周期在很大程度上是货币当局或政府错误的货币政策造成的。莱德勒（D. E. Laidler）在1976年创立了一个货币主义经济周期模型。在这个被认为"较好的模型"中，显示了一个单一稳定状态的路径，其特征是劳动市场处于供求平衡的状态，失业处于自然失业率水平，宏观经济处于均衡状态。在宏观经济运行过程中，货币冲击是构成经济波动的原因。莱德勒认为，货币冲击是通过货币数量方程式和菲利普斯曲线的相互作用引发经济波动的，它使一个经济体的总产出总是围绕其充分就业的潜在产出上下波动。

新古典宏观经济学关于经济周期理论的发展大致可以分为两个阶段。第一阶段的代表人物是卢卡斯（Robert Lucas）、萨金特（Thomas J. Sargent）、巴罗（Robert J. Barro）、普雷斯科特（Edward C. Prescott）和华莱士（Neil Wallace）等。他们以理性预期、完全竞争、市场出清等假说为前提，在均衡分析的基础上解释总产出和物价水平的波动。第二阶段的代表人物是基德兰德（Finn E. Kydland）、普雷斯科特和普洛泽（C. I. Plosser）等。他们不赞成用货币冲击来解释经济波动，而是将一个国家的经济周期归结为一些随机的"真实因素"对经济的冲击，这就是"真实经济周期"（Real Business Cycle，RBC）理论。真实经济周期理论认为，导致经济周期的真实因素既包括"需求冲击"，也包括"供给冲击"。其中最常见的波动源是来自供给侧技术冲击所带来的生产率的变动。无论是需求冲击还是供给冲击，都包括"有利的"冲击和"不利的"冲击。当技术冲击引起全要素生产率变化时，经济主体就会调整他们对劳动的供给和消费，从而产生较大的供给反应，而供给反应最终会导致产出和就业的波动。真实经济周期理论认为，经济波动是随机性的，不具有朱格拉周期的时间特征，因而不能对现实经济中客观存在的周期性经济波动做出令人满意的解释。

西方经济学在解释经济周期时具有一个共同点，就是回避导致经济周期性波动的制度原因。卢卡斯在解释为什么要回避经济周期的制度原因时解释道："解释'经济周期'的努力曾被引导去识别不稳定的制度根源，希望一旦了解这些根源后，就能铲除这些根源或通过合理的制度变化来减轻其影响。但所设想的这一过程是一个公众讨论及法律改革的缓慢过程。另外，存在着长期或'永久性'制度改革的希望。放弃解释经济周期的努力是与下列信念相伴随的：政策能够立即或者在非常短期内对经济运动起作用，使之从现行不理想状态'不管是如何达到的'变为较理想状态。"①

实际上，经济的周期性波动是植根于现代社会经济中的普遍现象。

---

① ［美］小罗伯特·E. 卢卡斯：《经济周期理论研究》，朱善利等译，商务印书馆2000年版，第252—279页。

第七章 经济周期的根源、形成机制与稳定经济增长的制度安排

凡是普遍存在的经济现象，通常都是制度造成的。因此，如果不能把经济的周期性波动与经济制度本身的特征联系在一起，充其量只能解释某一次经济波动的直接原因，但不能揭示周期性出现的经济波动的根源及其形成机制，因而对经济周期的解释是不彻底的。同时，如果没有相应的制度基础，仅用经济政策干预宏观经济运行，可能永远无法达到"较理想状态"。西方经济发达国家和我国的经济实践都证明了这一点。从我国的经济实践来看，经济体制或经济制度的变革，无论是对经济起飞，还是对稳定经济增长，都起到了至关重要的作用。

与西方经济理论相比，马克思对经济周期根源和形成机制的分析要深刻得多。马克思认为，经济周期源于资本主义经济制度本身。在资本主义制度下，剩余价值规律成为资本主义生产方式的"绝对规律"，它决定着资本主义生产方式的一切主要方面和主要过程。在剩余价值规律的支配下，必定会产生个别企业生产的有组织性和整个社会生产无政府状态的矛盾以及生产无限扩大趋势与劳动者有支付能力需求相对缩小的矛盾，当这两个矛盾发展到尖锐化的程度，使社会再生产所要求的客观比重尤其是生产和消费的比重严重失调时，就会爆发以生产过剩为特征的经济危机。在危机期间，生产与消费的矛盾以空前尖锐的形式表现出来。危机爆发以后，经济进入萧条阶段。这一阶段，在剩余价值规律和竞争规律的作用下，资本家通常要进行固定资本的更新。固定资本的大规模更新会带动第一部类即生产资料生产的增长，而生产资料生产的增长又会带动第二部类即消费资料生产的增长，从而使经济步入复苏和繁荣阶段。显然，资本主义走出危机的物质基础是固定资本的大规模更新。但是，由于危机过程不可能从根本上消灭产生经济危机的根源，因此，在新的物质基础上，资本主义经济中固有的矛盾又会逐渐发展，当这些矛盾再次尖锐化之后，又会爆发新的危机，从而使经济运行进入新一轮的周期。[1]

从以上的分析不难看出，西方经济学和马克思主义经济学对经济周期的分析存在一个共同点，即把经济周期的直接原因归结为总需求与总供给的周期性偏离或总需求冲击和总供给冲击。但是，总需求与总供给为什么会周期性地发生偏离？即经济周期性波动的根源是什么？马克思

---

[1] 马克思关于资本主义周期性经济危机的论述，分散在《雇佣劳动与资本》《哲学的贫困》《资本论》等多部著作中。尽管没有系统的集中论述，但是其内在的逻辑是清晰的。

在当时只存在资本主义经济制度的历史条件下，把产生经济周期的根源归因为资本主义制度本身，无疑是正确的分析思路。

有必要指出的是，凯恩斯经济理论的核心是有效需求不足，而有效需求不足的另一面就是生产过剩。只不过凯恩斯把有效需求不足的原因归结为三大心理法则，马克思则把生产过剩的根源归结为资本主义制度本身。凯恩斯经济学在多大程度上借鉴了马克思的经济理论，是不言自明的。

四　社会主义计划经济条件下周期的根源和形成机制

根据马克思的经济周期理论，资本主义经济制度灭亡以后，资本主义基本矛盾也将不复存在，与之相联系的个别企业生产的有组织性与整个社会生产无政府状态的矛盾将会被有计划按比例的生产方式所取代；生产与消费的矛盾也将不具有对抗性，也就是说，劳动者有支付能力的需求将会与社会经济的增长同步，因而生产无限扩大趋势与劳动者有支付能力需求相对缩小的矛盾也将失去存在的基础。根据这一逻辑，社会主义制度代替资本主义制度后，经济周期自然就不存在了。然而，中国在生产资料所有制改造基本完成以后就已经进入了社会主义社会，其间既经历了计划经济体制时期、计划经济和市场经济的双轨体制时期，也经历了市场经济体制时期。而无论在何种体制下，都未能避免经济的周期性波动。图7-2就说明了这一点。

社会主义计划经济条件下为什么也会存在经济周期？如果排除外部因素的随机冲击，这在客观上就需要我们既要从马克思主义经济学制度分析的视角，又要从社会主义经济的制度特征和经济周期形成的微观基础的角度，对经济周期的根源和形成机制做进一步的探索。

虽然社会主义计划经济体制下也存在经济周期，但与资本主义制度下周期的根源和形成机制是不同的。

在计划经济体制下，一个不容忽视的事实是，经济从波谷运行到波峰，即完成扩张阶段，一般只需要2—3年，例如，图7-2中显示的1961年（-27.3%）至1964年（18.2%）、1967年（-5.7%）至1970年（19.3%）、1976年（-1.6%）至1978年（11.7%），这一特征在双轨制时期也依然存在，例如，1981 年(5.1%)至 1984 年(15.2%)、1990 年(3.9%)至 1992 年(14.2%)。与之相反，经济从波峰运行到波谷即完成收缩阶段则需要较长的时间，一般长达 6—7 年。例如，图 7-2 中显示的 1970 年(19.3%)至 1976 年(-1.6%)、1984 年(15.2%)至 1990 年(3.9%)、1992 年(14.2%)至 1999 年(7.7%)。显然，计划经济中存在着一种强大的力量和机制，这种力量在很短的时间内就能把经济推向以需求膨胀为特征的扩张阶段，当经济运行到扩张期的繁荣阶段后，就会出现产出正缺口。产出正缺口的存在表明总需求大于总供给，这意味着经济总量已经失衡。通常，经济总量失衡还会伴随结构失衡。当经济持续扩张受到资源的有效约束并且伴随严重的结构失衡时，经济运行就会从波峰掉头向下，进入收缩阶段，出现经济衰退和经济萧条。在萧条阶段，只有经过充分的能量积蓄和结构调整后，计划经济中固有的力量才会重新把经济推向新一轮的扩张阶段，如此循环不已。于是形成了以供给短缺或需求膨胀为特征的经济周期。

　　计划经济中导致经济周期性波动的固有力量和机制是什么呢？在计划经济体制下，国营企业之间不存在以市场为纽带的横向经济联系，甚至"鸡犬之声相闻，老死不相往来"，它们各自只与不同层级的政府部门保持纵向的行政隶属关系。在这种关系下，企业所需要的一切投资品，包括劳动力，全部由政府部门调拨，产出品全部由政府部门收购，产品价格由政府部门制定，企业所获得的利润全部上缴财政部门，企业所需要的投资支出和消费支出则由政府部门拨付。这种"统收统支"的利益分配格局直到 1983 年才通过"利改税"被新的分配模式所替代。而真正倾向于市场化取向改革的"价格双轨制"则始于 1988 年，并且还在之后的三年"治理整顿"时期一度被中断。在计划经济体制下，不仅国营企业是行政部门的附属品，集体所有制企业与其上属行政部门之间也保持着类似的关系。同时，国家所有制企业和集体所有制企业占据绝对统治地位。显然，在上述体制下，无论是国家所有制企业，还是集体所有制企业，本质上都是"政府所有制"企业。如果这一结论成立，企业要实现"政企分开"就不过是天方夜谭。如果不能实现政企分开，企业自主经营、自负盈亏和自我发展就是不可能的，自然，现代企业制度也就难以建立。既然企业本质上都是政府所有制企业，因此，各级政府一定会像热爱自己的子女一样对其所属企业进行"父爱主义"保护，这种保护必然使企业具有软预算约束的特征。这里所说的软预算约束，是指企业总是能够在预算约束线（等成本线）的外侧购买投入要素，其投资支出和消费支出不受其货币存量和收入的约束，这意味着公有制企业不会因亏损而倒闭。当企业因亏损面临倒闭或破产的边缘时，政府可以通过软补贴制度（财政补贴）、软信贷制度（信贷支持）、软税收制度（税收减免）、软价格制度（提高企业产品价格）等多种方式让企业渡过难关，这其中尤以国有企业的预算约束最软。在软预算约束条件下，由于企业的支出不取决于自己的货币存量和销售收入，因此，必然存在强烈的投资驱动和消费驱动，这种扩张驱动一般只需要在两三年内就会把总需求推向膨胀状态；相反，要抑制需求膨胀，则需要耗费较长的时间，甚至政府不得不使用行政手段才能把过热的经济压缩下去，足见扩张驱动的猛烈程度。① 由于在计划经济条件下实行政府定价，价格机制失去了调节供求关系的功能，供给短缺通常不表现为显性通货膨胀，因此，计划经济也就表现为短缺经济。

由上述分析不难得出如下结论：与资本主义经济条件下经济周期的根源和形成机制完全不同，社会主义计划经济中存在的以需求膨胀为特征的经济周期应当源于社会主义计划经济制度本身，即这种制度下所形成的企业的特殊性质和它所具有的软预算约束特征，它构成了社会主义计划经济体制下经济周期形成的微观基础。

五　社会主义市场经济条件下周期的根源和形成机制

在社会主义市场经济体制中，存在着一种与计划经济体制下截然不同的力量和机制，这种力量和机制每隔一段时间就会自动把经济推进到收缩阶段而不是扩张阶段，从而出现经济衰退和经济萧条。事实上，在市场经济条件下，经济要完成扩张，即从波谷运行到波峰，可能需要较长的时间。例如，美国经济周期的波长平均为9年，但收缩期平均只有

---

① 当计划经济体制下经济过热时，中央政府经常给各省份分配压缩基本建设投资规模和公共支出的指标，以消除产出正缺口带来的资源短缺和通货膨胀的压力。

11个月,而扩张期则需要8年左右的时间。在社会主义市场经济条件下,扩张期长、收缩期短的特征似乎也已出现。例如,1999年是我国经济周期的波谷年,这一年的经济增长率只有7.7%,2007年是波峰年,经济增长率高达14.2%,这一轮周期的扩张期长达8年。当市场经济中固有的力量和机制把经济推进到收缩期的萧条阶段后,经济中就会出现产出负缺口。这表明资源未能得到充分利用,也意味着总需求小于总供给,即所谓有效需求不足。在市场经济条件下,经济的收缩过程实质上是对经济总量失衡和结构失衡的一种强制调整。只有当调整完成以后,经济运行才会进入扩张阶段,出现经济复苏和经济繁荣。当经济在波峰附近运行一段时间以后,市场经济中固有的力量和机制又会重新把经济推向新一轮的收缩阶段,如此循环反复,形成以生产过剩为特征的经济周期。当然,生产过剩的另一面就是有效需求或总需求不足。

社会主义市场经济条件下把经济自动推向收缩阶段的力量和机制是什么呢?从形成经济周期的微观基础来看,与计划经济条件下企业普遍具有软预算约束的特征不同,在市场经济制度中,无论是公有制企业,还是非公有制企业,都必须具有硬预算约束的本质特征,即企业只能在预算线或预算空间内购买投入品,企业不应存在超出其预算能力的扩张驱动。硬预算约束意味着企业必须自负盈亏,也就是说,当企业濒临倒闭或破产的边缘时,不存在政府对它的"父爱主义"保护。因此,企业不仅要用自己的收入补偿一切支出,同时还要取得利润,这是企业在市场经济制度中生存和发展的前提,也是建立市场经济制度的微观基础。甚至可以说是企业的自然本能,非公有制企业和非国有控股企业尤为如此。在社会主义市场经济条件下,一方面,企业对利润的追求会把经济推进到扩张阶段,甚至使生产具有无限扩大的趋势;另一方面,又会把劳动者的工资限制在一个相对较低的水平。原因很简单:在新创造的国民收入中,如果政府的税收所得不变,利润和劳动者收入是此消彼长的。上述分析表明,在社会主义市场经济条件下,企业只要具有硬预算约束的特征,马克思所说的生产无限扩大趋势与劳动者有支付能力需求相对缩小的矛盾就不会消失。只要存在这一矛盾,每隔一段时间出现消费需求不足并引致投资需求不足和总需求不足就是必然的。因此,市场经济中天然存在的这种把经济推向收缩阶段的力量和机制,是社会主义市场经济运行的基本特征。当经济收缩到一定程度,并经过充分的调整和能量积蓄以后，经济运行才会进入到扩张阶段。这里所说的调整，既包括总量调整，也包括结构调整，而能量积蓄则是指居民和企业购买力的增加。在经济不景气的情况下，居民和企业购买力的增加主要依赖于物价水平的下降和融资能力的增强。因为在经济萧条阶段，要大幅度增加居民和企业的收入是不现实的。这意味着，当经济处于萧条阶段时，物价水平如果不能普遍下降或居民和企业不能得到信贷支持，经济复苏就会被延迟。显然，在垄断程度较高的市场结构中，经济复苏的条件很难具备，因而经济复苏常常依赖于政府的扩张驱动。

由上述分析不难得出如下结论：与计划经济条件下经济周期的根源和形成机制不同，社会主义市场经济中存在的以生产过剩或需求不足为特征的经济周期应当源于社会主义市场经济制度本身，即这种制度下所形成的企业的特殊性质和它所具有的硬预算约束特征，它构成了社会主义市场经济体制下经济周期形成的微观基础。

经过 40 年的改革开放，我国已经基本上建立了市场经济制度。在社会主义市场经济制度下，植根于资本主义制度本身的个别企业生产的有组织性和整个社会生产无政府状态的矛盾已经不复存在。但是，生产无限扩大趋势与劳动者有支付能力需求相对缩小的矛盾却没有消失。如前所述，只要实行市场经济制度，企业就必须具有硬预算约束的特征，从而决定了这个矛盾的存在。

毋庸讳言，仅就企业具有硬预算约束特征和经济中仍然存在生产无限扩大趋势与劳动者有支付能力需求相对缩小的矛盾而言，社会主义市场经济制度与资本主义市场经济制度存在某些共同的特征。但也要看到，社会主义市场经济制度与资本主义市场经济制度具有本质区别，这种区别决定了生产无限扩大趋势与劳动者有支付能力需求相对缩小的矛盾，即生产与消费的矛盾已不具有对抗性质，因而政府完全可以通过构建居民收入增长与经济增长相同步的制度和机制来缓解这一矛盾。

当前，我国的经济体制既有市场经济的制度特征，也具有计划经济体制的某些成分。首先，具有硬预算约束特征的非公有制企业和非国有控股企业在我国已经占有相当大的比重，它们的经济活动虽然也会受到政府的某种干预，但更多地要受市场机制的调节。因此，这些企业追求利润的冲动一定会把工人的工资压缩在一个相对较低的水平。其次，直至今日，政府对国有企业的"特殊关怀"依然会使其预算约束变软。这

第七章　经济周期的根源、形成机制与稳定经济增长的制度安排 | 183

主要表现在：当国有企业出现亏损尤其是面临倒闭和破产的窘境时，无论是出于"维稳"或其他目的，政府依然会用软补贴制度、软税收制度、软信贷制度、软价格制度，再加上新发明的计划经济体制下不曾有过的"债转股"制度使之摆脱困境。因此，在我国现阶段，宏观经济中既有把经济推向有效需求不足即收缩阶段的力量和机制，也存在着把经济拉向需求膨胀即扩张阶段的力量和机制。尽管两种力量和机制并存，但从总体上看，把经济推向有效需求不足的机制已经形成。因为社会主义市场经济毕竟已经占据统治地位，能够享受政府"父爱主义"保护的国有企业数量并不占有绝对优势。即使是能够享受政府保护的国有企业，其预算约束也要比计划经济条件下的国营企业硬了许多，因为这类企业毕竟已经把追求利润作为自己的经营目标，与非国有企业的不同之处在于：它们只负责盈利，不负责亏损。

国家统计局的数据显示，中国居民收入占初次分配总收入的比重已经从1992年的66.5%下降到2014年的60.1%，其中，2008年这一比重曾降到最低点，为58.7%；而企业收入比重由1992年的17.4%上升到2014年的24.7%，其中，2008年曾升到最高点，为26.9%。图7-3是中国企业收入与居民收入占初次分配总收入比重的变化情况。①

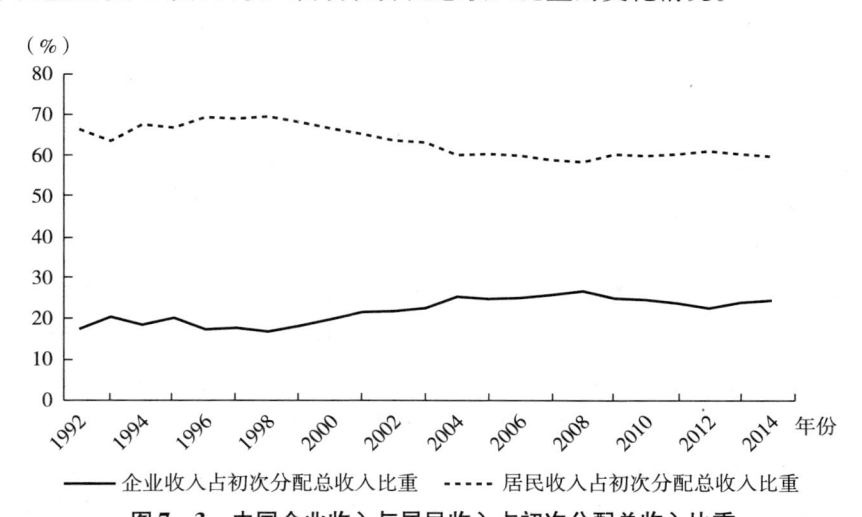

图7-3　中国企业收入与居民收入占初次分配总收入比重

资料来源：《中国统计年鉴》、CEIC DATA MANAGER数据库及实证结果。

---

① 因部分年份国外部门数据缺失，1992—2014年初次分配总收入仅包括国内部门的数据。

上述数据和图7-3表明，在社会主义市场经济条件下，居民消费需求相对不足的机制已然形成。这也就意味着我国社会主义市场经济条件下经济周期的形成机制已然存在。

六　不同经济体制下经济周期的特征

在社会主义条件下，无论是实行计划经济体制，还是实行市场经济体制，虽然都存在周期性的经济波动，但经济周期的特征是不同的。从理论上说，1978年以前，中国实行的是典型的计划经济体制。虽然中国的经济体制改革始于1978年，但真正的市场化改革是20世纪80年代中期以后的事情，到20世纪90年代后，才逐步走上了市场经济的运行轨道，其间经历了长时间的计划经济和市场经济并存的双轨体制。

1978年实行改革开放以后与1978年以前传统的计划经济体制相比较，社会主义市场经济条件下的经济周期具有什么特征呢？

第一，经济周期的第一个明显特征表现为长期经济增长路径提高，即周期波动所围绕的趋势值提高。如果以国内生产总值的平均增长率为依据，按可比价格推算，1956—1977年，我国GDP的平均增长率只有5.14%；而1978—2009年，GDP平均增长率则高达9.91%；即使计算1978—2016年的GDP平均增长率，也高达9.57%。从潜在产出增长率来看，1956—1977年，潜在产出增长率平均值只有4.99%，而1978—2016年的潜在产出增长率平均值高达9.52%，其中，1978—2009年，潜在产出增长率平均值更高达9.90%，2010—2016年，潜在产出增长率平均值尽管有所下降，但依然高达7.79%。也就是说，1978年以后，中国潜在产出增长路径大幅度上移，并且一直在一个较高的水平上波动。由于经济长期增长的路径已经提高，因此，1978—2009年，经济运行总是表现为高位波动。经济增长路径的提高，表明了自1978年改革开放以后，我国的经济增长迈上了一个新台阶。

第二，社会主义市场经济条件下经济周期的另一个明显特征表现在波长上。如果按波峰年计算，1958—1978年共完成了3个周期，按波谷年计算，即1961—1981年也是完成了3个周期，周期的平均波长约为6.7年，经济的周期性波动比较频繁。但是，1978年改革开放以后，我国经济周期的波长发生了很大变化。按波峰年计算，1978—2007 年共完成了 3 个周期，周期的平均波长为 9.67 年；按波谷年计算，1981—2009 年共完成了 3 个周期，周期的平均波长为 9.33 年。也就是说，自 1978 年改革开放以来，我国经济周期的平均波长几乎延长了近 3 年。周期波长的上述变化，反映了我国进行市场化经济体制改革以后，经济波动的频率下降了。

第三，经济周期的第三个特征还表现在波幅上。从经济波动的幅度来看，从 1978 年我国对传统的计划经济体制进行市场化改革以来，经济波动的幅度不断缩小。1958—1964 年的第一个经济周期，经济增长率最高为 21.3%（1958 年），最低为 -27.3%（1961 年），波幅高达 48.6 个百分点。1964—1970 年的第二个经济周期，经济增长率从 18.2%（1964 年）跌至 -5.7%（1967 年），波幅仍高达 23.9 个百分点。1970—1978 年的第三个经济周期，经济增长率从 19.3%（1970 年）跌至 -1.6%（1976 年），落差仍高达 20.9 个百分点。三个周期平均波幅为 31.1 个百分点。同时，我们注意到，1978 年以前，每当经济跌入波谷时，经济增长率均为负值，即表现为古典型周期，用"高台跳水""大起大落"来形容 1978 年以前中国的经济运行一点都不过分。然而，1978 年以后，经济周期的波动幅度明显缩小。1978—1984 年的第四个周期，经济增长率最高为 11.7%（1978 年），最低为 5.1%（1981 年），波幅只有 6.6 个百分点。1984—1992 年的第五个周期，经济增长率最高为 15.2%（1984 年），最低为 3.9%（1990 年），波幅为 11.3 个百分点。1992—2007 年的第六个周期，经济增长率最高为 14.2%（1992 年），最低为 7.7%（1999 年），波幅为 6.5 个百分点。1978 年以后的三个周期平均波幅为 8.1 个百分点，下降了 23 个百分点，下降幅度高达 74%。同时，在经济跌入波谷时，再也没有出现过负增长，即再也没有出现过古典型周期，而是表现为增长型周期。经济波动幅度的缩小意味着改革开放以后我国的经济增长和经济运行更加稳定。

再从经济波动率来看，1956—1977 年，我国经济波动率绝对值的平均值为 9.12%，而 1978—2016 年经济波动率绝对值的平均值只有 3.02%，波动率下降了 6.1 个百分点，下降幅度为 66.9%。图 7-4 中展示的 1953—2016 年经计算得出的中国经济波动率曲线更加直观地表明了这一点。①

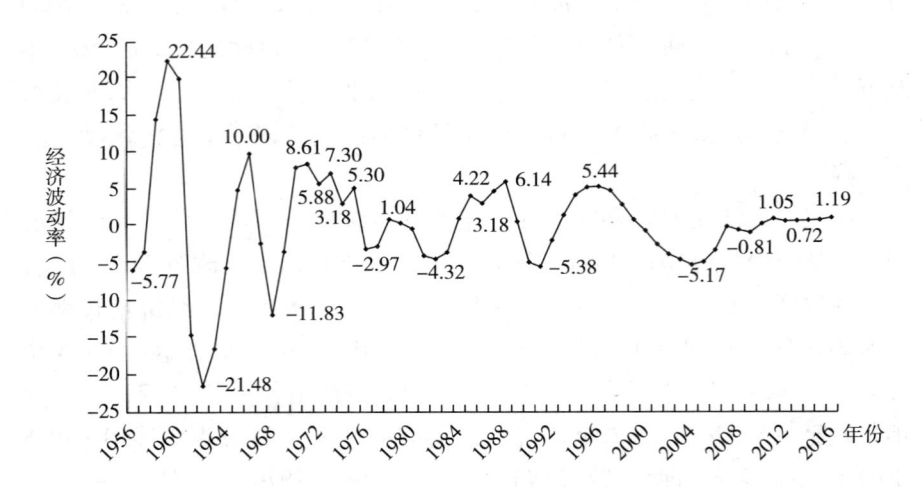

图 7-4　1956—2016 年中国经济波动率（坐标中数据为不同阶段的极值）
资料来源：根据《中国统计年鉴》的数据计算得出。

从图 7-4 不难看出，1978 年以前的经济运行曲线具有大起大落的特征，而 1978 年以后的经济运行曲线则要比之前的曲线平滑得多。因此，坚持推进市场化取向的经济体制改革，是构建保持经济长期稳定增长的制度基础。

第四，经济学家很少注意到的经济周期的另一个重要特点是，在计划经济时期，经济运行从波谷到波峰的扩张期，时间都比较短，一般为 2—3 年，而与之相反的是，从波峰到波谷的收缩期，时间都比较长，除 1958—1961 年、1964—1967 年和 1978—1981 年三个周期的收缩期为 3 年外，其他周期的收缩期均为 6—7 年。如前所述，一般来说，扩张期短而收缩期长，是计划经济体制下经济周期的特征，而市场经济条件下通常是与此相反的，即扩张期较长而收缩期较短。

观察图 7-2 可以看到一个有意思的现象：按波峰年计算，1978—2007 年共完成了 3 个周期，周期的平均波长为 9.67 年；而 1992—2007

---

① 基于经济波动是实际经济增长率与潜在产出增长率的偏离，我们使用了"波动率"这一概念，旨在描述实际经济增长率偏离潜在产出增长率的幅度。经济波动率的计算方法是，用当年实际产出与潜在产出的差值除以潜在产出。

年两个波峰的波长竟然长达 15 年，因而在图 7-1 中出现了一个开口很大的"V"形。表面上看，这一轮周期呈现出的运行特征似乎与我国经济周期的波长规律相悖，然而，实际情况并非如此。这一轮经济周期之所以会呈现出上述特征，是由计划经济和市场经济的不同制度特征造成的。由于计划经济制度下扩张期比较短而收缩期比较长，市场经济制度下的扩张期比较长而收缩期比较短，同时，中国真正迈上社会主义市场经济的轨道实际上是 20 世纪 90 年代以后的事情，因此，经济运行在 1992—2007 年间出现了一个开口很大的"V"形也就不足为奇了。显然，这是两种经济体制转换的结果。

第五，在计划经济时期，无论经济运行到波峰还是波谷，都不会出现显性通货膨胀和通货紧缩，而是表现为产品短缺；但当引入市场机制，产品价格在 20 世纪 80 年代中期部分放开以后，这种情况得到了根本的改观：1990 年、1999 年和 2009 年，当中国经济运行到谷底及其附近时，不再表现为产品短缺，而是表现为产品过剩，并且 1996 年以后还出现了通货紧缩。与此相对应的是，在波峰年的 1992 年和 2007 年前后，特别是当经济运行到衰退阶段时，都出现了明显的通货膨胀。例如，1994 年按 CPI 计算的通货膨胀率高达 24.1%，2008 年按 CPI 计算的通货膨胀率也达到了 5.9%。实际上，显性的通货膨胀在双轨体制时期就已经显露出来了，例如 1988 年，按 CPI 计算的通货膨胀率高达 18.8%。这种显性的高通货膨胀率在计划经济时期是不可想象的。需要说明的是，通货膨胀率最高的年份往往会滞后于经济周期的波峰年 1—2 年，也就是说，通货膨胀是上一期产出缺口的函数。这也是市场经济的典型特征之一。

第六，在计划经济时期，从来没有工人下岗的显性失业情况出现，也不会有企业倒闭破产。即使是在经济运行到谷底，呈现出"过冷"的状态时，失业也只不过表现为隐性失业或在职失业。但是，在市场经济体制下，显性失业以及企业倒闭和破产是一种不可避免的经济现象。例如，在 1998 年和 1999 年经济运行到波谷附近时，就有约 2000 万名工人被迫下岗，并且有为数不少的企业倒闭和破产。而 2008—2009 年的经济衰退，所导致的工人下岗和农民工返乡的情况更甚于 1998 年和 1999 年。到 2008 年年末，仅失去工作的农民工就已经达到 2000 多万人，占 1.3 亿外出就业农民工的 15.3%。① 可见，进入 20 世纪 90 年代以后，市场经济条件下经济的周期性波动对人们的生活产生了前所未有的重要影响。

导致经济周期出现上述特征变化的原因是复杂的，但从根本上说，是制度变革或体制变革引起的。正是由于计划经济和市场经济中经济周期的根源和形成机制不同，才使我国的经济波动出现了上述新的特征。

通过以上分析不难得出如下结论：市场经济制度或体制更能实现经济的较快增长和稳定增长。

七　稳定经济增长的制度安排

既然经济的周期性波动植根于社会经济制度本身，因此，要平抑周期性的经济波动，实现经济长期的稳定增长，就必须增加制度供给，做好制度安排，为经济稳定增长奠定制度基础。

首先，要继续推进市场化取向的经济体制改革，同时转变政府职能。尽管我国社会主义市场经济制度的真正建立始于 1992 年，但无论从经济增长速度、经济周期的波长，还是从经济波动幅度来看，社会主义市场经济制度下的经济运行状况都要好于计划经济制度。这充分说明，与计划经济制度相比，市场经济制度不仅能够保证经济以更快的速度增长，而且能够使经济运行得更为平稳。因此，要实现经济较快和平稳增长，首先要推进以市场化为取向的经济体制改革。

推进以市场化为取向的经济体制改革，就是要充分发挥市场机制在资源配置中的决定性作用。在现实经济中，为避免市场机制和政府对经济的干预作用于同一经济过程而可能出现的矛盾和冲突，必须对两者作用的范围进行界定。由于市场机制的调节作用是一种自发、自动和自然的过程，而政府对市场的干预是一种自觉、主动和人为的主观行动，因此，所谓界定市场机制和政府的作用范围，实质上是界定政府的经济行为，而不是限制市场机制的作用。因此，界定市场机制和政府对经济干预的基本准则应当是：凡是市场机制能够充分发挥作用的领域，就应当

---

① 陈锡文：《根据测算约两千万失业农民工返乡》，http://www.china.com.cn/v/news/hot/2009-02/03/content_17215148.htm，2009 年 2 月 2 日。

让市场机制去发挥调节经济运行和资源配置的作用，政府不应插手其间；凡是市场机制不能发挥作用或不能充分发挥作用的地方，才需要政府的适当干预和资源的再配置。毋庸讳言，在我国现阶段要充分发挥市场机制在资源配置中的决定性作用，就必须减少政府对经济的干预，尤其是要减少政府对微观经济领域的干预；同时要转变政府的经济职能。唯有如此，才能构建保持经济长期稳定增长和较快增长的制度基础。

其次，要实现经济可持续的较快增长和稳定增长，尤其是实现高质量增长，还应当在再分配领域构建居民收入增长与经济增长同步的制度和机制。由于在社会主义市场经济制度中，生产无限扩大趋势和劳动者有支付能力需求相对缩小的矛盾依然存在，并且这一矛盾终将导致社会总需求不足和生产过剩，因此，为避免每隔一段时间由于有效需求不足所导致的经济震荡，构建居民收入增长与经济增长相同步的制度和机制就是必需的。此外，保持经济较快增长和稳定增长的终极目标，毕竟是提高人民的福利水平和生活质量，这是实现经济高质量发展的基本内涵之一，也是社会主义经济制度的最本质特征。

构建居民收入增长与经济增长相同步的制度和机制，除在初次分配领域建立最低工资等制度外，更重要的是，要在再分配领域构建相应的制度和机制，包括建立以公平收入分配为目标的转移支付制度、税收制度、社会保障制度等。在再分配领域构建居民收入增长与经济增长相同步的制度和机制之所以更为重要，是因为如果在初次分配领域建立过高的最低工资制度，强制缩小利润增长与工资增长的差距，必然会大幅度提高企业的生产成本，这不仅会降低企业的效率和竞争力，也会减弱厂商投资的动力，同时还会导致自然失业率的上升，而失业率的提高又会从另一个角度导致劳动者可支配收入的减少，加剧分配不公。

在本章，我们揭示经济制度与经济周期的内在联系，用经济制度本身的特征解释周期性经济波动的根源和形成机制，并不排除经济系统外部随机因素对经济运行的冲击或扰动。实际上，随机力量对经济运行的冲击或扰动，在任何制度下都是不可避免的。但是，经济制度本身的特征和经济系统外部随机因素的冲击，对经济周期的影响是不同的：经济制度本身的特征是解释经济周期性波动的根源和基础，而随机力量对经济的冲击，包括逆向冲击和正向冲击，只能加剧或减弱经济的波动幅度。

综上所述，通过进一步推进以市场化为取向的经济体制改革，增加制度供给和完善制度安排是实现经济长期稳定增长的必要条件。但是，市场经济的制度安排仅仅构成经济长期稳定运行的基础，并不能熨平或消灭经济波动。因此，为稳定经济增长，政府运用经济政策干预宏观经济运行也是必不可少的举措。

参考文献

[1]《马克思恩格斯全集》第46卷，人民出版社2003年版。
[2]《马克思恩格斯选集》第一卷，人民出版社2012年版。
[3]《马克思恩格斯全集》第4卷，人民出版社2016年版。
[4]《资本论》第一至三卷，人民出版社2004年版。
[5]［美］理查德·沃尔夫、斯蒂芬·雷斯尼克：《互相竞争的经济理论——新古典主义、凯恩斯主义和马克思主义》，孙来斌等译，社会科学文献出版社2015年版。
[6] 刘树成：《中国经济周期研究报告》，社会科学文献出版社2006年版。
[7]［美］若迪·加利：《货币政策、通货膨胀与经济周期——新凯恩斯主义分析框架引论》，杨斌等译，中国人民大学出版社2013年版。
[8]［美］小罗伯特·E.卢卡斯：《经济周期理论研究》，朱善利等译，商务印书馆2000年版。
[9]［匈］亚诺什·科尔内：《短缺经济学》，经济科学出版社1986年版。
[10]［英］约翰·梅纳德·凯恩斯：《就业、利息和货币通论》，商务印书馆2002年版。
[11] 张连城：《论国有企业的性质、制度性矛盾和法人地位》，《新华文摘》2004年第10期。
[12] 张连城：《中国经济增长路径与经济周期研究》，中国经济出版社2012年版。
[13] Alesina, Alberto and Spear, S. E., "An Overlapping Generations Model of Electoral Competition", *Journal of Public Economics*, Vol. 37, No. 3, 1987.
[14] Goodwin, R. M., "The Nonlinear Accelerator and the Persistence of Business Cycles", *Econometrica*, Vol. 19, No. 1, 1951.

[15] Hibbs, Douglas A., "On Analyzing the Effects of Policy Inter Ventions: Box – Jenkins and Box – Tiao vs. Structural Equation Models", *Sociological Methodology*, Vol. 8, No. 1, 1977.

[16] Hicks, J. R., "A Contribution to the Theory of the Trade Cycle", *Journal of Marketing*, Vol. 15, No. 3, 1950.

[17] Kaldor, N., "A Model of the Trade Cycle", *Economic Journal*, Vol. 50, No. 197, 1940.

[18] Kalecki, M., "A Theory of the Business Cycle Review: Collected Works of Michal Kalecki, Volume Ⅰ: Capitalism: Business Cycles and Full Employment", *Review of Economic Studies*, Vol. 4, No. 1, 2015.

[19] Nordhaus, William D., "The Political Business Cycle", *The Review of Economic Studies*, Vol. 42, No. 2, 1975.

[20] Rogoff, Kenneth and Anne Sibert, "Elections and Macroeconomic Policy Cycles", *Review of Economic Studies*, Vol. 55, No. 1, 2004.

[21] Samuelson, Paul, "Interactions between the Multiplier Analysis and the Principle of Acceleration", *Review of Economic Statistics*, Vol. 21, No. 2, 1939.

第八章　中国对外贸易周期与经济周期[*]

在开放经济中，对外贸易的发展对中国经济能否实现可持续增长和稳定均衡增长具有十分重要的作用。本章的分析表明，与经济的周期性波动相联系，对外贸易也存在周期性的波动。对外贸易周期分为进口贸易周期和出口贸易周期，其中，中国的进口贸易周期决定于中国的经济周期，中国的出口贸易周期与世界经济周期具有较强的关联性。实证分析结果表明，1978—2016年，总体上看，中国贸易周期与经济周期表现出较高的一致性，贸易缺口与GDP缺口同步性较强；从长期来看，对外贸易周期与经济周期之间都存在着较强的关联性，并且对外贸易周期取决于经济周期。

中国的进口贸易波动与中国的经济波动具有较强的因果关系，相比之下，由于受诸多非周期性因素的影响，中国的出口贸易增长与世界GDP增长的因果关系不是很强烈。2009年以后，中国出口趋势增长率与世界GDP趋势增长率的变动呈现出了不一致的情形。在世界GDP趋势增长率较为平稳的条件下，中国出口趋势增长率却明显下降，这种趋势性变化反映的是更深层次的关系，表明我国粗放型的出口贸易模式已经不适应世界经济发展的需要，仅仅依靠贸易政策等短期刺激措施可能难以扭转出口贸易下降的趋势。与此相联系，2012年以后，中国的出口增长率缺口与世界GDP增长率缺口也出现了相背离的情况。

研究表明，2009年以后尤其是2012年以来，中国对外贸易持续出现下滑的趋势，主要是我国经济结构未能实现优化升级，经济增长方式和贸易模式未能实现成功转变的必然结果。因此，应当在加快转变经济增长方式的基础上转变对外贸易模式。此外，在世界经济一体化程度越来越高的今天，任何一个国家都不可能独善其身。由于中国的对外贸易增

---

[*] 本章由郎丽华、李雪亚执笔。

长与世界经济增长存在着"一荣俱荣,一损俱损"的关系。因此,中国政府应当坚定不移地改革开放,反对贸易保护。同时,中国政府在制定经济和贸易政策时,也应避免中国的经济政策和贸易政策对世界经济增长产生不利的影响,因为从长期看,这不利于中国经济的长期可持续发展。

一 引言

1978年以来,中国的对外贸易取得了长足进展,货物贸易进出口额逐年大幅增长。根据国家统计局的数据,1978—2015年,我国货物贸易进出口额年平均增长16.4%,比同期世界平均水平的7.5%高8.9个百分点;比居世界第二位的美国平均增速高9.3个百分点;比第二大发展中国家印度的平均增速高5.6个百分点。尤其在进入21世纪的15年中,我国货物贸易进出口额更是在高位上逐年大幅增长,年平均增长速度达到20%。货物贸易进出口额在世界贸易总额中所占的比重逐年提高。1978年,我国货物贸易进出口额为211亿美元,占世界贸易总额的0.8%,2015年达到39569亿美元,占世界贸易总额的11.9%。居世界位次不断提升,由1978年的第29位上升到2015年的第1位,其中,出口居世界第1位,进口居世界第2位。表8-1显示了1978年和2015年货物贸易进出口额居世界前10位国家排序的变化。

表8-1 1978年和2015年货物贸易进出口额居世界前10位国家比较

单位:亿美元、%

位次	1978年			2015年		
	国家和地区	贸易额	占世界比重	国家和地区	贸易额	占世界比重
	世界总计	26650	100.0	世界总计	332480	100.0
1	美国	3319	12.5	中国	39669	11.9
2	德国	2642	9.9	美国	38129	11.5
3	日本	1781	6.7	德国	23795	7.2
4	法国	1612	6.0	日本	12734	3.8
5	英国	1437	5.4	英国	10863	3.3

续表

位次	1978 年			2015 年		
	国家和地区	贸易额	占世界比重	国家和地区	贸易额	占世界比重
	世界总计	26650	100.0	世界总计	332480	100.0
6	荷兰	1189	4.5	法国	10786	3.2
7	意大利	1126	4.2	荷兰	10730	3.2
8	苏联	1028	3.9	韩国	9633	2.9
9	加拿大	947	3.6	意大利	8680	2.6
10	比利时—卢森堡	936	3.5	加拿大	8448	2.5
29	中国	211	0.8	—	—	—

资料来源：世界银行数据库，中国数据来自《中国统计年鉴》。

中国对外贸易在迅速发展的同时，呈现出明显的周期性波动特征。从进口增长速度来看，1978 年进口增长率为 51%，1982 年为 -12.4%，1985 年为 54.1%，1989 年为 7.0%。1994 年为 11.2%，1998 年又跌到 -1.5%；2000 年为 35.8%，2001 年又急剧回落到 8.2%；2003 年为 39.8%，2008 年则下跌到 18.5%；2009 年，进口呈负增长，增长率为 -11.2%；2010 年增长率高达 38.8%，2012 年为 4.3%，2012 年后进入缓慢增长阶段，其中，2015 年和 2016 年进口为负增长，降幅分别达到了 -14.2% 和 -5.5%。

从出口增长速度来看，1979 年出口增长率为 40.2%，1983 年为 -0.4%，1994 年为 31.9%，1998 年降到 0.5%，2000 年达 27.8%，到 2001 年跌落到 6.8%，2004 年为 35.4%，2008 年为 17.3%，2009 年下跌到 -16%；2010 年出口增长率高达 31.3%，2011 年为 20.3%。2012 年以来，中国对外贸易增速大幅放缓，2015 年和 2016 年出口增长率分别下降到 -2.9% 和 -7.7%。图 8-1 显示的是 1978—2016 年中国的进出口增长速度。从图 8-1 中我们可以看到，进出口增长速度的波动非常显著。

是什么原因导致中国对外贸易呈现出如此频繁和剧烈的波动？这种波动与中国和世界经济的周期性波动是否存在内在联系？怎样通过对外贸易来促进和稳定中国的经济增长？这是中国当前面临的一个重要问题和急需解决的一项重要任务。

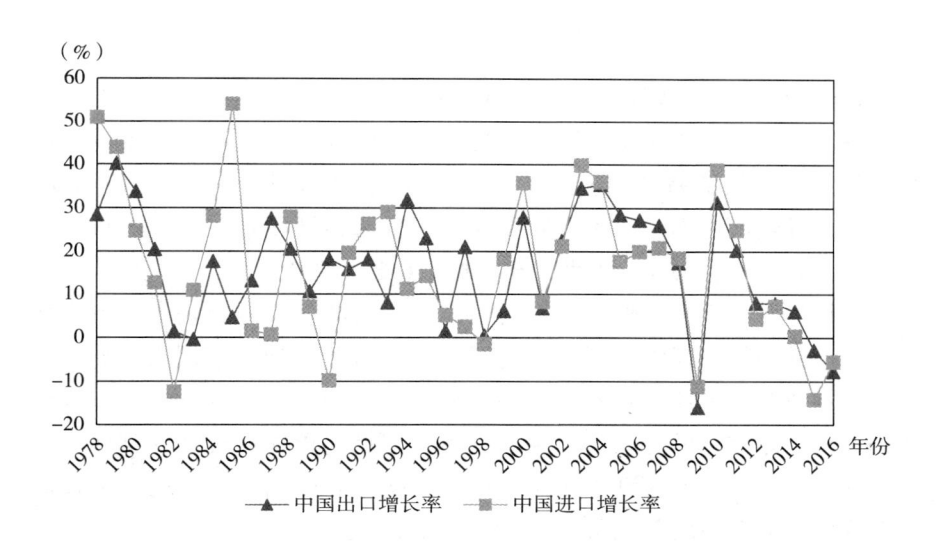

图 8-1　1978—2016 年中国进出口增长速度

资料来源：商务部历年统计数据（www.mofcom.gov.cn）。

中国是一个发展中大国，改革开放以来，中国越来越融入世界经济和贸易体系中，对外贸易依存度不断提高。因此，全球范围的经济波动与国际贸易政策的波动必然对中国的经济增长产生深远影响。本章试图揭示中国的贸易周期和中国经济周期与世界经济周期之间的关系，探究对外贸易呈现周期性波动的原因，并提出稳定中国外贸增长和经济增长的政策建议。

二　经济周期与国际贸易周期

在开放经济中，对外贸易的增长是经济增长的重要组成部分。既然中国和世界都存在经济的周期性波动，而且随着中国与世界经济的联系和融合日益加强，两者的同步性愈加明显。因此，中国的对外贸易和世界贸易一样，也必然存在周期性的运行规律。

鉴于以上认识，我们首先分析国际贸易与经济增长之间的一般联系；之后以中国为例，对中国进口周期与中国经济周期、中国出口周期与世界经济周期的运行规律进行描述，以揭示国际贸易周期与经济周期的关系。

（一）国际贸易周期与经济周期：扩张与收缩

一般来说，一个国家的国际贸易周期实际上是经济周期的反映。这里所说的与国际贸易周期相联系的经济周期，既包括本国的经济周期，也包括世界经济周期。因为国际贸易是把各国经济联系在一起的重要渠道之一，它的增长必然受到世界经济扩张和收缩的影响。

这样说并不意味着国际贸易增长的每一次波动都一定是本国或世界经济波动的结果，因为国际贸易的增长还决定于其他许多因素，如一国对外贸易体制的变革、贸易政策的改变、税率和汇率的变化以及其他随机因素对国际贸易的冲击等。因此，国际贸易的周期性波动在某些年份很可能与经济周期的运动不一致，但这丝毫不影响国际贸易的周期性波动与经济的周期性波动之间存在高度相关性的事实。

与经济周期相同，国际贸易周期也包括扩张期和收缩期。我们把进口贸易和出口贸易从波谷运行至波峰的期间称为扩张期；反之，把进口贸易和出口贸易从波峰运行至波谷的期间称为收缩期。在一般情况下，如果一国的经济运行处于经济周期的扩张阶段，通常需要有更多的资源来支撑本国越来越快的经济增长，而一国的资源和生产能力通常不能满足本国经济增长的需要，尤其是在经济出现正缺口从而资源被过度利用的情况下，就需要从国外进口大量的机器、设备、原料、材料、能源及其他资本品；同时，由于在经济扩张期人们的收入水平和消费水平相应地提高，也需要不断增加消费品的进口，这自然会导致进口增长率不断提高。相反，当一国的经济运行进入经济周期的收缩阶段时，由于经济增长持续减速，企业生产水平和居民消费水平呈下降趋势，对投资品和消费品的进口需求会不断减少，从而导致进口增速的下降。

同样，如果排除特殊的情况，就一国而言，当世界经济运行处于经济周期的扩张阶段时，世界上其他国家就会对该国的产品具有更多更广泛的需求，这时该国的出口就会不断增长；而当世界经济运行处于收缩阶段时，由于其他国家的经济增速下降，因而世界对该国产品的需求就会减少，从而导致该国出口减少。

综上所述，一个国家的进口贸易与本国的经济增长之间必然存在着一定程度的相关性，而一个国家的出口贸易与世界经济增长之间也必然存在着一定的联系。当然，由于世界各国的开放度不同、本国经济增长对世界经济增长的依存度不同、资源的丰裕程度不同、经济结构方面的差异及其他原因的存在，与上述不符的情况也是存在的。

（二）国际贸易周期与经济周期：静态与动态分析

在分析经济周期和国际贸易周期时，我们不可避免地会遇到经济增长与对外贸易增长的关系问题。关于经济增长与对外贸易增长的关系，只有从静态和动态相结合的角度进行分析，才有可能得出全面和科学的结论。

从静态的角度或者从本期的角度来看，国际贸易中的出口减去进口的余额即净出口，本身就是决定 GDP 的四个变量之一。按照支出法计算的 GDP，既包括消费支出、投资支出、政府支出，也包括净出口，即来自外国部门的支出。所以，国际贸易净额即净出口的增加或减少，直接影响着 GDP 的增加或减少，其增长速度的快慢，也直接影响着 GDP 增长率的高低。从这个意义上说，如果其他条件不变，国际贸易增长决定经济增长。

然而，一旦加入时间变量，即从动态的角度来考察，情形就会有所不同。这主要表现在：本期经济增长速度加快，一定会导致下一期国际贸易的增长速度加快，这无论从本国的角度还是从世界的角度来讲都是这样。例如，当本期本国的经济增长速度加快并导致经济规模扩大，在下一期，就会对外国部门的资源和产品的需求增加，于是进口就会增加，同时可供出口的产品也会增加，从而导致国际贸易的增长。同样，从世界（确切地说是不包含本国的外国部门）的角度来看，如果本期世界经济增长速度加快，经济规模扩大，那么外国部门对本国资源和产品的需求也会增加，从而导致本国出口的增加，当然，可供本国进口的资源和产品也会增加。因此，从动态的角度来看，国际贸易增长又是经济增长的函数，即经济增长决定国际贸易增长。

从以上的分析不难看出，经济增长与国际贸易增长之间是相互促进、互为因果的关系。因此，既然现实生活中存在经济周期，自然也就存在国际贸易周期。

三 经济周期与中国对外贸易周期

以上的分析表明，中国的经济增长与进口贸易的增长之间应当具有较高的相关性，而中国的出口增长与世界经济增长也应具有较高的相关性。这对于外贸依存度较高的中国来说尤其如此。因此，只要存在经济周期，也就存在进口贸易周期和出口贸易周期。为了进一步分析经济周期与国际贸易周期的关系，在下文中，我们将选取1978—2016年的数据作为样本数据，研究中国的经济周期与进口贸易的关系以及世界经济周期与中国出口贸易的关系。

（一）中国经济周期与中国进口贸易周期

中国进口贸易的增长速度决定于国内的经济增长速度。一般而言，当中国国内的经济运行处于扩张期时，进口贸易也会处于扩张期；反之，当国内的经济运行处于收缩期时，进口贸易也会处于收缩期。为了说明这种相关关系的存在，我们选取1978—2016年的数据作为样本数据。表8-2所给出的是1978—2016年中国经济增长的数据和中国对外贸易中进口增长的数据。将表8-2中所给出的中国经济增长率与进口增长率的数据绘制在同一坐标上，得到图8-2。

图8-2中纵轴的主（左侧）坐标轴对应进口增长率，次（右侧）坐标轴表示经济增长率，横轴表示以年为单位的时间。从表8-2给出的数据和图8-2绘制的曲线不难看出，中国的进口增长率与GDP增长率具有高度的相关性。除个别年份外，进口贸易的波峰年与经济周期的波峰年或者相一致，或者最多滞后1年。

例如，就经济周期而言，1978年是中国改革开放以来经济周期的第一个波峰年，经济增长率高达11.7%，同年的进口贸易增长率也创出了新高，为51%。此后中国经济开始进入收缩阶段，一直到1981年，经济运行进入周期的第一个谷底，经济增长率为5.1%；相应地，中国的进口增长率滞后1年即1982年也降到了谷底，为-12.4%。此后，中国经济增长进入周期的扩张阶段，并于1984年迎来了中国经济周期的第二个波峰年，经济增长率高达15.2%，而次年即1985年的进口增长率也创出了新高，为54.1%。1985年以后，中国经济增长又进入收缩阶段，直到1990年

表8-2　　　　1978—2016年中国经济增长率与进口增长率　　　　单位:%

年份	进口增长率	GDP增长率	年份	进口增长率	GDP增长率
1978	51.0	11.7	1998	-1.5	7.8
1979	43.9	7.6	1999	18.2	7.7
1980	24.7	7.8	2000	35.8	8.5
1981	12.6	5.1	2001	8.2	8.3
1982	-12.4	9.0	2002	21.2	9.1
1983	10.9	10.8	2003	39.8	10.0
1984	28.1	15.2	2004	36.0	10.1
1985*	54.1	13.4	2005	17.6	11.4
1986	1.5	8.9	2006	19.9	12.7
1987	0.7	11.7	2007	20.8	14.2
1988	27.9	11.2	2008	18.5	9.7
1989	7.0	4.2	2009	-11.2	9.4
1990	-9.8	3.9	2010	38.8	10.6
1991	19.6	9.3	2011	24.9	9.5
1992	26.3	14.2	2012	4.3	7.9
1993	29.0	13.9	2013	7.2	7.8
1994	11.2	13.0	2014	0.4	7.3
1995	14.2	11.0	2015	-14.2	6.9
1996	5.1	9.9	2016	-5.5	6.7
1997	2.5	9.2			

资料来源：GDP增长率数据来源于国家统计局，进口增长率数据来源于商务部。

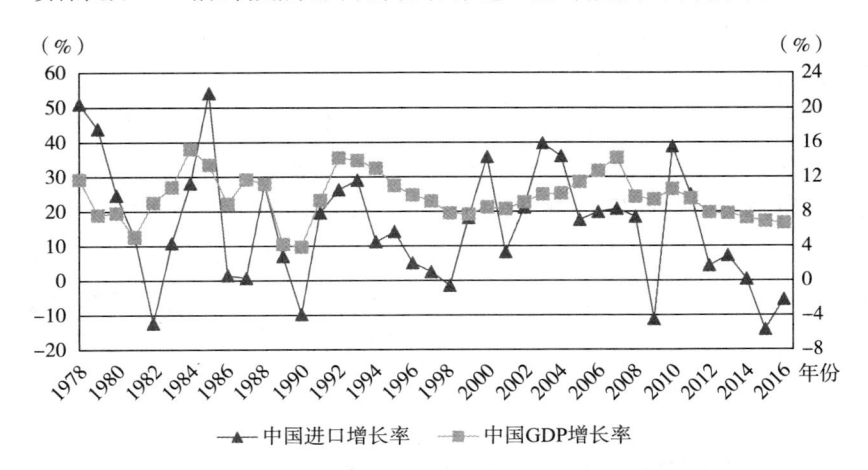

图8-2　1978—2016年中国GDP增长曲线和进口增长曲线

进入第二个谷底，GDP 增长率只有 3.9%，而同年的进口增长率则为负值，下降到了 -9.8%。当 1992 年中国经济增长又出现第三个波峰（增长率为 14.2%）时，进口增长率滞后 1 年于 1993 年也出现了第三个波峰，增长率为 26.3%。1993—1999 年，中国经济又进入收缩期，并于 1999 年到达经济周期的第三个谷底，经济增长率为 7.7%；与经济进入收缩阶段相联系，1994 年对外贸易也相应进入收缩期，并领先于经济周期 1 年即在 1998 年进入谷底，这一年的进口增长率为 -1.5%。2000 年中国经济又进入扩张期，直到 2007 年出现第四个波峰，经济增长率为 14.2%；伴随 2000—2007 年的经济扩张，中国的进口增长率一直在高位运行，除 2001 年和 2005 年外，各年的进口增长率每年都达到了 20% 或 20% 以上，甚至个别年份如 2000 年、2003 年和 2004 年的增长率还分别达到了 35.8%、39.8% 和 36%。需要说明的是，2002—2004 年进口贸易的高增长，不仅与中国经济处于扩张期有关，也与中国于 2001 年加入世界贸易组织相关。中国加入世界贸易组织后，关税总水平由 2001 年的 15.3% 降低到了 2004 年的 10.4%，并逐步减少了进口贸易壁垒，这在很大程度上促进了进口贸易的增长。此外，2003 年出现的"非典"疫情，也在一定程度上促进了进口贸易的增长。① 也就是说，这一期间进口贸易的高增长，不仅是经济增长的结果，也有外部因素冲击的原因。2007 年中国经济运行至波峰后，从 2008 年开始中国经济总体上进入了收缩期，并于 2009 年第一季度经济增长率创出 6.6% 的新低。相应地，进口增长率也创出了 1978 年以来的第二个低点，当年的进口增长率为 -11.2%。之后，随着中国政府 4 万亿元刺激经济增长计划的实施，从 2009 年第二季度开始，经济增长率逐步攀升，并于 2010 年第一季度达到了 12% 的高度，全年经济增长率上冲到 10.6%。与此相对应，2010 年的进口增长率也冲高到 38.8%。此后，随着刺激经济增长计划的结束和中国经济进入新常态，经济增长速度持续回落，进口增长速度也逐年走低，2015 年和 2016 年中国的经济增长率分别下降到 6.9% 和 6.7%，与此相联系，进口增长率甚至出现了负增长，分别为 -14.2% 和 -5.5%，创出了 1978 年以

---

① 2003 年对中国还是极为特殊的一年，由于"非典"的突发，国内对防治"非典"所急需的相关药品、医疗器械的紧急进口开了绿色通道。这无疑影响了进口增长率。但是，这在多大程度上影响了进口增长率，尚无实际数据证实。

来最低的进口增长速度。

由于外贸进口与经济增长存在高度的相关性，以至于我们可以这样认为：中国经济增长存在几个周期，外贸进口也就存在几个周期。从以上的分析不难看出，1978—2009 年，中国经济增长完成了 3 个周期：根据"谷—谷"法计算朱格拉周期，1981—1990 年为第一个周期，1990—1999 年为第二个周期，1999—2009 年为第三个周期，周期的波长平均为 9.33 年。与此相联系，如果从进口增长的变动来看，1978—2009 年中国的进口贸易也完成了 3 个周期：1982—1990 为第一个周期，1990—1998 年为第二个周期，1998—2009 年为第三个周期①，周期的平均波长为 9 年。

在多数年份，中国进口贸易周期均滞后于经济周期，即进口增长率的变化滞后于经济增长率的变化，这大体上有两个方面的原因：一是与企业家的预期相关；二是与外贸合同的签订与履行之间的时间差有关。通常，经济社会中普遍存在的预期应属于适应性预期，因为人们不可能掌握充分的市场信息。因此，当经济运行至周期的波峰时，企业家可能没有意识到经济在不久的将来会掉头向下进入收缩期，从而依旧存在的乐观情绪会促使他们签署更多的进口贸易合同，当经济下行时，多数企业都会履行经济运行至波峰时所签署的协议。例如，以年度经济增长率数据为依据，2007 年是中国经济的波峰年，2008 年开始进入收缩期，但如果从季度数据观察，2007 年第二季度经济增长率达到 15% 的季度峰值后便开始下降，但是，2007 年和 2008 年，我国的钢铁企业依然大量进口和囤积铁矿石，并把铁矿石价格推向了新高。②

同样，当经济运行到波谷时，企业家的悲观情绪可能会持续到经济复苏后的一段时间，从而使进口贸易的扩张期滞后于经济周期的扩张期。但也会存在例外的情形。在经济周期运行至波谷时，唯一领先于经济周期率先进入中国进口贸易周期谷底的年份是 1998 年。1999 年是中国经济的波谷年，经济增长率为 7.7%，但进口贸易周期于 1998 年便进入谷底，当年的进口贸易增长率为 -1.5%。其原因是明显的：1997 年 7 月东南亚

---

① 2009 年第一季度的经济增长率为 6.6%，是本轮经济周期的季度谷值，如果没有 4 万亿元刺激经济增长的政策冲击，按照朱格拉周期的运行规律，2009 年或至迟在 2011 年中国经济将完成筑底。此后，中国经济进入了新常态，将会形成新的周期规律。

② 根据国研网和中国产业网的数据，2008 年 6 月，宝钢作为中国钢铁业的代表与力拓公司谈判的结果是，铁矿石中粉矿和块矿价格分别上涨了 79.88% 和 96.5%。

爆发了金融危机，中国政府又宣布人民币不贬值，其对中国经济的消极影响是不说自明的。1998年，中国经济增长速度虽然仍然高于1999年，但也只有7.8%的增长率，仅高于1999年0.1个百分点。显然，国内外的经济形势使企业家较早地产生了经济可能下行的预期。从这个意义上说，在特殊的情况下，理性预期也是存在的。

综上所述，由于进口贸易的波动滞后于经济波动或与经济波动同步，因此可以认为，在经济运行过程中，经济波动决定贸易波动，经济周期决定进口贸易周期。

（二）世界经济周期与中国出口贸易周期

中国对外贸易的增长速度不仅决定于本国的经济增长速度，而且也取决于世界经济的增长速度。当世界（特别是与中国贸易相关度高的国家）的经济增长速度加快时，中国的出口贸易增长速度也会加快；反之，当世界的经济增长减速时，中国的出口贸易也会相应减速。由于数据的可得性，我们无法获得与中国贸易相关度较高国家经济增长速度的数据，而是采用了世界银行统计的世界经济增长数据，试图揭示世界经济增长与中国出口之间的内在联系。表8-3给出的是1978—2016年世界经济增长率和中国出口增长率的数据。

将表8-3中的数据绘制在纵轴（右侧）为GDP增长率和中国外贸出口增长率（左侧）、横轴为时间（以年为单位）的坐标上，就可以得到图8-3。

观察表8-3中的数据，同时观察图8-3中的曲线，不难看出，除个别年份外，当世界经济增长率较低时，中国的出口增长率也很低；反之，当世界的经济增长率较高时，中国的出口增长率也较高。也就是说，中国出口增长速度的波动与世界经济的波动基本一致。例如，1979年，世界经济增长进入波峰年，GDP增长率为4.1%，同年中国的出口贸易增长率高达40.2%。1982年，世界经济进入波谷，GDP增长率只有0.4%，而次年中国的出口增长率是负值，为-0.4%。1983—1988年，世界经济进入扩张期，并于1984年和1988年出现两个高点，GDP增长率分别为4.5%或4.6%，与此相联系，1984年中国的出口增长率上升到了17.6%，1987年更上升到了27.5%。1988年以后，世界经济运行进入收缩期，并在1991—1993年沉入谷底，三年的经济增长率分别为1.4%、1.8%和1.6%，相应地，1993年中国出口贸易的增长率也跌到了8%。

表 8-3　　1978—2016 年世界经济增长率和中国出口贸易增长率　　单位:%

年份	中国出口增长率	世界 GDP 增长率	年份	中国出口增长率	世界 GDP 增长率
1978	28.4	4.0	1998	0.5	2.5
1979	40.2	4.1	1999	6.1	3.3
1980	33.8	2.0	2000	27.8	4.4
1981	20.4	1.9	2001	6.8	1.9
1982	1.4	0.4	2002	22.3	2.2
1983	−0.4	2.4	2003	34.6	2.9
1984	17.6	4.5	2004	35.4	4.5
1985	4.6	3.9	2005	28.4	3.8
1986	13.1	3.3	2006	27.2	4.3
1987	27.5	3.6	2007	26	4.3
1988	20.5	4.6	2008	17.3	1.8
1989	10.6	3.8	2009	−16.0	−1.7
1990	18.2	3.0	2010	31.3	4.3
1991	15.8	1.4	2011	20.3	3.2
1992	18.1	1.8	2012	7.9	2.4
1993	8.0	1.6	2013	7.8	2.6
1994	31.9	3.0	2014	6.0	2.9
1995	23.0	3.0	2015	−2.9	2.8
1996	1.5	3.4	2016	−7.7	2.5
1997	21.0	3.7			

资料来源:中国出口增长率数据来源于商务部;世界 GDP 增长率数据来源于世界银行(World Development Indicators)。

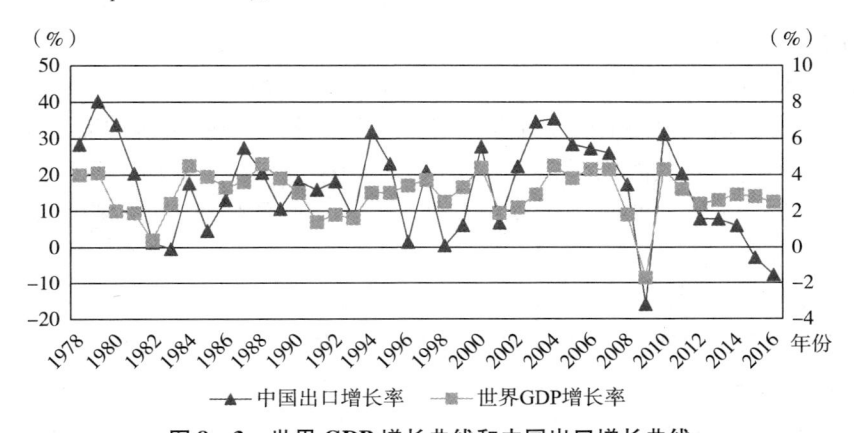

图 8-3　世界 GDP 增长曲线和中国出口增长曲线

1994—2000 年，世界经济总体上处于扩张期，当 2000 年和 2004 年世界经济迎来两个波峰年的时候，中国的出口增长率也分别上升到了 27.8% 和 35.4%。同样，当 2001 年世界经济进入谷底，经济增长率下降到了 1.9% 时，中国出口增长率也于该年下降到了 6.8%。2002—2007 年，世界经济进入新的扩张期，并在 2004—2007 年一直运行在 3.8%—4.5%，与此相对应，中国的出口贸易在 2003 年达到 34.6% 的高增长率后，2004—2007 年的出口增长率分别高达 35.4%、28.4%、27.2% 和 26%。当世界经济在 2009 年进入新的波谷年后，当年中国的出口增长率也创出了 1978 年以来 -16% 的最低点。同样，当 2010 年世界经济增长率在多国实行量化宽松的货币政策的刺激下反弹至 4.3% 时，中国出口贸易的增长率也上升到 31.3%。此后，2012—2016 年，虽然世界经济一直在以 2% 以上的中高速增长，但中国的出口增速却持续下跌，并于 2016 年创出了 -7.7% 的负增长率。

虽然中国的出口波动总体上是受世界经济波动影响的，但是，在某些年份，中国的出口增长率与世界经济增长率并不一致。这种不一致主要存在于两个时期，一是 1996 年和 1998 年，二是 2012—2016 年。前者可以用 1997 年东南亚爆发金融危机和中国政府坚持人民币不贬值来解释。毕竟，在东南亚爆发金融危机前后，东南亚和东亚多数国家都在贬值本国的货币，而中国政府坚持人民币不贬值的货币政策对中国出口的不利影响是确定的。但是，这也表明中国的出口波动不仅受世界经济波动的影响，还受其他因素的扰动或冲击。同时，这也与 20 世纪中国的外贸依存度较低有关。2012—2016 年出口贸易增速与世界经济增长相背离的事实，却不能简单地用存在于经济系统外部的某些随机变量的冲击来解释。

2012 年以后，中国出口增速持续下降的原因应该是多方面的，其中最根本的原因是中国的经济结构和出口产品结构与国际市场的需求结构越来越不适应有关。同时，人民币升值，中国劳动力成本的不断攀升，使中国失去了以往的比较优势和出口竞争力，而新的比较优势和新的竞争力又没有形成。

按照"谷—谷"法计算朱格拉周期的波长，1978—2009 年，世界经济经历了三个周期：1982—1991 年为第一个周期，1991—2001 年为第二个周期，2001—2009 年为第三个周期，周期的平均长度为 9 年。2009 年以后，世界经济进入新一轮周期，目前尚未进入收缩期。与此相联系，中国的出口也经历了三个周期，1983—1993 年为第一个周期，1993—2001 年为第二个周期①，2001—2009 年为第三个周期。2010 年尤其是 2011 年以后，中国的对外贸易增长与中国经济增长一样，也进入了持续下行的新常态，出现了与世界经济增长的趋势相背离的情形。如果排除 2011 年以后中国外贸出口增长的情况，从表 8 - 3 和图 8 - 3 不难看出，当世界经济跌入谷底时，中国的出口贸易或者滞后 1—2 年，或者与世界经济同步进入谷底。

因此可以认为，世界经济增长存在几个周期，中国的出口贸易也大体上存在几个周期。由于中国出口贸易波动与世界经济波动存在高度相关性，因此可以认为，中国的出口贸易周期决定于世界经济周期。

中国作为贸易出口大国，其出口增长率受世界经济波动的影响的原因是再简单不过的：因为一国的出口实际上是来自其他国家即外国部门的消费需求和投资需求，而外国部门的经济增长也主要是由该国的消费和投资推动的。所以，当世界经济增长加快时，中国满足外国部门需求的产品的出口自然就会增长；反之亦然。

（三）世界贸易周期与世界经济周期

如果说单独一国的经济周期与该国的进口周期或世界经济周期与一国的出口周期还存在差异的话，那么，当我们把世界经济周期与世界贸易周期联系在一起时就会发现，两者的差异几乎已经不存在了。可以观察表 8 - 4 和图 8 - 4。

表 8 - 4 给出了 1978—2016 年世界 GDP 增长率与世界出口增长率情况。

如果把表 8 - 4 中的数据绘制出经济增长曲线和国际贸易增长曲线，并把它们整合在同一个坐标上，可以得到图 8 - 4。

从表 8 - 4 和图 8 - 4 可以看出，如果把世界经济增长率与世界出口增长率进行比较，我们会发现，世界出口增长率与世界经济增长率具有高度的一致性。无论是波峰年还是波谷年，世界贸易周期与世界经济周期都是完全一致的，这证明了世界贸易周期与世界经济周期之间存在紧密的内在联系。

---

① 这里排除了 1997 年东南亚爆发金融危机对中国出口贸易的冲击和中国政府坚持人民币不贬值的货币政策对中国出口贸易增速的影响。

表 8-4　　1978—2016 年世界 GDP 增长率与世界出口增长率　　单位:%

年份	世界GDP增长率	世界出口增长率	年份	世界GDP增长率	世界出口增长率
1978	4.0	3.9	1998	2.5	4.4
1979	4.1	5.7	1999	3.3	4.5
1980	2.0	1.6	2000	4.4	12.0
1981	1.9	4.2	2001	1.9	0.4
1982	0.4	0.0	2002	2.2	2.8
1983	2.4	3.2	2003	2.9	4.3
1984	4.5	9.3	2004	4.5	10.2
1985	3.9	4.1	2005	3.8	6.8
1986	3.3	2.7	2006	4.3	8.6
1987	3.6	5.9	2007	4.3	6.7
1988	4.6	7.9	2008	1.8	2.7
1989	3.8	7.4	2009	-1.7	-10.2
1990	3.0	5.6	2010	4.3	11.7
1991	1.4	2.9	2011	3.2	6.6
1992	1.1	2.9	2012	2.4	2.8
1993	1.8	4.4	2013	2.6	2.9
1994	1.6	8.8	2014	2.9	3.7
1995	3.0	9.0	2015	2.8	3.4
1996	3.0	6.4	2016	2.5	2.8
1997	3.7	9.0			

资料来源：世界银行（World Development Indicators，WDI）。

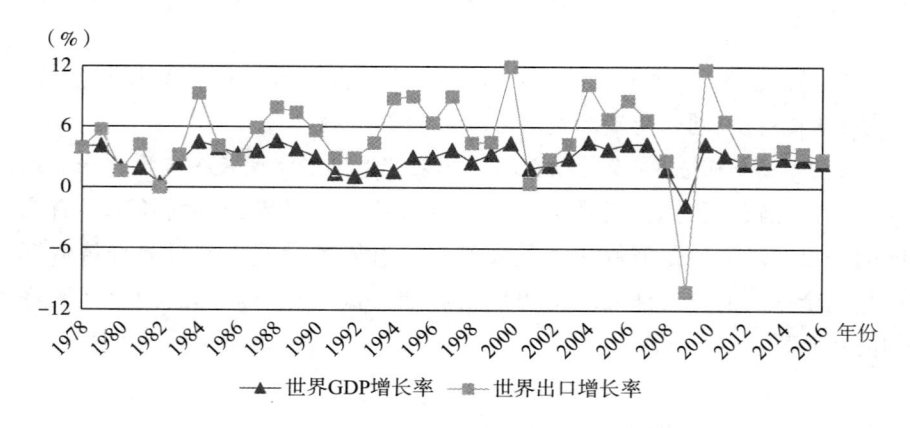

图 8-4　世界经济增长率与世界出口增长率

当然，从表 8-4 和图 8-4 也可以看出，在许多年份世界贸易周期与世界经济周期也存在不一致的情况，同时，国际贸易波动的幅度要远远大于世界经济的波动幅度。但这并不能说明国际贸易周期与经济周期无关，只是表明贸易周期的运行规律要比经济周期更为复杂。因为国际贸易周期不仅取决于经济增长周期，也取决于影响国际经济环境等多种其他因素。

在本节，我们分析世界贸易周期时，所选用的数据是世界 GDP 增长率和世界贸易出口增长率，也就是用世界贸易出口周期代表世界国际贸易周期。用世界贸易出口增长情况代表整个世界贸易变动情况的理论依据是：一个国家的出口同时也是其他国家的进口，世界贸易出口同时也是世界贸易进口。因此，我们完全可以用世界贸易出口或者世界贸易进口的变动情况来说明整个世界贸易的变动情况。

四 中国对外贸易周期与经济周期的关系：理论模型和实证分析

在本章的前述部分，我们阐述了经济周期与国际贸易周期的关系。在前面的分析中，我们提出了一个重要观点，即经济增长决定贸易增长，经济周期决定贸易周期。为了进一步说明这个观点，我们在这一部分把中国经济增长与中国的进口贸易相联系，把世界经济增长与中国的出口贸易相联系。为了进一步说明这种联系，在本章中，我们将借用一些数学模型，仍然以 1978—2016 年的数据为样本，分析经济增长与对外贸易之间的相关关系。

（一）进口与经济增长

传统理论认为，进口会减少本国的总需求，因而进口增长会挤占国内市场，从而不利于本国的经济增长和就业。因此，长期以来，关于对外贸易与经济增长关系的研究文献往往关注和分析出口与经济增长的关系。正如我们在第三章说明的那样，这种观点和理论是基于凯恩斯的总需求分析，因而是短期的静态分析。

不过，近年来人们开始意识到，进口也可能对经济增长产生积极的促进作用：进口引进大量的先进设备和先进技术，通过其生产及其技术溢出提高进口国技术水平,从而提高全要素生产率,促进经济增长。巴罗等(Barro,1992)研究发现,采用典型贸易保护政策的国家,其经济增长都比较慢。劳伦斯和温斯坦(2000)认为,进口通过外国企业加入竞争,从而提高国内企业的质量和使国内企业获得更好的中间产品两个途径来促进生产率的提高,并在部门层面检验了日本(1964—1985年)和韩国(1963—1983年)进口和产业政策与劳动生产率的关系,发现进口是促进劳动率提高的一个重要因素。科和赫尔普曼(Coe and Helpman,1995)、凯勒(Keller,2001)研究了普通进口与技术扩散之间的可能联系。科诺利(Connolly,2003)用75个国家1965—1990年的专利数据来代表这些国家的模仿和创新,量化了高科技产品进口对进口国(发展中国家)模仿与创新的溢出效应。

一些学者对进口对我国经济增长的促进作用进行了研究。尹翔硕(2005)提出,进口与教育水平之间的互动作用会间接地影响我国的全要素生产率(TFP)。范柏乃(2004)、林媛媛(2000)认为,通过进口引进了国外的先进管理经验和管理制度,提高科学管理水平和经济集约化程度,进而促进经济增长。熊启泉等(2005)、张远鹏(2005)则提出,进口在很大程度上可以带动出口的增长,从而推动经济增长。

在本节,我们并不是要证明进口对我国经济增长存在怎样的促进作用。在本节的实证分析中,我们要把经济增长作为自变量,分析经济增长对进口的影响。

1. 理论模型

本章借鉴巴罗和萨拉－伊－马丁(Barro and Sala‐i‐Martin,1995)"干中学"知识外溢模型的思想和陈刚等(2008)构建的进口贸易技术外溢的内生增长模型。

假设东道国企业劳动增进型技术的生产函数:

$$Y_{it} = A(t)[K_{id}(t)^{\alpha}][K_{if}(t)^{\beta}][A^{*}(t)L_{i}(t)]^{1-\alpha-\beta} \tag{8.1}$$

式中,$0<\alpha<1$,$0<\beta<1$,$0<1-\alpha-\beta<1$ 分别表示投入要素的产出弹性;$A(t)$ 表示与贸易无关的外生技术进步,以恒定速率 g 增长;$K_{id}(t)$ 为第 t 期投入的国内中间产品数量;$K_{if}(t)$ 为生产所需的国外中间产品数量;$L_{i}(t)$ 为企业雇用的劳动力人数。假定 $A^{*}(t)$ 只取决于与进口国外中间品数量相关的技术进步,与国内中间投入品无关。

$$A^*(t) = \frac{K_f(t)}{L_i(t)} \tag{8.2}$$

由式 (8.1)、式 (8.2) 可知，如果 $K_f(t)$、$L_i(t)$ 不变，则每个生产企业都会面临 $K_{id}(t)$ 和 $K_{if}(t)$ 的边际报酬递减。但如果每个企业都扩大国外中间产品的投入 $K_{if}(t)$，使 $K_f(t)$ 相应上升，从而产生外溢效应，使所有企业的生产效率都得以提高，为内生经济增长奠定基础。假设企业数量足够多，每个企业都可以忽略自身 $K_{if}(t)$ 和 $L_i(t)$ 对总 $K_f(t)$ 和 $L(t)$ 的贡献，且都把投入要素的价格视为给定，并假定 $K_{id}(t)$ 和 $K_{if}(t)$ 有相同的折旧率，则根据利润最大化，有：

$$\partial Y_i(t)/\partial K_{id}(t) = \alpha A(t) [K_{id}(t)]^{\alpha-1} [K_{if}(t)]^\beta \left[\frac{K_f(t)}{L(t)} L_i(t)\right]^{1-\alpha-\beta}$$
$$= r_d(t) + \delta \tag{8.3}$$

$$\partial Y_i(t)/\partial K_{if}(t) = \beta A(t) [K_{id}(t)]^\alpha [K_{if}(t)]^{\beta-1} \left[\frac{K_f(t)}{L(t)} L_i(t)\right]^{1-\alpha-\beta}$$
$$= r_f(t) + \delta \tag{8.4}$$

$$\partial Y_i(t)/\partial L_i(t) = (1-\alpha-\beta) A(t) [K_{id}(t)]^\alpha [K_{if}(t)]^\beta \left[\frac{K_f(t)}{L(t)} L_i(t)\right]^{-\alpha-\beta}$$
$$= w(t) \tag{8.5}$$

式中，$r_d(t)$、$r_f(t)$ 分别表示国内和国外投入品的租金，δ 表示折旧率，$w(t)$ 表示工资率。

对消费者的设定遵循标准拉姆齐模型，即无限寿命的家庭最大化其跨期效用：

$$U = \int_{t=0}^{\infty} e^{-\rho t} \frac{c(t)^{1-\theta}-1}{1-\theta} dt \tag{8.6}$$

式中，$c(t)$ 表示 t 时刻国内人均消费；ρ 表示消费偏好的时间贴现率，其值越大，则相对于现期消费，家庭对未来消费的评价越低；θ 表示消费者效用函数的相对风险厌恶系数，θ 越小，随着消费的增加，边际效用的下降越慢。假设人口增长率为 0，当一个家庭直接从事生产活动时，式(8.6) 需满足以下预算约束条件：

$$\dot{k}(t) = (1-\beta) y(t) - c(t) - \delta k_d(t) \tag{8.7}$$

式中，$y(t)$ 表示 t 时刻的人均产出，$k_d(t)$ 表示人均国内资本，$c(t)$ 为人均消费，$\beta y(t)$ 表示支付给国外中间产品的报酬。建立汉密尔顿函数，欧拉方程为：

$$-\theta\frac{\dot{c}(t)}{c(t)} = -\alpha(1-\beta)A(t)[k_d(t)]^{\alpha-1}[k_f(t)]^{\beta}\left[\frac{K_f(t)}{L(t)}\right]^{1-\alpha-\beta} + \rho + \delta \tag{8.8}$$

最终求解得到国内人均消费 c(t) 的变动路径为：

$$r_c(t) = \frac{\dot{c}(t)}{c(t)} = \frac{1}{\theta}\left\{\alpha(1-\beta)A(t)\left[\frac{K_f(t)}{k_d(t)}\right]^{1-\alpha} - \rho - \delta\right\} \tag{8.9}$$

由式（8.9）可知，$r_c(t)$ 取决于唯一的内生变量：国外中间产品投入量与国内中间产品投入量的比重 $k_f(t)/k_d(t)$，只要满足式（8.10）的关系，经济就会长期增长下去。

$$\alpha(1-\beta)A(t)\left[\frac{K_f(t)}{k_d(t)}\right]^{1-\alpha} > \rho + \delta \tag{8.10}$$

上述结果表明，国外中间投入品所占的比重与经济增长率呈正相关关系。科等（Coe et al., 1997）研究发现，不仅中间产品进口、最终消费品进口具有技术溢出效应，对东道国的技术进步和经济增长同样具有积极作用。

2. 实证分析

以上述理论模型为基础，我们基于 1978—2016 年我国进口和 GDP 数据，分析经济增长与进口的长期均衡关系和短期动态影响以及两者的因果关系。

为了消除通货膨胀因素的影响，本章采用以 1978 年为基期的居民消费价格指数（CPI），对以人民币计价的中国名义国内生产总值和进口总额数据进行了平减，转换为实际值进行分析。同时，为了消除异方差和时间序列的波动性，对变量取自然对数，并记为 ln(·)。

（1）变量的单位根检验

根据协整理论，如果所有的变量都是 I(0) 或同阶单整的，且这些变量的某种线性组合是平稳的，则称这些变量之间存在协整关系。因此，我们首先使用单位根检验检查序列平稳性，结果如表 8-5 所示。表 8-5 的结果说明建模待使用的变量都是 I(1) 过程，因此，它们之间满足协整关系的前提条件，可以进行协整分析。

（2）协整分析

$$\ln(IM_t) = \alpha_0 + \alpha_i \ln(GDP_t) + \mu_{it}, \quad t = 1, 2, \cdots, T$$
$$\mu_{it} = \phi_{i1}\mu_{it-1} + \phi_{i2}\mu_{it-2} + \cdots + \phi_{ip}\mu_{it-p} + \varepsilon_{it} \tag{8.11}$$

表8-5　　　　　　　　　　变量的单位根检验

回归模型形式	变量	差分阶数	ADF检验值	P值	结论
仅含有截距项C	lnIM	0	-1.591154	0.4770	非平稳
		1	-4.137899	0.0026	平稳
	lnGDP	0	0.030056	0.9554	非平稳
		1	-3.907664	0.0048	平稳
含有截距项C和趋势项T	lnIM	0	-1.919808	0.6242	非平稳
		1	-4.375837	0.0069	平稳
	lnGDP	0	-3.025510	0.1392	非平稳
		1	-3.774678	0.0298	平稳

根据上述分析结果，我们建立了 GDP 与进口之间的回归模型 (8.11)，基于协整分析说明其长期均衡关系。IM_t 表示进口值，GDP_t 表示国内生产总值，$\mu_{it} = \phi_{i1}\mu_{it-1} + \phi_{i2}\mu_{it-2} + \cdots + \phi_{ip}\mu_{it-p} + \varepsilon_{it}$ 是自回归项，用以修正方程的残差序列的自相关性，提高模型估计结果的有效性。模型的估计结果如表8-6所示。从杜宾—沃森（Drbinu-Watson）统计量值可以看出，消除了模型的自相关，模型的估计系数有效。我们采用恩格尔和格兰杰（Engle and Granger, 1987）协整检验方法——对回归方程残差进行 ADF 单位根检验，分析 GDP 与出口之间的协整关系是否存在，结果显示，各个方程的残差序列均在1%的显著性水平下拒绝原假设，接受不存在单位根的结论，可以确定它们是平稳序列，因此，GDP 与进口之间存在协整关系。从表8-6中 GDP 的回归系数来看，GDP 对进口有正向的促进作用，从长期来看，GDP 增长1个百分点，会促进进口增加1.353个百分点。

表8-6　　　　　　　　　GDP与进口的协整关系

因变量	自变量				调整后的 R^2	F值	DW	协整检验
	C	$\ln(GDP_t)$	AR(1)	AR(2)				
$\ln(IM_t)$	-3.652*** (-7.857)	1.353*** (15.863)	1.056*** (5.595)	-0.383* (-1.938)	0.99	950.9	1.78	-5.941*** (-3.711)

注：*、***分别表示10%、1%的显著性水平。

（3）格兰杰因果分析

为了说明 GDP 与进口之间的因果关系，我们进一步对它们的时间序列数据进行格兰杰因果检验，表 8-7 的检验结果显示，当滞后阶数为 3 阶或 5 阶时，GDP 是进口的格兰杰因果原因；当滞后阶数为 8 阶或 9 阶时，进口是 GDP 的格兰杰因果原因；其余情形 GDP 与进口之间则不存在因果关系。这与上述"干中学"理论模型有一定差异，但是，由于样本量较小，一些学者对"进口不是 GDP 增加的原因"结论的稳健性有一定质疑。不过，由于我国以人力资本积累和自主研发代表的对进口贸易渠道的技术溢出吸收能力不强，"引进—吸收—消化—再创新"系统和效果存在缺陷，我国进口贸易通过带动技术进步促进经济增长这一运行方式作用的发挥受到一定的约束。

表 8-7　　　　GDP 与进口的格兰杰因果关系检验结果

零假设	滞后阶数	F 统计量	P 值
GDP 不是进口的格兰杰原因	2	2.40544	0.1064
进口不是 GDP 的格兰杰原因		0.49891	0.6118
GDP 不是进口的格兰杰原因	3	2.29350	0.0989
进口是 GDP 的格兰杰原因		0.55167	0.6511
GDP 不是进口的格兰杰原因	4	1.70817	0.1784
进口不是 GDP 的格兰杰原因		0.42677	0.7879
GDP 不是进口的格兰杰原因	5	2.23342	0.0854
进口是 GDP 的格兰杰原因		0.42573	0.8259
GDP 不是进口的格兰杰原因	6	1.71530	0.1692
进口不是 GDP 的格兰杰原因		0.39081	0.8762
GDP 不是进口的格兰杰原因	7	1.55366	0.2159
进口不是 GDP 的格兰杰原因		1.50178	0.2323
GDP 不是进口的格兰杰原因	8	0.97121	0.4951
进口是 GDP 的格兰杰原因		4.92965	0.0047
GDP 不是进口的格兰杰原因	9	0.54727	0.8127
进口是 GDP 的格兰杰原因		3.66030	0.0233

(4) 建立误差修正模型 (ECM)

GDP 与进口之间的协整关系分析,说明的是两者之间的长期均衡关系,为了说明 GDP 对进口的短期波动的影响,我们进一步建立误差修正模型 (ECM) 对此进行分析。这里,我们采用恩格尔和格兰杰 (1981) 两步法,首先,基于式 (8-11) 中残差序列 μ_t 的估计结果,将其作为误差修正项,即 $\mu_t = ECM_t$ 建立下面的误差修正模型:

$$\Delta \ln(IM_t) = -0.835 + 2.498 \Delta \ln(GDP_t) - 0.144 ECM_{t-1} + \varepsilon_t \quad (8.12)$$
$$(-2.005) \quad (4.510) \quad (-1.818)$$

在式 (8.12) 表示的误差修正模型中,差分项反映了短期波动的影响,进口的短期波动可以分为两部分:一部分是短期 GDP 波动的影响;另一部分是进口偏离长期均衡的影响。误差修正项 ECM_t 的系数大小反映了对偏离长期均衡的调整力度。从估计系数来看,当短期波动偏离长期均衡的调整时,将以 0.144 的反向调整力度将非均衡状态拉回到均衡状态。

3. HP 滤波法分析:进口与 GDP 的趋势

消除趋势法把宏观经济运行看作潜在增长和短期波动的某种组合,因而可运用计量技术将实际序列分解为趋势成分和周期成分。

序列分解方法随着计量技术的发展不断改进,早期比较常用的数据分解方法是对时间 t 进行一次或二次线性回归,该方法默认经济变量是趋势稳定的;纳尔逊和布罗塞 (Nelson and Plosser, 1982) 认为,大多数宏观经济变量不具有确定性时间趋势,而是具有单位根性质,因而应直接对数据差分或者是进行贝沃里奇和纳尔逊 (Beveridge and Nelson, 1981) 分解;霍德里克和普雷斯科特 (Hodrick and Prescott, 1980, 1997) 的滤波方法 (简称 HP 滤波法) 居于两者之间,认为经济变量既不是永远不变也不是随机变动,其趋势是缓慢变动的。HP 滤波法的基本方法如下:

时间序列 y_t 由趋势部分 g_t 和周期波动部分 c_t 构成,即:

$$y_t = g_t + c_t \quad t = 1, \cdots, T \quad (8.13)$$

霍德里克和普雷斯科特采用对称的数据移动平均方法原理,设计一个滤波器 (HP 滤波器),该滤波器从时间序列 y_t 中得到一个平滑的序列 g_t (趋势部分),g_t 是下列问题的解:

$$\text{Min} \left\{ \sum_{t=1}^{T} (y_t - g_t)^2 + \lambda \sum_{t=1}^{T} [(g_t - g_{t-1})(g_t - g_{t-2})] \right\} \quad (8.14)$$

其中，大括号中多项式的第一部分是对波动成分的度量，第二部分是对趋势成分"平滑程度"的度量，λ为正数，用以调节两者的比重，称为平滑参数。

对 HP 滤波可以有三种理解：其一，HP 滤波可以看作一个为了从数据中抽出一条平滑曲线而精确设定的算法；其二，HP 滤波可看作一个特殊的射影问题，其目的是从数据 y_t 中抽取某个信号 g_t，y_t 被认为是 g_t 和正交噪声 c_t 的叠加；其三，HP 滤波可看作一个近似高通滤波器，能分离出周期在 8 年以下的高频成分。

HP 滤波方法的一个重要问题就是平滑参数 λ 的取值，不同的 λ 值即不同的滤波器，决定了不同的周期方式和平滑度。在处理季度数据时，经济学家基本达成了共识——沿用霍德里克和普雷斯科特（1980，1997）1600 这一取值。但是，在处理其他频率数据尤其是年度数据时，经济学家对 λ 的取值则有较大分歧。Backus 和 Kehoe（1992）认为，平滑参数 λ=100，这也是时间序列软件 Eviews 的默认值；Correia Neves 和 Rebelo（1992）、Cooley 和 Ohanian（1991）认为，λ 的取值应该为 400；Baxter 和 King（1999）的研究表明，λ=10 更合理；Ravn 和 Uhlig（2002）认为，λ 应该是观测数据频率的 4 次方，即年度数据应取 6.25。

HP 滤波法简便有效，获得了广泛的引用和认可，成为时间序列消除趋势方法的一个基准。目前，经济学者在计算趋势成分时大多都使用 HP 滤波法。为了能更好地反映我国进出口的长期趋势值，本章采用平滑参数为 100 的滤波器。

图 8-5（a）和图 8-5（b）分别是通过 HP 滤波法（平滑参数取100）得到的 1978—2016 年取对数后的进口与 GDP 的趋势序列折线图以及进口与 GDP 趋势系列拟合线。由折线图［见图 8-7（a）］和拟合曲线图［见图 8-8（b）］可以看出，两者呈显著的正相关关系，从图 8-5（a）可以看出，进口增长趋势曲线比 GDP 增长趋势曲线更为陡峭，说明进口的趋势增速高于潜在 GDP 的增速。

图 8-6 描述的是中国进口趋势增长率和中国 GDP 趋势增长率的变化情况。图 8-6 显示，由 HP 滤波得到进口与 GDP 趋势增长率的变化情况，其鲜明的周期性特点是：1978—1990 年，中国进口增长率从 36.1%下降到 1990 年的 12.5%；之后，进口增长率经历了 1990—2004 年的平稳上升，从 1990 年的 12.5%上升到 2004 年的 22.7%；2004—2016 年中

国进口增长率又进入下降时期。可以说，中国经济增长率与进口增长率趋势线变化趋势大体上是一致的，特别是 2001 年后，中国经济增长率与进口增长率曲线明显趋同，这与中国加入世界贸易组织后对外开放度的提升密不可分。

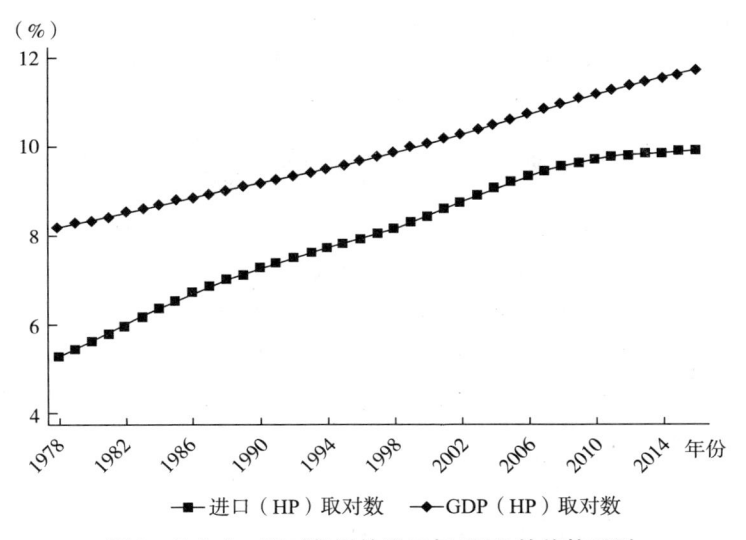

图 8-5（a） 取对数后的进口与 GDP 的趋势系列

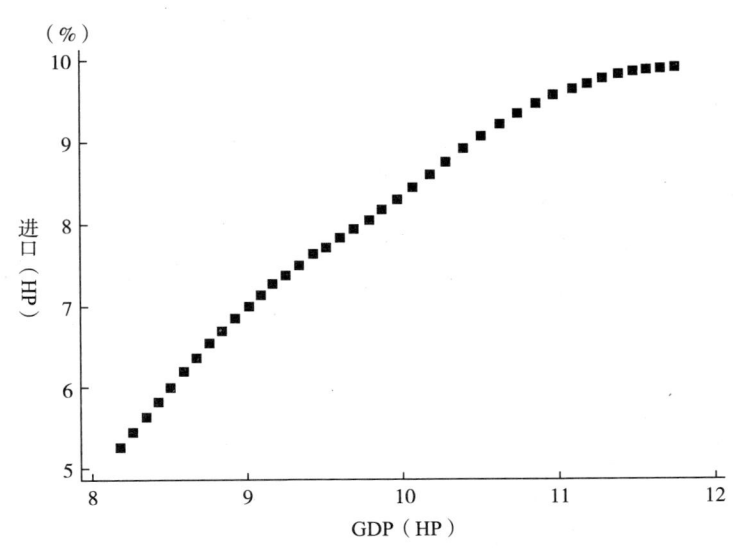

图 8-5（b） 进口与 GDP 趋势系列拟合曲线

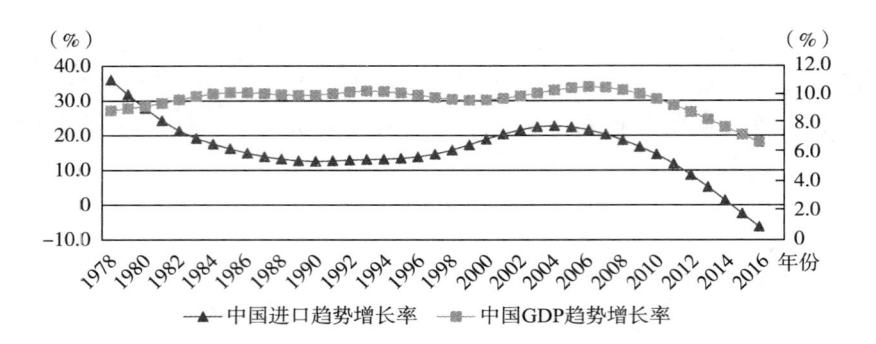

图 8-6 中国进口趋势增长率和中国 GDP 趋势增长率的变化情况（HP 滤波法）

图 8-7 描述的是中国进口增长率缺口与中国 GDP 增长率缺口的变化情况。从图 8-7 可以看出，进口增长率缺口与 GDP 增长率缺口变化具有非常高的一致性，当产出缺口为正时，进口缺口也为正，比如，1984—1985 年、1992—1993 年、2010—2011 年，说明经济过热时，进口一般也高于其正常值；当产出缺口为负时，进口缺口也为负，如 1980—1982 年、1986 年、1989—1991 年、1996—1998 年几个阶段，说明经济紧缩时，进口一般也低于其正常值。在 1999—2010 年虽然变动趋势也大致保持一致，但个别年份缺口符号相反，如 2005—2006 年，进口增长率低于其趋势值，

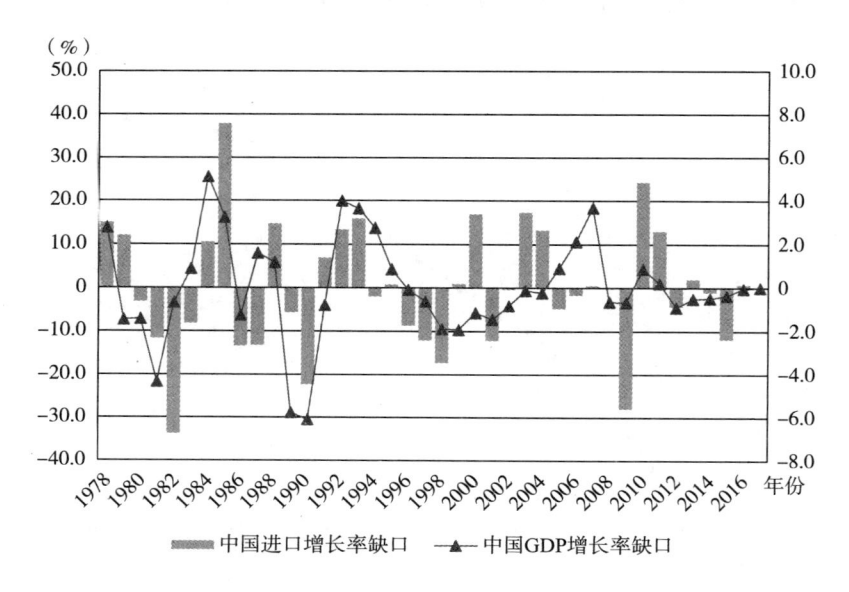

图 8-7 中国进口增长率缺口与中国 GDP 增长率缺口的变化情况（HP 滤波法）

因而缺口为负，GDP 增长率高于其潜在增长率，缺口却为正。这可能与 HP 滤波存在的固有缺陷即端点值误差较大有关，也可能是因为进口增速的结构性变动：1998—2004 年以来进口增速急剧增加，使其趋势值也相应较高；2005—2010 年在较高增速区间变动平滑。

表 8-8 是用滤波法计算出的 1978—2016 年各年的趋势进口增长率、进口增长率缺口和中国 GDP 增长率缺口。由表 8-8 我们可以看到，1978—2016 年进口增长率缺口与中国 GDP 增长率缺口的变动具有非常高的一致性，只是个别年份缺口符号相反；图 8-8 是根据表 8-8 的数据绘出的 1978—2016 年中国实际进口增长率与进口趋势增长率。

表 8-8　　　　进口实际增长率、趋势增长率和缺口　　　　单位：%

年份	实际进口增长率	进口趋势增长率	进口增长率缺口	中国 GDP 增长率缺口
1978	51.0	36.1	14.9	2.8
1979	43.9	31.9	12.0	-1.5
1980	24.7	27.9	-3.2	-1.4
1981	12.6	24.3	-11.7	-4.3
1982	-12.4	21.3	-33.7	-0.7
1983	10.9	19.1	-8.2	0.9
1984	28.1	17.5	10.6	5.1
1985	54.1	16.2	37.9	3.2
1986	1.5	14.9	-13.4	-1.3
1987	0.7	13.9	-13.2	1.6
1988	27.9	13.2	14.7	1.2
1989	7.0	12.7	-5.7	-5.8
1990	-9.8	12.5	-22.3	-6.1
1991	19.6	12.7	6.9	-0.8
1992	26.3	12.9	13.4	4.0
1993	29.0	13.1	15.9	3.6
1994	11.2	13.2	-2.0	2.8
1995	14.2	13.4	0.8	0.9
1996	5.1	13.8	-8.7	-0.1
1997	2.5	14.6	-12.1	-0.6

续表

年份	实际进口增长率	进口趋势增长率	进口增长率缺口	中国GDP增长率缺口
1998	-1.5	15.8	-17.3	-1.9
1999	18.2	17.3	0.9	-1.9
2000	35.8	18.9	16.9	-1.2
2001	8.2	20.4	-12.2	-1.5
2002	21.2	21.6	-0.4	-0.8
2003	39.8	22.5	17.3	-0.1
2004	36.0	22.7	13.3	-0.2
2005	17.6	22.4	-4.8	0.9
2006	19.9	21.6	-1.7	2.1
2007	20.8	20.3	0.5	3.7
2008	18.5	18.7	-0.2	-0.7
2009	-11.2	16.8	-28.0	-0.7
2010	38.8	14.6	24.2	0.9
2011	24.9	11.9	13.0	0.2
2012	4.3	8.7	-4.4	-0.9
2013	7.2	5.2	2.0	-0.5
2014	0.4	1.5	-1.1	-0.5
2015	-14.2	-2.4	-11.8	-0.4
2016	-5.5	-6.2	0.7	0.0

资料来源：根据EVIEWS分析结果计算得出。

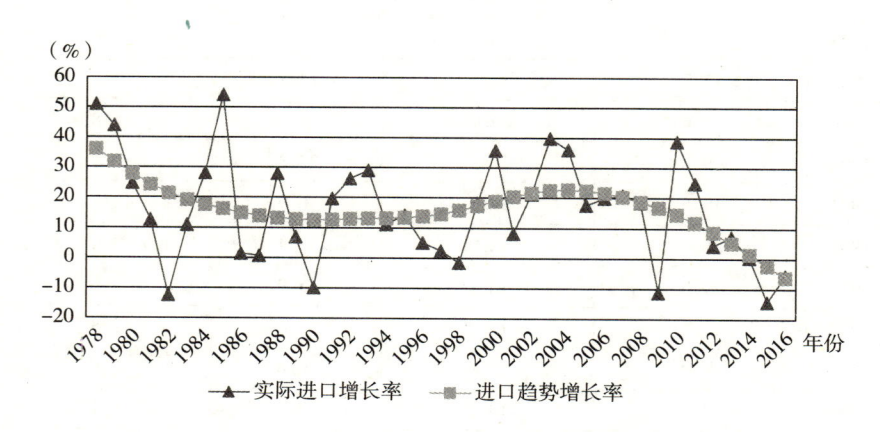

图8-8 中国实际进口增长率与进口趋势增长率

(二) 出口与经济增长

1. 理论模型

本节我们要利用模型说明世界经济增长对中国出口的影响,即两者的相关关系。需求导向的分析方法或后凯恩斯主义的分析方法,虽然是研究出口如何促进本国经济增长的,但该模型为我们的实证分析提供了一定的理论依据。一般来说,出口受到的影响因素应该有国外收入、出口产品价格、国外产品价格、汇率等众多因素的影响。林毅夫、李永军(2003)在设定出口函数时认为,中国出口主要受到世界市场需求的影响,国内外价格水平和汇率波动的影响并不重要。

可以认为,出口与经济增长之间的关系一直是国内外理论界关心的热点问题,主要集中在出口导向型经济增长问题的研究中,存在两种探讨出口与经济增长关系的思路。

第一条思路从供给角度分析出口对经济增长的贡献。按照新古典经济增长理论,经济增长的主要原因是要素投入的增加和要素配置与使用效率的提高。新增长理论将出口看作一种影响技术进步或其他影响经济效率的因素,并将作用的机制内生化在自己的模型之中,即出口的贡献反映在增长核算中原来被看作残差的项目中,如格罗斯曼和赫尔普曼(Grossman and Helpman,1990)提出了一个将技术进步内生化的两国增长模型,贸易导致技术和知识的扩散进而推动经济增长。按照新古典的路线,对出口与经济增长关系的计量检验的重点在于如何在生产函数中引入出口变量。一些检验直接在生产函数中将出口与劳动、资本投入作为并列的因素引入,另外一些检验(如 Feder,1983)则将经济划分为出口和内需两个部门,出口部门由于与国外生产者和消费者发生更多的联系从而代表更高的生产效率;并在非出口部门生产函数中引入了出口部门的产量即出口量作为一种影响效率的因素,反映出口部门向非出口部门技术和知识的扩散过程。

第二条思路是从需求角度分析出口对经济增长的贡献,被称作需求导向的分析方法或后凯恩斯主义的分析方法。

按照传统凯恩斯主义思想,作为一种拉动需求增长的因素,出口的增长必然能够带动产出的增加。但是,也有许多经济学家认为,对现代经济增长最大的制约因素来自供给方面,只有增加要素投入并提高经济效率,才能促进经济增长。然而,卡尔多(1972)在分析英国工业从成长到衰落的过程时指出,英国的工业增长从其早期开始就是需求推动的,在整个 19 世纪和直到第二次世界大战爆发前的时期,英国的经济增长都紧紧依赖于其出口的增长。卡尔多的思想被麦克卡伯和瑟尔沃尔(McCombine and Thirlwall)等发展,建立了一个分析出口与经济增长关系的理论体系,认为出口是总需求中一个自主的组成部分。

参照瑟尔沃尔等的理论,林毅夫、李永军(2003)构造了中国需求导向的出口与经济增长的理论模型,刻画出口增加通过刺激消费、投资、政府支出来间接地影响我国 GDP 的增长,强调出口作为一种自主性外生因素拉动经济增长的作用。该模型包括消费、投资、进口和出口四个函数:

消费函数:假设消费函数为线性模型:
$$C_t = \alpha_0 + \alpha_1 Y_t + \alpha_2 C_{t-1} + \mu_t \tag{8.15}$$

投资函数:假定经济中投资的规模决定于经济的总体规模和利率水平,用线性模型来描述投资函数。
$$I_t = \beta_0 + \beta_1 Y_t + \beta_2 R_t + \upsilon_t \tag{8.16}$$

式中,R_t 表示 t 时期的真实利率水平。这里所说的消费和投资既包括私人支出部分又包括政府支出部分。

进口函数:假定进口取决于国内总需求和汇率水平,建立线性模型:
$$M_t = \gamma_0 + \gamma_1 C_t + \gamma_2 I_t + \gamma_3 X_t + \gamma_4 ER_t + \omega_t \tag{8.17}$$

出口函数:瑟尔沃尔(1994)将出口函数设定为:
$$X = b \left(\frac{P_d}{P_f E} \right)^\eta Z^\varepsilon \tag{8.18}$$

式中,X、Z 分别表示出口和世界 GDP 总和;E 表示以国内货币表示的外币价格;P_d、P_f 分别表示国内价格、国外价格;η 表示出口的价格弹性;ε 表示出口的收入弹性。Thirlwall(1994)假定以同一种货币表示的商品价格在长期中变动不大,即 $P_f E/P_d$ 接近于常数。因而出口函数就被简化为:出口仅仅受到世界收入水平的影响,模型将出口作为一个自主变动的外生变量。尽管因为人民币汇率波动较大,瑟尔沃尔的假定在我国并不成立。但是,林毅夫、李永军(2003)通过实证分析发现,中国出口主要受到世界市场需求的影响,国内外价格水平和汇率波动的影响并不重要,出口同样可作为模型的外生变量来处理。

基于上述假设,林毅夫、李永军(2003)建立了需求导向的出口与经济增长关系的模型。

2. 实证分析

借鉴瑟尔沃尔（1994）和林毅夫、李永军（2003）的研究，我们使用协整和误差修正模型，利用 1978—2016 年中国出口和世界 GDP 数据，对世界经济增长与中国出口的长期均衡关系和短期动态关系进行实证分析。为了统一单位，中国出口额及实际 GDP 均以百万美元计。为了消除异方差和时间序列的波动性，对变量取自然对数，并记为 ln(·)。

（1）变量的单位根检验

与进口分析相类似，我们首先对时间序列进行单位根检验，分析其平稳性，防止伪回归的发生。单位根检验（ADF）结果如表 8-9 所示。表 8-9 的结果表明，建模待使用的变量都是 I(1) 过程，因此，它们之间满足协整关系的前提条件，可以进行协整分析。

表 8-9　　　　　　　　变量的单位根检验

回归模型形式	变量	差分阶数	ADF 检验值	P 值	结论
仅含有截距项 c	lnEX	0	-1.466773	0.5393	非平稳
		1	-4.640127	0.0006	平稳
	lnGDP	0	-1.894452	0.3313	非平稳
		1	-4.219828	0.0020	平稳
含有截距项 c 和趋势项 t	lnEX	0	-1.165399	0.9034	非平稳
		1	-4.670429	0.0032	平稳
	lnGDP	0	-2.100662	0.5285	非平稳
		1	-4.256898	0.0093	平稳

（2）协整分析

$$\ln(EX_t) = \phi_0 + \phi_1 \ln(GDP_t) + \mu_{it}, \ t = 1, 2, \cdots, T$$
$$\mu_{it} = \eta_{i1}\mu_{it-1} + \eta_{i2}\mu_{it-2} + \cdots + \eta_{ip}\mu_{it-p} + \varepsilon_{it} \tag{8.19}$$

对 1978—2016 年数据进行协整分析，得到世界 GDP 的回归系数为 1.597（见表 8-10），即从长期来看，世界市场需求对中国出口有着显著的促进作用：世界市场需求每增加 1 个百分点，中国出口增加 1.597 个百分点。

表 8-10　　　　　　　　GDP 与出口的协整关系

因变量	自变量			调整后的 R^2	F 值	DW	协整检验
	c	ln（GDP_t）	AR（1）				
ln（EX_t）	-10.217 (0.3815)	1.597*** (0.0000)	0.990*** (0.0000)	0.998	8207.182	1.75	3.48316** (0.0579)

注：***、** 分别表示在 1%、5% 的显著性水平下显著。

(3) 格兰杰因果分析

为了说明世界 GDP 与我国出口之间的因果关系，我们进一步对它们的时间序列数据进行格兰杰因果检验，结果显示（见表 8-11），在现有的时间序列中，在滞后阶数小于 9 的范围内，世界上其他国家的 GDP 都不是对方的格兰杰原因。改革开放以来，中国经济与世界经济的融合度逐渐加深，但中国的出口贸易与世界 GDP 增长的因果关系却不是很强烈。这首先是因为出口贸易不仅决定于世界经济增长，同时也要受汇率、各国贸易政策、关税水平及非关税壁垒等诸多因素的影响和冲击。其次，中国目前劳动力成本优势已逐渐弱化，部分传统外资主导的加工贸易企业开始转移至东南亚等劳动力成本更低的国家，这在一定程度上影响了中国的出口。除此之外，我国长期以来形成的低价竞争模式已经越来越不适应世界经济发展的需要，产品国际竞争力不强，在一定程度上制约了我国出口的增长。上述原因的存在导致了中国出口贸易与世界经济增长在数据上并未表现出显著的格兰杰因果关系。

表 8-11　　　世界 GDP（WGDP）与我国出口的格兰杰因果检验

零假设：	滞后阶数	F 统计量	概率
世界 GDP 不是中国出口的格兰杰原因	2	0.53794	0.5891
我国出口不是世界 GDP 的格兰杰原因		0.47638	0.6254
世界 GDP 不是我国出口的格兰杰原因	3	0.43097	0.7324
我国出口不是世界 GDP 的格兰杰原因		0.29256	0.8304
世界 GDP 不是我国出口的格兰杰原因	4	0.91030	0.4726
我国出口不是世界 GDP 的格兰杰原因		0.24610	0.9094
世界 GDP 不是我国出口的格兰杰原因	5	0.33486	0.8866
我国出口不是世界 GDP 的格兰杰原因		0.72715	0.6102

续表

零假设：	滞后阶数	F 统计量	概率
世界 GDP 不是我国出口的格兰杰原因	6	0.63696	0.6995
我国出口不是世界 GDP 的格兰杰原因		0.95371	0.4803
世界 GDP 不是我国出口的格兰杰原因	7	0.49268	0.8270
我国出口不是世界 GDP 的格兰杰原因		1.14200	0.3838
世界 GDP 不是我国出口的格兰杰原因	8	0.43798	0.8788
我国出口不是世界 GDP 的格兰杰原因		1.70803	0.1820
世界 GDP 不是我国出口的格兰杰原因	9	0.52040	0.8320
我国出口不是世界 GDP 的格兰杰原因		1.27381	0.3469

(4) 建立误差修正模型（ECM）

GDP 与出口之间的协整关系分析，说明的是两者之间的长期均衡关系。为了说明 GDP 对出口的短期波动的影响，我们进一步建立误差修正模型（ECM）对此进行分析。同样，采用恩格尔和格兰杰（1981）两步法，基于式（8.19）中残差序列 μ_t 的估计结果，将其作为误差修正项，即 $\mu_t = ECM_t$ 建立下面的误差修正模型：

$$\Delta\ln(EX_t) = -1.886 + 1.650\Delta\ln(GDP_t) - 0.062\ ECM_{t-1} + \varepsilon_t \quad (8.20)$$
$$(-1.061) \quad\quad (6.856) \quad\quad (-1.088)$$

在式（8.20）表示的误差修正模型中，差分项反映了短期波动的影响，出口的短期波动可以分为两部分：一部分是短期 GDP 波动的影响；另一部分是出口偏离长期均衡的影响。误差修正项 ECM_{t-1} 的系数大小反映了对偏离长期均衡的调整力度。从估计系数来看，当短期波动偏离长期均衡的调整时，将以 0.062 的反向调整力度将非均衡状态拉回到均衡状态。

3. HP 滤波法分析：出口与世界 GDP 的趋势

图 8 - 9（a）和图 8 - 9（b）分别是通过 HP 滤波法（平滑参数取 100）得到的 1978—2016 年取对数后的进口与 GDP 的趋势序列折线图以及进口与 GDP 趋势系列拟合线。由折线图［见图 8 - 9（a）］和拟合曲线图［见图 8 - 9（b）］可以看出，两者呈显著的正相关关系。

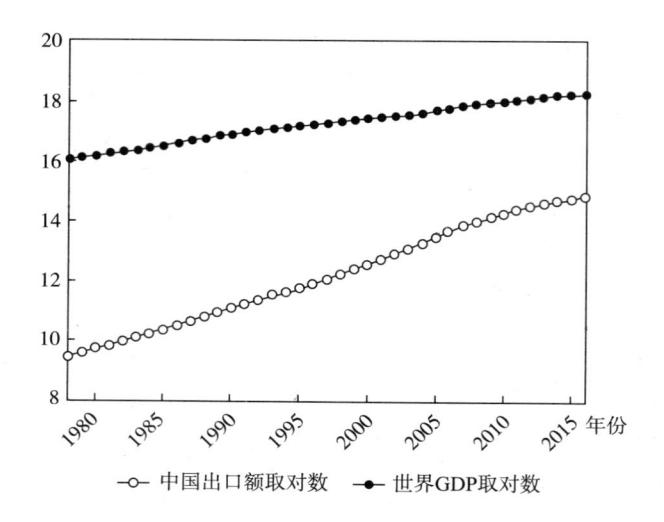

图8-9（a） 中国出口与世界GDP趋势（HP）

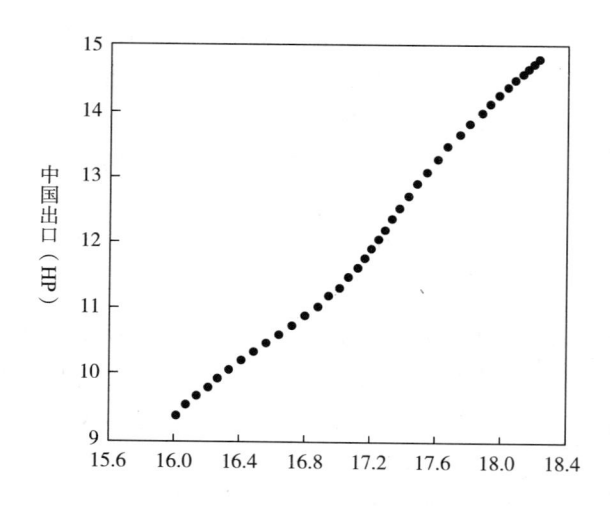

图8-9（b） 中国出口与世界GDP趋势拟合曲线

同样，图8-10显示，由HP滤波得到中国出口与世界GDP趋势增长率拟合曲线，其表现为鲜明的阶段性特点是：1978—1986年的出口增长率趋势表现为下降，从1981年的29.3%下降到1986年的14.3%；之后出口增长率的趋势表现为上升，从14.3%上升到2004年的23%，接着又进入下降的趋势。同时分析世界GDP的变化趋势，可以看出，两者增长率趋势线大体保持着一致的变化趋势，特别是 2001 年中国加入世界贸易组织后，增长率趋势线表现出明显的趋同特征。此外，由于世界 GDP 总量巨大，其波动幅度小于中国出口增长率趋势的波动。值得注意的是，2009 年以后，中国出口趋势增长率与世界 GDP 趋势增长率的变化呈现出不一致的情形：在世界 GDP 趋势增长率较为平稳的条件下，中国出口趋势增长率却明显下跌，这种趋势性变化反映的是更深层次的关系，表明我国的出口贸易模式已经不适应世界经济发展的需要，仅仅依靠贸易政策等短期刺激措施可能难以扭转出口贸易下降的趋势。

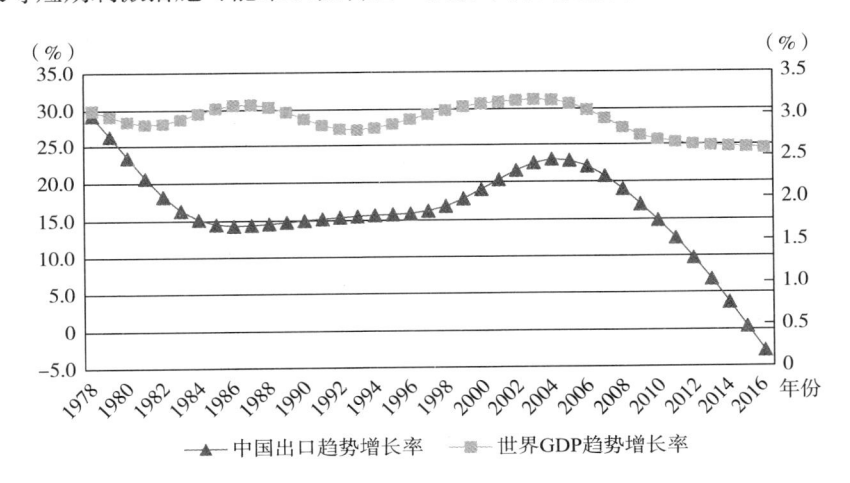

图 8-10　中国出口趋势增长率与世界 GDP 趋势增长率（HP 滤波法）

图 8-11 描述的是中国出口增长率缺口与世界 GDP 增长率缺口的关系。由图 8-11 可以看出，总体而言，在 1978—2011 年 30 多年间，出口增长率缺口与世界产出增长率缺口变动具有非常高的一致性。在世界经济景气时期，世界 GDP 总量为正缺口，我国出口也呈现正缺口，如 1987—1988 年、1994—1995 年、2004—2007 年几个阶段。同时，在世界经济不景气阶段，我国产出缺口也为负，如 2009—2010 年在国际金融危机的影响下，我国出口下降就与世界经济的不景气密切相关。这进一步佐证了上文的观点：世界需求，进一步说，就是世界经济增长，是影响中国出口的最重要因素，其影响作用在近十年尤其显著。当世界产出缺口为正时，出口缺口也为正，说明当世界经济景气上升时，中国出口一般也高于其正常值；当产出缺口为负时，进口缺口也为负，说明当世界

经济不景气时，中国出口一般也低于其正常值。但是，2012—2016 年，在世界 GDP 为正缺口的情况下，中国的出口在 2012 年、2015 年和 2016 年却出现了负缺口，并且有不断扩大的趋势。

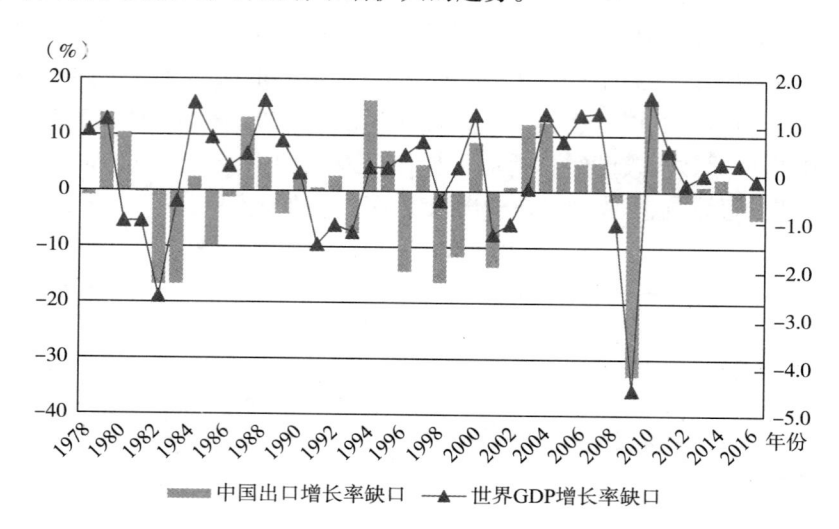

图 8-11 中国出口增长率缺口与世界 GDP 增长率缺口（HP 滤波法）

表 8-12 是用滤波法计算出的 1978—2016 年各年的趋势出口增长率、出口增长率缺口和世界 GDP 增长率缺口。具体的数值反映了我国 1978—2016 年 36 年间出口增长率缺口与世界产出增长率缺口变化具有非常高的一致性。

表 8-12　　　　　出口增长率、趋势增长率和缺口　　　　　单位：%

年份	中国实际出口增长率	中国出口趋势增长率	中国出口增长率缺口	世界 GDP 增长率缺口
1978	28.4	29.3	-0.9	0.9
1979	40.2	26.4	13.8	1.2
1980	33.8	23.4	10.4	-1.0
1981	20.4	20.7	-0.3	-1.0
1982	1.4	18.2	-16.8	-2.5
1983	-0.4	16.4	-16.8	-0.5
1984	17.6	15.2	2.4	1.5
1985	4.6	14.5	-9.9	0.8

续表

年份	中国实际出口增长率	中国出口趋势增长率	中国出口增长率缺口	世界 GDP 增长率缺口
1986	13.1	14.3	-1.2	0.2
1987	27.5	14.4	13.1	0.5
1988	20.5	14.6	5.9	1.6
1989	10.6	14.8	-4.2	0.7
1990	18.2	15.0	3.2	0.0
1991	15.8	15.2	0.6	-1.4
1992	18.1	15.4	2.7	-1.0
1993	8.0	15.5	-7.5	-1.2
1994	31.9	15.7	16.2	0.2
1995	23.0	15.8	7.2	0.2
1996	1.5	15.9	-14.4	0.4
1997	21.0	16.2	4.8	0.7
1998	0.5	16.8	-16.3	-0.5
1999	6.1	17.8	-11.7	0.2
2000	27.8	19.0	8.8	1.3
2001	6.8	20.3	-13.5	-1.2
2002	22.4	21.6	0.8	-1.0
2003	34.6	22.5	12.1	-0.3
2004	35.4	23.0	12.4	1.3
2005	28.4	22.8	5.6	0.7
2006	27.2	22.1	5.1	1.3
2007	26.0	20.8	5.2	1.3
2008	17.3	19.0	-1.7	-1.0
2009	-16.0	17.0	-33.0	-4.5
2010	31.3	14.9	16.4	1.6
2011	20.3	12.4	7.9	0.5
2012	7.9	9.7	-1.8	-0.2
2013	7.8	6.8	1.0	-
2014	6.0	3.7	2.3	0.3
2015	-2.9	0.4	-3.3	0.2
2016	-7.7	-2.9	-4.8	-0.1

资料来源：根据 EVIEWS 分析结果计算得出。

图 8-12 是根据表 8-12 做出的中国实际出口增长率与出口增长率趋势。图 8-12 表明，1978—2016 年，中国的实际出口增长率围绕着增长率趋势波动；但自 2012 年以来，中国经济进入新常态，出口增长率急剧下降，中国经济周期与贸易周期进入了新的增长模式。

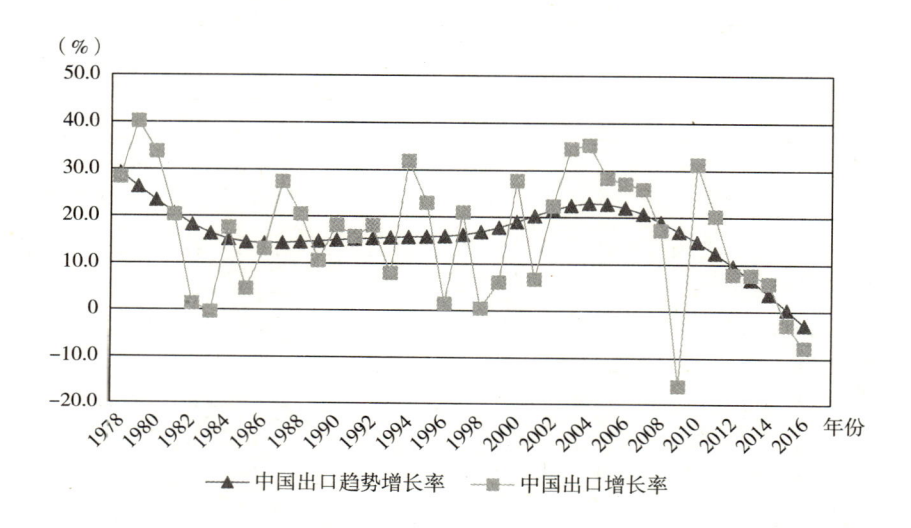

图 8-12　实际出口增长率与出口增长率趋势

综上所述，为分析经济进出口贸易与经济增长的关系，我们利用协整分析、格兰杰因果检验、误差修正模型的分析，以及 HP 滤波分析了经济周期与进出口贸易周期的长期影响和短期影响，并分析了两者增长趋势的相关性。通过实证分析，我们得到了这样的结论：中国的经济增长是影响中国进口的最重要因素，世界经济增长是影响中国出口的最重要因素。因此，国际贸易周期取决于经济周期，应当是一种客观存在的经济现象，两者存在着必然的内在联系。

五　结论和启示

以上分析表明，国际贸易增长呈现出周期性特征。排除国际贸易政策的影响、贸易体制的变革、汇率和税率的变化以及其他非周期性因素的冲击，国际贸易周期性增长的根本原因在于经济的周期性波动。一般来说，一国进口周期通常与本国经济周期有较大相关性，而出口周期则与世界经济周期有较强的关联性。本章利用1978—2016年的数据，分别对中国进口周期与中国经济周期的关系、中国出口周期与世界经济周期的关系进行了分析。分析结果表明，1978—2016年，中国贸易周期与经济周期表现出较高的一致性，贸易缺口与GDP缺口同步性较强，中国进口贸易的增长与中国GDP的增长、中国出口贸易的增长与世界GDP增长具有长期均衡关系，并且短期波动是趋向长期均衡关系的部分调整。无论是从长期还是短期来看，对外贸易周期与经济周期之间都存在着较强的关联性，并且国际贸易周期取决于经济周期。

从中国的经济增长与进口贸易增长的变动趋势来看，2012年以来，我国经济进入新常态，依赖要素投入刺激经济增长的方式已经不可持续；而新的经济增长点尚未形成，经济增速放缓且持续下行，这直接导致了中国进口增长速度的持续下行。从中国出口贸易的增长与世界经济增长的趋势来看，2012年以来，虽然世界经济依然以2.4%—3.2%的中高速平稳运行，但我国出口贸易的增长速度却出现了断崖式下跌，并于2016年创出了自2008年国际金融危机以来7.7%的次低增长率。显然，这无论如何也不能用目前世界经济仍处于深度衰退和调整为由，对中国的出口贸易趋势做出合理的解释。

实际上，2012年以来，中国对外贸易持续出现下滑的趋势，主要是我国经济结构未能实现优化升级，经济增长方式和贸易模式未能成功地实现转变的必然结果。多年来，我国的经济增长方式是主要依赖要素投入的粗放型增长方式，与此相联系，贸易模式也是粗放型的，其基本的特征是出口产品的附加值低、技术含量低和以量取胜。尽管近几年出口商品结构有所改变，但也主要是外商投资企业的贡献。[①] 一旦外资企业撤离中国或发达国家推进"再工业化"进程，中国出口贸易的粗放型特征必将更为明显。不幸的是，这种情形已经发生或正在发生。因此，要扭转2009年以后尤其是2012年以来中国对外贸易持续下行的态势，符合逻

---

① 中国出口商品结构的变化，主要源自两个方面的因素：一是外商投资企业的贡献，外商投资企业对机电产品出口的贡献达60%以上，对高新技术产品出口的贡献达80%以上；二是加工贸易的贡献，中国机电产品和高新技术产品对外贸易中，加工贸易高达70%以上。

辑的结论就是要加快中国技术进步的步伐，推进经济增长方式的转变，实现经济增长方式从主要依赖要素投入为特征的粗放型增长方式向主要依赖技术进步和全要素生产率持续提高为特征的集约型经济增长方式的转变。在加快实现经济增长方式转变的基础上，也要实现贸易模式从粗放型向集约型的转变，在保持对外贸易传统优势的同时，增强出口产品国际竞争力，提高出口产品附加值，提升出口产品技术含量，同时增强服务贸易的国际竞争力，这既是实现经济可持续增长和稳定均衡增长的需要，也是我国对外贸易持续快速发展的重要保证。

此外，在世界经济一体化程度越来越高的今天，任何一个国家都不可能独善其身。由于中国的对外贸易增长与世界经济增长存在着"一荣俱荣，一损俱损"的关系。因此，中国政府应当坚定不移地坚持改革开放，反对贸易保护；同时，中国政府在制定经济和贸易政策时，也应避免中国的经济政策和贸易政策对世界经济增长产生不利的影响，因为从长期看，这不利于中国经济的长期可持续发展。

参考文献

[1] 车维汉、贾利军：《国际贸易冲击效应与中国宏观经济波动：1978—2005》，《世界经济》2008年第4期。

[2] 陈刚、尹希果、黄凌云：《进口贸易、技术外溢与内生经济增长》，《经济评论》2008年第3期。

[3] 杜婷：《国际贸易冲击与中国经济的周期波动》，《国际贸易问题》2006年第12期。

[4] 范柏乃、王益兵：《我国进口贸易与经济增长的互动关系研究》，《国际贸易问题》2004年第4期。

[5] 贾俊雪：《中国经济周期波动特征及原因研究》，中国金融出版社2008年版。

[6] 李浩、钟昌标：《贸易顺差与中国的实际经济周期分析——基于开放的RBC模型的研究》，《世界经济》2008年第9期。

[7] 李良新：《中国宏观经济周期性波动特征分析》，《山西财经大学学报》2013年第S2期。

[8] 李天德、宗建亮、熊豪：《世界经济波动的贸易传导与影响——以美国为例的实证分析》，《贵州财经学院学报》2008年第1期。

［9］李星:《基于两阶段状态的中美经济周期协动性研究》,《求索》2014 年第 6 期。

［10］李亚杰:《世界经济波动对我国出口的冲击机制分析》,《统计与决策》2012 年第 18 期。

［11］李旸、李天德、陈少炜:《当前世界经济周期波动的新特征及中国的对策》,《经济学家》2013 年第 10 期。

［12］梁碧波:《经济周期、政治周期与美国对华贸易政策》,《学术研究》2007 年第 10 期。

［13］刘金全、印重、庞春阳:《中国增长型经济周期的量化研究及波动态势分析》,《社会科学战线》2014 年第 8 期。

［14］刘树成等:《中国经济周期研究报告》,社会科学文献出版社 2006 年版。

［15］刘树成、张连城、张平:《中国经济增长与经济周期》,中国经济出版社 2008 年版。

［16］刘伟、蔡志洲:《适度经济增长与经济结构调整》,《内蒙古社会科学》(汉文版) 2014 年第 35 期。

［17］罗湘雄、李浩:《经济周期的国际贸易传导机制研究》,《统计与决策》2014 年第 2 版。

［18］裴长洪:《进口贸易结构与经济增长:规律与启示》,《经济研究》2013 年第 7 期。

［19］武飞:《我国宏观经济周期与调控政策的回顾与反思》,《中国流通经济》2012 年第 11 期。

［20］张连城:《中国经济增长路径与经济周期研究》,中国经济出版社 2012 年版。

［21］张连城、郎丽华:《中国经济走势与宏观经济政策取向》,《经济理论与经济管理》2012 年第 5 期。

［22］郑桂怀等:《中国贸易平衡波动研究》,科学出版社 2006 年版。

［23］Baxter, M., "Business Cycle and the Asset Structure of Foreign Trade", *International Economic Review*, Vol. 36, No. 4, 1995.

［24］Baxter, M., "International Trade and Business Cycle", *NBER Working Paper*, No. 5025.

［25］Baxter, M. and Kouparitsas, M. A., "Determinants of Business Cycle

Comovement: A Robust Analysis", *Journal of Monetary Economics*, Vol. 52, No. 1, 2004.

[26] Baxter, M. and King, R. G., "Measuring Business Cycles: Approximate Band – pas Filters for Economic Time Series", *The Review of Economics and Statistics*, Vol. 81, 1999.

[27] Caporale, Guglielmo Maria and Alessandro Girardi, "Business Cycles, International Trade and Capital Flows: Evidence from Latin America", *Empirical Economics*, Vol. 24, No. 3, 2012.

[28] Da Silva Bichara and Julimar et al., "Business Cycle Convergence and Trade: Brazil and China in a Changing World", *Journal of Economic Policy Reform*, Vol. 19, No. 1, 2016.

[29] David, C. W., "The Trade – of between Cash Flow and Net Present Value", *Scandinavian Journal of Economics*, Vol. 95, No. 1, 1993.

[30] Frankel, J. A. and Rose, A. K., "The Endogeneity of the Optimum Currency Area Criteria", *Economic Journal*, Vol. 108, No. 449, 1998.

[31] Friedman, M., "The Plucking Model of Business Fluctuations Revisited", *Economic Inquiry*, Vol. 31, No. 2, 1993.

[32] Gruber, W. C., Koo, J. and Millis, E., "How Much does International Trade Affect Business Cycle Synchronization", *Research Department Working Paper* 0203, 2002.

[33] Krugman, P. R., "Increasing Returns and the Theory of International Trade", *NBER Working Papers*, No. 1752, October, 1985.

[34] Macbean, A. I., *Export Instability and Economic Development*, Boston: Harvard University Press, 1996.

[35] Trautwein and Hans – Michael, "Some International Aspects of Business Cycles: Neisser, Haberler, and Modern Open Economy Macroeconomics", *Journal of the History of Economic Thought*, Vol. 39, No. 1, 2015.

[36] Tyers, Rod, "China and Global Macroeconomic Interdependence", *World Economy*, Vol. 39, No. 11, 2016.

第九章　中国经济增长的平稳性研究*

　　从对经济增长的理解出发,将经济增长的平稳性分为长期增长趋势的平稳性和短期周期平稳性。长期的经济平稳增长表现为潜在产出能力持续不断地提高,即经济增长路径的平稳,可以通过对供给侧因素分析来判断其平稳性及长期可持续性;短期的经济平稳增长表现为经济波动的减少或减弱,一般可以通过需求侧因素分析来判断波动的来源。在长期增长方面,运用三种不同方法对潜在产出增长率进行测算,结果显示,2010年之后,中国的潜在产出增长率出现下降趋势,在增长方式没有根本性转变的情况下,未来一段时间内中国经济潜在产出增长率将保持在6%—7%的水平上。由此可以判断中国的经济处于长期增长"N"形路径的B阶段,并已经向C阶段过渡。在短期周期波动平稳性方面,通过单次周期统计指标测算、GDP时序特征分析和结构突变检验,都表明1992年之后中国经济波动出现"扁平化"趋势,同时出现了平稳增长的趋势。从短期波动平稳性的综合情况看,短期平稳性最高的周期处于1992—2006年,2007年至今的短期平稳性相比前一周期有所降低。通过国际比较可以发现,这种短期经济波动的平稳主要来源于制度创新和宏观调控,是政府干预的结果,而非市场作用的结果。通过与经济合作与发展组织国家和金砖国家的潜在产出构成要素的比较,认为中国的资本和劳动力投入数量增长趋势会放缓,在劳动生产率和TFP的提升方面有较大的空间。为了实现经济的平稳增长,未来应继续加强和深化供给侧结构性改革,促进经济结构的优化和均衡发展,并在长期内注重知识和人力资本的积累,鼓励技术创新的应用,提高全要素生产率增长率对经济增长的贡献。

---

*　本章由王钰执笔。

一 引言

中国作为最大的发展中国家,自新中国成立以来,经过不断地探索和努力,将一个二元化结构极其明显的农业国家,建设成为一个世界经济总量第二、工业化进程过半的国家,取得了举世瞩目的成就。自改革开放以来,中国充分利用了内外部资源和有利的环境条件,在开放中充分发挥了自身的优势,使经济实现了高速增长。特别是在2001年加入世界贸易组织后,中国实现了两位数的年均增长率。但是,随着国际金融危机的爆发,2008年以后原来有利的环境和条件发生了显著的变化,给中国经济带来了一定的冲击,并使原来高速增长中积累的问题更加突出。在内外部环境和条件都有较大改变的情况下,新的经济发展形势要求中国在现有的体制和机制的基础上,尽快转变经济增长方式,调整经济结构,继续保持经济平稳增长,才能跨越中等收入陷阱,进入发达国家行列,这是前所未有的挑战。为此,应对现有的经济增长机制形成的原因和效果进行系统梳理与研究,更深入地分析现有的经济增长方式存在的问题,以便为中国经济在未来较长的时间内实现持续增长和健康发展提供切实有效的政策建议。特别是在国际金融危机之后,中国经济实现平稳和持续增长对于中国和世界均有重要意义。

二 经济增长的平稳性

经济增长是指一个经济体在一定时期内总产出即国民收入与前期相比的增长。主要指标是GDP增长率或人均GDP增长率。从总供给和总需求均衡发展的角度讲,这两个方面的实现都是保持稳定增长的前提和基础。

(一)经济平稳增长

由于对经济平稳增长没有具体的理论界定,根据经济增长包括长期增长和短期增长两个方面,我们认为,"经济的平稳增长"应做以下理解:从长期角度来看,平稳的增长表现为潜在产出能力持续不断地提高,即经济增长路径的平稳,可以通过对其进行供给侧因素分析来判断其平稳性及长期可持续性;从短期角度来看,平稳增长表现为经济波动的减少或减弱,一般可以通过对其进行需求侧因素分析来判断波动的来源。

从长期来看,导致经济增长的原因是比较复杂的,西方学者将其区分为直接原因和基本原因。直接原因与投入的要素有关,还与能够体现这些生产要素生产效率的变量有关,通常影响经济增长的直接原因可以用增长核算方程来描述。增长的基本因素则与经济增长的深层次来源有关,包括影响生产要素积累能力的变量,如宏观经济环境、经济结构、政府政策等。

从短期来看,经济增长的平稳性则取决于需求的实现能力。从支出法 GDP 核算角度讲,就是投资、消费和净出口三大需求的稳定性。同时,也受系统外因素的不确定性冲击的影响,包括战争、危机以及政府政策变化的影响。

(二) 对中国经济增长平稳性的分析

依据前述对经济平稳增长的界定,将从长期和短期两个方面来分析中国经济增长的平稳性。由于经济周期划分起点为 1953 年,因此,下面的数据多从 1953 年开始,并以 1952 年为基期。

1. 长期增长趋势平稳性:潜在产出分析

我们用坐标横轴和纵轴分别表示中国的人均 GDP 和人均 GDP 增长率,可以得到 1953—2016 年中国长期经济增长路径图,如图 9-1 所示,可以发现,处于人均收入 1000 美元以下时,人均 GDP 增长率的波动较为剧烈(有增长率为负的情况,且人均 GDP 水平长期停滞不前,可谓贫困陷阱);超过 1000 美元后,增长变得较为平稳,且增长率较高。但是,在从 3000 美元向 10000 美元接近的过程中,特别是超过 6000 美元之后,人均 GDP 增长率出现下降趋势。

根据国际货币基金组织按人均国民收入标准对国家的分类,1997 年中国首次进入下中等收入国家行列,1998 年有所下降,1999 年又回到下中等收入国家组,2010 年正式跨入上中等国家行列。相应地,中国在低收入阶段(大约 1000 美元以下),经济增长率波动较为频繁,幅度较大,在 ±30% 的范围内波动,且负增长较为常见。进入中等收入国家系列后,则出现较为稳定的经济增长,增长率波动不大,且都为正的增长。

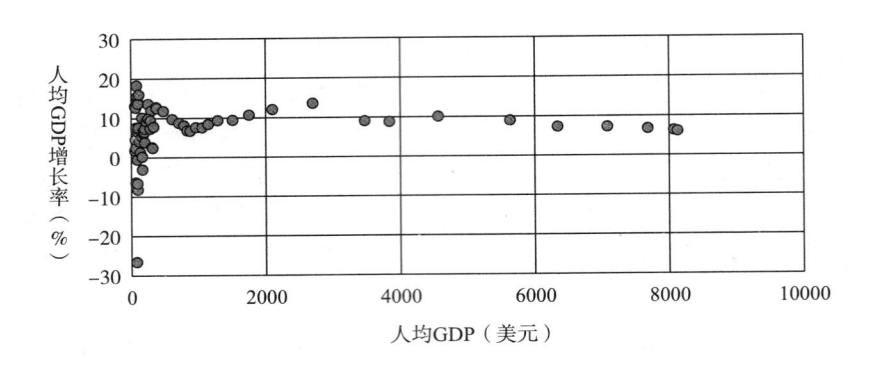

图 9–1 1953—2016 年中国人均 GDP 与人均 GDP 增长率的关系

资料来源：世界银行 WDI 数据库，1960 年以前的数据根据历年《中国统计年鉴》数据和汇率进行折算。

通常用潜在产出来说明一个经济体的长期生产能力，表现该经济体的长期增长路径，并判断一个经济体未来增长态势。2007 年美国次贷危机爆发后，包括世界银行、经济合作与发展组织和美联储等机构和组织，均开始重视对潜在产出的估算和研究工作，以便为未来的经济预测和决策提供政策依据。

颜双波、张连城（2007）系统地梳理了潜在产出和产出缺口的界定与测算方法，将潜在产出的测算方法大体归纳为三大类：一是统计分解趋势法，包括线性趋势法、峰值趋势法和单变量滤波法（BN、HP、BP、UC 卡尔曼滤波）；二是经济结构关系估计法，包括奥肯定律法、产出—资本比率法、要素需求函数推导法、生产函数法；三是统计分解趋势法与经济结构关系估计法结合的测算方法，包括多变量统计模型和结构向量回归模型（Structural Vector Auto Regression，SVAR）。郭庆旺和贾俊雪（2004）、张晓晶（2007）、张连城和韩蓓（2009）、沈坤荣和李猛（2010）、田凤平等（2014）、赵景兰等（2014）分别运用消除趋势法（TC）、增长率推算法（GRE）、生产函数法（PF）和小波降噪法，对 1978—2002 年、1952—2008 年等不同阶段中国的潜在产出和产出缺口进行了测算；陈利锋（2014）运用结构模型和单方程模型对中国产出缺口进行了估算和比较，认为结构方程更优；中国人民银行营业管理部课题组（2011）、管晓明（2014）运用生产函数法分别对 1978—2009 年、1952—2012 年中国的潜在产出进行了估算；田依民和于洪菲（2013，

2014)、周晓艳等（2012）、肖宏伟和李辉（2014）分别用生产函数法、状态空间和贝叶斯方法进行潜在产出估计和预测。

虽然不同的测算方法各有优缺点，而且测算的结果各不相同，有时差异较大，但是，近年来不同的测算方法间开始出现融合的趋势，有助于发挥各种不同方法的优势。在研究不同问题时，应结合所要研究问题的需要，灵活地选择测算方法，最好采用两种以上方法从趋势上进行相互印证，以保证结果的可靠性。

为了便于从供给结构与经济增长的关系进行研究，我们拟采用HP滤波法（HP法）、生产函数法（PF法）和状态空间法（UCK法）对中国1953—2016年的潜在产出进行测算。估算的结果如表9-1所示。

表9-1　　1953—2016年中国潜在产出和潜在产出增长率　单位：亿元、%

年份	潜在产出			潜在产出增长率		
	HP法	PF法	UCK法	HP法	PF法	UCK法
1953	799.9	814.2	762.6	8.2	15.5	9.2
1954	860.0	846.4	829.6	7.5	4.0	8.4
1955	918.8	902.7	911.8	6.8	6.7	9.4
1956	975.1	1036.9	1016.3	6.1	14.9	10.9
1957	1027.2	1088.3	1128.5	5.3	5.0	10.5
1958	1073.9	1303.8	1230.6	4.5	19.8	8.7
1959	1114.1	1427.8	1274.2	3.7	9.5	3.5
1960	1148.9	1424.4	1233.4	3.1	-0.2	-3.3
1961	1182.1	1036.1	1136.2	2.9	-27.3	-8.2
1962	1219.9	978.0	1084.7	3.2	-5.6	-4.6
1963	1267.0	1076.3	1123.7	3.9	10.0	3.5
1964	1325.2	1268.8	1236.2	4.6	17.9	9.5
1965	1394.1	1483.4	1368.7	5.2	16.9	10.2
1966	1472.7	1637.8	1470.8	5.6	10.4	7.2
1967	1560.3	1541.2	1533.7	6.0	-5.9	4.2
1968	1657.8	1476.3	1614.6	6.3	-4.2	5.1
1969	1765.7	1722.3	1762.0	6.5	16.7	8.7
1970	1882.3	2054.5	1949.9	6.6	19.3	10.1

续表

年份	潜在产出			潜在产出增长率		
	HP法	PF法	UCK法	HP法	PF法	UCK法
1971	2005.3	2196.0	2124.8	6.5	6.9	8.6
1972	2134.1	2282.7	2272.6	6.4	3.9	6.7
1973	2269.5	2461.5	2402.4	6.3	7.8	5.6
1974	2413.8	2517.7	2516.0	6.4	2.3	4.6
1975	2570.7	2735.8	2631.1	6.5	8.7	4.5
1976	2744.9	2684.9	2754.2	6.8	-1.9	4.6
1977	2942.3	2888.1	2927.4	7.2	7.6	6.1
1978	3168.0	3233.6	3150.0	7.7	12.0	7.3
1979	3426.5	3490.8	3393.4	8.2	8.0	7.4
1980	3722.4	3767.3	3653.4	8.6	7.9	7.4
1981	4060.7	3968.2	3950.6	9.1	5.3	7.8
1982	4446.1	4330.5	4333.8	9.5	9.1	9.3
1983	4882.0	4806.0	4831.7	9.8	11.0	10.9
1984	5369.6	5521.1	5439.9	10.0	14.9	11.9
1985	5908.5	6257.3	6105.0	10.0	13.3	11.5
1986	6499.0	6813.3	6776.2	10.0	8.9	10.4
1987	7143.9	7628.6	7438.5	9.9	12.0	9.3
1988	7847.9	8465.2	8053.4	9.9	11.0	7.9
1989	8619.2	8831.7	8613.4	9.8	4.3	6.7
1990	9471.1	9029.9	9252.2	9.9	2.2	7.2
1991	10417.1	9866.4	10142.3	10.0	9.3	9.2
1992	11466.4	11274.3	11349.6	10.1	14.3	11.2
1993	12622.6	12868.1	12805.4	10.1	14.1	12.1
1994	13887.0	14546.4	14396.8	10.0	13.0	11.7
1995	15263.1	16168.5	16023.4	9.9	11.2	10.7
1996	16760.3	17763.0	17638.8	9.8	9.9	9.6
1997	18396.2	19404.0	19230.3	9.8	9.2	8.6
1998	20197.5	20916.2	20815.4	9.8	7.8	7.9
1999	22200.0	22508.8	22468.0	9.9	7.6	7.6
2000	24445.3	24528.3	24282.5	10.1	9.0	7.8

续表

年份	潜在产出			潜在产出增长率		
	HP法	PF法	UCK法	HP法	PF法	UCK法
2001	26977.5	26554.7	26341.9	10.4	8.3	8.1
2002	29839.0	28940.6	28751.5	10.6	9.0	8.8
2003	33065.8	31939.8	31619.9	10.8	10.4	9.5
2004	36682.8	35166.4	35052.8	10.9	10.1	10.3
2005	40700.1	39268.8	39156.7	11.0	11.7	11.1
2006	45109.1	44313.1	43925.7	10.8	12.8	11.5
2007	49881.3	50839.5	49161.5	10.6	14.7	11.3
2008	54974.2	55692.7	54545.2	10.2	9.5	10.4
2009	60345.2	61037.9	60091.2	9.8	9.6	9.7
2010	65949.1	67805.9	65867.0	9.3	11.1	9.2
2011	71735.7	74327.4	71749.1	8.8	9.6	8.6
2012	77657.4	80307.1	77626.0	8.3	8.0	7.9
2013	83674.3	86637.7	83514.4	7.7	7.9	7.5
2014	89751.9	93006.7	89360.5	7.3	7.4	7.0
2015	95862.4	99482.9	95347.6	6.8	7.0	6.7
2016	101985.0	106192.4	101449.8	6.4	6.7	6.4

注：潜在产出是以1952年不变价格计算的结果。

虽然不同方法得出的结论并不完全一致，但可以从总体趋势上说明中国潜在产出的水平及其发展趋势。将三种方法测算的潜在产出增长率放在一起，可以看出，在1978年以前潜在产出增长率较低，1978年以后潜在产出增长率较高，大部分年份保持在10%左右。2013年以后降到8%以下，2015年以后则进一步降到7%以下。结合经济增长率的"N"形理论可以判断，中国现在正处于"N"形增长的B段，并向C阶段过渡，即从经济规模较小但增长速度较高的阶段向经济规模较大但增长率较低的阶段过渡。

2. 短期增长的平稳性：增长率波动分析

1953—2016年中国经济短期增长的波动情况如图9-2所示，从经济增长率的波动角度进行分析，1978年以前，中国的经济增长波动较大，表现为GDP的增长率变动的幅度较大，波长短，且具有古典型波动的特征，即在周期波动的扩张阶段，经济总是表现为正增长，而在收缩阶段，经济会较多出现绝对量下降，表现为负增长。如1961年、1967—1968年、1976年经济增长率为负值。1978年以后则进入现代经济增长阶段，虽然经济增长率也呈波动状态，但没有负增长的现象。同时，1978年以后，经济增长的态势也发生了转变，先是波动幅度收窄，再是波长加宽。特别是1990年以后这两个方面的特点表现得尤为明显。1990—1998年的经济周期波动当时被称为"微波化新态势"（刘树成，2000）或"宽带现象"（刘恒、陈述云，2003），其特点可以总结为前峰型、增长型、弱周期性、短扩张长收缩，避免了以往经济的大起大落和快起快落的状态。

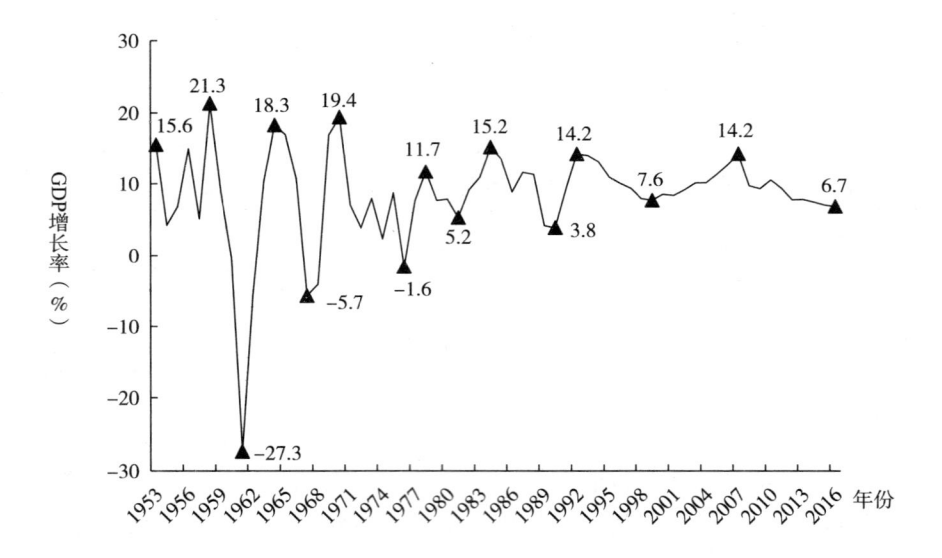

图9-2　1953—2016年中国GDP增长率

资料来源：《中国国内生产总值核算历史资料（1952—2004）》和2017年《中国统计年鉴》。

为进一步对短期增长的平稳性进行测算，首先需要对短期增长进行周期划分。对经济增长的周期进行划分的方法主要有峰—峰法和谷—谷法。在现有的成果中，学者对1953起中国经济周期划分的结果大体如表9-2所示，峰—峰法或谷—谷法都将1953年以来的中国经济运行划分为8个或10个周期。我们采用张连城（1999、2008）以增长率为标准的峰—峰法及划分结果。

表 9-2　　　　　　　1953—2015 年中国经济增长周期划分

作者	划分方法	划分结果	
		1978 年以前	1978 年以后
张连城（1999、2008）	峰—峰法	1953—1958 年	1978—1984 年
		1958—1964 年	1984—1992 年
		1964—1970 年	1992—2007 年
		1970—1978 年	2007 年以后
刘树成（2000、2005）	谷—谷法	1953—1957 年	1976—1981 年
		1957—1962 年	1981—1986 年
		1962—1968 年	1986—1990 年
		1968—1972 年	1990—2001 年
		1972—1976 年	2001 年以后

资料来源：张连城：《我国经济周期的阶段特征和经济增长趋势》，《经济与管理研究》1999 年第 1 期；张连城：《中国经济波动的新特点与宏观经济走势》，《经济与管理研究》2008 年第 3 期；刘树成、张平、张晓晶：《中国经济周期波动问题研究》，载《首届中国经济论坛论文集》2005 年，第 611—633 页。

对于中国经济增长的短期平稳性的考察，我们准备从以下两个方面进行：一是统计指标测度和比较（单次周期平稳性的数据比较）；二是 GDP 时序特征计量分析（整体时间序列平稳性的数据检验）。

（1）统计指标测算和比较（单次周期平稳性的数据比较）。对单次经济周期的经济平稳性进行描述，可以通过周期的持续时间、幅度和离散度三个指标来说明。①持续时间是指单次经济周期持续的时间长度。一般认为，扩张期持续长而收缩期持续短则经济比较稳定，因此可以用扩张期与收缩期持续时间的比来反映经济周期的稳定程度。②周期幅度也称振幅，是指单次经济周期内实际经济增长率上下波动的离差。最简单的计算方法是计算单次经济波动的波动高度与波动深度的差。其中，波动高度就是峰位，波动深度也称谷位，两者的差值直接反映了经济增长力的强弱，间接反映了经济增长的稳定程度。③离散程度可以通过波动系数来测度。波动系数是指实际经济增长率围绕长期趋势上下波动的量值。绝对值越大，说明实际经济增长率偏离长期趋势的程度越大，经济增长越不稳定；绝对值越小，则表明经济增长相对稳定。波动系数的计算公式为：

$$V = \frac{\sigma}{\overline{Y}} \tag{9.1}$$

式中，$\overline{Y} = \frac{1}{n} \sum_{i=1}^{n} Y_i$，$\sigma = \sqrt{\frac{1}{n} \sum (Y_i - \overline{Y})^2}$，$Y_i$表示实际经济增长率，$\overline{Y}$表示$Y_i$的算术平均数，$\sigma$表示标准差，$n$表示样本数。

依据上述三个统计指标及其计算方法，对1953—2016年的中国经济周期的稳定性进行统计描述，结果如表9-3所示。

表9-3　　1953—2016中国经济增长的周期平稳性描述

次序	年份	五年计划期	持续时间（年）	扩张/收缩	峰位（%）	谷位（%）	振幅（%）	离散程度
1	1953—1957年	"一五"	5	1.5	15.6	4.2	11.4	0.53
2	1958—1963年	"二五"	6	0.5	21.3	-27.3	48.6	12.92
3	1964—1969年	"三五"	6	0.5	18.3	-5.7	24.0	1.13
4	1970—1977年	"四五""五五"前	8	0.6	19.4	-1.6	21.0	0.83
5	1978—1983年	"五五"后"六五"前	6	0.5	11.7	5.2	6.5	0.25
6	1984—1991年	"六五"后"七五"	8	0.3	15.2	3.8	11.4	0.40
7	1992—2006年	"八五""九五""十五"	15	0.9	14.2	7.6	6.6	0.20
8	2007年至今	"十一五""十二五""十三五"初	10+X	X/10	14.2	6.7	7.5	0.24

注：X表示未来的扩张期何时出现以及会延续时间未知。

资料来源：《中国国内生产总值核算历史资料（1953—2004）》和《中国统计年鉴（2017）》。

从中国经济周期持续的时间长度看，1978年以前的周期为5—6年，1978—1992年平均周期持续时间为6—8年，1992年以后的周期长度达10年以上，周期持续的时间长度不断拉长。从波动幅度来看，1978年以前，中国经济波动的平均振幅为 26.3%；改革开放以后，降低到 8.0%，下降了 18.3 个百分点。与改革开放前比较而言，改革开放后，经济周期波动的幅度的特点可以概括为：峰位降低，谷位上升，波幅缩小。从离散程度来看，中国经济周期的稳定程度不断提高，波动系数由两位数的 12.92 下降至 1978 年前的 0.83，改革开放后进一步降低并稳定在 0.20—0.40 的水平上。图 9 - 3 显示，GDP 增长率的平均相位均为正值，且 1978 年以后均值在 8% 以上，从这一点而言，中国经济增长的每个周期都是增长周期，1978 年以后特别是 1992 年以后，出现的经济平衡较快增长的局面客观上是社会主义市场经济体制建立和宏观调控经验积累的直接成果。

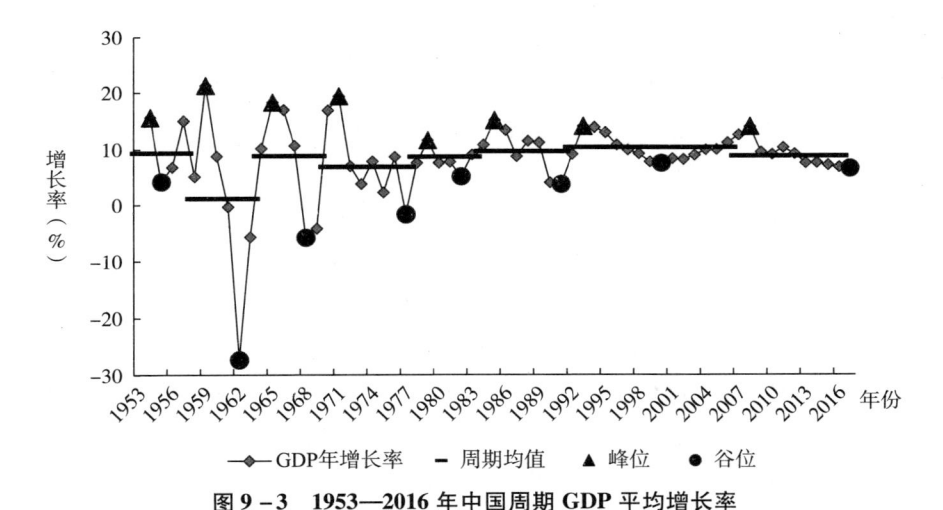

图 9 - 3　1953—2016 年中国周期 GDP 平均增长率

资料来源：根据表 9 - 3 计算数据绘制。

通过上述三个维度的分析均可以看出，1978 年尤其是 1992 年以来，经济增长的平稳性提高了。其中，1992—2006 年的经济平稳性最高，2007 年至今的周期平稳性相比前一周期有所下降。但同时从扩张/收缩比来看，周期的非对称性没有显著改变，除 1953—1957 年的"一五"时期，比值均小于 1，说明收缩期长于扩张期。这从理论上表明，中国经济的收缩乏力，扩张较快，还是偏重于计划经济色彩。虽然 1992—2006 年间的扩张/收缩比有所提高，接近于 1，但是，2008 年以后受政府连续重大宏观政策调控的影响，使 2007 年以后的本轮经济周期的收缩期加长。由于收缩不到位，使旧的不合理结构得以延续甚至是膨胀，经济效率难以提高,可能会导致本轮周期中的扩张乏力。这么说当然不是主张"市场清算主义",更不是否认政府干预的必要性,而是认为,这种平稳性的获得可能不利于经济增长的持续性,市场和政府机制两者应在都不过激的条件下恰当结合,更符合社会会义市场经济的现实需要。

为了分析中国经济增长平稳性是否具有一般意义,选取美国、德国、日本和韩国4个经济合作与发展组织国家进行国际比较。经济合作与发展组织国家一般具有完善的市场经济体系,健全的市场机制有利于资源优化配置,而且政府对宏观经济的调控也较为成熟和规范。现考虑到市场经济体系的分类,选取美国、德国、日本和韩国分别作为自由市场经济、社会市场经济、政府主导市场经济和经济合作与发展组织中的新兴市场经济体的代表,对不同经济体系中经济增长的平稳性进行对比分析。如图9-4所示,从1961—2016年四国的增长率波动周期看,平均每隔1—4个不等的增长周期就会出现1个古典周期。如美国在1973—1983年两度经济衰退,出现负增长,2008年后再次出现负增长,德国、日本和韩国的经济负增长比美国更为明显。可见,高收入国家的经济增长也具有不稳定性,单纯依靠市场实现平稳增长也是不可行的。或者说,单纯依靠市场机制实现稳定增长是需要极其理想化的条件的,由于现实中总是会出现各种冲击,使市场机制无法完美实现其平稳增长。

(2) GDP时序特征计量分析(整体时间序列平稳性的数据检验)。计量经济学认为,时间序列分析的基本用途是根据过去预测未来,因此,必须假定过去是什么样,将来也应该是什么样,这就是平稳性假定。所谓时间序列是平稳的,是指时间序列的统计规律不会随着时间的推移而发生变化,也就是说,生成变量时间序列数据的随机过程特征不随时间变化而变化。其中,严平稳 $\{y_t, t \in T\}$ 满足:

$$P = \{y_{t1} \leq b_1, y_{t2} \leq b_2, \cdots, y_{tn} \leq b_n\} = \{y_{t1+m} \leq b_1, y_{t2+m} \leq b_2, \cdots, y_{t2+m} \leq b_n\} \quad (9.2)$$

式中,m、n 为任意正整数;$t_1 < t_2 < \cdots < t_n$,$t_i \in T$,b_1,b_2,$\cdots$,b_n 是实数。式 (9.2) 表明 $\{y_t, t \in T\}$ 的联合概率分布随时间的平移没有改变。

弱平稳则要求以 $\{y_t, t \in T\}$ 的均值、方差和协方差代替联合概率分布,且满足以下条件:

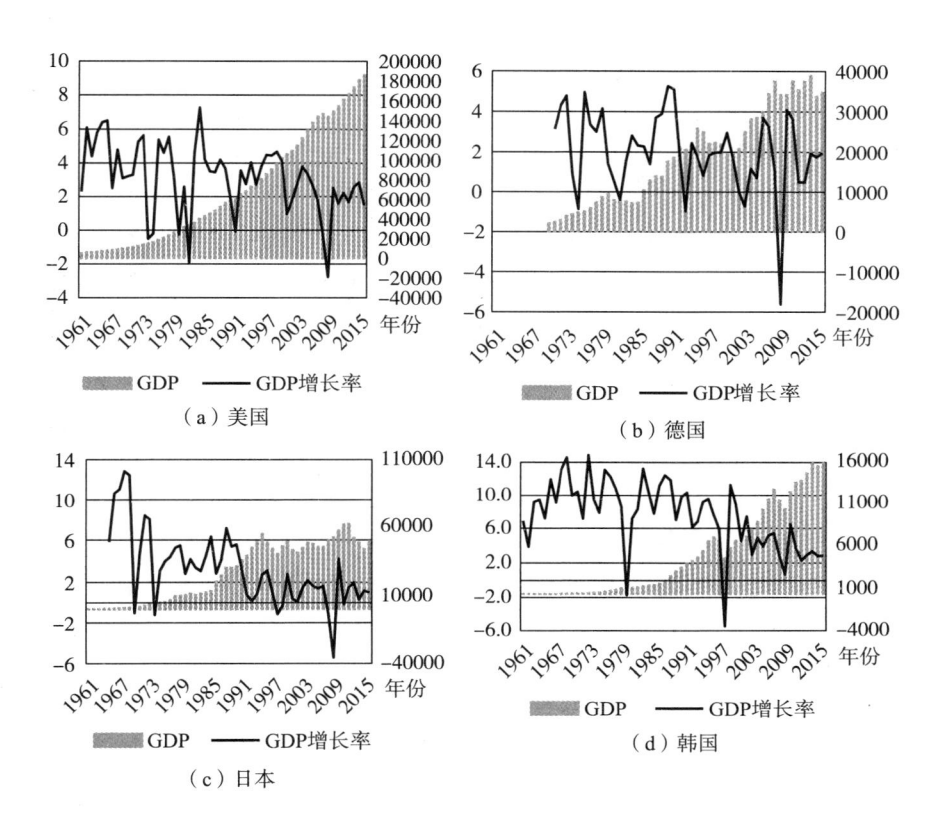

图 9-4　1961—2015 年主要发达国家 GDP 与 GDP 增长率

注：为了保证可比性，上述各国的 GDP 数据均以 1995 年不变价格计算。

资料来源：根据世界银行 WDI 数据库中的 GDP 和 GDP 增长率、GDP 平减指数数据。

$$E(y_t) = \mu \ (t = 1, 2, \cdots)$$
$$\mathrm{var}(y_t) = E(Y_t - \mu)^2 = \delta^2 \ (t = 1, 2, \cdots)$$
$$\mathrm{cov}(y_t, y_{t+k}) = E[(y_t - \mu)(y_{t+k} - \mu)] = r_k \ (t = 1, 2, \cdots)$$

式中，r_k 与 t 无关。

通常时间序列的平稳都是弱平稳，时间序列的统计规律（特征）不随时间而变化。对于一个平稳序列而言，任何震荡的影响都是暂时的，随着时间的推移，这些影响将逐渐消失，也就是时间序列将回到长期平稳水平，表现为时间序列围绕一个均值波动，并向其期望值靠拢。

宏观经济数据一般具有两种上升趋势之一：

$$y_t = \alpha + \beta t + \varepsilon_t \tag{9.3}$$

$$y_t = \gamma + y_{t+1} + \varepsilon_t \tag{9.4}$$

式 (9.3) 为趋势平稳,式 (9.4) 为差分平稳。时间序列符合哪种非平稳过程需要通过单位根检验。非平稳序列如果经一阶差分后变为平稳序列,并称其为单位根过程。非平稳序列如果只有确定性趋势的序列将围绕其确定的趋势平稳波动,即趋势平稳过程,趋势平稳与原序列平稳一样,具有暂时性记忆,也就是随机冲击只是暂时性的。而随机平稳过程含有单位根,只有通过差分,才能消除趋势使其平稳,即差分平稳过程,差分平稳具有持久性记忆,也就是随机冲击对其有长期影响。

依据平稳原理,对中国 1953—2016 年的 GDP 序列进行单位根检验。为减少数据量纲的影响,并将 GDP 序列转变为线性关系,先对 GDP 序列进行对数变换。检验方法包括 ADF 法、DF 法、PP 法、KPSS 法等,现在使用 ADF 方法的较多,故对 1953—2016 年的中国实际 GDP 时间序列进行 ADF 和改进的其他方法进行验证,如表 9-4 所示,均表明中国实际 GDP 二阶平稳并含有常数项和趋势项,lnGDP 为一阶平稳,即中国实际 GDP 的对数序列是 I(1) 的单位根过程。

表 9-4　1953—2016 年中国实际 GDP 序列的 ADF 检验结果

变量序列	检验形式 (c, t, p)	检验统计量	临界值	平稳性
GDP_t	(c, t, 1)	-1.1223	-4.1243	非平稳
ΔGDP_t	(c, t, 1)	-8.1492	-4.1243	平稳
$lnGDP_t$	(c, t, 1)	-6.0941	-4.1243	平稳

注:显示仅为 ADF 法的结果。临界值为 1% 的显著性水平下的 t 统计量麦金农(Mackinnon)值。

对 lnGDP 进行 ARMA (p, q) 回归,先对 lnGDP 进行自相关检验,发现其自相关拖尾,偏自相关一阶截尾。因此,需要对 ARMA (1, 0)、ARMA (1, 1) 和 ARMA (1, 2) 进行对比,以确定 q 的阶数,拟回归方程设定为:

$$\ln GDP_t = \alpha + \delta t + \rho \ln GDP_{t-1} + \varepsilon_t \tag{9.5}$$

$$\ln GDP_t = \alpha + \delta t + \rho \ln GDP_{t-1} + \varphi u_t + \varepsilon_t \tag{9.6}$$

$$\ln GDP_t = \alpha + \delta t + \rho \ln GDP_{t-1} + \varphi_1 u_t + \varphi u_{t-1} + \varepsilon_t \tag{9.7}$$

通过对式 (9.5) 至式 (9.7) 回归结果的比较,式 (9.7) 拟合效果最好,因此回归结果为:

$$\ln GDP_t = 2.0864 + 0.0271t + 0.6698\ln GDP_{t-1} + 1.0469\,u_t + 0.6822\,u_{t-1}$$
$$\quad\quad 0.0022 \quad 0.0023 \quad 0.0000 \quad\quad\quad 0.0000 \quad\quad 0.0000$$
$$R^2 = 0.9982 \quad P = 0.0000 \quad DW = 2.3599$$

对式（9.7）回归的结果进行 Chow 检验，发现在 1992 年之前，方程均存在结构突变点，之后则不存在结构变化。表 9-5 是以 1992 年为例的 Chow 检验结果。这说明式（9.6）结果显示的路径是 1992 年以后的状态，1992 年以前的 GDP 应与此不同。

表 9-5　　　　　1992 年结构突变 Chow 检验结果

统计量类型	统计量值	P 值
F 统计量	2.5412	0.0396
似然比	13.5696	0.0186
Wald 统计量	12.1185	0.0332

由于存在结构突变，根据中国经济建设的历程，将 GDP 数据分成 1952—1977 年和 1978—2016 年两个阶段，进一步研究在不同历史阶段中国 GDP 数据的时序特征。

①1953—1977 年。如表 9-6 所示，对 1953—1977 年中国的 GDP 数据进行单位根检验，发现其也是 GDP 为 I(2)，lnGDP 为 I(1) 随机过程。

表 9-6　　　1953—1977 年中国实际 GDP 序列的 ADF 检验结果

变量序列	检验形式（c, t, p）	检验统计量	临界值	平稳性
GDP_t	(0, 0, 1)	-3.2690	-3.7241	非平稳
ΔGDP_t	(0, 0, 1)	-5.5375	-2.6649	平稳
$\ln GDP_t$	(0, 0, 1)	-2.9964	-2.6607	平稳

通过 AIC 和 SC 原则比较，1953—1977 年，中国实际 GDP 为不带常数项和趋势项的 I(2) 过程。其 ARMA 回归结果为：

$$\ln GDP_t = 1.0080\ln GDP_{t-1} + 0.5317u_{t-1} - 0.6843u_{t-3}$$
$$\quad (0.0000 \quad 0.0000 \quad 0.0000)$$

$R^2 = 0.9688 \quad loglihood = 30.7454 \quad DW = 1.9900$

从回归结果来看，1953—1977 年，中国经济增长是不稳定的，没有确定性的增长趋势，GDP 一阶滞后系数大于 1，随机扰动项一阶为正，三阶为负。

②1978—2016 年。对 1978—2016 年中国实际 GDP 进行单位根检验，结果如表 9-7 所示，GDP 为不带趋势项的 I(2) 过程。其 ARMA 回归结果为：

表 9-7　1978—2016 年中国实际 GDP 序列的 ADF 检验结果

变量序列	检验形式（c，t，p）	检验统计量	临界值	平稳性
GDP_t	(c, 0, 1)	0.1546	-3.6394	非平稳
ΔGDP_t	(c, 0, 1)	-5.7876	-3.6537	平稳
$\ln GDP_t$	(c, 0, 1)	-3.7849	-3.6616	平稳

$$\ln GDP_t = 0.1023 + 0.9991 \ln GDP_{t-1} + 0.9089 u_{t-1} - 0.3423 u_{t-5}$$
$$(0.0431 \quad 0.0000 \quad 0.0000 \quad 0.0000)$$
$R^2 = 0.9997 \quad DW = 1.6415 \quad P = 0.0000$

回归结果表明，1978—2016 年，中国经济增长稳定性有所提高，有常数项，GDP 一阶滞后系数小于 1，外界冲击不连续且是波动的。

通过对比可以看出，现有稳定的经济增长路径是从 1992 年确立的，1992 年以后形成了时间趋势，并且外部冲击连续且对经济增长具有正向作用。

三　未来经济增长潜力的来源

中国经济增长的潜力和增长动力问题一直是学术界关注的热点，吸引了包括中国社会科学院中国经济增长前沿课题组、国务院发展研究中心中长期增长课题组以及蔡昉、张军等诸多知名机构和学者，从各自关注的领域视角，采用不同的方法对中国经济的前景进行预测。预测的方法通常包括增长路径国际类比法和增长核算法，由于增长核算法中的要素未来的变化情况很难做长期推算，所以，第一种方法比较常用。为此，我们也采用类比方法,对构成潜在产出的供给侧要素变动趋势进行国际比较,通过比较的结果,分析和预测未来中国经济增长潜力的来源。

(一)潜在产出因素变动趋势的国际比较

对经济增长的前景进行预测,一般都需要从供给侧出发,分析供给侧构成的基本要素的变化趋势,并对这种变化趋势进行国际比较,通过国际比较找到类比对象,以类比对象为参照,对未来本国的经济增长的基本面进行大体的估计。

我们认为,由于中国经济发展仍处于工业化和城市化阶段,并且处于经济增长方式由粗放向集约转型的阶段,因此,从投入要素的角度出发需要考虑资本形成总额比率的变化、劳动力数量的变化、劳动生产率的变化和全要素生产率的变化。

(1)资本形成总额比率的变化。如图 9-5 所示,以 1990—2016 年的经济合作与发展组织国家(不包括美国)为例,以同期美国的 GDP 为参照,将各国的 GDP 标准化为相对 GDP(同期美国 GDP=1),则资本形成总额比率与相对 GDP 之间表现为正相关关系,即在经济总量上追赶美国的过程中,资本形成总额在 GDP 中的比重也是需要提高的。回归结果显示,两者的相关系数为 1.889。

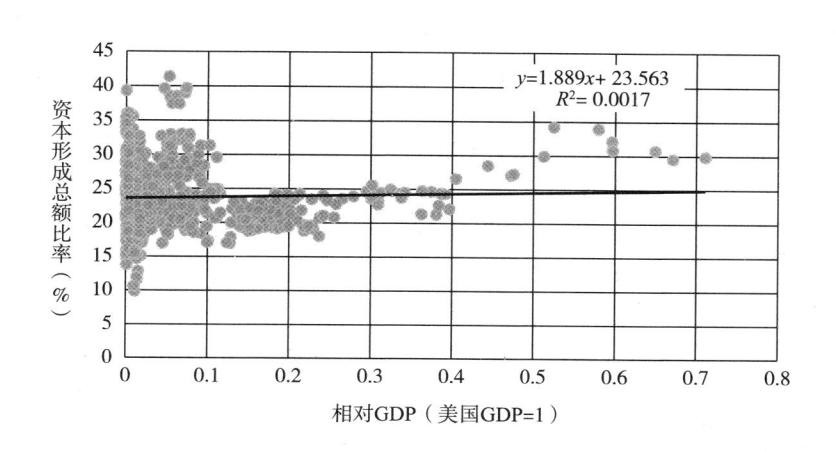

图 9-5 1990—2016 年经济合作与发展组织国家(不包括美国)资本形成总额比率与相对 GDP 的关系

资料来源:世界银行 WDI 数据库。

作为赶超型经济体的发展中国家，资本的作用就更为突出。如图 9-6（a）所示，金砖五国（包括中国在内）在 1990—2016 年资本形成总额的比率与相对 GDP 的相关性较高，其相关系数为 52.075，而不包括中国的相关系数更高，如图 9-6（b）所示，为 55.525。从经济合作与发展组织国家的历史经验看，在经济总量相当于美国的 0.6—0.7 的阶段上（中国现阶段经济规模相当于美国 0.6—0.7 的水平），其资本形成总额比率在 30% 以上，而中国现在维持在 40%—50% 的水平上。如果考虑到将来中国经济将由投资驱动向消费驱动方式转变，资本形成总额比率应略低于现在的比率，但是，由于中国城市化后期加上"乡村振兴"计划的实施，物质资本投资在未来一定时期内仍会保持一个较高的水平，至少需要不低于 35%—40% 的水平。

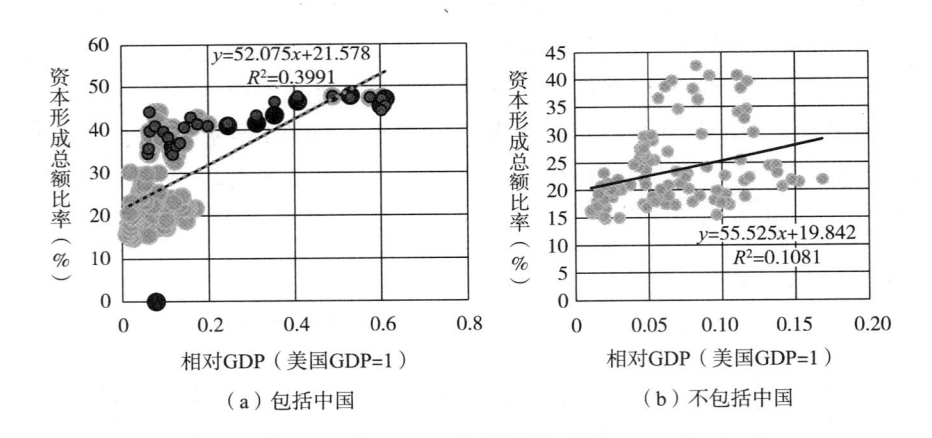

（a）包括中国　　　　　　（b）不包括中国

图 9-6　1990—2016 年金砖国家资本形成总额比率与相对 GDP 的关系

资料来源：世界银行 WDI 数据库。

（2）劳动力数量的变化。依据人口转型理论，随着经济发展水平的提高，人口的自然增长率应先提高后下降，因此会导致劳动力数量先增加后减少，实际的就业人口数量最终由劳动人口的总规模和劳动参与率的变化共同决定。

依据世界银行的 WDI 数据，如图 9-7 所示，2016 年，中国的劳动力绝对数量开始减少，总数量减少了 2316 万人。自 2010 年起，中国的劳动参与率出现了较大的下降，仅维持在略高于 70% 的水平上。结合经济合作与发展组织国家的劳动参与率的变化看，未来随着经济发展水平的提高和人口老龄化的加剧，劳动参与率有进一步下降的趋势。如图 9-8 所示，1990—2016 年，经济合作与发展组织国家的劳动参与率与美国的相对 GDP 呈负相关关系。在与美国的相对经济总量为 0.6—0.7 的水平上，劳动参与率为 60%—70%。结合中国劳动力总量和劳动参与率的变化情况看，未来中国的劳动供给在数量上会呈现下降的趋势。

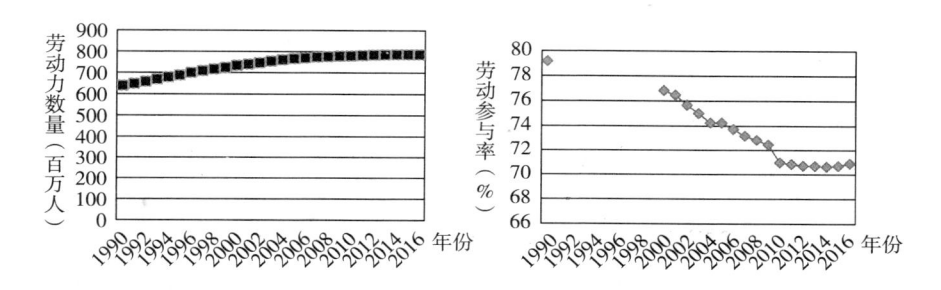

图 9-7　1990—2016 年中国劳动力数量和劳动参与率变化

资料来源：世界银行 WDI 数据库。

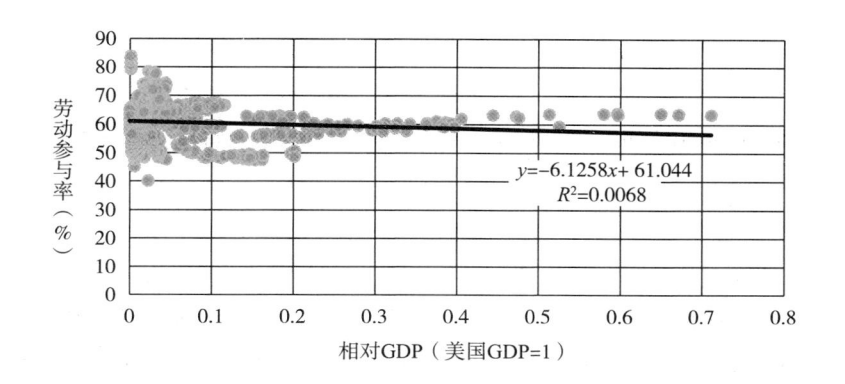

图 9-8　1990—2016 年经济合作与发展组织国家的劳动参与率和相对 GDP 的关系

$y=-6.1258x+61.044$
$R^2=0.0068$

资料来源：世界银行 WDI 数据库。

（3）劳动生产率的变化。随着经济的增长，中国的劳动生产率有了比较大的提高，如图 9-9（a）所示，2001 年之前，与印度的劳动生产率相比，中国虽然略低一些，但属于大体相当的水平；2001 年之后，中国与印度两国的劳动生产率均获得了稳步提高，但是，中国提高得更快，

2017年中国的劳动生产率是印度的1.6倍。而俄罗斯、南非和巴西的劳动生产率则一直比中国和印度高。2017年，俄罗斯的劳动生产率为49551美元（2011年美元价格），为金砖国家最高。尽管金砖国家的劳动生产率都是不断提高的，但是，从整体上讲，在追赶美国的过程中，如图9-9（b）所示，经济规模越大的经济体，劳动生产率越低。即使在不包括中国的情况下，金砖国家的劳动生产率依然是随着相对GDP上升而下降的。

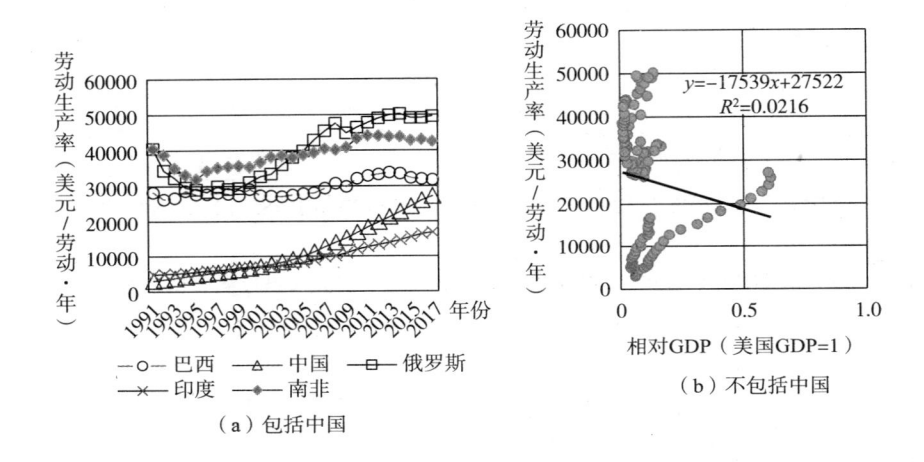

图9-9　1991—2017年金砖国家的劳动生产率（以2011年美元价格表示）

资料来源：根据世界银行WDI数据库。坐标纵轴以美国2011年美元价格标示。

与金砖国家不同，如图9-10所示，经济合作与发展组织国家的劳动生产率与相对GDP呈正相关关系，即随着与美国GDP总量水平的接近，劳动生产率水平是不断提高的，在相对GDP为0.6—0.7的水平上，劳动生产率达到5万美元（以2011年美元价格表示），是中国的两倍左右。由此可见，未来中国提高劳动生产率是有较大空间的。

（4）全要素生产率（TFP）的变化。由于TFP并非实际测算数据，需要通过理论推算，推算的阶段和方法的差异导致结果有较大的偏差。张军、施少华（2003）测算1979—1998年中国TFP增长率为2.8%；沈坤荣（2009）认为，1997—2002年中国的TFP增长率与经济增长率一样存在波动性，1984年达到最大值为9.12%，1990年达到最低值为-3.56%；中国经济增长前沿课题组（2017）认为，2008—2016 年的 TFP 平均增长率为 0.30%，预计 2017—2021 年平均为 1.67%。

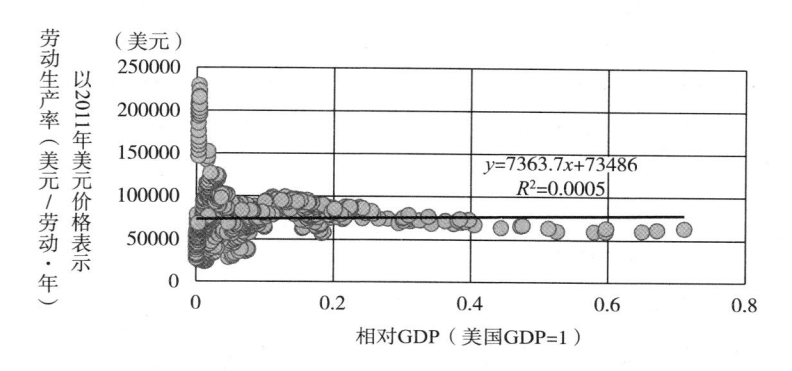

图 9-10　1991—2017 年经济合作与发展组织国家的劳动生产率与相对 GDP 的关系
资料来源：世界银行 WDI 数据库。

我们用索洛模型对中国的 TFP 增长率进行了测算，结果如图 9-11 所示，1979—2017 年，中国的全要素生产率增长率全部为正值，分布在 0.96%—1.08%。因此，从未来的发展趋势上看，尽管中国的 TFP 增长率处于波动状态，但整体上是正增长的。同时我们相信，未来随着结构改革和经济增长方式的转变，TFP 增长率仍将保持正值。

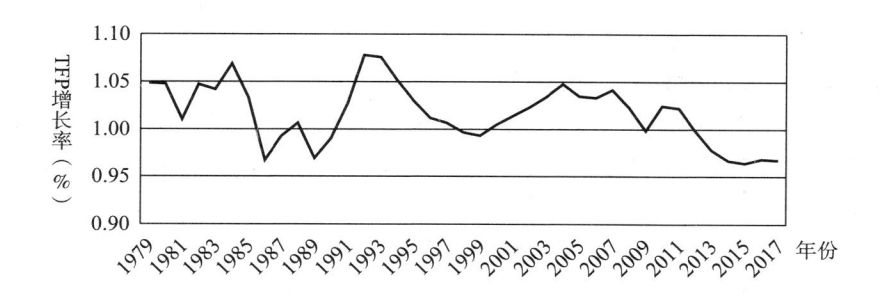

图 9-11　1979—2017 年中国 TFP 增长率变化
资料来源：依据历年《中国统计年鉴》数据计算。

尽管如此，与发达国家相比，作为追赶型经济体，中国现有的 TFP 增长水平是远远不够的。如图 9-12（a）所示，作为金砖国家，无论经济规模如何，与美国的相对 TFP 数据都是小于 1 的。不仅如此，随着经济规模与美国的接近，金砖国家相对于美国的相对 TFP 是下降的。而经济合作与发展组织国家则不同，如图 9-12（b）所示，随着经济规模与美国的接近，相对 TFP 是增大的，而且即使经济规模很小的阶段，相对 TFP 的数值很大一部分是大于 1 的。在与美国的相对 GDP 水平为 0.6—0.7，经济合作与发展组织国家的相对 TFP 数据为 0.8—1.0，这也相当于中国的两倍。

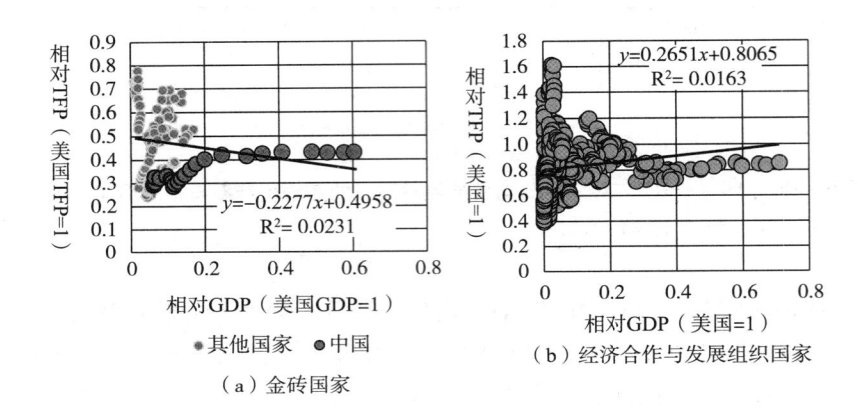

图 9-12　1991—2017 年金砖国家和经济合作与发展组织国家的相对 TFP 与相对 GDP 的关系

资料来源：来自宾州大学 PWT9.0 数据。

（二）经济增长潜力来源

如果将上述国际比较的因素综合在一起进行考虑，将来为了提高最终消费对经济增长的拉动作用，资本供给的数量增长率将降低，劳动供给有下降或负增长趋势，而劳动生产率和 TFP 增长率还有较大的上升空间，按现有的规模进行国际比较的结果显示，两者都至少还有 1 倍的上升空间。这表明未来中国经济增长的动力需进行转换，由要素数量驱动向要素效率驱动的转换，具体而言，就是提高劳动生产率和 TFP 增长率。为此，应从以下两个方面着手：

第一，优化产业结构，提高劳动生产率水平。三次产业的劳动生产率都存在较大的提升空间。在第一产业，一方面，在落实土地流转政策的基础上，继续将更多的劳动力从农村转移到城市，进而推进城市化进程；另一方面，引导和鼓励资本及先进技术进入农村，提高农业产业的现代化水平，提高第一产业的劳动生产率。对于第二产业和第三产业，则应提高产业的创新能力和内部的专业分工，使企业更具有活力和竞争力，优化产业结构，形成合理的产业布局和产业转移扩散，对于外溢性强的创新型企业应进行重点扶植。

第二，鼓励技术创新和应用。提高 TFP 水平最根本的办法是技术创新，并将创新的技术应用于产业发展。为此，需要长期进行知识和人力资本积累，同时加强知识产权保护。

四 结论和对策建议

经济增长经常被分为长期和短期两个部分来研究，因此，经济增长的平稳性也要相应地分为长期和短期来讨论。从长期角度来看，平稳增长表现为潜在产出能力持续不断地提高，即经济增长路径的平稳，可以通过对其进行供给侧的因素分析来判断平稳性及其长期可持续性；从短期角度来看，平稳增长表现为经济波动的减少或减弱，一般可以通过对其进行需求侧因素分析来判断波动的来源。

在长期增长趋势方面，理论分析表明，发展中经济体的长期增长率将呈现出阶段性变化，即具有"N"形走势。运用三种不同方法实证测算潜在经济增长率的结果表明，自 2010 年起，中国的潜在产出增长率就开始出现下降趋势，由两位数下降至 6%—7%。由此可以判断：中国正处于长期增长"N"形路径的 B 阶段，并正向 C 阶段过渡。

在短期增长周期平稳性方面，通过统计指标测算单次周期平稳性，表明中国经济波动的周期持续时间拉长了，周期振幅缩小了，离散程度也变小了，特别是 1992 年之后，这种经济波动周期的"扁平化"趋势更为明显。通过对 GDP 时序特征的计量分析发现，中国在 1978 年之前经济增长是不稳定的，并且没有趋势项，1978 年之后的经济增长是稳定的，且有趋势项，Chow 检验的结果表明，结构突变出现在 1992 年。从短期平稳性的综合比较结果来看，1992—2006 年的经济周期平稳性最高，2007 年至今的周期平稳性相比前一周期有所下降。上述两个测算结果表明，中国经济增长波动性降低并确立上升趋势是在 1992 年，可见，中国经济波动性的下降主要是确立社会主义市场经济体制和宏观政策调控的结果。发达的市场经济国家的经济波动情况也说明纯粹的市场经济无法实现经济波动的"扁平化",中国经济波动的"扁平化"就是政府干预的结果。

运用国际比较的方法,对中国未来经济增长的潜力进行分析发现,未来资本和劳动投入的数量将下降或减少,而劳动生产率和TFP增长率有较大的提升空间。因此,为了实现经济的平稳可持续增长,应继续做好以下三个方面的工作。

第一,继续加强和深化供给侧结构性改革。未来的经济增长方式应从需求拉动为主向供给驱动为主转变,改革的重心是提高经济增长质量和效益,建立提高经济增长效率的长效机制,是使经济增长方式由粗放向集约转变的关键。

第二,促进经济结构优化和均衡发展。特别是调整优化产业结构,促使第一产业的劳动力向第二产业和第三产业流动,同时使先进技术和资本向第一产业流动,促进第二产业和第三产业内部的结构优化调整,使内部产业结构高端化的同时,合理进行空间布局和扩散,提高产业的创新能力和国际竞争力。另外,要不断调整分配结构和地区结构,使其向更均衡的方面发展。

第三,从长期角度看,应加强知识和人力资本积累,建立知识产权保护制度,并鼓励技术创新的应用。

参考文献

[1] 白重恩、张琼:《中国经济增长前景》,《新金融评论》2015年第6期。

[2] 陈利锋:《产出缺口估算的新视角——基于劳动力市场效率的重构》,《天津财经大学学报》2014年第5期。

[3] 郭庆旺、贾俊雪:《中国潜在产出与产出缺口的估算》,《经济研究》2004年第5期。

[4] 龚六堂、谢丹阳:《我国省份之间的要素流动和边际生产率的差异分析》,《经济研究》2004年第1期。

[5] 古明明、张勇:《中国资本存量的再估算和分解》,《经济理论与经济管理》2012年第12期。

[6] 管晓明:《结构转型与中国潜在增长率的变动分析》,《金融理论与

实践》2014年第3期。

[7] 贺菊煌：《我国资产的估计》，《数量经济技术经济研究》1992年第8期。

[8] 黄勇峰、任若恩、刘晓生：《中国制造业资本存量永续盘存法估计》，《经济学季刊》2002年第1期。

[9] 林民书、张志民：《投资低效率与经济增长：对中国资本存量和无效投资的估算》，《河南社会科学》2008年第5期。

[10] 刘霞辉：《供给侧的宏观经济管理》，《经济学动态》2013年第10期。

[11] 肖宏伟、李辉：《中国经济潜在增长率测算及预测研究》，《理论探讨》2014年第11期。

[12] 任若恩、刘晓生：《关于中国资本存量估计的一些问题》，《数量经济技术经济研究》1997年第1期。

[13] 沈坤荣、张文杰：《中国经济增长的因素分析》，《江苏行政学院学报》2009年第2期。

[14] 沈坤荣、李猛：《中国潜在产出与产出缺口的测算方法：1952—2008》，《首都经济贸易大学学报》2010年第5期。

[15] 宋海岩、刘淄楠、蒋萍：《改革时期中国总投资决定因素的分析》，《世界经济文汇》2003年第1期。

[16] 单豪杰：《中国资本存量K的再估算：1952—2006》，《数量经济技术经济研究》2008年第10期。

[17] 田凤平、周先波、杨科：《基于面板数据的中国菲利普斯曲线非参数估计及分析》，《数理统计与管理》2014年第5期。

[18] 颜双波、张连城：《潜在产出与产出缺口的界定与测算方法》，《首都经济贸易大学学报》2007年第1期。

[19] 张连城：《中国经济增长路径与经济周期研究》，中国经济出版社2012年版。

[20] 张晓晶：《中国经济长期增长路径、效率与潜在增长水平》，载张平、刘霞辉《中国经济增长前沿》，社会科学文献出版社2007年版。

[21] 张连城、韩蓓：《中国潜在经济增长率分析——HP滤波平滑参数的选择及应用》，《经济与管理研究》2009年第3期。

[22] 张军、章元：《对中国资本存量K的再估计》，《经济研究》2003年

第 7 期。

［23］张军、施少华：《中国经济全要素生产率变动：1952—1998》，《世界经济文汇》2003 年第 2 期。

［24］张自然、袁富华、张平、楠玉：《中国经济增长报告（2016—2017）》，社会科学文献出版社 2017 年版。

［25］周晓艳、张杰、李鹏飞：《中国季度潜在产出与产出缺口的再估算——基于不可观测成分模型的贝叶斯方法》，《数量经济技术经济研究》2012 年第 10 期。

［26］中国人民银行营业管理部课题组：《基于生产函数法的潜在产出估计、产出缺口及与通货膨胀的关系：1978—2009》，《金融研究》2011 年第 3 期。

［27］Chatterjee, Statyajit, "From Cycles to Shocks: Progress in Business Cycle Theory", *Business Review (Federal Reserve Bank of Philadelphia)*, No. 2, 2000, pp. 1 – 11.

［28］Elmeskov, J., "High and Persistent Unemployment: Assessment of the Problem and Its Causes", Paper delivered to *Economics Department Working Paper*, Sponsored by the OECD, Paris, 1993.

［29］Frisch, R., "Propagation to Problems and Impulse Problems in Dynamic Economics", Paper Delivered to *Economic Essays in Honor of Gustav Cassel*, Sponsored by the G. Allen and Unwin Ltd., London, 1933.

［30］Goldsmith W. Raymond, "A Perpetual Inventory of National Wealth", *NBER Studies in Income and Wealth*, No. 14, 1951, pp. 5 – 73.

［31］Hall, R. E. and Jones, C. I., "Why do Some Countries Produce So Much More Output Per Worker than Others?", *Quarterly Journal of Economics*, Vol. 114, No. 1, 1999.

［32］Young, A., "Gold into Base Metals: Productivity Growth in the People's Republic of China during the Reform Period", *Journal of Political*, Vol. 111, No. 6, 2000.

［33］Hu, Zuliu F. and Mohsin S. Khan, "Why is China Growing So Fast?", *Staff Papers*, Vol. 44, No. 1, 1997.

第十章　短期经济波动如何影响长期增长

——来自中国省级层面的证据*

本章尝试把宏观经济学两大主题——短期波动和长期增长纳入统一的理论框架，并使用我国30个省份1982—2016年的数据，建立双向固定效应模型来验证短期波动对长期增长的影响。研究结果表明，中国各省份的短期波动对长期增长既有正向影响，又有负向影响；政策、市场、技术和制度的不确定性都会带来经济的波动；与政策的不确定性相比，市场，特别是国际市场的不确定性似乎更容易带来经济的波动性。为了促进经济的长期增长，政府应构建有利于企业技术创新的宏观环境，降低宏观政策的波动性。

一　引言

经济的短期波动和长期增长是宏观经济理论的两大主题，前者被称为经济周期，后者则被称为长期趋势。长期以来，学者针对两者的研究是分开进行的。在经济周期理论中，把长期趋势视为外生给定，只研究产出和失业在短期内围绕长期趋势上下波动。而在外生增长理论中，则完全不考虑短期的经济周期。这种研究范式在20世纪80年代被打破，真实经济周期（RBC）理论认为，生产力冲击是经济周期的主要源泉，增长和周期应该是统一的现象（阿吉翁和霍伊特，2004）。[①]一些文献开始试图克服传统的宏观经济理论将趋势和周期分割开来的做法，如基德兰和

---

*　本章由池建宇、赵家章执笔。
①　[美]阿吉翁、霍伊特：《内生增长理论》，陶然等译，北京大学出版社2004年版。

普雷斯科特（Kydland and Prescott，1982）[1]、郎和普洛瑟（Long and Plosser，1983）。[2] 然而，RBC 模型并不能从因果关系上解释短期波动和长期增长的关联趋势。越来越多的文献（如 Mendoza，1997[3]；de Hek and Roy，2010[4]；Jones et al.，2005[5]）表明，短期波动和长期趋势之间可能存在因果关系。这些文献在内生或外生增长理论的框架内探讨两者之间的关系。本章将在内生增长理论的基础上探究经济周期与长期增长之间的因果关系，并用中国的省际数据进行经验验证。

经济的波动来自不确定性，早期研究针对短期波动对长期增长的影响的文献可以追溯到菲尔普斯（Phelps，1962）[6] 与 Levhari 和 Srinivasan（1969）。[7] 理论文献大体上有三种范式。

第一种范式遵循内生增长模型中的 AK 形式，如斯塔勒（Stadler，1990）[8]、琼斯等（Jones et al.，2005）。这一思路遵循罗默（1986）[9] 将生产率冲击引入 AK 模型。琼斯等（2005）[10] 认为，如果把效用函数设定为凸函数，那么短期波动幅度的变动会导致长期的平均增长率相应地发生变动。如果家庭的跨期替代弹性较大，那么波动幅度增加会使平均增长率下降。如果家庭的跨期替代弹性较小，那么波动幅度增加会使平均

---

[1] Kydland, F. E. and Prescott, E. C., "Time to Build and Aggregate Fluctuations", *Econometrica*, Vol. 50, No. 6, 1982, pp. 1345 – 1370.

[2] Long, J. B. Jr. and Plosser, C. I., "Real Business Cycles", *Journal of Political Economy*, Vol. 91, No. 1, 1983, pp. 39 – 69.

[3] Mendoza, E. G., "Terms – of – trade Uncertainty and Economic Growth", *Journal of Development Economics*, Vol. 54, No. 2, 1997, pp. 323 – 356.

[4] Hek, P. and Roy, S., "On Sustained Growth under Uncertainty", *International Economic Review*, Vol. 42, No. 3, 2010, pp. 801 – 814.

[5] Jones, L. E., Manuelli, R. E., Siu, H. E. and Stacchetti, E., "Fluctuations in Convex Models of Endogenous Growth I: Growth Effects", *Review of Economic Dynamics*, Vol. 8, No. 4, 2005, pp. 780 – 804.

[6] Phelps, E. S., "The Accumulation of Risky Capital: A Sequential Utility Analysis", *Econometrica*, Vol. 30, No. 4, 1962, pp. 729 – 743.

[7] Levhari, D. and Srinivasan, T. N., "Optimal Savings under Uncertainty", *Review of Economic Studies*, Vol. 36, No. 2, 1969, pp. 153 – 163.

[8] Stadler, G. W., "Business Cycle Models with Endogenous Technology", *American Economic Review*, Vol. 80, No. 4, 1990, pp. 763 – 778.

[9] Romer, P. M., "Increasing Returns and Long – run Growth", *Journal of Political Economy*, Vol. 94, No. 5, 1986, pp. 1002 – 1037.

[10] Jones, L. E. and Manuelli, R. E., "Neoclassical Models of Endogenous Growth: The Effects of Fiscal Policy, Innovation and Fluctuations", *Handbook of Economic Growth*, 2005, pp. 13 – 65.

增长率提高。

第二种范式被称为熊彼特范式，强调短期的资本投资和长期的促进生产率的投资之间的差异。熊彼特（1999）① 认为，经济周期，特别是衰退提供了一种清洁机制，可以减少组织的无效和自由配置失误，从而促进长期经济增长率的提高。衰退对长期的经济增长产生正效应的第二个原因是机会成本或跨期替代效应，萧条期对产品的需求较低，因此，此时重建的机会成本会低于扩张期的重建机会成本（Hall，1991）。② 巴勒维（Barlevy，2007）③ 用科研套利的思想来说明短期波动对长期增长的影响。另外，还有很多文献进一步论证了经济波动对长期增长的正向效应的内在机制，如"惩戒效应"（Aghion and Saint－Paul，1998④；Nickell et al.，1992⑤）。阿吉翁等（2010）⑥ 在熊彼特范式的基础上引入了信用约束来说明短期波动对长期增长的影响。根据这个模型，在没有信用约束时，促进长期增长的投资倾向是逆周期的，在衰退期促进长期增长的投资的机会成本较低，从而短期的衰退具有促进长期增长的效果。

第三种范式是随机增长模型，其基本思想是：每一种新的活动都涉及一项固定成本，欠发达国家风险发散的能力较低，在波动性提高的情况下，企业倾向于更多地投资于较安全的技术，所以，不利于提高产出的增长率，而发达国家风险发散的能力较强，短期波动会有利于长期增长（Acemoglu and Zilibotti，1997）。⑦

根据以上三个范式的理论模型，经济波动对长期增长的影响方向和作用机制是复杂的。一方面，经济衰退会促使低效企业破产，新的效率

---

① ［美］熊彼特：《资本主义、社会主义与民主》，商务印书馆1999年版。

② Hall, R. E., "Recessions as Reorganizations", *NBER Macroeconomics Annual*, No. 7, 1991, pp. 17 – 47.

③ Barlevy, G., "On the Cyclicality of Research and Development", *American Economic Review*, Vol. 97, No. 4, 2007, pp. 1131 – 1164.

④ Aghion, P. and Saint – Paul, G., "Virtues of Bad Times Interaction between Productivity Growth and Economic Fluctuations", *Macroeconomic Dynamics*, Vol. 2, No. 3, 1998, pp. 322 – 344.

⑤ Nickell, S., Wadhwani, S. and Wall, M., "Productivity Growth in UK Companies, 1975 – 1986", *European Economic Review*, Vol. 36, No. 5, 1992, pp. 1055 – 1085.

⑥ Aghion, P., Angeletos, G. M., Banerjee, A. and Manova, K., "Volatility and Growth: Credit Constraints and the Composition of Investment", *Journal of Monetary Economics*, Vol. 57, No. 3, 2010, pp. 246 – 265.

⑦ Acemoglu, D. and Zilibotti, F., "Was Prometheus Unbound by Chance? Risk, Diversification, and Growth", *Journal of Political Economy*, Vol. 105, No. 4, 1997, pp. 709 – 751.

更高的企业可以利用释放出的资源，从而提高产出的长期增长率，而这个效应的发挥与信贷约束强度相关。另一方面，在跨期替代弹性较大时，家庭和企业从预防的动机出发，较高的波动性会降低长期投资，进而使长期增长率下降。由于在理论上波动性对长期增长正向和负向影响同时存在，有大量的经验性文献使用跨国数据对之进行验证。Kormendi 和 Meguire（1985）[1] 可能是最早对波动和增长关系进行验证的学者。他们使用 47 个国家 1950—1977 年的数据，用样本区间内各国平均增长率作为被解释变量，用增长率的标准差来衡量波动性进行回归。其结论是波动性对平均增长率存在显著的正向影响，即波动性较大的国家也拥有较高的增长率。Grier 和 Tullock（1989）[2] 进一步把样本国家扩大为 113 个，他们发现了与 Kormendi 和 Meguire（1985）相同的结果，即增长率的标准差对平均增长率存在显著的正效应。Koteski 等（2013）[3] 的分析也验证了这一结论。G. 拉姆齐和 V. A. 拉姆齐（G. Ramey and Ramey, V. A., 1995）[4] 分别使用了 92 个国家以及其中 25 个经济合作与发展组织国家的数据验证了平均增长率与增长率的标准差之间的关系。G. 拉姆齐和 V. A. 拉姆齐（1995）[5] 的控制变量包括投资占 GDP 比重、平均人口增长率、初始人力资本和初始人均 GDP，使用极大似然估计进行估计。他们发现，使用全样本进行估计，波动性对平均增长率有显著的负向影响，但对经济合作与发展组织国家的数据进行回归的结果却使这种影响为正，但不显著。

随后，有大量文献在 G. 拉姆齐和 V. A. 拉姆齐（1995）[6] 的基础上对波动性和平均增长率之间的关系进行经验验证，如巴勒维（2004）[7]、法塔

---

[1] Kormendi, R. C. and Meguire, P. G., "Macroeconomic Determinants of Growth: Cross–country Evidence", *Journal of Monetary Economics*, Vol. 16, No. 2, 1985, pp. 141–163.

[2] Grier, K. B. and Tullock, G., "An Empirical Analysis of Cross–national Economic Growth, 1951–1980", *Journal of Monetary Economics*, Vol. 24, No. 2, 1989, pp. 259–276.

[3] Koteski, C., Josheski, D., Dimitrov, N., Jakovlev, Z., Bardarova, S. and Serafimova, M., "Volatility and Growth", *Wulfenia Journal*, Vol. 20, No. 12, 2013, pp. 1–12.

[4] Ramey, G. and Ramey, V. A., "Cross–Country Evidence on the Link between Volatility and Growth", *American Economic Review*, Vol. 85, No. 5, 1995, pp. 1138–1151.

[5] Ibid..

[6] Ibid..

[7] Barlevy, G., "The Cost of Business Cycles under Endogenous Growth", *American Economic Review*, Vol. 94, No. 4, 2004, pp. 964–990.

斯（Fatas，2011）①、克罗夫特和劳伊德-埃科斯（Kroft and Lloyd-Ellis，2002）② 得出了相似的结论，即短期波动对增长存在负向影响。也有一些文献的经验分析结果表明，波动性对长期增长的影响是正向的。事实上，无论是正向影响还是负向影响，都需要考虑一些约束条件。一些文献试图找到波动性影响投资，进而影响长期增长的内在机制，说明哪些因素会影响波动性的规模，进而影响长期增长。这些因素包括通货膨胀、贸易、信贷约束、金融发展水平、制度等（Siegler，2005③；Mendoza，1997；Aghion et al.，2010；Aghion and Marinescu，2007④；Fatás and Mihov，2003⑤）。还有一些文献指出，波动性对长期增长并不存在实质性的影响（Dawson and Stephenson，1997）。⑥

近年来，国内涌现了大量针对该主题的理论性和经验性文献。陈昆亭等（2012）⑦ 研究发现，中国1978年以前，经济波动与增长呈负相关关系，1978年之后，两者的关系变为正相关关系，并建立了一个基于人力资本形成机制的随机增长模型来解释这个现象。李涛（2001）⑧ 建立了一个反映周期波动的增长模型，将短期波动与长期增长联系在一起。有很多经验性文献使用中国的数据验证了波动性对长期增长的影响，但得出的结论并不相同。王钰（Wang，Y.，2014）⑨、卢二坡和曾五一（2008）⑩、

---

① Fatás, A., "The Effects of Bussiness Cycles on Growth", *Central Banking, Analysis, and Economic Policies Book Series*, Vol. 6, 2011, pp. 191–220.

② Kroft, K. and Lloyd-Ellis, H., *Further Cross-country Evidence on the Link between Growth, Volatility and Business Cycles*, Sponsored by the Queens University, Department of Economic, 2002.

③ Siegler, M. V., "International Growth and Volatility in Historical Perspective", *Applied Economics Letters*, Vol. 12, No. 2, 2005, pp. 67–71.

④ Aghion, P. and Marinescu, I., "Cyclical Budgetary Policy and Economic Growth: What do We Learn from OECD Panel Data?", *NBER Macroeconomics Annual*, Vol. 22, 2007, pp. 251–297.

⑤ Fatás, A. and Mihov, I., "Policy Volatility, Institutions, and Economic Growth", *Review of Economics and Statistics*, Vol. 95, No. 2, 2003, pp. 362–376.

⑥ Dawson, J. W. and Stephenson, E. F., "The Link between Volatility and Growth: Evidence from the States", *Economics Letters*, Vol. 55, No. 3, 1997, pp. 365–369.

⑦ 陈昆亭、周炎、龚六堂：《短期经济波动如何影响长期增长趋势？》，《经济研究》2012年第1期。

⑧ 李涛：《一个反映长周期波动的增长模型》，《世界经济》2001年第7期。

⑨ Wang, Y., "How Business Cycle Volatility Affect Economic Growth in China? An Empirical Study Based on GARCH-M Model Using the 1952–2012 Data", *Advance Journal of Food Science and Technology*, Vol. 6, No. 7, 2014, pp. 934–940.

⑩ 卢二坡、曾五一：《转型期中国经济短期波动对长期增长影响的实证研究》，《管理世界》2008年第12期。

周达军（2007）[①]的研究支持了 G. 拉姆齐和 V. A. 拉姆齐（1995）的结论，即短期波动对长期增长的影响方向为负，但也有文献并不支持这个结论，如卢二坡和王泽填（2007）[②]、李永友（2006）。[③]

本章试图分别用中国省际截面数据和面板数据来解释短期波动性对中国长期增长的影响方向。

二 理论模型

基于 Jones 和 Manuelli（2005）的模型，我们假设储蓄决策由一个代表性家庭做出。在每一时刻，该家庭都从其当前消费中获得效用，如果该家庭的当前消费为 c，则其当期的效用由效用函数 u(c) 给定，该函数定义为：

$$u(c) = \frac{c^{1-\theta} - 1}{1 - \theta} \tag{10.1}$$

式中，$\theta > 0$。[④] 无论消费水平如何，家庭在当前消费和未来消费之间都具有相同的替代弹性 $1/\theta$，它决定了家庭跨期平滑消费的愿望，而这种愿望独立于消费水平。[⑤]

这样，代表性家庭整个生命周期内的效用函数为：

$$U = E\left[\int_0^\infty e^{-\rho t} \frac{c_t^{1-\theta}}{1-\theta} dt \mid F_0\right] \tag{10.2}$$

本章考虑个人同时投资于人力资本和物质资本，假设人力资本利用率为常数。家庭面临的约束条件为：

$$dk_t = [F(k_t, h_t) - \delta_k k_t - x_t - c_t]dt + \sigma_y F(k_t, h_t)dW_t$$
$$dh_t = -\delta_h h_t + x_t dt + \sigma_h h_t dW_t + \eta h_t dZ_t \tag{10.3}$$

式中，(W_t, Z_t) 是一个独立的标准布朗运动变量向量，F 为一阶齐

[①] 周达军：《我国经济波动对增长的负面效应的实证分析》，《经济管理》2007 年第 14 期。
[②] 卢二坡、王泽填：《短期波动对长期增长的效应——基于省际面板数据的经验证据》，《统计研究》2007 年第 6 期。
[③] 李永友：《经济波动对经济增长的减损效应：中国的经验证据》，《当代经济科学》2006 年第 4 期。
[④] 显然，$\theta \to 1$ 时，$u(c) \to \ln(c)$。
[⑤] θ 实际上是边际效用弹性，θ 也被称为相对风险厌恶系数。

次凹函数。

令 xt = kt + ht，它代表总财富，包括人力资本和物质资本，可以得到效用方程在约束条件下最大化问题的汉密尔顿—雅各比—贝尔曼（Hamilton – Jacobi – Bellman）方程为：

$$\rho V(x) = \max_{c,\alpha} \left\{ \frac{c^{1-\theta}}{1-\theta} + V'(x)\{[F(\alpha, 1-\alpha) - \delta(\alpha)]x_t - c_t\} + \frac{V''(x)x^2}{2}\sigma^2(\alpha) \right\} \quad (10.4)$$

为了便于处理技术进步带来的波动，我们假设 F 为柯布—道格拉斯生产函数。那么关于α的最优选择的一阶条件为：

$$\phi(\alpha)\hat{F}(\alpha)[1 - \theta\sigma_y^2\hat{F}(\alpha)] = 0 \quad (10.5)$$

式中，$\hat{F}(\alpha) = A\alpha^\omega(1-\alpha)^\omega$，$\varphi(\alpha) = \frac{\omega}{\alpha} - \frac{1-\omega}{1-\alpha}$。

这个解的性质取决于技术的波动性σ_x^2的大小。可以分成两种情况：

（1）情况 A：较小的技术波动，即 $\sigma_x^2 \leq \frac{1}{\theta\hat{F}(\omega)}$；

（2）情况 B：较大的技术波动，即 $\sigma_x^2 > \frac{1}{\theta\hat{F}(\omega)}$。

这意味着这两种情况下的平均增长率（γ）和增长率的标准差（σ_γ）分别为：

$$\gamma_A = \frac{\hat{F}(\omega) - (\rho+\delta)}{\theta} - \frac{1-\theta}{2}\sigma_x^2[\hat{F}(\omega)]^2 \cdot \sigma_{\gamma A} = \sigma_x\hat{F}(\omega) \quad (10.6)$$

$$\gamma_B = \frac{1}{\theta}\left[\frac{1+\theta}{2\theta\sigma_x^2} - (\rho+\delta)\right] \cdot \sigma_{\gamma B} = \frac{1}{\theta\sigma_x} \quad (10.7)$$

显然，在情况 B 下，σ_x^2较大，平均增长率和增长率的标准差之间呈正相关关系；在情况 A 下，σ_x^2较小，两者之间相关关系的符号取决于θ的大小。由于中国特殊的文化和国情，中国的储蓄率较高，这说明中国家庭的跨期消费的替代弹性1/θ较大，即边际效用弹性θ较小。所以，我们假定 0 < θ < 1，这个假定符合中国实际。[①]

从理论上说，如果两个地区有不同的σ_x^2，却会有相同的σ_γ。注意到

---

① 根据跨国总量消费研究，大多数国家的情形是跨期消费替代弹性大于1，即 θ > 1（阿格因和豪伊特，2011）。这种情形与我们的假设相反。

任何σ_γ在其取值范围内,都对应σ_x的两个取值,一个小于$\sqrt{\dfrac{1}{\hat{\theta}F(\omega)}}$,另一个大于$\sqrt{\dfrac{1}{\hat{\theta}F(\omega)}}$。根据我们的$0<\theta<1$假设,图10-1显示了平均增长率和增长率的标准差之间的关系。

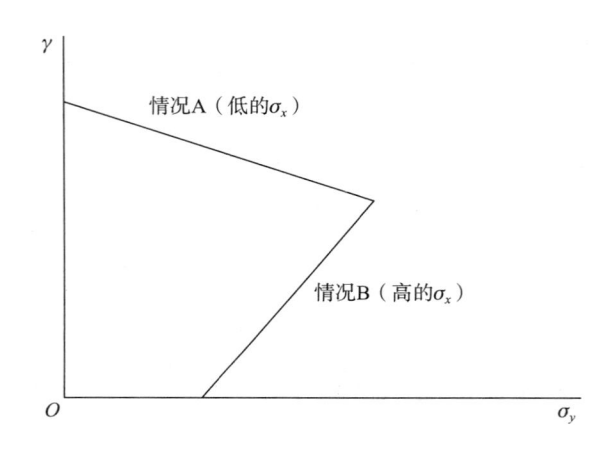

图10-1 增长率(σ_γ)和增长率的波动(γ)的关系

如果地区之间的异质性完全来自技术冲击的变化σ_x,那么,这个模型意味着所有的数据点都分布在图10-1描绘的两条线的某一条上。在这些点中,任意选一个位置,σ_γ和γ的相关关系有可能为正,也有可能为负。如果技术冲击较大,那么,增长率的波动性提高也会使平均增长率提高,但是,如果技术冲击较小,则增长率的波动性上升则降低平均增长率。

三 计量模型和数据来源

(一) 计量模型

在G. 拉姆齐和V. A. 拉姆齐(1995)的基础上构造计量模型,使用中国30个省份的数据,对人均实际GDP的平均增长率与它的标准差进行回归。首先考虑不随时间变动而变动的波动性,使用截面数据进行回归。

对中国各省份 1982—2016 年的平均增长率与增长的波动性进行回归，然后在回归中加入控制变量集合以保证回归结果的稳健性。截面回归采用如下计量模型：

$$\gamma_i = \beta X_i + \lambda \sigma_i + \eta \sigma_i^2 + u_i \tag{10.8}$$

式中，下标 i 为各省份的编号（$i=1, 2, \cdots, 30$），γ 和 σ 分别是各省份 1982—2016 年经济增长率（growth）的均值和标准差，我们用它们分别表示经济的长期增长和短期波动。各省份经济增长率用实际人均 GDP 的对数差分实现，如果用 y 表示实际人均 GDP，那么，$\text{growth}_t = \Delta\log(y_t/y_{t-1})$。

由于波动对长期增长的影响既有正向影响，又有负向影响，我们引入 σ 的平方项，这可以更准确地探究波动对长期增长的影响。X 是控制变量，包括平均投资比率（av_inves）、人口的平均增长率（av_pop）、平均对外依存度（av_open）和平均人力资本（av_human），u 是误差项。

考虑到波动性会随时间变动而变动，我们以 5 年为周期计算各省份每个周期内增长率的波动性。用 1982—2016 年每个周期的平均增长率对增长率的波动进行面板回归，共 7 个周期。这 7 个周期分别是：1982—1986 年、1987—1991 年、1992—1996 年、1997—2001 年、2002—2006 年、2007—2011 年和 2012—2016 年。同截面回归一样，我们的面板回归也控制了相应的条件变量。面板回归模型为：

$$\gamma_{it} = \beta X_{it} + \lambda \sigma_{it} + \delta \sigma_{it}^2 + \mu_i + \eta_t + u_{it} \tag{10.9}$$

式中，下标 t 代表周期的序号（$t=1, 2, \cdots, 7$）。第 i 省份在第 t 个周期内人均实际 GDP 的平均增长率 γ_{it} 是该周期历年增长率的平均数，它衡量每个周期内经济的平均增长。而 σ_{it} 是周期内人均实际 GDP 增长率的标准差，它衡量每个周期内的短期波动。与截面回归一样，我们在面板回归中也引入了波动的平方项。面板回归中，控制变量 X 包括平均投资比率（av_inves）、平均人口增长率（av_pop）、平均对外依存度（av_open）、平均人力资本（av_human）、初始人力资本（周期内首年的人力资本，i_human）、初始 GDP（周期内首年人均实际 GDP 的对数，i_gdp）。

接下来，我们试图探究经济波动的源泉，让产出的波动性对政策的波动和国外市场的波动做回归，探究市场波动和政策波动对产出波动性的贡献。最后，我们以 7 年周期计算波动性，进行面板回归来作为稳健性检验，以验证上面结论的可靠性。

(二) 数据来源

在上述模型中,经济增长率(growth)使用各省份人均实际 GDP 的增长率数据,它通过人均实际 GDP 对数的差分得到,投资比率(inves)为投资总额占 GDP 比重,人口增长率(pop)使用人口自然增长率数据,对外依存度(open)使用进出口总额占 GDP 比重数据,人力资本(human)为在校生人数占就业人口比重,政府支出比率(gov)为政府支出占 GDP 比重。所有数据均来自历年各省份统计年鉴以及《新中国统计资料六十年汇编》。我们对各变量的原始数据均通过双边或单边缩尾来处理离群值。表 10-1 列出了各变量的描述统计量。

表 10-1 各变量的描述统计量

变量	变量定义	均值	中位数	标准差	最小值	最大值
growth	GDP 增长率	0.085	0.084	0.207	-1.708	1.962
inves	投资率	0.431	0.358	0.213	0.145	1.135
pop	人口增长率	8.315	7.790	4.815	-3.240	20.95
human	人力资本	0.015	0.008	0.014	0.001	0.059
i_gdp	初始 GDP	7.283	7.148	1.003	5.156	10.36
i_human	初始人力资本	0.013	0.006	0.0140	0.001	0.065
gov	政府支出比率	0.160	0.139	0.084	0.049	1.058
open	对外开放度	0.308	0.109	0.456	0	2.155
σ_i	截面回归波动性	0.169	0.074	0.149	0.045	0.438
σ_{it}	5 年周期面板数据的波动性	0.084	0.038	0.206	0.003	1.271

四 计量结果和分析

(一) 截面回归

我们使用 1978—2012 年的数据对式 (10.1) 做截面回归。回归结果如表 10-2 所示。

表 10-2　　　　　　　增长对波动的截面数据回归结果

	方程（1）	方程（2）	方程（3）	方程（4）	方程（5）
σ	0.019*** (4.59)	0.428*** (13.26)		-0.002 (-0.67)	0.377*** (12.10)
σ^2		-0.864*** (-13.14)			-0.779*** (-12.41)
av_inves			0.161*** (13.50)	0.164*** (16.10)	0.082*** (9.09)
av_pop			-0.001*** (-3.11)	-0.001*** (-3.29)	0.001** (2.54)
av_open			0.016*** (13.13)	0.016*** (12.61)	0.010*** (7.35)
av_human			-1.065*** (-11.51)	-1.068*** (-11.54)	-0.423*** (-4.71)
常数项	0.083*** (136.72)	0.057*** (29.91)	0.035*** (7.65)	0.034*** (7.95)	0.023*** (6.76)
样本数	30	30	30	30	30
调整的 R^2	0.058	0.128	0.235	0.246	0.332

注：括号中数字为各系数根据异方差稳健的标准误计算得到的 t 值；*、** 和 *** 分别表示在 10%、5% 和 1% 的显著性水平下显著。

表 10-2 中，方程（1）中，用产出的平均增长率（γ）对波动性即产出的标准差（σ）做回归，发现波动性的系数显著为正，这验证了波动性对平均增长可能存在正向影响。方程（2）中加入波动性的平方项（σ^2）。回归结果显示，波动性的系数显著为正，而波动性平方的系数则显著为负，这说明随着波动规模的变化，波动性对长期增长率的影响方向也有可能发生变化。方程（3）仅仅对控制变量做回归，这些变量均统计显著。根据这些系数的符号可知，投资、对外开放度都对长期增长有正向影响，而人口增长率和人力资本则对长期增长有负向影响。这些控制变量中，各个变量系数的符号均符合我们的预期，与增长理论的结论相吻合。

方程（4）和方程（5）我们把控制变量和波动性均加入回归。各变量的系数符号及显著性与方程（1）、方程（2）和方程（3）相比没有发生本质变化。我们重点关注波动对长期增长的影响。根据方程（5）中 σ

和 σ^2 的系数，我们可以得到波动性对长期增长的边际影响是：$\dfrac{d\gamma}{d\sigma} = 0.377 - 1.558\sigma$。

可以看出，当 $\sigma > 0.216$ 时，$d\gamma/d\sigma < 0$。根据表 10-1 的信息，我们知道，σ 的最大值为 0.438，最小值为 0.045，所以，$d\gamma/d\sigma < 0$ 并不总是成立。也就是说，中国各省份波动性对长期增长的影响方向可能为负（$\sigma > 0.216$），也可能为正（$\sigma < 0.216$），这种影响是倒"U"形的。进一步地，根据方程（5）的回归结果，画出平均增长和波动性之间的拟合关系（见图 10-2）。图 10-2 直观地反映了短期波动与长期增长之间的倒 U 形关系。即当产出波动性较小时，增加波动性会促进增长；当波动性较大时，继续增加波动性则会降低产出的长期增长。

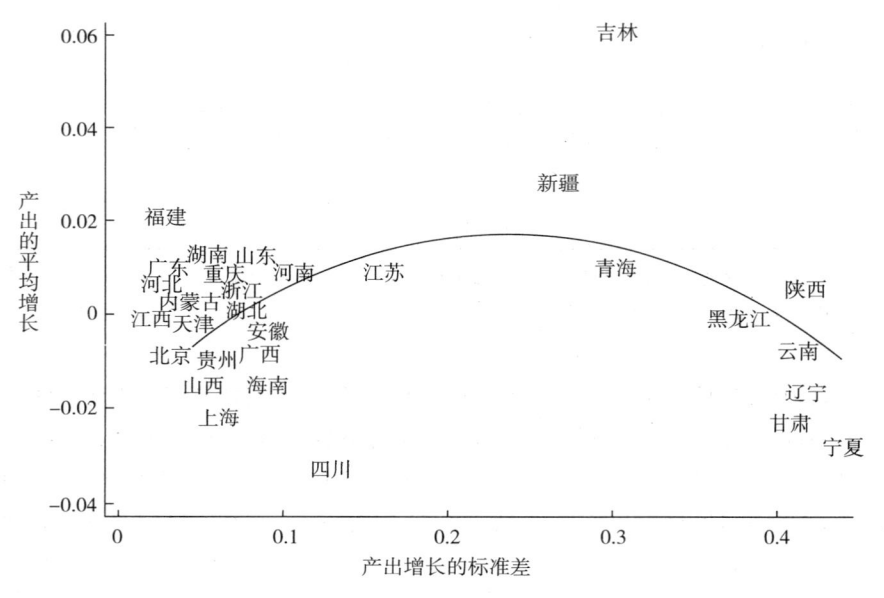

图 10-2 长期增长和波动性之间的相关关系

（二）面板回归

在截面回归中，只反映了不同省份经济增长波动之间的差别，而没有考虑随时间变动而发生相应变动的波动性。因此，本部分既考虑波动性在截面方面的差别，又考虑在时间方面的差别。我们把样本区间（35年）分为 5 个周期，在每个周期内计算增长的平均值和标准差，来进行面板回归,我们的回归均为既考虑个体固定效应又考虑时间固定效应的双向固定效应模型。表 10-3 给出了回归结果。

表 10-3　　　　　　波动与增长的 5 年周期面板回归结果

	方程 (1) FE	方程 (2) FE	方程 (3) FE	方程 (4) FE	方程 (5) FE
av_invest	0.114*** (3.22)			0.121*** (3.49)	0.121*** (3.49)
av_pop	-0.004*** (-4.16)			-0.004*** (-4.47)	-0.004*** (-4.47)
av_human	2.203** (2.26)			2.246** (2.18)	2.246** (2.18)
i_gdp	-0.063*** (-5.54)			-0.060*** (-5.95)	-0.060*** (-5.95)
i_human	-1.165 (-1.28)			-1.433 (-1.45)	-1.433 (-1.45)
σ		-0.193 (-1.33)	0.410** (2.00)	0.279* (1.66)	0.279* (1.66)
σ^2			-3.508*** (-3.81)	-3.121*** (-3.76)	-3.121*** (-3.76)
trend					0.015** (2.29)
常数项	0.463*** (5.59)	0.051*** (3.90)	0.029** (2.16)	0.443*** (5.89)	0.428*** (6.12)
样本数	208	210	210	208	208
调整的 R^2	0.665	0.505	0.529	0.703	0.703

注:括号中数字为各系数根据异方差稳健的标准误计算得到的 t 值;*、** 和 *** 分别表示在 10%、5% 和 1% 的显著性水平下显著。

方程 (1) 中,用平均增长率对各控制变量进行回归,各变量均统计显著。注意到平均人力资本 (av_human) 的系数显著为正,与截面回归的结果正好相反。显然,面板回归提供了更多的样本信息,它的结果更加可信,人力资本对平均增长率有显著的促进作用,这也与经典理论相一致。而其他控制变量的系数的符号及其显著性与截面回归相同，这进一步证实了经典理论中投资、人口增长率对经济增长的显著作用。另外，注意到 i_gdp 的系数显著为负，这说明我国各省份的平均增长率存在收敛的趋势，初始 GDP 水平较低的省份会有较高的平均增长率，这与巴罗（2004）[①] 的经验分析相符。方程（2）只对波动性进行回归，发现它的系数并不显著。方程（3）只对波动性和波动性的平方进行回归。结果发现，波动性的平方对平均增长率有显著的正向影响，而波动性的系数则显著为正。由于未控制其他变量，这两列的结果并不可靠，还需进一步进行分析。方程（4）我们把控制变量和波动及其平方项都加入回归。可以看出，σ 和 σ^2 的系数的符号和显著性与方程（3）相同。

为了进一步验证方程（3）、方程（4）的结论，我们在方程（5）进一步加入了时间趋势项，回归结果与方程（4）基本相同。这说明方程（4）的结果是比较可靠的。根据方程（4）和方程（5）的结果，波动性对平均增长的边际效应为：

$$\frac{d\gamma}{d\sigma} = 0.279 - 6.242\sigma \tag{10.10}$$

可以看出，波动性对长期增长的边际影响并不是常数，而是与波动的规模有关。通过计算可以得到，当 $\sigma > 0.0447$ 时，$d\gamma/d\sigma < 0$，即此时波动性增加会使得平均增长率下降；当 $\sigma < 0.0447$ 时，$d\gamma/d\sigma > 0$，即此时波动性增加会有助于提高平均增长率。根据表 10-1 的信息可知，波动性 σ 的最小值和最大值分别为 0.003 和 1.271，这说明波动性增加既有可能提高也有可能降低平均增长率。

下面我们探究经济波动性的源泉。一般认为，经济的波动性主要来自政策和技术两个方面（Jones and Manuelli，2005）。[②] 政策方面的波动，我们使用政府支出占 GDP 比重（gov）的标准差作为代理变量；技术方面的波动，我们很难测量，所以，这里没有考虑技术进步带来的波动。另外，考虑到中国自改革开放以来的重要特征是对外依存度的不断提升，国外市场的不确定性成为我国经济波动性的重要源泉。我们使用增长率的波动对政策的波动性和国外市场的波动性做回归以探究中国经济波动

[①] 巴罗：《经济增长的决定因素：跨国经验研究》，中国人民大学出版社 2004 年版。

[②] Jones, L. E. and Manuelli, R. E., "Neoclassical Models of Endogenous Growth: The Effects of Fiscal Policy, Innovation and Fluctuations", *Handbook of Economic Growth*, 2005, pp. 13–65.

性的源泉。其中,政策的波动性使用政府支出占 GDP 比重(gov)的标准差衡量,而国外市场的波动性用对外开放度(open)的标准差来衡量。表 10-4 列出了回归结果。

表 10-4　　　　　　波动性与政策波动和外贸波动的关系

	(1)	(2)	(3)
	FE	FE	FE
σ_gov	0.043		0.056*
	(1.39)		(1.86)
σ_open		0.064**	0.067**
		(2.52)	(2.60)
常数项	0.047***	0.042***	0.040***
	(4.99)	(3.46)	(3.27)
样本数	209	204	203
调整的 R^2	0.499	0.511	0.511

注:被解释变量为产出增长率的标准差(σ);括号中数字为各系数根据异方差稳健的标准误计算得到的 t 值;*、** 和 *** 分别表示在 10%、5% 和 1% 的显著性水平下显著。

表 10-4 的回归同样是同时控制了个体和时间效应的固定效应模型。第(1)列中,我们让增长的波动性对政策的波动性做回归,发现这个变量并不显著;第(2)列中,我们让增长的波动性对国外市场的波动性做回归,结果表明,这个系数显著为正;在第(3)列中,我们同时引入政策的波动性和国外市场的波动性作为解释变量,发现这两个变量的系数都显著为正。以上三个回归的结果表明,政府的政策和国外市场的不确定性都是经济波动的源泉,而国外市场的波动性似乎更加重要。注意到第(3)列调整的 R^2 为 0.511,这说明政府的政策和国际市场的不确定性可以解释经济波动的一半,另外一半应该用技术和制度方面的不确定性来解释。

(三)稳健性检验

进一步使用 7 年为一个周期对波动性和长期增长之间的关系进行稳健性检验。因此,在本章研究时间段内,共有 5 个周期:1982—1988 年、1989—1995 年、1996—2002 年、2003—2009 年和 2010—2016 年。回归结果见表10-5。

表10-5　　　　　　　波动与增长估计结果（7年周期）

	(1)	(2)	(3)	(4)	(5)
	FE	FE	FE	FE	FE
av_inves	0.098***			0.105***	0.105***
	(3.40)			(3.61)	(3.61)
av_pop	-0.004***			-0.004***	-0.004***
	(-2.95)			(-3.81)	(-3.81)
av_human	4.244**			4.458**	4.458**
	(2.29)			(2.54)	(2.54)
i_gdp	-0.059***			-0.059***	-0.059***
	(-4.68)			(-5.35)	(-5.35)
i_human	-3.619*			-4.157**	-4.157**
	(-1.89)			(-2.34)	(-2.34)
σ		-0.217	0.093	0.269**	0.269**
		(-1.53)	(0.45)	(2.08)	(2.08)
σ^2			-2.326**	-3.710***	-3.710***
			(-2.35)	(-5.92)	(-5.92)
trend					0.020**
					(2.19)
常数项	0.460***	0.070***	0.059***	0.471***	0.451***
	(4.94)	(5.02)	(4.01)	(5.64)	(5.93)
样本数	149	150	150	149	149
调整的 R^2	0.682	0.527	0.541	0.739	0.739

注：被解释变量为产出增长率的标准差（σ）；括号中数字为各系数根据异方差稳健的标准误计算得到的t值；*、**和***分别表示在10%、5%和1%的显著性水平下显著。

表10-5的回归结果与表10-3基本相同。表10-5第（4）列和第（5）列中，波动性的系数显著为正，而波动性平方的系数显著为负，这与表10-3的结果一致，并且这两个系数的值与表10-3也几乎完全相同，这说明表10-3的结果是稳健的。

五 结论和政策建议

(一) 结论

本章使用我国30个省份1982—2016年的数据,分析我国跨地区经济短期波动对长期增长的影响,得到如下主要结论:在控制了投资比率、人口增长率、外贸依存度、人力资本等因素后,省级层面经济的短期波动对长期增长的影响方向不确定,它与波动的幅度有关;如果波动的幅度较小,那么,经济波动性增加将有助于经济的长期增长率的提升;越过临界值后,波动幅度的增加只会降低经济的长期增长;稳健性检验表明,上述结论仍旧成立;对经济波动源泉的探究表明,市场特别是国际市场的不确定性似乎是中国各省份增长短期波动的主要因素,而政府的政策尽管也会带来增长的波动性,但它并不是经济波动的主要原因。

(二) 政策建议

经济波动的来源是复杂的,技术、政策、市场的不确定性都会带来经济的短期波动。一般认为,波动性对长期增长的正向影响主要来自技术创新的冲击,而波动性对长期增长的负向影响则主要来自政策和市场的不确定性(阿格因和豪伊特,2011)。对中国经济的长期增长来说,波动的正向效应和负向效应同时存在。从目前来看,我国经济增长的波动幅度并不算大。[①] 因此,无须对波动的幅度过度关注,关键是为企业创新提供足够的条件和激励机制,增加技术冲击对经济总体波动的贡献。一个国家企业的技术创新能力也是一国经济波动性的重要源泉,各国经济社会发展越来越依赖于理论、制度、科技、文化等领域的创新,国际竞争力也越来越体现在创新能力上。科技创新对经济发展的贡献率越大,发展质量也就越高。所以,一个企业应通过并购、投资或研发等方式引进高新技术,提高生产效率和产量,或者调整企业内部的资源配置,将更多的资金应用到创新、高效率的项目中去,进而提升经济总体的波动幅度。同时,政府也要大力培育发展新动能,加强国家创新体系建设,

---

① 1982—2016年,我国30个省份的平均增长率为8.5%,而以5年为周期计算的波动的平均值为0.084。

加强对企业特别是中小企业创新的支持，以促进科技成果的转化。同时，尽量避免政策本身带给企业和个人的不确定性。这样，即使经济的波动幅度有所提高，也会对经济的长期增长产生有利的影响，从而实现经济可持续发展。

从外部因素来看，国际市场的不确定性会带来经济的波动性，而降低经济的波动性有助于提高产出的长期增长，所以，我们需要采取措施来降低国际市场的不确定性，通过多种渠道去了解国际市场的价格、政策、国与国之间的关系等一系列问题的变化，以应对突如其来的动荡。从内部因素来看，一国的政府政策和企业的技术水平也对经济波动幅度有很大的影响。从政府方面来看，政府应制定一些稳定性政策并减少对市场的干预，这有助于减小或稳定经济波动，有助于促进长期的经济增长。

参考文献

[1] [美] 阿吉翁、霍伊特：《内生增长理论》，陶然等译，北京大学出版社 2004 年版。

[2] [美] 巴罗：《经济增长的决定因素：跨国经验研究》，中译本，中国人民大学出版社 2004 年版。

[3] 陈昆亭、周炎、龚六堂：《短期经济波动如何影响长期增长趋势?》，《经济研究》2012 年第 1 期。

[4] 李涛：《一个反映长周期波动的增长模型》，《世界经济》2001 年第 7 期。

[5] 李永友：《经济波动对经济增长的减损效应：中国的经验证据》，《当代经济科学》2006 年第 4 期。

[6] 卢二坡、王泽填：《短期波动对长期增长的效应——基于省际面板数据的经验证据》，《统计研究》2007 年第 6 期。

[7] 卢二坡、曾五一：《转型期中国经济短期波动对长期增长影响的实证研究》，《管理世界》2008 年第 12 期。

[8] [美] 熊彼特：《资本主义、社会主义与民主》，商务印书馆 1999 年版。

[9] 周达军：《我国经济波动对增长的负面效应的实证分析》，《经济管理》2007 年第 14 期。

[10] Acemoglu, D. and Zilibotti, F., "Was Prometheus Unbound by Chance? Risk, Diversification, and Growth", *Journal of Political Economy*, Vol. 105, No. 4, 1997.

[11] Aghion, P., Angeletos, G. M., Banerjee, A. and Manova, K., "Volatility and Growth: Credit Constraints and the Composition of Investment", *Journal of Monetary Economics*, Vol. 57, No. 3, 2010.

[12] Aghion, P. and Marinescu, I., "Cyclical Budgetary Policy and Economic Growth: What do We Learn from OECD Panel Data?", *NBER Macroeconomics Annual*, Vol. 22, 2007.

[13] Aghion, P. and Saint-Paul, G., "Virtues of Bad Times Interaction between Productivity Growth and Economic Fluctuations", *Macroeconomic Dynamics*, Vol. 2, No. 3, 1998.

[14] Barlevy, G., "The Cost of Business Cycles under Endogenous Growth", *American Economic Review*, Vol. 94, No. 4, 2004.

[15] Barlevy, G., "On the Cyclicality of Research and Development", *American Economic Review*, Vol. 97, No. 4, 2007.

[16] Dawson, J. W. and Stephenson, E. F., "The Link between Volatility and Growth: Evidence from the States", *Economics Letters*, Vol. 55, No. 3, 1997.

[17] De Hek, P. and Roy, S., "On Sustained Growth under Uncertainty", *International Economic Review*, Vol. 42, No. 3, 2010.

[18] Fatás, A., "The Effects of Bussiness Cycles on Growth", *Central Banking, Analysis, and Economic Policies Book Series*, Vol. 6, 2011.

[19] Fatás, A. and Mihov, I., "Policy Volatility, Institutions, and Economic Growth", *Review of Economics and Statistics*, Vol. 95, No. 2, 2003.

[20] Grier, K. B. and Tullock, G., "An Empirical Analysis of Cross-national Economic Growth, 1951-1980", *Journal of Monetary Economics*, Vol. 24, No. 2, 1989.

[21] Hall, R. E., "Recessions as Reorganizations", *NBER Macroeconomics Annual*, No. 7, 1991.

[22] Jones, L. E. and Manuelli, R. E., "Neoclassical Models of Endogenous

Growth: The Effects of Fiscal Policy, Innovation and Fluctuations", *Handbook of Economic Growth*, 2005.

[23] Jones, L. E., Manuelli, R. E., Siu, H. E. and Stacchetti, E., "Fluctuations in Convex Models of Endogenous Growth, I: Growth Effects", *Review of Economic Dynamics*, Vol. 8, No. 4, 2005.

[24] Kormendi, R. C. and Meguire, P. G., "Macroeconomic Determinants of Growth: Cross-country Evidence", *Journal of Monetary Economics*, Vol. 16, No. 2, 1985.

[25] Koteski, C., Josheski, D. and Dimitrov, N., Jakovlev, Z., Bardarova, S., Serafimova, M., "Volatility and Growth", *Wulfenia Journal*, Vol. 20, No. 12, 2013.

[26] Kroft, K. L. and Loyd-Ellis, H., "Further Cross-country Evidence on the Link between Growth, Volatility and Business Cycles", Sponsored by the *Queens University, Department of Economic*, 2002.

[27] Kydland, F. E. and Prescott, E. C., "Time to Build and Aggregate Fluctuations", *Econometrica*, Vol. 50, No. 6, 1982.

[28] Levhari, D. and Srinivasan, T. N., "Optimal Savings under Uncertainty", *Review of Economic Studies*, Vol. 36, No. 2, 1969.

[29] Long, J. B. Jr. and Plosser, C. I., "Real Business Cycles", *Journal of Political Economy*, Vol. 91, No. 1, 1983.

[30] Mendoza, E. G., "Terms-of-trade Uncertainty and Economic Growth", *Journal of Development Economics*, Vol. 54, No. 2, 1997.

[31] Nickell, S., Wadhwani, S. and Wall, M., "Productivity Growth in UK Companies, 1975–1986", *European Economic Review*, Vol. 36, No. 5, 1992.

[32] Phelps, E. S., "The Accumulation of Risky Capital: A Sequential Utility Analysis", *Econometrica*, Vol. 30, No. 4, 1962.

[33] Ramey, G. and Ramey, V. A., "Cross-country Evidence on the Link Between Volatility and Growth", *American Economic Review*, Vol. 85, No. 5, 1995.

[34] Romer, P. M., "Increasing Returns and Long-run Growth", *Journal of Political Economy*, Vol. 94, No. 5, 1986.

[35] Siegler, M. V., "International Growth and Volatility in Historical Perspective", *Applied Economics Letters*, Vol. 12, No. 2, 2005.

[36] Stadler, G. W., "Business Cycle Models with Endogenous Technology", *American Economic Review*, Vol. 80, No. 4, 1990.

[37] Wang, Y., "How Business Cycle Volatility Affect Economic Growth in China? An Empirical Study Based on GARCH – M Model Using the 1952 – 2012 Data", *Advance Journal of Food Science and Technology*, Vol. 6, No. 7, 2014.

第三篇

经济可持续增长与供给结构调整

第十一章　中国经济增长的产业结构变迁*

产业结构变迁是发展中国家成长为发达国家的重要现象，对于经济增长率也有着显著影响。本章试图建立一个包括非位似性偏好和生产率差异的三部门结构变迁的动态一般均衡模型，除资本和劳动两种通用生产要素外，为农业、工业和服务业分别引入土地、基础设施和人力资本作为部门专用生产要素，在特定假定条件下，得到了资本、劳动、消费和产出在不同产业间的分配比重在经济增长过程中的动态变迁路径，为理解中国经济提供了一个长期动态演进的视角。本章模型表明，在结构变迁过程中，消费和产出水平以及资本、劳动和产出在三个产业部门之间的比重主要由资本积累水平决定，因而对于中国而言，需要长期对资本积累加以足够重视。在本章模型的基础上，进一步考虑中国经济的一些现实特征，则可对中国经济未来的增长路径和其他结构演进动态进行模拟。这些结果都表明，结构性减速、资本收入份额下降都是未来经济增长将面临的趋势。

一　引言

中国经济增长正值关键变革的重要路口。高速增长时期倡导中国模式和北京共识开展基于中国经济实践的经济学理论的呼声似乎仍未消散，经济增长下滑时又提出了未来经济增长趋势和增长模式调整的重大课题。这些问题都表明，我们对中国这种后发的发展中国家经济增长的规律尚不够了解，无法给出经济体从落后到发达阶段这一动态过程中逻辑一致的增长路径和动力的解释。

---

*　本章由陆明涛执笔。

从理论上说，发展经济学和增长理论之间仍然存在着一条巨大的鸿沟。基于当代发展中国家的发展经济学，由于与主流经济学范式不相容，已基本被主流经济学所摒弃。新古典增长理论主要建立在卡尔多事实之上，而卡尔多事实对于发展中国家的重要性是令人存疑的。内生增长理论虽然提出了规模报酬递增，但是，将经济增长的源泉基于发明创造和技术革新带来的技术进步，只适用于科技教育进步的发达国家。一致增长理论虽然能给出人类数千年历史的理论解释（Galor，2011），但这些理论大都基于发达国家的发展历史，增长动力也主要是数百年间不定期出现的技术进步。因此，我们需要能将发展经济学和经济增长理论连接起来的适用于发展中国家的增长理论。

发展经济学考察了发展中国家存在的许多结构性和阶段性特征（罗斯托，1962；库兹涅茨，1989），虽然其总体和描述推断的范式已被淘汰，但其洞见仍有助于我们理解发展中国家的经济增长与发展。结构性因素在近年来得到了主流经济学术界的高度重视，许多经济学家虽然不再寻求旨在解释全部不发达国家经济增长规律的普遍理论，但仍然试图运用基于个人主义、效用最大化和一般均衡等新古典经济学研究方法研究发展经济学家曾经考虑过的问题。由于研究工具已经高度现代化，新的研究得到了许多更有意义的研究结论，形成了一种有别于新古典经济学的研究范式。由于不再强调增长与发展的区别，增长中的结构变迁等问题就自然成为增长经济学家的研究课题。与发展经济学家不同，增长经济学家大都是主流经济学，采用的是与现代宏观经济学相关的普遍的动态最优化分析方法与计量经济学工具进行分析，因而使结构问题研究终于纳入主流经济学的研究范围。Acemoglu（2009）作为最新经济增长理论的百科全书式的教科书，用了两章的篇幅介绍经济增长中的结构变迁与转换，足见结构在现代经济增长理论中的重要性。

产业结构变化是发展中国家经济增长过程中的重要典型事实，因而产业结构变迁是结构变迁理论的核心。产业结构变化的最新研究主要有两种思路：一是引入需求的结构性变化，或者说引入非位似需求函数，即假定随着收入的提高，消费者在工业和服务业产品上的消费比重逐渐提高，从而导致产业结构不平衡增长，这一路径研究的典型研究如 Echevarria（1997），Laitner（2000），Kongsamut、Rebelo 和 Xie（2001），Foellmi（2005），Foellmi 和 Zweimuller（2008），Buera 和 Kaboski（2012）

等。这些研究将消费品区分为农业、工业和服务业三个部门（或传统部门和现代部门，或更多个部门），各种产品进入包含非位似性偏好的效用函数，即农产品存在着最低生存消费，而服务业产品由于家庭服务等存在而无须计入货币消费但需计入效用函数。由此可知，随着经济增长和个人收入的增加，经济中自然会产生对于工业和服务业产品消费的更大需求。尽管从各产业产出与就业比重来看增长路径表现出不平衡的形态，经济中仍然存在与卡尔多事实一致的广义平衡增长路径即长期实际利率保持不变。

由于许多研究结果表明单靠需求结构很难解释工业和服务业消费的比重上涨的速度，因而产生了另一思路，即假定各产业部门有着不同的生产率，从而劳动、资本等生产要素在不同部门间的配置会带来产业结构的变化，如 Acemoglu 和 Guerrieri（2008）、Matsuyama（2002）、Ngai 和 Pissarides（2007）等。以 Acemoglu 和 Guerrieri（2008）为例，其关键假设是现代部门与传统部门的生产率有着重要差异，从而得到经济最终将趋向现代产业部门的重要结论。现代部门与传统部门之间生产率的差距为人为设定，这种方法显然与现代经济增长理论重视内生化的趋势不相符合。同时，这些研究主要是基于西方发达国家的增长历史，第二、第三产业的产生和发展都是自发产生的，因而并不适合现有发展中国家的实际情况，特别是这些模型对于各产业部门的生产函数的假定过于机械，不太符合目前发展中国家的现状。因而，在这些模型的基础上发展适应中国等发展中国家的产业结构变迁模型非常有必要。

二 典型化事实

（一）经济增长与结构变迁

东亚国家特别是其中的日本和韩国是世界上几个成功实现经济从落后经济体快速发展，逐渐成长为高收入国家的后发国家典范，被称为东亚模式。东亚模式的中国、日本和韩国在发展水平上构成了一段连续的发展谱。具体来说，东亚国家增加值与劳动的产生结构演化情况如图 11-1 所示；东亚各国居民人均消费水平与消费结构散点图如图 11-2 所示。

(a) 东亚国家各产业增加值比重变化

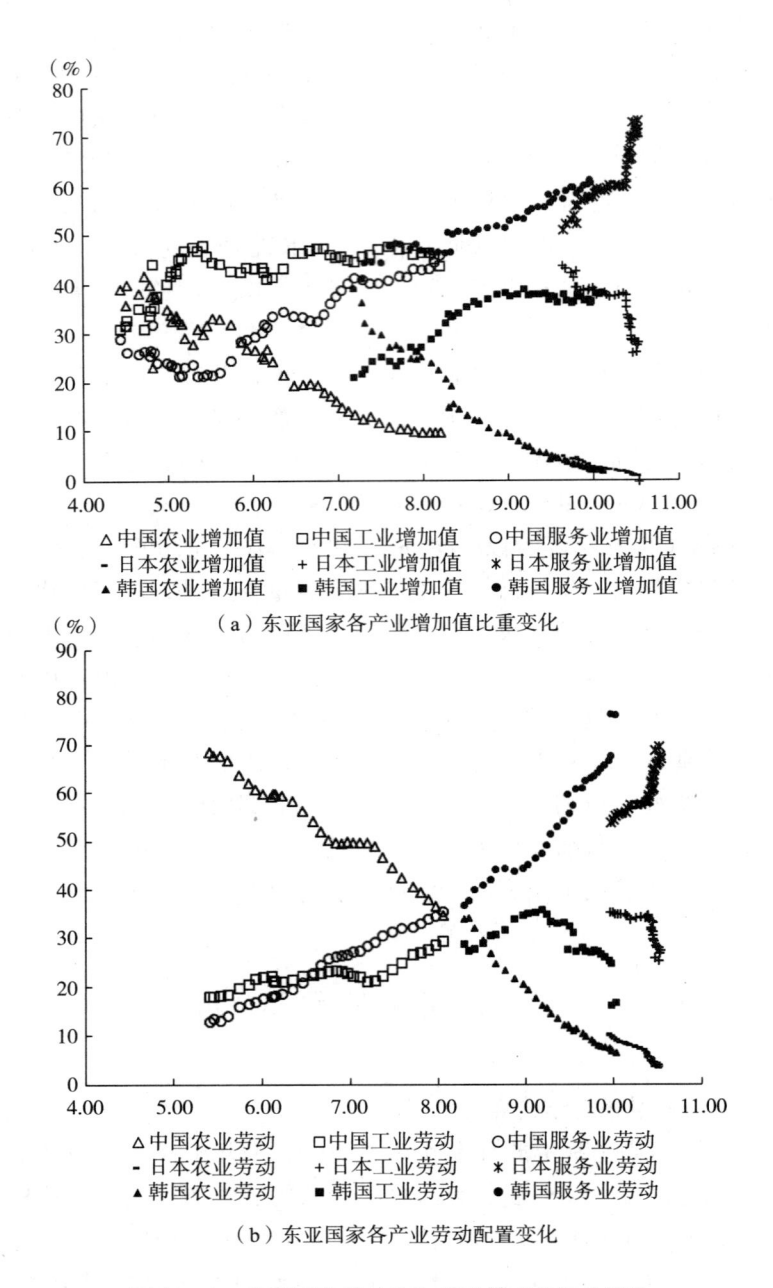

(b) 东亚国家各产业劳动配置变化

图 11-1 东亚国家增加值与劳动的产业结构演化

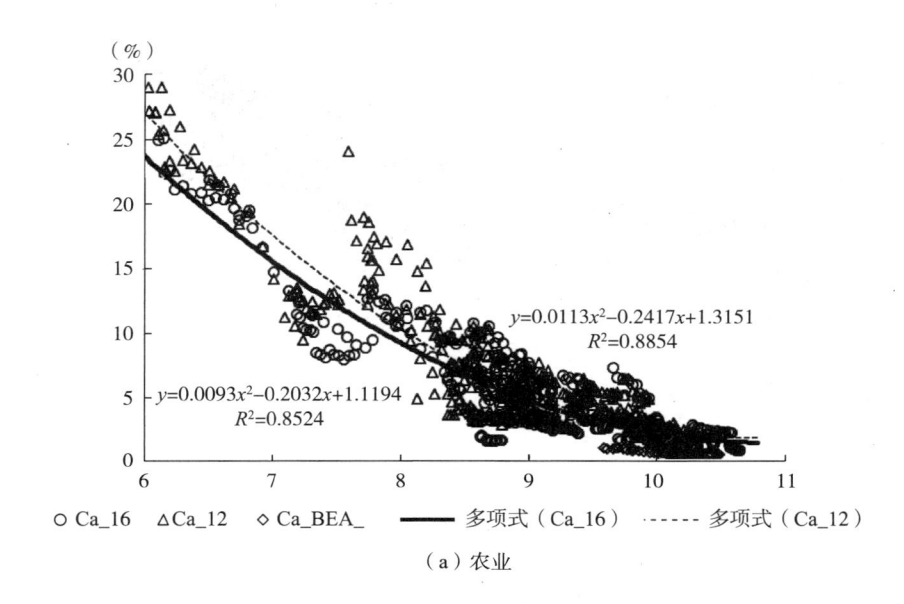

(%)
30

$y=0.0113x^2-0.2417x+1.3151$
$R^2=0.8854$

$y=0.0093x^2-0.2032x+1.1194$
$R^2=0.8524$

○ Ca_16 △ Ca_12 ◇ Ca_BEA_ —— 多项式（Ca_16） ----- 多项式（Ca_12）

(a) 农业

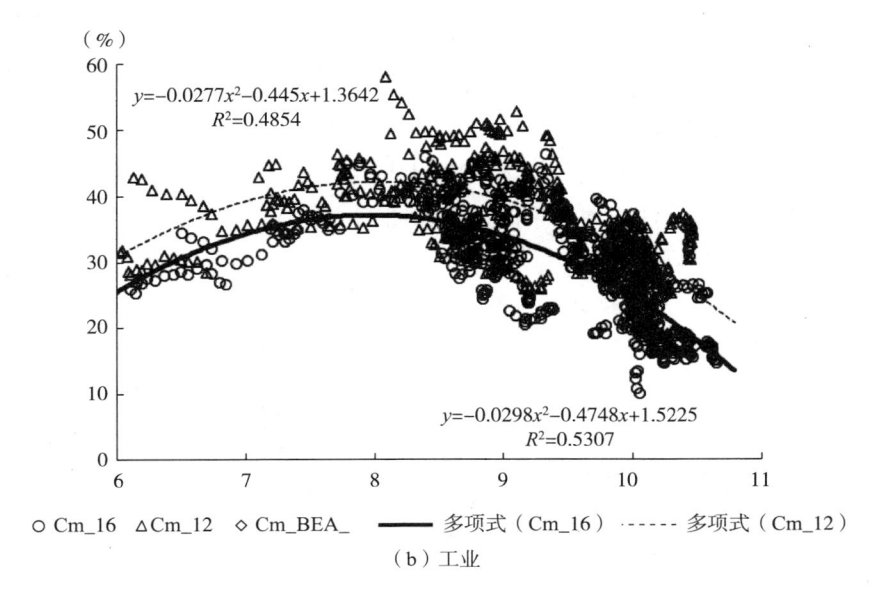

(%)
60

$y=-0.0277x^2-0.445x+1.3642$
$R^2=0.4854$

$y=-0.0298x^2-0.4748x+1.5225$
$R^2=0.5307$

○ Cm_16 △ Cm_12 ◇ Cm_BEA_ —— 多项式（Cm_16） ----- 多项式（Cm_12）

(b) 工业

$y=-0.0204x^2-0.2716x+1.4031$
$R^2=0.6467$

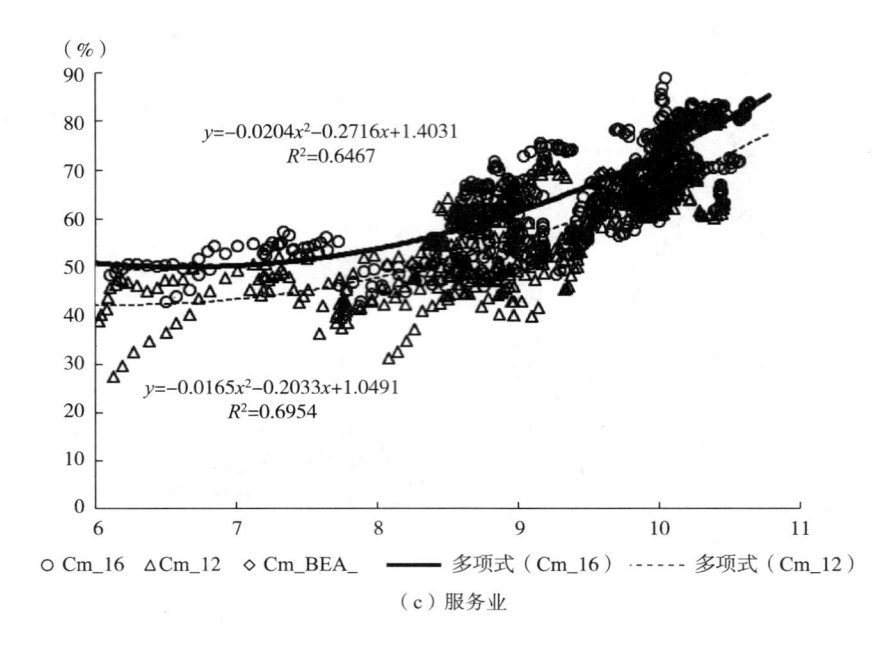

$y=-0.0165x^2-0.2033x+1.0491$
$R^2=0.6954$

○ Cm_16　△ Cm_12　◇ Cm_BEA_　—— 多项式（Cm_16）　------ 多项式（Cm_12）

(c) 服务业

图 11-2　东亚各国居民人均消费水平与消费结构散点图

资料来源：NIOD2012，NIOD2016 of WIOD；BEA of USA，household consumption per capita from WDI。

（二）资本深化

关于资本深化，可以从资本产出比与劳均资本存量来考察。东亚国家资本产出比与劳均资本存量散点图如图 11-3 所示。

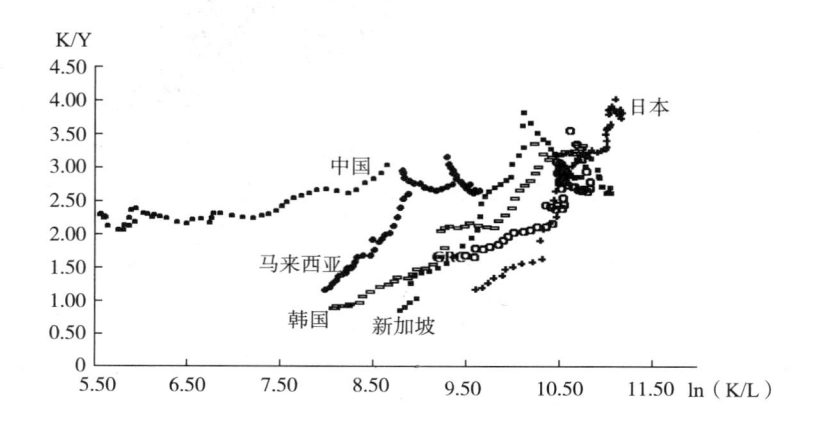

图 11-3　东亚国家资本产出比与劳均资本存量散点图

三 基于结构变迁的经济增长模型

现有的经济增长文献集中于解释卡尔多事实,将经济增长的源泉要么归结为资本或劳动投入(人口)要素的增加,要么归结为外生的技术进步,特别是在典型的新古典的拉姆齐经济增长框架下,只能通过假定人口或技术的外生增长以实现经济的持续稳定增长,在人口增长未必导致经济增长和技术进步往往难以迅速实现的现实面前,这一角度的经济增长研究只能提供令人沮丧的结论。而进一步探讨产品多样性和质量阶梯的内生增长理论虽然揭开了技术进步的面纱,但技术进步以促进经济增长的目标仍然在短期内难以企及,特别是对于发展中国家而言,技术进步更多的是通过资本引进或者说资本嵌入型技术来实现的,相比技术进步而言,资本深化可能更为重要。同时,在现实经济问题和政策研究中,内生经济增长理论相较于新古典经济理论更难以实证,使其在现实中的可应用性大打折扣。因此,结构变迁理论也许更适用于解释发展中国家的经济增长现象,并有助于从产业结构角度为经济增长提供更有操作性的政策建议。

本节旨在通过建立一个三部门的结构转型一般均衡模型,为中国乃至其他发展中国家的经济增长提供一个简单的分析框架。为与传统的新古典增长理论和内生增长理论做出区分,并为与这两种经济理论及新老卡尔多事实提供联系的接口,本节假定经济中不存在人口增长、技术进步,在一定区间增长行为均来自劳动和资本的部门间配置及工业部门一定程度的规模报酬递增,并表现出稳态、增长率收敛和存在鞍点路径等新古典增长理论的特点。在本节的分析基础上,可引进人口增长和技术进步,以与新古典增长理论和内生增长理论相联系,若将模型扩展到开放经济,则能分析贫困陷阱、中等收入陷阱等现实问题。

(一) 模型设定

1. 消费者行为

消费者效用函数采用 CRRA 的形式,即:

$$U_t = \int_0^\infty e^{-\rho t} \frac{C_t^{1-\sigma} - 1}{1 - \sigma} dt \tag{11.1}$$

为了分析简便，我们将效用函数改写为可分函数，即消费和实际货币余额对效用的影响是可分的。为了与结构变迁经典文献保持一致，我们将琼斯（2011）的一个生产函数限制在农业、工业和服务业三个部门，分别用 1、2、3 表示。消费者行为参照 Herrendorf、Rogerson 和 Valentinyi（2013）的设定，效用函数为：

$$u(c_{it}) = \left[\sum_{i=1}^{3}\omega_i^{\frac{1}{\sigma}}(c_{it}+\bar{c}_i)^{\frac{\sigma-1}{\sigma}}\right]^{\frac{\sigma}{\sigma-1}} \tag{11.2}$$

上式的效用函数假定消费服从非位似性偏好，即对于不同的产业，常数 $\bar{c}_i$ 有不同的取值。一般认为，农业部门的常数 $\bar{c}_1<0$，表示农业部门需要满足生存水平之后才能带来效用；服务业部门的常数 $\bar{c}_3>0$，以捕捉与收入无关的服务如家庭自产服务业产品的数量；工业部门就简单设置为 $\bar{c}_2=0$。第二项为对于真实货币余额的效用函数。第三项为对闲暇的需求。

记农业、工业、服务业的价格分别为 p^A、p^M、p^S，工业价格单位化为 1，则有：

$$Y_t = p_t^A Y_t^A + Y_t^M + p_t^S Y_t^S \tag{11.3}$$

则消费者面临的约束条件为：

$$p_t^A A_t + p_t^M M_t + p_t^S S_t = (1-\tau_t)Y_t - (\dot{K}_t+\delta K_t) \tag{11.4}$$

2. 企业行为

经济中共有农业 A、工业 M 和服务业 S 三个部门。每个部门除资本 K 和劳动 L 外，还有一个部门专用的生产要素，其中，农业为土地 Z，工业为基础设施 G，服务业为人力资本 H。假定农业和服务业的生产对于三个生产要素而言都满足规模报酬不变的假定，而工业的生产仅对于资本和劳动满足规模报酬不变，以反映企业进行决策将基础设施供给水平视为外生的事实，则生产函数满足：①

$$Y_t^A = c^A(K_t^A)^{\alpha}(L_t^A)^{\beta} Z_t^{1-\alpha-\beta}$$

---

① 在式（11.3）中，即便假设土地 Z 是不变常数，该生产函数也不能退化为只包含 K 和 L 的函数，因为土地所有者能在产出分配得到地租，以符合新古典生产理论有关规模报酬不变的假定。同样，在服务业生产函数中，人力资本所得者（主要是拥有高等教育背景的劳动者）还能收获除劳动工资之外的人力资本回报，以区别普通工人的工资。在工业部门生产函数中，基础设施作为公共物品，假定由政府无偿提供，因而在工业品分配中得不到任何补偿。

$$Y_t^M = c^M (K_t^M)^\varphi (L_t^M)^{1-\varphi} G_t^\psi$$
$$Y_t^S = c^S (K_t^S)^\gamma (L_t^S)^\lambda H_t^{1-\gamma-\lambda} \quad (11.5)$$
$$K_t = K_t^A + K_t^M + K_t^S = (a_t^A + a_t^M + a_t^S) \cdot K_t$$
$$L_t = L_t^A + L_t^M + L_t^S = (b_t^A + b_t^M + b_t^S) \cdot L_t \quad (11.6)$$

式中，α、φ、γ分别为农业、工业和服务业部门的资本产出弹性，β、$1-\varphi$、λ分别为三个部门的劳动产出弹性，$1-\alpha-\beta$、$1-\gamma-\lambda$分别为土地和人力资本的产出弹性。基础设施的产出弹性是参考Futagami、Morita 和 Shibata（1993）等的设定以保证工业部门产出对资本与基础设施的规模报酬不变，同时又能将基础设施作为公共产品提供使总产出的分配可以只用于资本和劳动两种要素。假定$\alpha > \varphi > \gamma$，$\beta < 1-\varphi < \lambda$，即三部门中的资本密集程度和劳动密集程度都不相同。

假定资本只能由工业部门积累，则工业品产出在缴纳比例为τ_t的产出税之后，除消费M_t之外，还要用于投资和资本折旧（折旧率为δ_K），即：

$$\dot{K}_t = (1-\tau_t) Y_t^M - M_t - \delta_K K_t \quad (11.7)$$

3. 政府行为

假定政府对产出征收比例税（Devarajan, Swaroop and Zou, 1996; Futagami, Morita and Shibata, 1993），税率为τ_t，税收收入用于提供基础设施和人力资本，即有：

$$\tau_t (Y_t^A + Y_t^M + Y_t^S) = \dot{G}_t + \delta^G G_t + \dot{H}_t + \delta^H H_t \quad (11.8)$$

式中，假定τ_t为政府用于人力资本生产的投资，这一投资可以理解为在教育、医疗、社保等方面的投入。之所以假定基础设施由政府提供，是因为基础设施主要是公共物品，虽然在现实中可以由私人部门提供，但这些部门的产出与定价往往是置于政府部门的监管之下，而且从实质上说，道路等基础设施向广泛的用户收费与财政税收是一致的，特别是当面向的用户与纳税人集体重合度非常高的时候。同样，在代表性经济人假定下，个人用于人力资本储蓄和政府在人力资本的投资本质上也是一样的。同时，将人力资本定义为政府在人力资本方面的投资减去折旧，是简便的人力资本衡量方法（Kendrick, 1976; Mankiw, Romer and Weil, 1992）。因此，式（11.8）可写成：

$$\dot{G}_t + \dot{H}_t = \tau_t Y_t - \delta^G G_t - \delta^H H_t \quad (11.9)$$

(二) 模型求解

1. 相对价格的求解模拟

由于本章模型繁杂，直接求解面临许多困难。传统的结构变迁模型都假定卡尔多事实成立，从而讨论广义平衡路径的存在性及其特征，因此，在分析中大都主要关心稳态增长时的状态。但在现实中更重要的问题或许是经济如何从不发达状态向发达状态演进的整个路径，要求解整个路径，在现有多个非线性微分方程存在的条件下，需要对路径求解进行一定程度的简化。我们认为，在非位似性偏好存在的条件下，可以根据国际数据，通过对效用函数中的消费结构进行统计求解，即根据消费结构与人均消费水平的拟合方程，求解出价格方程，就可以大幅度降低模型求解的复杂性。

我们从 WIOD 上获取了 2012 年 41 个国家和地区的三次产业的消费比重、2016 年 43 个国家和地区的三次产业的消费比重，将这些数据和 WDI 中对应国家的以不变美元价格的人均 GDP 对数进行匹配并绘出散点图，即可看出三次产业的消费比重呈现出相对于对数人均 GDP 的二次关系。农业随着对数人均 GDP 提升而加速提升，工业呈现出倒"U"形曲线，服务业呈现出加速上升的态势。我们通过简单的二次方程拟合该函数，并代入消费者行为式（11.4）进行求解，即可得到对应的三次产业相对工业的相对价格。

2. 静态配置分析

消费者的静态配置问题是在 t 期通过选择三种消费品数量以实现效用最大化，该问题可表述为在式（11.4）的约束下最大化式（11.1）。约束方程可记为：

$$Y_t = p_t^A A_t + M_t + \dot{K}_t + \delta K_t + p_t^S S_t + \tau_t(p_t^A Y_t^A + Y_t^M + p_t^S Y_t^S) \qquad (11.10)$$

上式可进一步简化为：

$$(1-\tau_t)Y_t = p_t^A A_t + M_t + p_t^S S_t + \dot{K}_t + \delta K_t \qquad (11.11)$$

则最优化问题可表示为：

$$\max_{A,M,S} U = \frac{[(A_t - \bar{A})^\xi \cdot M_t^\theta \cdot (S_t + \bar{S})^\zeta]^{1-\sigma} - 1}{1-\sigma}$$

$$(1-\tau_t)Y_t = p_t^A A_t + M_t + p_t^S S_t + \dot{K}_t + \delta K_t \qquad (11.12)$$

则求该最优化配置问题可得：①

$$p_t^A \frac{A_t - \bar{A}}{\xi} = \frac{M_t}{\theta} = p_t^S \frac{S_t + \bar{S}}{\zeta} \tag{11.13}$$

可将农产品与服务业产品用工业产品表示为：

$$M_t = \frac{\theta}{\xi}(A_t - \bar{A}) \tag{11.14}$$

$$S_t = \frac{\zeta}{\xi}(A_t - \bar{A}) - \bar{S} \tag{11.15}$$

由于农产品与服务业产品没有积累，全部在当期消费，则可将各部门产出表示为工业产品消费、资本与税率的函数：

$$Y_t^A = \frac{A_t}{1 - \tau_t}$$

$$Y_t^M = \frac{1}{1 - \tau_t}\left[\frac{\theta}{\xi}(A_t - \bar{A}) + \dot{K}_t + \delta K_t\right]$$

$$Y_t^S = \frac{1}{1 - \tau_t}\left[\frac{\zeta}{\xi}(A_t - \bar{A}) - \bar{S}\right] \tag{11.16}$$

企业的静态配置问题是在假定资本、劳动、基础设施、人力资本等生产要素与工资、利率等价格给定的条件下，选择劳动与资本在三种产品生产中的配置以实现利润最大化。假定劳动和资本在三部门中可以自由无成本地流动，则税前利率和税前工资满足以下等式：

$$R_t = \frac{\partial Y_t}{\partial K_t} = \frac{\alpha Y_t^A + \varphi Y_t^M + \gamma Y_t^S}{K_t} = \frac{\alpha Y_t^A}{a_t^A K_t} = \frac{\varphi Y_t^M}{a_t^M K_t} = \frac{\gamma Y_t^S}{a_t^S K_t}$$

$$w_t = \frac{\partial Y_t}{\partial L_t} = \frac{\beta Y_t^A + (1-\varphi) Y_t^M + \lambda Y_t^S}{L_t} = \frac{\beta Y_t^A}{b_t^A L_t} = \frac{(1-\varphi) Y_t^M}{b_t^M L_t} = \frac{\lambda Y_t^S}{b_t^S L_t} \tag{11.17}$$

则有：

$$\frac{w_t}{R_t} = \frac{\dfrac{\beta}{b_t^A L_t}}{\dfrac{\alpha}{a_t^A K_t}} = \frac{\dfrac{1-\varphi}{b_t^M L_t}}{\dfrac{\varphi}{a_t^M K_t}} = \frac{\dfrac{\lambda}{b_t^S L_t}}{\dfrac{\gamma}{a_t^S K_t}} = \frac{\dfrac{\beta Y_t^A + (1-\varphi) Y_t^M + \lambda Y_t^S}{L_t}}{\dfrac{\alpha Y_t^A + \varphi Y_t^M + \gamma Y_t^S}{K_t}} \tag{11.18}$$

由式（11.18）可以求得资本份额与劳动份额的关系：

---

① Kongsamut, P., Rebelo, S. and Xie, D., "Beyond Balanced Growth", *The Review of Economic Studies*, Vol. 68, No. 4, 2001, pp. 869–882.

$$a_t^A = \frac{\alpha\lambda(1-\varphi)b_t^A}{\alpha\lambda(1-\varphi)b_t^A + \beta\lambda\varphi b_t^M + \beta\gamma(1-\varphi)b_t^S}$$

$$a_t^M = \frac{\beta\lambda\varphi b_t^M}{\alpha\lambda(1-\varphi)b_t^A + \beta\lambda\varphi b_t^M + \beta\gamma(1-\varphi)b_t^S}$$

$$a_t^S = \frac{\beta\gamma(1-\varphi)b_t^S}{\alpha\lambda(1-\varphi)b_t^A + \beta\lambda\varphi b_t^M + \beta\gamma(1-\varphi)b_t^S} \tag{11.19}$$

由式（11.17）可推导出资本与劳动在各产业分配份额的决定方程：

$$a_t^A = \frac{\alpha c^A (a_t^A K_t)^\alpha (b_t^A L)^\beta Z_t^{1-\alpha-\beta}}{\alpha c^A (a_t^A K_t)^\alpha (b_t^A L)^\beta Z_t^{1-\alpha-\beta} + \varphi c^M \left(\frac{\psi}{\varphi}\right)^\psi (a_t^M K_t)^{\varphi+\psi}(b_t^M L)^{1-\varphi} + \gamma c^S \left(\frac{1-\gamma-\lambda}{\gamma}\right)^{1-\gamma-\lambda}(a_t^S K_t)^{1-\lambda}(b_t^S L)^\lambda}$$

$$a_t^M = \frac{\varphi c^M \left(\frac{\psi}{\varphi}\right)^\psi (a_t^M K_t)^{\varphi+\psi}(b_t^M L)^{1-\varphi}}{\alpha c^A (a_t^A K_t)^\alpha (b_t^A L)^\beta Z_t^{1-\alpha-\beta} + \varphi c^M \left(\frac{\psi}{\varphi}\right)^\psi (a_t^M K_t)^{\varphi+\psi}(b_t^M L)^{1-\varphi} + \gamma c^S \left(\frac{1-\gamma-\lambda}{\gamma}\right)^{1-\gamma-\lambda}(a_t^S K_t)^{1-\lambda}(b_t^S L)^\lambda}$$

$$a_t^S = \frac{\gamma c^S \left(\frac{1-\gamma-\lambda}{\gamma}\right)^{1-\gamma-\lambda}(a_t^S K_t)^{1-\lambda}(b_t^S L)^\lambda}{\alpha c^A (a_t^A K_t)^\alpha (b_t^A L)^\beta Z_t^{1-\alpha-\beta} + \varphi c^M \left(\frac{\psi}{\varphi}\right)^\psi (a_t^M K_t)^{\varphi+\psi}(b_t^M L)^{1-\varphi} + \gamma c^S \left(\frac{1-\gamma-\lambda}{\gamma}\right)^{1-\gamma-\lambda}(a_t^S K_t)^{1-\lambda}(b_t^S L)^\lambda}$$

$$\tag{11.20}$$

$$b_t^A = \frac{\beta c^A (a_t^A K_t)^\alpha (b_t^A L)^\beta Z_t^{1-\alpha-\beta}}{\beta c^A (a_t^A K_t)^\alpha (b_t^A L)^\beta Z_t^{1-\alpha-\beta} + (1-\varphi)c^M \left(\frac{\psi}{\varphi}\right)^\psi (a_t^M K_t)^{\varphi+\psi}(b_t^M L)^{1-\varphi} + \lambda c^S \left(\frac{1-\gamma-\lambda}{\gamma}\right)^{1-\gamma-\lambda}(a_t^S K_t)^{1-\lambda}(b_t^S L)^\lambda}$$

$$b_t^M = \frac{(1-\varphi)c^M \left(\frac{\psi}{\varphi}\right)^\psi (a_t^M K_t)^{\varphi+\psi}(b_t^M L)^{1-\varphi}}{\beta c^A (a_t^A K_t)^\alpha (b_t^A L)^\beta Z_t^{1-\alpha-\beta} + (1-\varphi)c^M \left(\frac{\psi}{\varphi}\right)^\psi (a_t^M K_t)^{\varphi+\psi}(b_t^M L)^{1-\varphi} + \lambda c^S \left(\frac{1-\gamma-\lambda}{\gamma}\right)^{1-\gamma-\lambda}(a_t^S K_t)^{1-\lambda}(b_t^S L)^\lambda}$$

$$b_t^S = \frac{\lambda c^S \left(\frac{1-\gamma-\lambda}{\gamma}\right)^{1-\gamma-\lambda}(a_t^S K_t)^{1-\lambda}(b_t^S L)^\lambda}{\beta c^A (a_t^A K_t)^\alpha (b_t^A L)^\beta Z_t^{1-\alpha-\beta} + (1-\varphi)c^M \left(\frac{\psi}{\varphi}\right)^\psi (a_t^M K_t)^{\varphi+\psi}(b_t^M L)^{1-\varphi} + \lambda c^S \left(\frac{1-\gamma-\lambda}{\gamma}\right)^{1-\gamma-\lambda}(a_t^S K_t)^{1-\lambda}(b_t^S L)^\lambda}$$

$$\tag{11.21}$$

从式（11.17）解得工业与农业产出的关系，并将式（11.16）代入式（11.7），可得：

$$\dot{K}_t = \left(\frac{\alpha a_t^M}{\varphi a_t^A} - \frac{\theta}{\xi}\right) A_t + \frac{\theta}{\xi}\overline{A} - \delta K_t \tag{11.22}$$

3. 动态最优分析

首先考虑消费者效用最大化问题，即消费者在假定税率和公共支出给定的条件下实现效用最大化，即：

$$\max U_t = \int_0^\infty e^{-\rho t} \frac{[(A_t - \overline{A})^\xi \cdot M_t^\theta \cdot (S_t + \overline{S})^\zeta]^{1-\sigma} - 1}{1-\sigma} dt \tag{11.23}$$

在这个最大化问题中，消费者要决定消费与投资工业产品的数量，即由式（11.7）决定的资源约束方程。对政府而言，政府不拥有自己的效用函数，政府的问题是如何通过税收和支出手段达到消费者效用最大化。因此，这一消费者效用最大化问题是一个约束条件下的动态最优化问题，状态变量为 K、G、H，运动方程为式（11.7）与式（11.9），约束方程包括式（11.16）代表的农业部门和服务业部门资源约束方程，则可构建以下汉密尔顿方程：

$$H_t = e^{-\rho t}\frac{[(A_t - \overline{A})^\xi \cdot M_t^\theta \cdot (S_t + \overline{S})^\zeta]^{1-\sigma} - 1}{1 - \sigma} + \mu_1[(1 - \tau_t)Y_t^M - M_t - \delta^K K_t] + \mu_2[\tau_t(Y_t^A + Y_t^M + Y_t^S) - \delta_G G_t - \delta_H H_t] + \pi_1[(1 - \tau_t)Y_t^A - A_t] + \pi_2[(1 - \tau_t)Y_t^S - S_t] \quad (11.24)$$

求解一阶条件并应用最大值定理，有：

$$\frac{\partial H_t}{\partial A_t} = \frac{\xi e^{-\rho t}[(A_t - \overline{A})^\xi \cdot M_t^\theta \cdot (S_t + \overline{S})^\zeta]^{1-\sigma}}{A_t - \overline{A}} - \pi_1 = 0 \quad (11.25)$$

$$\frac{\partial H_t}{\partial M_t} = \frac{\theta e^{-\rho t}[(A_t - \overline{A})^\xi \cdot M_t^\theta \cdot (S_t + \overline{S})^\zeta]^{1-\sigma}}{M_t} - \mu_1 = 0 \quad (11.26)$$

$$\frac{\partial H_t}{\partial S_t} = \frac{\zeta e^{-\rho t}[(A_t - \overline{A})^\xi \cdot M_t^\theta \cdot (S_t + \overline{S})^\zeta]^{1-\sigma}}{S_t + \overline{S}} - \pi_2 = 0 \quad (11.27)$$

$$\frac{\partial H_t}{\partial \tau_t} = (\mu_2 - \pi_1)Y_t^A + (\mu_2 - \mu_1)Y_t^M + (\mu_2 - \pi_2)Y_t^S = 0 \quad (11.28)$$

欧拉条件为：

$$\frac{\partial H_t}{\partial K_t} = -\dot{\mu}_1 = [\mu_2\tau_t + \pi_1(1 - \tau_t)]\alpha\frac{Y_t^A}{K_t} + [\mu_2\tau_t + \mu_1(1 - \tau_t)]\varphi\frac{Y_t^M}{K_t} + [\mu_2\tau_t + \pi_2(1 - \tau_t)]\gamma\frac{Y_t^S}{K_t} - \mu_1\delta_K \quad (11.29)$$

$$\frac{\partial H_t}{\partial G_t} = -\dot{\mu}_2 = \mu_1(1 - \tau_t)(1 - \varphi)\frac{Y_t^M}{G_t} + \mu_2\tau_t(1 - \varphi)\frac{Y_t^M}{G_t} - \mu_2\delta_G \quad (11.30)$$

$$\frac{\partial H_t}{\partial H_t} = -\dot{\mu}_2 = \mu_2\tau_t(1 - \gamma - \lambda)\frac{Y_t^S}{H_t} - \mu_2\delta_H + \pi_2(1 - \tau_t)(1 - \gamma - \lambda)\frac{Y_t^S}{H_t} \quad (11.31)$$

将式（11.13）代入式（11.25）、式（11.26）、式（11.27）和式（11.28），可得：

$$\mu_1 = \mu_2 = \pi_1 = \pi_2 = \theta^{1-\xi+\xi\sigma-\zeta+\zeta\sigma}\xi^{\xi-\xi\sigma}\zeta^{\zeta-\zeta\sigma}e^{-\rho t}M_t^{(\xi+\theta+\zeta)(1-\sigma)-1} \quad (11.32)$$

则有：

$$-\frac{\dot{\mu}_1}{\mu_1} = [1 - (\xi + \theta + \zeta)(1-\sigma)]\frac{\dot{M}_t}{M_t} + \rho \tag{11.33}$$

由式（11.29）、式（11.30）和式（11.31），可得：

$$-\frac{\dot{\mu}_1}{\mu_1} = \frac{\alpha Y_t^A + \varphi Y_t^M + \gamma Y_t^S}{K_t} - \delta_K = \frac{\varphi Y_t^M}{a_t^M K_t} = R_t - \delta_K \tag{11.34}$$

$$-\frac{\dot{\mu}_1}{\mu_1} = (1-\varphi)\frac{Y_t^M}{G_t} - \delta_G \tag{11.35}$$

$$-\frac{\dot{\mu}_1}{\mu_1} = (1-\gamma-\lambda)\frac{Y_t^S}{H_t} - \delta_H \tag{11.36}$$

上述三个条件表明，对于整个经济而言，资本、基础设施和人力资本的净边际产出应该相等，而三者的净边际产出都与三种存量的折旧率相关。由于折旧率是外生给定的常数，为简单起见，假定三者相等。事实上，假定三种折旧率相等，并不减少模型的理论价值，反而能使模型计算简化。当三种折旧率相等时，有：

$$\frac{\varphi Y_t^M}{a_t^M K_t} = \frac{\psi Y_t^M}{G_t} = \frac{\alpha Y_t^A + \varphi Y_t^M + \gamma Y_t^S}{K_t} = (1-\gamma-\lambda)\frac{Y_t^S}{H_t} = R_t \tag{11.37}$$

则此时有：

$$G_t = \frac{\psi}{\varphi} a_t^M K_t$$

$$H_t = \frac{1-\gamma-\lambda}{\varphi} \frac{Y_t^S}{Y_t^M} a_t^M K_t = \frac{1-\gamma-\lambda}{\gamma} a_t^S K_t$$

$$\frac{G_t}{H_t} = \frac{\psi\gamma}{\varphi(1-\gamma-\lambda)} \frac{a_t^M}{a_t^S} \tag{11.38}$$

其中，第二个方程用到了式（11.17）。由此可以看出，在三部门经济中，由于资本份额是可变的，公共资本和人力资本与私人物质资本之间不是完全固定的比重关系，这与戈梅兹（Gomez，2004）所考察的单部门经济有显著区别。

由式（11.33）、式（11.34）和式（11.37），当 $\xi + \theta + \zeta = 1$ 时，式（11.33）等同于经典的拉姆齐模型中的情形，即：

$$-\frac{\dot{\mu}_1}{\mu_1} = R - \delta_K \frac{\dot{M}_t}{M_t} = \frac{1}{\sigma}\left(\frac{\varphi Y_t^M}{a_t^M K_t} - \rho - \delta\right) \tag{11.39}$$

将式（11.11）、式（11.14）、式（11.15）、式（11.38）代入式（11.9），可得：

$$\dot{G}_t + \dot{H}_t = \frac{\tau_t}{1-\tau_t}\left(\frac{\xi+\theta+\zeta}{\theta}M_t + \dot{K}_t + \delta K_t\right) - \delta K_t \cdot \left(\frac{\psi}{\varphi}a_t^M + \frac{1-\gamma-\lambda}{\gamma}a_t^S\right) \tag{11.40}$$

将式（11.38）、式（11.5）代入式（11.7），可得：

$$\dot{K}_t = (1-\tau_t)c^M(a_t^M K_t)^\varphi (b_t^M L_t)^{1-\varphi}\left(\frac{\psi}{\varphi}a_t^M K_t\right)^\psi - M_t - \delta K_t \tag{11.41}$$

4. 结构变迁动态分析

若将式（11.38）代入生产函数式（11.5）中，则有：

$$Y_t^A = c^A(\alpha_t^A)^\alpha K_t^\alpha (b_t^A)^\beta$$

$$Y_t^M = c^M(\alpha_t^M)^{\varphi+\psi}\left(\frac{\psi}{\varphi}\right)^\psi K_t^{\varphi+\psi}(b_t^M)^{1-\varphi}$$

$$Y_t^S = c^S(\alpha_t^S)^{1-\lambda}\left(\frac{1-\gamma-\lambda}{\gamma}\right)^{1-\gamma-\lambda} K_t^{1-\lambda}(b_t^S)^\lambda \tag{11.42}$$

将式（11.12）代入式（11.17），可得一组劳动与资本份额变动的方程组：

$$a_t^A = \frac{\alpha c^A (a_t^A K_t)^\alpha (b_t^A)^\beta}{\alpha c^A (a_t^A K_t)^\alpha (b_t^A)^\beta + \varphi c^M \left(\frac{\psi}{\varphi}\right)^\psi (a_t^M K_t)^{\varphi+\psi}(b_t^M)^{1-\varphi} + \gamma c^S \left(\frac{1-\gamma-\lambda}{\gamma}\right)^{1-\gamma-\lambda}(a_t^S K_t)^{1-\lambda}(b_t^S)^\lambda}$$

$$a_t^M = \frac{\varphi c^M \left(\frac{\psi}{\varphi}\right)^\psi (a_t^M K_t)^{\varphi+\psi}(b_t^M)^{1-\varphi}}{\alpha c^A (a_t^A K_t)^\alpha (b_t^A)^\beta + \varphi c^M \left(\frac{\psi}{\varphi}\right)^\psi (a_t^M K_t)^{\varphi+\psi}(b_t^M)^{1-\varphi} + \gamma c^S \left(\frac{1-\gamma-\lambda}{\gamma}\right)^{1-\gamma-\lambda}(a_t^S K_t)^{1-\lambda}(b_t^S)^\lambda}$$

$$a_t^S = \frac{\gamma c^S \left(\frac{1-\gamma-\lambda}{\gamma}\right)^{1-\gamma-\lambda}(a_t^S K_t)^{1-\lambda}(b_t^S)^\lambda}{\alpha c^A (a_t^A K_t)^\alpha (b_t^A)^\beta + \varphi c^M \left(\frac{\psi}{\varphi}\right)^\psi (a_t^M K_t)^{\varphi+\psi}(b_t^M)^{1-\varphi} + \gamma c^S \left(\frac{1-\gamma-\lambda}{\gamma}\right)^{1-\gamma-\lambda}(a_t^S K_t)^{1-\lambda}(b_t^S)^\lambda} \tag{11.43}$$

$$b_t^A = \frac{\beta c^A (a_t^A K_t)^\alpha (b_t^A)^\beta}{\beta c^A (a_t^A K_t)^\alpha (b_t^A)^\beta + (1-\varphi)c^M \left(\frac{\psi}{\varphi}\right)^\psi (a_t^M K_t)^{\varphi+\psi}(b_t^M)^{1-\varphi} + \lambda c^S \left(\frac{1-\gamma-\lambda}{\gamma}\right)^{1-\gamma-\lambda}(a_t^S K_t)^{1-\lambda}(b_t^S)^\lambda}$$

$$b_t^M = \frac{(1-\varphi)c^M \left(\frac{\psi}{\varphi}\right)^\psi (a_t^M K_t)^{\varphi+\psi}(b_t^M)^{1-\varphi}}{\beta c^A (a_t^A K_t)^\alpha (b_t^A)^\beta + (1-\varphi)c^M \left(\frac{\psi}{\varphi}\right)^\psi (a_t^M K_t)^{\varphi+\psi}(b_t^M)^{1-\varphi} + \lambda c^S \left(\frac{1-\gamma-\lambda}{\gamma}\right)^{1-\gamma-\lambda}(a_t^S K_t)^{1-\lambda}(b_t^S)^\lambda}$$

$$b_t^S = \frac{\lambda c^S \left(\frac{1-\gamma-\lambda}{\gamma}\right)^{1-\gamma-\lambda}(a_t^S K_t)^{1-\lambda}(b_t^S)^\lambda}{\beta c^A (a_t^A K_t)^\alpha (b_t^A)^\beta + (1-\varphi)c^M \left(\frac{\psi}{\varphi}\right)^\psi (a_t^M K_t)^{\varphi+\psi}(b_t^M)^{1-\varphi} + \lambda c^S \left(\frac{1-\gamma-\lambda}{\gamma}\right)^{1-\gamma-\lambda}(a_t^S K_t)^{1-\lambda}(b_t^S)^\lambda} \tag{11.44}$$

在对经济体进行校准得到相关参数的基础上,我们可以运用数值方法求出资本份额和劳动份额关于 K 的变化动态。

(三) 参数校准

1. 消费者行为

消费者对于农产品、工业产品和服务业产品的消费弹性,陆明涛(2013)运用住户调查数据(CGSS2006)进行了消费弹性的估计,得到了对全国、分城乡的加权最小二乘法与分位数回归的估计结果。事实上,这些结果大致与 Kongsamut、Rebelo 和 Xie(2001)的数值模拟参数设置接近,他们将农产品、工业产品和服务业产品的消费弹性分别设置为 0.1、0.15 和 0.75。

按照一般的新古典经济增长理论的设定,将风险厌恶系数设定为 3。

2. 企业行为

根据前文假定,将农业、工业和服务业中资本产出弹性分别设定为 0.6、0.4 和 0.3,劳动弹性分别设定为 0.3、0.6 和 0.5,则土地、基础设施和人力资本的产出弹性分别为 0.1、0.15 和 0.2。

模型参数设定如表 11-1 所示。

表 11-1　　　　　　　　结构变迁模型参数设定

序号	参数	取值	取值依据
1	α	0.65	Echevarria(1998)、卢锋等(2014)
2	β	0.29	Echevarria(1998)、卢锋等(2014)
3	φ	0.62	
4	ψ	0.22	
5	γ	0.24	
6	λ	0.32	
7	ξ	0.1	Kongsamut、Rebelo 和 Xie(2001),陆明涛(2013)
8	θ	0.15	Kongsamut、Rebelo 和 Xie(2001),陆明涛(2013)
9	ζ	0.75	Kongsamut、Rebelo 和 Xie(2001),陆明涛(2013)
10	$\overline{R}$	0.15	数值法计算
11	σ	3	宏观经济学惯例

续表

序号	参数	取值	取值依据
12	ρ	0.02	宏观经济学惯例
13	δ	0.1	宏观经济学惯例
14	$\bar{A}$	100	陆明涛（2013）
15	$\bar{S}$	400	陆明涛（2013）
16	M0	100	任意常数
17	Z	1	单位化

（四）结构变迁模拟

由于本节我们关心的是经济发展过程中的结构变迁，而不是经济增长速度和增长率收敛过程。将上述参数设定值代入模型对应方程，采用 Matlab 进行模拟可得以下结果（见图 11-4）。

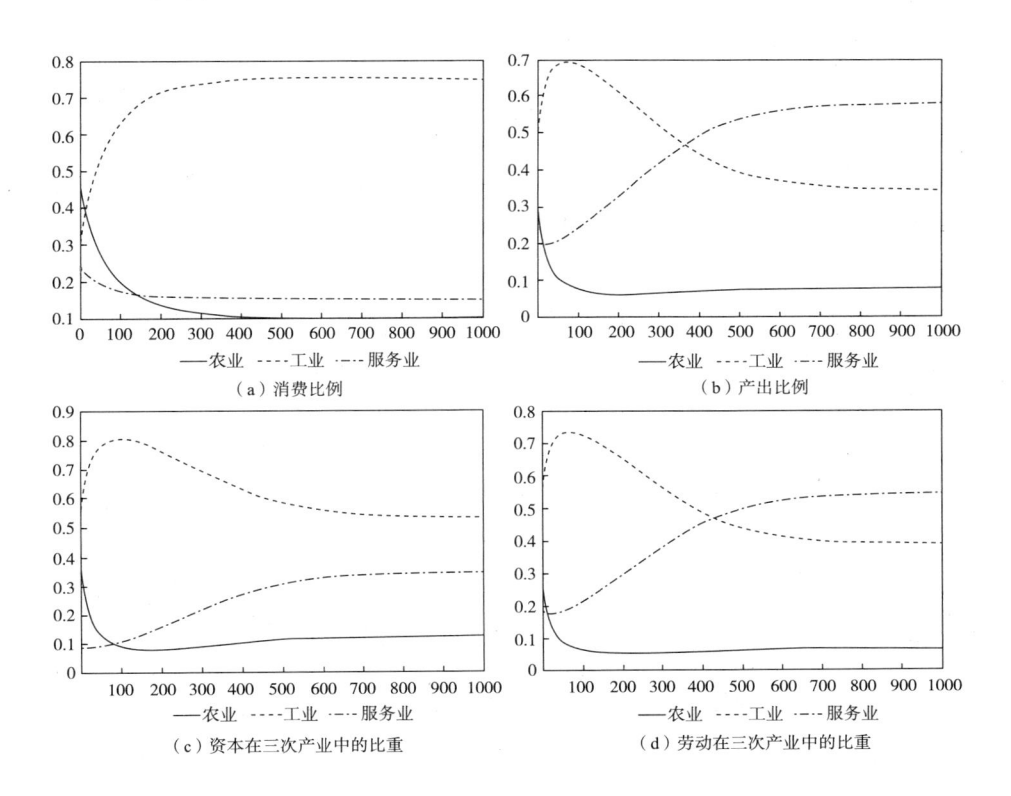

（a）消费比例

（b）产出比例

（c）资本在三次产业中的比重

（d）劳动在三次产业中的比重

(e) 利率变化

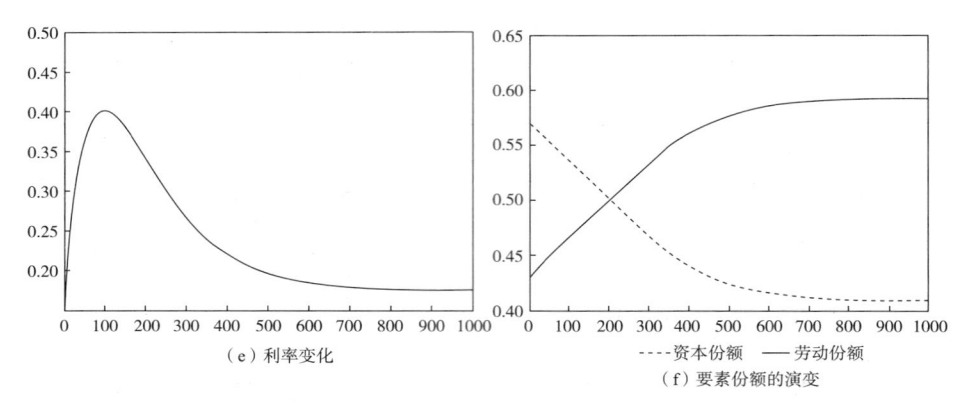

(f) 要素份额的演变 （----资本份额 ——劳动份额）

图 11-4　结构变迁过程中的经济变量动态路径

可以看出，劳动、资本和产出在三次产业中的比重都呈现出相似的发展轨迹。随着结构变迁与经济发展，资本存量不断增加，带来的结果是工业的比重逐年上升，服务业的比重逐年上升。更重要的是，本章放松了 Kongsamut、Rebelo 和 Xie（2001）有关工业比重固定的假定，也没有采用如 Acemoglu 和 Guerrieri（2008）与 Ngai 和 Pissarides（2007）等复杂的中间品模型，仍然得到了简洁的"驼峰曲线"，印证了经济发展过程中的典型化事实（陈体标，2012）。

同时，虽然由于效用函数的非位似特征与各部门生产函数对劳动与资本并非都是规模报酬不变，模型难以得到确定的均衡增长状态，但是，我们也能看出，随着时间的不断演进，模型仍趋向于类似均衡的状态。如图 11-4（a）所示，随着消费的逐渐增长，效用函数中的常数项 $\bar{A}$、$\bar{S}$ 的影响逐渐趋于 0（但并未消失），这就使动态演进路径呈现出近似均衡稳态的特征。

作为模型的一个简单结论，也能够得到要素份额随结构变迁的演进而变化的轨迹。将土地归为资本，人力资本归为劳动，则可得到要素份额的动态路径。可以看出，资本份额不断降低，劳动份额不断提升。可以预计，采用中国经济数据进行校准，可以解释许多文献中所提出的要素弹性逆转的问题（中国经济增长前沿课题组，2012a；张平、付敏杰，2012）。

1978—2012 年，中国经济中资本与劳动在各产业中的投入比重情况如图 11-5 所示。

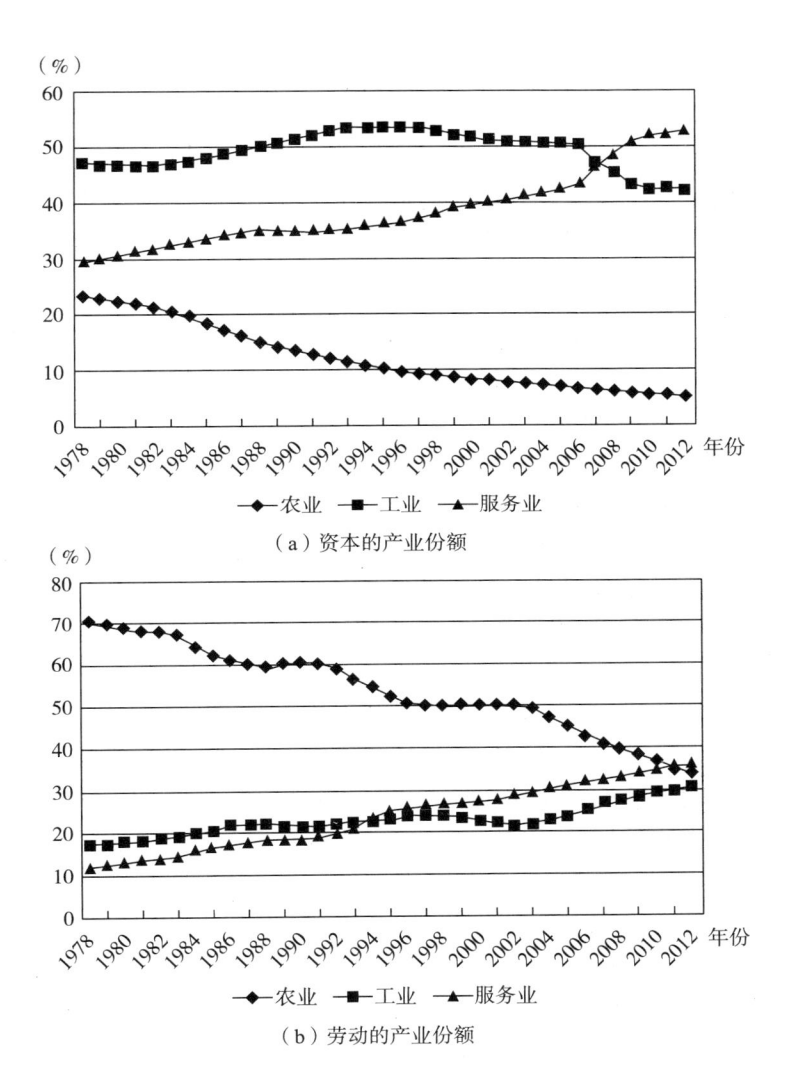

图 11-5　中国经济中资本与劳动在各产业中的投入比重（1978—2012）

资料来源：历年《中国统计年鉴》；Wu（2009）；笔者测算。

四　中国经济增长的未来校准和模拟

若将这些模拟数据与中国经济现实进行比较，可以发现，产出、消费和资本的产业结构是一致的。图 11-4 绘制了中国 1978—2012 年资本和劳动在三次产业中的分配，中国的资本产出份额与图 11-4（c）所示曲线的前一小段大致类似，但图 11-4（d）有关劳动在三次产业中的分布与图 11-4（b）很不吻合，中国的农业劳动比重是从 1978 年的 70% 左右逐渐下降至 2012 年的 33% 左右，而模型中直接从 25% 左右迅速下降至 8% 左右。这一显著差异在于中国经济兼有发展中国家结构变迁特点和由计划经济体制向市场经济体制过渡的双重性质，完全基于要素自由流动市场经济的结构变迁模型不能很好地反映中国仍然广泛存在的户籍管理等劳动力自由流动的制度性障碍。要推导出完全贴近中国现实的劳动力转移路径，一是可以通过引入劳动力流动的调整成本，但这一成本不仅使本已复杂的模型求解更加困难；二是可以假定中国经济未来的增长路径是从目前的非均衡状态逐步向平衡稳态的收敛过程，这一过程既包括由要素不能自由流动的非均衡状态向均衡状态收敛，也包括由较低发展水平向较高发展水平的收敛。

（一）中国经济收敛动态路径

由于中国经济具有由非均衡状态向均衡状态收敛和由较低发展水平向较高发展水平收敛的双重性质，要分析中国经济的收敛动态，必须同时考虑两种收敛过程的共同作用。通过 0 的数值模拟结果，可以获得在没有要素流动壁垒的条件下中国经济中劳动和资本随着结构变迁过程在三次产业中的分配比重动态。通过模型参数，可运用时间消去法、Shoot、松弛算法等方法得到模型的全部动态路径和稳态的数据。由于模型设置较复杂，求解较为困难，本章采用最为简单的办法，运用巴曼和萨拉-马丁（2004）采用的收敛系数法，对中国未来经济中的稳态资本存量及资本存量收敛动态、劳动和资本在三次产业中的分配比重动态进行模拟。

然而，中国的问题由于存在要素壁垒，农业部门的资本边际报酬与工业服务业很可能不相同，因而本章将农业部门去除，只通过工业部门和服务业求解稳态资本水平。求解时需要其他一些模型参数，特别是需要一个最优的劳动和资本在三次产业中的分配情况。将模拟结果和现实经济数据进行对照发现，模拟数值和美国经济结构非常相似，因而采用美国 2007 年要素在产业间分配的数据进行求解，其中，就业数据来自世界发展指数（World Bank，2013），资本的产业分配数据来自世界投入产出（Timmer et al., 2012）数据库。将表 11-2 给出的参数值及由这些参数求出的各部门生产函数中的常数一并代入，则可得到稳态的资本水平。这些要用到的数值及赋值依据参见表 11-2，则可计算得到稳态资本的水平。由 Matlab 数值模拟值，可得以下稳态资本水平为 454 万亿元（1978 年价格）。

表 11-2　　　　　　　中国经济增长与收敛模拟赋值及依据

数值	取值	依据	数值	取值	依据
aA*	1.44%	美国 2007 年数据（Timmer et al., 2012）	bA*	6%	美国 2007 年数据（World Bank, 2013）
aM*	50%	美国 2007 年数据（Timmer et al., 2012）	bM*	40%	美国 2007 年数据（World Bank, 2013）
aS*	4%	美国 2007 年数据（Timmer et al., 2012）	bS*	54%	美国 2007 年数据（World Bank, 2013）
aA0	6.34%	中国 2012 年数据，根据 Wu（2009）测算	bA0	33.6%	中国 2012 年数据，国家统计局
aM0	66.13%	中国 2012 年数据，根据 Wu（2009）测算	bM0	30.30%	中国 2012 年数据，国家统计局
aS0	27.53%	中国 2012 年数据，根据 Wu（2009）测算	bS0	36.10%	中国 2012 年数据，国家统计局
cA	0.43	生产函数代入计算，2012 年取值	Z	16	2012 年数据，单位千万公顷，国家统计局
cM	0.11	生产函数代入计算，2012 年取值	N	76700	2012 年劳动人口，中国经济增长前沿课题组（2012b）
cS	0.89	生产函数代入计算，2012 年取值	K0	218208	中国 2012 年资本存量，根据课题组及金戈（2012）测算

根据最优资本存量数据及表 11-2 给出的参数，可以通过以下收敛公式求得经济中未来资本存量增长的动态路径。

$$\ln K_t = e^{-\omega t} \cdot \ln K_0 + (1 - e^{-\omega t}) \cdot \ln K_{SS} \tag{11.45}$$

根据中国近五年来的经济现实数据，将收敛系数 ω 设为 0.015，则可以得到中国经济未来的资本增长与收敛的路径。图 11-6 给出了根据这些数据计算得到的未来300年间资本存量水平及增长率的动态路径，可以看出资本的年增长率逐渐下降，但总的资本存量仍将面临长时间的持续增长，直至200多年后才显现出资本的收敛。这样设定参数，也是为了能够解释发达国家如美国、日本仍然有较为显著的经济增长和资本积累速度，而不是完全陷入零增长状态。

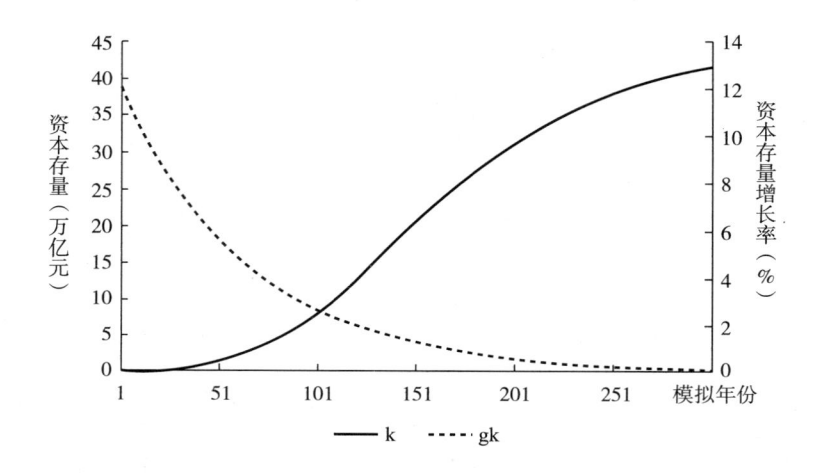

图 11-6　未来中国经济物质资本存量增长与收敛路径

（二）要素结构演变推算

用得到的资本存量动态数据与设定的 k 计算出每期的工业品消费，一同代入式（11.20）和式（11.21），可以得到随资本存量提高而不断变化的资本和劳动在三次产业中的分配比重动态。如前所述，由于这样得到的数据是不存在要素流动壁垒的理想状态数据，不符合中国经济现实，所以，还需要考虑中国经济由存在要素流动壁垒的非均衡路径向均衡路径收敛的因素。

要考虑两重收敛的综合效应，可以采用类似资本收敛的办法，将经济由非均衡向均衡路径的收敛过程叠加到结构变迁动态过程上。即根据以下方程计算结构变迁过程中的资本和劳动在三次产业中的分配比重：

$$\hat{a}_t^A = e^{-\omega t} \cdot a_0^A + (1 - e^{-\omega t}) \cdot \tilde{a}_t^A$$
$$\hat{a}_t^S = e^{-\omega t} \cdot a_0^S + (1 - e^{-\omega t}) \cdot \tilde{a}_t^S$$
$$\hat{a}_t^M = 1 - a_t^A - a_t^S$$

$$\hat{b}_t^A = e^{-\omega t} \cdot b_0^A + (1 - e^{-\omega t}) \cdot \breve{b}_t^A$$
$$\hat{b}_t^S = e^{-\omega t} \cdot b_0^S + (1 - e^{-\omega t}) \cdot \breve{b}_t^S$$
$$\hat{b}_t^M = 1 - \hat{b}_t^A - \hat{b}_t^S \tag{11.46}$$

式中，a_0^A、$\hat{b}_t^A$、$\breve{b}_t^S$ 分别为资本的初始值、最终估计值、理想状态估计值，对于劳动各个参数记号含义也相同。这里的收敛系数根据中国经济现实情况取 0.038，以反映近年来每年农村劳动力向城镇迁徙导致农业劳动力比重每年下降约 1.5 个百分点，则可以求得资本和劳动分产业的动态变迁路径，如图 11-7 所示。

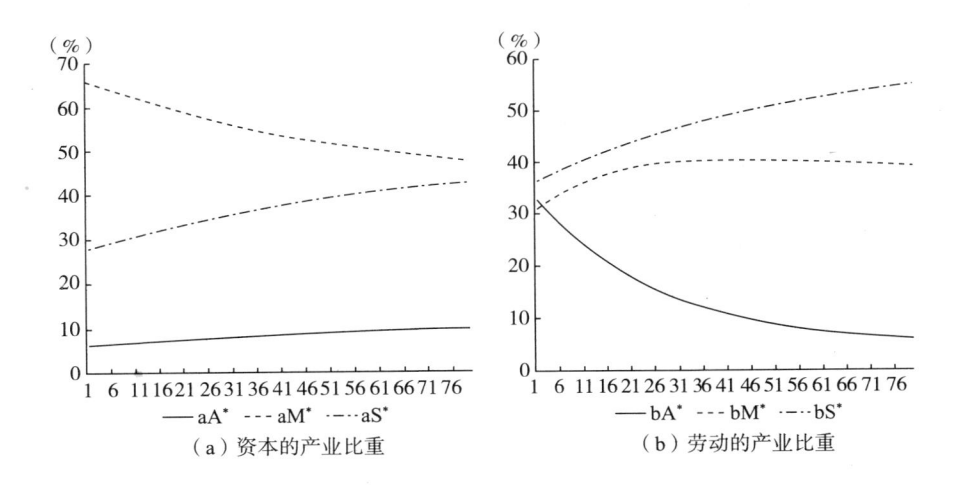

(a) 资本的产业比重 —aA* ---aM* -·-aS*

(b) 劳动的产业比重 —bA* ---bM* -·-bS*

图 11-7 未来中国经济资本与劳动的产业结构变迁模拟

资料来源：笔者模拟。

图 11-7 (a) 表明，在本章所关心的未来 80 年内，资本在工业部门的比重将逐渐降低，而在服务业部门的比重将逐渐提升，反映了产业结构变迁的态势。值得注意的是，农业部门的资本比重也有较明显的上升，这主要是要减少农业部门的劳动比重且保持农业品生产的持续增长，必须保持适当的农业资本增长率。

图 11-7 (b) 表明，未来中国 70 年内，劳动要逐渐由农业部门转移到工业部门和服务业部门，值得注意的是，目前，中国工业部门的就业比重仍然偏低，需要提高到 40% 以上，并一直保持在较高水平，才能保

（三）经济增长率推算

在得到资本存量、资本份额、劳动份额的动态数据后，再求得基础设施和人力资本数据（耕地面积被设定为不变），加上前面给出的所有参数，即可求得未来中国经济各部门的增长情况。从中国经济现实情况来看，设定基础设施和人力资本增长率等于物质资本增长率也是较为切合经济现实的。中国经济多年来基础设施投资增长率一直高于其他物质资本，而由于基础设施的拥挤性质，基础设施过快增长必然造成浪费和低效。以教育投入为标准衡量的人力资本也在 2007 年后有了突飞猛进的增长，同样，在其他变量没有显著提高的条件下，人力资本过快增长也会引发人力资本投资的无效率，因而与其他物质资本保持同步增长是合理的。

根据所有参数和计算结果，可求出未来中国经济的总体和分产业的增长率，如图 11-8 所示。可以看出，由于假定基础设施、人力资本与物质资本的增长率相同，三次产业的增长率基本相同，都呈现出向较低水平的稳态增长路径逐渐收敛的态势，体现了中国正在经历的增长减速是结构性减速的判断。

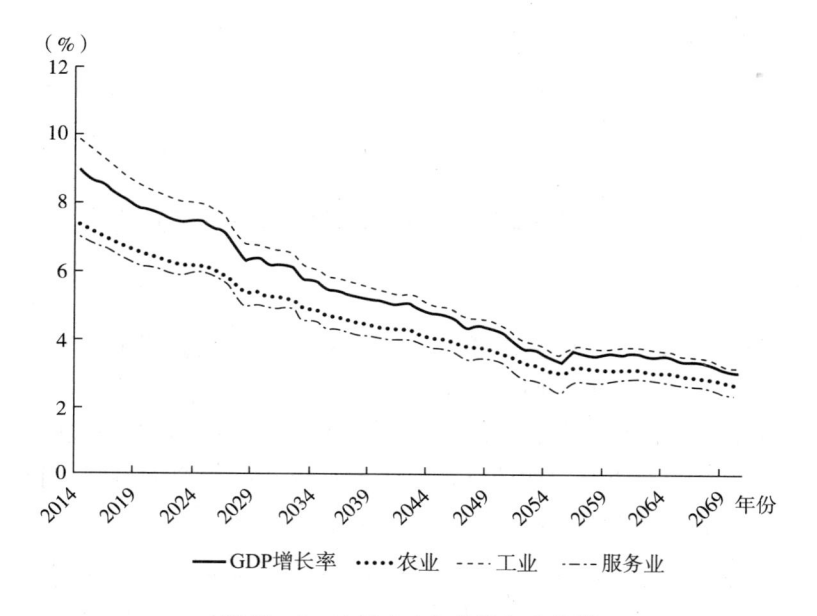

图 11-8　中国未来经济增长率推算

资料来源：笔者模拟。

五 结语和讨论

传统的新古典经济增长模型难以解释发展中国家经济增长过程中的结构变迁现象，传统的发展经济学没有吸收现代经济学的精确量化分析和预测优势，而现有的尝试解释结构变迁的经济增长模型又尚未兼容非位似性偏好与生产率差异两种解释，得到的理论机制和模拟动态均与发展中国家经济现实不相符合。本章试图建立一个包括非位似性偏好和生产率差异的三部门结构变迁的动态一般均衡模型，除资本和劳动两种通用生产要素外，为农业、工业和服务业分别引入土地、基础设施和人力资本作为部门专用生产要素，在特定假定条件下得到了资本、劳动、消费和产出在不同产业间的分配比重在经济增长过程中的动态变迁路径，为理解中国经济提供了一个长期动态演进的视角。

本章模型表明，在结构变迁过程中，消费和产出水平以及资本、劳动和产出在三个产业部门之间的分布比重都主要由资本积累水平决定，因而对于中国而言，需要在长期对资本积累加以足够重视。在本章模型的基础上，进一步考虑中国经济的一些现实特征，则可对中国经济未来的增长路径和其他结构演进动态进行模拟。这些结果都表明，结构性减速、资本收入份额下降都是未来经济增长将面临的趋势。

通过对中国经济结构变迁过程进行理论建模和模拟，得到的要素动态和增长趋势能够更好地反映经济增长和结构变迁中的理论机制，也能更好地分析结构变迁过程中的其他相关经济问题。由于中国仍将长期处于结构变迁动态过程，在这一理论框架的基础上，我们还能进行许多重大问题的分析，如财政政策、货币政策、金融工具、收入分配等，这将是本模型未来值得深入研究的重要课题。

参考文献

[1] 陈体标：《技术进步、结构变化和经济增长》，上海人民出版社2012年版。
[2] 金戈：《中国基础设施资本存量估算》，《经济研究》2012年第4期。
[3] 库兹涅茨：《现代经济增长：速度、结构与扩展》，北京经济学院出

版社 1989 年版。

[4] 刘霞辉：《资产价格波动与宏观经济稳定》，《经济研究》2002 年第 4 期。

[5] 卢锋、刘晓光、李昕、邱牧远：《当代中国农业革命——新中国农业劳动生产率系统估测（1952—2011）》，北京大学国际经济研究中心讨论稿，2014 年 2 月。

[6] 陆明涛：《中国居民 Geary – Stone 加总效用函数实证研究》，《经济学动态》2013 年第 10 期。

[7] ［美］罗斯托：《经济成长的阶段》，国际关系研究所编译室译，商务印书馆 2014 年版。

[8] 张平、付敏杰：《全球再平衡下的中国经济增长前景与政策选择》，《现代经济探讨》2012 年第 1 期。

[9] 中国经济增长前沿课题组：《中国经济长期增长路径、效率与潜在增长水平》，《经济研究》2012 年第 11 期。

[10] Acemoglu and Daron, *Introduction to Modern Economic Growth*, New Jersey: Princeton University Press, 2009.

[11] Acemoglu, Daron, Guerrieri and Veronica, "Capital Deepening and Non-balanced Economic Growth", *Journal of Political Economy*, Vol. 116, No. 3, 2008, pp. 467 – 498.

[12] Barro, Robert J. and Sala – i – Martin Xavier, *Economic Growth*, Cambridge, MA: The MIT Press, 2004.

[13] Buera, Francisco J. and Kaboski, Joseph P., "Scale and the Origins of Structural Change", *Journal of Economic Theory*, Vol. 147, No. 2, 2012, pp. 684 – 712.

[14] Shantayanan Devarajan, Vinaya Swaroop and Heng – fu Zou, "The Composition of Public Expenditure and Economic Growth", *Journal of Monetary Economics*, Vol. 37, No. 2, 1996, pp. 313 – 344.

[15] Echevarria, Cristina, "Changes in Sectoral Composition Associated with Economic Growth", *International Economic Review*, Vol. 38, No. 2, 1997, pp. 431 – 452.

[16] Echevarria, Cristina, "A Three – factor Agricultural Production Function: The Case of Canada", *International Economic Journal*, Vol. 12,

No. 3, 1998, pp. 63 – 75.

[17] Foellmi, Reto, *Consumption Structure and Macroeconomics: Structural Change and the Relationship between Inequality and Growth*, Berlin: Springer, 2005.

[18] Foellmi, Reto and Zweimuller, Josef, "Structural Change, Engel's Consumption Cycles and Kaldor's Facts of Economic Growth", *Journal of Monetary Economics*, Vol. 55, No. 7, 2008, pp. 1317 – 1328.

[19] Futagami, Koichi, Morita and Yuichi, Shibata A., "Dynamic Analysis of an Endogenous Growth – Model with Public Capital", *Scandinavian Journal of Economics*, Vol. 95, No. 4, 1993, pp. 607 – 625.

[20] Galor, Oded, *Unified Growth Theory*, New Jersey: Princeton University Press, 2011.

[21] Gomez, Manuel A., "Optimal Fiscal Policy in a Growing Economy with Public Capital", *Macroeconomic Dynamics*, Vol. 8, No. 4, 2004, pp. 419 – 435.

[22] Herrendorf, Berthold, Rogerson, R. and Valentinyi, Kos, "Two Perspectives on Preferences and Structural Transformation", *American Economic Review*, Vol. 103, No. 7, 2013, pp. 2752 – 2789.

[23] Jones, Charles I., "Misallocation, Economic Growth, and Input – output Economics", *NBER Working Papers*, No. w16742, 2011.

[24] Kendrick, John W., *The Formation and Stocks of Total Capital*, New York: Columbia University Press, 1976.

[25] Kongsamut, Piyabha, Rebelo, Sergio and Xie, D., "Beyond Balanced Growth", *The Review of Economic Studies*, Vol. 68, No. 4, 2001, pp. 869 – 882.

[26] Laitner, John, "Structural Change and Economic Growth", *Review of Economic Studies*, Vol. 67, No. 3, 2000, pp. 545 – 561.

[27] Mankiw, N. Gregory, Romer, David and Weil, David N., "A Contribution to the Empirics of Economic Growth", *The Quarterly Journal of Economics*, Vol. 107, No. 2, 1992, pp. 407 – 437.

[28] Matsuyama, Kiminori, "The Rise of Mass Consumption Societies", *Journal of Political Economy*, Vol. 110, No. 5, 2002, pp. 1035 – 1070.

[29] Rachel, Ngai L. and Pissarides, Christopher A., "Structural Change in a Multisector Model of Growth", *The American Economic Review*, Vol. 97, No. 1, 2007, pp. 429 – 443.

[30] Timmer, Marcel, Erumban et al., "The World Input – output Database (WIOD): Contents, Sources and Methods", 2012, http://www.wiod.org/database/index.htm.

[31] World Bank, "The World Development Indicators (WDI)", http://data.worldbank.org/data – catalog.

[32] Wu, Yanrui, "China's Capital Stock Series by Region and Sector", Crawley: The University of Western Australia, Department of Economics, *Economics Discussion/Working Papers*, No. 09 – 02, 2009.

第十二章　产业结构、产权结构、效率与经济增长*

发展中国家的经济发展本质上是随着经济增长结构不断调整和优化的过程，结构调整的原因和结果之一是经济效率的变动，进而带动经济的持续增长。中国三次产业的劳动生产率从 1992 年起出现提高趋势，而资本效率则呈现整体下降趋势。三次产业的 TFP 增长率均为正值，1992—2016 年，第一产业的 TFP 增长率最高，第三产业其次，第二产业的 TFP 增长率最低；国际金融危机后，第二产业和第三产业的 TFP 增长率呈下降趋势。1992—2006 年，对第一产业和第二产业产出增长贡献率最大的是 TFP，第三产业则以资本驱动为主；2007—2016 年，三次产业均以资本驱动为主。这表明，相对于三次产业的效率结构变动，劳动存在"结构红利"，资本整体上是"结构负利"，国际金融危机后，三次产业投资驱动的增长方式被强化了，但投资驱动的方式并不能维持 TFP 的增长，这也表明危机并没有促使三次产业的增长方式出现转型的迹象。以工业企业为例，从不同产权企业的效率对比情况看，国有及国有控股企业的劳动生产率增长最快，民营企业的资本效率增长最快。通过对不同类型产权企业的 TFP 的测算和分解，发现工业企业经济效率提升来源于规模变化，而非纯技术变化。由此可见，工业化驱动的产业结构变迁是效率差异引致的，服务业驱动的产业结构变迁是投资驱动的结果，也就是需求拉动的结果。而以工业企业为例进行 TFP 的分解比较发现，中国目前的 TFP 增长并非来自纯技术进步，且与产权结构无关。因此，未来应从整体的创新机制体制入手，考虑经济增长方式的转型，而非单纯"民营化"或单纯优化产业结构。

---

* 本章由王钰执笔。

一 引言

国民经济是包括许多系统的多层次、多因素的复合体,一个国家或地区的经济结构是否合理,主要看它是否建立在合理经济可能性上。也就是说,是否符合一国或地区的实际情况,是否能发挥经济的比较优势,是否有利于各组成部分的协调发展,是否有效地利用人力、物力和财力,是否有利于提高劳动生产率并推动技术进步,是否短期有利于经济增长,长期有利于经济的持续发展,最终是否能在取得最大经济成果的同时较好(或最大限度)地满足人民生活需要。由于未来在经济转型发展的过程中,经济增长方式要由粗放型经济增长方式向集约型增长方式转变,则经济的驱动力主要来源于供给侧的效率改进,因此,就有必要研究供给结构与经济效率、经济增长的关系。

(一) 产业结构、效率和经济增长的关系

从古典学派起就开始了对资源配置、产业结构和经济增长之间关系的探讨,亚当·斯密很早就指出,通过社会分工会提高劳动生产率,增加国民财富,并指出,经济中"看不见的手"会将资源优化配置。产业结构的变动本身就体现了这种资源优化配置的过程。在新古典经济学和发展经济学之后,西方学者对于三者之间关系的研究主要是专注于对经济增长的核算,在分析增长动力来源的过程中,阐述和检验三者之间的关系。库兹涅茨(1949)认为,经济增长与产业结构的转换是正相关的,产出的增长要通过产出份额的转换才能得以实现。此后,丹尼森(1967)通过实证也确认了产业结构变化对经济增长具有较大的促进作用。Hiroya (1972) 运用柯布—道格拉斯生产函数对日本战前和战后的三次产业的要素投入产出弹性进行了测算和对比,结果表明,随着经济增长,战后日本三次产业 TFP 显著提高了,随着产业结构的变化,资本和 TFP 对经济增长的贡献高于劳动的贡献。Stiglitz 和 Dasgupta (1980) 研究了产业组织和技术进步的关系,指出发达经济体的经济增长主要源于技术进步,而产业集中度会影响企业的技术创新活动。纳尔逊和帕克 (Nelson and Pack, 1999) 在分析亚洲经济增长的奇迹时就注意到技术进步和产业结构演进在经济增长中具有重要作用,而 Young (2003) 则将中国改

革开放后的经济增长成果归结为劳动生产率的提高,这种效率提高的基础来源是农村剩余劳动力转移形成的产业结构变化,在此基础上带来了劳动力参与率提高、物质资本积累增加、劳动力的教育水平提升和 TFP 的增加。

对于产业结构和效率关系的研究,一方面,有学者认为,效率会影响甚至决定产业结构的变迁。Ji Yahui 和 Zhu Fengwen(2010)用比较劳动生产率和产业结构及就业结构的偏差程度指标对 1978—2008 年甘肃省的产业结构效率进行测算,认为甘肃省三次产业竞争力较弱,会影响未来甘肃省的产业结构演进。李汝资等(2017)认为,产业结构变迁与经济效率两者关系密切。运用 DEA—BCC 模型和 Malmquist 生产率指标测算了中国三次产业的动态 TFP 和静态效率,结果表明,中国三次产业的 TFP 对经济增长的贡献排序为第一、第二、第三产业,产业结构演进对经济增长的影响不及 TFP,而 TFP 又是影响产业结构调整的主导因素,三次产业的 TFP 变动具有区域差异性,三次产业的 TFP 水平较低且结构不合理的区域将会面临产业结构转型升级的困难。有学者认为,产业结构变动对效率会产生影响。如果将这种影响称为"结构红利"的话,对于是否存在"结构红利"是有争议的。张军、陈诗一(2009)认为,1978 年以后,工业产业"结构红利"显著存在。余泳泽等(2016)的研究就认为,中国的产业结构升级显著地提升了 TFP。干春晖、郑若谷(2009)认为,要素流动推动产业结构演进,进而带动生产率的提高,且具有阶段性特征。生产率的提高源于产业内部,特别是第二产业内部,劳动力的流动具有"结构红利"作用,而资本没有"结构红利"。苏振东(2012)也认为,中国的三次产业结构变动具有阶段性"结构红利",工业内部的结构变化具有"结构负利"。刘伟、张辉(2008)指出,中国的产业结构变迁的红利是不断递减的,尽管还有潜力,但未来中国经济的可持续增长动力将主要来源于技术进步。李小平、陈勇(2007)认为,劳动和资本转移对中国工业的 TFP 的总贡献较小,即"结构红利"并不显著。

可见,国内外的研究一致认为,产业结构与经济效率、经济增长具有密切的关系,但研究结论尚不一致。

(二)产权结构、效率与经济增长的关系

针对产业结构的研究多见于分析产权结构和经济增长的关系。徐涤非(2012)专门研究了产权结构与经济增长的关系,但其影响机制与效率无关，而主要阐述了产权结构对投资及其结构的影响机制，间接地阐述了产权结构与经济效率的关系。吴旺延、魏明亮（2013）通过对陕西和浙江两省的产业结构的增长效率进行测算和对比研究发现，陕西的产业结构水平低，经济效率相对也较低，原因在于其第三产业的效率差，不利于产业结构升级，而其根本原因在于陕西的国有企业过多，行政干预过多，市场化程度低，因此应引入竞争，转变经营机制。

从现有的研究成果看，学者认为，中国在国有产权结构较为集中的情况下，不利于合理投资和充分竞争，进而不利于经济增长，并没有针对产权与效率的关系进行直接和明确的分析。因此，我们拟在对三次产业的效率结构进行深入测算和分析的基础上，对不同产权与效率的关系进行研究，以便为中国经济增长向集约化转型提供更为可靠的政策建议。

二 产业结构、效率与经济增长

从投入角度分析三次产业效率，则需要从生产要素效率结构开始。由于三次产业的要素密集度不同，因此，不同产业的要素效率有区别，这种差别可以通过单要素生产率和全要素生产率（TFP）进行说明，单要素生产率即劳动生产率和资本生产率的效率结构。

（一）三次产业生产要素的效率结构及"结构红利"

通过三次产业要素效率结构的测算，可以发现三次产业是否存在"结构红利"。

1. 劳动效率结构

为了很好地说明三次产业的效率结构，将选取三次产业的绝对劳动生产率和比较劳动生产率进行说明。

（1）劳动生产率结构。对于产业劳动生产效率的分析，一般采用全员劳动生产率（劳均产出水平）及其增长率进行分析。一般而言，全员劳动生产率的计算公式为：

$$y_{i,t} = \frac{Y_{i,t}}{L_{i,t}} \tag{12.1}$$

式中，$y_{i,t}$ 表示 t 年 i 产业的劳动生产率，$Y_{i,t}$ 表示 t 年 i 产业的增加值，$L_{i,t}$ 表示 t 年 i 产业的就业人数。

1952—2016 年中国三次产业以 1952 年不变价格计算的劳动生产效率如表 12-1 所示。

表 12-1　　　　　1952—2016 年中国三次产业劳动生产率

单位：万元/人（1952 年为基期）

年份	第一产业	第二产业	第三产业	年份	第一产业	第二产业	第三产业
1952	0.02	0.09	0.10	1978	0.02	0.31	0.15
1953	0.02	0.11	0.13	1979	0.02	0.32	0.16
1954	0.02	0.12	0.13	1980	0.02	0.32	0.16
1955	0.02	0.13	0.14	1981	0.02	0.34	0.16
1956	0.02	0.13	0.14	1982	0.02	0.34	0.16
1957	0.02	0.16	0.13	1983	0.02	0.34	0.17
1958	0.03	0.08	0.09	1984	0.03	0.36	0.18
1959	0.02	0.12	0.09	1985	0.03	0.41	0.20
1960	0.02	0.17	0.09	1986	0.03	0.42	0.22
1961	0.02	0.14	0.11	1987	0.03	0.46	0.23
1962	0.01	0.18	0.11	1988	0.03	0.50	0.25
1963	0.02	0.21	0.11	1989	0.03	0.53	0.26
1964	0.02	0.24	0.12	1990	0.03	0.47	0.23
1965	0.02	0.27	0.14	1991	0.03	0.53	0.24
1966	0.02	0.31	0.13	1992	0.03	0.63	0.25
1967	0.02	0.26	0.13	1993	0.03	0.72	0.26
1968	0.02	0.23	0.13	1994	0.04	0.83	0.27
1969	0.02	0.27	0.15	1995	0.04	0.92	0.27
1970	0.02	0.32	0.15	1996	0.04	1.00	0.28
1971	0.02	0.31	0.16	1997	0.04	1.08	0.30
1972	0.02	0.31	0.16	1998	0.04	1.18	0.32
1973	0.02	0.32	0.17	1999	0.04	1.29	0.34
1974	0.02	0.31	0.17	2000	0.04	1.43	0.36
1975	0.02	0.33	0.17	2001	0.05	1.55	0.39
1976	0.02	0.30	0.16	2002	0.05	1.76	0.42
1977	0.02	0.32	0.16	2003	0.05	1.95	0.44

续表

年份	第一产业	第二产业	第三产业	年份	第一产业	第二产业	第三产业
2004	0.05	2.07	0.47	2011	0.09	3.16	0.79
2005	0.06	2.18	0.51	2012	0.09	3.39	0.84
2006	0.06	2.18	0.51	2013	0.10	3.56	0.89
2007	0.06	2.32	0.56	2014	0.11	3.86	0.90
2008	0.07	2.50	0.64	2015	0.12	4.16	0.92
2009	0.07	2.70	0.69	2016	0.13	4.50	0.95
2010	0.08	2.90	0.74				

资料来源：《中国国内生产总值核算历史资料》（1952—2004）和《中国统计年鉴（2017）》。

将表12-1的数据绘制成图，得到图12-1。通过图12-1可见，1952—1991年，三次产业的劳动生产率基本上没有明显的提高，而且三次产业的劳动生产率没有明显的差别，直至1992年之后，三次产业的劳动生产率出现明显的增长且出现了较大的差别。由此可见，中国自1992年之后的经济增长并不是单纯的数量型增长，显著包含劳动生产率的贡献，其中，第二产业的劳动生产率增长尤为显著。

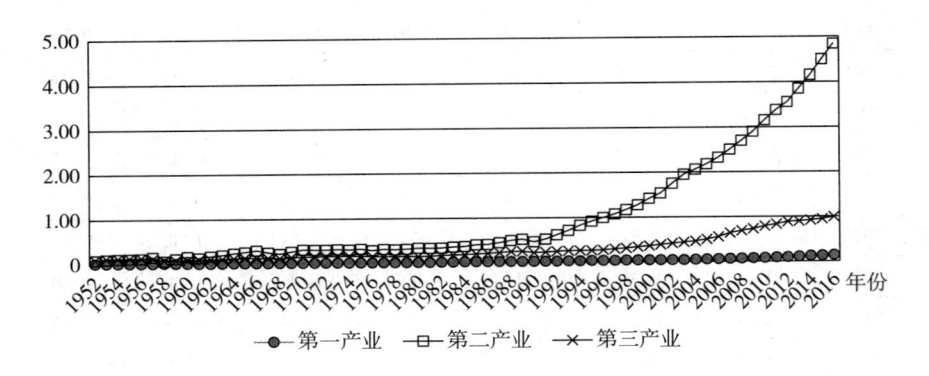

图12-1　1952—2016年中国三次产业劳动生产率

资料来源：根据表12-1中的数据绘制。

为了进一步说明1992年之后三次产业的劳动生产率的变化，需要进一步计算三次产业劳动生产率增长率，如表12-2所示。1992—2016年，中国三次产业劳动生产率均有不同程度的提高,如果以1992年为基期,第一产业劳动生产率增长率均值为6.6%,第二产业为9.9%,第三产业为5.9%。可见,相比较而言,1992年以来,第二产业的劳动生产率增长率最高,第三产业的劳动生产率增长率最低。如果分周期看,1992—2006年,第一产业劳动生产率增长率平均值为5.3%,第二产业平均值为7.6%,第三产业平均值为5.8%;2007—2016年,第一产业劳动生产率增长率平均值为8.3%,第二产业平均值为8.9%,第三产业平均值为6.0%。1992—2006年,劳动生产率第二产业最高,第三产业其次,最低的是第一产业;而2007—2016年,第一产业劳动生产率增长率有较大提高,这得益于农业现代化、农地制度改革等共同作用,释放了大量的劳动力,并较快向非农产业转移的结果。通过纵向比较可以发现,只有第一产业的劳动生产率增长率获得了显著提高,第二产业劳动生产率增长率有所下降,而第三产业的劳动生产率增长率基本没有变化,说明未来劳动生产率提高应重点放在第二产业和第三产业,特别是第三产业。

表12-2　　　　1992—2016年中国三次产业劳动生产率增长率　　　单位:%

年份	第一产业	第二产业	第三产业	年份		第一产业	第二产业	第三产业
1992	5.8	18.1	6.4	2006		9.7	6.7	10.8
1993	7.4	14.8	3.8	2007		7.6	7.7	14.9
1994	6.9	15.4	1.7	2008		8.0	7.8	7.5
1995	8.1	11.3	1.2	2009		7.7	7.5	6.3
1996	7.1	8.3	2.8	2010		7.9	8.8	7.7
1997	3.3	8.2	7.4	2011		9.4	7.3	5.7
1998	2.4	8.6	5.9	2012		7.8	5.1	6.4
1999	1.0	9.4	7.2	2013		10.7	8.3	1.2
2000	1.5	10.9	6.4	2014		10.4	7.7	1.9
2001	1.6	8.4	8.4	2015		8.0	8.1	3.3
2002	2.0	13.8	6.3	2016		5.3	7.7	4.9
2003	3.6	11.0	6.2	平均值	1992—2016	6.6	9.9	5.9
2004	10.3	5.9	4.7		1992—2006	5.3	7.6	5.8
2005	9.5	5.4	9.0		2007—2016	8.3	8.9	6.0

资料来源:笔者计算得出。

根据表 12-2 中的数据，绘制成图 12-2，从劳动生产率增长率变化的整体趋势上看，三次产业劳动生产率增长率波动较大。从三次产业各自的劳动生产率的增长率看，第一产业劳动生产率增长率在 1992—2006 年呈"U"形变化；而 2007—2016 年相对比较平稳，第一产业波动上升，而第三产业波动下降。加入世界贸易组织之后，第二产业劳动生产率增长率并没有获得显著提高，反而还有所下降。国际金融危机后与危机前相比，第二产业的平均劳动生产率增长率显著下降。

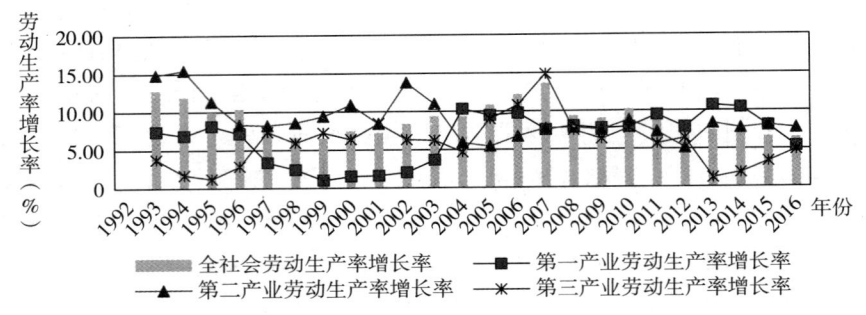

图 12-2　1992—2016 年中国全社会劳动生产率增长率和三次产业的劳动生产率增长率

资料来源：根据表 12-2 的数据绘制。

（2）比较劳动生产率结构。比较劳动生产率（也被称为相对国民收入）是三次产业增加值结构和就业结构相对变化的速度。按配第—克拉克定理，第一产业的比较劳动生产率都应小于 1，第二产业和第三产业都应大于 1。如表 12-3 所示，在这一点上，中国的情况符合配第—克拉克定理。但是，从数值变化趋势来看，第一产业该值在 1998 年以后就稳定在 0.3 的水平上，表明第一产业在增加值比重和就业比重都相对下降的情况下，增加值结构下降超过了就业结构下降的速度，而第二产业、第三产业则相反，增加值比重和就业比重都上升，增加值比重的上升速度超过了就业比重的上升速度。

如图 12-3 所示，从三次产业比较劳动生产率的时间序列变化的情况看，是符合二元性理论的。第一产业的比较劳动生产率从高值开始不断降低，而第二、第三产业的比较劳动生产率则从低值开始不断提高，至最高点后，第一产业的比较劳动生产率开始提高，而第二、第三产业的比较劳动生产率开始下降并不断趋向于 1，三次产业间的比较劳动生产率

表 12-3 1952—2016 年中国三次产业比较劳动生产率和二元生产率对比系数

年份	比较劳动生产率			二元生产率对比系数	年份	比较劳动生产率			二元生产率对比系数
	第一产业	第二产业	第三产业			第一产业	第二产业	第三产业	
1952	0.6	2.8	3.1	0.2	1981	0.5	2.5	1.7	0.2
1953	0.6	2.9	3.4	0.2	1982	0.5	2.4	1.7	0.2
1954	0.6	2.9	3.5	0.2	1983	0.5	2.4	1.6	0.2
1955	0.6	2.8	3.6	0.2	1984	0.5	2.2	1.6	0.3
1956	0.5	2.6	3.4	0.2	1985	0.4	2.1	1.8	0.2
1957	0.5	3.3	3.0	0.2	1986	0.4	2.0	1.7	0.2
1958	0.6	1.4	1.9	0.4	1987	0.4	2.0	1.7	0.2
1959	0.4	2.1	1.8	0.2	1988	0.4	1.9	1.7	0.2
1960	0.4	2.8	1.7	0.2	1989	0.4	2.0	1.8	0.2
1961	0.5	2.8	2.7	0.2	1990	0.4	1.9	1.8	0.2
1962	0.5	3.9	2.9	0.1	1991	0.4	1.9	1.8	0.2
1963	0.5	4.3	2.7	0.1	1992	0.4	2.0	1.8	0.2
1964	0.5	4.5	2.6	0.1	1993	0.3	2.1	1.6	0.2
1965	0.5	4.2	2.7	0.1	1994	0.4	2.0	1.5	0.2
1966	0.5	4.4	2.5	0.1	1995			1.4	
1967	0.5	3.9	2.6	0.2	1996	0.4	2.0	1.3	0.2
1968	0.5	3.6	2.7	0.2	1997	0.4		1.3	
1969	0.5	3.9	2.8	0.1	1998	0.3	1.9	1.4	0.2
1970	0.4	4.0	2.7	0.1	1999	0.3	2.0	1.4	0.2
1971	0.4	3.8	2.6	0.1	2000	0.3	2.0	1.4	0.2
1972	0.4	3.6	2.6	0.1	2001	0.3	2.0	1.5	0.2
1973	0.4	3.5	2.6	0.1	2002	0.3	2.1	1.5	0.2
1974	0.4	3.4	2.6	0.1	2003	0.3	2.1	1.4	0.1
1975	0.4	3.4	2.4	0.1	2004	0.3	2.0	1.3	0.2
1976	0.4	3.1	2.3	0.2	2005	0.3	2.0	1.3	0.2
1977	0.4	3.2	2.2	0.2	2006	0.2	1.9	1.3	0.2
1978	0.4	2.8	2.0	0.2	2007	0.3	1.8	1.3	0.2
1979	0.4	2.7	1.8	0.2	2008	0.3	1.7	1.3	0.2
1980	0.4	2.6	1.7	0.2	2009	0.3	1.7	1.3	0.2

续表

年份	比较劳动生产率			二元生产率对比系数	年份	比较劳动生产率			二元生产率对比系数
	第一产业	第二产业	第三产业			第一产业	第二产业	第三产业	
2010	0.3	1.6	1.3	0.2	2014	0.3	1.4	1.2	0.2
2011	0.3	1.6	1.2	0.2	2015	0.3	1.4	1.2	0.2
2012	0.3	1.5	1.3	0.2	2016	0.3	1.4	1.2	0.2
2013	0.3	1.5	1.2	0.2					

资料来源：《人口与就业统计年鉴（2014）》和《中国统计年鉴（2017）》。

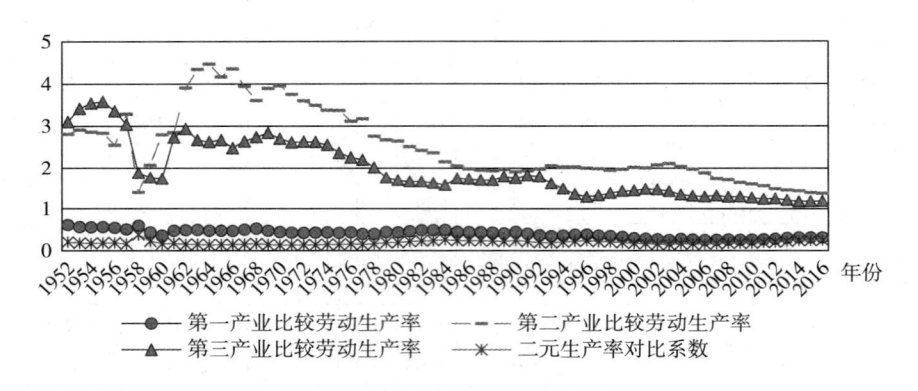

图 12-3　1952—2016 年中国三次产业的比较劳动生产率和二元生产率对比系数变化

资料来源：根据表 12-3 的数据绘制。

差距由大变小，表明二元性不断减弱，但是，三次产业之间的要素配置仍有很大的调整和演进空间。第一产业的比较劳动生产率的变化也表明，第一产业的比较劳动生产率仍处于下降阶段，没有进入"U"形路径的上升区间，表明第一产业相对于产业结构仍需要释放出劳动力，提高比较劳动生产率。因为一般而言，发展中国家的二元生产率对比系数（第一产业比较劳动生产率与第二产业和第三产业比较劳动生产率之比）处于 0.31—0.45 之间，发达国家则分布在 0.52—0.86 之间，中国则一直分布在 0.1—0.3 之间，这表明中国的第一产业的相对劳动生产率仍是较低的。而第二产业和第三产业的比较劳动生产率虽然呈现出倒"U"形，但是，还有进一步提升的空间，还没有形成三次产业间稳定的相对效率结构。

我们通过国际比较，可以来说明这个差距。选取发达国家美国、德国、日本和韩国的产业比较劳动生产率进行比较，如表12-4所示。表中4个国家的比较劳动生产率都是第一产业的效率最低，相对而言，美国的第一产业比较劳动生产率高于同期其他国家，表明其第一产业具有比较高的劳动生产效率，而日本则是最低的，这可能与国内的保护性政策有关。第二产业和第三产业的比较劳动生产率基本都分布在离1很近的范围内，且第二产业和第三产业的比较劳动生产率基本相似。其中，韩国的第三产业的比较劳动生产率最低，表明韩国的服务业虽然吸纳了较大比重的就业者，但增加值的占比却与就业比重不相当，生产效率并不高，而相比之下，其第二产业的效率却是4个国家中最高的。可见，与发达国家相比，中国的三次产业的劳动生产率都还有提升的空间，还需要进一步从第一产业向第二产业和第三产业转移劳动力，也就是说，中国产业的劳动力"结构红利"在未来一段时间内还是存在的，通过要素配置提高效率，进而提高经济增长的潜力还是存在的。

表12-4　　1997—2016年发达国家三次产业比较劳动生产率

年份	美国			德国			日本			韩国		
	第一产业	第二产业	第三产业	第一产业	第二产业	第三产业	第一产业	第二产业	第三产业	第一产业	第二产业	第三产业
1997	0.5	1.0	1.0	0.4	0.9	1.1	0.3	1.0	1.0	0.5	1.2	1.0
1998	0.5	1.0	1.0	0.4	0.9	1.1	0.3	1.0	1.0	0.4	1.4	1.0
1999	0.5	1.0	1.0	0.4	0.9	1.1	0.3	1.0	1.0	0.4	1.4	0.9
2000	0.5	1.0	1.0	0.4	0.9	1.1	0.3	1.0	1.0	0.4	1.4	0.9
2001	0.5	1.0	1.0	0.4	0.9	1.1	0.3	1.0	1.1	0.4	1.3	0.9
2002	0.4	1.0	1.0	0.4	0.9	1.1	0.3	1.0	1.0	0.4	1.4	1.0
2003	0.5	1.0	1.0	0.3	0.9	1.1	0.3	1.1	1.0	0.4	1.3	0.9
2004	0.8	1.0	1.0	0.3	1.0	1.0	0.3	1.1	1.0	0.4	1.4	0.9
2005	0.7	1.1	1.0	0.3	1.0	1.0	0.3	1.1	1.0	0.4	1.4	0.9
2006	0.7	1.1	1.0	0.3	1.0	1.0	0.2	1.1	1.0	0.4	1.4	0.9
2007	0.8	1.1	1.0	0.4	1.0	1.0	0.3	1.0	1.0	0.4	1.4	0.9
2008	0.8	1.1	1.0	0.4	1.0	1.0	0.3	1.0	1.0	0.3	1.4	0.9

续表

年份	美国			德国			日本			韩国		
	第一产业	第二产业	第三产业	第一产业	第二产业	第三产业	第一产业	第二产业	第三产业	第一产业	第二产业	第三产业
2009	0.7	1.2	1.0	0.4	1.0	1.0	0.3	1.1	1.0	0.4	1.4	0.8
2010	0.7	1.2	1.0	0.4	1.1	1.0	0.3	1.1	1.0	0.4	1.5	0.8
2011	0.9	1.2	1.0	0.5	1.1	1.0	0.3	1.1	1.0	0.4	1.5	0.8
2012	0.8	1.2	1.0	0.5	1.1	1.0	0.3	1.1	1.0	0.4	1.5	0.8
2013	0.9	1.2	1.0	0.7	1.1	1.0	0.3	1.1	1.0	0.4	1.6	0.8
2014	0.8	1.2	1.0	0.6	1.1	1.0	0.3	1.1	1.0	0.4	1.6	0.9
2015		1.1	1.0	0.5	1.1	1.0	0.3	1.1	1.0	0.4	1.6	0.8
2016	0.7	1.1	1.0	0.4	1.1	1.0	0.3	1.2	1.0	0.4	1.5	0.8

资料来源：世界银行 WDI 统计数据库和历年《中国统计年鉴》。

2. 资本的效率结构

由于三次产业的固定资产投资数据可获性以及为了集中说明中国经济增长的现状，自此之后，研究的时间起点将后移至 1992 年。

（1）三次产业资本结构。以 1992 年不变价格，按永续盘存法计算三次产业的固定资本存量结构，计算结果如表 12-5 所示，1992—2016 年，三次产业资本存量的结构发生了明显的变化，第一产业的固定资本存量的比重由 1992 年的 1.2% 上升到 2016 年的 2.8%，而第二产业的固定资产存量比重则从 79.5% 下降至 42.3%，第三产业的资本存量从 1992 年的 19.3% 上升到 55.0%。可见，第一产业的资本存量不断提高，而第二产业和第三产业的资本存量结构发生了根本的转变。1992 年，第二产业固定资本占近 80%，这是计划经济时期重工业化过程积累的结果，而在社会主义市场经济体制确立之后，市场化选择的结果却使投资在三次产业间分散化。特别是第一产业和第三产业获得了更多的资本积累，第三产业的资本存量在 2005 年之后超过了第二产业的资本存量比重，快于三次产业增加值比重的改变，表明三次产业的资本生产率结构与劳动生产率结构一样，资本生产率结构处于变动中。

表 12-5　　　1992—2016 年中国三次产业固定资本存量结构　　　单位:%

年份	第一产业	第二产业	第三产业	年份	第一产业	第二产业	第三产业
1992	1.2	79.5	19.3	2005	2.0	48.2	49.8
1993	1.2	76.7	22.1	2006	2.1	47.5	50.5
1994	1.1	73.8	25.0	2007	2.1	46.9	50.9
1995	1.1	71.3	27.6	2008	2.3	46.5	51.2
1996	1.1	68.9	30.0	2009	2.4	45.9	51.7
1997	1.1	66.6	32.3	2010	2.5	45.2	52.3
1998	1.1	63.6	35.3	2011	2.6	44.8	52.6
1999	1.1	60.8	38.0	2012	2.6	44.4	53.0
2000	1.2	58.4	40.4	2013	2.6	43.9	53.5
2001	1.3	56.0	42.8	2014	2.6	43.4	54.0
2002	1.4	53.7	44.9	2015	2.7	42.9	54.4
2003	1.7	51.0	47.4	2016	2.8	42.3	55.0
2004	1.8	49.2	49.0				

资料来源:《中国统计年鉴(2017)》和历年《中国固定资产投资统计年鉴》。

(2) 资本效率结构。三次产业的资本效率(也可以称为资本生产率)的计算公式为:

$$k_{i,t} = \frac{Y_{i,t}}{K_{i,t}} \tag{12.2}$$

式中,$k_{i,t}$ 表示 t 年 i 产业的资本效率,$Y_{i,t}$ 表示 t 年 i 产业的增加值,$K_{i,t}$ 表示 t 年 i 产业的总资本存量。

据此可以计算 1992—2016 年三次产业的资本效率(均以 1992 年不变价格计算),计算结果如表 12-6 所示。从表 12-6 中可以看出,第一产业的资本效率由 1992 年的 6.87 下降至 2016 年的 0.25,而第二产业的资本效率由 1992 年的 0.22 上升到 2002 年的 0.42,后下降到 2016 年 0.16,第三产业的资本效率由 1992 年的 0.74 下降到 2016 年的 0.09。

从三次产业资本效率变化的趋势看,如图 12-4 所示,第二产业的资本效率在 2002 年之前是不断提高的,2004 年之后呈现不断下降趋势,而第一产业和第三产业的资本效率整体上均是不断下降的,因而相对于三次产业资本存量结构的变动而言,第二产业在 2004 年之前存在资本的

表 12-6　　1992—2016 年中国三次产业资本效率　　单位：元/元

年份	第一产业	第二产业	第三产业	年份	第一产业	第二产业	第三产业
1992	6.87	0.22	0.74	2006	1.37	0.35	0.22
1993	6.88	0.25	0.66	2007	1.12	0.33	0.21
1994	6.83	0.28	0.60	2008	0.92	0.31	0.19
1995	6.80	0.30	0.55	2009	0.74	0.28	0.17
1996	6.66	0.32	0.50	2010	0.61	0.26	0.15
1997	6.35	0.34	0.47	2011	0.52	0.24	0.14
1998	5.89	0.35	0.43	2012	0.45	0.23	0.13
1999	5.36	0.36	0.40	2013	0.39	0.21	0.11
2000	4.83	0.38	0.38	2014	0.34	0.19	0.10
2001	4.32	0.40	0.37	2015	0.30	0.17	0.09
2002	3.79	0.42	0.36	2016	0.25	0.16	0.09
2003	2.64	0.41	0.31	平均值 1992—2016	3.12	0.30	0.32
2004	2.08	0.39	0.27	平均值 1992—2006	4.59	0.34	0.42
2005	1.67	0.37	0.24	平均值 2007—2016	0.50	0.23	0.13

资料来源：《中国统计年鉴（2017）》和历年《中国固定资产投资统计年鉴》。

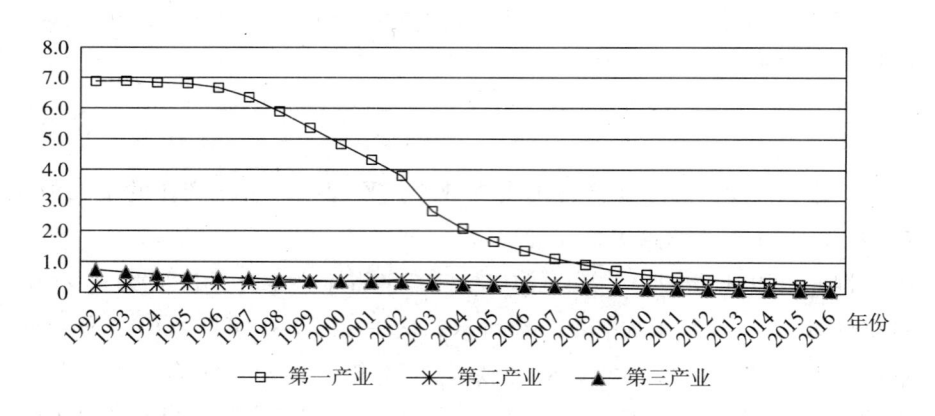

图 12-4　1992—2016 年中国三次产业的资本效率结构变化

资料来源：根据表 12-6 的数据绘制。

"结构红利"，而在 2002 年之后存在"结构负利"；第一、第三产业存在"结构红利"。

3. 全要素生产率结构

对于全要素生产率（TFP）的测算方法有多种，这里，我们采用孙敬水（1996）的新测算方法，运用柯布—道格拉斯生产函数：

$$Y_i = A_i X_{i1}^{\alpha_1} X_{i2}^{\alpha_2} \cdots X_{in}^{\alpha_n} \tag{12.3}$$

式中，Y_i 为 i 次产业增加值，A_i 为 i 次产业索洛余值，X_{in} 为 i 次产业 n 种生产要素投入数量，α_n 为 n 种要素的产出弹性，$i = 1、2、3$。

若假设产出为规模报酬不变，可以将产出弹性正则化，则有：

$$\beta_n = \frac{\alpha_n}{\sum_{i=1}^{n} \alpha_n}$$

可得：

$$\frac{\mathrm{d}\ln Y_i}{\mathrm{d}t} = \sum_{i=1}^{n} \beta_n \frac{\mathrm{d}\ln X_{in}}{\mathrm{d}t} + \frac{\mathrm{d}\ln A}{\mathrm{d}t} \tag{12.4}$$

由于 A 即为 TFP，由式（12.3）可知，TFP 增长率表示为：

$$\frac{\mathrm{d}\ln TFP_i}{\mathrm{d}t} = \frac{\mathrm{d}\ln Y_i}{\mathrm{d}t} - \sum_{i=1}^{n} \beta_n \frac{\mathrm{d}\ln X_{in}}{\mathrm{d}t} \tag{12.5}$$

如果三次产业投入的生产要素仅为 K（资本）和 L（劳动力），则式（12.5）可以具体表示为：

$$\frac{\mathrm{d}\ln TFP_i}{\mathrm{d}t} = \frac{\mathrm{d}\ln Y_i}{\mathrm{d}t} - \left(\alpha_1 \frac{\mathrm{d}\ln K_i}{\mathrm{d}t} + \alpha_2 \frac{\mathrm{d}\ln L_i}{\mathrm{d}t} \right) \tag{12.6}$$

利用 1992—2016 年的三次产业的增加值（1992 年价格）、资本存量（1992 年价格）和劳动数量（见表 12-7），代入式（12.6）中，三次产业的柯布—道格拉斯生产函数回归结果如下：

$$\ln Y_1 = 5.0744 + 0.5136 \ln K_1 + 0.4964 \ln L_1$$
$$\quad\quad\quad 0.000 \quad\quad 0.000 \quad\quad\quad 0.000$$
$$R^2 = 0.9564 \quad P = 0.000 \tag{12.7}$$

$$\ln Y_2 = -0.5622 + 0.9883 \ln K_2 + 0.0117 \ln L_2$$
$$\quad\quad\quad 0.5233 \quad\quad 0.000 \quad\quad\quad 0.000$$
$$R^2 = 0.8796 \quad P = 0.000 \tag{12.8}$$

$$\ln Y_3 = 2.2285 + 0.7465 \ln K_3 + 0.2535 \ln L_3$$
$$\quad\quad\quad 0.000 \quad\quad 0.000 \quad\quad\quad 0.000$$
$$R^2 = 0.9935 \quad P = 0.000 \tag{12.9}$$

表 12-7　1992—2016 年中国三次产业生产要素和增加值（1992 年价格）　单位：亿元、万人

年份	增加值（1992年价格）			资本（1992年价格）			劳动		
	第一产业	第二产业	第三产业	第一产业	第二产业	第三产业	第一产业	第二产业	第三产业
1992	5800.3	11725.3	9668.9	843.7	53892.4	13059.7	38699	14355	13098
1993	6067.1	14035.2	10848.5	881.3	56835.1	16340.0	37680	14965	14163
1994	6303.7	16575.6	12085.2	922.9	59760.8	20252.7	36628	15312	15515
1995	6612.6	18863.0	13305.8	972.7	62931.3	24395.5	35530	15655	16880
1996	6943.2	21145.4	14530.0	1042.2	66246.2	28810.5	34820	16203	17927
1997	7179.3	23365.7	16041.1	1131.0	69541.4	33789.3	34840	16547	18432
1998	7423.4	25445.2	17388.6	1259.8	72661.5	40377.5	35177	16600	18860
1999	7623.8	27531.7	18988.3	1421.5	75749.9	47375.9	35768	16421	19205
2000	7799.2	30147.2	20849.2	1614.6	78814.0	54609.4	36043	16219	19823
2001	8002.0	32709.7	22996.6	1850.6	81796.0	62538.3	36399	16234	20165
2002	8218.0	35948.0	25411.3	2166.2	84916.1	71030.0	36640	15682	20958
2003	8415.3	40513.4	27825.3	3187.7	98116.3	91161.5	36204	15927	21605
2004	8928.6	45010.0	30635.7	4294.7	114942.4	114489.5	34830	16709	22725
2005	9383.9	50456.7	34434.5	5633.6	137321.3	141925.7	33442	17766	23439
2006	9834.4	57268.3	39289.8	7194.8	164843.6	175289.8	31941	18894	24143
2007	10178.6	65915.8	45615.4	9054.5	198258.0	215049.9	30731	20186	24404
2008	10707.9	72375.6	50405.1	11595.6	236873.6	260610.0	29923	20553	25087
2009	11136.2	79830.2	55243.9	15140.2	286354.9	323047.5	28890	21080	25857
2010	11615.0	89968.7	60602.6	19071.8	344959.9	398521.4	27931	21842	26332
2011	12102.9	99595.6	66359.8	23148.6	406627.8	477773.1	26594	22544	27282
2012	12647.5	107961.3	71668.6	28211.7	479497.4	572362.9	25773	23241	27690
2013	13128.1	116598.3	77617.1	33347.0	564337.9	687262.0	24171	23170	29636
2014	13666.4	125226.5	83671.3	39651.8	659202.7	819970.3	22790	23099	31364
2015	14199.3	132990.6	90532.3	47811.4	763515.9	968909.9	21919	22693	32839
2016	14667.9	141103.0	97593.8	57599.9	872082.2	1134353.5	21496	22350	33757

资料来源：《中国统计年鉴（2017）》和历年《中国固定资产投资统计年鉴》。

据式（12.7）式（12.9）的回归结果，计算得到三次产业 TFP 增长率，计算结果如表 12-8 所示。三次产业的 TFP 增长率都是正值，说明三次产业的全要素生产率都是不断提高的。1992—2016 年，三次产业 TFP 增长率平均值最高的是第一产业，其次是第三产业，最低的是第二产业，第一产业的 TFP 增长率在 2004 年之前波动性较大，2004 年之后相对平稳，第二产业和第三产业虽然相对比较平稳，但是，2008 年之后有下降趋势。

表 12-8　　　　　1992—2016 年三次产业 TFP 增长率　　　　　单位：%

年份	第一产业	第二产业	第三产业	年份	第一产业	第二产业	第三产业
1992	0.96	0.22	0.74	2005	1.47	0.66	0.86
1993	1.13	0.29	0.78	2006	1.41	0.65	0.87
1994	1.54	0.38	0.88	2007	1.53	0.66	0.94
1995	1.93	0.46	0.93	2008	1.61	0.65	0.95
1996	2.18	0.52	0.94	2009	1.49	0.58	0.91
1997	2.14	0.55	0.96	2010	1.55	0.57	0.91
1998	2.07	0.55	0.95	2011	1.68	0.58	0.93
1999	1.92	0.55	0.93	2012	1.70	0.53	0.92
2000	1.81	0.59	0.94	2013	1.75	0.48	0.90
2001	1.77	0.62	0.97	2014	1.74	0.44	0.86
2002	1.70	0.65	0.99	2015	1.68	0.38	0.84
2003	1.47	0.65	0.91	2016	1.62	0.35	0.83
2004	1.58	0.66	0.88	平均值	1.66	0.53	0.90

资料来源：根据历年《中国统计年鉴》和《中国固定资产投资统计年鉴》计算。

（二）三次产业生产要素对经济增长贡献的结构分解

依据李扬等（2014）的多层次分解框架方法，分两阶段对三次产业增长率进行要素分解，结果如表 12-9 所示。2007—2016 年与 1992—2006 年相比，第一产业增加值增长率略有上升，由均值 3.91% 上升到 4.08%，第二产业增加值增长率下降了 25% 左右，第三产业增加值增长率下降了 10% 左右，可见，整体经济增长率平均下降了两个百分点，主要是第二产业和第三产业的增加率下降导致的,其中第二产业的下降较为主要。从各要素的投入量变化情况来看,三次产业的资本投入的增长率在 2007—2016 年比 1992—2006 年均有所增加:第一产业的资本投入增长率增长了近 5 个百分点;第二产业的资本投入增长率增加得最多,为近 8 个百分点;第三产业资本投入增长率最低,仅为 0.04 个百分点。劳动投入量在三次产业间表现为明显的流动性加强,第一产业的劳动力投入加速转移,被第二产业和第三产业吸纳,但从吸纳能力来看,第三产业较多。1992—2006 年,第一产业的劳动投入增长率为 -1.34%,而 2007—2016 年则为 -3.87%。相对于第二产业,第三产业在两个周期内都保持了较高的劳动投入增长率,分别是 4.5% 和 3.42%,虽然增长率没有提高,但均高于第二产业的 2.02% 和 1.73%。因此,2007—2016 年,第一产业资本的贡献份额由 1992—2006 年的 56.39% 上升到 114.50%,第二产业的资本贡献份额也由 14.24% 上升到 52.36%,只有第三产业的资本贡献份额略有下降,由 47.11% 下降至 40.28%。因此,以整体来看,2007 年之后,三次产业的资本贡献份额仍然是较高的,均不同程度地高于劳动贡献份额。三次产业的全要素增长率均是正值,但是,到 2007—2016 年对经济增长的贡献均呈现下降趋势。可见,2007 年之后,三次产业的资本投资并没有显著促进 TFP 提高。

表 12-9 1992—2016 年中国三次产业增加值增长率的生产要素结构分解

分解内容(符号,单位)	1992—2006 年			2007—2016 年		
	第一产业	第二产业	第三产业	第一产业	第二产业	第三产业
[1] 增加值增长率(%)	3.91	12.64	10.68	4.08	9.47	9.55
[2] 资本投入弹性(α)	0.25	0.75	0.42	0.34	0.48	0.32
[3] 资本投入增长率(%) = $(I-\delta \cdot K)/K$	8.82	2.40	11.98	13.74	10.33	12.02
[4] 资本贡献份额(%) = [2] × [3] / [1]	56.39	14.24	47.11	114.50	52.36	40.28
[5] 劳动投入弹性(β)	0.75	0.26	0.58	0.66	0.52	0.68
[6] 劳动投入增长率(%)	-1.34	2.02	4.50	-3.87	1.73	3.42

续表

分解内容（符号，单位）	1992—2006 年			2007—2016 年		
	第一产业	第二产业	第三产业	第一产业	第二产业	第三产业
[7] 劳动贡献份额（%） = [5] × [6] / [1]	−25.70	4.16	24.44	−62.60	9.50	24.35
[8] TFP 增长率（%）	0.45	0.52	0.70	0.04	0.01	0.96
[9] TFP 贡献份额（%） = 100 − [4] − [7]	69.31	81.60	28.45	−10.63	19.49	19.24
[10] 人均资本（K/L）增长率（%）	18.90	5.17	2.98	28.15	21.50	19.75
[11] 净投资率 [（I−δ·K）/Y] 增长率（%）	3.57	6.50	5.43	28.16	44.32	51.48
[12] 资本效率（Y/K）增长率（%）	−10.44	3.58	−8.13	−15.43	−7.35	−9.12
[13] 劳动生产率（Y/L）增长率（%）	5.33	9.86	8.84	8.29	7.62	5.98

注：[1] 增加值增长率为各周期内平均值。

从效率上看，由于在两个阶段中，投资的增长速度和净投资率增长率均有所提高，导致三次产业的人均资本增长率提高，资本效率下降。第一产业劳动生产率提高，第二产业和第三产业的劳动生产率下降。

通过两个经济增长周期的生产要素的贡献率的比较，发现 1992—2006 年第一产业和第二产业贡献率最高的是 TFP，第三产业的主要驱动要素是资本。而 2007—2016 年三次产业均高度依靠资本驱动，可见，目前经济转型增长的机制并没有形成，反而是更加依赖于原来的驱动方式。受高资本投资增长率的影响，三次产业的人均资本深化后资本的效率大幅度下降是符合新古典的资本效率递减规律的。而第二产业和第三产业吸纳了第一产业的劳动转移，第二产业和第三产业的劳动生产率增长率则出现了下降趋势，表明非农产业中人均产出水平低、效率不高的行业在规模上膨胀了，第二产业和第三产业的结构随着第一产业的劳动转移而低端化了。出现这种情况，可能有以下两个方面的原因：一是由于转移出来的人口素质不高；二是由于收入高、效率高的行业存在劳动进入壁垒。这两种情况并存使转移出的劳动只能堆积在低效率产业中。这表明，中国还需要加强人力资本积累和技术创新，促进第二产业和第三产业内部产业结构的高端化。

由此可见，培育国内消费能力的关键应该是提高生产效率，改变原有的依靠规模的粗放实现经济增长的路径。这样，才能避免"低劳动生产率陷阱"，实现经济转型发展的目标。

三　产权结构、效率与经济增长

为了对比说明不同性质产权企业的效率，选取国有及国有控股、民营和外商及港澳台工业企业作为公有制和非公有制的代表，分别说明国有企业、民营企业和外商企业的效率及其对经济增长的影响。为了进一步对比说明不同性质产权企业的效率，需要计算和分解国有及国有控股、民营和外商及港澳台工业企业的单要素效率和全要素生产率。

（一）不同产权企业的单要素效率

我们依然用劳动生产率和资本效率表示单要素生产率。

1. 劳动生产率

以1998年价格计算规模以上工业企业的增加值计算劳动生产率，可得表12-10。通过表12-10中的数据对比可见，国有及国有控股企业的劳动生产率在1998年是三种不同类型的产权企业中最低的，为3.0万元/人，外商及港澳台企业的劳动生产率是最高的，为4.9万元/人，民营企业的劳动生产率略高于国有及国有控股企业的劳动生产率，为3.2万元/人。2002年之后，国有及国有控股企业的劳动生产率则出现大幅度提高，开始高于外商及港澳台企业的劳动生产率，至2016年劳动生产率增长到1998年的10倍，而民营企业的劳动生产率先下降后上升，2016年劳动生产率仅增长为1998年的1.1倍，基本保持在原有的水平。1998—2016年外商及港澳台企业的劳动生产率稳步提高，2016年的劳动生产率为1998年的2.7倍。通过劳动生产率的比较可见，国有及国有控股企业劳动生产率提高最大，外商及港澳台企业其次，民营企业基本保持不变，这与不同产权企业的行业分布、垄断程度和要素密集度都有关系。

表 12-10　　　　　　　不同类型工业企业劳动生产率

单位：万元/人（1998 年价格）

年份	规模以上工业企业	国有及国有控股企业	民营企业	外商及港澳台企业
1998	3.2	3.0	3.2	4.9
1999	3.8	3.6	2.7	5.5
2000	4.4	4.5	2.2	5.8
2001	4.9	5.4	1.7	5.9
2002	5.5	6.7	1.6	6.0
2003	6.1	8.6	1.4	6.0
2004	6.2	10.7	1.2	5.1
2005	6.9	12.5	1.3	5.5
2006	7.6	14.6	1.4	5.8
2007	8.4	17.2	1.5	6.2
2008	8.4	18.3	1.5	6.2
2009	9.4	19.4	1.7	6.9
2010	10.0	21.7	1.8	7.3
2011	11.9	24.2	2.4	8.3
2012	12.5	24.6	2.6	8.8
2013	13.5	26.4	2.7	9.7
2014	14.3	28.4	2.9	10.6
2015	15.5	29.8	3.2	11.5
2016	16.9	31.9	3.5	13.0

资料来源：根据历年《中国统计年鉴》和《中国工业经济统计年鉴》数据计算整理。

2. 资本效率

仍然以 1998 年为基期计算 1998—2016 年工业企业固定资本原价和增加值，可以得到规模以上工业企业、国有及国有控股企业、民营企业、外商及港澳台企业的资本效率。如表 12-11 所示，1998—2016 年，国有及国有控股企业、外商及港澳台企业的资本效率基本没有变化，平均值均为 0.3，而民营企业的资本效率则显著提高，从 1998 年的 1.3 提高到 8.5。由此可见，民营企业的资本密集度显著低于国有及国有控股企业、外商及港澳台企业。

表 12-11　　　　规模以上不同类型工业企业的资本效率

年份	规模以上工业企业	国有及国有控股企业	民营企业	外商及港澳台企业
1998	0.3	0.2	1.3	0.3
1999	0.3	0.2	1.7	0.3
2000	0.3	0.2	2.2	0.3
2001	0.3	0.2	2.9	0.3
2002	0.3	0.3	3.4	0.3
2003	0.3	0.3	4.2	0.4
2004	0.4	0.3	5.2	0.3
2005	0.4	0.3	5.3	0.3
2006	0.4	0.3	5.6	0.3
2007	0.4	0.3	5.5	0.3
2008	0.4	0.3	6.4	0.3
2009	0.4	0.3	6.8	0.3
2010	0.4	0.3	7.3	0.3
2011	0.4	0.3	6.7	0.3
2012	0.4	0.3	7.0	0.3
2013	0.4	0.3	8.1	0.3
2014	0.4	0.3	8.5	0.3
2015	0.3	0.3	8.5	0.3
2016	0.3	0.3	8.5	0.3

资料来源：根据历年《中国统计年鉴》和《中国工业经济统计年鉴》数据计算整理。以 1998 年价格计算，固定资本以固定资本投资价格指数进行调整。

（二）不同产权企业的全要素生产率

对不同决策单元的生产率变化进行评价一般采用生产率指数法，目前比较常用的是 Malmquist 指数法（Malmquist Index）。Malmquist 生产率指数法是由 Caves、Christeren 和 Diewert（1982）在 Malmquist 数量指数与距离函数的基础上定义的，在 20 世纪 90 年代较为流行，是一种能够分解测算要素生产率的非参数方法。以距离函数为基本工具，包括投入距离函数和产出距离函数。投入距离函数是给定产出，通过测算投入向量能够向内缩减的程度来衡量生产技术的有效性；而产出距离函数则是给定投入衡量产出的有效性。Malmquist 生产率指数法的优点在于不需要对任何生产行为进行假定，就可以计算生产率增长的各个成分。

以产出导向型为例，Malmquist Index 可以表示为：

$$M_0(Y_s, X_s, Y_t, X_t) = \left[\frac{d_0^s(y_t, x_t)}{d_0^s(y_s, x_s)} \times \frac{d_0^t(y_t, x_t)}{d_0^t(y_s, x_s)}\right]^{\frac{1}{2}} \quad (12.10)$$

式中，$d_0^s(y_t, x_t)$ 表示以 t 期的技术为参照的 s 期的产出距离函数，$M_0(Y_s, X_s, Y_t, X_t)$ 表示从基期 s 期到 t 期生产率变化的 Malmquist 指数。如果 $M_0 = 1$，说明 TFP 没有变化；如果 $M_0 > 1$，说明 TFP 增长；如果 $M_0 < 1$，说明 TFP 下降。

一般基于非参数 Malmquist 指数计算，都采用数据包络法（Data Envelopment Analysis，DEA）。这里运用 DEAP2.1 对 1998—2016 年国有及国有控股企业、民营企业和外商港澳台企业的全要素生产率进行计算和分解，结果如表 12-12（a）和表 12-12（b）所示。

表 12-12（a） 规模以上不同类型工业企业全要素生产率的测算
（不同年份的比较）

年份	全要素生产率变化（TFP-CH） (1) = (2) × (5)	技术效率变化（EFF-CH） (2) = (3) × (4)	纯技术变化（PE-CH） (3)	规模变化（SE-CH） (4)	技术变化率（TECH-CH） (5)
1999	0.916	1.160	1.000	1.160	0.789
2000	0.943	1.199	1.000	1.199	0.786
2001	0.900	1.196	1.000	1.196	0.753
2002	0.972	0.994	1.000	0.994	0.978
2003	0.973	0.924	1.000	0.924	1.053
2004	0.938	1.007	1.000	1.007	0.931
2005	1.009	0.993	1.000	0.993	1.016
2006	0.981	0.978	1.000	0.978	1.003
2007	1.019	1.012	1.000	1.012	1.007
2008	0.946	0.964	1.000	0.964	0.981
2009	0.942	0.985	1.000	0.985	0.956
2010	0.988	0.987	1.000	0.987	1.001
2011	1.074	0.992	1.000	0.992	1.083

续表

年份	全要素生产率变化（TFP－CH） (1) = (2) × (5)	技术效率变化（EFF－CH） (2) = (3) × (4)	纯技术变化（PE－CH） (3)	规模变化（SE－CH） (4)	技术变化率（TECH－CH） (5)
2012	0.973	0.981	1.000	0.981	0.992
2013	0.935	0.967	0.998	0.969	0.967
2014	0.963	0.958	0.970	0.988	1.005
2015	0.972	0.982	0.986	0.995	0.990
2016	0.968	1.008	1.005	1.002	0.961
均值	0.967	1.013	0.998	1.015	0.954

资料来源：根据1998—2016年《中华人民共和国经济和社会发展统计公报》数据计算。其中，2005年之后各类型产权企业的工业企业增加值仅有增长率数据，2005年后以1998年价格计算的各类型产权类型企业的工业企业增加值为根据增长率推算数值。

表12－12（a）表明，1998—2016年，不同产权主体工业企业的全要素生产率变化（TFP－CH）均值为0.967，从全要素生产率的分解情况看，影响全要素生产率变化的两个因素是技术效率变化（EFF－CH）和技术变化率（TECH－CH），技术变化率的均值为0.954，技术效率变化的均值为1.013，而构成技术效率变化的主要影响因素是纯技术变化（PE－CH）和规模变化（SE－CH），纯技术变化的均值为0.998，规模变化的均值为1.015。由此可见，1998—2016年，规模以上工业企业的全要素生产率的提高主要来源于企业规模变化导致的技术效率变化，纯技术变化仅发生于2013年之后，仅有2016年的纯技术变化才大于1。相对于规模变化和技术变化的趋势，规模的均值虽然大于1，技术变化率均值小于1，但两者在2001年前后的变化趋势却是相反的。规模变化在2001年之前数值较高，而2001年之后则有下降的趋势，技术变化率则是在2001年之前较低，2001年之后有提高的趋势。可见，外在环境的变化和冲击对于全要素生产率的变化具有显著作用。

表12－12（b）从对不同产权类型企业的TFP测算和分解的结果看，国有及国有控股企业的TFP增长率最高，其值为1.003；其次是外商及港澳台企业，其值为0.997，最低的为私营企业的0.903。从分解情况看，国有及国有控股企业的全要素生产率变化（TFP－CH）主要来源于规模

变化，规模变化率（SE-CH）为1.052，纯技术变化（PE-CH）为1.000，也就是国有及国有控股企业的技术效率变化全部来源于规模变化。三种产权类型企业的技术变化率（TECH-CH）相同，国有及国有控股企业和外商及港澳台企业的纯技术变化率相同，民营企业的纯技术变化略低，为0.993。上述分解结果表明，国有和国有控股企业虽然在数量上有所减少，但规模和效率却保持了较高的水平，而这种效率的来源主要依靠规模的扩张获得的经济性，而非来源于纯技术的变化，促进全要素生产率提高的因素还是来源于投资驱动。

表12-12（b）　规模以上不同类型工业企业全要素生产率的测算（不同产权类型企业的比较）

产权类型	全要素生产率变化（TFP-CH）(1)=(2)×(5)	技术效率变化（EFF-CH）(2)=(3)×(4)	纯技术变化（PE-CH）(3)	规模变化（SE-CH）(4)	技术变化率（TECH-CH）(5)
国有及国有控股企业	1.003	1.052	1.000	1.052	0.954
民营企业	0.903	0.946	0.993	0.953	0.954
外商及港澳台企业	0.997	1.045	1.000	1.045	0.954

资料来源：根据1998—2016年《中华人民共和国经济和社会发展统计公报》数据计算。其中2005年之后各类型产权企业的工业企业增加值仅有增长率数据，2005年后以1998年价格计算的各类型产权类型企业的工业企业增加值为根据增长率推算数值。

四　结论和启示

通过对中国产业结构变动、产权结构变动与经济效率、经济增长的关系的分析，主要得出以下三个结论：

第一，三次产业结构变化的原因和结果在于产业内部生产要素配置和效率的变动。通过对单要素生产率进行测算，发现1952—2016年第二产业劳动生产率最高，其次是第三产业，第一产业最低。1992年之后，劳动生产率出现增长趋势，第二产业劳动生产率增长率的平均值最高，第一产业其次，第三产业最低。但分周期比较的结果显示，第二产业劳动生产率增长率呈现出周期性下降趋势，第一产业和第三产业劳动生产率增长率呈现周期性上升趋势。这表明三次产业的劳动要素的结构性变动存在"结构红利"，且通过与发达国家的比较劳动生产率变动趋势进行比较的结果表明，未来一段时间内，劳动要素的"结构红利"仍然存在。1992—2016年三次产业的资本存量结构发生了转变，由1992年以第二产业资本存量占绝对优势（近80%）转变为2016年第三产业的资本存量结构比重超过一半（55%），这种转变从2005年开始，早于三次产业产值结构和就业结构的转变，并一直在继续。这表明产业"服务化"是从资本要素开始的，也就是投资驱动的，而不是由劳动生产率差异引发的。1992—2016年第一产业和第三产业的资本效率呈不断下降趋势，第二产业在2004年之前的资本效率是递增的，之后是递减的。分周期看，三次产业资本效率均呈周期递减趋势。这表明三次产业的资本整体上是"结构负利"的。通过柯布—道格拉斯生产函数测算1992—2016年三次产业TFP增长率均为正值，第一产业TFP平均增长率最高，第三产业其次，最低的是第二产业。

第二，运用层次分解框架方法，对1992—2016年三次产业中各要素对经济增长的贡献进行周期性分解，发现1992—2006年TFP对第一产业和第二产业的贡献最大，资本对第三产业的增长贡献最大，而2007—2016年三次产业中均以资本驱动为主。这表明，国际金融危机后三次产业以投资驱动没有减弱或被替代的迹象，反而被强化了。

第三，改革开放后特别是1992年之后，产权主体结构也发生了显著变化，以工业企业为例，企业数量、总产值和就业结构从以国有及国有控股企业为主不断演变为以民营企业为主，但民营企业对经济增长的贡献却仍不及国有及国有控股企业的贡献。随着结构的变化，国有及国有控股企业的劳动生产率增长得最快，外商及港澳台企业次之，民营企业的劳动生产率基本保持不变；而资本效率则相反，民营企业的资本效率增加较快，国有及国有控股企业、外商及港澳台企业的资本效率基本不变。用Malmquist Index方法测算和分解不同产权企业的TFP，发现工业企业经济效率增长主要来源于规模变化，而非纯技术变化。

综上可见，中国三次产业增加值结构符合经济发展规律，工业化带动了资本驱动方式从第二产业不断扩散到第三产业和第一产业，并最终导致了三次产业的资本边际效率下降，资本深化导致了三次产业劳动生产率的提高和 TFP 的提高。因此，现有的经济增长是粗放中包含集约的方式，全要素生产率提高的源泉也在于投资驱动带来的规模效应，经济增长中的集约增长主要来源于社会主义市场经济体制的确立和外界环境条件变化的冲击。但是，国际金融危机的爆发，没有促使三次产业的增长方式出现转型的迹象，目前的经济增长方式不但没有改变，反而有被强化的趋势。产权结构的多元化在一定程度上促进了效率的提高和经济增长，但其根源并不一定是不同产权类型企业的直接竞争，而是不同产权企业在不同产业结构上重新配置的作用结果。因此，如果要向创新驱动方式转变，还应在整体上进行制度设计，形成一种激励企业从产业创新向技术创新转变的大环境，而非单纯"民营化"和单纯调整产业结构。

参考文献

[1] 陈乐一：《对西方经济周期理论的一般考察》，《财经问题研究》1998 年第 4 期。

[2] 干春晖、郑若谷：《改革开放以来产业结构演进与生产率增长的研究——对中国 1978—2007 年"结构红利"假说的检验》，《中国工业经济》2009 年第 2 期。

[3] 李汝资、刘耀彬、谢德金：《中国产业结构变迁中的经济效率演进及影响因素》，《地理学报》2017 年第 12 期。

[4] 李小平、陈勇：《劳动力流动、资本转移和生产率增长》，《统计研究》2007 年第 7 期。

[5] 李扬、张平、刘霞辉、袁富华、张自然：《中国经济增长报告（2013—2014）——TFP 和劳动生产率冲击与区域分化论》，社会科学文献出版社 2014 年版。

[6] 刘伟、张辉：《中国经济增长中的产业结构变迁的技术进步》，《经济研究》2008 年第 11 期。

[7] 吕炜：《美国产业结构演变的动因与机制——基于面板数据的实证分析》，《经济学动态》2010 年第 8 期。

[8] 马晓河：《迈过"中等收入陷阱"的需求结构演变与产业结构调整》，《宏观经济研究》2010 年 11 期。

[9] 彭秀健：《低生育率、人口老龄化与劳动力供给》，《中国劳动经济学》2007年第7期。

[10] 苏振东、金景仲、王小红：《中国产业结构演进中存在"结构红利"吗？——基于动态偏离份额分析法的实证研究》，《财经科学》2012年第2期。

[11] 孙敬水：《TFP增长率的测算与分解》，《数量经济技术经济研究》1996年第9期。

[12] 王金营：《中国劳动参与年龄模型变动及未来劳动供给结构分析》，《广东社会科学》2012年第2期。

[13] 吴旺延、魏明亮：《产业结构对经济增长效率促进的实证对比研究——以陕西省和浙江省为例》，《西安电子科技大学学报》（社会科学版）2013年第1期。

[14] 余泳泽、刘冉、杨晓章：《我国产业结构升级对全要素生产率的影响研究》，《产经评论》2016年第7期。

[15] 张军、陈诗一：《结构改革与中国工业增长》，《经济研究》2009年第7期。

[16] Ueno, Hiroya, "A Long – term Model of Economic Growth of Japan, 1906 – 1968", *International Economic Review*, Vol. 13, No. 3, 1972.

[17] Ji, Yahui and Zhu, Fengwen, "The Industrial Structural Efficiency of Gansu Province Since the Start of Reform and Opening Up", *Asian Agriculture Research*, Vol. 2, No. 10, 2010.

[18] Partha Dasgupta and Joseph Stiglitz, "Industrial Structure and the Nature of Innovative Activity", *The Economic Journal*, Vol. 90, No. 358, 1980.

[19] Young Alwyn, "Gold into Base Metals: Productivity Growth in the People's Repulic of China during the Reform Period", *Journal of Political Economy*, Vol. 111, No. 6, 2000.

第十三章　自主创新、技术引进与产业结构升级
——基于外部性视角的省级面板数据的实证分析*

当前我国正处于经济由高速增长转向中高速增长的增速换挡期，为了消化前期过度刺激总需求的宏观经济政策，这一时期的重要任务是经济结构调整。供给侧结构性改革是进行结构调整的主攻方向，创新是供给侧结构性改革的重点所在，也是我国产业结构升级的重要途径之一。创新主要沿着两种路径展开：一种是内源式的发展路径，主要方式是通过自主创新；另一种是外源式的创新路径，主要方式是技术引进，不同的技术创新方式，对产业结构，特别是产业结构的合理化和高级化都会产生不同的影响。在我国经济发展的过程中，国有企业作为重要的市场参与主体，在促进技术创新，特别是自主创新进而优化产业结构方面有一定的正外部性效应。本章基于外部性视角，运用我国2000—2014年的面板数据，分析自主创新、技术引进对产业结构升级的影响。研究发现，自主创新能促进我国产业结构高级化，并促进产业结构的均衡发展，技术引进对产业结构高级化具有负向影响，而对产业结构合理化的影响效应不确定，国有企业通过创新的外部性机制，通过自主创新和技术引进能间接地促进产业结构合理化，对高级化的影响效应有限。

一　引言

我国当前正处于经济增速换挡期和经济结构调整期，伴随着经济发展方式转型和产业结构调整，经济增长速度由高速增长向中高速增长转

---

* 本章由周明生、陈文翔执笔。

变。因此，中国经济发展的主要任务既要调结构，又要稳增长，而促进产业结构优化升级，实现经济发展方式转变是题中应有之义。长期以来，我国经济的高速增长主要依靠投资驱动，加大资本和劳动等生产要素的投入，外延式方式实现增长，尤其是2008年国际金融危机后，由于中央政府的强刺激政策的影响，各地区不同程度地出现了产能过剩，之后政府投资的"挤出效应"越发明显，投资的边际报酬不断递减，粗放型的经济增长方式难以为继。我国的经济发展方式和结构转型势在必行，经济增长的动力将主要由创新驱动替代要素和投资驱动。党的十八大提出创新在我国经济发展中的重要性，创新成为我国的国家战略，依靠创新实现我国经济持续健康发展，以应对国际环境变化和经济全球化的挑战。预计到2020年，我国研发投入占GDP的比重达到2.5%，科技进步的贡献率达到60%以上，这为我国成为创新型国家奠定了基础，为产业结构优化升级提供了可实现路径。创新活动包括内源式的自主创新和外源式的技术引进，两者都能有效地促进产业结构的优化升级。然而，不同的创新方式对产业结构的优化升级却造成不同的影响，影响着产业结构高级化和合理化的演化路径，产生不尽相同的效应。在创新活动中，由于我国国有企业在特定的历史环境和现有的体制制度条件下，自身具有预算软约束的特性，且需要承担更多的社会责任，一定程度上肩负着不确定性更高的自主研发和创新活动，这些创新活动具有很强的外部性，通过外部性传导机制会对我国的创新活动、技术进步和产业结构优化发挥着积极的正面作用，因此，本章从创新的两种方式出发，基于国有企业外部性视角，研究创新活动对产业结构优化，即高级化和合理化两个层面的不同影响，并在此基础上提出政策建议。

二　文献综述

国内外很多学者对创新与经济增长和产业结构的关系进行了研究。罗默在新增长理论的框架下提出，经济的增长是由技术进步内生推动的。① 阿特金森和斯蒂格利茨（Atkinson and Stiglitz）首先在新古典贸易理论中加入了合适技术的思想，并基于此，提出了区域性的"干中学"理论。② 卢卡斯认为，技术创新可以通过"干中学"获得，发达国家可以通过使用先进技术而获得发展的优势，发展中国家虽然可以通过使用发达国家的先进技术，进行模仿创新带来经济的发展，但是，两者之间的差距并不会必然缩小。③ Michael Peneder（2003）以28个经济合作与发展国家为研究对象进行实证分析，研究发现，技术创新可以通过影响需求的收入弹性进而对产业结构的发展产生影响。④ L. Greunz（2004）分析了欧洲153个地区创新与产业结构之间的相互作用，研究发现，创新能影响这些地区的产业结构。⑤ Caselli和Coleman（2000）的研究发现，发展中国家可以借鉴和使用发达国家的前沿技术，实现经济的快速发展。⑥

在国内研究方面，许多学者通过实证研究充分证明，创新在我国经济发展中日益扮演着重要的角色。沈坤荣和耿强（2001）对技术引进与经济增长的关系进行了研究，研究发现，外商直接投资能够加速一个国家和地区的国际化步伐，并且通过外溢效应，对全要素生产率的提高具有显著的效应。⑦ 彭国华（2015）的研究结果显示，改革开放以来，我国东部、中部、西部地区经济发展的不平衡，在很大程度上是由技术差距引起的，东部地区引入了较多具有高技术性的工作岗位，因此得到了较快发展。⑧ 在实证研究方面，陈常（2013）以浙江省为研究对象，使用1978—2010年的时间序列数据，研究结论显示，产业结构升级与技术选

---

① Romer, P. M., "Endogenous Technological Change", *Journal of Political Economy*, Vol. 98, No. 5, 1990, pp. 71–102.

② Atkinson, A. B. and Stiglitz, J. E., "A New View of Technological Change", *Economic Journal*, Vol. 79, No. 315, 1969, pp. 573–578.

③ Lucas, R. E., "On the Mechanism of Economic Development", *Journal of Monetary Economics*, Vol. 22, No. 1, 1988, pp. 3–42.

④ Michael Peneder, "Industrial Structure and Aggregate Growth, Structural Change and Economic Dynamics", *Structural Change and Economic Dynamics*, Vol. 14, No. 4, 2003, pp. 427–448.

⑤ Greunz, L., "Industrial Structure and Innovation Evidence from European Regions", *Journal of Evolutionary Economics*, Vol. 14, No. 5, 2004, pp. 936–937.

⑥ Caselli, F. and Coleman II, W. J., "The World Technology Frontier", *NBER Working Paper*, No. 7904, 2000.

⑦ 沈坤荣、耿强：《外商直接投资、技术溢出与内生经济增长——中国数据的计量检验与实证分析》，《中国社会科学》2001年第5期。

⑧ 彭国华：《技术能力匹配、劳动力流动与中国地区差距》，《经济研究》2015年第1期。

择在长期内存在均衡关系，并且两者存在因果关系。① 薛继亮（2013）的研究发现，不同的技术选择对产业结构会产生不同的影响，选择适合的技术能在较大程度上推动产业结构升级。② 李飞跃（2012）将政府对技术选择的干预加入技术选择内生的经济增长模型中，考察了技术选择对经济增长的影响，研究发现，技术选择与经济结构具有紧密的联系，政府通过对技术选择方式的干预，可以改变要素的相对生产效率，进而对要素的价格和资源的配置产生影响，最终对经济结构产生影响。③ 傅元海、叶祥松、王展祥（2014）研究了第二产业结构优化与技术选择之间的关系，研究发现，技术进步对第二产业产业结构高级化和合理化的效应并不一致。④

由于技术具有不完全排他性，研发主体的研发活动必然带有一定的正外部性，一些学者尝试从外部性角度研究创新活动对经济增长和产业结构的影响，孟祥财、叶阿忠（2009）的研究发现，知识的外部性越高，经济的稳态增长率越高。⑤ 沈能、赵增耀（2014）从马歇尔和雅各布斯外部性角度研究了对企业创新能力的影响，尽管相对于其他所有制企业，国有企业的创新效率相对较低，但是，国有企业在我国承担着更多的社会责任，并且具有相对较软的预算约束，因此，国有企业可以承担风险更大、外部性更大的创新活动，并通过外部性对其他主体的创新活动产生影响。⑥ 程强、尹志锋、叶静怡（2015）从区域视角出发，研究国有企业的外部性对创新效率的影响，认为国有企业能够显著地提高区域的创新效率，进而通过外部性对区域的创新和产业结构产生影响。⑦

综上所述，国内外学者的研究表明，创新活动不仅会对产业结构的优化升级产生影响，而且有助于稳态增长率的提高。同时，技术创新的方式也会对发展中国家的经济发展产生十分重要的影响。对于我国而言，

---

① 陈常：《浙江省技术选择与产业结构升级的关系研究——基于1978—2010年时间序列数据的实证》，《长春理工大学学报》（社会科学版）2013年第2期。

② 薛继亮：《技术选择与产业结构转型升级》，《产业经济研究》2013年第6期。

③ 李飞跃：《技术选择与经济发展》，《世界经济》2012年第2期。

④ 傅元海、叶祥松、王展祥：《制造业结构优化的技术进步路径选择——基于动态面板的经验分析》，《中国工业经济》2014年第9期。

⑤ 孟祥财、叶阿忠：《知识外部性、研究开发与经济可持续增长——理论分析与基于中国数据的实证研究》，《财经研究》2009年第35期。

⑥ 沈能、赵增耀：《集聚动态外部性与企业创新能力》，《科研管理》2014年第4期。

⑦ 程强、尹志锋、叶静怡：《国有企业与区域创新效率——基于外部性的分析视角》，《产业经济研究》2015年第4期。

国有企业作为创新主体，其创新活动通过外部性影响区域创新效率，并导致产业结构优化升级。本章在国有企业外部性的视角下，研究自主创新与技术引进两种不同的创新方式对产业结构优化升级的影响。

三 理论解释

技术进步是发展中国家经济持续发展、国内生产总值增加的必由之路。只有通过技术进步，才能逐渐缩小与发达国家的差距，实现发展中国家迈入富裕的发达国家行列。一个国家和地区的技术进步一般通过两种路径实现：一种是内源式的自主创新，具有自主的知识产权和核心技术；另一种是通过技术引进，依靠模仿创新和"干中学"等方式来促进技术进步。无论是哪种方式的技术创新，都能够促进本国的经济发展和国内生产总值的提高，同时技术进步也能使不同产业部门的生产效率得到不同程度的提高，促使生产要素重新配置，推动产业结构的优化升级。从经济发展不平衡的角度出发，技术创新对特定产业部门的突破性发展具有决定性的意义，特定的技术创新能使特定的产业部门在一定时期内实现跨越式发展，不仅避免了边际报酬递减现象的发生，而且一定程度上实现了边际报酬递增，该产业部门从而凭借技术创新实现比其他产业部门相对更快的发展，一定程度上形成"极化效应"和"扩散效应"，在两种效应的作用下，获得突破的产业部门实现了与之相关的上下游产业的发展，在产业及其产业集群的共同作用下，不同程度地决定着主导产业部门的更迭以及产业结构的变动方向。

产业结构升级包括高级化和合理化两个方面，产业结构高级化表现为产业结构的高附加值化以及高技术化，在产业中普遍使用高新技术，产品的附加值显著提高，产业结构"软化"，第三产业在经济结构中所占的比重越来越大，"经济服务化"的趋势显现；产业结构合理化是指产业部门之间合理的协调和关联度的提高。产业结构合理化基础上的高级化才是真正的高级化，才是可持续的，而没有产业结构合理化的高级化是"虚高化"，长期而言，并不会实现经济的稳定增长和资源的有效利用。只有合理化和高级化的互为支撑，融会贯通，才能形成具有国际竞争力的产业结构。自主创新和技术引进都能促进产业结构的升级，在经济发展的初期阶段，通过技术引进，发展中国家利用后发优势，缩短了与发达国家的差距，产业结构高度化的趋势十分明显。此时，自主创新由于研发投入的滞后效应，成果尚未显现，而在经济发展到新的阶段后，自主创新不断提高经济社会的资源使用效率，减少资源消耗，降低企业成本，并通过产业链中的上下游效应实现产业结构逐渐合理化。

技术创新具有明显的正外部性和溢出效应，对其他企业和全社会效率的提高具有重要影响。我国的国有企业在特定的市场环境和体制条件下，承担着独特的任务，扮演着重要的角色，主要表现为国有企业自身相对的预算软约束以及相比民营企业所承担的更多的社会责任，尽管国有企业自身的创新效率相对比较低，但在创新活动中，国有企业能够从事外部性更大、风险更高的研发活动，会通过外部性的传导机制对区域的创新效率产生影响，从而对产业结构的变动产生间接影响。

四　模型设定

（一）变量选取以及数据来源

根据本章的研究对象和研究目的设计相关指标。本章在外部性视角尤其是国有企业技术创新具有更强的外部性的背景下，探讨不同的技术创新方式对产业结构优化升级，即高级化和合理化的不同影响。于是，将国有企业在地区的产值占比作为最重要的控制变量，与此同时，产业结构的变动还会受到诸如投资额、地区开放程度、经济发展水平的影响，因而，地区固定资产投资额、对外开放程度和地区经济发展水平也同时被作为控制变量纳入模型之中。

1. 产业结构升级指标：合理化

产业结构合理化衡量的是产业部门之间资源配置的合理程度，反映的是资源和生产要素在经济体系中的利用效率。国外学者大多采用产业结构偏离度来衡量产业结构的合理化程度，其不足之处在于不同产业在国民经济中的不同作用被忽略了，因此，本章借鉴干春晖的方法，用泰尔指数来衡量产业结构的合理化程度。其计算公式如下：

$$TL = \sum_{i=1}^{n} \left(\frac{Y_i}{Y}\right) \ln\left(\frac{Y_i}{L_i} \bigg/ \frac{Y}{L}\right) \tag{13.1}$$

式中，Y 表示地区生产总值，Y_i 表示地区第 i 个产业的产值，L 表示地区总就业人数，L_i 表示第 i 个产业的总就业人数，本章研究三次产业部门，因此 i 取值为3。当 $TL = 0$ 时，产业结构最为合理，TL 越大，产业结构偏离合理化程度越远，表示产业结构越不合理。泰尔指数在保留了产业结构偏离度含义的前提下，考虑了不同产业部门在国民经济中的不同地位，可以更好地作为产业结构合理化的指标。

2. 产业结构升级指标：高级化

产业结构高级化反映的是经济发展的重点由第一产业逐渐向第二产业和第三产业转移的过程，实质上是由于技术创新带来的生产效率在不同产业部门的不同表现，"经济服务化"趋势不断显现，经济服务化的主要特点表现为第三产业的迅速发展，其速度和比重都将超过第二产业，因此，用第三产业增加值与第二产业增加值比值（IS）来表示产业结构高级化的程度，该值大于1，说明经济结构日趋高级化。

$$IS = TI_{it}/SI_{it} \tag{13.2}$$

式中，TI_{it} 表示第三产业总产值，SI_{it} 表示第二产业总产值，IS 指数越大，产业结构越高级。

3. 自主创新与技术引进的变量选取

自主创新是一国或地区创造力的体现，代表着一国或地区的核心竞争力，具有原创性的特征。在已有相关文献的基础上，本章选取三个指标代表自主创新，分别是申请数、授权数和发明专利授权数（均以万人计），为了消除异方差带来的影响，所有变量均做对数处理，其中，申请数和授权数能很好地体现地区整体的创新能力，而发明专利授权数则是创新能力最好的体现。

我国技术引进的重要方式之一是外商直接投资。外商直接投资不仅解决了发展之初的资本稀缺问题，而且更为重要的是搭建了我国学习吸收国外先进技术的平台，促进了技术溢出，推动着产业结构的升级和经济结构的调整，本章参考张天顶的研究方法，用外商直接投资占 GDP 的比重作为技术引进水平的指标。

4. 控制变量选取

本章基于外部性视角研究自主创新和技术引进的产业结构效应，因此，把国有企业的自主创新作为最重要的控制变量，但鉴于数据的可获得性，省域层面的国有企业研发投入数据难以获得。而国有企业产值占比与国有企业研发投入占比具有一定的关联度,因此,本章使用国有企业产值占比作为研发投入占比的代理变量。

由于我国一直采用出口导向型战略,因此,进出口总额能从需求和供给方间接地对产业结构产生影响。按照惯常做法,使用"地区进出口总额/地区国内生产总值"衡量对外开放程度。

固定资产投资额。投资一直以来都是推动我国经济增长"三驾马车"中最重要的一环,各个地区一直以来都用投资来刺激区域的经济发展,这在一定程度上对产业结构产生了影响。

地区经济发展水平。不同地区的资源禀赋不同,发展程度参差不齐,对应的产业结构也会不同,按照通常的做法,使用地区国内生产总值作为发展水平的变量指标。

本章包括我国 30 个省份 2000—2014 年的面板数据,由于西藏的数据波动性较大,因此做了剔除处理,数据均来源于《中国统计年鉴》以及 CCER 中国经济金融数据库。

(二)模型设定

本章主要采用面板数据模型研究自主创新、技术引进与产业结构升级之间的相互关系,采用各个省份的相关年度数据,使用面板数据可以扩大样本的范围,增加数据的波动性特点,使计量回归的结果更加稳健。模型设置为:

$$IS = \alpha_1 INNO + \alpha_2 FDI + \alpha_3 INNO \cdot govp + \alpha_4 FDI \cdot govp + \sum_j \alpha_j control + v + \mu_{it} \quad (13.3)$$

$$TL = \alpha_1 INNO + \alpha_2 FDI + \alpha_3 INNO \cdot govp + \alpha_4 FDI \cdot govp + \sum_j \alpha_j control + v + \mu_{it} \quad (13.4)$$

式中,IS、TL 分别表示产业结构高级化和合理化的指标;$INNO$ 表示自主创新。本章采用专利申请数、专利授权数和发明专利授权数(均以万人计)三个变量做对比分析,FDI 表示技术引进的代理变量;$govp$ 表示国有企业产值占比,由于国有企业通过研发的外部性对自主创新和技术引进产生影响,因此,在方程中加入国有企业产值占比与自主创新和技术引进的交互项;$control$ 表示一系列的控制变量;v 表示各个地区的个体效应,考虑到 v 与解释变量具有一定的相关性,各个地区的 GDP、投资水平、对外开放程度均与解释变量具有一定的关联性。本章主要采用固定效应估计方法，并用混合回归做稳健性检验。

五 实证结果和稳健性检验

（一）我国产业结构合理化和高级化趋势

图 13-1 是 30 个省份产业结构高级化趋势图。由图 13-1 可知，我国 30 个省份产业结构高级化的变动趋势基本一致，大致呈现倒"U"形的特点，具体来看，我国的产业结构高级化自 2002 年开始呈现明显的下降趋势，在 2005—2010 年呈现平稳波动的特征，并在 2010 年之后，产业结构逐渐转为上升趋势。具体而言，尽管在 2000 年前后，我国的第二、第三产业得到了巨大发展，但由于受到亚洲金融危机，以及我国加入世界贸易组织的影响，这些外部因素的变化不仅没有对我国的产业结构提升

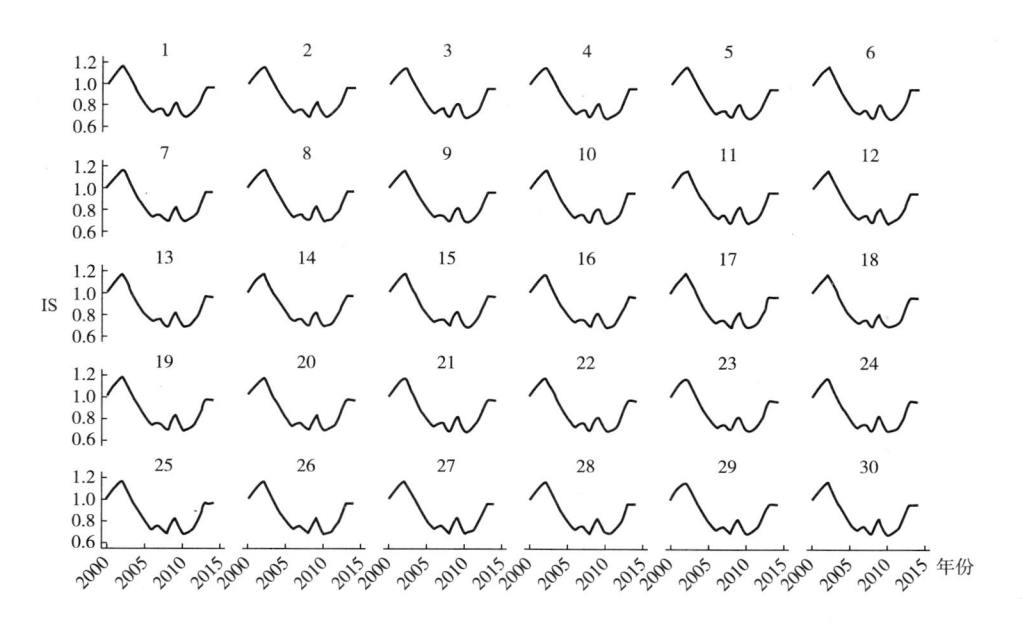

图 13-1 产业结构高级化趋势

注：图中序号 1，2，…，30 分别代表北京、天津、河北、山西、内蒙古、辽宁、吉林、黑龙江、上海、江苏、浙江、安徽、福建、江西、山东、湖北、湖南、广东、广西、海南、四川、贵州、云南、陕西、甘肃、青海、宁夏和新疆 30 个省份。下同。

资料来源：根据《中国统计年鉴》整理而来。

产生正面的影响,促进产业结构的升级,反而带来了产业结构高级化水平的下降。因为我国由于具有劳动力成本低的优势,劳动密集型产品在国际上更有市场,出口的快速增长带来了第二产业的大发展。但从2005年开始,高级化水平又呈现出平稳上行的趋势,这与东北老工业基地改造、西部大开发等政策有一定的关联性。2012年之后,受到我国宏观经济政策以及供给侧结构性改革的影响,高级化水平开始逐步上升。

图13-2展示了30个省份产业结构合理化的趋势。从图13-2来看,合理化程度因省份不同而不同,大部分合理化水平处于0.1—0.2,部分省份,如4(山西)、5(内蒙古)、24(贵州)、26(陕西)的合理化水平出现大幅度的波动,14(江西)的合理化数值有下降趋势,说明合理化程度在下降,这些省份大多处于经济欠发达的中西部地区,并且由于产能过剩,经济发展依靠资源禀赋,创新能力不足,而大部分经济发达地区,如1(北京)、9(上海)、19(广东)合理化数值一直较低,合理化程度较高,这些地区由于政策和地理方面的因素,在吸收人才、外资等方面位于全国前列,创新化水平较高,因此合理化水平高于全国平均值。

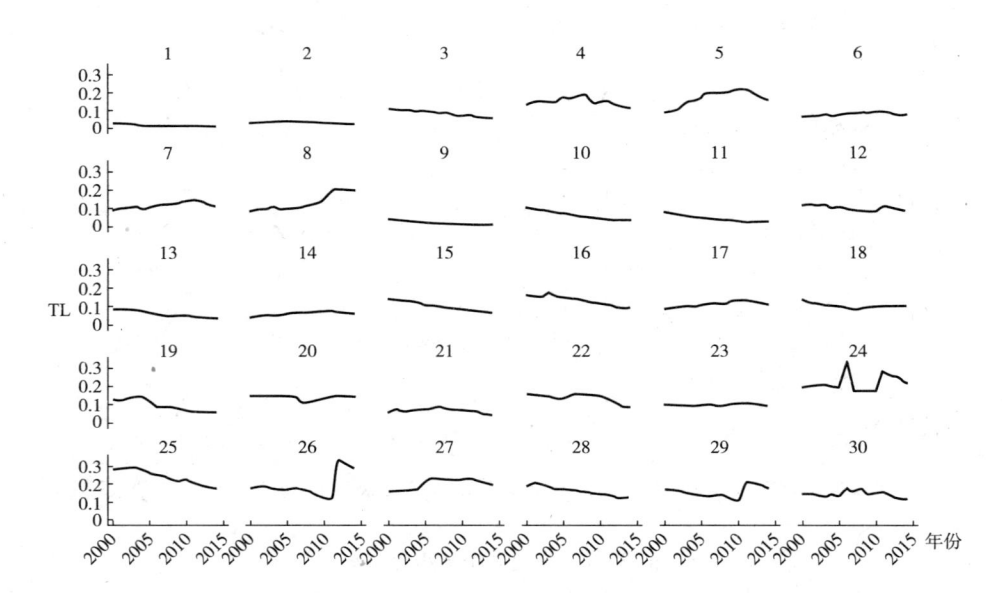

图13-2 产业结构合理化趋势

资料来源:根据《中国统计年鉴》整理而来。

(二) 回归分析及稳健性检验

使用我国 30 个省份 2000—2014 年的相关数据，使用面板数据的固定效应分析方法，在自主创新变量选择上，使用专利申请数、专利申请授权数和发明专利授权数做对比分析，在此基础上，使用混合 OLS 回归做稳健性检验，在控制变量中首先不加入国有企业占比，使用软件为 STATA13，检验结果如表 13-1 所示。

表 13-1　自主创新、技术引进与产业结构高级化
（未加入国有企业产值占比控制变量）

	混合 OLS	固定效应 1	固定效应 2	固定效应 3
	高级化	高级化	高级化	高级化
专利申请数	-0.215*** (0.005)	0.0643*** (0.042)		
技术引进	-0.235*** (0.0004)	-0.217*** (0.0026)	-0.253*** (0.0013)	-0.239*** (0.0022)
地区经济发展水平	0.0274*** (0.009)	-0.403*** (0.076)	-0.233*** (0.041)	-0.279*** (0.047)
对外开放程度	-1.782*** (0.018)	-1.007*** (0.109)	-1.293*** (0.0396)	-1.330*** (0.071)
固定资产投资	-0.0376 (0.010)	0.0153*** (0.034)	0.00399*** (0.024)	0.00206*** (0.028)
专利授权数			0.112*** (0.015)	
发明专利授权数				0.0383*** (0.010)
常数项	-1.438*** (0.023)	2.243*** (0.571)	0.556*** (0.201)	1.001*** (0.231)
样本数	450	450	450	450
调整的 R^2	0.621	0.728	0.694	0.687
F 统计量	37271	1508	2882	4146
省份数		30	30	30

注：***表示在 1% 的显著性水平下显著。

从回归结果看，混合回归的固定资产系数不显著，且拟合系数较低，相比混合 OLS 回归，固定面板回归结果较为显著。3 个回归方程的系数均在 1% 的显著性水平下显著，F 统计量也较大，方程数拟合系数也较高。固定效应 1、固定效应 2、固定效应 3 的区别在于自主创新指标的选择上，分别用每万人的专利申请数、专利授权数和发明专利授权数做了稳健性分析。无论采用哪种指标衡量自主创新能力，回归方程关键解释变量的符号，显著性都没有实质性的改变，差别仅仅在于数值的大小，从这个方面说，回归结果是稳健和可靠的。从回归结果来看，自主创新对产业结构高级化具有正向的影响效应，数值介于 0.04—0.11，而技术引进对产业结构高级化则具有负向影响，效应大小介于 0.22—0.25，系数均通过了 1% 的显著性水平检验。

表 13-2　　自主创新、技术引进与产业结构合理化
（未加入国有企业产值占比控制变量）

	混合 OLS	固定效应 1	固定效应 2	固定效应 3
	合理化	合理化	合理化	合理化
专利申请数	-0.238 (0.175)	-0.566*** (0.141)		
技术引进	0.0474* (0.024)	0.0121 (0.025)	0.0233* (0.025)	0.0868* (0.019)
地区经济发展水平	-1.105*** (0.386)	0.230** (0.231)	-0.0930** (0.238)	-0.314 (0.267)
对外开放程度	-0.535 (0.489)	-1.473*** (0.405)	-0.886*** (0.315)	-0.841* (0.416)
固定资产投资	0.956** (0.420)	0.295** (0.139)	0.320* (0.157)	0.321* (0.175)
专利授权数			-0.426*** (0.115)	
发明专利授权数				-0.108** (0.066)
常数项	-0.347 (0.713)	-7.163*** (0.000132)	-3.952*** (0.00225)	-1.798 (0.142)

续表

	混合 OLS	固定效应1	固定效应2	固定效应3
	合理化	合理化	合理化	合理化
样本数	450	450	450	450
调整的 R^2	0.252	0.446	0.418	0477
F 统计量	6.722	231	233	256
省份数	—	30	30	30

注：***、**、* 分别表示在1%、5%、10%的显著性水平下显著。

从表13-2可以看出，OLS回归的回归结果有两个系数不显著，而固定效应回归结果均通过了显著性检验，且关键变量的符号也符合预期，可以认为，固定效应回归结果是稳健可靠的。从表13-2看出，自主创新对产业结构合理化指标具有负向影响，结合泰尔指数的说明，该指数越小，说明产业结构越合理。因此，自主创新水平的提高，能促进我国产业结构的合理化，系数大小介于 -0.6—0.1。技术引进则对产业结构合理化的影响效应不显著。

表13-3　　自主创新、技术引进与产业结构高级化
（引入国有企业产值占比控制变量）

	混合 OLS	固定效应1	固定效应2	固定效应3
	高级化	高级化	高级化	高级化
专利申请数	0.0158*** (-0.001)	0.154*** (7.10e-07)		
技术引进	-0.153*** (0.002)	-0.151*** (0.001)	-0.231*** (0.001)	-0.228*** (0.001)
专利申请数× 国有企业产值占比	0.0772*** (-0.0003)	0.0784*** (0.001)		
技术引进× 国有企业产值占比	-0.0617*** (-0.0001)	-0.0578*** (0.001)	0.0158*** (0.003)	0.00600*** (2.56e-08)
地区经济发展水平	-0.00243 (0.429)	-0.275*** (6.74e-06)	-0.129*** (1.41e-06)	-0.122*** (1.75e-06)

续表

	混合 OLS	固定效应 1	固定效应 2	固定效应 3
	高级化	高级化	高级化	高级化
对外开放程度	-0.634*** (-0.0008)	-0.386*** (1.13e-10)	-0.705*** (0.009)	-1.074*** (0.019)
固定资产投资	0.000336 (0.929)	0.0386** (0.0367)	0.0295*** (0.00178)	0.0164 (0.163)
专利授权数			-0.134*** (0.009)	
专利授权数 × 国有企业产值占比			-0.149*** (0.003)	
发明专利授权数				-0.0741*** (0.004)
发明专利授权数 × 国有企业占比				-0.0330*** (0.0005)
常数项	-1.146*** (0.008)	1.115** (0.0111)	-0.604*** (0.000401)	-0.669*** (9.57e-06)
样本数	450	450	450	450
调整的 R^2	0.868	0.881	0.900	0.876
F 统计量	9.970e+07	8101	30720	30804
省份数		30	30	30

注：***、**分别表示在1%、5%的显著性水平下显著。

从回归结果看，表13-3在分别引入了自主创新、技术引进与国有企业产值占比交乘项后，以专利申请数作为自主创新代理变量时，高级化系数为正；在以专利申请授权数和发明专利授权作为自主创新代理变量时，自主创新对产业结构高级化有负向影响，从这个角度说，在引入国有企业产值占比交乘项后，自主创新对产业结构高级化的影响不确定，但总体上说，自主创新通过外部性效应对产业结构高级化产生负向影响。从技术引进的角度看，除了固定效应1的系数表明技术引进能通过国有企业外部性传导机制对产业结构高级化产生负向影响，固定效应2和固定效应3的系数表明，通过国有企业的外部性效应，技术引进对产业结构高级化都能产生促进作用。

表 13-4　自主创新、技术引进与产业结构合理化
（引入国有企业产值占比控制变量）

	混合 OLS	固定效应 1	固定效应 2	固定效应 3
	合理化	合理化	合理化	合理化
专利申请数	-0.000888 (0.994)	-0.498*** (0.000259)		
技术引进	0.132*** (0.000620)	0.0942*** (0.000607)	0.0560** (0.0213)	0.147*** (1.33e-06)
专利申请数 × 国有企业产值占比	-0.0768*** (5.74e-05)	-0.0664*** (1.21e-05)		
技术引进 × 国有企业产值占比	-0.0624*** (0.000373)	-0.0643*** (2.27e-09)	-0.0806*** (5.81e-07)	-0.0707*** (1.09e-06)
地区经济发展水平	-1.136*** (0.00762)	0.473** (0.0216)	0.420** (0.0290)	0.0107 (0.958)
对外开放程度	0.660*** (0.00293)	-0.515** (0.0348)	-0.200 (0.223)	-0.0296 (0.900)
固定资产投资	0.996** (0.0297)	0.335** (0.0111)	0.358*** (0.00643)	0.357** (0.0242)
专利授权数			-0.600*** (5.42e-06)	
专利授权数 × 国有企业产值占比			-0.198*** (7.08e-06)	
发明专利授权数				-0.143** (0.0270)
发明专利授权数 × 国有企业产值占比				-0.0590*** (4.90e-07)
常数项	-0.0538 (0.953)	-9.507*** (2.01e-06)	-9.120*** (3.85e-07)	-5.103*** (0.000394)
样本数	450	450	450	450
调整的 R^2	0.653	0.698	0.707	0.639
F 统计量	10.39	115.08	227.882	113.22
省份数		30	30	30

注：***、**分别表示在1%、5%的显著性水平下显著。

从回归结果看，表 13-4 在分别引入自主创新、技术进步与国有企业产值占比交乘项后，自主创新能通过外部性效应促进产业结构合理化，但结合表 13-2，从三个代理变量看，对合理化的间接促进效应均小于直接促进效应。与表 13-2 的结果相反，技术引进通过外部性效应促进了产业结构合理化。

(三) 结论

1. 自主创新对我国产业结构高级化和产业结构均衡化具有促进作用

从表 13-1 可以看出，每万人拥有的专利申请数、专利申请授权数和发明专利授权数上升 1%，产业结构高级化水平分别增加 0.0643、0.112 和 0.0383，三个变量的系数均通过了 1% 的显著性水平，因此，自主创新水平的提高，能使我国产业结构趋于高级化。从表 13-2 可以看出，自主创新对产业结构合理化指标有负向影响。具体而言，每万人拥有的专利申请数、专利申请授权数和发明专利授权数上升 1%，产业结构合理化指标分别下降 0.566、0.321 和 0.426。泰尔指数表明，该指数与产业结构合理化负相关，该指数越小，产业结构越合理。可见，三个变量的系数表明，随着自主创新水平的提高，产业结构越趋合理。因此，随着我国经济逐渐转入新常态发展阶段，在提高经济发展质量、促进产业结构优化方面，要充分发挥自主创新的优势，增加产业附加值，提高企业和市场主体的核心竞争力。

2. 技术引进对产业结构高级化具有负向效应，而对产业结构合理化影响效应不确定

从表 13-1 技术引进系数看，技术引进对产业结构高级化具有负向影响，系数均通过了 1% 的显著性水平。从表 13-2 看出，技术引进对产业结构合理化的影响效应不显著，最显著的系数也仅仅通过了 10% 的显著性水平。从高级化角度看，由于各国对高精尖技术的垄断，这些技术不可能通过技术引进而获得，而这种技术却往往决定着主导产业的形成和产业结构的变迁，因此，技术引进对产业结构高级化的影响效应有限。更确切地说，引进外资和技术大部分都进入了我国的中低端产业，各地区可以通过建设和发展这些产业获得丰厚的经济利益，这一定程度上抑制了产业结构向高级化方向发展。因此，在经济发展进入新常态阶段，不能再单纯地采用市场换技术的外资政策，应适当提高外资的市场准入门槛。从合理化的视角分析，随着我国经济发展进入一个新的阶段，技

术引进的产业部门逐渐由劳动密集型产业向知识和技术密集型产业过渡，低端和中高端产业的生产率提高水平在不断缩小，对产业结构合理化的影响效应不确定。

3. 基于外部性视角的自主创新与技术引进对产业结构升级的影响

将国有企业产值占比作为交乘项加入方程后，自主创新对产业结构高级化的影响不确定，但总体上自主创新通过外部性效应对产业结构高级化产生负向影响，这个结论有悖常理。但是，由于数据的可获得性，本章选取的是第二产业国有企业的产值，因此，外部性作用大部分集中于第二产业。另外，国有企业部门在高技术产业部门的创新水平和辐射能力低于中低端产业，高技术产业的创新成果转化能力较弱，因此，对高级化的影响效应有限。自主创新通过外部性效应促进产业结构合理化，但对合理化的间接促进效应均小于直接促进效应。

从技术引进的角度来看，当引入国有企业产值占比交乘项后，技术引进对产业结构高级化产生促进作用，并能促进产业结构合理化。

通过以上分析可以看出，由于我国国有企业的特殊性，其预算软约束使其能参与外部性更大的创新活动，进而通过外部性的机制促进微观主体创新效益的发挥，提高微观主体的创新效率，并且能通过吸收外资，引进国外的先进技术，通过"干中学"等方式间接地促进我国产业结构的合理化，但是，国有企业在高技术产业部门的创新能力较弱，成果转化能力不强，对我国产业结构的高级化影响有限。

4. 其他控制变量的影响

对外开放程度不利于我国产业结构的高级化，但是，能促进产业结构的合理化，尽管这一效果并不显著。原因是我国出口的产品大都处于低端产业，而进口产品大多处于高端产业，这有利于我国中低端产业的发展而不利于高端产业的发展。在我国目前的发展阶段上，进出口商品的结构能使中低端产业提高生产效率，促进产业结构渐趋合理化，如果这一现象长期存在，显然不利于产业结构的高级化。这是因为，由于地方政府更多地追求短期目标，而忽视了长期目标，力求在短期内实现经济收益的最大化，在这种目标的驱使下，对产业结构高端化的产业的发展支持有限，而对在较短时间内实现较高经济收益的中低端产业却加大支持力度，促进其大力发展，这必然导致一定程度的产业结构合理化，而对产业结构的高级化产生相反的影响。

固定资产投资能促进产业结构的高级化，但是，对产业结构的合理化却产生相反的影响，这是因为，随着我国经济的发展，第三产业的投资额也随之提高，第三产业占 GDP 的比重不断提高，投资的提高带来了我国产业结构不断趋于高级化，但是，由于我国投资在多地区出现的重复建设现象，阻碍了产业结构合理化的提升。

六 政策建议

技术创新与技术引进在新常态经济背景下促进我国经济增长，是优化我国产业结构的重要方式，但不同技术创新路径对产业结构的影响不同，根据以上实证分析的结果，对于如何优化我国产业结构，本章提出以下政策建议：

第一，提高我国自主创新的水平，促进自主创新成果的转化。由于自主创新对我国产业结构的高级化和合理化均有促进作用，尤其在外部性作用机制下，效应更为明显。为此，政府应该在税收和财政补贴上给予优惠，引导和鼓励更多的微观主体从事自主创新活动，形成具有核心竞争力的技术和产品，用具有国际竞争力的技术和产品淘汰过剩和落后产能，培育具有国际竞争力的高端产业部门。

第二，提高外资技术引进的市场准入门槛，加大对高技术、高质量技术水平的引进力度。技术引进应以促进产业结构优化升级为前提，对能够促进产业结构合理化的技术加大引进力度，并坚持引进、消化和吸收相结合，通过消化和吸收提高技术含量，提升整体技术水平。

第三，充分发挥国有企业的创新能力。在创新过程中，进一步加大国有企业研发的投入，充分挖掘并发挥国有企业在创新活动中的优势，提高国有企业在高技术产业部门的创新能力，加大国有企业改革的力度，促进国有企业创新成果转化，同时，加大技术引进，并通过模仿、"干中学"等方式，消化、吸收并结合特定的市场环境，促进国有企业技术溢出效应的发挥。

参考文献

[1] 陈常：《浙江省技术选择与产业结构升级的关系研究——基于

1978—2010 年时间序列数据的实证》,《长春理工大学学报》（社会科学版）2013 年第 26 期。

[2] 程强、尹志锋、叶静怡:《国有企业与区域创新效率——基于外部性的分析视角》,《产业经济研究》2015 年第 4 期。

[3] 傅元海、叶祥松、王展祥:《制造业结构优化的技术进步路径选择——基于动态面板的经验分析》,《中国工业经济》2014 年第 9 期。

[4] 李飞跃:《技术选择与经济发展》,《世界经济》2012 年第 2 期。

[5] 孟祥财、叶阿忠:《知识外部性、研究开发与经济可持续增长——理论分析与基于中国数据的实证研究》,《财经研究》2009 年第 35 期。

[6] 彭国华:《技术能力匹配、劳动力流动与中国地区差距》,《经济研究》2015 年第 1 期。

[7] 沈能、赵增耀:《集聚动态外部性与企业创新能力》,《科研管理》2014 年第 4 期。

[8] 沈坤荣、耿强:《外商直接投资、技术溢出与内生经济增长——中国数据的计量检验与实证分析》,《中国社会科学》2001 年第 5 期。

[9] 薛继亮:《技术选择与产业结构转型升级》,《产业经济研究》2013 年第 6 期。

[10] Atkinson, A. B. and Stiglitz, J. E., "A New View of Technological Change", *Economic Journal*, Vol. 79, No. 315, 1969.

[11] Caselli, F. and Coleman Ⅱ, W. J., "The World Technology Frontier", *The American Economic Review*, Vol. 96, No. 3, 2006.

[12] Greunz, L., "Industrial Structure and Innovation Evidence from European Regions", *Journal of Evolutionary Economics*, Vol. 14, No. 5, 2004.

[13] Lucas, R. E., "On the Mechanism of Economic Development", *Journal of Monetary Economics*, Vol. 22, No. 1, 1988.

[14] Michael Peneder, "Industrial Structure and Aggregate Growth", *Structural Change and Economic Dynamics*, Vol. 14, No. 4, 2003.

[15] Romer, P. M., "Endogenous Technological Change", *Journal of Political Economy*, Vol. 98, No. 5, 1990.

第十四章　金融业增加值与经济增长
——基于国际比较的研究*

金融业增加值占 GDP 比重受资源禀赋、经济发展模式、经济结构、发展阶段、金融制度等多重因素的影响。通过比较新兴市场国家或地区和经济合作与发展组织国家金融业增加值占 GDP 比重，发现中国金融业增加值占比存在明显的波动，2010—2015 年进入快速上升期，2015 年中国金融业增加值占比明显偏高。高质量金融发展的基本要求是金融与实体经济协调发展。中国金融业增加值的质量不高，金融业效率较低。今后应通过穿透式监管，去掉我国金融市场中过多的中间融资环节，让金融更好地服务于实体经济，控制金融业增加值占比，提高金融业发展的质量和效率。

一　引言

2016 年，我国金融业增加值占 GDP 比重达 8.3%，比美国高 1 个百分点，比英国高 0.9 个百分点，比德国和俄罗斯分别高 4.4 个和 4.3 个百分点，引起多方关注。本章利用世界银行经济发展数据库和经济合作与发展组织数据库，刻画了不同国家金融业发展的图景，比较我国、新兴市场国家或地区和经济合作与发展组织国家金融业增加值占 GDP 比重（以下简称金融业增加值占比）的差异，从而判断我国金融业的效率，为金融服务实体经济提供有针对性的建议。

---

* 本章由汪红驹、李原执笔。

二　金融发展与经济增长相互促进的逻辑

在金融与经济增长的文献中，大量研究发现，金融发展与经济增长之间存在正相关关系，并且这种关系随着经济的持续增长而不断深化。戈德史密斯（Goldsmith）发现，金融发展与经济增长之间呈现非常强的正相关关系：随着经济发展水平、国民收入的提高，金融相关率（一国全部金融资产价值与该国经济活动总量之比）也会相应提高。[①] 在经济增长与金融发展的互动关系理论中，帕特里克（Patrick）提出金融双模式理论：需求跟随型金融发展，即金融发展是实体经济部门发展的结果，金融发展附属于经济发展；供给引导型金融发展，即金融发展是经济增长的一个必要条件，对经济增长有着自主的积极影响。[②] 一般来说，在经济增长早期是供给引导型金融发展模式；在经济发展的后期，由于金融部门有了较大发展，需求跟随型发展模式会更加普遍。学术界多数研究集中在一国金融发展如何促进经济发展，强调金融的能动作用，这一结论也在一些国家的发展过程中已得到印证。而在中国，经济增长对金融发展的促进作用更显著，这也符合现代制度学派主张的经济增长导致金融发展。以卢卡斯为代表的一些经济学家认为，经济发展会创造对金融服务的需求，从而导致金融部门的发展，实现经济增长带动金融发展。[③]

在经济增长如何作用金融增长方面，综合国内外学者的研究，可概括为以下三个方面：一是由于金融市场存在固定的进入费用或交易成本，即门槛效应，人均收入和财富的增加会促进金融中介和金融市场的发展。[④][⑤] 二是经济增长会导致收入水平的提高，进而使投资率上升，投资

[①] ［美］戈德史密斯：《金融结构与金融发展》，周朔等译，上海三联书店1988年版，第36—40页。

[②] Patrick, H. T., "Financial Development and Economic Growth in Undeveloped Countries", *Economic Development and Cultural Change*, Vol. 34, No. 4, 1966, pp. 174–189.

[③] Lucas, Robert E. Jr., "On the Mechanics of Economic Development", *Journal of Monetary Economics*, Vol. 22, No. 1, 1988, pp. 3–42.

[④] Greenwood, Jeremy and Jovanovic, Bruce, "Financial Development, Growth, and the Distribution of Income", *Journal of Political Economy*, Vol. 98, No. 5, 1990, pp. 1076–1107.

[⑤] Greenwood, Jeremy and Smith, Bruce, "Financial Markets in Development, and the Development of Financial Markets", *Econ. Dynamics and Control*, Vol. 21, No. 1, 1997, pp. 145–181.

活动的增加必然引致金融深化。三是经济增长和经济结构的提升会促使金融业规模的扩大、金融产品和服务的创新。

三 主要国家金融业增加值占 GDP 比重的差异

理论上说,金融发展与经济增长存在相互促进、协调发展的机制,但不同经济体因为历史环境、法律制度、经济发展水平等方面差异,金融业增加值占比也有较大差异。

根据经济合作与发展组织数据库,比较 1990—2016 年新兴市场国家或地区和经济合作与发展组织国家的金融业增加值占 GDP 比重。[①] 选取的新兴市场国家或地区包括巴西、智利、中国、印度尼西亚、印度、墨西哥、俄罗斯、土耳其、南非。[②] 选取的经济合作与发展组织国家包括澳大利亚、奥地利、比利时、加拿大、瑞士、捷克、德国、丹麦、欧元区、西班牙、爱沙尼亚、芬兰、法国、英国、希腊、匈牙利、爱尔兰、冰岛、以色列、意大利、日本、韩国、卢森堡、拉脱维亚、荷兰、挪威、新西兰、波兰、葡萄牙、斯洛伐克、斯洛文尼亚、瑞典、美国。

从新兴市场国家或地区看,自 1990 年以来,印度尼西亚、墨西哥、土耳其和俄罗斯属于金融业增加值占比较低的国家,这 4 个国家的均值低于 4%;而巴西、智利、中国、印度和南非的金融业增加值占比均值都超过 5%,具体分别为 7.37%、5.52%、5.62%、5.43% 和 7.78%,属于金融业增加值占比较高的国家。中国和土耳其的标准差分别为 1.14% 和 1.54%,表明其波动幅度高于其他新兴市场国家或地区(见表 14 – 1 和图 14 – 1)。

[①] 根据生产法核算的 GDP,各行业的产出等于各行业的增加值,本章计算的金融业增加值占 GDP 比重,也可称为金融业产出占 GDP 比重。

[②] 土耳其和墨西哥也是经济合作与发展组织国家,因 2015 年土耳其和墨西哥两国人均 GDP 分别为 9125.7 美元和 9005.0 美元,都低于 1 万美元,因此,将这两个国家放在新兴市场国家或地区中进行比较。

第十四章 金融业增加值与经济增长 | 361

表 14-1　　　主要新兴市场国家或地区金融业增加值占比　　　单位:%

	样本区间	样本数量	均值	标准差	最小值	25%	50%	75%	最大值
巴西	[1995, 2016]	22	7.37	1.17	5.99	6.51	7.13	7.80	10.54
智利	[1996, 2016]	21	5.52	0.36	4.56	5.32	5.51	5.69	6.28
中国	[1990, 2016]	27	5.62	1.14	3.99	4.89	5.33	6.23	8.39
印度尼西亚	[2010, 2016]	7	3.88	0.25	3.53	3.69	3.96	4.06	4.16
印度	[1990, 2016]	27	5.43	0.58	3.89	5.31	5.49	5.79	6.29
墨西哥	[2003, 2016]	14	3.51	0.35	2.83	3.38	3.54	3.74	3.99
俄罗斯	[2002, 2016]	15	3.55	0.50	2.59	3.25	3.63	3.90	4.40
土耳其	[1998, 2016]	19	3.91	1.54	2.40	2.90	3.35	4.08	7.85
南非	[1993, 2016]	24	7.78	1.00	5.96	7.19	8.06	8.46	9.65

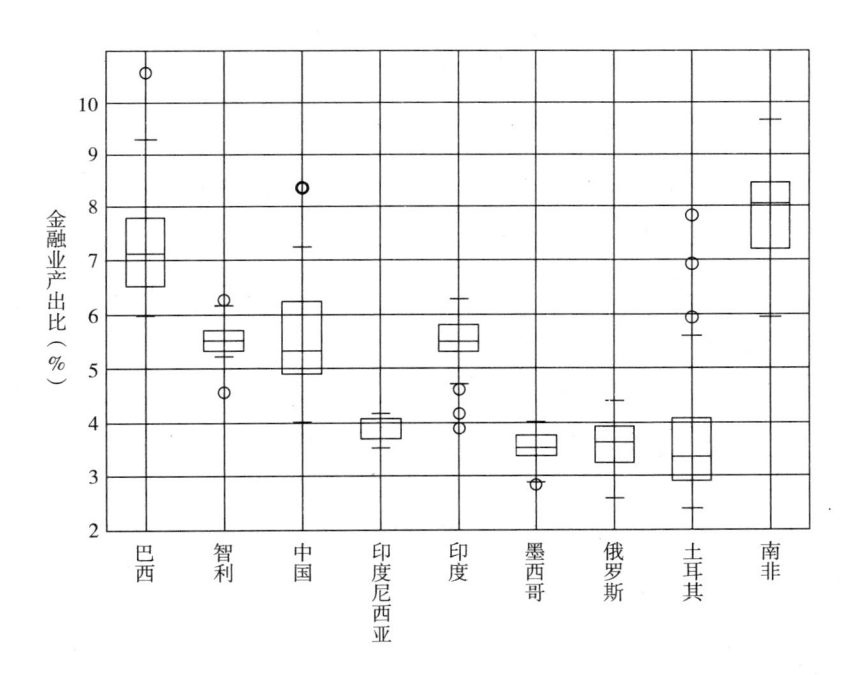

图 14-1　新兴市场国家或地区金融业增加值占 GDP 比重

注：将每组数据按经验概率分为四等分，得到四分位点 Q1 和 Q3，盒须图的盒子上下边分别为四分位 Q1 和 Q3，盒子长度为 Q3 - Q1，盒子中间的横线为中位数，盒子外面的须线是上、下限，上限对应小于 Q3 + 1.5 × （Q3 - Q1）的最大值，下限对应大于 Q1 - 1.5 × （Q3 - Q1）的最小值，小圈表示超过上、下限的异常值。

在经济合作与发展组织国家中，一些小国的金融业增加值占比较高。如1995—2016年卢森堡的金融业增加值占比均值为25.75%，主要原因是卢森堡经济规模较小，人口少，人均收入高，这些特点使卢森堡不可与其他经济合作与发展组织国家做简单类比；其次是瑞士，1990—2015年金融业增加值占比均值为10.61%，也属于此列。排除卢森堡、瑞士、爱尔兰和冰岛，其他多数国家金融业增加值占比均值位于3.17%—8.17%。从标准差看，冰岛、卢森堡、瑞士、爱尔兰和英国的标准差分别为2.61%、2.05%、1.63%、1.46%和1.16%；其他经济合作与发展组织国家的标准差低于1%。美国、日本、德国、法国和加拿大的标准差分别为0.50%、0.51%、0.42%、0.38%和0.29%，这些经济大国金融业增加值占GDP的比重相对稳定，波动幅度较小（见表14-2和图14-2）。

表14-2　　　　经济合作与发展组织国家金融业增加值占比　　　　单位:%

	样本区间	样本数量	均值	标准差	最小值	25%	50%	75%	最大值
澳大利亚	[1990, 2016]	27	8.17	0.90	5.68	7.85	8.24	8.74	9.51
奥地利	[1990, 2016]	27	5.05	0.58	4.23	4.65	4.95	5.39	6.40
比利时	[1995, 2016]	22	5.87	0.41	4.76	5.62	5.92	6.15	6.38
加拿大	[2007, 2016]	10	7.03	0.29	6.55	6.85	7.10	7.18	7.45
瑞士	[1990, 2015]	26	10.61	1.63	7.34	9.65	10.65	11.73	13.36
捷克	[1993, 2016]	24	3.87	0.69	2.67	3.29	3.83	4.50	5.27
德国	[1991, 2016]	26	4.69	0.42	3.93	4.38	4.72	4.98	5.43
丹麦	[1990, 2016]	27	5.38	0.57	4.48	4.92	5.25	5.91	6.27
欧元区	[1995, 2016]	22	4.93	0.15	4.69	4.79	4.93	5.05	5.20
西班牙	[1995, 2016]	22	4.60	0.49	3.76	4.23	4.70	4.79	5.69
爱沙尼亚	[1995, 2016]	22	3.88	0.61	2.79	3.74	3.91	4.07	5.43
芬兰	[1990, 2016]	27	3.17	0.58	2.48	2.71	2.96	3.59	4.29
法国	[1990, 2016]	27	4.12	0.38	3.57	3.81	4.02	4.48	4.77
英国	[1990, 2016]	27	6.70	1.16	5.14	5.68	6.32	7.61	9.11
希腊	[1995, 2016]	22	4.55	0.33	3.93	4.31	4.61	4.76	5.18
匈牙利	[1995, 2016]	22	4.30	0.50	3.49	3.92	4.25	4.77	5.05
爱尔兰	[1995, 2016]	22	8.45	1.46	6.06	7.39	8.59	9.70	11.25
冰岛	[1997, 2015]	19	7.45	2.61	3.15	5.6	7.57	8.78	12.9
以色列	[1995, 2015]	21	5.83	0.57	4.60	5.54	5.86	6.30	6.67
意大利	[1990, 2016]	27	5.07	0.38	4.25	4.77	5.04	5.31	5.82

续表

	样本区间	样本数量	均值	标准差	最小值	25%	50%	75%	最大值
日本	[1990, 2016]	27	5.17	0.51	4.48	4.85	5.01	5.63	6.07
韩国	[1990, 2016]	27	6.08	0.52	5.15	5.61	6.24	6.42	7.21
卢森堡	[1995, 2016]	22	25.75	2.05	21.09	24.03	26.21	26.74	29.64
拉脱维亚	[1995, 2016]	22	4.10	0.75	3.20	3.57	3.90	4.48	5.65
荷兰	[1990, 2016]	27	6.81	0.90	5.40	6.26	6.79	7.20	8.55
挪威	[1990, 2016]	27	4.13	0.68	2.98	3.67	4.21	4.78	5.10
新西兰	[1990, 2016]	27	5.28	0.59	4.34	4.84	5.27	5.62	6.34
波兰	[1995, 2016]	22	3.92	0.52	2.45	3.77	4.00	4.21	4.69
葡萄牙	[1995, 2016]	22	6.34	0.78	5.00	5.86	6.27	6.61	8.10
斯洛伐克	[1995, 2016]	22	3.78	0.80	2.15	3.51	3.84	4.14	6.09
斯洛文尼亚	[1995, 2016]	22	4.61	0.48	3.87	4.29	4.52	4.84	5.44
瑞典	[1990, 2016]	27	4.44	0.66	3.56	4.02	4.28	4.63	6.30
美国	[1990, 2016]	27	7.02	0.50	5.97	6.67	7.15	7.35	7.83

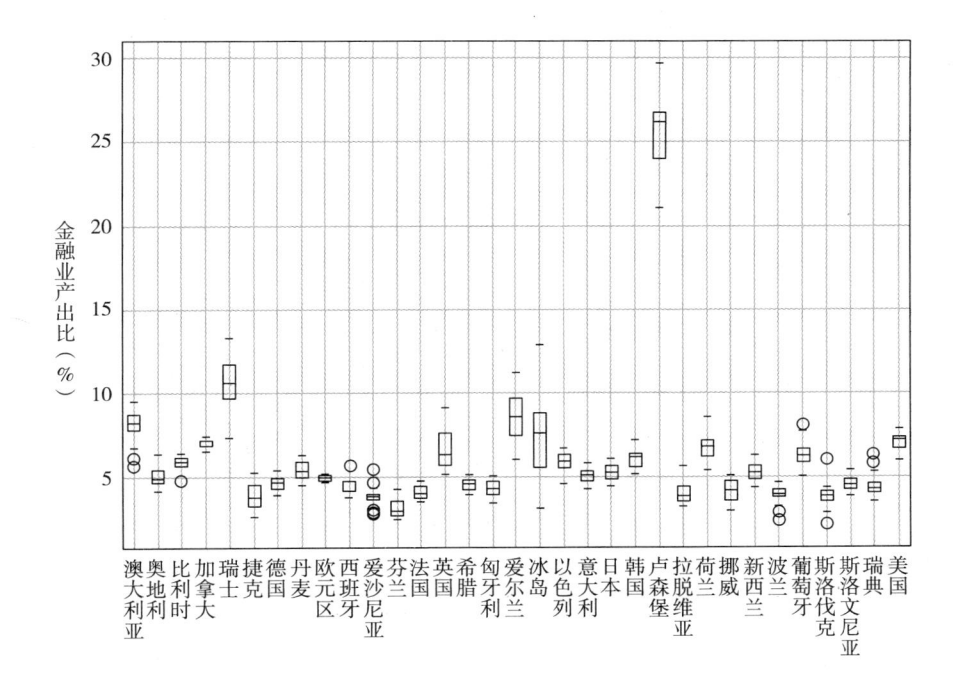

图 14-2 经济合作与发展组织国家金融业增加值占 GDP 比重

四 主要国家金融业增加值的波动

(一) 中国金融业增加值占比波动显著

与新兴市场国家或地区和经济合作与发展组织国家相比,中国金融业增加值占比存在明显波动。1990—2016 年的均值只有 5.62%,中长期均值不算高,但 2010—2015 年进入快速上升期,2015 年中国金融业增加值占比明显偏高(见图 14-3)。

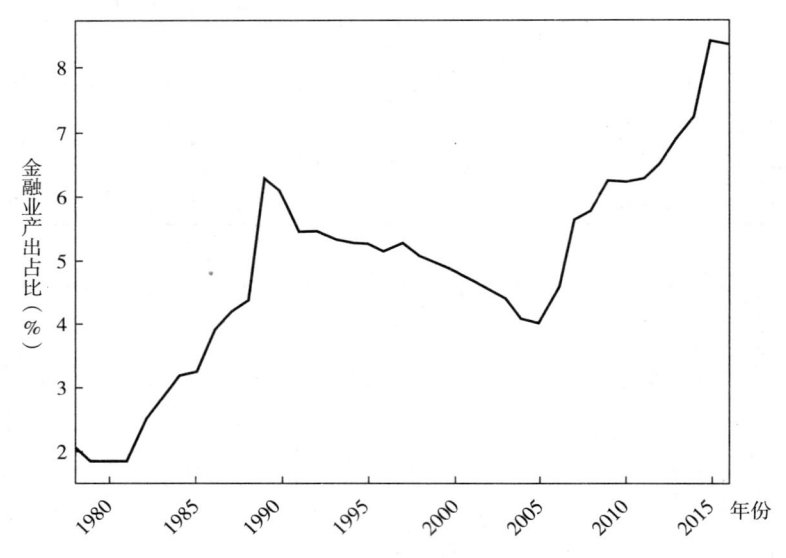

图 14-3　1978—2016 年中国金融业增加值占 GDP 比重

第一,经济结构优化加速金融业发展。经济结构优化升级及由此引致的经济高速增长,是金融增长及金融深化程度加速提升的决定性因素。[①] 1979—2000 年,第二、第三产业增加值比重显著影响了我国金融深化程度,第二、第三产业增加值比重每提高 1 个百分点,可分别带动金融资产总额与名义 GDP 之比提高 2.2 个和 1.73 个百分点。第二,市场化改革有利于我国金融深化。1985—1990 年,我国由"有计划的社会主义

---

① 米建国、李建伟:《我国金融发展与经济增长关系的理论思考与实证分析》,《管理世界》2002 年第 4 期。

商品经济"向"政府调控市场、市场引导企业"转变,其间推出金融、物价、税制等多项综合改革措施,大大提高了经济市场化和货币化程度,1990年,我国金融业增加值占GDP的比重提高到6.1%。第三,金融市场和金融机构本身的运行也影响了金融业增长。1990—2005年,我国金融业增加值占GDP的比重从6.1%持续下降至4.0%,出现这种情况主要是因为银行业经营状况恶化。随着我国市场经济的逐步深化、城市化和房地产业的飞速发展,加上2008年国际金融危机后扩张性的救市政策及经济新常态下资金"脱实向虚",金融业呈超常发展态势。2006年至今,我国金融业增加值占比逐年提高,2015年达8.5%[①],金融业增加值占比明显偏高(见图14-3)。发达国家金融业增加值占国内生产总值的比重一般在6%左右,我国在2009年就已超过这一水平。2015年美国金融业增加值占GDP比重为7.1%,英国为6.4%,我国比美国高1.3个百分点、比英国高2.0个百分点、比德国和俄罗斯甚至高出4.5个和4.6个百分点(见图14-4)。

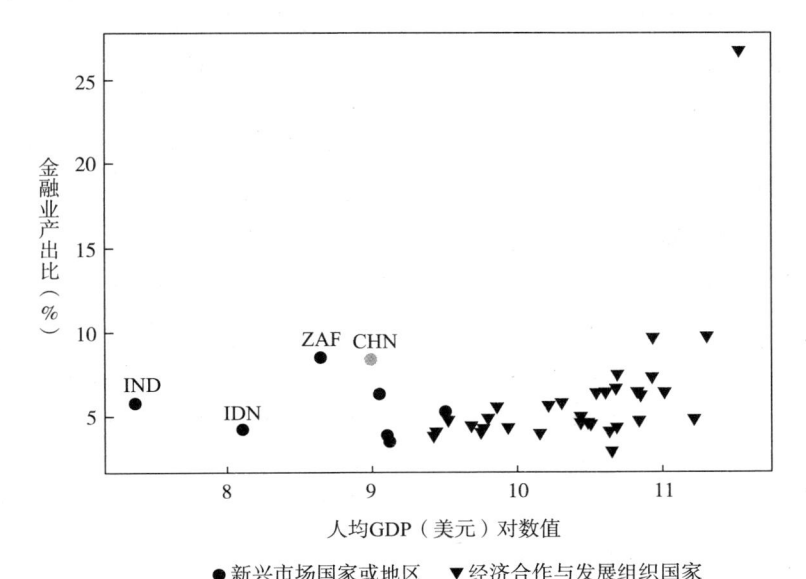

图14-4 2015年新兴市场国家或地区和经济合作与发展组织国家金融业增加值占比的比较

注:IND为印度,ZAF为南非,CHN为中国。

---

① 2016年略降至8.3%。

（二）美国和英国金融业增加值与经济增长的历史变化

美国和英国是金融业发达国家，经历过大发展，也遭遇过危机。

美国金融业经历了三次增长和三次收缩。19 世纪中期，美国金融业增加值占 GDP 比重在 1.5% 左右，金融业第一次迅速增长是在 1880—1900 年，主要是由于铁路等基础设施建设和重工业的发展需要；金融业第二次迅速壮大是在 1918—1933 年，主要得益于第二次工业革命电力的普及以及汽车和制药公司的发展，通用电气、通用汽车公司和宝洁公司在这段时间陆续向公众首次公开进行募股；金融业第三次大发展是在 1980—2005 年，主要是因为以信息技术为代表的第三次科技革命来临，2006 年金融业增加值占 GDP 比重达到 7.6% 的高峰。从美国金融业发展史发现，金融业比重在一段时间快速提升后就会经历一轮下挫，这可能是经济泡沫急剧扩大后破裂的表现。1920—1930 年美国金融业占比增长速度最快，1930 年约比 1920 年翻了一番，但其后占比又经历断崖式下跌。1929 年股市崩盘后，美国金融业经历了长达几十年的收缩，第二次世界大战后很长一段时间维持在 4% 左右，金融业占 GDP 比重在 1947 年一度跌至 2.5% 的低谷，直到 20 世纪 80 年代才重新恢复到 1929 年前在美国经济中所占的比重。2006 年美国金融业占比达到历史高点，预示着次贷泡沫达到高峰。国际金融危机爆发之后迅速下调，近年基本维持在 7% 左右（见图 14-5）。

第一次世界大战前，英国金融业增加值以年均 7.6% 的速度扩张，远大于 GDP 增速，主要原因可能是基数小，股份制银行的发展及英国建房基金会的成立激发了大量金融需求，进而为金融业发展注入动力。1914—1970 年英国金融业发展速度显著放缓，金融业增加值增长速度低于 GDP 增速，主要是这段时间英国政府更严格的经济管制和对资本流动的严格限制造成的。此外，这一时期金融业进一步成熟发展，而不再是简单的规模增加，虽然金融业增长速度放缓，但金融效率得到提升。英国金融深化的第二阶段是 1997—2007 年，金融业增加值的增速超过 6%。撒切尔夫人任首相后，对金融业进行改革，强调市场自由化和竞争化，实行资本自由流动。这些措施重振了英国经济，金融业也空前扩张，2009 年金融业增加值占 GDP 比重达到 8.5% 的峰值，比 2001 年增加了 3.5 个百分点。[①] 2008 年美国次贷危机引发的国际金融危机之后，英国金

---

① 根据英国统计局数据计算。

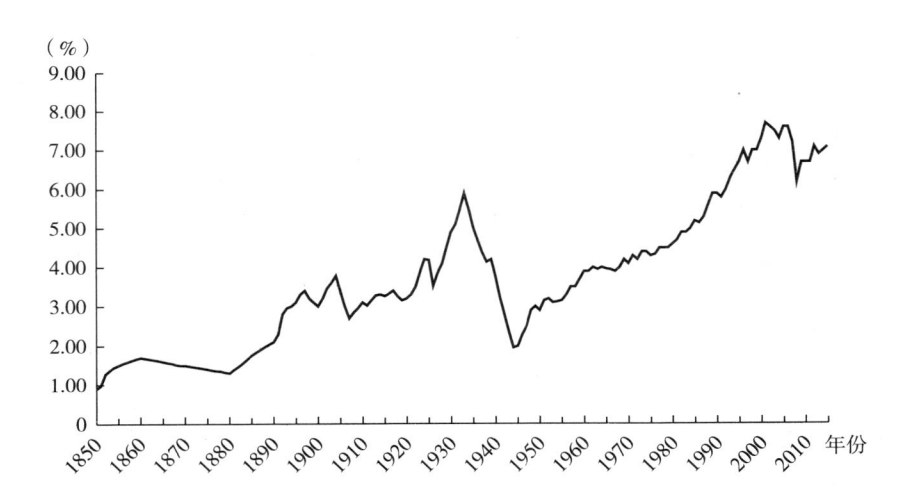

图 14-5　1850—2015 年美国金融业增加值占 GDP 比重

资料来源：1947—2015 年的数据来自美国经济分析局（BEA）。由于 1950 年以前金融产业增加值无法获得，故 1900—1947 年采用库兹涅茨（1941）和马丁（1939）给出的金融业职工薪酬占比来代替金融业增加值占比。1850—1900 年采用《美国历史统计数据》和《美国普查数据》中 Philippon 和 Reshef（2007）给出的数据。

融业也受到重创，金融业增加值急剧下降，甚至出现负增长（见表 14-3）。由于经济复苏乏力，实体经济疲软，加上即将启动脱欧程序，英国金融业的未来发展情况不容乐观。

表 14-3　1856—2015 年英国金融业增加值和 GDP 平均增长速度　　单位：%

时间（年）	英国金融业增加值平均增长速度	英国 GDP 平均增长速度
1856—1913	7.6	2
1914—1970	1.5	1.9
1971—1996	2.7	2.2
1997—2007	6.1	3
2008	5	-0.3
2009—2015	-4.6	1.6
1856—2015	4.1	2.1

注：1920 年之前的数据包括南爱尔兰。

资料来源：Feinstein（1972）、Mitchell（1988），英国统计局（ONS）。

（三）印度金融业增加值占 GDP 比重上升

1950—2016 年，印度金融业发展大致经历了三个时期：（1）20 世纪 50 年代和 60 年代，为银行业不发达阶段，其间自由放任政策导致了一些不稳定因素；（2）20 世纪 70 年代和 80 年代，在政府的支持下经历了全国金融发展进程，但仍伴随着一定程度的金融压制；（3）自 20 世纪 90 年代至 2016 年，通过 20 多年的改革，逐步推进金融深化和自由化。总体上看，印度金融业增加值占 GDP 比重基本保持上升态势，从 1951 年的 0.93% 上升到 2003 年的 6.28%，但 2004—2016 年基本保持在 5.67% 左右，出现了平稳发展态势（见图 14-6）。

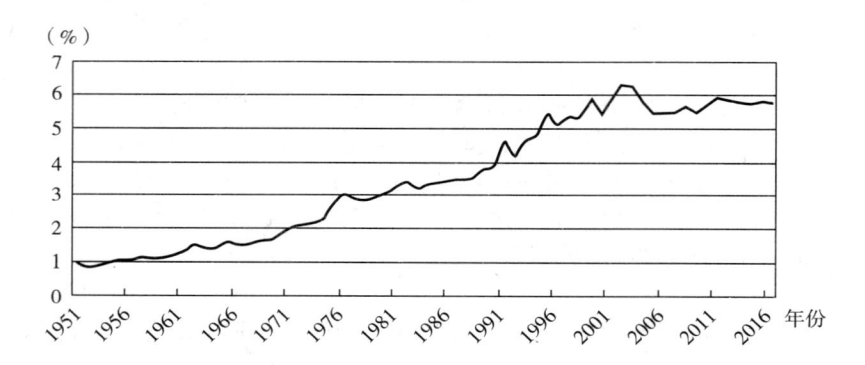

图 14-6　1951—2016 年印度金融业增加值占 GDP 比重

印度的金融业不只是规模扩大，金融效率也相应得到一定提升。1947 年以前，印度金融业虽然体系庞大，但不是独立的金融体系，20 世纪 50 年代和 60 年代独立的金融业发展起步，但发展不稳定且缺乏政府监管，大量银行倒闭。20 世纪 70 年代，政府开始实行银行国有化以扶持金融发展，但由于政府的管制，印度经历了 20 多年的金融抑制时期。1991 年，印度政府进行金融体系市场化改革后，各类金融资产规模、金融结构发生很大改变，利率管制放松，银行逐渐从公共部门剥离，私营银行数量不断攀升，公共部门的银行效率得到提升，金融自由度不断上升。从表 14-4 和图 14-7 可以看出，印度金融改革之初虽然经历了一段阵痛期，但金融效率在 2000 年后获得很大提高。印度银行的资本充足率和资产质量也得到很大改善，不良贷款率从 1996 年的 15.7% 下降到 2009 年的 2.4%。

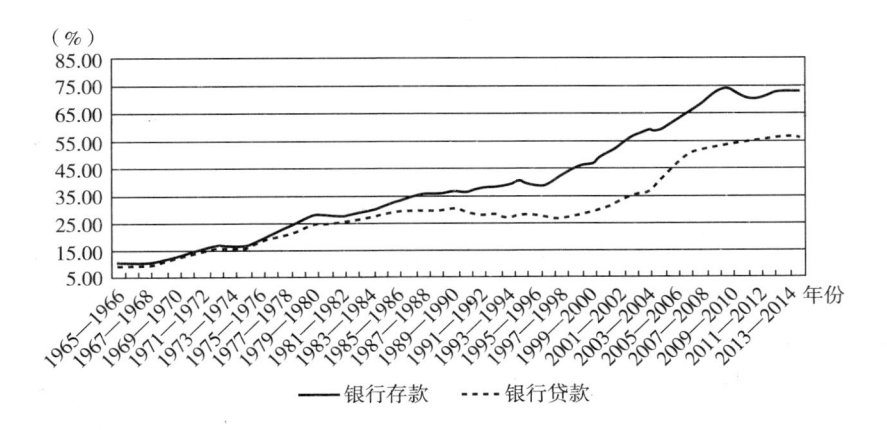

图 14-7 印度银行存款和总贷款占 GDP 的比重

资料来源：《印度经济统计数据手册》，Reserve Bank of India（RBI）。

表 14-4　　　　　　　　　　印度商业银行效率指标

年份	存贷比（贷款余额/存款余额）（%）	投资存款比（投资额/存款余额）（%）	资产收益率
1980	63.32	31.50	—
1990	61.64	33.58	0.39
2000	49.26	45.97	1.28
2010	73.66	36.42	1.05
2015	78.31	33.59	0.81

资料来源：Reserve Bank of India（RBI），https：//www.rbi.org.in。

通过对中国、美国、英国和印度金融业增加值历史波动的梳理和比较可以发现，在 2006—2016 年十年间，我国的金融业增加值占比翻了一番，金融业的扩张速度堪比 20 世纪 20 年代的美国，显著高于同期的英国与印度。英国、美国等发达国家金融业的发展经验告诉我们，脱离了经济发展基础的金融业粗放扩张往往是金融泡沫化的表现，随之而来的是泡沫破裂和金融业的收缩与调整。当前，中国金融业明显存在资金"脱实向虚"趋势，为了防止出现金融泡沫破灭导致的宏观经济剧烈波动，提高我国金融业发展质量，提升资金融通效率，维护我国金融安全是十分必要的。

五　影响高质量金融发展的因素

（一）影响一国不同时期金融发展质量变化的因素

从纵向比较看，一国在某一时期其金融产业增加值占 GDP 的比重偏离常态快速上升，金融风险集聚，金融发展质量恶化。其影响因素主要有以下四个方面。

1. 该国整体经济运行情况和技术创新能力

美国的工业化阶段正是美国金融体系发展最为迅速的时期，由于 20 世纪初大规模兴建铁路和 20 年代的电力普及，金融业在 20 世纪曾出现过几次井喷式增长。1929 年股市崩盘后，美国金融业经历了长达几十年的收缩，直到 80 年代才恢复到 1929 年前在美国经济中所占比重。在 2000 年结束的信息技术繁荣周期中，美国金融业占 GDP 比重也相应持续增长。

2. 政府营造的宽松金融环境和强烈的金融刺激政策

从各国金融业发展历史看，金融业的增加值占 GDP 比重过高通常是经济泡沫急剧扩大的表现，或者是经济失速后政府强力金融刺激政策的结果。英国 20 世纪 80 年代开始强调金融市场自由化和竞争化，金融业快速扩张，2009 年达到峰值。

3. 杠杆率快速上升，实体经济投资回报率下降

国际金融危机前，2004—2008 年美国企业杠杆率不断提高，但杠杆资金大部分流向房地产与金融市场，导致金融过度繁荣。2006 年美国金融业增加值占其 GDP 的 7.6%，达到历史高点，预示着次贷泡沫即将达到高峰，美国总体杠杆率在国际金融危机爆发前达 369%。国际金融危机爆发后迅速下调，近年来基本维持在 7% 左右。[①] 强力刺激下金融业的繁荣反而容易使货币"脱实向虚"，实体经济难以获得收益。

4. 发展中国家金融自由化的促进作用

印度在 1991 年进行金融体系市场化改革后，各类金融资产规模、金融结构发生很大改变，利率管制放松，私营银行数量不断攀升，公共部

---

① 根据美国经济分析局数据计算。

门的银行效率得到提升，金融自由度不断上升。2010 年以来，印度金融改革效果显现，金融产业增加值占 GDP 比重达 4.8%—4.9%。[①]

（二）影响同一时期不同国家金融发展质量变化的因素

从横向比较看，受资源禀赋、经济发展模式、经济结构、发展阶段、金融制度等诸多因素影响，各国金融深化程度有所不同，金融发展质量也有差异。一般来说，多数发展中国家金融业增加值占比低于发达国家；部分开放城市型经济体的金融业增加值占比较高，如卢森堡。具体来说，各国金融业增加值占 GDP 比重和金融发展质量存在差距主要受以下因素影响。

1. 经济发展水平和发展阶段

由于不同国家经济运行状况和经济发展水平有很大差距，即不同国家的现代化程度不同，现代化程度高的国家一般服务业占 GDP 的比重较高，此类国家各种设施比较健全，信息更加发达，金融业也更加发达，金融业在国家经济生活中的作用也相应更大。

2. 国家的经济金融制度

基于金融抑制和金融深化理论，政府在金融市场中的干预作用、干预方式和干预力度会影响一国金融业增长情况。[②] 在利率政策方面，存贷款利差越大，金融相关比越小，利率市场化程度高的国家其金融增加值占 GDP 比重越高。信贷配给制度如中央银行的法定存款准备金率等，由于直接控制金融资源分配，对于一国金融业的影响也很大，这些政策通过间接贷款占比、银行存贷款比率等影响一国金融业增加值占 GDP 比重。[③]

3. 国际化与专业化水平

规模较小的经济体往往无法建立完整的产业部门体系，而是在地区经济中发展专业较强的经济部门，进而使这些产业增加值占比较高。如卢森堡、瑞士、新加坡等专门提供专业化金融服务，马来西亚是全球伊斯兰金融的中心市场，其金融业增加值占比相应都较高。

---

① 根据印度国家统计局数据计算。
② 方洁：《金融抑制、金融深化、金融约束——发展中国家金融政策制定中政府职能作用的演变与启示》，《福建论坛》（经济社会版）2000 年第 8 期。
③ 黄云婷：《制度因素与金融深化：基于发展中国家面板数据的实证研究》，《对外经贸》2014 年第 6 期。

4. 国家的城市化水平

城市化过程也是人口就业结构和产业结构的转化过程。城镇化可以拉动城市公共事业建设投资和房地产投资，促进服务消费，推动以商贸、餐饮、旅游等为主的消费型服务业和以金融、保险、物流等为主要内容的生产型服务业发展。从国际经验看，城镇化建设需要大量的资金投入，同时也会创造新的金融需求，城镇化水平高的国家，其金融业发展程度一般也会更高。

5. 法律制度是否完善

法律制度完善的地区，可有效保护财产权利，投资者更愿意为企业融资，金融市场也就比较活跃。[①] 金融业增加值占比较高的国家法律制度都较为完善，无论是经济合作与发展组织中的美国和英国，或者是新兴经济体中的马来西亚和南非，都具有较高的金融业增加值占比。

6. 金融业交易成本

金融业本质上是资金供给方和需求方的中介，其增加值的高低，一定程度上反映了金融业交易成本的高低。卡罗米瑞斯（Calomiris）通过对比德国和美国后指出，交易成本受金融机构组织形式的影响，美国模式的商业银行股权结构分散，坚持股东利益至上；而德国银行股权相对集中，采用利益相关者模式，较为重视政府的作用和社会整体利益的实现。[②] 这就导致美国和德国企业融资成本的不同：较低的融资成本促进了德国资本高度密集工业体系发展，其金融业增加值占 GDP 比重较低，2000 年以来在 4%—5%；而美国过高的融资成本则阻碍了工业潜在增长，某种程度上使其制造业增加值在全球的占比不断下降，服务业比重高于制造业，其中金融业增加值占 GDP 的比重远高于欧洲的德国、法国等。

六 中国金融业发展需要提质增效

金融高质量发展的基本要求是金融与经济协调发展。金融服务于实

---

① 尹兴中、盛朝晖：《金融业增加值占比国际比较及启示》，《金融时报》2012 年 10 月 22 日。

② Calomiris, Charles W., *The Costs of Rejecting Universal Banking: American Finance in the German Mirror, 1870–1914*, Chicago: University of Chicago Press, 1995, pp. 257–321.

体经济，推进产业升级和经济可持续增长。同时，实体经济发展也带动并推进金融业深化发展。西方学者提出的金融发展理论、金融结构论、金融深化论和金融约束论等都有金融效率的含义，但对金融效率均没有给出明确定义。我国学术界对金融效率这个概念也没有形成统一的认识。综合众多学者对金融业效率的观点，认为金融效率是一国金融资源的配置状态，具体来说，就是金融资源投入对金融产业的产出效果及整个国民经济运行结果的影响。它主要包括微观金融效率和宏观金融效率两层含义。微观金融效率是指金融机构的投入产出率；宏观金融效率本质上是优化问题，是指金融市场融通金融资源的能力及金融机构和金融市场对整个国民经济发展的作用能力。对一个国家来说，微观金融效率和宏观金融效率相互作用，而宏观金融效率更加重要。

目前的研究表明，金融业增加值占 GDP 比重与金融业效率之间没有显著的相关关系，一国金融业占比增加并不一定说明该国金融效率提高。相反，通过与发达国家的指标进行对比发现，虽然我国金融业增加值占比超过美国、英国等，金融深化程度取得长足进步，但是，我国金融业增加值的质量并不高，金融业效率较低。这主要是因为中国的金融发展对经济增长的促进作用主要是通过金融资产的扩张实现的，而不是通过提高金融资源配置效率来实现。①

通过国际比较发现，我国金融业存在效率不高的问题。从宏观金融效率看，一是我国储蓄率持续增加，融资结构严重失衡。我国的储蓄率在世界上一直处于较高水平，2015 年人均储蓄率达46%，居全球第三位，这从一个侧面反映了间接融资的比重仍占绝对优势，直接融资比重偏小，融资结构不平衡。美国直接融资比重已超过80%，二十国集团国家也基本上在60%—70%，但我国2015年直接融资比重为24%，与发达国家差距很大。二是储蓄转投资效率低。通过计算，我国近30 年储蓄投资转化率为65.1%，而日本为91%、美国为75%，一般发达国家也在60%—70%。② 造成效率较低的原因主要是我国金融业交易费用高，部分资金在金融体系内部传递链条多，滞留时间长。近年来出现了层层嵌套的资管

---

① 曹啸、吴军：《我国金融发展与经济增长关系的格兰杰检验和特征分析》，《财贸经济》2002 年第 5 期。

② 张文文：《我国储蓄投资转化率的实证研究》，硕士学位论文，吉林财经大学，2016 年。

产品，复杂交易链条上的各类主体通过层层收费，实现多重套利，追逐利润，这也是导致我国金融业增加值占比高但质量不高的原因。三是投资总量不断增大，投资效率不断下降。2008年国际金融危机后，我国信贷资源更多地流向效率较低的行业和部门，导致贷款对经济的拉动作用下降。2008—2015年，我国贷款的经济增长弹性仅为0.73。①

从微观金融效率看，由于银行是我国金融机构的主体，银行业贡献了约七成的金融业增加值，所以，微观金融方面银行业效率低是主要原因。一是我国低效率部门对银行业贷款需求高，占用金融资源较多。近年来，我国利率不敏感行业如基础设施投资和房地产投资占比高、增长快，对贷款需求较高。2004年以来，我国基础设施行业投资和房地产业投资合计接近固定资产投资的一半。从资金来源看，基建、房地产等行业贷款占比较高，2014年分别为18.4%和15.5%，均高于全行业平均贷款占比。而这两个行业的增加值占比远低于其他行业，基础设施行业和房地产业增加值占GDP的比值分别仅为8.3%和6.0%。而美国由于商业银行经营中间业务占比较高，对贷款依赖度相对较低，贷款投放相对谨慎，资金的使用效率较高。二是银行净利润增速大幅下降，不良贷款率攀升。我国商业银行不良贷款率近年来持续上升，从2012年年末的0.95%逐渐上升至2016年年末的1.81%。虽然不良贷款率尚处于国际低位，但需要警惕经济下行压力下"僵尸企业"出清过程中银行不良贷款难以回收的问题。三是资本市场有效性仍需加强。目前，我国资本市场呈现出比较明显的弱有效性：市场运行信息质量差、不透明，缺乏连续性，接受外部信息的灵敏度不高，政策反应时滞较大，运行的可控程度不高，约束机制薄弱，股票、债券市场没有充分发挥其融资功能。

综上所述，我国金融发展表现为数量扩张的粗放型发展特征，金融增长在很大程度上依靠金融数量的快速扩张，所以，我国金融业增加值虽然迅速上升，但金融资源配置效率较低，对实体经济拉动能力不足。从目前来看，通过加强穿透式监管和宏观审慎监管，把我国金融市场的中间环节打掉，会释放更多活力，也能更好地支撑实体经济的发展。

---

① 根据Wind数据计算。

七 政策建议

融资结构严重失衡，金融业内部交易费用高、传递链条多，部分企业和地方政府杠杆率攀升，房地产市场快速发展带来的房地产信贷规模的急速膨胀以及资金"脱实向虚"等问题，是导致我国金融业产出占比偏高的重要原因。

目前，我国的金融发展表现为数量扩张的粗放型发展特征，金融增长在很大程度上是依靠资金的快速扩张，而不是现代化程度的增强、对外开放质量的提升以及资本市场的日趋完善。所以，虽然我国金融业增加值占GDP比重迅速上升，但配置金融资源的效率较低，对实体经济拉动能力不足。未来要进一步深化改革，在进一步提升产业结构、扩大对外开放和推进城镇化进程的基础上，进一步打断我国金融市场的中间环节，释放更多资本活力，以进一步提高我国金融业效率，有效支撑实体经济的发展，打好防范化解金融风险攻坚战。

第一，强化去杠杆政策的结构性，区分"好"的债务与"不好"的债务。应从金融结构、国民储蓄消费比重、文化传统等多个维度，客观全面地认识我国高宏观杠杆率的形成机理。要意识到，去杠杆不是盲目地追求总杠杆率的降低，而是要从整体上提升社会资金的运用效率。每笔债务都对应着资产，有对应着优质资产的"好"债务，也有对应着劣质资产的"不良"债务；去杠杆政策应是结构性的，而不能"一刀切"。对于生产率低下、资不抵债、不符合经济转型提质增效大方向的"僵尸企业"，要大胆地去杠杆，允许其违约、采用市场化的方式进行破产重组。但对于健康企业，乃至虽暂时遇到盈利困难但前景光明的企业，则要满足其正常的生产经营性融资需求，允许其杠杆率的合理适度上升。

第二，在保持去杠杆政策定力的同时，辅之以灵活适度的货币政策环境。去杠杆应当更多地从微观视角出发，通过微观市场主体的市场化行为实现，辅之以微观政策干预，定向清除"有毒资产"。货币政策一般是总量型、全局性的政策工具，主要功能在于根据宏观经济周期的变动进行逆周期调控。去杠杆应该交给宏观审慎监管和微观审慎监管政策，尽量避免直接使用货币政策工具。应当特别注意的是，由于去杠杆本身会对宏观经济造成紧缩效应，这时货币政策保持灵活适度尤为重要，从而为实体经济营造较为稳定的流动性环境。

第三，完善破产重组机制，防止"僵尸企业"不良债务越滚越大。传统上，对于资不抵债、在市场竞争中落败的"僵尸企业"，特别是地方国有企业或者利税贡献较大的民营企业，地方政府习惯于"死保"。即由政府出面，依靠行政压力和政府信用背书，动员金融机构继续给予资金支持。这样做，一方面会导致"僵尸企业"不良债务不断积累，更加难以承受还本付息压力之重；另一方面也容易造成金融风险在企业之间和金融机构之间传播蔓延、相互感染。对于"僵尸企业"，应当果断地允许其进行破产重组，而不是因为政府信用的隐性兜底任由其债台高筑，无谓地消耗金融资源，积聚金融风险和财政压力。建议从法律上完善破产重组机制，推出若干项有代表性的案例作为示范，提高《破产法》及相关法律法规在实践中的可操作性和指导意义。对于企业破产后的人员安置和再就业问题，应通过强化失业保障体系、贫困家庭救助体系和职业技能培训体系来化解。

第四，尽快制定出台"资管新规"相关配套实施细则，明确市场预期。2016 年 4 月发布的"资管新规"是规范指导广义资产管理行业规范发展的纲领性文件，对资管行业的健康可持续发展具有重要意义，也得到了行业参与者的广泛认同。作为纲领性文件，"资管新规"在若干方面对金融机构开展资产管理业务做出了原则性规定，但具体到业务实践中，仍存在大量的细节业务规范问题尚未明确，导致市场处于观望和迷茫状态，不利于业务有序开展，也不利于"资管新规"的落实。建议有关部门尽快制定出台"资管新规"的相关配套细则，明确市场预期。

第五，整治金融乱象，打击金融犯罪，维护社会稳定。近几年来，高利贷、地下钱庄、违规互联网金融平台、非法外汇交易平台、校园贷、数字货币 ICO 等业务呈快速蔓延之时势。特别是在部分三、四线城市、农村地区以及校园青年学生群体中产生了不良影响。违背公序良俗、破坏社会和谐稳定的群体性金融乱象时有发生，有些个案甚至已经恶化到了威胁局部地区社会稳定的地步。建议有关部门加大对上述重点领域金融乱象的整治工作，严厉打击金融违法犯罪活动；同时，广泛开展金融理财教育，增强全社会的金融风险意识，营造谨慎投资、风险自担的社会氛围。

第六，加快推进央地及省以下纵向财政关系改革，为地方政府融资开正门。地方政府性债务多年以来的积累有着复杂的成因，其中重要一条就是中央与地方财政收入和支出的结构性失衡。中央财政收入占全国财政收入的45%，而支出仅占15%；地方财政收入占全国财政收入的55%，而支出却高达85%。尽管转移支付在一定程度上修正了央地财政收支失衡，但大多数地方政府收不抵支的压力仍然持续存在。在央地财政收支结构失衡的情况下，地方政府就有通过各种手段举债融资的激励，金融市场也普遍默认上级政府会为下级政府的债务兜底。未来要从根本上化解地方政府预算软约束问题，深化财税改革，调整央地及省以下纵向财政收支关系是必要的举措之一。晚改不如早改，早改有利于争取主动，越晚改问题积累越多，则越难改。

第七，金融市场建设要更重视负债端，理财能力和投资能力并重，做好金融业供给侧结构性改革。传统上，我国的金融体系重投资、轻理财。这既是脱胎于计划经济的体制惯性使然，也是由长期以来经济中存在的现实困境——投融资需求巨大而储蓄资源相对不足造成的。当前，中国金融行业面临的基本矛盾已经由"投资需求巨大和储蓄资源相对不足的矛盾"转变为"投资需求多样化和储蓄相对过剩、社会财富规模庞大和财富所能附着的媒介投资品相对不足的矛盾"。基本矛盾的转变导致实体经济对金融服务业的需求正在发生深刻变化，为金融行业的能力建设提出了新的要求。现代化金融体系建设应当兼顾资金供给和资金需求两方，坚持理财能力和投资能力并重，做好金融业供给侧结构性改革。考虑到过去长期以来我国金融业重投资、轻理财的不足，未来现代化金融体系建设应当尤其重视为民理财的职能，增强金融机构的财富管理能力，呼应人民美好生活的理财需要。

参考文献

［1］曹啸、吴军：《我国金融发展与经济增长关系的格兰杰检验和特征分析》，《财贸经济》2002年第5期。

［2］方洁：《金融抑制、金融深化、金融约束——发展中国家金融政策制定中政府职能作用的演变与启示》，《福建论坛》（经济社会版）2000年第8期。

［3］戈德史密斯：《金融结构与金融发展》，周朔等译，上海三联书店

1988年版。
[4] 黄云婷：《制度因素与金融深化：基于发展中国家面板数据的实证研究》，《对外经贸》2014年第6期。
[5] 米建国、李建伟：《我国金融发展与经济增长关系的理论思考与实证分析》，《管理世界》2002年第4期。
[6] 尹兴中、盛朝晖：《金融业增加值占比国际比较及启示》，《金融时报》2012年10月22日。
[7] 张文文：《我国储蓄投资转化率的实证研究》，硕士学位论文，吉林财经大学，2016年。
[8] Calomiris, Charles W., *The Costs of Rejecting Universal Banking: American Finance in the German Mirror, 1870–1914*, Chicago: Uniuersity of Chicago Press, 1995.
[9] Greenwood, Jeremy and Jovanovic, Bruce, "Financial Development, Growth, and the Distribution of Income", *Journal of Political Economy*, Vol. 98, No. 5, 1990.
[10] Greenwood, Jeremy and Smith, Bruce, "Financial Markets in Development, and the Development of Financial Markets", *Econ. Dynamics and Control*, Vol. 21, No. 1, 1997.
[11] Lucas, Robert E. Jr., "On the Mechanics of Economic Development", *Journal of Monetary Economics*, Vol. 22, No. 1, 1988.
[12] Patrick, H. T., "Financial Development and Economic Growth in Undeveloped Countries", *Economic Development and Cultural Change*, Vol. 34, No. 4, 1966.

第四篇

宏观经济稳定与需求结构演进

第十五章　需求结构演进与宏观经济稳定增长*

需求结构变迁与经济稳定增长存在内在联系。不同的经济发展阶段具有不同的需求结构特征。在全球产业结构面临调整和重构的形势下，合理的需求结构能够有效地带动经济稳定增长。基于此，本章以投资率、出口率和消费率为依据，与经济增长相联系，将短期经济增长的类型区分为投资和出口驱动型与消费驱动型，以两种增长类型的变化描述需求结构的演变。其中，投资和出口驱动型与工业化进程加速发展中国家相对应，与供给侧粗放型的增长方式相联系，经济增速较快，但经济增长易受外部因素的冲击，稳定性较弱，中国目前正处于这一发展阶段；消费驱动型与投资和出口驱动型的经济特征相反，是工业化进入后期的经济发达国家所处的发展阶段，是与供给侧集约型增长方式联系在一起的，虽然经济增速较低，但经济的平稳性较强。

研究表明，内需相对于外需更具稳定性，且随着经济发展水平的提高，外需占比减小并渐趋稳定；在内需结构中，消费驱动型相对投资驱动型更具稳定性。伴随经济发展，投资需求的主导地位逐步让位于消费需求；消费需求比重的提高和内需结构优化对经济稳定增长有正向作用。中国目前投资和出口驱动型的经济增长已经走到尽头，与发达国家进入20世纪90年代前的需求结构特征相近，投资和出口需求动力减弱，消费需求比重上升，且消费需求对经济增长的贡献率与拉动作用日益显现。

实证分析表明，无论是发达国家还是中国，内需结构优化均对宏观经济稳定增长有正向作用，即消费需求的上升能够稳定经济发展。此外，在投资对经济增长的带动作用上，中国的投资对经济增长的促进作用高

---

* 本章由郎丽华、冯雪执笔。

于发达国家，与中国工业化加速发展的经济阶段特征相符合。此外，中国的投资需求对经济增长仍为正向影响，发达国家步入20世纪90年代以前的实证数据也显示，投资需求对经济增长有积极作用。因此，借鉴国际经验，在过渡期，中国应该注重投资和提高投资效率。同时扩大消费需求。

未来中国需求结构调整中，应建立稳定的内需机制，优化投资效率，扩大居民消费，提升出口层次；并完善制度供给，如深化市场经济、调整收入分配、提供更全面的社会保障等，以促进中国经济转型升级，避免落入中等收入陷阱，平稳过渡到消费驱动阶段。

一 引言

改革开放以来，伴随着工业化和城市化进程的加速，中国经济实现了近40年的高速发展，2016年，中国人均国内生产总值达到8260美元①，按照世界银行标准，中国已经步入中等偏上收入国家的行列。根据国际经验，在此阶段，中等收入国家既面临向高收入国家迈进的机遇，又恰逢结构性矛盾增多的挑战。数据显示，2009年以后，特别是2012年以来，中国人均GDP增长率、投资率和出口率均呈现下降趋势，在投资、消费和出口三驾拉动经济增长的马车中，以往依赖投资和出口的经济增长方式开始转变，中国经济发展也进入需求结构调整阶段。从国际经济形势来看，世界经济经过几年的调整之后，已经进入新一轮周期的上升阶段，但不稳定因素的干扰增多，国际分工和全球价值链面临调整和重构，发达国家推动制造业回归，新兴发展中国家依靠劳动力和土地成本优势吸引投资，中国经济高速发展的外部环境发生了巨大的变化，面临的各种摩擦不断增多。从国内形势来看，2016年，国内生产总值实现三次产业增加值增长率分别达到3.3%、6.1%和7.8%，表明产业结构调整趋势开始加强，粗放式的传统投资方式与经济转型背道而驰。因此，实现需求结构的优化和升级，培育坚实的内需基础，对推动经济更有效率、更高质量和可持续稳定增长具有重要的现实意义。

---

① 国家统计局。

二 需求结构变迁与稳定经济增长的一般关系

2008年以来，中国经济增长速度出现了持续下降的态势，这不仅与供给侧的结构性减速相关，也与当前需求结构的阶段性特征有关。事实上，总供给与总需求平衡是宏观经济平稳运行的重要体现，经济增长是宏观经济平稳运行的必然结果。

在开放条件下，一国的总需求由来自国内的消费需求、投资需求和来自国外对本国产品和服务的需求即净出口构成，因此，需求结构也就是三大需求之间的比重关系。

西方主流经济学认为，经济增长在短期内取决于总需求，在长期中取决于总供给。总需求和总供给之间不仅存在总量平衡问题，也有总需求结构和总供给结构相互适应的问题。与经济增长相联系，我们可以把总需求结构的变迁归结为两种驱动经济增长模式的转换：一是投资和出口驱动型经济增长方式，即投资需求和出口需求在总需求中占主导地位拉动经济增长的模式；二是消费驱动型经济增长方式，也就是消费需求在总需求中占主导地位拉动经济增长的模式。与经济增长相联系，在供给侧也存在两种推动经济增长的模式：一是主要依赖要素投入推动经济增长的粗放型增长方式；二是主要依赖要素使用效率提高即主要依赖技术进步、知识积累和人力资本积累的集约型增长方式。需求侧和供给侧的经济增长模式是相互联系、相互制约的。需求侧的投资和出口驱动型增长方式与供给侧的粗放型经济增长方式是联系在一起的。粗放型经济增长方式是建立在包括大规模的资本投入、劳动投入和自然资源投入基础之上的，其中劳动和自然资源的投入又是由资本投入驱动的。而长期中累积起来的资本投入规模是无数个短期内净投资不断积累的结果。因此，只要有投资驱动型增长方式的存在，也就有粗放型经济增长方式的存在。同时，在需求侧，只要投资驱动型经济增长占主导地位，也必然会带动出口驱动型经济增长方式。因为从长期和动态角度来看，大规模的要素投入势必在国内形成过剩的生产能力，从而导致以供给过剩或有效需求不足为特征的总量失衡。这时，过剩的生产能力就只能通过增加出口来消化，从而形成出口驱动型经济增长。可见，投资驱动和出口驱动是联系在一起的,只要有投资驱动型经济增长,也就一定有出口驱动型经济增长。

如果一个国家的经济增长主要依赖于投资和出口驱动以及粗放型经济增长方式推动,就难以实现稳定的经济增长。这不仅源于投资需求的不稳定性,更源于出口需求的不稳定性。投资和出口的不稳定性既与利率、汇率等内生变量的经常波动有关,也与投资环境、经济政策变化以及关税壁垒、贸易保护政策等外生变量的冲击相关。尤其是当资本积累到较大规模和贸易出口形成较大规模以后,这种冲击就更加强烈。

需求侧和供给侧的经济增长方式相互联系、相互制约还表现在消费驱动型增长模式和集约型经济增长模式上。通常这两种方式都是在工业化后期出现的。因为工业化进程的结束,不仅提高了人们的消费水平,也改变了人们的消费结构;与此相联系,在供给侧,依靠大规模的要素投入已经不能有效地推动经济增长,唯有集约型经济增长方式才能成为经济持续增长的推动力,也只有技术进步和第三产业的相应发展,才能满足人们高品质的消费需求。与此同时,从供给结构的另一个层面来看,第一、第二、第三产业也相应地从"鼓"形结构转变为"塔"形结构。当消费驱动型增长方式和集约型增长方式确立以后,经济增长的稳定性就会提高。原因是不说自明的:相对于投资和出口驱动的经济增长而言,决定消费水平的人均可支配收入水平具有稳定性,其不稳定性一般只在长期中存在,而推动集约型经济增长方式占主导地位的技术进步、知识积累和人力资本积累不仅在短期内很少波动,即便是在长期内存在技术冲击,通常也是来自技术进步的冲击,其对经济增长的作用是正向的。

我们还可以从工业化进程与消费结构变化的角度来说明这一问题。美国发展经济学家钱纳里(Chenery,1975)利用结构主义分析方法,通过实证检验得出,在整个工业化进程中,投资率、消费率与经济增长之间具有动态相关性。他认为,一国的经济增长方式、经济体制、经济政策以及社会文化因素均影响该国投资与消费比重的形成,并导致发展水平相近国家之间的投资率、消费率差异。但总体上看,在工业化时期,随着经济增长,投资率存在一个从低到高、再从高到低并趋于稳定的演变过程,消费率的演变趋势则相反,如图 15-1 所示。

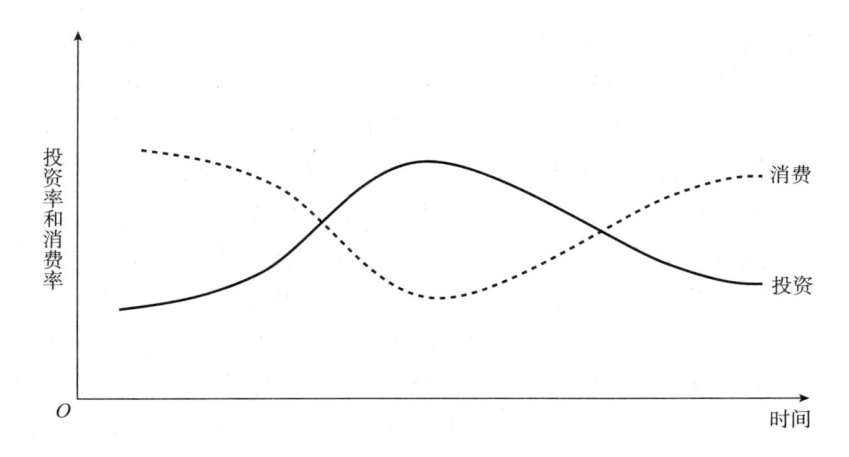

图 15-1　钱纳里工业化模型：投资率和消费率变动趋势

消费率和投资率之所以会出现图 15-1 中的变动趋势，主要是因为在推进工业化的过程中，为满足居民对一般消费品和耐用消费品的需求，导致第二产业发展最快，工业增加值在 GDP 中所占比重不断上升。第二产业的发展需要大量的中间投入，因此，投资增长较快，并导致投资率不断上升。工业化进程结束后，经济发展进入发达阶段，居民消费结构发生了变化，由消费以工业消费品为主转变为以第三产业为中心的住房、医疗、教育、金融、保险、旅游等服务类商品消费为主，居民服务性消费增长较快，致使第三产业占国民经济的比重提高。第三产业的发展更多地依赖人力资源的开发，从而导致投资增势减缓，投资率逐步稳定甚至出现下降。同时，第三产业的发展又以第二产业为依托，消费结构的变化客观上要求第二产业与第三产业同步发展。因此，在一个国家的经济发达阶段，投资率和消费率变动较小，处于相对稳定的状态，经济增长水平也处于相对稳定的状态。

当前，我国整体上正处在工业化中期阶段，投资率较高、消费率较低的状况基本符合工业化阶段发展的一般规律。在这一阶段，投资增长较快是经济发展的一个阶段性特征，与我国具有类似情况的东亚国家或地区在经济起飞阶段都曾经历过投资高速增长的情况。此外，我国人口多，就业压力大，增加就业人口、缓解就业压力也要求保持一个比较高的投资增长速度。

关于中国投资率与消费率的演变关系，已有研究认为：长期以来，中国的经济增长建立在高投资高出口驱动模式上，即投资和出口比重不断上升，消费比重下降（林哲、毛中根，2005；纪明，2010；刘瑞翔、安同良，2011；夏杰长，2012），但随着工业化进程加速，投资和出口拉动经济增长的边际效率在减弱，一方面中低端工业产能过剩，另一方面高层次消费需求存在缺口，在此情况下，提高投资效率、扩大消费需求显得尤为重要（郭克莎、杨阔，2017）。特别是在全球产业分工深化的背景下，中国面临着来自发达国家在中高端产业和新兴发展中国家在中低端产业的双重挤出效应，调整内外需结构、增强需求结构内生性具有重要的战略意义（马晓河，2010；潘明清、张俊英，2010；林发彬，2016）。因此，在中国尚未步入发达国家行列之前，既要看到内需结构中投资和消费需求的失衡状态，又要看到需求结构中内外需结构不对称问题，在保证投资效率的基础上，促进消费，稳定出口，从而带动经济稳定增长，以免落入中等收入陷阱（杜宇，1997；彭焕杰，1999；范剑平，2003；梁媛、冯昊，2010）。

总体而言，消费驱动型需求结构能够有效地促进宏观经济稳定增长。但是，由于经济发展的阶段性、产业结构、制度差异、文化偏好等因素的影响，各国的需求结构在促进经济稳定增长上，既有共性，又有其特殊性。关于合理需求结构的定义，学术界目前并没有明确的严格的评断标准。基于此，本章首先从全球视角对需求结构与经济发展阶段的关系和需求结构变迁路径进行分析，再与中国的宏观经济形势相结合，对中国需求结构的特征进行说明，总结需求结构与宏观经济稳定增长关系的国际经验，以探讨在中国经济转型过程中，如何优化需求结构，推进需求动力变革对经济增长潜力的有序释放。

三　经济发展阶段与需求结构特征的关系

需求结构随着经济发展阶段的不同也呈现出不同的特征，经济的快速增长往往与需求结构剧烈变迁相联系。目前，学术界对经济增长阶段划分主要有两种：第一种是基于钱纳里提出的工业化进程理论，把经济发展按工业化特征划分为工业化初期阶段、工业化中期阶段、工业化后期和后工业化阶段三个阶段。这种划分方法对工业化进程的判断需要较为科学准确的标准，容易从数据层面对国家发展阶段进行误判。第二种是根据罗斯托的经济增长"六阶段论"。将发展中国家对应"六阶段论"中的前四个阶段，发达国家对应第五、第六阶段。这种方法对经济落后国家和地区的经济发展具有指导意义，但对经济增速较快发展的国家却没有多大参考价值。因此，本章在借鉴前两种划分方法的基础上，借鉴张连城（1999，2012）、刘霞辉（2003）和袁富华（2016）对经济发展阶段的研究结论，主要从投资和出口驱动经济增长与消费驱动经济增长两种增长模式的主导地位将经济发展相应地划分为两个阶段来描述需求结构的变迁，并以此来论述经济发展与需求结构特征的关系。

在投资和出口驱动经济增长的阶段，一国或地区的经济处于高速增长状态。伴随着工业化、城市化进程加速推进，劳动力重心逐渐从农业生产部门转移到更高效率的工业生产部门，经济平均增长率长期保持在6%以上，但总体经济规模较小（张连城，1999）。在消费驱动阶段，也是目前发达国家的经济发展阶段，服务业已经成为经济发展支柱产业，形成较为稳定的内需型社会，但人口开始步入老龄化社会，经济增长率较低，但累积的经济规模较大，经济发展再次起飞需要依托信息化产业发展和制度创新。

不同的经济发展阶段主要以产业结构的变化来体现，在产业结构的变动过程中，需求结构相应表现出不同的特征。一般而言，在第一阶段即投资和出口驱动阶段，工业部门的发展主要依靠投资需求驱动，受收入水平制约，国内消费水平较低，容易出现产能过剩；但是，由于存在低成本的优势，由投资带来的生产过剩压力，主要通过产品出口来缓解，因此，出口和投资在需求结构中占比较大。在经济发展进程达到第二阶段即消费驱动经济增长阶段，消费需求在促进经济增长中居于主导地位，消费产品由工业产品转向服务类产品，由生存资料消费向发展资料和享受资料消费转移，消费结构不断升级，投资和出口变化波动性较小，渐趋稳定。

值得注意的是，在投资和出口驱动阶段向消费驱动阶段转化的过渡期，需求结构没有明显的阶段特征，一方面产业结构的劳动力重心转移至增长速度相对较低的服务业部门，传统的工业投资对经济增长的边际效率下降，由此经济增速放缓；另一方面国内中高端消费需求兴起，消费需求在缓解结构性矛盾中开始发挥重要作用。此外，由于产业结构调整和低成本优势丧失，外需也具有不确定性。因此，在依赖粗放型的经济增长方式积累的经济、社会、环境问题日益显现的背景下，若不及时转换原有的增长模式和突破原有的增长机制，发展中国家向发达国家迈进的过程中容易落入中等收入陷阱。国际经验显示，韩国、新加坡等国家在经济转型过程中形成了三大需求的良性循环，成功地步入经济较发达国家行列，而巴西、阿根廷等拉美国家过度依赖投资，未能促进知识密集型经济发展，出现经济停滞，长期徘徊在中等收入阶段。

为进一步说明不同经济发展阶段与需求结构特征的关系，我们根据世界银行公开数据库，对 2008 年以来各国的经济规模与人均 GDP 增速相关数据进行测算，选取印度和美国分别作为两个阶段特征的典型代表国家进行分析，并加入韩国、巴西①作为由投资和出口驱动向消费驱动过渡期国家的代表进行考察，其中，韩国成功完成需求结构转型，巴西未能成功过渡，陷入中等收入陷阱。并对以上 4 个国家 1978—2016 年的总投资率、总消费率与总出口率进行分析。不同经济发展阶段代表国家的需求结构特征如图 15 – 2、图 15 – 3 和图 15 – 4 所示。

需要说明的是，在计算投资率时，鉴于存货增加率在总投资中占比较小，故选取固定资本形成总额增加率作为总投资率指标，其计算公式为：

总投资率(TIR) = 固定资本形成总额/支出法 GDP　　　　　(15.1)

总消费率即最终消费支出占国内生产总值的比重，其计算公式为：

总消费率(TCR) = 最终消费支出/支出法 GDP　　　　　(15.2)

同时，引入总出口率（TXR），即货物和服务出口占国内生产总值的比重，以从外需的角度对内需结构进行补充。其计算公式为：

总出口率(TXR) = (货物出口 + 服务出口)/支出法 GDP　　　　　(15.3)

在投资和出口驱动阶段，随着工业化的推进，第二产业在 GDP 中的比重不断提升，重工业蓬勃发展。在此阶段，产业资本的边际报酬率较高，消费让位于投资，大量的资本投入和国家赶超经济政策的扶持进一步加剧了投资率主导经济增长的局面。虽然随着产业发展居民收入水平

---

① 世界银行公开数据库（World Bank Open Data），2008—2016 年，印度的平均人均 GDP 1494.21 美元，平均人均 GDP 增速为 5.72%；美国平均人均 GDP 49863.75 美元，平均人均 GDP 增速为 0.53%；巴西平均人均 GDP 11286.5 美元，平均人均 GDP 增速为 0.67%；韩国平均人均 GDP 23102.3 美元，平均人均 GDP 增速 2.51%。

得以不断提高,但总消费需求上升幅度仍然明显低于总投资需求。同时,伴随着投资需求的迅速扩张,也会使一些生产部门特别是制造业部门,面临着产能过剩的局面,因此,在此阶段出口也会相应增长。印度作为此阶段国家的代表,表现出了较为显著的特点。如图15-2所示,印度的总消费率从1978年的76.72%不断波动,下降至2007年的61.67%,虽然自2008年国际金融危机后总消费率开始上升,但是,总体呈下降趋势。与此相对应,投资率总体呈现上升水平,1978年印度的总投资率为18.59%,到2016年已经上升至27.12%,其间最高甚至达到了35.57%(见图15-3)。而总出口率也呈现出平稳增长态势,并从1997年开始快速增长,至2016年已增长近10%(见图15-4)。此外,韩国在20世纪八九十年代经济快速发展阶段也表现出了高投资率、低消费率的特点,也为出口导向型的发展模式奠定了基础。

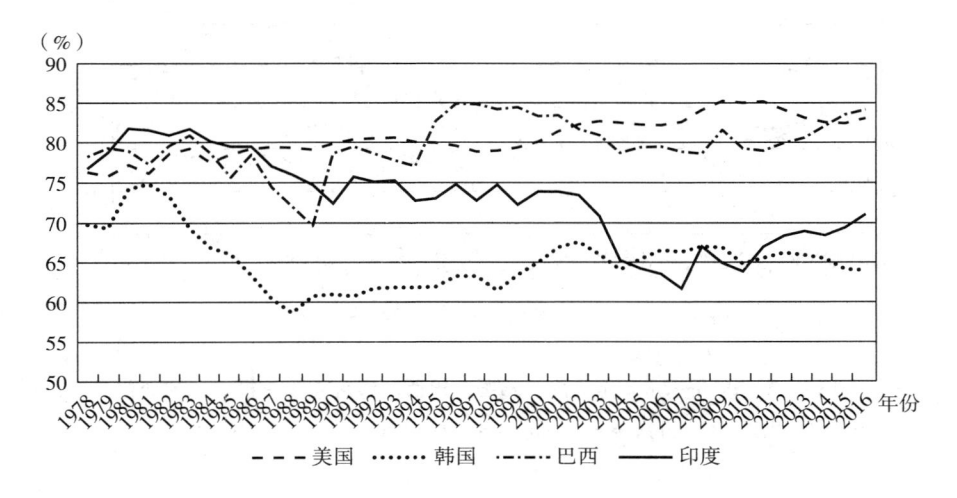

图15-2 1978—2016年美国、韩国、巴西、印度4国总消费率的变化

资料来源:世界银行公开数据库(World Bank Open Data)。

在消费驱动阶段,产业升级已基本完成,第三产业成为主导产业,经济体的经济规模较大,新一轮的工业化进程还处于探索阶段,经济增长率较低。但是,由于第三产业对资本投入的需求相对较少,对劳动投入的需求相对较多,会使投资需求增长趋缓并相对稳定,居民消费结构在推动产业结构升级的同时,也由以工业消费品为主向以第三产业提供的住房、教育、旅游等服务类产品为主的需求升级,导致最终需求缓慢上升,实现居民消费从温饱型向享受型、发展型升级。从图15-2和图15-3可以看出,美国的总消费率呈现温和回升趋势,总体水平在75%—85%,较其他3个国家的消费率水平更高,和总消费率相比,总投资率较低,多在17%—22%分布,并缓慢下降,体现了第三产业主导下消费需求在需求结构中占比越来越高的趋势,且总出口率较其他3个国家最低,经济增长的驱动力主要在于内需效应的释放。(见图15-4)。

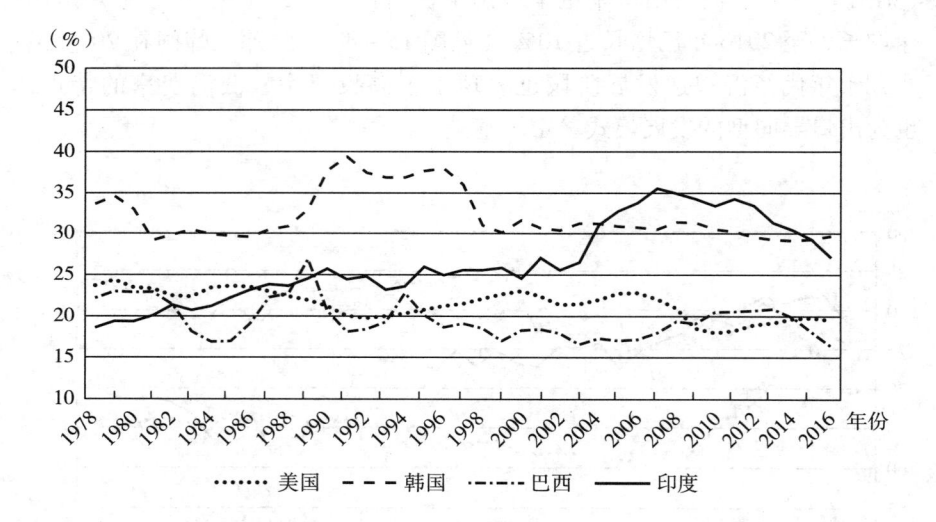

图15-3 1978—2016年美国、韩国、巴西、印度4国总投资率的变化

资料来源:世界银行公开数据库(World Bank Open Data)。

此外,投资和出口驱动阶段向消费驱动阶段转化的过渡期也是中等收入国家向中高等收入国家和高收入国家迈进的机遇期与敏感期。韩国和巴西分别体现了转型成功与失败国家的特征。韩国在经历了20世纪八九十年代的经济快速增长的同时,对收入分配与社会福利也进行了相关制度改革,如颁布《最低工资法》和推行全国医保,并发起"新农村运动",注重技术进步,成功跨越中等收入陷阱,如图15-2和图15-3所示。在1997年以后,韩国产业转型和政策效应显现,总消费率稳定在65%左右,总投资率由37.97%大幅下降并稳定在30%左右,且有缓慢下降的趋势，虽然近几年总出口率也开始呈现下滑趋势，但在内需结构优化的同时，依然适度兼顾了外需对经济的推动作用，如图 15-4 所示。同韩国相比，巴西采用进口替代策略发展经济，外需对内需的发展形成了强烈的制约，未能有效带动经济转型和增长，虽然巴西的消费率呈现缓慢波动上升的趋势，投资率缓慢下降，但经济波动幅度较大，经济发展低迷，2008 年国际金融危机以来平均人均 GDP 增长率仍然低于 1%。由此可见，需求结构调整与制度红利的释放，是促进产业结构升级和经济转型的重要因素。

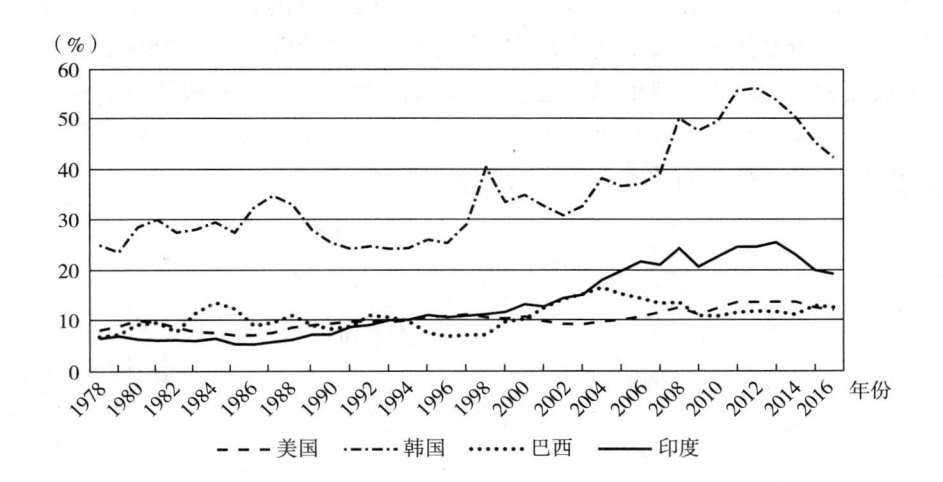

图 15-4　1978—2016 年美国、韩国、巴西、印度 4 国总出口率的变化

资料来源：世界银行公开数据库（World Bank Open Data）。

四　需求结构变迁路径与国际经验借鉴

结合不同国家所处的经济发展阶段，从横向角度考察需求结构变迁路径，可以较为直观地发现需求路径的演变趋势，因此，根据 2016 年全球宏观经济数据，综合人均 GDP 增长率、总人口和收入水平，并对数据异常值进行剔除后，选取美国、日本、英国、法国、德国、加拿大、意大利、葡萄牙、奥地利、芬兰、丹麦、印度、印度尼西亚、泰国、马来西亚和越南 16 个国家作为观测对象，其中，除印度、印度尼西亚、泰国、马来西亚和越南属于投资和出口驱动阶段，其余国家均处于消费驱动阶段。

在图 15-5 中，处于投资和出口驱动阶段的国家与处于消费驱动阶段的国家在内需结构上表现出了明显的"对角化"特征，即处于投资和出口驱动阶段的国家呈现经济高速发展、低消费、高投资的特征，而处于消费驱动阶段的国家则是经济低速发展、高消费、低投资的状态。在人均 GDP 增速上，处于消费驱动阶段的国家均低于 3%，而处于投资和出口驱动阶段的国家在 5%—6%，这与经济阶段划分的特征相对应。处于消费驱动阶段的国家总消费率均在 85% 以上，总投资率小于 25%，而处于投资和出口驱动阶段的国家总消费率均在 70% 以下，总投资率集中在 25%—35%。随着工业化进程的推进和人口城市化，处于消费驱动阶段的国家会从三维空间图的右上方向左下方移动。

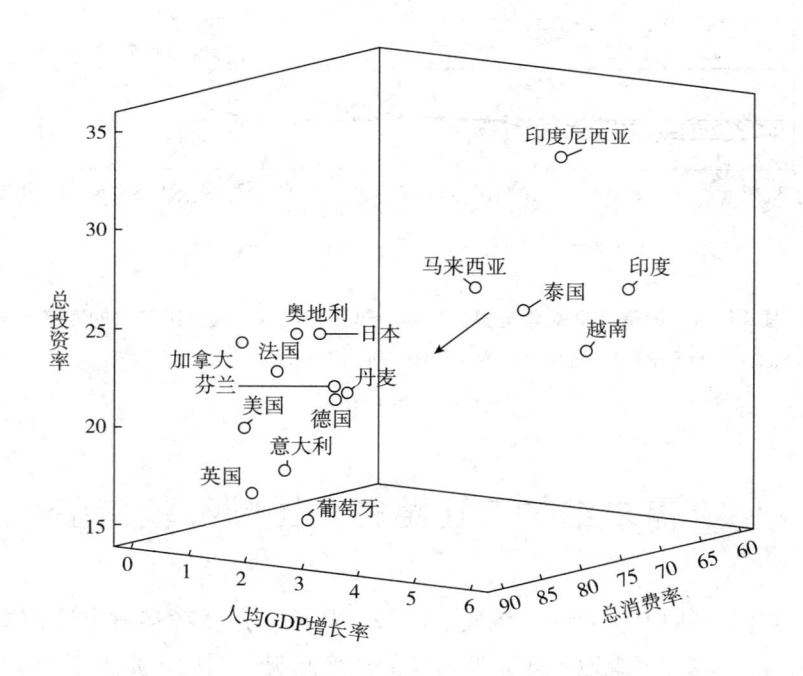

图 15-5　2016 年 16 国内需结构变迁路径与经济增长的关系（%）

资料来源：世界银行公开数据库（World Bank Open Data）。

如果考虑出口需求的变化路径，如图15-6所示，在2016年的截面数据中，除印度和印度尼西亚的出口率较低外，其他国家整体显现出了人均GDP增速和总出口率呈正相关关系，印度近年来受国内过度杠杆化和消费税改革影响，商业环境恶化，私人投资大幅缩水，进而影响了出口。印度尼西亚则受国内政治因素影响，在出口方面表现不尽如人意。总体而言，处于消费驱动阶段国家的总出口率比处于投资和出口驱动阶段国家的总出口率要低，且在图中分布更集中，这表明处于消费驱动阶段的国家主要依赖内需带动经济增长，外需对经济增长的作用相对稳定。而处于投资和出口驱动阶段的国家，高投资带动了出口发展，在外需比重较大的发展模式下，经济增速较高。随着经济发展水平的提高，处于消费驱动阶段的国家会沿着半"U"形由高出口增速带动经济增长向出口稳定增长发展。

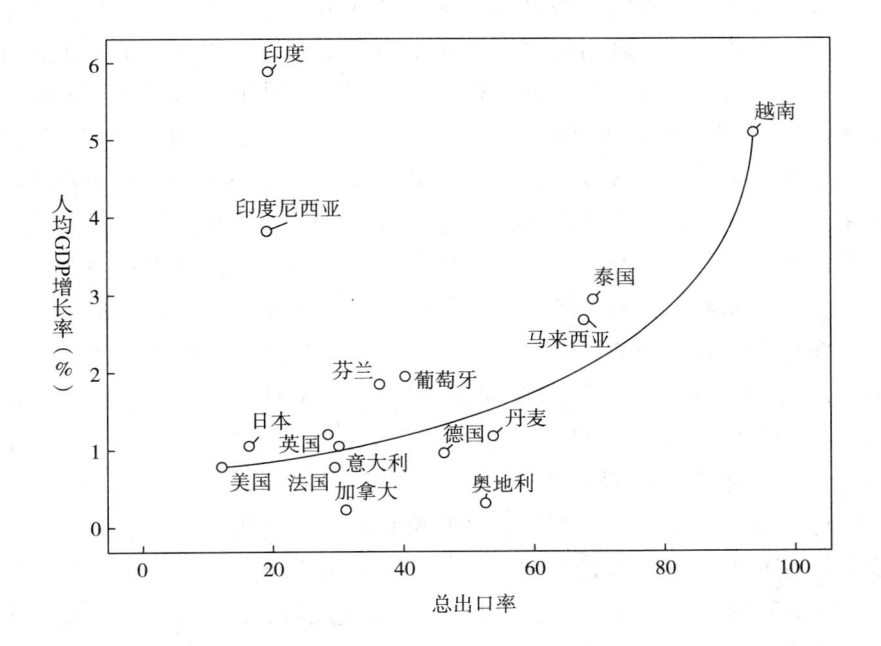

图15-6 2016年16国外需变迁路径与经济增长的关系

资料来源：世界银行公开数据库（World Bank Open Data）。

发达国家较发展中国家更早地经历了完整的工业化发展阶段，伴随着经济发展，需求结构的演进过程更具相似性。而目前世界上的发展中国家正在经历工业化的不同阶段，且受到不同的经济制度、产业结构、政策目标、消费习惯等因素的影响，需求结构具有不确定性，未能形成较为统一的需求结构演变模式。因此，在尽可能地选取更长的经济周期跨度之后，基于数据的可得性，我们最终确定22个国家作为发达国家群组代表，具体包括美国、法国、英国、日本、德国、加拿大、意大利、瑞典、芬兰、丹麦、挪威、荷兰、比利时、奥地利、土耳其、澳大利亚、希腊、冰岛、爱尔兰、卢森堡、葡萄牙和西班牙。用总投资率（TIR）、总消费率（TCR）和总出口率（TXR）作为基本的需求结构衡量指标，并加入人均GDP增长率（AGDP）指标。通过对1978—2016年的22个发达国家的需求结构变化情况进行分析，结合经济增长趋势，为中国经济结构调整提供经验借鉴。

（一）内需结构特征分析

发达国家的总投资率和总消费率都表现出一定的波动性，总投资率在波动中不断下降，总消费率在波动中不断上升，如图15-7所示。其中，发达国家总投资率总体分布在20%—27%，且由1978年的25.49%不断下降至2016年的20.94%；各年份总消费水平均在70%以上，近几年稳定在75%左右，在投资需求和消费需求在GDP占比中，总消费率占据主导地位，是投资率的2—3倍。同时，20世纪80年代以来，发达国家的总投资率与总消费率的走势表现出明显的不同。在总投资率上升期间，总消费率多表现为下降趋势，总投资率的波峰多对于总消费率的波谷，在经济危机爆发当年尤为明显，如在1993年（海湾战争引发股价大幅下跌）、1999年（亚洲金融危机持续影响）、2003年（网络科技股崩溃影响）、2009年（国际金融危机影响）。除此之外，在经济运行平稳年份，平均总消费率普遍呈现回升趋势。

将内需结构分解，结合人均GDP增长率与经济周期，分别对发达国家人均GDP增长率与总消费率、总投资率的关系进行分析，结果分别如图15-8和图15-9所示。在20世纪70年代经历石油危机以后，发达国家的人均GDP增长率一直在0—4%波动，除受2008年国际金融危机后续影响，2009年和2012年人均GDP增长率为负值，其他年份表现为较低的正增长。同经济阶段划分相吻合，目前发达国家经济增速较低，多在5%以下，但人均GDP较高，根据世界银行2013年最新划分标准，2016年，除土耳其受政治因素影响，经济增长低迷，通货膨胀和货币贬值，被

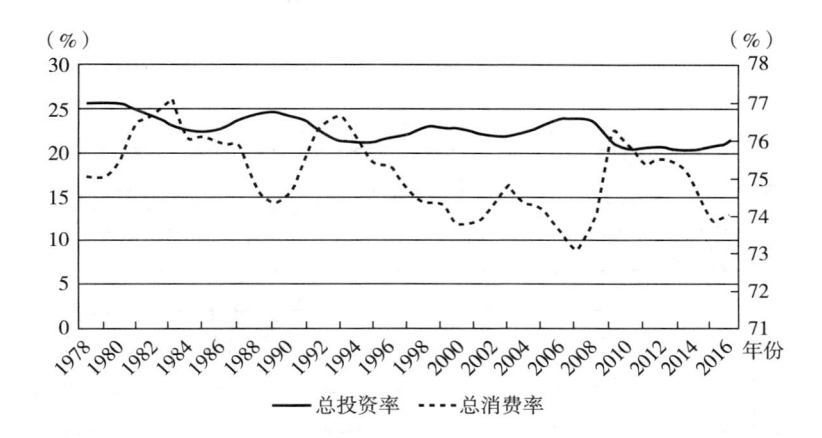

图 15-7 1978—2016 年发达国家总投资率与总消费率演进

资料来源：世界银行公开数据库（World Bank Open Data）。

划分为中高等收入国家外，其他发达国家均处于高收入国家行列。结合发达国家需求结构，即经济规模较大、经济增速较低的国家相应表现出了"高消费、低投资"的特点。

在经济平稳运行的年份，伴随人均 GDP 增速上升，总消费率呈下滑趋势，总投资率呈上升态势。在经济危机期间，人均 GDP 增速均表现为不同程度的下降，与人均 GDP 增长率波谷相对应的是总消费率迅速攀升，投资需求相对下降。对此，需要说明两点：首先是波谷往往并不在经济危机出现的当年，这是因为，经济危机从爆发到蔓延具有一定的时滞性，经济萧条影响范围逐渐扩大，破坏程度逐步加深，直至达到最低水平。所以，波谷的形成往往并不在经济危机爆发的某一时点，表现出一定的时滞性，因此波谷多出现在危机后 1—2 年。其次需要对危机时期消费需求大幅上升，投资需求下降进行分析。经济危机时期，投资环境恶化，企业普遍对投资前景持观望、消极或悲观态度，投资活动收到抑制，因此会出现投资相对下降，消费需求相对上升的局面。消费需求相对上升一方面反映了工资率具有一定的黏性，另一方面也是因为各国政府在经济危机爆发之初，为应对经济危机所采用的财政政策和货币政策往往以刺激消费、扩大需求为目标，以及政策效应的显现存在的时滞性有关。虽然工资率的黏性特征和政府刺激经济增长的政策效应都对消费需求在经济处于波谷时相对上升有一定影响，但投资需求本身下滑才是主因。

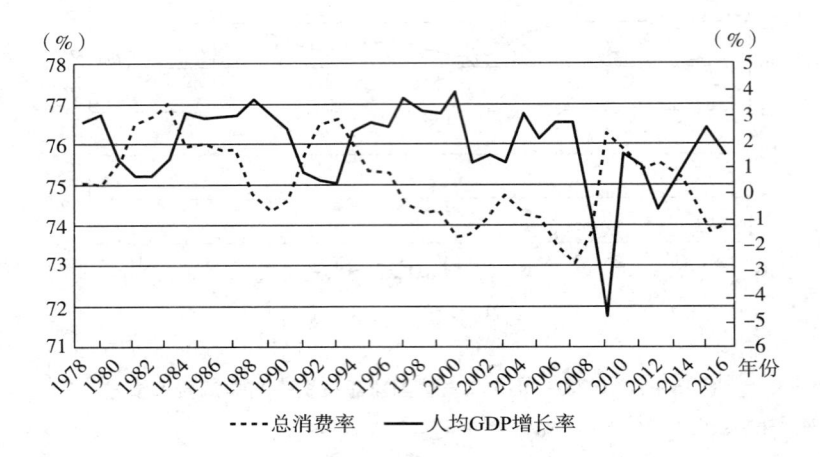

图 15–8　1978—2016 年发达国家总消费率与人均 GDP 增长率演进
资料来源：世界银行公开数据库（World Bank Open Data）。

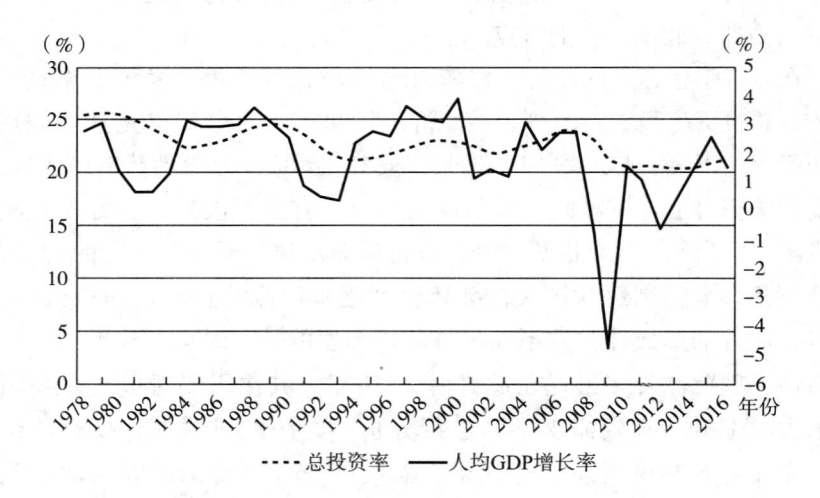

图 15–9　1978—2016 年发达国家总投资率与人均 GDP 增长率的变化
资料来源：世界银行公开数据库（World Bank Open Data）。

（二）外需结构特征分析

在外需方面，发达国家的总出口率与总投资率并不呈现正相关性，总投资率总体呈下降趋势，而总出口率则在波动中上升，但总出口率波动幅度较小，基本处于平稳增长的状态。结合经济发展趋势，我们发现，除了经济危机时期，总出口率和人均 GDP 增长率都呈现下降态势，其他时期，两者并没有明显的相关性。对发达国家来说，经济发展主要依赖以消费需求驱动的内需机制带动，在相对稳定的国际分工形势下，发达国家在国际贸易中已经处于全球价值链的顶端，外需对拓展经济发展空间的作用变小，因此，外需在发达国家的需求结构中较内需占比较小，而且对经济发展的带动作用也相对薄弱，如图 15-10 和图 15-11 所示。

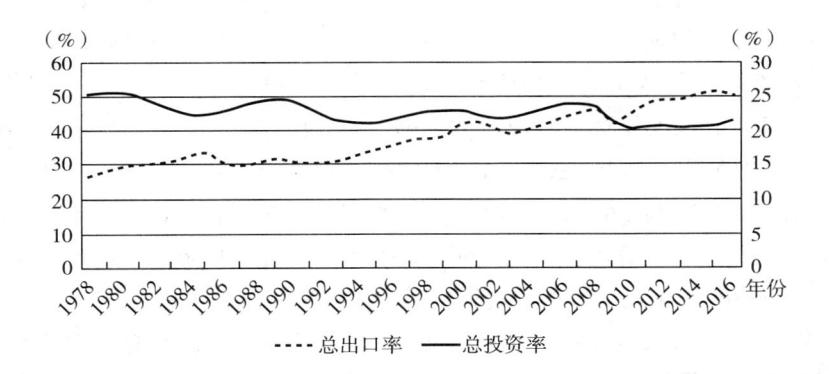

图 15-10　1978—2016 年发达国家总出口率与总投资率变化

资料来源：世界银行公开数据库（World Bank Open Data）。

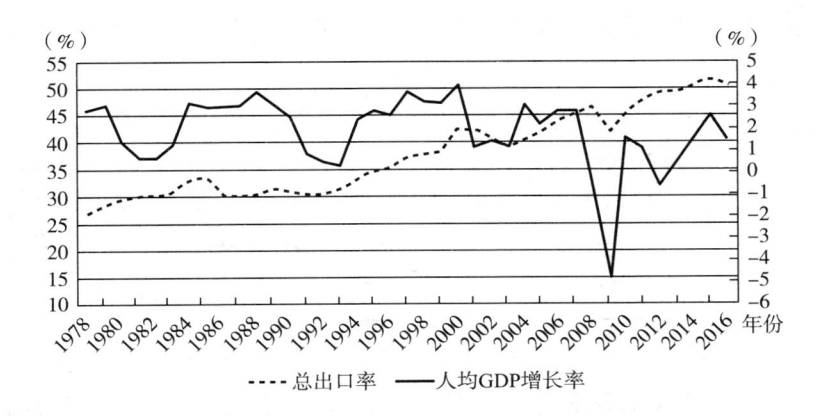

图 15-11　1978—2016 年发达国家总出口率与人均 GDP 增长率变化

资料来源：世界银行公开数据库（World Bank Open Data）。

五 中国需求结构特征分析

中国的经济发展阶段目前位于哪个区间？三大需求结构是否正在向发达国家已有路径演变？本部分将结合中国的经济发展情况进一步分析。

由图15-12可以看出，1978—2016年，在中国的三大需求结构中，总消费一直占比最高，集中在48%—70%，总体呈下降趋势，且在2000—2008年快速下滑。与总消费率表现相反，总出口率在波动中上升，尤其是2001年加入世界贸易组织以后，总出口率迅速上升，到2008年，总出口率由加入世界贸易组织前的20%上下迅速攀升到35%左右，表明加入世界贸易组织极大地促进了中国融入经济全球化的进程，以加工贸易为主的出口导向型战略取得显著的效果。受国际金融危机冲击，2008—2009年中国总出口率迅速从32.02%下降至24.36%，此后，中国的总出口率表现为持续下滑的态势。同期，总投资在国内生产总值中占比平均为33.76%，虽然低于消费，但一直高于总出口，且总出口率与总投资率总体上保持了较一致的变化趋势。这与中国长期以来的粗放型经济发展模式相契合，在工业化、城市化不断加快的进程中，只能依赖出口缓解高投资带来的生产过剩问题。值得注意的是，以2012年为时间节点，三大需求结构开始出现相反的变化，其中，总消费率开始以1.67%

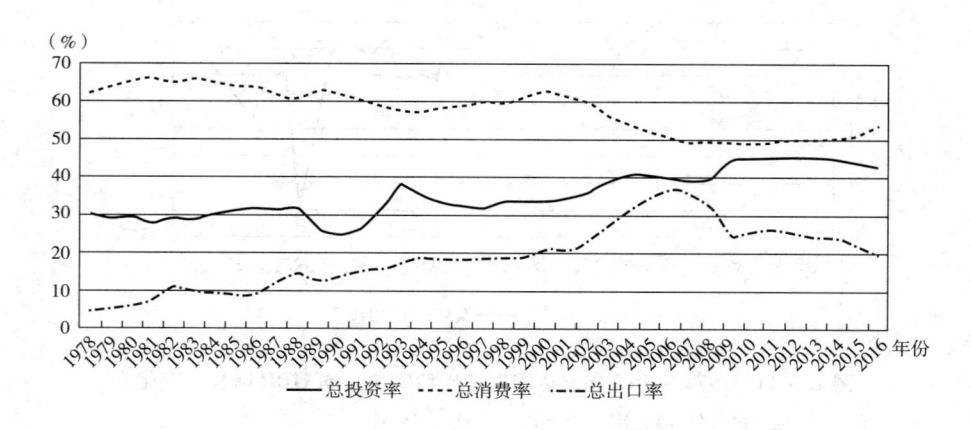

图15-12　1978—2016年中国需求结构演进

资料来源：世界银行公开数据库（World Bank Open Data）。

的平均增长率温和回升，2016 年达到 53.46%，仍远低于发达国家总消费率最低 70% 的水平；总投资率开始下降；总出口率继 2009 年下跌后持续下降。总体而言，1978—2007 年，总投资率、总出口率与总消费率越来越收敛，但是，从 2014 年开始，三大需求结构开始逐渐分化。

结合人均 GDP 增长率，观察图 15-13 和图 15-14 可以发现，在 20 世纪 90 年代以前，中国的人均 GDP 增速波动幅度较大，与总消费率、总投资率和总出口率并没有明显的变化规律。但进入 90 年代以来，人均 GDP 增长率与总消费率呈现反向变化的趋势，与总投资率和总出口率基本

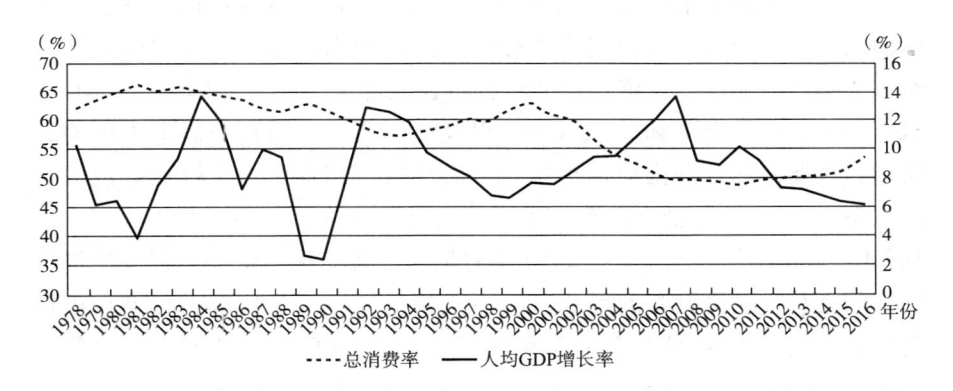

图 15-13　1978—2016 年中国总消费率与人均 GDP 增长率变化

资料来源：世界银行公开数据库（World Bank Open Data）。

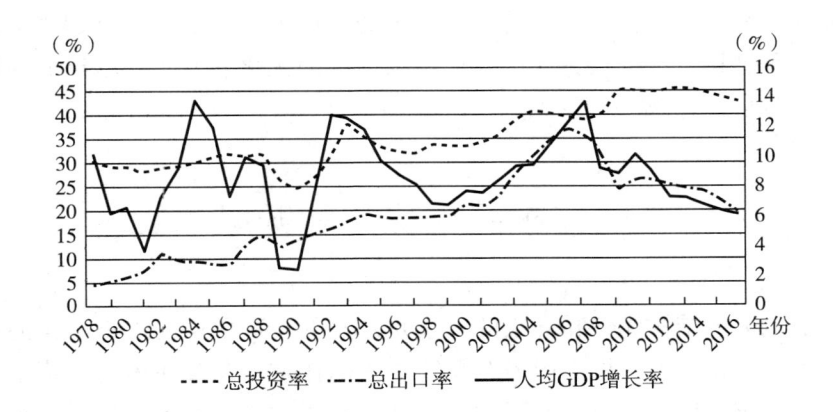

图 15-14　1978—2016 年中国总投资率、总出口率与人均 GDP 增长率变化

资料来源：世界银行公开数据库（World Bank Open Data）。

上同向变化，而且这种相关趋势不断加强。而在 2010 年之后，这种变化趋势开始发生改变，随着人均 GDP 增长率的下降，总投资率和总出口率开始走低，与前十年人均 GDP 增长率随总投资率和总出口率正向增长截然不同，总消费率开始温和上升，且在 2014 年后表现得更为明显。对于投资减速下行压力加大，既有国内因素，如低要素成本优势逐渐消失、营商环境和制度性成本较高等，又有外部因素，如发达国家"再工业化"、国际新一轮产业转移，以及中国面临来自东亚、东南亚国际市场的竞争更加激烈等。

通过对中国需求结构与经济增长的初步分析，我们可以发现，同发达国家相比，中国的总消费水平较低，总投资水平较高，且中国的外需结构表现出明显的由投资拉动的特征。在大部分年份，中国人均 GDP 增长率伴随着总投资率和总出口率的提高而提高，表明长期以来中国的经济增长主要由投资和出口需求拉动，而在内需结构中，投资和经济增长的联系更为紧密。观察图 15-14 不难发现，2008 年以后，总出口率、人均 GDP 增长率就已经下跌，2010 年后呈现下行加速的走势，但总投资率却依然高企，表明投资的增长已经不能拉动经济增长，也无法推动出口的增长。进一步观察图 15-13 和图 15-14 会发现，2014 年以后，伴随总投资率的下降，总消费率在缓慢上升。这表明，中国目前已经进入由投资和出口驱动阶段向消费驱动阶段的过渡阶段。在此阶段，经济发展开始陷入"瓶颈"：一方面，难以依靠传统的粗放式投资和出口来驱动经济增长；另一方面，消费驱动经济增长的发展模式又没有建立起来。因此，如何转换经济增长方式，实现需求结构的优化和升级，已经成为解决经济发展"瓶颈"的突破点。

六　影响需求结构优化和升级的因素

影响需求结构优化和升级的因素是众多的。这里说的需求结构的优化和升级，是指不断提高内需在总需求中的比重，以及在内需中不断提高消费需求的比重。由于不同的国家处于不同的经济发展阶段，并具有不同的经济制度、产业结构、城市化水平、消费习惯和外部环境，同时，又由于不同国家在生产技术水平、资本存量、劳动力数量等方面的差异，不仅导致各国投资率和消费率水平具有较大差异，而且无法寻找全球统一的平衡标准。本节根据中国的国情和发展现状，将影响需求结构优化和升级的因素主要归结为经济发展阶段、居民收入水平、城镇化进程和制度供给四个方面，并试图从上述四个方面分析对需求结构的影响。

（一）经济发展阶段

中国目前正处在从经济增长速度较快但人均经济规模较小的 B 增长阶段向经济增长速度较低但人均经济规模逐渐增大的 C 增长阶段的过渡期。① 在这一时期，从供给侧来看，主要依赖于要素投入的粗放型经济增长方式已经难以为继，而主要依赖于技术进步、知识积累、人力资本积累的集约型经济增长方式尚未建立起来。粗放型增长方式难以为继的表现是，由于资本边际报酬递减，导致了要素投入中资本增速下降。图 15 – 15 显示，自 2010 年开始，我国的固定资产投资增速就已经持续下跌了。与此同时，要素投入中劳动力增速和劳动参与率也出现了下降趋势（见图 15 – 16），并伴随劳动成本上升。此外，还出现了环境资源对粗放型经济增长的约束。所有这些都不再支持经济高速增长，因此，经济增长速度出现下滑就是难免的。

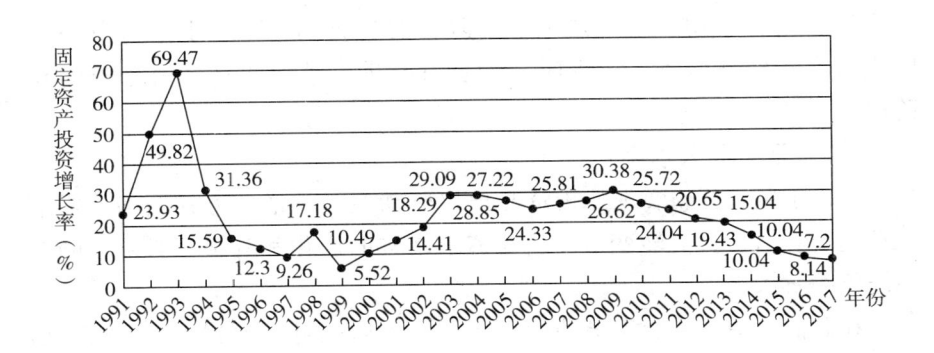

图 15 – 15　1991—2017 年固定资产投资增速

资料来源：国家统计局网站，其中 2017 年数据来自当年统计局经济社会统计公报。

---

① 参见第一章的分析。

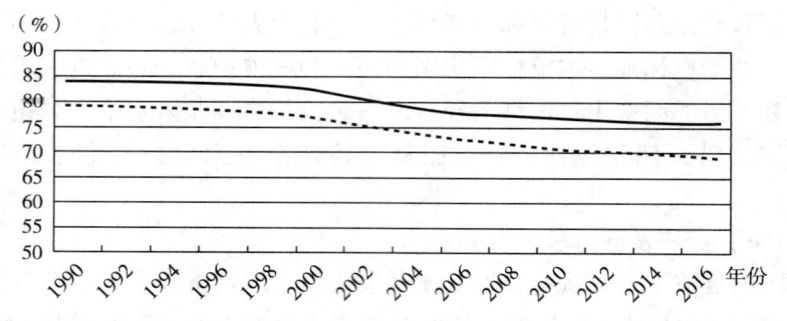

```
（%）
90
85
80
75
70
65
60
55
50
   1990 1992 1994 1996 1998 2000 2002 2004 2006 2008 2010 2012 2014 2016  年份
```
----中国劳动人口占15岁以上总人口百分比　　——中国劳动人口占15—64岁总人口百分比

图15-16　1990—2016年中国劳动参与率变动趋势

资料来源：Wind。

在这一增长阶段，供给侧表现出的经济特征必然反映到需求侧，主要表现就是投资率下降。伴随投资率下降，由投资驱动的出口率也必然下降，与之相联系的就是消费占比的上升；消费占比上升与劳动成本的提高也存在一定的联系。因此，在需求结构上，既有投资和出口驱动阶段投资需求占比较高但已经开始下降，又有消费需求占比不再下降并逐渐上升的双重特点。这就决定了目前中国的需求结构正处在经济增长由投资和出口驱动阶段向消费驱动阶段的过渡期。事实上，只有当中国进入发达经济国家的行列时，才有可能进入消费驱动经济增长的新阶段。

（二）居民收入水平

在需求侧，要想实现从投资和出口驱动型经济增长方式向消费需求驱动型经济增长方式转变，即实现需求结构的优化和升级，必须不断提高居民的收入水平。

在总需求中，消费需求的增长主要源于居民可支配收入的增长，居民收入水平的变化对需求结构有着直接的影响。因此，扩大居民消费需求以增强经济增长韧性具有重要意义。中国居民人均可支配收入增速自2012年起一直难以摆脱下行压力。以城镇居民可支配收入增长速度为例，2011年，城镇居民可支配收入增长率高达14.1%，但是，自2012年开始，便进入了下行通道。2016年增长速度下跌到7.8%，比2011年下降了45%（见图15-17）。

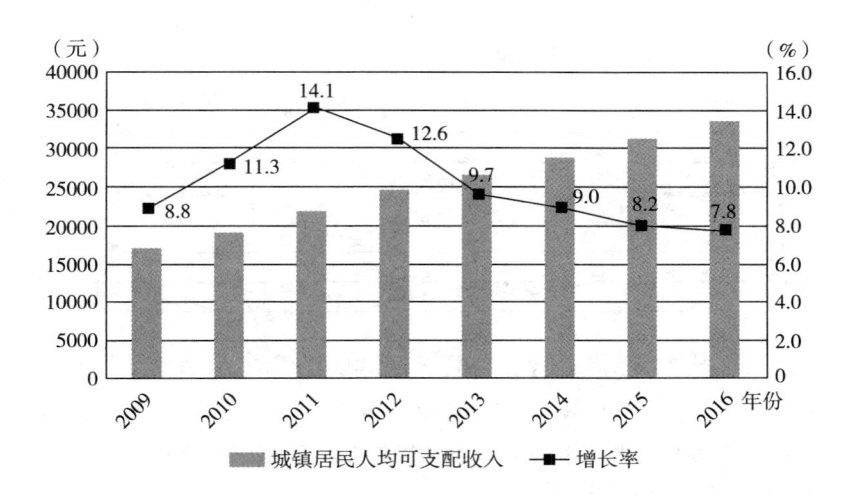

图 15-17　全国城镇居民人均可支配收入增长速度

注：2013 年以后，国家统计局更换了城镇居民人均可支配收入的统计口径，图中 2015 年和 2016 年的数据为新口径下的统计数据。

资料来源：《中国统计年鉴（2017）》。

较低的收入水平往往伴随着强烈的居民预防性动机，中产阶级尤为明显，为医疗、养老等方面增加储蓄以备不时之需。长期以来，中国的总储蓄在 GDP 比重中占据半壁江山，如图 15-18 所示，美国和英国的储蓄率常年低于 20%，虽然有研究表明，东亚地区储蓄率普遍较高，但中国的储蓄率仍然高于韩国和日本近 20—30 个百分点，进入 21 世纪以来，中国居民储蓄率更呈现快速发展，虽然近几年有所回落，但仍达到 45% 的水平。除社会保障性支出外，居民在房屋等实物资产上的消费需求抑制也是造成储蓄率增长的不容忽视的因素，与西方发达国家相比，中国房地产领域的货币化和市场化程度不断深化，投资性购房使房价居高不下，受"安居乐业"中国传统文化影响，城乡居民虽有强烈住房消费倾向，但收入水平有限，因此，只能扩大储蓄比重以满足生存资料消费，消费结构难以向享受型消费转化，消费需求类型对经济的影响机制相对单一。

此外，城乡及区域收入水平的差距、收入分配不均等都制约着消费倾向的提高。改革开放以来，中国城镇居民可支配收入远高于农村居民的人均纯收入（见表 15-1），2016 年这一收入差距比重已经扩大到 2.72∶1，

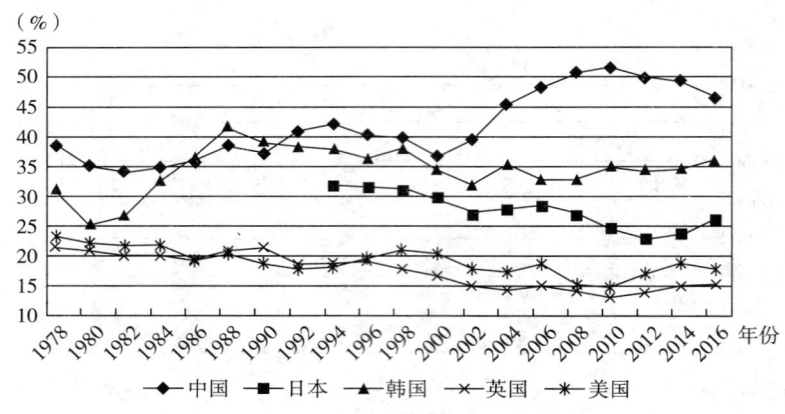

图 15-18　1978—2016 年中国与典型国家储蓄率比较

资料来源：全球经济数据库（CEIC）。

同年基尼系数为 0.465[①]，国际上将 0.4 作为贫富差距的警戒线，如果高于 0.4 则容易埋下社会动荡的隐患。由此可见，中国的收入分配不平等形势仍较为严峻。同时，中国也存在着区域收入水平差距。如图 15-19 所示，东部地区收入水平最高，其次是东北地区与中部地区，最低的是西部地区。虽然在"西部大开发""中部崛起"和"振兴东北老工业基地"等战略下，中西部和东北地区的人均可支配收入也在不断增加，但涨幅远低于东部地区，区域收入差距仍然较大。在产业结构梯度转移的条件下，消费需求对东部的经济增长作用更大，中西部发展依赖于基础设施建设、承接东部劳动密集型产业等投资和出口要素的带动，因此，这也造成了内需结构中投资比重过大，外需中出口要素被强化，内外需失衡。同时，在区域发展不平衡的情况下，中西部地区对服务和公共物品的需求预期较高，但利用效率较低，消费需求对经济增长的作用被进一步削弱。

表 15-1　　　　1978—2016 年中国城乡居民可支配收入差距　　　　单位：元

年份	1978	1980	1985	1990	1995	2000	2005	2010	2013	2014	2015	2016
城镇	343	478	739	1510	4283	6280	10493	19109	26467	28844	31195	33616
农村	134	191	398	686	1578	2253	3255	5919	9430	10489	11422	12363
差额	209	287	341	824	2705	4027	7238	13190	17037	18355	19773	21253

资料来源：《中国统计年鉴（2017）》。

---

① 国家统计局。

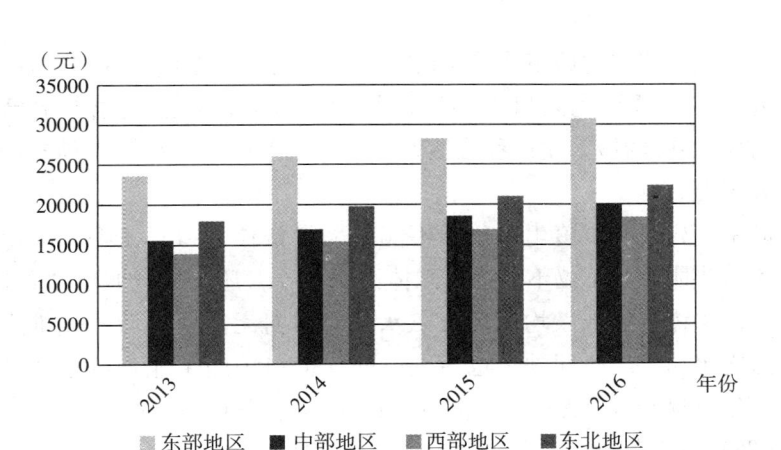

图 15-19　2015—2016 年中国区域收入差距

资料来源：《中国统计年鉴（2017）》。

显然，如果不能有效地遏制居民可支配收入增速持续下滑的趋势，将不利于需求结构的优化和经济增长的稳定性。

（三）城镇化进程

城市化通常是指农村人口向城市集中的过程，是工业化的必然产物。如果城镇化能够适应工业化发展的要求，又会进一步推进工业化的发展。因此，城镇化进程对需求结构的影响主要体现在两个方面：一是通过加速工业化进程，促进需求结构的改进；二是通过人口市民化的进程，提升总体的消费水平。因此，合理、科学地推进城镇化进程，能够有效地促进内需结构由投资驱动经济增长向消费驱动经济增长过渡。

衡量城镇化水平的最重要指标是城市人口占总人口的百分比。根据这一指标，通常把城镇化进程分为初期阶段、中期阶段和后期阶段。在城镇化初期阶段，城市人口占总人口的比重在 30% 以下；在中期阶段，城市人口占总人口的比重为 30%—70%；在后期阶段，城市人口占总人口的比重在 70% 以上。目前，发达国家的城镇化人口比重普遍在 80% 以上，日本更高达 90%[1]，而中国从 2011 年开始，城镇化人口比重超越 50%，已经进入城镇化中期阶段，同时也是"城镇化关键时期"。[2] 同发

---

[1] 世界银行公开数据库（World Bank Open Data）。
[2] 张平、刘霞辉、王宏淼：《中国经济增长前沿Ⅱ》，中国社会科学出版社 2011 年版。

达国家相比，我国的城镇化发展还有较大空间。从城镇化人口增速来看，中国近十年的城镇化人口平均增速约为 3.08%，发达国家普遍已低于 1%，表明中国的城镇化进程依然处于较快发展阶段，提升总消费需求具有较大潜力。

但是，如果在城镇化进程中不能将大量常住人口真正融入城市生产体系和消费体系，不仅不能提升总体消费水平，还会造成城市"贫民窟"的问题，这将会拉低人均国民收入水平，因而无法通过城镇化推进需求结构的优化和升级。此外，也不能以任何借口中断工业化进程和城镇化进程，各级政府所要做的应当是如何改进和完善这一进程。

（四）制度供给

要加快需求结构的优化和升级，必须有相应的制度供给。中国的社会主义市场经济体制是从计划经济体制逐步演变而来，目前市场化程度虽有较大幅度提高，但政府参与和管控经济的职能仍然较强；同时，各级政府以及国有企业软预算约束的特点依然存在。在这种体制下，容易形成政府主导的投资驱动型经济增长方式。虽然投资对经济增长确实存在着明显的拉动作用，但过度投资也会造成投资低效率，从长期动态的角度看，还会形成生产能力过剩和产品过剩，并导致国内有效需求不足。在这种情况下，过剩的生产能力和产品就只能通过出口来消化，于是，经济增长又只能依赖于出口驱动。一旦国际环境发生变化，就会导致内外部同时失衡。图 15-20 显示，英国和美国是市场化程度较高的国家，私人投资在投资结构中占据主导地位，与此相对应，私人消费水平也较高，且一直呈现上升趋势。日本和韩国的私人消费水平低于英国和美国，但高于中国，中国的私人消费在五个国家中水平最低，且呈现下降趋势，这源于中国投资驱动的经济增长模式下消费被抑制。因此，要实现需求结构的优化和升级，必须进一步推进市场化取向的经济体制改革。

其次，收入分配制度、社会保障制度对需求结构的优化和升级也有重要的影响作用。不合理的收入分配制度会提高居民的储蓄倾向，从而抑制居民消费，使消费需求在需求结构中占比降低，还会加大社会贫富差距，进一步造成消费需求内部结构失衡。目前，中国的社会保障体系未能形成统一的系统，存在着分区域、分城乡和分职业的特点。如在福利水平的覆盖面和保障力度上，中西部地区要落后于东部地区；户籍制度和教育制度加剧了城乡劳动力市场的割据状态；公务员、事业单位人员和非公务员、非事业单位人员的福利待遇具有明显差别等。碎片化的社会福利体系加剧了社会不平等，难以形成居民消费的保护伞。

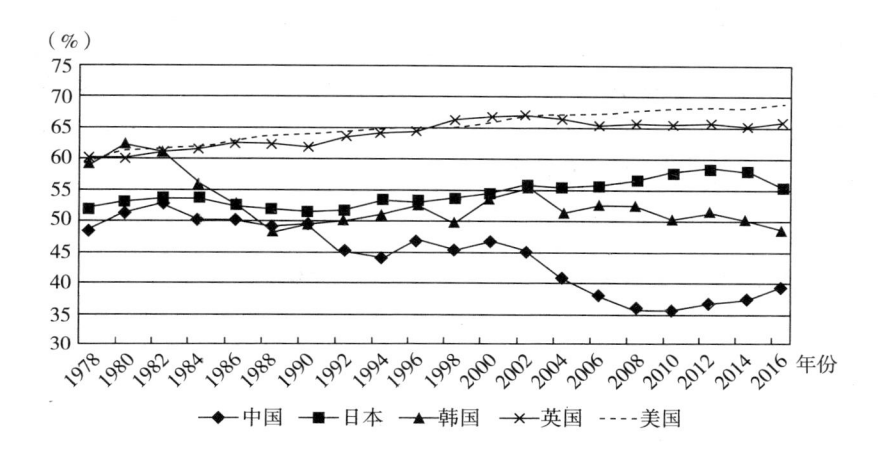

图 15-20　1978—2016 年中国与典型国家私人消费占 GDP 比重
资料来源：全球经济数据库（CEIC）。

客观地说，政府主导的投资驱动型经济增长方式有其优越性，例如，可以集中资源在短期内投资一些重大项目，但其缺点也是明显的。

首先，政府主导的投资驱动型经济增长方式是对市场机制配置资源的一种挤压和限制，因而无法使资源得到最优配置，这是我国经济增长方式过于粗放的原因之一。而过于粗放的经济增长方式又依赖于过高的投资率。因此，在这种制度条件下，投资率过高、消费率过低并且长期存在，就成为必然趋势。

其次，政府主导的投资驱动型经济增长方式必须依赖于资源的高度集中，这不仅需要维持较高的财政收入，也需要大规模的信贷资金支持。当前我国的经济体制完全可以满足政府对资源的这种渴求。但是，高财政收入通常是建立在居民收入和企业收入相对减少基础之上的，大规模的信贷资金支出又是建立在高储蓄率基础之上的。显然，这种增长模式只能靠低消费率来维系。也就是说，在政府掌控较多资源并且主导投资的情况下，高投资率、低消费率是在所难免的。

最后，在一个经济体中，推动一国经济增长的主要动力来自投资和消费，进口和出口在很大程度上是从投资和消费派生出来的，或者说，在很大程度上是投资和消费两大动力推动经济增长的结果。在政府主导的投资驱动型经济增长方式下，由于投资率过高所导致的生产能力过剩就是难免的。在生产能力过剩的情况下，国内无法容纳的产能，只能通过国际市场来消化和吸收，以实现国内经济平衡。其结果就是持续的高投资，造成了贸易顺差的持续增长，使出口成为拉动经济增长的越来越重要的动力，因此，从总需求角度看，中国的经济增长方式不仅是投资驱动型的，也必然是出口驱动型的。

七 需求结构与宏观经济稳定增长关系实证分析

通过上文的分析，将经济增长阶段与需求结构特征匹配，可以发现，经济发展水平较高的国家经济增长速度平稳趋缓，需求结构特征以消费需求驱动的内需机制为主导；经济发展水平较低的国家经济增速波动较快，需求结构特征以投资需求、出口需求驱动机制为主，且出口需求存在较大的波动性，由此可见，宏观经济稳定增长与需求结构变化存在一定的相关性。中国正处于投资和出口驱动阶段向消费驱动阶段过渡期，经济增速开始趋势性下降，需求结构出现了新的变化特点。需求结构变化是怎样影响宏观经济稳定增长的？在中国经济增速的下滑时期，如何合理地对需求结构进行调整？我们还需对国际经验与中国数据进行对比分析，从而得出经济稳定增长与需求结构变化的关系。

（一）1978—2016 年需求结构与宏观经济稳定增长关系的实证分析

1. 基于内需结构指标与人均 GDP 增长率的分析

一般而言，需求结构的变化主要通过三大需求比重的调整来体现。同消费需求相比，发达国家的出口需求对经济增长影响相对较小，中国的出口需求具有显著的投资驱动特征，具有较大的波动性。因此，本章在保留人均 GDP 增长率作为衡量经济稳定增长的指标基础上，将内需结构变化作为考察需求结构变化的主要因素，消费是生产的最终目的，消费对经济发展具有基础性作用，消费率的提高能够促进供给侧和需求侧的结构调整，故选择消费投资比作为内需结构优化的衡量指标。其计算公式为：

内需结构比(RCI) = 总消费率/总投资率　　　　　　　　(15.4)

首先分别选取发达国家和中国 1978—2016 年的相关数据进行需求结构与经济稳定增长长期关系的实证分析。鉴于变量均为平稳序列，故在消除自相关后，建立内需结构变化与经济稳定增长的滞后回归模型。对内需结构变化与经济稳定增长的回归模型进行分析，结果如表 15 - 2 所示。发达国家的消费投资比每增加 1 个单位，人均 GDP 增速上升约为 0.501 个单位；中国的消费投资比每增加 1 个单位，人均 GDP 增速上升约为 4.509 个单位。这表明，无论是发达国家还是中国，消费需求在内需结构中占比提高，即内需结构得以优化，均能够有效地促进经济稳定增长，并且由于发达国家经济增速较低，消费需求在内需结构中占比较高且已经相对稳定，中国处于由投资和出口驱动阶段向消费驱动阶段的过渡期，消费需求有待进一步发掘和提升，因此，在数值上高于发达国家这一影响系数。

表 15 - 2　　　　1978—2016 年发达国家、中国的内需结构变化与经济稳定增长的回归模型

变量	RCI_d	RCI_c	AR (1)	AR (2)
$AGDP_d$	0.501 (3.695)	—	0.476 (3.280)	—
$AGDP_c$	—	4.509 (7.019)	0.979 (6.361)	-0.360 (-2.333)

注：表中，$AGDP_d$ 和 RCI_d 分别表示发达国家的人均 GDP 和内需结构比，$AGDP_c$ 和 RCI_c 分别表示中国的人均 GDP 和内需结构比，括号中数据为模型系数的 T 值。

资料来源：笔者根据世界银行公开数据库（World Bank Open Data）计算整理得。

2. 基于投资需求与人均 GDP 增长率关系的分析

尽管投资流向和流量在不同的经济发展阶段侧重点也迥异，但无论是发达国家还是中国，投资需求始终在需求结构中占有一定比重，且中国经济的增长模式相对发达国家对投资更具依赖性。因此，为进一步考察投资需求变化与宏观经济稳定增长的关系，在数据平稳性基础上，对发达国家和中国的投资需要与经济稳定增长的长期关系消除自相关后的滞后回归模型。结果如表 15 - 3 所示，由回归模型可以看出，无论是发达

国家还是中国的回归结果,人均 GDP 增长率与总投资率均呈正相关关系。发达国家总投资率每增加 1 个单位,其人均 GDP 增长率可提高约 0.080 个单位;中国的总投资率每增加 1 个单位,其人均 GDP 可提高约 0.238 个单位,明显高于发达国家这一系数,这表明无论是发达国家还是以中国为代表的发展中国家,投资对于经济的平稳增长都具有拉动作用。同时,中国的投资率对 GDP 的正向影响高于发达国家,与中国工业化进程加速发展的经济阶段相吻合。

表 15 – 3　　　　1978—2016 年发达国家、中国的投资需求与经济增长关系的回归模型

变量	TIR_d	TIR_c	AR（1）	AR（2）
$AGDP_d$	0.080 (4.308)	—	0.442 (2.966)	—
$AGDP_c$	—	0.238 (11.077)	0.845 (5.222)	-0.286 (-1.735)

注:表中,$AGDP_d$ 和 TIR_d 分别表示发达国家的人均 GDP 和投资率,$AGDP_c$ 和 TIR_c 分别表示中国的人均 GDP 和投资率,括号中数据为模型系数的 T 值。

资料来源:世界银行公开数据库（World Bank Open Data）。

（二）2012—2016 年中国需求结构与宏观经济稳定增长关系的实证分析

如果将发达国家的发展历程与中国相对比,可以发现,发达国家 1989—1993 年与中国 2012—2016 年在需求结构与经济增长的关系上表现出了相同的趋势,即都呈现出了人均 GDP 与总投资率同时下降,总消费率逐步上升。而以美国为首的发达国家在此阶段即 20 世纪 90 年代,通过信息化革命,极大地促进了消费需求,使经济更具生命力,全面向集约型发展。那么,是否预示着中国接下来也有可能步入发达国家在此阶段的后尘,通过需求结构调整,实现经济的平稳过渡呢? 在激发消费需求上升的同时,如何调整投资需求以促进需求结构实质性升级呢?

1. 基于三大需求对 GDP 增长贡献率和拉动经济增长的分析

2012—2016 年,中国三大需求结构比重的变化趋势表现出迥然不同的特点,但仅从需求比重的变化来判断三大需求对经济的影响有失偏颇。因此,引入三大需求对 GDP 增长的贡献率和拉动数据,结果如表 15 – 4

所示,2012—2016 年总消费对经济增长的平均贡献率达到了 55%,平均拉动经济 3.98 个百分点;总投资对经济增长的平均贡献率为 45.88%,平均拉动经济 3.36 个百分点;净出口对经济的增长的贡献率与拉动正负交替,与总消费和总投资相比对经济影响力较小,且具有不确定性。此外,无论在对经济增长的贡献率还是拉动经济百分点上,2013 年以来,总消费数据呈现趋势性上升,总投资呈现趋势性下降。这说明消费需求对经济增长开始表现出积极影响,与发达国家步入新经济时代的消费需求变化趋势相近。但是,以投资和出口带动中国经济增长的模式是否改变还不能盖棺定论,总投资平均拉动经济的百分点虽然略低于总消费,但依然强劲。伴随中国经济进入新一轮产业结构周期调整,投资流向和利用方式也将发生改变,故以抑制投资的方式促进消费需求增加有悖国际经验与经济客观规律。

表 15-4　　2012—2016 年中国三大需求对 GDP 增长的贡献率　　单位:%

年份	最终消费支出		资本形成总额		货物和服务净出口	
	贡献率	拉动	贡献率	拉动	贡献率	拉动
2012	54.9	4.3	43.4	3.4	1.7	0.2
2013	47.0	3.6	55.3	4.3	-2.3	-0.1
2014	48.8	3.6	46.9	3.4	4.3	0.3
2015	59.7	4.1	41.6	2.9	-1.3	-0.1
2016	64.6	4.3	42.2	2.8	-6.8	-0.4

资料来源:《中国统计年鉴(2017)》。

2. 基于投资需求与人均 GDP 增长率关系的分析

虽然在投资需求对 GDP 增长率的贡献率逐渐降低,但是,投资在中国转型阶段是否还能促进经济的稳定增长呢?中国的投资需求变动与经济稳定增长的关系是否也同发达国家步入新经济前具有一致性呢?因此,我们选取发达国家 1890—1993 年和中国 2012—2016 年的数据进行实证检验。在数据平稳性、消除模型自相关的基础上,建立投资需求与人均 GDP 增长率的短期回归模型,如表 15-5 所示。

表 15-5　发达国家、中国的投资需求与短期经济增长关系的回归模型

变量	TIR_d	TIR_c	C
$AGDP_d$	0.8319 (3.7423)	—	-17.853 (-3.4579)
$AGDP_c$	—	0.44 (4.8833)	-12.8185 (-3.0098)

注：表中，$AGDP_d$ 和 TIR_d 分别表示发达国家的人均 GDP 和投资率，$AGDP_c$ 和 TIR_c 分别表示中国的人均 GDP 和投资率，括号中数据为模型系数的 T 值。发达国家数据阶段为 1989—1993 年，中国数据阶段为 2012—2016 年。

资料来源：世界银行公开数据库（World Bank Open Data）。

通过回归模型可以看出，中国 2012—2016 年与发达国家 1989—1993 年均表现出了人均 GDP 增长率与总投资率正相关的特点。发达国家总投资率每增加 1 个单位，其人均 GDP 增长率可提高约 0.83 个单位；中国总投资率每增加 1 个单位，其人均 GDP 增长率可提高约 0.44 个单位。由此可以看出，虽然中国目前投资率与人均 GDP 增长率均表现出下降的趋势，但投资需求依然对经济增长有促进作用。这对中国未来的经济发展有重要启示，在经济结构转型中，对传统依赖的经济增长方式要合理引导，进一步发挥其对经济稳定增长的作用，在此基础上，与产业升级、信息化建设相协调，培育新的消费热点，提高消费需求，有利于中国较平稳地跨入需求结构调整期阶段。在当前形势下，调整投资需求而不是抑制投资需求，扩大消费需求的比重更要重视提高消费需求的层次和质量。

八　结论和启示

本章基于经济发展的阶段性特征和经济发达国家需求结构的历史变迁及发展路径，对中国的需求结构特征与经济增长的关系进行了理论研究和实证分析，研究发现：

第一，国际经验表明，合理的需求结构沿着总消费率上升，总投资率与总出口率逐步下降并渐趋稳定的路径发展。经济增长由投资和出口驱动转向由消费主导的内需机制驱动。即经济规模较小、经济增速较快

的发展中国家处于投资和出口驱动阶段，经济规模较大、经济增速较低的经济发达国家处于消费驱动阶段。在经济转型的过渡期，中等收入国家面临着来自经济停滞、结构扭曲等多方面的挑战，如果不能转变经济发展模式，落入中等收入陷阱的风险将会加大。因此，在供给侧加快由以要素投入为主导的粗放型增长方式向以技术进步为主导的集约型增长方式转变的同时，在需求侧应加快从以投资和出口为主导的增长方式向以消费为主导的增长方式转变。与此同时，也要推进对外贸易模式的转变。

第二，实证分析表明，内需结构优化对宏观经济稳定增长有正向作用。1978—2016年，投资需求能够有效地带动经济发展，消费需求比值的上升能够促进经济稳定增长。此外，在投资对经济增长的带动作用上，中国的投资对经济增长的促进作用高于发达国家，与中国工业化加速发展的经济阶段特征相符合。实证分析还表明，即使进入经济新常态，中国的投资需求对经济仍为正向影响，同时发达国家步入20世纪90年代以前的实证数据也显示，投资需求对经济增长有积极作用。因此，在经济转型期，既要不断扩大消费需求对经济增长的拉动作用，也要不断提高投资效率，才能实现经济可持续稳定增长。

第三，基于对影响需求结构主要因素的分析，发现随着经济发展阶段的演进，需求结构将会逐渐趋于合理；较低的收入水平往往伴随过高的居民预防性动机，城乡及区域收入水平差距、收入分配不均等都制约着消费倾向的提高；城镇化进程，一方面通过加速工业化进程促进需求结构的改进，另一方面通过人口市民化的进程提升总体的消费水平。因此，为优化内需结构，必须改革和完善收入分配制度，公平收入分配，完善社会保障制度，增加城乡居民的可支配收入，不断提高居民消费水平。

第四，研究发现，中国目前正处于投资和出口驱动经济增长向消费驱动经济增长的过渡期。同发达国家相比，中国的总投资率较高，总消费率较低，总出口率波动幅度较大且表现出明显的投资依赖性特征。改革开放以来，支撑中国经济快速发展的原因主要在于投资需求旺盛和出口的大幅增长。2012年以来，中国需求结构表现出了与发达国家步入20世纪90年代前的相同特征，即伴随着经济发展减速，总投资率开始走低，总消费率开始上升。在这种情况下，政府应当根据经济发展的需要增加相应的制度供给，并制定相应的政策，加快经济增长模式的转变。

参考文献

[1] 陈斌开、陈琳、谭安邦：《理解中国消费不足：基于文献的评述》，《世界经济》2014 年第 7 期。

[2] 杜宇、严于龙、罗斌：《对中国需求结构演变的分析与研究》，《管理世界》1997 年第 2 期。

[3] 范剑平：《论投资主导型向居民消费、社会投资双拉动型转换——中国经济增长的需求结构分析》，《经济学动态》2003 年第 2 期。

[4] 郭克莎、杨阔：《长期经济增长的需求因素制约——政治经济学视角的增长理论与实践分析》，《经济研究》2017 年第 10 期。

[5] ［美］H. 钱纳里：《结构变化与发展政策》，经济科学出版社 1991 年版。

[6] 纪明：《需求变动与经济增长：理论解释及中国实证》，《经济科学》2010 年第 6 期。

[7] 刘霞辉：《论中国经济的长期增长》，《经济研究》2003 年第 5 期。

[8] 林哲、毛中根：《中国经济平稳增长的总需求结构分析》，《学术月刊》2005 年第 5 期。

[9] 刘志强、康晓光、张家励：《体制性因素对我国经济稳定增长的影响研究》，《经济纵横》2009 年第 8 期。

[10] 梁媛、冯昊：《促进中国总需求结构优化的政策体系研究》，《经济问题探索》2010 年第 12 期。

[11] 刘瑞翔、安同良：《中国经济增长的动力来源与转换展望——基于最终需求角度的分析》，《经济研究》2011 年第 7 期。

[12] 吕冰洋、毛捷：《金融抑制和政府投资依赖的形成》，《世界经济》2013 年第 7 期。

[13] 林毅夫：《新常态下中国经济的转型和升级：新结构经济学的视角》，《新金融》2015 年第 6 期。

[14] 林发彬：《以国内需求促进中国出口稳定性增长的研究》，《亚太经济》2016 年第 2 期。

[15] 马晓河：《迈过"中等收入陷阱"的需求结构演变与产业结构调整》，《宏观经济研究》2010 年第 11 期。

［16］彭焕杰:《经济稳定增长的实现——中国需求结构调节政策》,《管理世界》1988年第3期。

［17］潘明清、张俊英:《消费、投资及出口需求对中国经济增长的动态冲击效应研究》,《消费经济》2010年第4期。

［18］[美]钱纳里、鲁宾逊、塞尔奎:《工业化和经济增长的比较研究》,上海人民出版社1995年版。

［19］吴敬琏:《增长减速、发展转型和改革重启》,《经济经纬》2013年第6期。

［20］魏杰、白成太:《日本增速换挡过程中需求结构变迁对中国的启示》,《经济理论与经济管理》2016年第9期。

［21］夏杰长:《以扩大消费需求为着力点调整中国总需求结构》,《经济学动态》2012年第67期。

［22］袁富华、张平、刘霞辉:《增长跨越:经济消费驱动、知识过程和效率模式重塑》,《经济研究》2016年第10期。

［23］张连城:《论经济增长的阶段性与中国经济增长的适度区间》,《管理世界》1999年第1期。

第十六章　中国总需求的变动趋势与经济可持续增长[*]

本章通过对消费需求、投资需求和出口需求的变动趋势以及三大需求对经济增长的贡献率的分析，试图揭示总需求和总供给均衡与经济可持续增长的内在联系。理论分析和数据分析的结果表明，中国经济近几年的持续减速，既有供给侧结构性减速的原因，也有有效需求不足尤其是最终需求不足所导致的宏观经济失衡的因素。因此，要实现我国经济可持续增长和稳定增长，仅有供给侧方面的改革是不够的，应当同时重视增加有效需求，尤其是要努力增加包括消费需求和出口需求在内的最终需求。为此，应当通过分配制度改革、税收调整，增加居民可支配收入，同时也要稳定资本市场和房地产市场，控制通货膨胀，保证居民的财富不流失。此外，在经济持续增长的基础上，要完善社会保障制度，提高居民的社会保障水平。同时，在转变经济增长方式的基础上努力推进外贸模式的转变。

一　引言

改革开放以来，中国经济经过了30多年的高增长后出现了结构性减速。尤其是2011年以后，我国经济进入了新常态，增长速度持续下降。在这种情况下，分析经济持续减速的原因以及经济进入新常态后如何实现经济可持续增长，无疑具有重要的意义。

当代西方主流经济学把经济增长分为短期增长和长期增长，并把影响经济增长的因素分为短期因素和长期因素，认为在短期内经济增长取

---

[*] 本章由张连城、王钰执笔。

决于总需求，在长期内经济增长取决于总供给。

本章将从需求侧和供给侧两个方面分析影响中国经济增长的因素，同时，试图把影响短期经济增长的总需求和影响长期经济增长的总供给结合起来，从宏观经济均衡的角度，分析我国经济持续下降的原因，探索实现经济可持续增长和稳定增长的路径。

任何一个国家或地区，要想实现长期的可持续增长，不仅需要持续的动力及机制，而且要实现总需求与总供给之间的平衡。尽管不平衡是经常出现的，但当失衡状态发展到一定程度时，只有收敛到均衡增长路径上，才能继续增长。任何一个国家或地区，都不可能在严重失衡的条件下实现长期可持续经济增长。

2011年以来，尽管供给侧结构性减速是中国经济增长率不断下降的主因，但是，我们也不能忽视有效需求不足的问题。近年来，我国需求侧的投资、消费、出口增速持续下降，对经济增长造成了负面效应，也应引起我们足够的重视。

从经济增长的角度来看，总需求和总供给是一个问题的两个方面：没有总需求的持续增长，就不会有总供给的持续增加；如果没有总供给能力的持续增长，持续增长的总需求也得不到满足。实际上，一个国家或地区经济的持续增长，必须建立在总供给与总需求相对均衡的基础之上。因此，在供给侧进行"三去一降一补"改革的同时，也应重视增加有效需求，尤其是包括消费需求和出口需求在内的最终需求。只有实现总需求与总供给的均衡，才能实现经济的可持续发展。同时，不断提高消费对经济增长的贡献，既是稳定经济增长的有效途径，也是经济高质量发展的基本内涵之一。

二 总需求、总供给均衡与经济增长的关系

经济增长是由需求侧和供给侧两方面的力量共同决定的，而经济的长期可持续增长是建立在总需求与总供给相对均衡基础之上的。主流经济学认为，总需求决定短期经济增长，总供给决定长期经济增长，但是，两者并非是完全割裂开的。实际上，无论是短期还是长期，经济增长既取决于总需求也决定于总供给。因此，在宏观经济分析中，必须揭示出

总需求与总供给之间的内在联系,并从这种联系中说明经济的增长过程。

总需求由最终需求和引致需求两部分组成。最终需求包括消费需求(C)和净出口(NX),其中消费需求包括居民消费和政府支出用于消费的部分;引致需求是指投资需求,因为投资需求是由最终需求派生出来的。如果作为消费和净出口的最终需求不能持续增长,作为引致需求的投资增长也就成了无源之水、无本之木。假如短期内一定要通过持续增加投资来拉动经济增长,从长期动态过程分析,新增投资一旦形成新的生产能力,由于没有最终需求的吸纳,必定会导致更严重的产品过剩和生产能力过剩。因此,如果希望通过增加总需求来拉动经济增长,首先应当是增加包括消费和出口在内的最终需求。这是短期内总需求决定经济增长的必然逻辑。

假如总需求都是有效的,即投资需求是建立在消费需求和出口需求基础之上的,那么,无数个短期内的净投资(假设不存在资本折旧)即资本积累,就会形成累积起来的资本存量。于是就有资本积累方程所描述的本期资本存量(K_t)与上一期资本存量(K_{t-1})和本期净投资(I)之间的关系:$K_t = K_{t-1} + I$。资本积累方程表明,一个国家或地区长期的资本积累规模及其投入,是无数个短期中净投资不断累积的结果。

资本是供给侧投入的生产要素之一,并且是最重要的生产要素。因为在以工业化为基础的市场经济条件下,供给侧的另外两个投入要素即劳动和自然资源,本质上都是由资本驱动的,或者说,是资本雇用了劳动并驱动了对自然资源的开发和利用,进而才推动了经济增长。从这个意义上说,如果没有资本积累,就没有现代意义上的经济增长。发达国家和中国的工业化进程都证明了资本积累的重要性。①

从供给侧的角度来看,如果一个国家或地区的经济增长是主要依赖于资本、劳动和自然资源等生产要素投入推动的,就是粗放型的经济增长模式。在供给侧,当粗放型经济增长方式发展到一定程度,就会被主要依赖于技术进步的集约型经济增长方式所取代。这时,全要素生产率(TFP)提高就成为推动经济增长的主要模式。当然,粗放型增长方式中

---

① 农业可能有其特殊性:是数量有限的土地和资本共同雇用了劳动,即有多少土地和表现为农业机械和设备的资本以及有多高的与资本相联系的劳动生产率,就有多少被其吸纳的农业劳动力。

第十六章 中国总需求的变动趋势与经济可持续增长

也含有技术进步，集约型增长方式也是建立在要素投入基础之上的，这是不说自明的。

综上所述，包括消费需求和出口需求在内的最终需求是经济增长的本源，如果没有最终需求的增长，就没有投资和资本积累的持续增长，也不会有就业量的增加和自然资源投入量的增长。总需求决定短期经济增长与总供给决定长期经济增长的关系如图 16-1 所示。

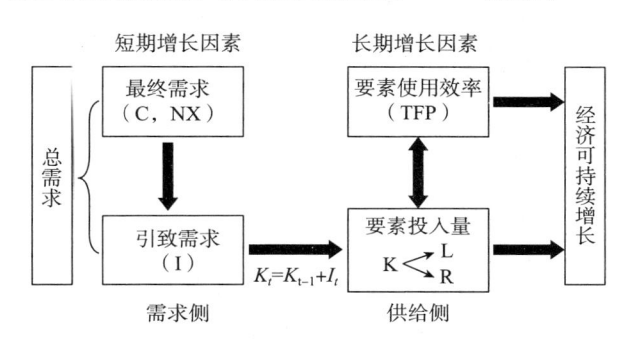

图 16-1　总需求决定短期经济增长与总供给决定长期增长的关系

从图 16-1 中可以看出，总需求与总供给、短期增长因素与长期增长因素的内在联系可以描述为：假设不存在资本供给和劳动供给的约束，只要存在消费需求（C）和出口需求（NX）的可持续增长，就会有短期内净投资（I）的持续增长；只要有短期内净投资的不断增长，就会有长期资本积累规模的增大和资本投入规模的增长，之后就会有资本对劳动需求（L）的增长即就业量的增长，并带动自然资源（R）投入的增长。最后，根据总量生产函数 $Y = AF(K, L)$，如果不考虑技术进步（A）或假定全要素生产率（TFP）不变，资本和劳动投入的增长就可以推动长期经济增长。只有当粗放型增长模式难以推动经济可持续增长时，技术进步和集约型增长模式的作用才会凸显出来。

如果经济增长的过程如图 16-1 所示，那么经济增长就是建立在总需求与总供给相对均衡基础之上的，因而就是可持续的。然而，在实际经济中，经济并不总是处于均衡状态，非均衡是经常存在的。即使经济处于均衡状态，也不一定是充分就业的均衡。但是，只要市场机制能够充分发挥作用，经济总会向均衡状态收敛。如果政府能够有效地克服市场失灵，并且在分配领域构建有支付能力的需求与经济增长相同步的机制，同时对宏观经济运行进行适度干预，实现充分就业的均衡也是可能的。

以上分析并非是要否定总供给对经济增长的作用。如果没有总供给能力的持续增长，持续增长的总需求就无法得到满足。实际上，一个国家或地区经济的持续增长，必须建立在总供给与总需求相对均衡的基础之上。

同时，以上分析并不排除供给也能够创造出自己的需求。从理论上说，只要经济是充分竞争的，商品价格和劳动价格具有完全的伸缩性，即市场机制能够充分发挥配置资源的作用，萨伊定律在某种程度上也是存在的。此外，即使上述条件不存在，创新性的供给也能够创造出自己的需求，并带动对其他商品的需求。

三　总需求增速变动趋势

从理论上说，总需求可以按部门分为投资需求、消费需求、政府需求和来自外国部门的需求即出口需求。如果暂不考虑政府支出对总需求的影响，可以分析市场中投资需求、消费需求和出口需求的变动情况，以便对总需求各组成部分之间的结构均衡情况和未来发展趋势有充分的认识。

（一）消费需求增速的变动

事实上，消费需求的变动可以用全社会消费品零售总额的增长速度、全国居民家庭人均消费支出增长速度以及全国城镇居民人均可支配收入的增长速度来描述和解释。

全社会消费品零售总额是批发和零售业、住宿和餐饮业以及其他行业直接售给城乡居民和社会集团的消费品零售额之和，反映了中国消费水平真实变动的情况。图16-2展示了1991—2016年全国消费品零售总额增长速度的变动情况。

从图16-2可以看出，自1991年以来，全社会消费品零售总额增长速度曾出现过三个低点：1994年、2003年和2016年，增速分别为7.24%、9.19%和9.67%。总体上看，1991—2002年，平均增速为10.95%，2003年降到9.19%，此后持续上升，2009年高达17.28%；2003—2009年平均增速为13.58%。但2009年以后增速连续7年下降。2010—2016年的增速分别为15.19%、12.95%、12.30%、11.68%、10.86%、10.58%和9.67%。从图16-2还可以看出，全社会消费品零售总额在2009年达到最高点，此后便呈现持续下降的趋势。

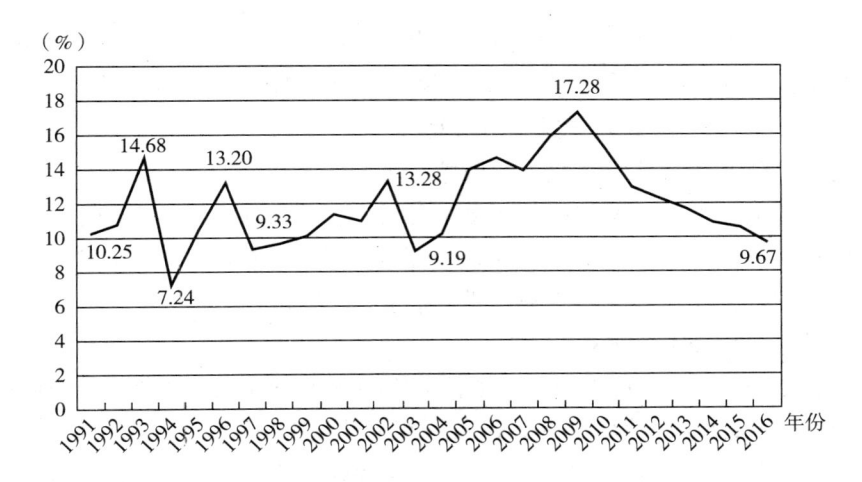

图 16-2　1991—2016 年全社会消费品零售总额增长速度

资料来源：根据 CEIC 导出的国家统计局数据计算得出。

居民家庭人均消费支出从另一个角度反映了消费需求的变动趋势。图 16-3 中的柱状图是按 1978 年可比价格计算的全国居民家庭人均消费支出总额的变动状况，曲线是全国居民家庭人均消费支出增长速度的变动情况。

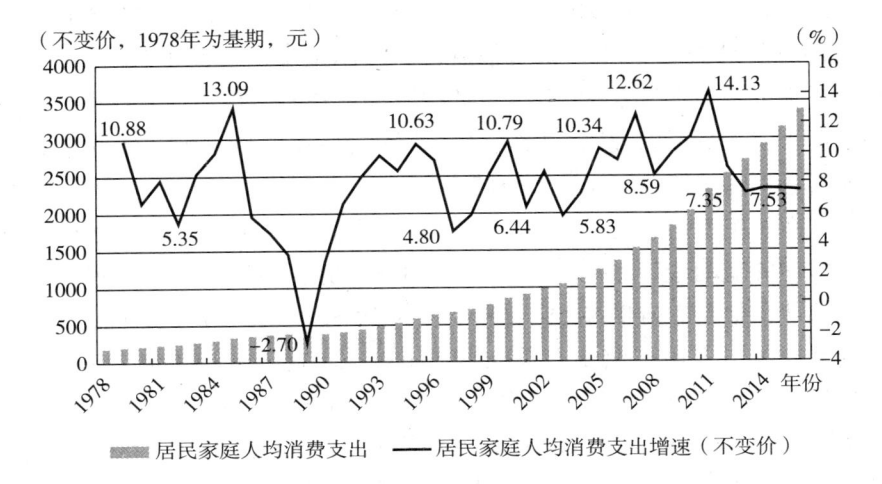

图 16-3　1978—2016 年全国居民家庭人均消费支出总额和增长速度的变动

资料来源：根据国家统计局的数据计算得出。

从全国城乡居民家庭人均消费支出增长速度的变化来看，1990—2016年，全国居民家庭人均消费支出总额呈上升趋势，但从增长速度来看，1990—2011 年，在总体上也呈上升趋势，并在 2011 年达到 14.13% 的最高增速，但自 2011 年以后则呈下降趋势，到 2016 年已经下降到 7.53%。

支撑消费需求增长的因素主要有三个：一是居民可支配收入的增长速度；二是居民财富存量的变化；三是社会保障的状况。近几年来，我国居民的社会保障状况虽然有所改善，但居民可支配收入增长速度和财富存量的变动却不容乐观。

从全国城镇居民可支配收入增长速度的变化来看，2009 年，全国城镇居民人均可支配收入为 17175 元，2016 年上升到 33616 元（当年价格），虽然近年来全国城镇居民人均可支配收入是持续增长的，但是，收入增长率是持续下降的。2011 年，全国城镇居民人均可支配收入增速为 14.1%，之后便呈现出持续下降的趋势，到 2016 年已下降到 7.8%。图 16 – 4 中的柱状图是全国城镇居民人均可支配收入的增长情况，曲线是人均可支配收入增长率的变化情况。

居民消费支出不仅取决于可支配收入的增长状况，也取决于居民存量财富的增长情况。近几年，除居民的房产收入有所增长外，以股票形式存在的财富呈现出持续缩水的情况。从沪指变动来看，2015 年 6 月 12 日上海股票指数曾高达 5164 点，但到 2017 年 12 月 29 日已跌至 3307 点，两年半时间跌去了 36%，粗略估算，沪深两市市值蒸发了 30 万亿元左右，差不多相当于 2016 年 GDP 总额的 50%。尽管股市财富并不都是居民的财富，但至少可以说明，居民以股票形式存在的财富近几年并没有增加而是呈下降的趋势，应是不争的事实。

城乡居民人均人民币储蓄存款余额增速的变动也从一个侧面反映了居民财富的变动趋势。按 1978 年不变价格计算，2009 年城乡居民人均人民币储蓄存款余额为 3765.08 元，增速为 19.95%，2016 年按可比价格计算的城乡居民人民币储蓄存款余额为 6889.31 元，增速下降到 6.73%。虽然储蓄存款余额是不断上升的，但增速却是持续下降的，并且下降的幅度很大。与 2009 年相比，2016 年居民储蓄存款增速下降了 66.3%。图 16 – 5 是 1978—2016 年城乡居民人民币储蓄存款余额及增长速度的变化情况，柱状图是居民储蓄存款余额的变动情况，曲线是居民人均人民币储蓄存款增速的变化情况。

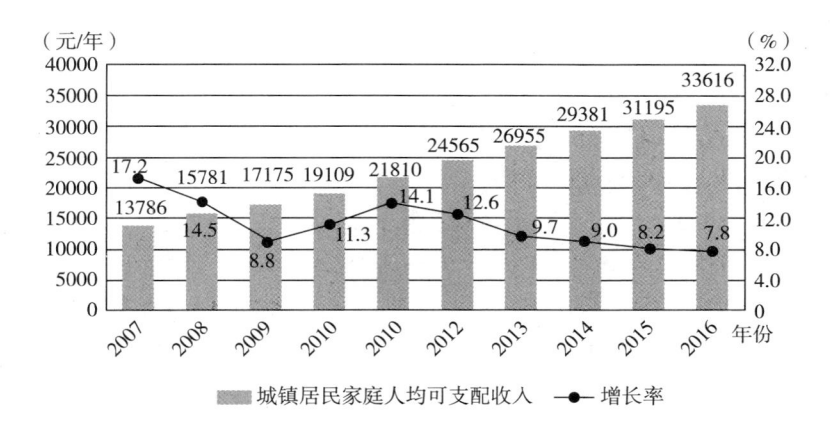

图 16-4 2007—2015 年全国城镇居民人均可支配收入增长速度

资料来源：《中国统计年鉴（2017）》。①

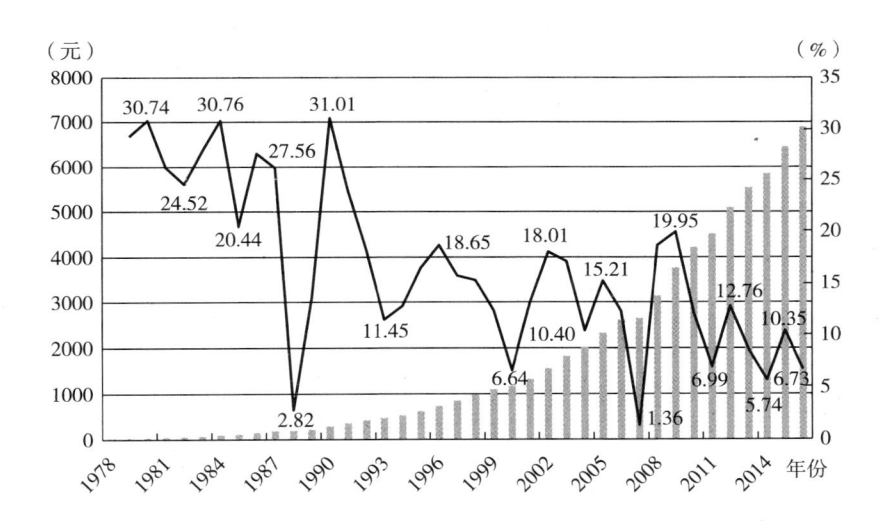

图 16-5 全国城乡居民人均人民币储蓄存款余额和增长速度的变动

资料来源：根据中国人民银行和国家统计局的数据计算得出。

储蓄存款增速的持续下降，不仅在一定程度上导致了居民消费增速的下降，也会在一定程度上影响长期的资本积累。因为投资毕竟源于储蓄。

---

① 2013 年以后，国家统计局更换了城镇居民人均可支配收入的统计口径。2015 年和 2016 年只有新口径下的统计数据。

居民人均可支配收入、居民财富的变动趋势最终必然会反映到消费需求上，这应当是在2009年和2011年以后全社会消费品零售总额增速和全国城乡居民家庭人均消费支出增速持续下降的原因。

（二）投资需求增速的变动

从投资来看，全社会固定资产投资完成额的增长速度，从1999年经济处于波谷时的5.52%上升到了2009年的33.03%，虽然其间有几年略有下降，但总体上处于上升趋势。但是，从2010年开始则呈现出持续、迅速下降的态势。2010—2017年，全社会固定资产投资完成额增长速度分别为19.53%、16.10%、18.99%、18.90%、14.70%、11.80%、8.60%、1.13%，创下了自1999年以来的新低。图16-6中的实线展示出了这一变动趋势。

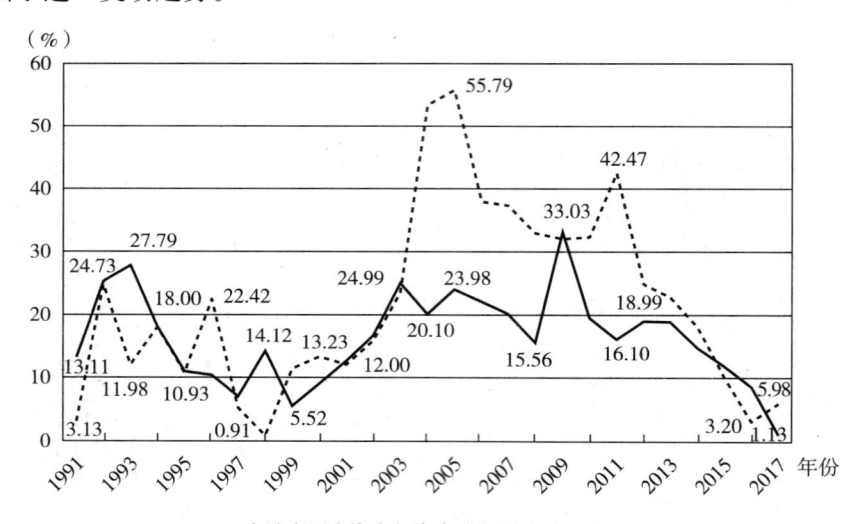

图16-6 全社会固定资产投资完成额增速和全国民间固定资产投资完成额增速的变化

资料来源：全社会固定资产投资完成额增速来源于Wind，全国民间固定资产投资完成额增速根据统计公报数据计算得出，其中2015—2017年数据来源于Wind。

在全社会固定资产投资完成额中，全国民间固定资产投资完成额占全社会固定资产投资完成额的比重已经从2005年的37.28%上升到2016年的61.20%，虽然2017年下降到60.40%，但依然占据全社会固定资产投资的半壁江山。因此，全国民间固定资产投资的状况在很大程度上左右着全社会固定资产投资的走势。2005年，全国民间固定资产投资完成额增速高达55.79%，之后几年虽然有所下跌，但始终没有低于33%，2011年曾一度反弹至42.47%。但自2012年便开始持续下跌，并且是"断崖式"下跌。2012—2017年，各年的增速分别为24.84%、22.77%、18.10%、10.08%、3.20%、5.98%。图16-6中的虚线展示了全国1991—2017年全国民间固定资产投资完成额增速的变动状况。

显然，近几年全社会固定资产投资增速的持续下降，在很大程度上是民间固定资产投资大幅度持续下跌导致的。而固定资产投资增速的持续下降，显然是我国近年经济增长速度持续下降的重要原因之一。投资增长既是需求侧拉动短期经济增长的动力，也是供给侧要素投入推动经济增长的基本动力之一。如果短期内投资增速持续下降，势必影响到长期的资本积累，而资本积累是推动长期经济增长即改变潜在产出增长趋势的基本投入要素之一。

投资增速下降的原因可能是多方面的。投资收益率下降，投入成本提高，对经济增长前景的预期具有不确定性，民营企业对资产安全的担忧，等等。例如，2016年中国500强企业平均净资产收益率只有9.6%，已连续4年下降；中小企业融资难的局面始终没有得到根本的改善，近两年的融资成本甚至高达15%—20%。

（三）出口增速的变动

1978—2014年，中国的出口总额呈持续增长的趋势，2014年达到143883.75亿元人民币的最高点后，2015年和2016年分别降到141166.83亿元人民币和138419.29亿元人民币。从出口增长速度来看，1984—2004年，出口增速总体上呈稳中上升的趋势，在2004年出口增速达到35.4%的历史高点后，出口增速总体上呈下降趋势，尤其是2010年以后出口增速呈"断崖式"下跌，并创出了1978年以来的第二个低点。2010—2016年各年的出口增速分别为31.3%、20.3%、7.9%、7.8%、6.0%、-2.9%、-7.7%。也就是说，滞后于投资需求和消费需求1年，出口也呈现出持续下跌的走势。图16-7的柱状图和趋势线分别展示了1978—2016年各年出口总额和出口增长速度的变动情况。

如果把代表消费需求的全社会商品零售总额增速、代表投资需求的全社会固定资产投资完成额增速、出口增速的变化展现在同一个坐标上，可以大致看出它们之间的关系。如图16-8所示，全社会消费品零售总额

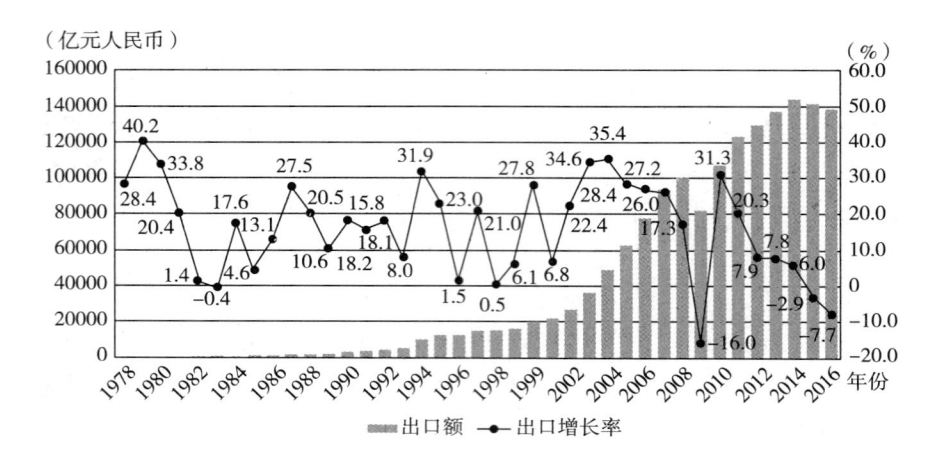

图 16-7 1978—2016 年中国出口额的变动和出口增长速度的变动情况

资料来源：国家统计局和商务部。

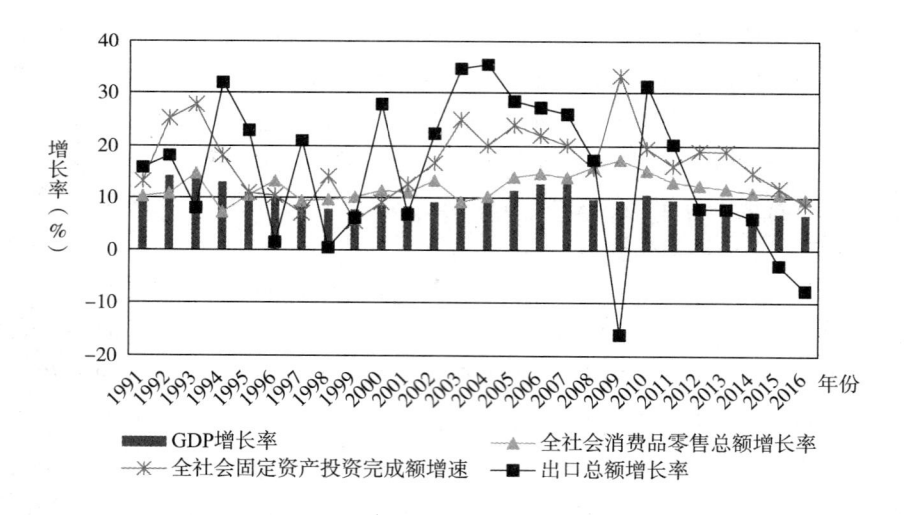

**图 16-8 全社会消费品零售总额增速、全社会固定资产投资
完成额增速和出口增速的变化**

资料来源：GDP 增长率、全社会消费品零售总额增长率根据 CEIC 导出的国家统计局数据计算得出，全社会固定资产投资完成额数据来源于 Wind。

的增长率整体上与 GDP 增长率相当，且波动性不大，而出口总额增长率和全社会固定资产投资完成额增速的波动则比较显著，特别是出口总额增长率波动显著。由此可见，从稳定增长的角度，作为最终需求的居民消费需求和出口需求对于实现和稳定经济增长是极为重要的。

四 三大需求结构及其对经济增长贡献的变化

从核算 GDP 的支出法构成看总需求，将总需求分解为最终消费支出、资本形成总额和货物服务净出口三大需求。1978 年以来，三大需求的数量整体上是上升的，但是，不同时期的结构和对经济增长的贡献率是不同的。

图 16-9 显示，1992 年之前，三大需求增长较为缓慢；1992 年后，随着国内生产总值的增长，最终消费支出和资本形成总额有明显增长，最终消费支出始终高于资本形成总额。1994—2002 年资本形成总额明显落后于最终消费的增长，2002—2011 年差距逐步缩小，2012 年后两者的差距又开始拉大。1994 年以前货物和服务贸易净出口在贸易顺差和逆差之间来回波动，1994 年以后则在顺差的额度上波动。1994—1997 年货物和服务贸易顺差增加，1998—2003 年顺差额趋于下降，2004—2008 年激增，2009 年又回落到低位。

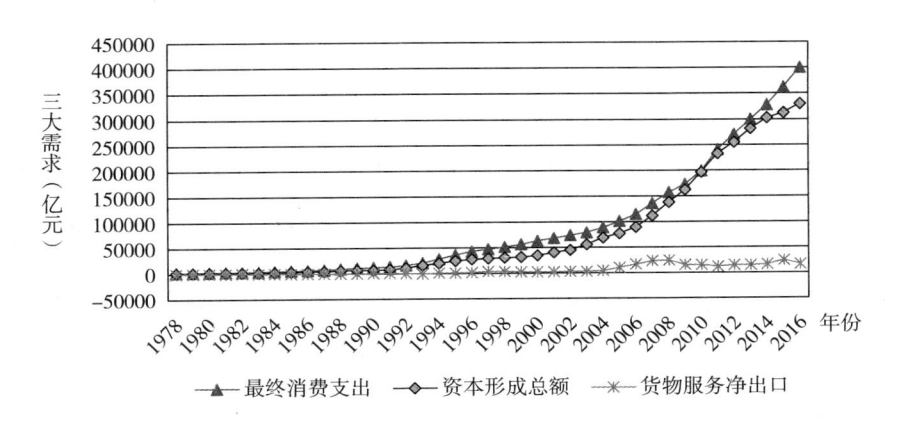

图 16-9 1978—2016 年中国支出法国内生产总值三大需求变化

资料来源：根据 2017 年《中国统计年鉴》数据绘制。

（一）三大需求的结构变化

从支出法的三大需求构成看，如图 16-10 所示，最终消费支出占

GDP 的比重呈现波动下降的趋势,与此相反,资本形成总额占 GDP 比重波动上升。2010 年,最终消费支出比重和资本形成总额比重一度十分接近。而货物和服务净出口比重在 1992 年之后呈现较为明显的波动态势。2008 年之后,货物和服务贸易净出口比重大幅度下滑后,一直保持在 2%—3% 的低水平上。从支出法 GDP 的三大需求结构的变化趋势看,其变化明显受到外部环境条件的影响,当外部环境条件比较有利时,需求就会明显增加,出现不利条件时,需求会很快减少。

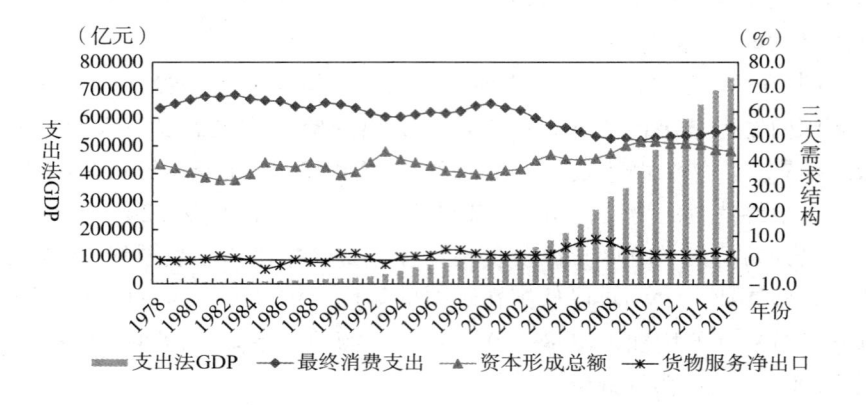

图 16-10　1978—2016 年中国支出法国内生产总值构成

资料来源:根据《中国国内生产总值核算历史资料(1952—2004)》和 2017 年《中国统计年鉴》数据绘制。

继续深入探讨三大需求的内部组成,将最终消费分解为居民消费和政府消费,居民消费再分解为农村居民消费和城镇居民消费,将资本形成总额分解为固定资本形成总额和存货增加。如图 16-11 所示,在资本形成总额的构成中,以往认为存货是导致 GDP 波动的原因之一,但 1994 年实行市场化改革之后,存货在资本形成总额结构中的比重大幅度下降,资本形成总额中的存货比重已由 20 世纪 50 年代的近 50% 下降至 2016 年仅占资本形成总额比重的 3.3%,这是市场化改革的结果。如果再放入国内生产总值中,其影响就十分微弱了,因此,在下面的分析中,将忽略存货变动的比重。

将上述各组成部分和货物服务贸易净出口放在一张图上,表示成四部门(居民、企业、政府和外国部门)需求结构图,可能会更好地说明中国经济的总需求实现方式。如图 16-12 所示，政府支出在国民经济中的比重基本稳定在 10%—20% 的区间内，变化不大，而其他三个部分的变化较为明显。

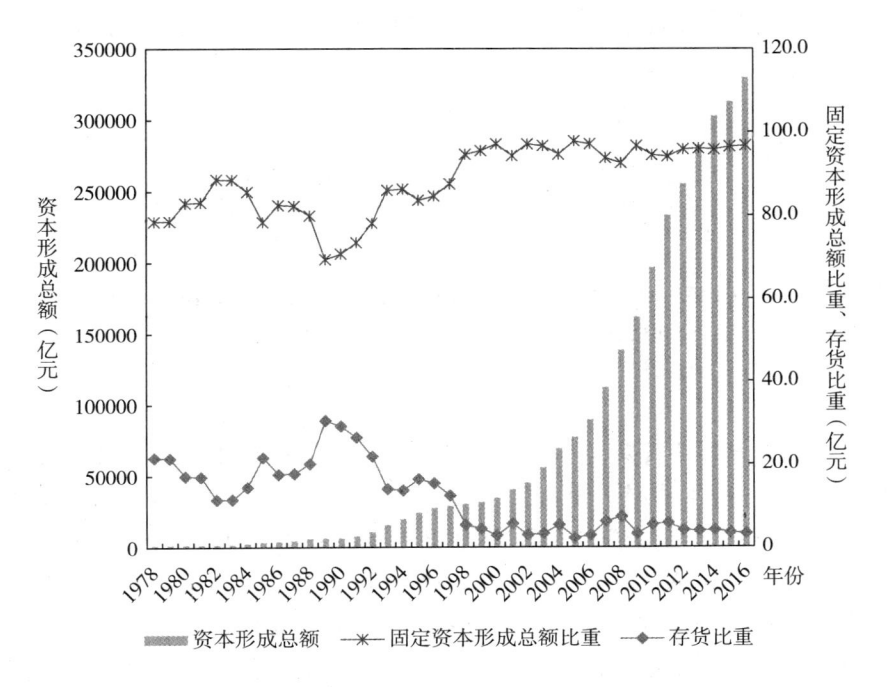

图 16-11　1978—2016 年中国资本形成总额构成的变化

资料来源：根据《中国统计年鉴（2017）》数据绘制。

首先，看居民消费支出比重，1978 年之后，开始不断处于下降的过程中，其内部的农村居民支出和城镇居民支出也开始逐渐发生结构转换，直到 1992 年，城镇居民消费支出比重高于农村居民消费支出比重，并不断拉开距离，至 2008 年两者的差距有平稳的趋势。这主要是由于早期农村的剩余劳动力不断向城市转移，农村人口减少导致的。

其次，看固定资本形成总额的比重，1978 年占比达到近 30.5%，2016 年为 42.7%，并于 1992 年超过城镇居民消费支出比重，2005 年超过居民消费支出占比，居于主导地位。汪同三、李涛（2001）认为，消费和投资之间的关系转换，是由于长期以来政府高积累、抑制收入增长进而抑制了居民消费的结果。可见，在这一时期，投资是经济增长的主要驱动力量。

支出法各需求构成（%）

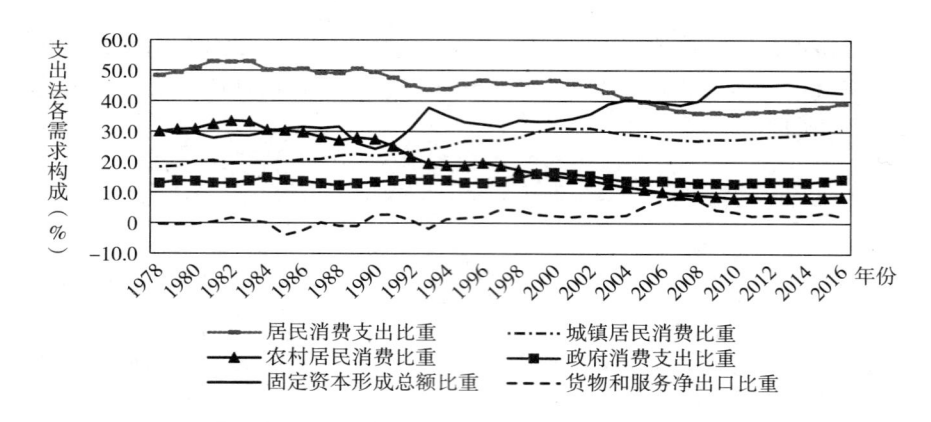

图例：
- 居民消费支出比重
- 城镇居民消费比重
- 农村居民消费比重
- 政府消费支出比重
- 固定资本形成总额比重
- 货物和服务净出口比重

图 16–12　1978—2016 年中国四部门表示的总需求结构

资料来源：根据《中国国内生产总值核算历史资料（1952—2004）》和历年《中国统计年鉴》数据计算结果绘制。

最后，看对外贸易部门的货物贸易出口额在 GDP 的比重（略去服务贸易），也呈现出明显的阶段性变化。1978 年之前，货物贸易出口额占 GDP 的比重不足 5%，2001 年加入世界贸易组织之前基本维持在 20% 的水平上，加入世界贸易组织后直到 2008 年达到了 30% 以上，2006 年达到最高水平值为 35.1%，2008 年以后很快下降，2016 年这一比重下降至 18.5%。这种阶段性的变化是受到国内经济调整和外部环境变化冲击的结果。1994 年前后，中国先后进行了外贸综合体制改革、汇率并轨，有力地促进了对外贸易的发展。加入世界贸易组织后，政府鼓励招商引资，加之国际市场环境较为有利，使出口在国民经济中的比重显著上升，2006 年，在最鼎盛时期超过了居民消费支出的比重，仅次于资本形成总额的比重。但受到 2005 年人民币升值和 2008 年国际金融危机的连续冲击，对经济的拉动作用基本上回到加入世界贸易组织前的水平，其在 GDP 中的比重低于居民消费。国际金融危机之后，即便全球经济出现复苏，中国出口的增长速度再没有能恢复到以前的水平。这对于中国过去以出口为导向的增长方式带来了根本性挑战。

通过上述分析可以比较清晰地看出中国经济增长在需求侧的驱动力量逐渐演变的过程。改革开放前主要是消费主导的增长模式，改革开放后至国际金融危机以前，逐步形成了投资和出口驱动的增长模式，即中国经济增长主要依赖于投资驱动和出口驱动。2008 年爆发国际金融危机后，由于外需的严重下滑，在国内的私人消费需求短期难以增加的情况下，使投资驱动的机制被强化，促使了投资主导的经济增长方式的形成。从短期看，这样做的结果使经济的平稳增长保住了；但从长期看，因为供给的结构调整会慢于需求结构，且总量相等未必等于结构相同，突然消失的外需部分的供给只能"呆滞"在那里，形成"旧的"过剩产能，而新出现的内需还需要扩大新的产能来满足。同时，由于政府的激励不是永久的，政府的消费需求与私人的消费需求没有替代性，随着政府刺激计划的中止，新形成的产能则会成为"新的"过剩产能。前后"新旧"两次产能过剩叠加起来，不仅在总量上形成了总供给大于总需求的局面，而且在结构上总供给与总需求也已严重偏离，并导致了资源的严重浪费。余永定（2014）认为，经济增长速度的趋势性下降与中国旧有经济增长方式的不可持续性有关。

从2008年以后的变化趋势看，固定资本形成总额比重和居民消费支出比重已经不断接近并有转换的趋势。2016年的数据显示，居民消费支出占GDP的比重为39.2%，而固定资本形成总额占GDP的比重为42.7%。从目前的趋势看，如果政府能采取合理的措施改善收入分配状况，引导投资适应城镇和农村居民消费需求的变化，就可以逐步实现在需求侧由投资驱动向消费拉动的增长方式转变。

（二）三大需求对经济增长的贡献和拉动

如果将三大需求对经济增长的贡献和拉动进行计算，很容易发现，最终消费在中国经济的长期平稳增长中始终发挥着重要作用。如表16-1所示，1978年之后，除个别年份，资本形成总额对GDP的贡献和拉动为负值，其余年份都相对比较平稳，而货物和服务的净出口对GDP的贡献和拉动则相反，1978年以前表现得比较平稳，1978年之后则波动较多。且其波动的变化与资本形成总额的贡献和拉动率密切相关。1978年之前，两者的变动呈正相关关系；而1978年之后，两者呈负相关关系，即货物和服务净出口对GDP的贡献和拉动的变化方向与资本形成总额对GDP的贡献和拉动的变化方向相反。1994年之前，货物和服务净出口在多数年份中基本保持在略有盈余的状态；而1994年之后则开始出现较大的顺差，且顺差波动也较大。

表 16-1   1978—2016 年中国三大需求对 GDP 的贡献和拉动率   单位：%

年份	最终消费支出		资本形成总额		货物和服务净出口	
	贡献率	拉动	贡献率	拉动	贡献率	拉动
1978	38.3	4.5	67.0	7.8	-5.3	-0.6
1979	83.5	6.3	19.6	1.5	-3.1	-0.2
1980	77.3	6.1	20.9	1.6	1.8	0.1
1981	89.4	4.6	-1.7	-0.1	12.3	0.6
1982	56.1	5.1	23.5	2.1	20.4	1.8
1983	74.4	8.0	33.5	3.6	-7.9	-0.8
1984	68.7	10.4	41.8	6.4	-10.5	-1.6
1985	71.1	9.5	79.8	10.7	-50.9	-6.8
1986	50.1	4.5	15.9	1.4	34.0	3.0
1987	41.2	4.8	26.3	3.1	32.5	3.8
1988	43.3	4.9	55.8	6.3	0.9	0.0
1989	81.2	3.4	-2.4	-0.1	21.2	0.9
1990	91.7	3.6	-74.6	-2.9	82.9	3.2
1991	60.6	5.6	37.8	3.5	1.6	0.2
1992	56.1	8.0	53.0	7.5	-9.1	-1.3
1993	57.4	8.0	55.7	7.7	-13.1	-1.8
1994	34.8	4.5	34.3	4.5	30.9	4.0
1995	46.2	5.1	46.6	5.1	7.2	0.8
1996	60.7	6.1	34.5	3.4	3.8	0.4
1997	42.3	3.9	15.1	1.4	42.6	3.9
1998	64.6	5.1	28.8	2.3	6.6	0.4
1999	88.1	6.7	21.7	1.7	-9.8	-0.7
2000	78.1	6.6	22.4	1.9	-0.5	0.0
2001	49.0	4.1	64.0	5.3	-13.0	-1.1
2002	55.6	5.1	39.8	3.6	4.6	0.4
2003	35.4	3.6	70.0	7.0	-5.4	-0.6
2004	42.6	4.3	61.6	6.2	-4.2	-0.4
2005	54.4	6.2	33.1	3.8	12.5	1.4
2006	42.0	5.3	42.9	5.5	15.1	1.9
2007	45.3	6.4	44.1	6.3	10.6	1.5

续表

年份	最终消费支出		资本形成总额		货物和服务净出口	
	贡献率	拉动	贡献率	拉动	贡献率	拉动
2008	44.2	4.3	53.2	5.1	2.6	0.3
2009	56.1	5.3	86.5	8.1	-42.6	-4.0
2010	44.9	4.8	66.3	7.1	-11.2	-1.3
2011	61.9	5.9	46.2	4.4	-8.1	-0.8
2012	54.9	4.3	43.4	3.4	1.7	0.2
2013	47.0	3.6	55.3	4.3	-2.3	-0.1
2014	48.8	3.6	46.9	3.4	4.3	0.3
2015	59.7	4.1	41.6	2.9	-1.3	-0.1
2016	66.5	4.5	43.1	2.9	-9.6	-0.7

资料来源：国家统计局网站。

考虑到总需求的实现易受外界环境的影响，可以对三大需求对经济增长的贡献和拉动率进行分阶段计算，根据1978年以后国内和国际大的环境条件的变化，可以分为四个阶段进行计算和比较，这四个阶段的划分及其特点和依据为：第一阶段是改革开放以后但市场经济体制尚未确立时期（1978—1993年）;[①] 第二阶段是确立市场经济体制但未加入世界贸易组织时期（1994—2000年）；第三阶段是加入世界贸易组织之后到爆发国际金融危机时期（2001—2009年）；第四阶段是国际金融危机爆发之后和中国经济进入新常态后（2010—2016年）。

计算结果如表16-2所示。从表中可以看出，三大需求对经济增长的贡献呈现阶段性变化。从整体上讲，1978年之后的几个阶段中，只有2001—2009年资本形成总额的贡献高于最终消费支出的贡献，而其他三个阶段，包括1978—1993年、1994—2000年、2010—2016年均是最终消费的贡献高于资本形成总额的贡献。如果将政府部门排除在外，仅考虑居民消费的比重，则1978—2000年是以消费驱动为主，2001年之后则转变为以投资驱动为主，特别是在2001—2009年，平均投资占GDP比重达到55%。

---

① 1992年10月党的十四大提出要建立社会主义市场经济体制的目标。

表 16-2　　1978—2016 年中国三大需求对 GDP 贡献的阶段性变化　　单位:%

阶段划分	最终消费支出	资本形成总额	货物和服务净出口
1978—2016 年	58.0	38.3	3.6
1978—1993 年	65.0	28.2	6.7
1994—2000 年	59.3	29.1	11.5
2001—2009 年	47.2	55.0	-2.2
2010—2016 年	54.8	49.0	-3.8

资料来源:根据表 16-1 中的数据计算。

在计划经济时期,由于国家重点发展重工业的战略,采取了高积累、低消费的政策,使最终消费支出明显过低。2001 年中国加入世界贸易组织之后,由于对外贸易的迅速发展,中国出现了"再工业化"的进程,特别是 2008 年爆发国际金融危机后,为了稳定国内经济增长,政府实施了强刺激经济增长的计划,两者的共同作用使这一阶段出现了资本形成总额的贡献率居高不下的情况。除此之外,在一般市场环境条件下,最终消费支出对经济增长的贡献在三大需求中均处于主导地位。如果笼统地将最终消费支出视为维持短期经济增长的因素,而将资本形成总额视为维持长期经济增长的因素,那么正确处理消费和积累的关系就是处理经济短期增长和长期增长的关系。如表 16-2 所示,加入世界贸易组织后,在相对较短的时间内,经济增长主要是依靠投资拉动实现的,而货物和服务净出口对经济增长的贡献在加入世界贸易组织之前都是正值,之后则为负值,这表明中国加入世界贸易组织后,中国既依靠国际市场推动了经济增长,但更重要的是中国为世界经济增长提供了越来越大的推动作用。

据商务部的统计数据,2017 年消费对经济增长的贡献率达 58.8%,已经连续第四年成为经济增长的第一驱动力。但这是建立在经济增长率和投资、出口对经济增长的贡献率持续下降的基础之上的。

(三) 投资驱动增长模式的形成机制和结果

中国投资为主导驱动经济增长模式的形成,是政府和企业共同作用的结果。在宏观层面,具有软预算约束的政府在追求高增长和政绩的驱使下形成投资偏好;在微观层面,企业在利润最大化的驱使下形成投资驱动,同时,具有软预算约束的国有企业又可以较容易地获得资金。由于投资驱动引起的投资持续扩张并没有建立在最终需求持续增长的基础上，因而对经济增长的作用不具有可持续性，最终必然会出现产品过剩、产能过剩。

中国经济以投资为主导的驱动方式主要通过以下两个机制实现：一是宏观层面，政府形成投资偏好，而后通过乘数加速原理使投资扩散；二是微观层面，企业"干中学"需要进行投资，而后通过技术模仿套利机制实现了投资的扩散。

1. 投资驱动增长模式的形成和扩散机制

（1）政府形成投资偏好和乘数加速作用的投资扩散。政府参与竞争的动因在于1994年实行的分税制改革。刘卓珺（2009）指出，中国式财政分权与其他国家（美国、印度和俄罗斯）不同，中国式财政分权过程中，中央创造了一套针对地方政府绩效的激励机制：在高度集权的垂直政治管理体制下，中央政府通过相对经济增长指标来考察地方政府官员的政绩，然后利用自身在政治上的权威对地方政府进行奖励和惩罚，将地方政府官员的政治升迁和其相对经济增长绩效指标挂钩。地方官员为了各自的政治升迁而努力围绕地方经济增长展开激烈竞争。然后，在乘数加速原理的作用下，政府的投资作用会扩散。依据乘数原理，资本是生产中投入的要素，其投入增量的多少将决定总产出的增长水平，而产出的增加量会决定下一期投资水平。假定生产者为适应性预期，投资依据上一期产出缺口进行判断。这个动态过程可以用乘数加速原理来说明。不考虑税收时，该机制的作用过程可以通过以下推导来分析其长期的产出路径。

$$\Delta Y_t - \frac{v}{1-c}\Delta Y_{t-1} + \frac{v}{1-c}\Delta Y_{t-1} = \frac{v}{1-c}(\Delta G_t + \Delta NX_t) \qquad (16.1)$$

式（16.1）可以更好地说明，当政府支出或净出口有变动时，会对产出具有冲击作用，这种冲击作用会在乘数—加速器的作用下先被放大后逐渐减少，即产出增量先增加后减少，使产出水平逐渐恢复到均衡产出。政府购买如果以生产性支出为主，则对经济具有正向冲击作用，使经济扩张，则财政的生产性支出有类似于投资的性质，这可以部分地解释中国地方政府参与投资的动力。

（2）企业"干中学"和技术模仿套利机制。阿罗（Arrow，1962）提出了通过投资外部性使技术进步内生化的理论，提出了"干中学"或

"投中学"的思想。他认为，知识作为一种公共产品，具有溢出效应，可以提高全社会的劳动生产率，因而部分地抵消边际报酬递减。在任一时刻，资本品包含了所有可获得的知识。通过资本投资的"干中学"的知识外溢效应可以获得技术进步，提高劳动效率，增加产出，促进经济增长。张平、刘霞辉（2006）认为，"干中学"的技术进步对于后发国家有加速增长的效果，对于后发企业也有同样的激励效应。"干中学"在技术进步扩散方面，表现为模仿—套利机制，即一家企业通过引进设备生产一种产品获利后，市场被开发出来，大量的后续企业跟进形成套利。由于先投资者独自承担了技术选择、组织管理和市场开发的风险，使后续投资者获得了低风险收益的机会，形成了后续企业的"干中学"动力机制。林毅夫（2010）将这种现象称为"潮涌现象"。

可见，中国的生产者在不掌握先进技术的情况下，投资购买发达国家的机器设备，通过边干边学及其扩散机制，缩小与发达国家的工业差距，突破供给"瓶颈"。另外，在过度竞争和数量扩张的增长格局中，企业有通过增加投资获取竞争优势的愿望，这是提高企业竞争力的一种途径。

2. 投资驱动的结果：过度投资悖论假说

上述分析的投资扩散机制，是投资对经济增长的正向作用。但长期大量过度投资，则会产生一定的负面作用，我们暂且把这种过度投资导致的不良后果称为"过度投资悖论假说"。形成这种不良后果的机制主要包括两个方面：一是资本积累的不可逆性导致的产能过剩；二是投资的外延假说导致经济增长率下降。

（1）资本积累的不可逆性。资本与投资是存量和流量的关系，而资本与产出也是存量与流量的关系。投资的流量导致资本存量的改变而引发产出流量的变化，但存量的改变总是不如流量快，进而产出的放大与存量改变之间的关系可能并非是线性的。

资本的积累源于投资的流动性累积，经济扩张导致投资增加进而使资本存量增加，但当经济收缩时，这些资本存量由于无法被吸收而闲置，则会出现生产能力闲置，也就是人们常说的产能过剩。中国加入世界贸易组织后，外需不断扩大，增加投资扩大产能有强大的需求作为支撑，使经济获得高速增长。但是，随着国内人均收入水平不断提高和国际金融危机的爆发，在外需减少的同时国内的需求结构也有升级的趋势。在需求结构的双重演变下,原有需求结构进行的资本积累形成的现有供给结构无法适应新的需求结构,则产能结构性过剩成为必然的结果。刘树成、张平、张晓晶(2005)指出,当前经济波动的主要问题仍是过度投资导致产能过剩引起的波动,再加上外部冲击引致的周期波动因素。但核心问题是国内生产要素价格扭曲导致的粗放式发展问题,这种发展模式导致了经济增长的不稳定性。

(2)投资的外延假说。通过投资实现经济增长被称为外延式增长方式,这种增长方式强调数量增长、规模扩大,在一定程度内可以拉动经济迅速增长,但过度则会导致相反的结果。

张军(2002)指出,对苏联式增长恶化曾经普遍持有一种流行的理论,即所谓的"外延假说"。其基本命题是:经济增长主要依赖于资本的高速积累,当资本的增长持续快于产出的增长,资本的边际回报率就趋于下降并最终导致产出总量的增长下降和经济衰退。用新古典增长理论可以解释为:资本深化使人均资本存量提高,但经济增长率会下降。

上述理论解释恰好说明了中国的实际情况。从微观上讲,企业在追求最大利润和竞争的压力下,在"干中学"和模仿套利机制下,引进国外的先进技术,由于国外的先进技术多是基于本国劳动稀缺而资本丰裕的要素禀赋结构进行的研发,因此,多为劳动节约型技术,这种技术进步带来的后果是资本在产出中收入的份额相应增加,劳动收入的份额相应减少,资本获得较高的回报,会激励投资进一步扩大,而投资的扩大,使资本的边际产出下降,同时企业之间的竞争逐渐演变为古典式竞争,导致产品缺乏差异,价格下降,利润减少。随着竞争的加剧,企业会越来越无力进行技术创新,使技术创新能力和意愿被压抑。从宏观上讲,由于技术进步率没有明显提高,投资的技术选择偏向于劳动节约型,经济增长率下降,同时依托于投资的"干中学"带来的技术进步也会随着时间而不断减弱,影响长期经济增长能力。

在上述投资因素的作用中,政府(特别是地方政府)主要受乘数加速原理的作用,将财政政策支出转变为"准投资",以刺激地方经济的增长;"干中学"和模仿套利机制主要是说明私人投资动机和扩散机制,政府和私人投资的程度不断扩大增强了对投资的依赖,过度投资抑制了消费的增长,同时也抑制企业技术创新的动力,进而决定了粗放的经济增长方式,最终导致了产能过剩和经济增速下降。投资对政府和企业的这种作用,由于产生了自相矛盾的结果,因此,我们将其称为"投资悖论"。可以用图 16-13 来说明其作用的原因、机制和最终的结果。由此可见,无论对于中国的政府还是企业而言,依靠投资驱动不但没有产生驱动经济长期增长的内生机制,而是恰恰相反,还导致经济增长的不可持续性,因此,我们将这种机制称为"过度投资悖论"。

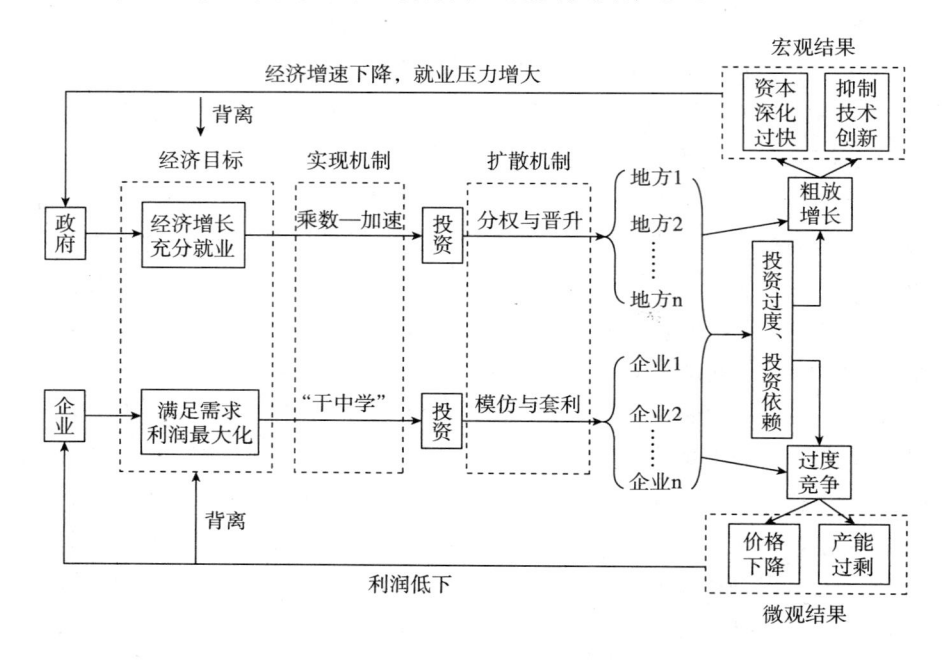

图 16-13 中国的过度投资悖论

注:图中的政府主要是指中央政府,中央政府对地方政府的激励机制是财政分权和政治晋升机制,并认为,该机制是导致经济增长和产能过剩的主要制度来源,持类似观点的主要有:张晓晶(2006);范子英、张军(2009);江飞涛等(2012);王立国、王磊(2014)。

图 16-13 中描述的内容是一个封闭的框架内过度投资的结果,即使没有国际金融危机的冲击,中国自身也存在短期经济发展方式的不可持续性问题,国际金融危机的爆发只是使问题变得更为突出而已。

五 结论和政策建议

最终需求的增长是实现经济可持续增长的基本动力。中国近几年经济增长的持续减速,是总供给和总需求长期失衡的结果。因而既有供给侧结构性减速的原因,也有有效需求不足尤其是最终需求不足的因素。因此,要实现我国经济可持续增长和稳定均衡增长,仅有供给侧方面的改革是不够的,应当重视增加有效需求,尤其是要努力增加包括消费需求和出口需求在内的最终需求的增长。只有建立在总供给与总需求均衡的基础之上,才能实现经济的可持续增长。

首先,应当通过分配制度改革、税收调整,增加居民可支配收入,同时也要稳定资本市场和房地产市场与控制通货膨胀,使居民多年积累起来的财富不流失。此外,在经济持续增长的基础上,要完善社会保障制度,提高居民的社会保障水平。这是使消费需求持续增长的基础。

其次,增加最终需求的另一个途径是增加外国部门对中国产品和服务的需求,即增加出口。我国近些年出口增速持续下降的原因是粗放的外贸模式已经不适应世界经济增长和转型的需求。因此,要在转变国内经济增长方式的基础上努力推进外贸模式的转变。

再次,加强国内尤其是中西部地区的基础设施建设。中国经济发展在地区间存在较大差异,在中西部地区,基础设施还很落后。无论是东部地区还是中西部地区,医疗设施都存在着严重短缺。增加这些区域和领域的投资,既可以满足人民日益增长的需求,又可以避免供给过剩。此外,在中西部地区,资本的边际产出高于东部地区,加大对中西部地区的投资,会有更高的投资回报率。

最后,在市场机制可以充分发挥资源配置作用的条件下,供给能创造部分需求;即使不存在这一条件,创新性的供给也能创造出自己的需求。为此,必须深化推进以市场化为取向的经济体制改革,同时实现从以要素投入为主导的粗放型增长方式向以创新和技术进步为主导的经济增长方式转变,以实现中国经济的可持续增长。

参考文献

[1] 范子英、张军:《财政分析与中国经济增长的效率》,《管理世界》2009年第7期。

[2] 霍利斯·钱纳里、莫伊思·赛尔昆:《发展的型式:1950—1970》,李新华等译,经济科学出版社1992年版。

[3] 江飞涛、耿强、吕大国、李晓平:《地区竞争、体制扭曲与产能过剩

的形成机理》,《中国工业经济》2012 年第 6 期。

[4] 林毅夫:《潮涌现象与发展中国家宏观理论的重新构建》,《经济研究》2007 年第 1 期。

[5] 刘霞辉:《为什么中国经济不是过冷就是过热》,《经济研究》2004 年第 7 期。

[6] 刘卓珺:《中国式财政分析与经济社会的非均衡发展》,《中央财政大学学报》2009 年第 12 期。

[7] 刘树成、张平、张晓晶:《中国经济周期波动问题研究》,载《首届中国经济论坛论文集》,中国社会科学院经济研究所,2005 年 10 月。

[8] 张连城:《中国经济增长路径与经济周期研究》,中国经济出版社 2012 年版。

[9] 曼德尔:《资本主义发展的长波》,商务印书馆 1998 年版。

[10] 帅晓珊:《产能过剩的深层次诱因》,《中国金融家》2006 年第 7 期。

[11] 王立国、王磊:《产权结构、地方政府干预与产能过剩》,《经济管理研究》2014 年第 7 期。

[12] 汪同三、李涛:《中国通货紧缩的深层次原因》,《中国社会科学》2001 年第 6 期。

[13] 肖磊、赵磊:《长期经济波动理论研究述评》,《当代经济研究》2012 年第 4 期。

[14] 余永定:《中国的经济增长和结构调整》,《金融与经济》2014 年第 7 期。

[15] 张军:《增长、资本形成与技术选择:解释中国经济增长下降的长期因素》,《经济学》(季刊)2002 年第 1 期。

[16] 中国经济增长与宏观稳定课题组:《干中学、低成本竞争机制和增长路径的转变》,《经济研究》2006 年第 4 期。

[17] Arrow, Kenneth J., "The Economic Implications of Leaning by Doing", *The Review of Economics Studities*, No. 3, 1962, pp. 155–173.

第十七章 政府收支及其波动对经济增长的影响*

在需求侧,政府支出无论用于投资还是用于消费,都是影响经济增长速度和经济稳定的一个重要变量,而政府支出规模不仅与政府债务相关,更与财政收入有关。因此,政府财政收入和支出的波动是宏观经济波动的重要原因,对长期经济增长存在重要影响。本章测算和分析了1981—2016年以来中国30个省份财政收入和支出及其细分项目的波动性对经济增长的影响。实证表明,产出波动性对长期增长存在显著的负向影响。政府收入的波动性对增长的影响为负,但政府支出的波动性提高则会促进经济增长。另外,财政收入的规模对长期增长存在负向影响。

本章使用中国30个省份1981—2016年的经济数据,通过实证分析得出了以下结论:(1)中国各省份的产出波动对经济增长有负向作用,这种作用在去除各省份个体效应之后仍然显著;(2)地方政府收入及其波动性显著地阻碍了经济增长,其效应并不随政府规模的改变而变化,这种消极影响较大,可能来自地方政府税收收入的不稳定;(3)地方政府支出的波动性对经济增长存在显著的正向影响,较强的波动性不但直接影响产出,而且有可能提升消费者和企业对经济的信心,进而促进增长;(4)各省份税收占GDP比重及其波动性对经济增长均存在负向效应。

一 引言

经济的短期波动与长期增长之间的因果关系一直是宏观经济研究中

---

* 本章由池建宇执笔。

的重要话题，而财政政策的冲击被认为是经济波动的一个主要来源。卢卡斯（1975）对经济周期成本的计算基于一个基本的假设：经济的短期波动和长期增长是无关的。随后，真实经济周期（Real Business Cycle，RBC）模型指出，驱动技术进步的外生随机过程是趋势增长和周期性波动的共同根源，从而将两者联系起来。从 Kormendi 和 Meguire（1985）的探索开始，出现了大量关于波动性与长期增长之间因果关系的文献。这个主题下的实证研究主要以国家为对象而展开，其中，G. 拉姆齐和 V. T. 拉姆齐（1995）的研究具有开创性意义。他们证明 GDP 高度波动的国家增长率较低，尤其是当样本缩小到经济合作与发展组织国家后。随后，多篇文献得到了与 G. 拉姆齐和 V. T. 拉姆齐相同的结论，如 Aizenman 和 Marion（1993，1999）、Fatas 和 Mihov（2003）、Aghion 和 Saint – Paul（1998）、Martin 和 Rogers（2000）、Alvarez 和 Jermann（2004）等。但是，另外一些研究得到了相反的结论（Caporale and McKiernan，1996，1998；Kormendi and Meguire，1985；Grier and Tullock，1989；Dejuan and Gurr，2004）。这些文献的主要结论是：产出增长的波动性越高，越有利于经济增长。一般来说，早期研究中使用时间序列数据与 GARCH 模型做回归分析，得出了波动性与经济增长正相关的结论。而通过使用多个国家的跨年度面板数据，更多的文献得出的结论是：经济波动对于经济长期增长存在负向影响。

　　许多学者探究了波动性的种类或来源，分析不同源泉的波动对长期增长的效应（Blackburn and Pelloni，2004）。他们通常分解出 GDP 主要组成部分，计算具体部分波动性对经济增长的影响。例如，Bisio 和 Ventura（2013）研究了消费、投资和政府支出的波动性及三者的相互作用；Furceri（2010）评估并对比了投资、政府和汇率的波动性对增长的影响的差异。Koren 和 Tenreyo（2007）认为，经济波动来自大型外部冲击、宏观经济政策的波动、微观经济黏性以及脆弱的制度。他们分别测算了 UNIDO 报告样本国家和经济合作与发展组织国家的与部门冲击有关的波动性、与国家有关的波动性以及具体国家和特定部门的冲击之间的协方差波动性，发现了贫穷国家的经济波动性比富裕国家更大的原因是它们经济发展依赖的产业、部门具有更大的波动性，并且经历了更频繁、极端的总体冲击。一般来说，可以把波动性的来源归纳为生产性因素和非生产性因素。Evrensel（2010）探讨的腐败就是非生产性因素的一种。

Nishimura（2006）、Fatas 和 Mihov（2003）等关注的财政去中心化程度与地方财政自主性同样可以归为非生产性因素。以上这些研究不限于关注波动性的平均值或者样本期间的标准差，而是重点考察波动性在不同时期的变化。因此，越来越多的研究延长了样本数据的时间范围，并采用 3 年或 5 年为一期的方法进行划分，对比不同时期的波动性，进而反映出波动性对经济增长发挥的作用的持续性（Loayza et al.，2003）。

与此同时，政府的财政和货币政策给宏观经济带来的波动性受到了研究者的广泛关注。新内生增长理论为阐明经济政策影响经济增长的途径奠定了基础。近期的研究通常单独将货币政策或财政政策作为重点关注的解释变量（Akai et al.，2009）。也有一些文献将两者协调起来进行分析。例如，Rossi 和 Zubairy（2011）基于预测误差方差分解法（FE-VDS）和动态随机一般均衡（DSGE）模型的创立，1973 年以来，美国货币政策的冲击主要对国内生产总值的短期波动发生作用，而政府支出的冲击主要影响了中期经济波动。本章关注的是财政政策中的一个主要内容：政府的收入与支出。一方面，政府可以利用财政政策"自动稳定器"的效果，来消除经济的周期性波动，对投资和长期经济增长产生积极影响；另一方面，财政政策本身可能是经济波动的来源，通过影响经济周期，进而阻碍经济增长。Alesina 和 Bayoumi（1996）表明，财政政策约束对经济周期的影响微乎其微，因为正负效应会相互抵消一部分。因此，顺周期的财政政策实际上无法起到稳定宏观经济的作用。相反，Fatas 和 Mihov（2003）基于 91 个国家的跨部门数据以及"财政政策与经济周期无关"的假设，表明因财政政策自由裁量的变化导致的产出波动每增加 1 个百分点，就会使产出增长率降低 0.8 个百分点。Brunetti（1998）则建立了一个标准化的技术冲击驱动的单部门 RBC 模型，表明财政政策的稳定效果主要取决于劳动时间如何进入家庭的周期性效用函数和相关劳动力市场行为。以这些文献为基础，研究对象进一步细化到不同类型的财政政策在经济波动中的角色。Galí（1994）分析了税收、政府支出对于总产出波动的影响，结果表明，所得税具有破坏稳定的效果，而政府支出则可以降低波动性。Villaverde 等（2012）区分了财政冲击与财政波动性的冲击，并将脉冲响应函数加入财政波动性冲击的计算，以构建一个新凯恩斯模型，发现财政波动性对于产出的冲击与紧缩性货币政策的影响基本相同。主要机制是税收、政府支出下降缓冲了财政波动性冲击潜在的经济衰退效应。Harald（2012）特别关注到财政政策的周期性，利用88个国家政治和经济的外部特征来确定内生的周期性政府支出对经济长期增长的效应。其研究表明，周期性财政支出政策放大了产出波动，会给长期增长带来负向影响。

  近年来，国内出现了较多对中国经济波动的产生原因以及短期波动影响长期增长进行探讨的文献。陈昆亭等（2012）发现，中国1978年以前，波动与增长呈负相关关系；1978年之后，两者的关系变为正相关关系，并建立了一个基于人力资本形成机制的随机增长模型来解释这个现象。李涛（2001）建立了一个反映周期波动的增长模型，将短期波动与长期增长联系在一起。有很多经验性文献使用中国的数据验证了波动性对长期增长的影响，但得出的结论并不相同。卢二坡和曾五一（2008）、周达军（2007）、池建宇和赵家章（2015）的研究支持了G. 拉姆齐和V. T. 拉姆齐（1995）的结论，即短期波动对长期增长的影响方向为负，但也有文献并不支持这个结论，如卢二坡和王泽填（2007）、李永友（2006）。

  而以中国经济部门和地方政府为分析对象的实证研究，大多数将关注点落在了政府行为如何影响经济波动和增长。其中包括地方政府投资行为（郭庆旺和赵旭杰，2012；郭庆旺和贾俊雪，2006）、政府换届（陈卫东和苗文龙，2016）、货币供给（刘霞辉，2004）等。不过，由于中国省级政府货币政策选择有限，地方政府财政开支及其波动性始终是国内学术界关注的重点。同大多数发展中国家一样，中国地方政府的财政政策具有顺周期的特点。虽然讨论财政收支的绝对规模对于经济增长的作用相对更多，但也有部分学者从财政收支波动性的角度出发进行研究。龚六堂和邹恒甫（2001）发现，政府花费的波动对经济的影响取决于消费间的跨时替代弹性。葛翔宇和叶提芳（2015）运用随机增长模型推导分析公共开支的增长和波动对经济增长的影响，表明科教文化、社会福利、环境保护和交通运输四类公共支出的波动可以促进也可以抑制经济增长。饶晓辉和刘方（2014）发现，政府生产性支出冲击可以解释25%的产出波动。黄赜琳（2005）首次将政府支出作为外生随机冲击变量引入实际经济周期模型，发现技术冲击和政府支出冲击可以解释70%以上的中国经济波动特征，中国财政政策对居民消费的确存在挤出效应。陈利锋（2016）调整了传统的NK—DGSE模型后发现，无论是消费性政府支出冲击还是生产性政府支出冲击，都具有"依存于部门"的特点，即对于制造业部门、服务部门产出增长率的影响并不相同。整体而言，这些研究对于中国地方政府的收入关注较少，也就没有涉及政府收入和政府支出在宏观经济波动、经济增长中作用差异的对比。

本章测算了1980年以来中国各省份财政收入和财政支出的波动性，以及财政收入和财政支出各细分项的波动性。在此基础上，我们试图分析这些由政府财政政策带来的波动对长期增长的影响。在财政分项的选择上，我们考虑了2006年中国财政计算方法的重大调整，仅选择了数据较完整的税收收入和一般公共服务支出，减少了因数据缺失可能造成的结果偏差。[①] 此外，本章使用的数据从1981—2016年年末，能够涵盖最新的宏观经济周期与动态变化，从而有效地减少了动态面板模型的误差。

二 研究方法和理论模型

许多文献都证明了政府收入与支出的波动性与长期增长之间存在负相关关系，然而，控制变量的选择可能会弱化各变量与经济增长之间关联的显著性。因此，计量模型中需要加入的控制变量就需要进行谨慎的筛选。表17-1是近年来在这个主题下的相关研究中控制变量的选择情况。

表17-1 相关文献控制变量

代表性文献	控制变量
Jetter（2014）	投资、收入、人口增长率、预期寿命、贸易开放度、通货膨胀率
Koteski等（2013）	平均投资水平、实际劳动力、初始产出水平、人力资本
Badinger（2010）	开放度、人均实际GDP、政策自由度
Kose等（2005）	人均收入、教育水平、人口增长率、投资占GDP比重
Kroft和Lloyd-Ellis（2002）	初始人力资本、初始人均GDP
G.拉姆齐和V.T.拉姆齐（1995）、Furceri（2007）	投资占GDP比重、初始人均GDP、人口增长率、初始人力资本

---

① 2006年，中国对政府收支分类进行了改革，不再设置基本建设支出，新增了社会保障与就业，并且将行政管理费用转换为一般公共服务支出项目。因多个省份的教育、科技1998年以前的支出数据缺失，我们也没有将这些指标加入计量模型。

总体而言，大部分文献控制变量的选取都基于 Levine 和 Renelt (1992) 的论文，最核心的控制变量包括投资占 GDP 比重、期初人均 GDP、初始人力资本、人口平均增长率。本章同样选择以此为基础构建控制变量。

与本章模型设置相关的一个问题是数据的时间跨度。通常，研究经济增长的文献中使用的数据跨期在 30—40 年，并关注所选时间框架内经济增长率的决定因素的平均值。然而，当多个政策变量都加入模型中时，会产生内生性问题。特别是在时间跨度较大时，政府支出和收入水平很可能受到人口情况的影响，特别是老龄人口数量。因此，增长模型中的残差就会影响 GDP、人口数据、政府支出。被解释变量政府收入或政府支出占 GDP 比重均与增长回归中的残差相关，必然导致有偏估计。

第二个需要考虑的问题是，选择长期观察时间段会存在财政政策代表指标的内生性问题。例如，在时间跨度较长时，经济增长会影响税收收入，最初税收水平较高的省份在经历了经济增速放缓后可能存在减税倾向。相反，经济保持较高增速的省份如果没有被高税收拖累，会形成一种"正向反馈"，一直保持该水平。因此，时间区间较长的回归模型可能不能很好地捕捉到税收的随机影响。另外，长期增长的回归模型由于没有考虑各省省内增长、产出及政府规模的波动，可能使计量结果与真实情况存在较大偏差。考虑到以上两点，本章在模型中加入了省份的哑变量来代表各省的异质性。

还有一个关键点是波动性的度量方法。现有估计潜在产出波动性的方法包括单变量滤波法、多变量滤波法、生产函数法以及动态随机一般均衡模型法。相比较而言，尽管以 HP 滤波为主的单变量滤波方法在平滑系数的设置上不具有经济含义，但更多学者认为，这个方法较好地拟合了真实经济波动。在所有单变量滤波中，与 HP 滤波相比，BP 滤波参数选取过于随意，而且还会损失样本数（黄赜琳和朱保华，2009）。因此，本章选择 HP 滤波方法测算地方政府收入支出总额、税收、一般公共服务支出以及总产出的波动性。由于不同的 λ 值和不同的滤波器决定了不同的周期方式和平滑度，所以，本章将平滑系数设定为目前被认为最合理、使用频率最高的 6.25。①

基于以上几点分析，本章观测了 1981—2016 年中国 30 个省份的经济增长情况，以 6 年为一周期将数据划分为六组（如 1981—1986，…，2011—2016）。为了控制可能存在的异方差，本章在所有回归过程中都使用了 bootstrap 方法来得到标准误。此外，考虑到可能存在异常值的干扰，本章使用了缩尾方法来处理各变量的离群值。②

为了分别考察政府总收入波动和总支出波动的影响，本章建立以下两个基本计量方程：

$$g_{it} = \alpha_1 + \beta_1 R_{it} + \gamma_1 R_{it}^2 + \lambda_1 \sigma_{it}^R + \rho_1 \sigma_{it}^Y + \theta_1 X_{it} + \varepsilon_{it} \quad (17.1)$$

$$g_{it} = \alpha_2 + \beta_2 R_{it} + \gamma_2 E_{it}^2 + \lambda_2 \sigma_{it}^E + \rho_2 \sigma_{it}^Y + \theta_2 X_{it} + \omega_{it} \quad (17.2)$$

式中，i 表示省份，t 表示周期（t = 1981—1986，1987—1992，…，2011—2016），α_1 和 α_2 表示每个省份的个体效应。此外，g 表示人均实际 GDP 增长率，R 表示政府收入的绝对水平（用政府收入占 GDP 比重表示），E 表示政府支出的绝对水平（用政府支出占 GDP 比重表示），σ^R 表示政府收入波动，σ^E 表示政府支出波动，σ^Y 表示产出波动。X 是一组控制变量，包括初始人均实际 GDP 水平（logY）、投资占 GDP 比重（I/Y）、人口自然增长率（N）。③ 其中，人均实际 GDP 水平以 1981 年价格为基期，以消除通货膨胀的影响。特别地，我们在式（17.1）和式（17.2）回归时还加入了 R 和 E 的平方项，这是为了检验不同政府规模对经济增长的可能影响，以及一个对于中国各省份政府来说是否存在一个最优的政府规模，最有利于经济增长。

---

① 在处理年度数据时，对 λ 的取值则存在较大分歧。Backus 和 Kehoe（1992）认为，平滑系数 λ=100；Correi 等（1992）、Cooley 和 Ohanian（1991）认为，λ 的取值应该为 400；Baxter 和 King（1999）的研究表明，λ=10 更合理；Ravn 和 Uhlig（2002）认为，λ 应该是观测数据频率的 4 次方，即年度数据应取 6.25。该结论被 Iacobucci 和 Noullez（2004）进一步证实。具体计算方法见 Furceri（2007）。

② 对于存在左偏、右偏的变量，比重均设为 0.02。

③ 本章所说的"投资"是指财政报表中的"固定资产投资"科目。

三 实证分析

(一) 数据

本章使用中国30个省份的面板数据。政府收入与支出、一般公共服务支出（2006年以前对应"行政管理费"科目）、税收收入、人力资本数据均来自《中国统计年鉴》及各省份统计年鉴。[①] 控制变量中的部分数据来自国家统计局官网上发布的分省份年度数据。

对于每一个财政变量，我们都考察两个部分：一是每个变量占GDP比重（如政府支出占GDP比重见表17-2）；二是每个变量的周期性波动，它们通过每个变量在跨期6年的子周期的标准差来反映。表17-3报告了被解释变量与主要解释变量的波动性基本情况。从表17-2可以看出，我国各省份政府支出占GDP比重在1981—2016年大体上都翻了一番。这说明我国政府的财政政策对宏观经济的重要性在不断强化。

表17-2　　　　　各省份政府支出占GDP比重　　　　　单位：%

省份	1981年	1991年	2001年	2011年	2016年	增长幅度（1981—2016年）	增长幅度（2001—2016年）
北京	10.672	11.351	15.068	19.969	24.959	14.287	9.891
天津	13.413	13.855	12.228	15.886	20.684	7.271	8.456
河北	10.510	8.501	9.320	14.429	18.863	8.353	9.543
山西	14.354	12.956	14.264	21.035	26.274	11.920	12.009
内蒙古	20.986	18.523	19.604	20.816	24.893	3.908	5.289
辽宁	9.252	12.624	12.624	17.573	20.575	11.324	7.951
吉林	14.277	17.071	15.395	20.832	24.285	10.008	8.890
黑龙江	11.332	13.386	14.108	22.207	27.475	16.143	13.367
上海	5.869	9.628	13.942	20.395	24.554	18.685	10.612

[①] 由于西藏自治区各项数据缺失严重，本章中选择以其他30个省级行政单位作为研究样本。

续表

省份	1981年	1991年	2001年	2011年	2016年	增长幅度（1981—2016年）	增长幅度（2001—2016年）
江苏	6.797	8.004	7.7155	12.669	12.899	6.102	5.183
浙江	8.357	8.118	8.659	11.890	14.760	6.403	6.101
安徽	9.029	12.265	12.437	21.587	22.628	13.598	10.191
福建	13.511	12.604	9.163	12.518	14.840	1.329	5.677
江西	11.569	12.593	13.040	21.658	24.960	13.391	11.920
山东	7.368	7.294	8.198	11.027	12.870	5.503	4.673
河南	10.349	9.360	9.192	15.777	18.417	8.068	9.225
湖北	10.739	10.896	12.483	16.375	19.663	8.923	7.180
湖南	10.201	10.630	11.266	17.900	20.092	9.890	8.826
广东	9.361	9.638	10.972	12.615	16.631	7.270	5.656
广西	14.171	13.809	15.428	21.716	24.248	10.111	8.8201
海南	10.886	16.088	13.630	30.872	33.960	23.074	20.331
四川	12.327	10.918	13.837	22.233	24.318	11.991	10.480
重庆	6.557	8.764	12.016	25.673	22.557	16.000	10.541
贵州	19.561	18.053	24.284	39.450	36.193	16.632	11.909
云南	16.711	21.418	23.216	32.942	33.938	17.227	10.722
陕西	16.054	12.443	17.410	23.423	22.626	6.572	5.216
甘肃	15.799	18.910	20.923	35.679	43.748	27.949	22.825
青海	31.561	24.274	33.753	57.917	59.273	27.712	25.521
宁夏	26.464	22.360	27.732	33.579	39.593	13.129	11.861
新疆	24.945	14.986	17.654	34.561	42.885	17.939	25.231

表 17-3　　　　　　　　　　主要变量波动性描述

	最小值	25%	50%	75%	最大值	观察值
产出波动	0.000675	104.5506	644.3858	3602.516	5070314	1170
财政收入波动	1.00e-06	0.0204	0.0935	0.478	99.77	1170
财政支出波动	2.13e-07	0.041	0.231	0.893	55.03	1170
税收收入波动	9.85e-08	0.0095	0.064	0.25	24.91	819
一般公共服务支出波动	3.53e-09	0.00084	0.0039	0.016	2.00	819

注：波动性由 HP 6.25 滤波法计算得到。

（二）实证结果分析

在表17-4中，我们报告了政府总收入、政府总支出及其波动性对产出增长的影响。① 为了控制各省份的个体效应，我们使用固定效应模型进行回归。

表17-4　政府总收入、政府总支出及其波动性与经济增长

变量	(1)	(2)	(3)	(4)	(5)	(6)	(7)	(8)
$\log Y$	-1.398**	-0.504	-0.47	-0.695	-0.399	-0.399	-0.377*	-0.231**
	(-2.52)	(-0.98)	(-1.05)	(-1.42)	(-0.70)	(-0.68)	(-0.75)	(-0.45)
I/Y	5.887***	4.462***	3.532**	4.446**	5.685***	5.685***	3.089**	3.736**
	(-2.83)	(-2.77)	(-2.25)	(-2.27)	(-2.67)	(-2.62)	(-1.59)	(-1.37)
N	-1.743**	-1.977***	-1.505**	-1.451**	-1.902***	-1.902***	-1.920***	-1.504**
	(-2.02)	(-3.10)	(-2.28)	(-2.32)	(-2.62)	(-2.65)	(-2.79)	(-2.24)
σ^Y		-0.000**	-0.000*	-0.000*	-0.000**	-0.000**	-0.000***	-0.000**
		(-2.30)	(-1.94)	(-1.84)	(-2.15)	(-1.97)	(-2.69)	(-1.94)
σ^R			-1.029***	-1.179***			-1.247***	-1.137***
			(-4.39)	(-4.53)			(-6.12)	(-5.29)
R			-0.211***	-0.622**				-0.205***
			(-3.66)	(-2.07)				(-3.40)
R^2				0.017				
				(-1.2)				
σ^E					0.410*	0.410*	0.351**	0.508**
					(-1.72)	(-1.81)	(-2.23)	(-2.49)
E					-0.077	-0.076		-0.055
					(-1.00)	(-0.43)		(-0.69)
E^2						0.00		
						(-0.00)		
常数项	19.540***	14.720***	16.438***	19.760***	14.080***	14.075***	14.691***	15.017***
	(-4.18)	(-3.53)	(-4.23)	(-4.69)	(-3.12)	(-2.81)	(-3.78)	(-3.75)

---

① 政府总收入和政府总支出占GDP比重。与总产出波动性计算相同，我们使用HP滤波来对年度数据进行平滑处理以计算波动性，平滑系数λ取6.25。

续表

	(1)	(2)	(3)	(4)	(5)	(6)	(7)	(8)
样本数	180	180	180	180	180	180	180	180

注：①被解释变量为人均实际 GDP 增长率；logY 为人均实际 GDP 的对数；I/Y 为投资占 GDP 比重；N 为人口自然增长率对数；σ^Y 为产出波动；R 为政府收入占 GDP 比重；σ^R 为政府收入波动；E 为政府支出占 GDP 比重；σ^E 为政府支出波动。

② *、**、*** 分别表示在 10%、5%、1% 的显著性水平下显著。

第（1）列中显示的只对控制变量进行回归时，所有控制变量的符号与经典文献的结论完全一致，并且都在 5% 的显著性水平下显著。特别是，logY 的符号显著为负，这也验证了我国各省份经济增长在长期中存在收敛趋势的结论。

我们在第（2）列的回归中加入产出波动性。结果显示，产出波动性对经济增长的影响在 5% 的显著性水平下显著为负，从而验证了 G. 拉姆齐和 V. T. 拉姆齐（1995）的研究中得到的"产出波动对长期经济增长存在负向影响"的结论。第（3）—（4）列考察了财政收入及其波动性对增长的影响。在未加入政府收入的平方项时，政府收入与收入波动性对于经济增长的影响均为负数，并且在 1% 的显著性水平下显著。但财政收入占 GDP 比重的平方项不显著。尽管如此，在将平方项加入模型后，政府收入波动性的负面作用仍然显著，甚至更稳健了（p 值更接近 0.000）。第（5）—（6）列描述了财政支出及其波动性对经济增长的效应。结果显示，虽然回归结果的显著性小于收入波动性（仅在 10% 的显著性水平下显著），但政府支出波动性对经济增长是存在正向影响的。不过，政府支出规模本身及其平方项对经济增长却没有显著影响。这说明政府支出的波动性、绝对规模对于经济增长的影响并不取决于政府规模的大小。与政府收入情况相同，即使加入了支出的平方项，政府支出波动性仍然对经济增长有显著的正面影响。第（7）列除控制变量以外仅加入了产出、政府收入、政府支出的波动性，计量结果显示，三个变量均保持与第（3）—（6）列相同的符号及显著性，并且政府支出波动性的影响更显著了（p 值从 0.061 降低到 0.013）。第（8）列在第（7）列模型基础上加入了政府收入、支出占 GDP 比重。除政府支出水平外，所有解释变量均在5%的显著性水平下显著。这样，根据表17-4的回归结果，我们就可以得到与Bisio等（2013）的研究结果相同的结论：政府支出波动性对经济增长存在显著的正向影响。另外，我们的实证结果还表明，政府收入及其波动性均不利于经济增长。

为了进一步分析政府规模及其波动性对增长的影响，我们在表17-5中分析了政府支出和政府收入的细分项（税收和一般公共服务支出）及其波动性对经济增长的效应。可以看到，加入不同的解释变量组合时，产出波动性对经济增长的影响仍然显著为负。根据第（3）列和第（4）列的结果，税收占GDP比重对经济增长具有显著的负向效应，并且这种效应与政府的相对规模无关。当税收的平方项加入回归时，税收波动性的作用依然显著。1994年的分税制改革，扩大了地方政府税收的自主性，但也引起了政府之间不正常的税收竞争，这就导致地方税收波动幅度加大。此外，从税收结构来看，地方税种收入中共享税占比过大，除了营业税、企业所得税，其他均属于小额税种。税源分散导致地方税收征收困难，非常不稳定，地方税收的波动性提高会影响经济增长（樊勇，2011）。

表17-5 税收、一般公共服务支出及其波动性和经济增长

	(1)	(2)	(3)	(4)	(5)	(6)
logY	-2.168***	-1.242*	-0.813	-2.307***	-0.931	-0.860
	(-2.62)	(-1.89)	(-1.46)	(-2.91)	(-1.54)	(-1.40)
I/Y	10.059***	10.279***	6.159**	10.928***	6.803***	5.912**
	(2.94)	(4.14)	(2.49)	(3.30)	(2.88)	(2.42)
N	-3.356***	-1.943**	-1.626**	-2.227*	-2.019***	-2.183***
	(-2.86)	(-2.36)	(-2.12)	(-1.74)	(-2.64)	(-2.66)
σ^Y		-0.000**	-0.000**	-0.000**	-0.000**	-0.000**
		(-1.63)	(-1.39)	(-0.96)	(-1.99)	(-1.97)
T			-0.396***	-0.842*		
			(-5.64)	(-1.94)		
σ^T			-0.722***	-1.038***		
			(-3.02)	(-3.32)		

续表

	（1）	（2）	（3）	（4）	（5）	（6）
T^2				0.016 (0.60)		
P					0.100 (0.28)	1.110 (0.66)
σ^P					21.399*** (3.93)	21.594*** (2.96)
P^2						−0.183 (−0.39)
常数项	26.819*** (3.74)	17.763*** (3.47)	19.279*** (4.15)	31.895*** (4.58)	16.150*** (3.43)	15.339*** (3.18)
样本数	126	126	126	126	126	126

注：①被解释变量为人均实际 GDP 增长率；logY 为人均实际 GDP 的对数；I/Y 为投资占 GDP 比重；N 为人口自然增长率对数；σ^Y 为产出波动；T 为税收占 GDP 比重；σ^T 为税收波动；P 为一般预算收入占 GDP 比重；σ^P 为一般预算收入波动。

②＊、＊＊、＊＊＊分别表示在 10％、5％、1％ 的显著性水平下显著。

根据第（5）列和第（6）列呈现的结果可以看出，一般公共服务支出及其平方项都不显著。这与国内外文献的结论存在较大出入。其中可能的原因是，由于有 9 个省份的财政分项数据缺失，大大减少了样本容量。① 而在这几个缺失数据的省份中，上海、浙江、广东等都属于经济体量较大的省份。如果一般公共服务支出在当地经济增长中有重要作用，那么在剔除它们之后，总体上看，一般公共服务支出对于经济增长的影响很可能会被削弱。

一般公共服务支出波动性对经济增长则表现出显著的正向影响，这与龚六堂和邹恒甫（2001）关于政府支出分项方差对于经济增长的影响的研究结论一致。这个结论可能与中国地方政府公共服务支出的波动方向及其顺周期性有关，同时也说明政府支出中各个科目的波动性对于经济增长的影响必然是不同的，正负相互抵消，最后决定了政府支出水平的波动对宏观经济的整体作用。通过表 17-2 呈现的描述性统计结果，与

---

① 分别是新疆、云南、甘肃、广西、广东、浙江、上海、山西、重庆 9 个省份。

税收水平进行比较即可发现，中国各省份的一般公共服务支出波动性水平更低。Acemoglu 等（2003）提出，总产出波动性的一个来源是对政府行政人员的管制不足，而从长期来看，这会抑制经济增长。在中国，一般公共服务支出主要用于保障机关事业单位正常运转，支持各机关单位履行职能。① 基于此定义可以推出，如果一般公共服务支出比较稳定，那么中国各地的经济增长可能具备有益的内部治理环境。不过，以一般公共服务支出为代表的刚性支出在财政收入中的比重直接影响地方政府的财政空间。刚性支出越多，行政管理费等固定开支占比越大，政府用于民生建设的资金则相对减少，地方政府的财政灵活性（或者说波动性）降低。由此推测，在产出波动较大的情况下，如果行政类开支做出了适应性的调整，起到了提高行政效率的作用，累积的公共资本将在较长的时间段内对宏观经济增长产生积极效果。中国地方政府可借助一般公共服务支出间接调控经济增长水平，使其成为稳定宏观经济的一个途径。

以上两个模型的回归结果均较好地印证了国内外研究的结论，证明了产出波动性、政府收入波动性以及税收波动性对于中国地方经济增长存在显著的负向影响。但政府支出及其分项（一般公共服务支出）的波动性则可能有利于经济增长。这些经济指标的波动性效应，均与政府规模无关。

（三）稳健性检验和内生性问题的讨论

本章使用了多种方法对初始模型的回归结果（见表17-4）进行稳健性检验，不仅包括在原模型中加入了人力资本这一新的控制变量，还使用了两种方法解决初始模型可能存在的内生性问题。

在最初设置回归模型时，一个关键的问题是：是否应当考虑省份个体效应。虽然加入各省份个体效应能够控制无法观测的异质性，但同样可能会影响最终回归的结果。所以，稳健性检验的第一步，我们选择将原模型中的个体效应剔除。表17-6呈现的结果是，去除了省份个体效应之后，产出波动、政府收入波动、政府收入对经济增长依然呈现出显著的负向作用。与初始模型结果相同，政府支出波动的正面效应依然在10%的显著性水平下显著；政府收入的平方项、政府支出及其平方项均不显著。这个结果与初始模型的回归结果基本相同。

---

① 此定义来自《中国财政年鉴》。

表 17-6　　　　　　　　　不包含个体效应（OLS 方法）

	(1)	(2)	(3)	(4)	(5)	(6)	(7)	(8)
LogY	-1.383***	-0.504***	-0.470	-0.695	-0.399	-0.399	-0.377**	-0.231*
	(-2.75)	(-0.87)	(-0.89)	(-1.30)	(-0.61)	(-0.63)	(-0.64)	(-0.39)
I/Y	5.866***	4.462**	3.532**	4.446**	5.685**	5.685**	3.089	3.736
	(3.17)	(2.34)	(1.98)	(2.43)	(2.03)	(2.08)	(1.58)	(1.38)
N	-1.715**	-1.977***	-1.505**	-1.451**	-1.902***	-1.902***	-1.920***	-1.504**
	(-2.15)	(-2.99)	(-2.39)	(-2.19)	(-2.85)	(-2.76)	(-3.11)	(-2.27)
σ^Y		-0.000**	-0.000**	-0.000*	-0.000**	-0.000**	-0.000***	-0.000**
		(-2.57)	(-1.96)	(-1.86)	(-2.16)	(-2.22)	(-2.82)	(-2.02)
σ^R			-1.029***	-1.179***			-1.247***	-1.137***
			(-4.06)	(-4.39)			(-5.03)	(-4.85)
R			-0.211***	-0.622**				-0.205***
			(-3.19)	(-2.24)				(-2.97)
R^2				0.017				
				(1.44)				
σ^E					0.410*	0.410*	0.351**	0.508**
					(1.88)	(1.88)	(2.49)	(2.35)
E					-0.077	-0.076		-0.055
					(-1.04)	(-0.49)		(-0.72)
E^2						-0.000		
						(-0.00)		
常数项	19.389***	14.720***	16.438***	19.760***	14.080***	14.075***	14.691***	15.017***
	(4.37)	(3.24)	(4.00)	(4.37)	(2.88)	(2.80)	(3.33)	(3.36)
样本数	180	180	180	180	180	180	180	180

注：①被解释变量为人均实际 GDP 增长率；logY 为人均实际 GDP 的对数；I/Y 为投资占 GDP 比重；N 为人口自然增长率对数；σ^Y 为产出波动；R 为政府收入占 GDP 比重；σ^R 为政府收入波动；E 为政府支出占 GDP 比重；σ^E 为政府支出波动。

②*、**、***分别表示在 10%、5%、1% 的显著性水平下显著。

理论上说，初始模型中没有考虑到的变量会影响到产出波动、政府收支波动与绝对水平对于经济增长的效应。从现有文献成果来看，这些因素可能是各省份政治腐败程度、对外开放度、市场化程度、人力资本（教育水平）、金融行业发展水平等。在进行经济增长率的预测与确定财政政策的方向时，有必要考虑中国各省份的实际情况对于经济增长的影响，而不能够完全依赖整体经济周期趋势做出判断。因此，表17－6的结果表明，初始模型是稳健的。并且可以推测，正是由于中国地方政府的经济数据可能存在失真的情况，才导致了在加入个体效应时（初始模型）没有得出与国外大部分研究一致的结论。由于时间效应在最初的混合回归模型中就已经表现为不显著，我们不再考虑对时间效应的稳健性检验。

另外，我们需要对经济增长与政府规模、经济增长与财政波动性之间可能存在的双向因果关系进行检验。对于前者，如果政府支出与税收对于产出波动的弹性小于1，在跨度长达6年的周期中如果保持了经济的高速增长，就会出现政府支出、收入占GDP比重下降。类似地，使用OLS方法进行回归的结果显示，政府支出波动性与经济增长的因果关系并不清晰。即使在回归时考虑产出波动性、初始产出水平、时间效应、个体（省份）效应等控制变量，在财政波动性与经济增长作为模型的因变量时，它们都可以使用同一组解释变量。基于以上原因，本章将政府支出与政府收入的初始值引入模型以解决内生性的问题。根据表17－7呈现的结果，我们发现，产出波动的作用与初始模型的结果相同——在没有考虑与政府支出有关的控制变量时，产出波动在不同模型中均对经济增长存在显著的负向影响。另外，政府收入波动性同样会对经济增长产生显著的负向影响。除加入了政府支出平方项的模型外，政府支出及其波动性均对经济增长存在显著的正向影响。与Afonso和Furceri（2010）的研究得出的结论一致，政府支出与政府收入的初始水平都对经济增长存在影响，且两者的影响程度较为接近。

表17－7　　对内生性问题的讨论（支出和收入使用年初数据）

	(1)	(2)	(3)	(4)	(5)	(6)	(7)	(8)
logY	－1.398**	－0.504	－0.315	－0.354	－0.618	－0.653	－0.377**	－0.306**
	（－2.48）	（－1.01）	（－0.78）	（－0.85）	（－1.14）	（－1.20）	（－0.74）	（－0.58）
I/Y	5.887***	4.462***	2.565	2.407	8.459***	6.341***	3.089	5.591**
	（2.81）	（2.78）	（1.61）	（1.51）	（4.62）	（3.19）	（1.57）	（2.41）

续表

	(1)	(2)	(3)	(4)	(5)	(6)	(7)	(8)
N	-1.743**	-1.977***	-1.516**	-1.571***	-1.555**	-1.573***	-1.920***	-1.213*
	(-2.04)	(-3.05)	(-2.42)	(-2.58)	(-2.41)	(-2.70)	(-2.89)	(-1.94)
σ^Y		-0.000**	-0.000***	-0.000***	-0.000*	-0.000*	-0.000***	-0.000**
		(-2.41)	(-2.63)	(-2.75)	(-1.81)	(-1.88)	(-2.57)	(-2.02)
σ^R			-0.778***	-0.683**			-1.247***	-0.848***
			(-3.28)	(-2.42)			(-6.17)	(-4.22)
R			-0.162***	-0.297**				-0.151***
			(-4.58)	(-2.24)				(-4.64)
R^2				0.009				
				(1.23)				
σ^E					0.526***	0.242	0.351**	0.611***
					(2.69)	(1.03)	(2.31)	(3.82)
E					-0.183***	-0.405***		-0.157***
					(-3.44)	(-3.78)		(-2.62)
E^2						0.007**		
						(2.26)		
常数项	19.540***	14.720***	15.371***	16.281***	15.149***	17.735***	14.691***	15.039***
	(4.16)	(3.65)	(4.29)	(4.40)	(3.63)	(4.11)	(3.73)	(3.73)
样本数	180	180	180	180	180	180	180	180

注：①被解释变量为人均实际 GDP 增长率；logY 为人均实际 GDP 的对数；I/Y 为投资占 GDP 比重；N 为人口自然增长率对数；σ^Y 为产出波动；R 为初始政府收入占 GDP 比重；σ^R 为政府收入波动；E 为初始政府支出占 GDP 比重；σ^E 为政府支出波动。

②*、**、*** 分别表示在 10%、5%、1% 的显著性水平下显著。

解决内生性问题一种更好的方法是使用工具变量。我们考虑采用政府支出占 GDP 比重的滞后项及各省份的规模（用年末总人口的对数表示）作为政府支出与政府收入的工具变量，重新进行回归分析。下一年度政府支出占 GDP 比重，显然不会影响该年 GDP 增长。并且在中国的财政体制下，当期政府支出会通过影响中央划拨给地方的财政资金水平，进而影响下一年的政府支出规模。因此，两者之间的相关性可以认为是显著的。实际上，有的研究在最开始的模型中就已经加入了这一变量，如 Fatás 和 Mihov（2003）。选择人口数量对数作为工具变量的原因是总人口代表了该省份的规模大小，也往往会影响政府规模（用政府支出衡量）以及政府支出的波动性（Alesina and Wacziarg, 1998）。相对而言，人口较多的大省份需要投入更多资金在民生项目上。而且，人口绝对数量与 GDP 增长率并没有明确的相关关系。不过，由于在混合回归中政府支出的滞后项并不显著，在此，我们仅使用年末总人口对数作为工具变量进行检验。

表 17-8 的第（1）列、第（2）列是将总人口对数作为政府收入的工具变量时回归的结果。在没有加入平方项的 2SLS 与随机效应模型里，产出波动性与政府收入波动性均表现出了显著的负向影响。第（3）—（4）列呈现了总人口对数作为政府支出的工具变量回归的结果。与初始模型结果相同，政府支出波动性对于经济增长始终存在显著的正向影响，但在 2SLS 回归中 P 值更小。由此可知，本章选择的工具变量较为理想地证实了初始模型的回归结果。

表 17-8　对内生性问题的讨论（以总人口对数为工具变量）

	（1）	（2）	（3）	（4）
R	-0.279** (-2.20)	-0.211*** (-3.65)		
logY	-0.405*** (-0.55)	-0.470 (-1.06)	-0.607 (-0.98)	-0.399** (-0.70)
I/Y	3.313 (1.22)	3.532** (2.13)	9.357*** (3.46)	5.685*** (2.72)
N	-1.398* (-1.77)	-1.505** (-2.34)	-1.646** (-2.33)	-1.902*** (-2.75)
σ^Y	-0.000* (-1.71)	-0.000** (-1.98)	-0.000 (-1.58)	-0.000** (-2.04)
σ^R	-0.981*** (-3.47)	-1.029*** (-4.36)		
E			-0.216** (-2.21)	-0.077 (-1.04)

续表

	(1)	(2)	(3)	(4)
σ^E			0.687***	0.410*
			(2.58)	(1.81)
常数项	16.443***	16.438***	15.334***	14.080***
	(2.88)	(4.34)	(3.19)	(3.17)
样本数	180	180	180	180

注：①被解释变量为人均实际 GDP 增长率；logY 为人均实际 GDP 的对数；I/Y 为投资占 GDP 比重；N 为人口自然增长率对数；σ^Y 为产出波动；R 为政府收入占 GDP 比重；σ^R 为政府收入波动；E 为政府支出占 GDP 比重；σ^E 为政府支出波动。

② *、**、*** 分别表示在 10%、5%、1% 的显著性水平下显著。

人力资本同样是经济增长模型中的重要变量。因此，我们不能忽略其在经济波动影响经济增长的各个传导路径中发挥的作用。由于数据完备性问题，我们没有在原模型中加入人力资本作为控制变量。在稳健性检验环节，我们使用各省份当年高等教育毕业人数（万人）的对数来度量人力资本水平，进行了新的回归，回归结果见表 17-9。① 样本量在原模型基础上有所减少，但我们可以发现，人力资本对于经济增长表现为显著的正向影响，这符合我们的预期。② 在加入了新控制变量后，产出波动性仅在第（4）列不显著。由表 17-9 可知，在包含政府收入平方项的模型（4）中，政府收入波动每提高 1 个单位，人均实际 GDP 增长率就会降低大约 1.052%。另外，政府支出波动性在模型（5）至模型（8）中均在 1% 的显著性水平下显著，并且符号为正。这些结果均与表 17-4 对应的结果相同，从而验证出初始回归结果的稳健性。

表 17-9　政府总收入、总支出与经济增长（加入人力资本）

	(1)	(2)	(3)	(4)	(5)	(6)	(7)	(8)
logY	-2.587***	-1.484**	-1.171**	-1.447**	-1.373**	-1.396**	-1.302**	-1.005*
	(-4.52)	(-2.45)	(-2.09)	(-2.38)	(-2.12)	(-2.10)	(-2.10)	(-1.65)

---

① 一般测量人力资本可以分为收入法、支出法、教育指标法（平均受教育年限、识字率、入学率等）。为了尽可能避免数据不完整的影响，通过查找中国各省份统计年鉴，使用本指标代表各省人力资本的基本情况。

② 多个省份 1985 年以前高等教育毕业人数的数据存在缺失的情况。

续表

	(1)	(2)	(3)	(4)	(5)	(6)	(7)	(8)
I/Y	5.555***	4.453***	3.636**	4.565**	3.605	3.574	2.629	2.051
	(3.12)	(2.86)	(2.24)	(2.39)	(1.47)	(1.54)	(1.47)	(0.73)
N	-1.499*	-1.601**	-1.316**	-1.223*	-1.548**	-1.561**	-1.563**	-1.253*
	(-1.70)	(-2.34)	(-2.02)	(-1.86)	(-2.19)	(-2.21)	(-2.49)	(-1.87)
H	1.169***	0.887***	0.612**	0.680**	1.166***	1.178***	0.970***	0.948**
	(3.11)	(2.73)	(2.29)	(2.34)	(2.96)	(2.70)	(2.81)	(2.52)
σ^Y		-0.000**	-0.000*	-0.000	-0.000*	-0.000*	-0.000**	-0.000*
		(-2.00)	(-1.73)	(-1.42)	(-1.95)	(-1.87)	(-2.22)	(-1.80)
σ^R			-0.917***	-1.052***			-1.077***	-0.946***
			(-3.95)	(-4.42)			(-5.69)	(-4.29)
R			-0.179***	-0.603*				-0.196***
			(-3.03)	(-1.82)				(-3.14)
R^2				0.017				
				(1.14)				
σ^E					0.528***	0.526***	0.515***	0.588***
					(2.64)	(2.59)	(3.05)	(3.31)
E					-0.025	-0.086		-0.010
					(-0.33)	(-0.48)		(-0.12)
E^2						0.001		
						(0.36)		
常数项	26.479***	19.966***	19.994***	23.564***	18.972***	19.655***	19.428***	18.723***
	(5.58)	(4.44)	(4.99)	(5.13)	(3.96)	(3.58)	(4.55)	(4.31)
样本数	170	170	170	170	170	170	170	170

注：①被解释变量为人均实际 GDP 增长率；logY 为人均实际 GDP 的对数；I/Y 为投资占 GDP 比重；N 为人口自然增长率对数；σ^Y 为产出波动；R 为政府收入占 GDP 比重；σ^R 为政府收入波动；E 为政府支出占 GDP 比重；σ^E 为政府支出波动；H 为人力资本。

②*、**、***分别表示在 10%、5%、1% 的显著性水平下显著。

四　结论

有关政府规模波动性对经济增长的影响一直没有明确结论。对于在过去30多年来实现了经济飞速增长的中国，地方财政的波动性在其中发挥的作用更引人关注。理论上说，财政支出增加后会提高总产出水平，也会在短期内对个人消费产生挤出效应。另外，政治活动的不稳定性与地方政府的自主权，被认为是长期经济波动的重要来源。本章在控制了年初产出水平、人口自然增长率以及固定资产投资水平后，验证了中国省级政府收入支出及其分项的绝对水平与波动性对于经济增长的影响。

通过使用中国30个省份1981—2016年的经济数据，本章主要得出了以下结论。

第一，中国各省份的产出波动对于经济增长有负向作用。这种作用在去除各省份个体效应之后仍然显著。这一点被大量国内外文献证实，不论是使用OECD数据，还是主要针对发达经济体；不论是对中国整体宏观经济进行分析，还是对地方政府进行研究，都是如此。

第二，地方政府收入及其波动性显著地阻碍了经济增长，其效应并不随政府规模的改变而变化，这种消极影响较大，可能来自地方政府税收收入的不稳定。

第三，地方政府支出波动性对于经济增长存在显著的正向影响。政府支出是地方政府经常使用的财政政策工具，较强的波动性不但直接影响产出，而且有可能提升消费者和企业对经济的信心，进而促进经济增长。

第四，各省份税收占GDP比重及其波动性对经济增长均存在负向效应。这种作用可能来自分税制造成的各省份之间的不正当竞争（比如互设障碍、争夺税基，或通过政策洼地、过度让利式的吸引外资），放大了地方税收波动性的负面效应。

基于以上结果，针对中国地方政府当前的财政收支结构与经济波动情况，提出以下政策建议：

（1）地方政府进行资金预算安排时，应注意保障一般公共服务支出的稳定，确保政府机关运转的必要资金到位。但更重要的是，应提高政府部门的运作效率与服务水平。

（2）需要灵活地根据经济增长水平进行调整支出，片面地降低政府支出的水平并不等同于 GDP 快速增长。在特殊时期，采取波动性较大的反周期的调控方向，也可能带来正向效应。例如，在经济过热时，通过控制总需求及转移支付进行调控，以防止产生过高的通货膨胀率、放大经济的不正常波动，进而减缓长期经济增长。

（3）中央应逐步调整税收结构扩大税基，减小税收的波动性，并重新考量财政分权的最佳程度。地方政府则需要以本省份经济社会发展情况为基础，寻找最适合本省份的财政收入来源，避免过度压低税收，带来异常的政府收入波动。

本章给相关研究提供了进一步探索的方向。在财政收入与支出细分项中，由于数据可得性的问题，我们仅讨论了税收收入与公共服务支出的作用。首先，教育、医疗、科技、社会保障等主要财政支出项目的波动性对于中国地方经济增长的影响，仍有待进一步检验。其次，本章也没有使用部分国内文献中提到的"生产性支出、消费性支出"分类方法构建计量模型。在数据完备的前提下，可以考虑将中国与其他经济体进行对比研究。此外，本章初始模型中控制变量的设定没有加入对经济增长可能有重要作用的指标（如对外贸易开放度、人力资本存量等），这也给今后的进一步研究提供了方向。

参考文献

［1］陈昆亭、周炎、龚六堂：《短期经济波动如何影响长期增长趋势？》，《经济研究》2012 年第 11 期。

［2］陈利锋：《政府支出的构成与中国经济波动——基于动态随机一般均衡模型的分析》，《南方经济》2012 年第 4 期。

［3］陈卫东、苗文龙：《政府换届、经济政策与政治经济周期》，《经济经纬》2010 年第 4 期。

［4］池建宇、赵家章：《短期经济波动如何影响长期增长？——来自中国省级层面的证据》，《北京工商大学学报》（社会科学版）2015 年第 2 期。

［5］樊勇：《我国县级政府税收收入的结构、规模及影响分析》，《中国财政》2011 年第 12 期。

［6］葛翔宇、叶提芳：《我国公共支出增长及波动对经济增长的影响研

究?》,《华东经济管理》2015年第1期。

[7] 郭长林:《积极财政政策、金融市场扭曲与居民消费》,《世界经济》2016年第10期。

[8] 龚六堂、邹恒甫:《政府公共开支的增长和波动对经济增长的影响》,《经济学动态》2001年第9期。

[9] 郭庆旺、贾俊雪:《地方政府行为、投资冲动与宏观经济稳定》,《管理世界》2006年第5期。

[10] 郭庆旺、赵旭杰:《地方政府投资竞争与经济周期波动》,《世界经济》2012年第5期。

[11] 黄赜琳、朱保华:《中国的实际经济周期与税收政策效应》,《经济研究》2015年第3期。

[12] 黄赜琳:《中国经济周期特征与财政政策效应——一个基于三部门RBC模型的实证分析》,《经济研究》2005年第6期。

[13] 李永友:《经济波动对经济增长的减损效应:中国的经验证据》,《当代经济科学》2006年第4期。

[14] 林建浩、王美今:《新常态下经济波动的强度与驱动因素识别研究》,《经济研究》2016年第5期。

[15] 刘金全、张鹤:《经济增长风险的冲击传导和经济周期波动的"溢出效应"》,《经济研究》2003年第10期。

[16] 刘霞辉:《为什么中国经济不是过冷就是过热?》,《经济研究》2004年第11期。

[17] 卢二坡、王泽填:《短期波动对长期增长的效应——基于省际面板数据的经验证据》,《统计研究》2007年第6期。

[18] 卢二坡、曾五一:《转型期中国经济短期波动对长期增长影响的实证研究》,《管理世界》2008年第12期。

[19] 饶晓辉、刘方:《政府生产性支出与中国的实际经济波动》,《经济研究》2014年第11期。

[20] 王国静、田国强:《政府支出乘数》,《经济研究》2014年第9期。

[21] 杨海生、聂海峰、陈少凌:《财政波动风险影响财政收支的动态研究》,《经济研究》2014年第3期。

[22] 杨玫研、刘洪钟:《不同类型债务对经济增长及波动的影响》,《经济学家》2014年第4期。

[23] Acemoglu, D., Johnson, S., Robinson, J. and Thaicharoen, Y., "Institutional Causes, Macroeconomic Symptoms: Volatility, Crises and Growth", *Journal of Monetary Economics*, Vol. 50, No. 1, 2003.

[24] Afonso, A. and Furceri, D., "Government Size, Composition, Volatility and Economic Growth", *European Journal of Political Economy*, Vol. 26, No. 4, 2010.

[25] Aghion, P. and Saint, Paul G., "Virtues of Bad Times Interaction between Productivity Growth and Economic Fluctuations", *Macroeconomic Dynamics*, Vol. 2, No. 3, 1998.

[26] Aiyedogbon, J. O., Ohwofasa, B. O. and Anyanwu, S., "Government Expenditure and Economic Growth in Nigeria, 1981 – 2013: A Bound Testing Approach", *International Journal of Economics & Financial Research*, Vol. 1, No. 4, 2015.

[27] Aizenman, J. and Marion, N., "Volatility and Investment: Interpreting Evidence from Developing Countries", *Economica*, Vol. 66, No. 262, 1999.

[28] Aizenman, J. N. and Marion, P., "Macroeconomic Uncertainty and Private Investment", *Economics Letters*, Vol. 41, No. 2, 1993.

[29] Akai, N. and Hosio, M., "Fiscal Decentralization, Commitment and Regional Inequality: Evidence from State – Level Cross – Sectional Data for the United States", *Journal of Income Distribution*, Vol. 18, No. 1, 2009.

[30] Alvarez, F. and Jermann, U. J., "Using Asset Prices to Measure the Cost of Business Cycles", *Journal of Political Economy*, Vol. 112, No. 6, 2004.

[31] Badinger, H., "Cyclical Expenditure Policy, Output Volatility and Economic Growth", *Applied Economics*, Vol. 44, No. 7, 2012.

[32] Bisio, L. and Ventura, L., "Growth and Volatility Reconsidered: Reconciling Opposite Views", *ISRN Economics*, Vol. 2003, 2013.

[33] Blackburn, K. and Pelloni, A., "On the Relationship between Growth and Volatilit", *Economics Letters*, Vol. 83, No. 1, 2004.

[34] Croce, M. M., Nguyen, T. T. and Schmid, L., "The Market Price of Fiscal Uncertainty", *Journal of Monetary Economics*, Vol. 59, No. 5, 2012.

[35] Edwards, J. A. and Thames, F. C., "Growth Volatility and the Interaction between Economic and Political Development", *Empirical Economics*, Vol. 39, No. 1, 2010.

[36] Evrensel, A. Y., "Corruption, Growth, and Growth Volatility", *International Review of Economics & Finance*, Vol. 19, No. 3, 2010.

[37] Fatas, A. and Mihov, I., "Policy Volatility, Institutions, and Economic Growth", *Review of Economics and Statistics*, Vol. 95, No. 2, 2013.

[38] Furceri, D., "Long-run Growth and Volatility: Which Source Really Matters?", *Applied Economics*, Vol. 42, No. 15, 2010.

[39] Gali, J., "Government Size and Macroeconomic Stability", *European Economic Review*, Vol. 38, No. 1, 1994.

[40] Jetter, M., "Volatility and Growth: Governments are Key", *European Journal of Political Economy*, Vol. 36, 2014.

[41] Koren, M. and Tenreyro, S., "Volatility and Development", *Quarterly Journal of Economics*, Vol. 122, No. 1, 2007.

[42] Kormendi, R. C. and Meguire, P. G., "Macroeconomic Determinants of Growth: Cross-country Evidence", *Journal of Monetary Economics*, Vol. 16, No. 2, 1985.

[43] Kose, M. A., Prasad, E. S. and Terrones, M. E., "Growth and Volatility in an Era of Globalization", *Imf Staff Papers*, Vol. 52, No. 1, 2005.

[44] Koteski, C., Josheski, D., Jakovlev, Z., Bardarova, S. and Serafimova, M., "Volatility and Growth", *Wulfenia Journal*, Vol. 20, No. 12, 2013.

[45] Levine, R. and Renelt, D., "A Sensitivity Analysis of Cross-country Growth Regressions", *American Economic Review*, Vol. 82, No. 4, 1992.

[46] Martin, P. and Rogers, C. A., "Long-term Growth and Short-term Economic Instability", *European Economic Review*, Vol. 44, No. 2, 2000.

[47] Nishimura, Y., "Human Fallibility, Complementarity, and Fiscal Decentralization", *Journal of Public Economic Theory*, Vol. 8, No. 3, 2006.

第五篇

通货膨胀与通货膨胀预期管理研究

第十八章 价格波动周期与经济周期

——基于合成因子视角*

本章在构造描述经济波动周期和价格波动周期两类因子的基础上，立足经典理论对两周期的关系做实证分析，并分别研究不同冲击、不同经济波动阶段两周期的相关关系和互相影响。根据经典的 IS—LM 模型，推导出价格波动方程，利用合成因子以及历史季度数，据估计出中国价格波动模型的具体形式，讨论影响中国价格水平波动的因素以及影响大小。研究发现，通过构造经济波动因子和价格波动因子，可以更准确地将波动信息从指标中提炼出来，并较为全面地描述经济波动和价格波动。

根据 IS—LM 方程推导出价格波动因子的决定方程，利用 FPC、FBC 以及其他影响变量的季度数据进行实证研究，估计模型参数，证实了中国价格波动周期主要是宏观经济波动缺口、价格波动预期以及国际传导因素引起的，而货币供应量的变化并不能显著地影响价格波动。

基于经典经济理论，利用 FBC 和 FPC 对中国经济周期和价格波动周期的关系做实证研究，发现价格波动周期是作为宏观经济波动周期的孪生物存在的，两者之间存在着内在的必然联系。不同的外生冲击对于经济波动周期和价格波动周期的影响各不相同。通过分区制对 FBC 和 FPC 的关联性研究发现，两类周期的相互作用方式、表现形式以及作用效果在不同经济阶段存在明显的差异。

实证分析的另一个重要结论是，价格水平的波动除主要受经济波动的影响外，汇率波动、通货膨胀预期都会对价格波动产生重要影响。

实证分析和经验研究证明，我国货币政策的制定应最大限度地避免滞后性，由于价格波动滞后于产出缺口，这也为管理好通货膨胀预期，避免价格波动提供了有利的时间窗口，从而为政府制定前瞻性的经济政

---

* 本章由沈少博执笔。

策提供了客观依据。

一 引言

目前，中国经济发展进入了一个新阶段。从保持经济可持续增长和稳定均衡增长两方面来看，中国经济均面临着严峻挑战。

近十年来，中国的经济增长速度持续下降，GDP 增长率从 2007 年的 14.2% 下降到了 2017 年的 6.9%。假如不能实现经济发展模式的转换，经济的可持续发展就会面临挑战。除经济增速放缓之外，中国经济还面临着总量失衡和结构失衡的窘境，以"三去一降一补"为内容的供给侧结构性改革是总需求与总供给失衡的真实写照。

当前，中国面临着产出波动周期、价格波动周期、进出口贸易波动周期、世界经济波动周期等多种周期叠加的影响，使中国当前面临的经济问题愈加复杂。在这一背景下，如何减轻"多周期叠加"或"多种波动叠加"对经济发展带来的负面影响，有效地保持经济可持续增长和稳定均衡增长，是时代赋予我们的重大课题。

在宏观经济运行过程中，价格水平的稳定是衡量宏观经济平稳健康运行的重要指标。近几年，经济增长率虽然持续下降，但价格指数却没有相应下行，进入 2017 年更具有了明显上升的趋势。未来几年，中国经济可能面临着"滞胀"的风险。基于经济增长速度和价格变动的不对称性，以及中国经济运行面临的滞胀风险，本章将经济波动周期和价格波动周期作为研究对象，试图揭示两者之间的内在联系。

二 经济波动周期分析

（一）宏观经济波动性的分析方法

1. 传统分析方法的缺陷

早期，学者通过分析经济总量增长率的折线图来研究整个宏观经济的波动性。之后，随着计量经济学理论的发展，经济总量的拆分方法开始普及，学者开始从宏观经济总量中提取其中周期成分，以此来分析宏观经济波动。20 世纪中期,美国国家经济研究局(NBER)首次合成了经济景气指数,并用这个指标监测宏观经济的整体运行情况,此后越来越多的学者基于景气指数这一思想对宏观经济的波动性进行研究。但是,这些方法在测度中国宏观经济波动性时,都存在一些不足之处。

我们通常使用 GDP 这一指标来衡量经济总量。然而,GDP 中包含非周期性行业和弱周期性行业的增加值。以典型的非周期性行业农业为例,中国 2013 年、2014 年、2015 年、2016 年和 2017 年的农业总产值占 GDP 比重分别是 8.65%、8.51%、8.36%、7.97% 和 7.46%,不仅占比很小,而且农业的波动主要受自然气候的影响。在研究经济周期时,如果仅用 GDP 的变化率作为衡量指标,基数中包含非周期行业和弱周期行业的增加值,刻画出的经济波动强度会比实际波动强度低,对于周期甄别的时效性和描述效果也会变差。也有部分研究选取工业增加值作为 GDP 的替代变量来进行测算,但其仅刻画了工业生产领域的变动,无法全面描述整个经济态势变动。

中国经济景气监测中心通过对一致性指标增长率赋权重的方式构建合成指数,以此来度量中国宏观经济的整体情况,并采取增长率循环法对经济态势做分析。在 2008 年以前,中国一直保持着较高的经济增长率。2008 年至今,中国经济增速持续下行。在此背景下,我们应当考虑如何更准确地将波动特征从总体数据信息中提炼出来。同时,在宏观经济运行过程中,实际产出始终围绕长期趋势线上下波动;一致指标组各变量体现了不同的经济过程,在这些过程中,经济变量不断演化、逐渐展开,同样,围绕自身的长期趋势线进行波动。因此,将一致指标的波动信息分别提取出来并用合理的方法构造经济波动的总指标是本节的研究重点之一。

2. 传统分析方法的改进

在借鉴传统分析方法的基础上,本章试图在排除非周期行业和弱周期行业影响的同时,构建宏观经济波动因子来作为刻画宏观经济波动的工具,以此来更全面细致地对经济周期性波动态势做分析。主要在以下几方面进行改进。

(1)对时间变量的季节性调整方法采用 X—12 季节调整法。景气检测中心使用 X—11 方法进行季节调整,X—11 方法是通过几次迭代来进行分解的,每一次对组成因子的估算都进一步精化。而 X—12 方法在

X—11方法的基础上做了改进：一是可以对贸易日和节假日的影响做调节，增加了季节、趋势循环和不规则要素的分解模型；二是可以对新的季节调整结果进行稳定性检验。

（2）基于离差循环思想将一致指标中的波动信息提取出来。将一致指标的趋势成分和波动成分相分离，再基于循环波动项数据进行因子合成。中国的经济增长速度自2008年以来明显下降，至2015年已从2007年的14.2%跌至7%，除外部因素的影响之外，主要受经济自身的运行规律所影响，中国经济将进入一个持续时间较长的调整期。在顺应经济自身运行规律的前提下（体现在趋势成分中），采取HP滤波法计算一致指标相对于各自趋势的偏离程度，然后进行指标构造。HP滤波法作为趋势循环分解的标准方法，其优势在于能最大限度地避免信息损失。

（3）运用动态因子模型法合成波动因子。各经济变量去除季节性因素后，其变动具有共同的因素，这一因素可以由一个单一的、不可观测的变量表示。动态因子模型是基于上述思想建立的随机模型，对这一不可观测的基本变量给出了数学定义。利用动态因子模型提取一致指标波动成分的"共同因子"，该因子代表了宏观经济运行的整体波动，视为宏观经济波动因子。

3. 经济波动因子分析法

宏观经济波动因子分析法主要是通过对宏观经济一致指标组的周期成分构建动态因子模型，从而获得宏观经济波动因子，最后对该合成指标进行分析研究的过程。

（1）一致指标组的筛选。中国经济景气检测中心多年来在筛选宏观经济运行一致指标组初选框方面已做了大量工作，理论与成果比较成熟。因此，我们可以直接借鉴景气监测中心的指标组初选框，这个初选框包括生产、就业、收入分配、需求等经济活动各方面的情况，可以综合反映总体经济的变动情况和景气动向，具体涉及总产出、工业生产、就业、个人收入、企业利润、销售等几个方面。一致指标组初选框的构成如表18-1所示。

通过初步筛选出的指标，结合数据的可获得性，进行时差相关系数分析，确定最终的一致指标体系。

（2）一致指标组的预处理。首先，由于季度或月度的时间序列往往受到年内季节变动的影响，所以，我们应当先对一致指标组中所有的时间序列数据进行季节调整。本章采取 X—12 季节调整法。

表 18-1　　　　　　　宏观经济波动一致指标组初选框

序号	指标名称	统计量名称
1	工业生产指数	工业生产指数
2	工业从业人员数	工业从业人员数
3	社会收入指数	财政税收额
		工业企业利润额
		居民可支配收入
4	社会需求指数	固定资产投资额
		全社会商品零售总额
		海关进出口总额

其次，分别对所有进行季节调整后的一致指标进行趋势分解。本章基于离差循环法思想，运用 HP 滤波法对一致指标数据分解出趋势项和波动项。

最后，将每个一致指标的波动项数据进行标准化处理。分离出的波动项数据序列可以视为各指标的波动因子，体现了宏观经济不同方面的波动特征。由于初始一致指标的单位和量纲差别较大，在建立因子模型之前，需要对各个波动因子进行标准化处理，以消除由于单位和量纲不同造成的差异。本章采取标准差标准化方法对数据进行处理，即 $x^* = \frac{x-\mu}{\sigma}$，其中，$\mu$ 为所有样本数据的均值，σ 为所有样本数据的标准差。

（3）动态因子模型的构建。建立动态因子模型，提取一致指标的公共波动项成分，此"公因子"即为宏观经济波动因子。经典的因子模型在 20 世纪初由英国心理学家查尔斯·斯波尔曼（Charles F. Spearman）提出，该模型主要用于处理横截面数据，因此，在经济学领域的应用较少。而之后格威克（Geweke，1977）与萨根特和西姆斯（Sargent and Sims，1977）提出了动态因子模型（Dynamic Factor Model，DFM），该模型将经典因子模型扩展用于处理时间序列数据相关问题中，并广泛地应用于经济学领域。动态因子模型理论与应用在最近十年里得到了很大的发展，成为计量经济学中重要的分析工具。其模型的含义为对于一组时间序列数据构成的向量X_t，存在一些潜在动态因子f_t与其联动，同时也被一个均值为零的干扰向量e_t影响，且这些干扰是由于单个时间序列数据的特殊性质和测量误差所引起的。潜在动态因子f_t遵循某一特定的时间序列过程，通常假定为向量自回归过程，即 VAR(p)。由此可见，在动态因子模型中，不仅因子滞后项会影响观测变量，而且因子本身也服从独立的动态变化过程。

假设$X_t = (X_{1t}, X_{2t}, \cdots, X_{Nt})'$为一组时间序列变量，其中，$X_{it}$表示第$i$个变量在第$t$期的观测值；动态因子的个数为$q$。那么，动态因子模型可表示为：

$$X_t = \lambda(L) f_t + e_t \tag{18.1}$$

$$f_t = \psi(L) f_{t-1} + \eta_t \tag{18.2}$$

式中，f_t表示动态因子向量；L为滞后算子，且$\lambda(L)$和$\psi(L)$是由滞后算子多项式组成的矩阵；$\lambda(L) f_t$就是X_t的共同部分；e_t表示扰动向量，即异质部分；η_t表示驱动动态因子向量f_t变动的结构冲击或原始冲击。动态因子模型假定e_t和η_t在所有期都是不相关的，即对于所有的s，有$E(e_t \eta'_{t-s}) = 0$。

动态因子模型的估计方法主要分为时域分析法、频域分析法和贝叶斯方法三大类。如今，大多数学者都采用时域分析法来直接估计动态因子f_t。对动态因子时域分析法的研究主要经历了三个阶段。

第一阶段：对于具有低维参数（N很小）的动态因子模型，一般运用高斯最大似然估计法（MLE）和卡尔曼滤波法。这两种方法提供了在模型假设下因子f_t的最佳估计量。

首先，将动态因子模型写成一个线性状态空间形式，即：

$$X_t = \Lambda F_t + e_t \tag{18.3}$$

$$\Phi(L) F_t = G \eta_t \tag{18.4}$$

式中，令p为滞后多项式$\lambda(L)$的维度，那么，$F_t = (f'_t, f'_{t-1}, \cdots, f'_{t-p})'$；令$\Lambda = (\lambda_0, \lambda_1, \cdots, \lambda_p)$，$\lambda_i$是第$i$个滞后矩阵$\lambda(L)$的系数矩阵；令$\Phi(L)$为只包含1、0和$\psi(L)$中元素的矩阵；G为一个只有1和0的矩阵。故式（18.1）和式（18.3）是等价的，而式（18.2）和式（18.4）是等价的。

其次，状态空间模型需要详细说明e_t和η_t的过程。典型地，假定扰动项e_t遵循单变量的自回归过程：

$$d_i(L)e_t = \zeta_{it}, \ i = 1, \ 2, \ \cdots, \ N \tag{18.5}$$

进一步假设ζ_{it}服从独立同分布$N(0, \ \sigma_{\zeta_i}^2)$，其中，$i=1, \ \cdots, \ N$；$\eta_{jt}$服从独立同分布$N(0, \ \sigma_{\eta_j}^2)$，其中，$j=1, \ \cdots, \ q$；$\{\zeta_t\}$和$\{\eta_t\}$是相互独立的。

最后，在给出了这些参数后，卡尔曼滤波就能够估计出F_t的过滤值，进而估计出动态因子f_t。

第二阶段：对于具有高维参数（N 很大）的动态因子模型，主要运用横截面平均法，即主成分和相关分析法。最终，因子扩展空间的主成分估计量是一致的，且如果 N 充分大，那么因子的估计量在进行回归分析之后会得到令人满意的精确度。

第三阶段：上述两阶段的综合。将第一阶段估计方法和第二阶段估计方法综合起来，最后估计的结果既具有高斯最大似然估计法及卡尔曼滤波方法的有效性，又具有主成分分析法的一致性。

（4）经济波动因子的分析研究。对经济波动因子做全面深入的特征分析，归纳宏观经济的波动规律。宏观经济波动因子分析法的步骤与流程可以用图 18–1 表示。

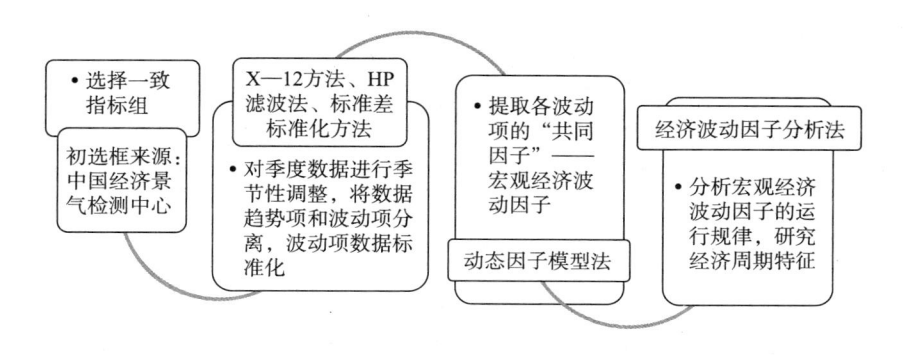

图 18–1 经济波动因子分析法流程

（二）经济波动因子的合成过程

1. 一致指标的筛选

景气监测中心的一致指标初选框中的统计指标有工业生产指数、工业从业人员数、财政税收额、工业企业利润、居民可支配收入、固定资产投资和海关进出口额 8 个。这 8 个指标包括生产、就业、收入分配、需求等经济活动各方面的情况。

第一,由于数据可得性问题,工业生产指数用工业增加值来代替。工业增加值是工业企业生产过程中新增加的价值,是指工业企业在报告期内以货币形式表现的工业生产活动的最终成果,代表了工业企业全部生产活动的总成果扣除了在生产过程中消耗或转移的物质产品和劳务价值后的余额。工业生产指数是相对指标,反映短期经济的景气状况和发展趋势。以代表产品的生产量为基础,用报告期除以基期取得产品产量的个体指数,以工业增加值计算权数来加权计算总指数。用工业增加值来代替工业生产指数进行实证研究,是比较常见的处理方法。

第二,工业从业人员数只有年度数据公布,试图用计量方法进行降频处理,降频后的数据不平稳。考虑到工业从业人员数的变化与经济增长趋势大致相同,在经济结构、技术水平、劳动生产力不变的前提下,工业从业人员数并不是具有周期性特征的指标。并且,由于中国的就业制度特点,存在在职失业现象,有些企业虽然并未正式倒闭,工人数目没有体现在失业或被解雇人员统计里,但雇用的工人并没有实际产出。因此,考虑剔除工业从业人员数这个指标。

第三,工业企业利润数据在2007—2010年缺失较多,用计量方法补齐后整体数据有效性降低。另外,考虑到工业增加值已入选一致指标组,在一定程度上已经反映了工业利润。故舍去这个指标。

因此,基于中国景气监测中心的一致指标初选框,并结合数据的可获得性,初步筛选后的一致指标有6个:工业增加值、财政税收收入、城镇居民人均可支配收入、固定资产投资完成额、消费品零售总额和进出口总额。

2. 一致指标的最终确定

(1)一致指标筛选的合理性分析。入选一致指标组的经济变量有6个:工业增加值、财政税收收入、城镇居民人均可支配收入、固定资产投资完成额、消费品零售总额和进出口总额。研究宏观经济波动问题,应综合考虑宏观经济运行的各个方面,从总产出、工业生产、就业、个人收入、企业利润以及销售等方面筛选指标。

首先,增加值是国民经济核算的一项基础指标。工业增加值作为GDP核算中的重要组成部分,工业总产值占GDP比重,2013年为37.35%,2014年为36.31%,2015年为34.32%,2016年为33.33%,2017

年为 33.85%。工业是强周期产业，将 GDP 核算中周期特征最强的工业增加值挑选出来加入一致指标组是合理的。

其次，财政税收和居民人均可支配收入作为社会收入方面的指数入选。从收入角度来看，当总支出等于总收入时，经济总量处于均衡状态。在实际中，两者总是存在偏离，由此产生了经济波动。通过制度性安排，财政税收能够发挥"内在稳定器"的作用。根据弗里德曼的持久收入假说，居民消费取决于长期平均的预期内得到的收入，一般用过去几年的平均收入来表示，只有持久收入，才能影响人们的消费。因此，需求扰动造成的经济波动可以从人均可支配收入的变化上得到一定程度的体现。

最后，社会需求指数组内入选指标为固定资产投资完成额、商品零售总额和进出总口额。从生产角度来看，经济均衡的条件是总需求等于总供给，当两者偏离时会产生经济波动。投资需求、消费需求和进出口额的波动状况可以用于说明总体经济的波动情况。

（2）一致指标筛选的时差相关分析。时差相关系数分析是利用相关系数验证经济时间序列先行、一致或滞后关系的一种常用方法。其基本方法为：以一个重要的能够敏感反映当前经济活动的经济指标作为基准指标，计算初选框里的经济变量与该基准指标的时差相关系数，计算若干个不同延迟期数的时差相关系数，其中最大的时差相关系数被认为能够反映被选变量与基准指标的时差相关关系，相应的延迟数表示延迟或者超前的期数。其计算公式为：

$$r_l = \frac{\sum_{i=l}^{n_l}(X_{i-l} - \overline{X})(Y_i - \overline{Y})}{\sqrt{\sum_{i=l}^{n_l}(X_{i-l} - \overline{X})^2 \sum_{i=l}^{n_l}(Y_i - \overline{Y})^2}}$$

$$l = 0, \pm 1, \pm 2, \cdots, \pm L \tag{18.6}$$

式中，$y = \{y_1, y_2, \cdots, y_n\}$ 为基准指标，$x = \{x_1, x_2, \cdots, x_n\}$ 为被选择指标，l 为时差，表示超前期（取负数）和滞后期（取正数）。L 是最大时差，n_l 是数据个数。以一致指标为基准，计算若干不同时差的相关系数，比较之后找到最大时差相关系数 $\max r_l$ 即反映了指标集与基准指标的时差相关关系。

根据以上计算可得各指标与基准指标 GDP 的时差相关系数，如表

18-2所示。入选的6个指标与GDP的最大时差均出现在l=0时,可见,这6个一致指标的筛选是合理的。

表 18-2　　　　　　时差相关系数（以 GDP 为基准）

指标名称	l=0	l=-1	l=1	l=-2	l=2	l=-3	l=3
工业增加值	0.9924	0.9549	0.9470	0.9183	0.9017	0.8820	0.8563
财政税收收入	0.9956	0.9653	0.9524	0.9266	0.9098	0.8884	0.8675
城镇居民人均可支配收入	0.9992	0.9576	0.9560	0.9151	0.9136	0.8731	0.8718
固定资产投资完成额	0.9925	0.9553	0.9540	0.9153	0.9162	0.8722	0.8786
消费品零售总额	0.9927	0.9456	0.9533	0.8988	0.9143	0.8520	0.8756
进出口总额	0.9380	0.9144	0.8853	0.8910	0.8318	0.8631	0.7776

3. 一致指标的经济含义

经过一致指标的初步筛选以及合理性分析和时差相关分析的结果,最终确定了6个一致指标,即工业增加值、财政税收收入、城镇居民人均可支配收入、固定资产投资完成额、消费品零售总额和进出口总额。这6个一致指标分别具有不同的经济含义。

（1）工业增加值。工业增加值反映了工业企业在一定时期内生产活动的最终成果,同时,这一生产成果是以货币形式计算的。增加值的含义是去除生产过程中已经消耗的中间产品价值后的余额。简言之,工业增加值就是工业生产中新增加的价值。

（2）财政税收收入。财政收入是指政府部门在一定时期内所获取的所有货币收入之和,政府使用财政收入为国家提供公共物品和服务。财政收入可分为中央财政收入和地方财政收入。而税收收入是财政收入的主要构成部分。

（3）城镇居民人均可支配收入。城镇居民人均可支配收入是指城镇居民在扣除各种所得税和社会保障金后,再加上政府再分配转移支付收入后的人均收入,也是指可用于城镇居民日常开销的收入。

（4）固定资产投资完成额。也可称为固定资产投资额,是指在一定时期内,以货币形态计算的建造和购买固定资产的价值总额。固定资产投资完成额反映了一个国家或者地区固定资产的投资规模和质量。

（5）消费品零售总额。消费品零售总额是指所有能够直接销售给城镇居民和社会团体的消费品的价值总额。这一指标反映了一个国家或者地区的零售业市场的整体情况，可间接地反映出宏观经济的景气程度。

（6）进出口总额。进出口总额是指一个国家或者地区从境外进口的贸易额和出口至境外的贸易额的加总，即进出国境的货物总额。它反映了一个国家或地区对外贸易的总体规模大小。

4. 一致指标的数据预处理

（1）一致指标数据的来源。本章选取2001年第一季度至2017年第四季度共68个季度的数据进行实证分析。中国的宏观经济统计数据大多是根据季度发布的，季度数据与年度数据相比，时效性更强，也能够更加细致地刻画波动特征。另外，在实证分析中，分别运用季度数据与月度数据进行指数构造。结果显示，季度数据构造出来的波动因子对于经济周期和价格波动周期的分析效果更好。本章的主要数据来源为国家统计局、方正证券数据库、Ceic Data Manager、Wind数据库。

（2）一致指标数据的季节调整。时间序列的观测值往往显示出季节的循环变动，掩盖了经济发展的客观规律。因此，在利用数据建立模型之前，先要对宏观经济数据进行季节性调整。本章采取的X—12季节调整方法是现有的季节调整方法中最有效的方法之一。

（3）一致指标数据的趋势项分离。基于离差循环的思想，运用HP滤波法对一致指标组里的变量进行趋势分解，将各变量的趋势项与波动项分离，单独考察其中的波动成分。

①工业增加值的HP滤波分析。滤波结果如图18-2所示，工业增加值在2001—2017年这17年间经历了约3个长周期波动，每个长周期中又包含一些小的波动。比较明显的两个波谷点位于2009年第一季度和2016年第一季度。其中，2016年第一季度的波动值是这68个季度里的最低点，2017年第四季度的波动值是最高点。

②财政税收收入的HP滤波分析。如图18-3所示，财政税收收入的周期性波动特征比较明显，在68个季度里经历了14次周期波动，周期平均长度为14.6个月。其中，波动值最低点位于2009年第一季度，最高点位于2017年第一季度。

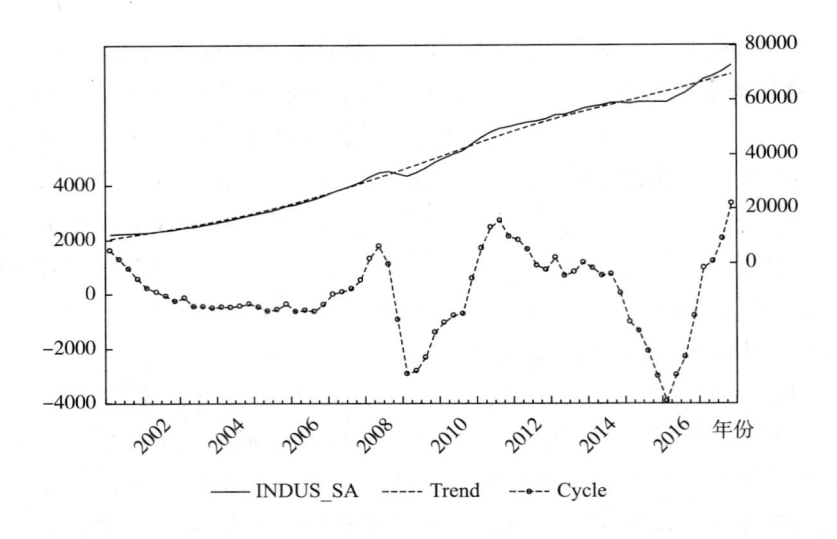

图 18-2　工业增加值的 HP 滤波分析

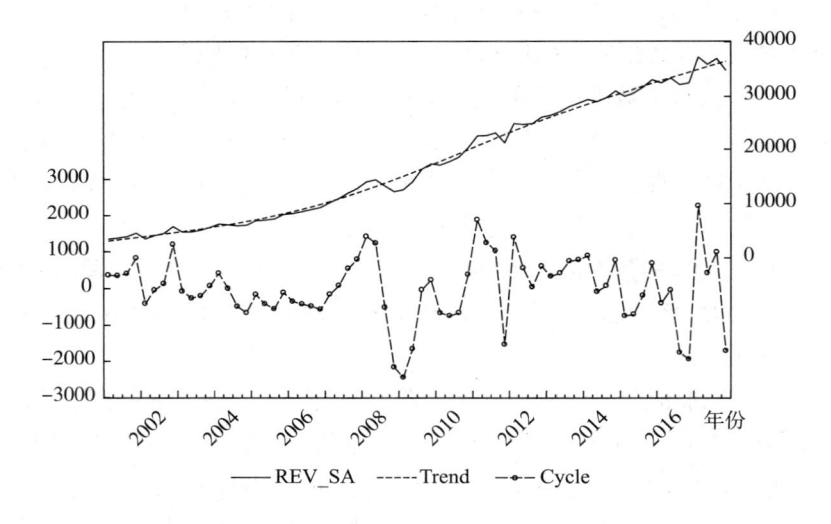

图 18-3　财政税收收入的 HP 滤波分析

③城镇居民人均可支配收入的 HP 滤波分析。滤波结果如图 18-4 所示，城镇居民人均可支配收入的波动周期长度在不同时间段差异较大，振幅大小也存在明显差异。其中，波动值的最低点位于 2009 年第四季度，最高点位于 2012 年第二季度。

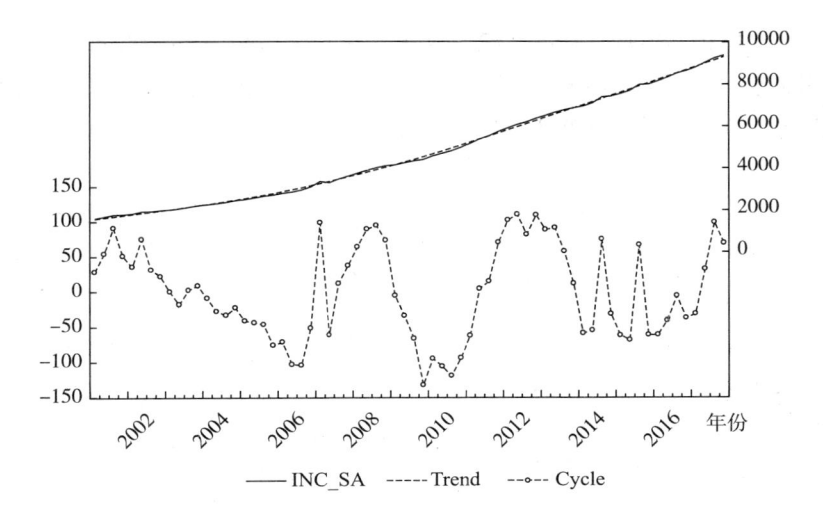

图 18-4 城镇人均可支配收入的 HP 滤波分析

④固定资产投资完成额的 HP 滤波分析。如图 18-5 所示，固定资产投资完成额在 68 个季度里的周期波动特征比较明显，经历了约 15 个周期，周期平均长度约为 13.6 个月。其中，波动值的最低点位于 2017 年第四季度，最高点位于 2014 年第二季度。

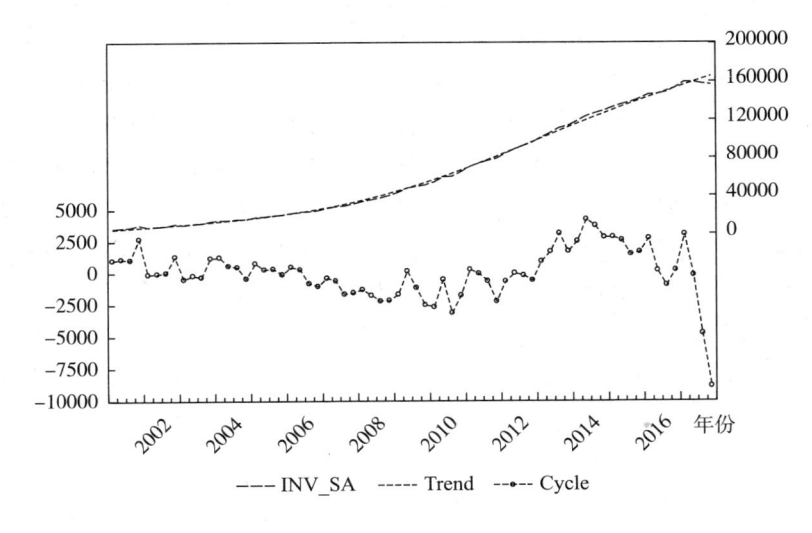

图 18-5 固定资产投资完成额的 HP 滤波分析

⑤消费品零售总额的 HP 滤波分析。消费者零售总额的波动也呈现出周期性特征，如图 18-6 所示。在 2012 年第一季度，出现本区间波动的最低点，2016 年第一季度为波动项的最高点位。

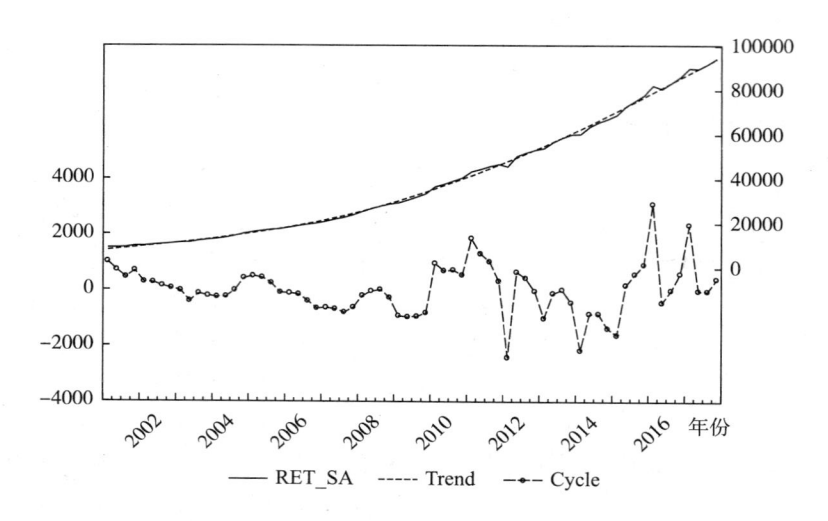

图 18-6　消费品零售总额的 HP 滤波分析

⑥海关进出口总额的 HP 滤波分析。如图 18-7 所示，2008 年之前，海关进出口总额的波动振幅很小；2008 年开始，受美国次贷危机蔓延至全球的影响，海关进出口总额震荡非常剧烈。这个震荡的大周期至 2011 年结束。在研究区间内，波动项最低点位于 2009 年第一季度，最高点位于 2013 年第一季度。从 2011 年开始海关进出口总额进行了几轮小幅震荡，另一个比较明显的低位点位于 2016 年第一季度。

（4）一致指标数据的标准化。分离出的波动项数据序列可以视为各指标的波动因子，体现了宏观经济不同方面的波动特征。由于初始一致指标的单位和量纲差别较大，在建立因子模型之前，需要对各个波动因子进行标准化处理，以消除由于单位和量纲不同造成的差异。本章采取标准差标准化方法对数据进行处理。

5. 动态因子模型的构建

（1）一致指标变量的说明。合成宏观经济波动因子过程中出现的各变量名称如表 18-3 所示。

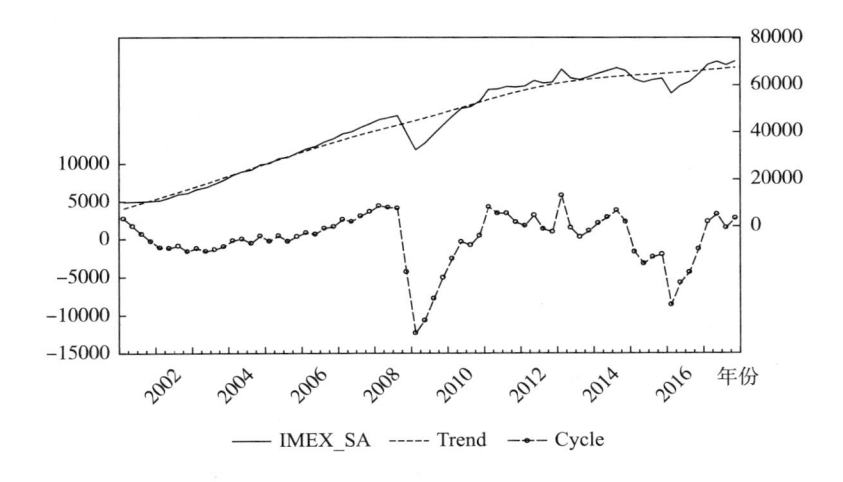

图 18-7　海关进出口总额的 HP 滤波分析

表 18-3　　　　　构建宏观经济波动因子过程中的各变量

指标	单位	原变量	进行季节调整后的变量	趋势项	波动项	波动项标准化值
工业增加值	亿元	ind	ind_sa	trind	cind	sind
财政税收收入	亿元	rev	rev_sa	trrev	crev	srev
城镇居民人均可支配收入	元	inc	inc_sa	trinc	cinc	sinc
固定资产投资完成额	亿元	inv	inv_sa	trinv	cinv	sinv
消费品零售总额	亿元	ret	ret_sa	trret	cret	scret
进出口总额	亿元	imex	imex_sa	trimex	cimex	simex

（2）经济波动因子的合成。

①数据平稳性检验。在建立动态因子模型之前，首先对 cind、crev、cinc、cinv、cret、cimex 进行平稳性检验。检验结果如表 18-4 所示，所有变量均原阶平稳。

②合成波动因子。在前文工作基础上构建动态因子模型，运用 Stata13.0 软件运算得出波动因子值，如表 18-5 所示。该序列即为本章构建目标——宏观经济波动因子（Factor Business Cycle，FBC），在后面的分析中简称 FBC。

表 18-4 波动项的平稳性检验结果（宏观经济指标组）

变量	形式（c, t, p）	ADF 值	5% 临界值	P 值	结论
cind	(1, 0, 0)	-3.4361*	-2.9055	0.0007	平稳
crev	(1, 0, 0)	-5.5721*	-2.9055	0.0000	平稳
cinc	(1, 0, 0)	-3.3578**	-2.9055	0.0161	平稳
cinv	(0, 0, 0)	-2.1096**	-1.9461	0.0345	平稳
cret	(1, 0, 0)	-5.2943**	-2.9055	0.0000	平稳
cimex	(1, 0, 0)	-3.7216*	-2.9062	0.0058	平稳

注：(c, t, p) 中，c 代表截距项，t 代表趋势项，p 代表回归差分项的滞后阶数。当 c 或者 t 为 0 时，代表检验模型不包含截距项或者趋势项。*、** 分别代表 ADF 统计量在 10%、5% 的显著性水平下拒绝原假设。

表 18-5 宏观经济波动因子

时间	宏观经济波动因子	时间	宏观经济波动因子	时间	宏观经济波动因子
2001 年第二季度	0	2005 年第三季度	-0.149339	2010 年第一季度	1.021957
		2005 年第四季度	0.1167356	2010 年第二季度	0.1596631
2001 年第三季度	-0.3577647	2006 年第一季度	0.2460327	2010 年第三季度	0.2093251
2001 年第四季度	-0.3504114	2006 年第二季度	-0.4283198	2010 年第四季度	-0.0016246
2002 年第一季度	-0.3854734	2006 年第三季度	0.1487903	2011 年第一季度	1.677353
2002 年第二季度	-0.3045799	2006 年第四季度	-0.0580404	2011 年第二季度	1.008506
2002 年第三季度	-0.0724288	2007 年第一季度	0.3325858	2011 年第三季度	0.6261851
2002 年第四季度	-0.1507738	2007 年第二季度	0.4151945	2011 年第四季度	0.0700982
2003 年第一季度	-0.1987179	2007 年第三季度	-0.0101901	2012 年第一季度	-0.832441
2003 年第二季度	0.2332816	2007 年第四季度	0.1156263	2012 年第二季度	0.0275086
2003 年第三季度	-0.4705175	2008 年第一季度	0.3853976	2012 年第三季度	-0.4047512
2003 年第四季度	0.1045904	2008 年第二季度	0.9137131	2012 年第四季度	-0.650539
2004 年第一季度	-0.0668316	2008 年第三季度	0.324753	2013 年第一季度	-0.0177202
2004 年第二季度	0.0691505	2008 年第四季度	-0.9794944	2013 年第二季度	0.6323319
2004 年第三季度	-0.0312724	2009 年第一季度	-2.451108	2013 年第三季度	-1.005637
2004 年第四季度	0.0637901	2009 年第二季度	-1.87552	2013 年第四季度	0.4032772
2005 年第一季度	0.0870003	2009 年第三季度	0.7771739	2014 年第一季度	0.3945085
2005 年第二季度	-0.178229	2009 年第四季度	0.6009154	2014 年第二季度	-0.3826779

续表

时间	宏观经济波动因子	时间	宏观经济波动因子	时间	宏观经济波动因子
2014年第三季度	-0.2823798	2015年第四季度	-0.8313806	2017年第一季度	1.704979
2014年第四季度	0.1615677	2016年第一季度	-0.9459962	2017年第二季度	1.819856
2015年第一季度	-0.936573	2016年第二季度	-0.8938608	2017年第三季度	-0.2789989
2015年第二季度	-1.134641	2016年第三季度	1.540125	2017年第四季度	1.010006
2015年第三季度	-0.0941128	2016年第四季度	0.5541173		

（三）FBC 的周期及特征分析

1. FBC 的周期划分

一致指标组里的经济变量，都具有长期增长趋势。用滤波技术将趋势项和波动项分离之后，围绕波动项变化对经济周期做分析。FBC 包含各指标波动项的信息，利用 FBC 分析经济周期性波动，是在排除了经济变量长期趋势的基础上，对经济周期运行规律进行探索。图 18-8 为 FBC 的折线图，可以直观地观察 FBC 的变化情况。

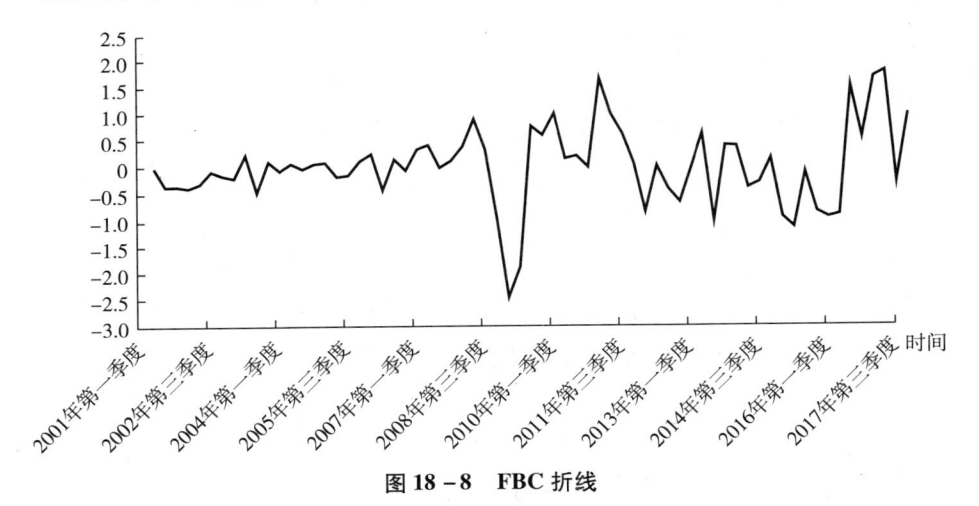

图 18-8 FBC 折线

由图 18-8 可以看出，宏观经济波动因子 FBC 围绕 0 值做周期波动。如果以波谷年划分经济周期，可以看出，FBC 在 2001 年第一季度至 2017 年第四季度共 68 个季度里，共经历了 16 个完整的短周期。FBC 的周期划分和基本特征如表 18-6 所示。

表 18-6　FBC 的周期划分和基本特征

周期编号	周期长度(月)	开始时间	结束时间	FBC极小值时间	FBC极小值	FBC波峰时间	FBC波峰值	振幅
1	18	2002年第一季度	2003年第二季度	2002年第一季度	-0.3854734	2003年第二季度	0.2332816	0.618755
2	6	2003年第三季度	2003年第四季度	2003年第三季度	-0.4705175	2003年第四季度	0.1045904	0.5751079
3	6	2004年第一季度	2004年第二季度	2004年第一季度	-0.0668316	2004年第二季度	0.0691505	0.1359821
4	9	2004年第三季度	2005年第一季度	2004年第三季度	-0.0312724	2005年第一季度	0.0870003	0.1182727
5	12	2005年第二季度	2006年第一季度	2005年第二季度	-0.178229	2006年第一季度	0.2460327	0.4242617
6	6	2006年第二季度	2006年第三季度	2006年第二季度	-0.4283198	2006年第三季度	0.1487903	0.5771101
7	9	2006年第四季度	2007年第二季度	2006年第四季度	-0.0580404	2007年第二季度	0.4151945	0.4732349
8	18	2007年第三季度	2008年第四季度	2008年第三季度	-0.9795	2008年第二季度	0.913710	1.893210
9	21	2009年第一季度	2010年第三季度	2009年第一季度	-2.451108	2010年第一季度	1.021957	3.473065
10	15	2010年第四季度	2011年第二季度	2010年第四季度	-0.0016246	2011年第二季度	1.677353	1.6789776
11	9	2012年第一季度	2012年第三季度	2012年第一季度	-0.832441	2012年第二季度	0.0275086	0.8599496
12	9	2012年第四季度	2013年第二季度	2012年第四季度	-0.650539	2013年第二季度	0.6323319	1.2828709
13	9	2013年第三季度	2014年第一季度	2013年第三季度	-1.005637	2013年第四季度	0.4032772	1.4089142
14	12	2014年第二季度	2015年第一季度	2015年第一季度	-0.9366	2014年第二季度	0.161570	1.098140
15	9	2015年第二季度	2015年第四季度	2015年第四季度	-1.134641	2015年第三季度	-0.0941128	1.0405282
16	21	2016年第一季度	2017年第三季度	2016年第二季度	-0.9459962	2017年第二季度	1.819856	2.7658522

2. FBC 的特征分析

根据"谷—谷"周期划分法，在 2001 年第一季度至 2017 年第四季度共 68 个季度 204 个月内，FBC 经历了 16 次完整的短周期波动，周期的平均长度为 12.75 个月。从波长来看，周期长度为 6 个月的有 3 个周期，分别是第 2、第 3、第 6 周期。最长的周期为 21 个月，为第 9、第 16 周期。除此以外，周期长度为 18 个月的是第 1、第 8 周期，长度为 15 个月的为第 10 周期，长度为 12 个月的是第 5、第 14 周期，长度为 9 个月的为第 4、第 7、第 11、第 12、第 13、第 15 周期。从振幅来看，最大振幅出现在第 9 周期，为 3.4731；最小振幅出现在第 4 周期，为 0.1183。

编号为 8、9、10 三个相邻周期无论从波长来看还是振幅来看都是比较特殊的。观察从 2007 年第三季度开始至 2008 年第四季度结束的第 8 周期，从 2008 年第二季度达到峰值点之后 FBC 开始"跳水式"下降，两个季度之后至 2009 年第一季度降至最低点。在 2009 年第一季度之后，FBC 迅速回升开始第 9 周期，在 2009 年第三季度达到第一次极值点，小幅震荡一个季度，在 2010 年第一季度达到第 9 周期峰值点，之后进入第 9 周期的二次探底，这次探底的位置回归到了所有周期的平均水平，并未像第 8 周期那样将探至更深的谷底。之后进入第 10 周期，FBC 在 2011 年第一季度到达更高的峰值点，之后又迅速下跌。其现实经济背景是 2007 年 2 月 13 日美国新世纪金融公司（New Century Finance）发出 2006 年第四季度盈利预警，美国次贷危机初露端倪。在之后的几个月内，危机的影响逐渐在世界范围内蔓延开来并产生一系列连锁反应，至 2008 年开始对中国的影响逐渐明朗化。为应对经济持续下滑，中国政府于 2008 年 11 月推出了进一步扩大内需、促进经济平稳较快增长的十项措施。政府初步匡算，到 2010 年年底计划投资 4 万亿元。在实际执行过程中，到 2009 年第四季度，4 万亿元基本使用完毕。从 FBC 在 2009 年第一季度至 2009 年第三季度之间的急速上升表现可以看出，4 万亿元强刺激政策对于经济危机时宏观经济剧烈下行的调节作用非常明显。4 万亿元的投资几乎都用在了"铁公基"项目上，对于经济的刺激作用效果显著。然而，在第 9 周期内 FBC 又出现了二次探底，在一定程度上反映了这种"激素刺激型"的强财政政策并未从根本上解决经济危机的内部矛盾，甚至可能会把经济自我调节的周期拉长。2008 年中国经济下行除受到美国次贷危机的影响之外，另一个原因是经济在过度增长后开启了自我调整机制，此时若是仅用强刺激政策来强行拉动而斩断经济自身的调节过程,不但不能从根本上化解危机,还会拉长经济的自我调整时间。在 4 万亿元投资计划实施之后,2014 年人民币贷款增加 9.78 万亿元,创历史最高水平,占社会融资规模的 59.4%,比上年提高 8.1 个百分点,占比为之前五年最高水平。但是,观察 2014 年之后的 FBC 表现,可以看出,人民币贷款增加并没有对 FBC 起到明显拉动作用,对于经济波动性的影响并不显著。

3. FBC 的比较优势

本节将 FBC 与 GDP 波动率做比较。选取 2001 年第一季度至 2017 年第四季度的 GDP 数据,对 GDP 数据进行季节性调整后用 HP 滤波法将其趋势项和波动项相分离。比较结果如图 18-9 所示。为了便于比较,将 GDP 的波动项也做了标准化处理。

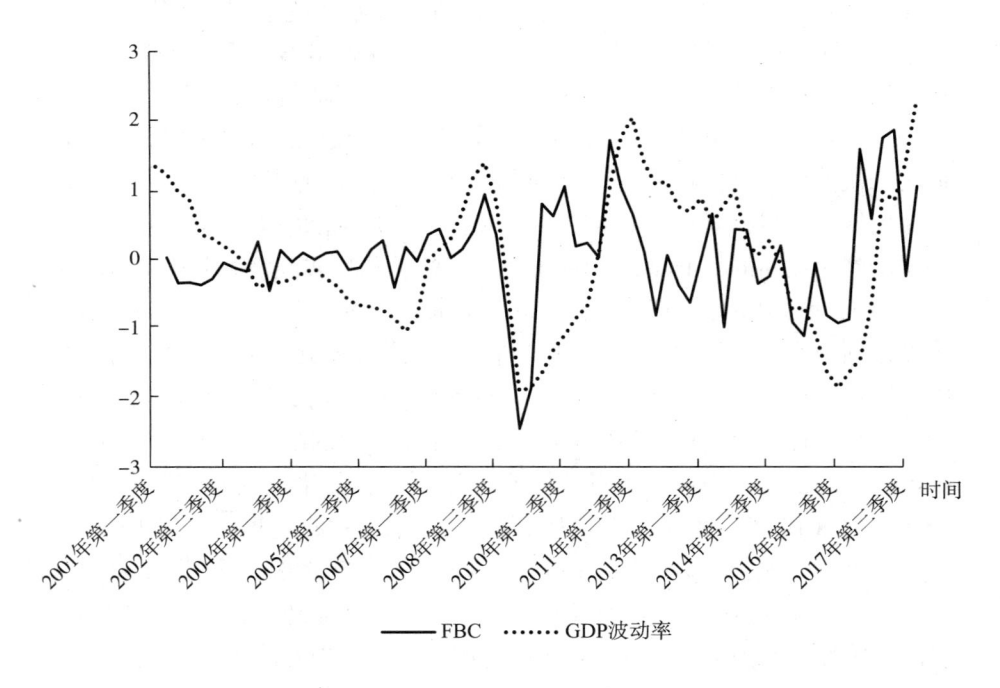

图 18-9 FBC 与 GDP 波动率比较

比较 GDP 波动率与 FBC 在 2001—2017 年 68 个季度的折线图,可以看出,FBC 的波动更加频繁,周期个数更多;而 GDP 波动率曲线则相对比较平滑,周期个数较少,各周期的长度和振幅无明显规律。在本章研究的 68 个季度里，FBC 经历了 16 个完整的短周期，而 GDP 波动率由"谷—谷"法划分仅经历了 3—4 次周期波动。综合分析，归纳出以下三点结论。

第一，FBC 的波动频率更高，对周期的描述更准确，刻画更细腻。GDP 是整个国家或地区所有部门和产业创造的最终收入，既包括周期性产业，也包括非周期性产业或弱周期产业创造的收入，用 GDP 波动率描述经济周期会模糊和掩盖部分实际波动信息。而 FBC 更多地反映了与经济波动相关指标的数值变化。以工业的生产状况为例，在合成 FBC 的波动因子中，工业增加值是反映工业发展情况的代表性变量，工业是强周期产业，能更精准地反映波动特征。工业生产及与之相关的指数指标都具有强周期性质，财政税收和固定资产投资与工业生产的关联也非常紧密。在 NBER 的指标体系中，工业生产指数同样是度量经济周期的代表性指标。因此，FBC 更能反映工业化国家或地区经济波动的真实情况。

第二，FBC 对于经济状况的"感知"能力更强，"反应"速度更快。以 2007 年美国次贷危机对中国经济的冲击为例，FBC 从 2007 年第二季度开始进入下行阶段，而 GDP 波动率在此期间一直处于上行状态，直到 2008 年第二季度开始有下降趋势。在这之后，FBC 分别于 2009 年第一季度和 2010 年第四季度分别进行两次探底，而 GDP 波动率的二次探底启动时点则位于 2011 年第三季度以后。2007 年是宏观调控异常困难的一年，如果能及时发现经济危机的端倪，那么当时所实施的以"双减"为标志的稳健财政政策和适度从紧的货币政策能够及时做出相应调整。用 FBC 作为观测周期的指标，能够使政策的制定更具前瞻性。

第三，FBC 对于经济政策的效应反馈更具时效性。2008 年年底，中国政府决定投放 4 万亿投资计划实施之后，由于主要投放到"铁公基"的项目上，FBC 从 2009 年第一季度开始迅速抬高，对于强刺激政策的反馈速度和效果非常明显。而 GDP 波动率抬高的斜率要平缓许多，在这之后，对于"强激素刺激"政策的"后遗症"——经济的二次探底，FBC 从 2009 年第三季度开始反映出端倪，而 GDP 的反馈时点要滞后 8 个季度之多。观察 FBC，能够及早发现这种"后遗症"，尽快根据实施效果对前期应对危机的政策做出调整，就能提早避免二次探底或是减轻其带来的不利影响。利用 FBC 观察经济周期运行，有利于政府更加灵活地制定政策，并观察前期效果及时做出调整，平抑经济波动，实现经济稳定增长的目标。

综上所述，在借鉴景气指数思想的基础上，合成宏观经济波动因子，用于分析中国宏观经济运行周期。选取 2001—2017 年共 68 个季度的一致指标数据（工业增加值、财政税收收入、城镇居民人均可支配收入、固定资产投资完成额、消费品零售总额和进出口总额），用 HP 滤波法将指标序列的长期趋势与短期波动的信息分离，通过动态因子模型将各个波动项的公共信息提取出来构建 FBC。

通过 FBC 研究经济周期的优势主要有：第一，剔除了非周期或弱周期行业的增加值影响，对波动性的研究更加有的放矢。第二，通过 HP 滤波法和动态因子模型更准确地将波动信息从指标中提炼出来。第三，尽可能全面地覆盖了宏观经济运行各方面指标。

对 FBC 的周期特征分析表明，FBC 在 68 个季度内共经历了 16 次周期性波动，周期的平均长度为 12.75 个月。从波长来看，周期长度最短为 6 个月，最长为 21 个月。FBC 与传统指标 GDP 波动率在周期长度、频率、振幅和极值时点等方面都存在明显区别。

三　价格波动周期分析

在市场经济中，价格是实现宏观经济均衡的重要因素。当总需求和总供给失衡时，市场机制中的产出变动机制和价格机制会自动发挥调节经济的功能，使总需求和总供给趋向均衡。同时，价格波动也是影响经济发展和社会稳定的重要影响因素之一。在经济运行过程中，无论是出现通货膨胀还是出现通货紧缩，都会对居民生活和企业经济活动产生不利影响。因此，维持国内价格水平的相对稳定已经成为政府宏观调控的重要目标。

（一）价格波动性的分析方法

1. 传统分析方法的缺陷

目前，多数学者和政府机构都使用价格指数描述价格波动。目前广泛使用的价格指数由于统计范围的差异，在反映价格水平变化时各有侧重。CPI 衡量的是消费者购买的产品与服务的价格，是市场经济国家常用的描述通货膨胀的指标，中国也不例外。但是，由于 CPI 没有包含生产资料价格,因此,用单一的 CPI 来替代通货膨胀率是有失偏颇的。与反映消费价格水平的 CPI 相对应,PPI 则侧重反映生产资料价格的变化状况,RPI 反映的是商品零售价格指数的变化情况,而服务和一部分生产资料价格均不在其统计范围。可见,用上述任何一个指数单独反映通货膨胀的变动都具有局限性。WPI 存在数据可得性问题,中国尚未公开发布。

比较而言,GDP 平减指数是衡量一个国家通货膨胀率的最佳指标。由于这一指数统计范围最广泛,既包括一切商品和劳务,也包括进出口商品,所以,能全面准确地反映社会总物价水平的变动趋势。GDP 是一个衡量国内产出的指标,它只反映国内生产的商品和服务的价格,这意味着 GDP 平减指数要扣除进口商品物价,这在有着"稳健统计系统"的国家中是个惯例。很多时候,不扣除进口物价也不会有太大的影响。然而,当进口价格变化比国内通货膨胀明显的时候,比如国际大宗商品价格大幅波动,它的影响力就会表现出来。美国 CPI 涨幅曾在 2007 年因大宗商品价格飙升而远远超过 GDP 平减指数,扩大了"通货膨胀缺口",或者说这两个指标之间的差异显著大增。然而,由于中国在计算多数行业的平减指数时并不扣除进口商品价格的变化,其平减指数与 PPI 的关系更为密切。结果是,中国 GDP 平减指数并不是一个衡量国内产出价格的精准指标。当进口价格上涨的时候,它会低估通货膨胀水平;反之则会高估通货膨胀水平。

2. 传统分析方法的改进

鉴于现有价格指数在衡量价格总水平变动时各自存在不足,本章试图构造一类价格波动因子,更全面细致地刻画总体价格水平的波动特征,将在以下两个方面做探索。

第一,排除价格水平中长期上涨趋势的影响,仅讨论价格的波动性。在经济发展过程中,随着投入产出比的增长,价格水平随时间推移呈增长趋势,其趋势线是向右上方倾斜的,如图 18 – 10 所示。

基于以上特征,在研究价格水平的短期波动问题时,考虑将价格的长期趋势和短期波动项分离,仅对波动信息进行分析。

第二,以 CPI 作为基准指标来确定一致价格指数指标组。在技术手段上,尝试将各类价格指数的公共波动信息用滤波技术提取出来,再采用动态因子模型的方法合成因子。这样处理,能够使构建出来的指标综合各类价格指数的波动信息,比较全面地反映社会总体价格水平的波动。

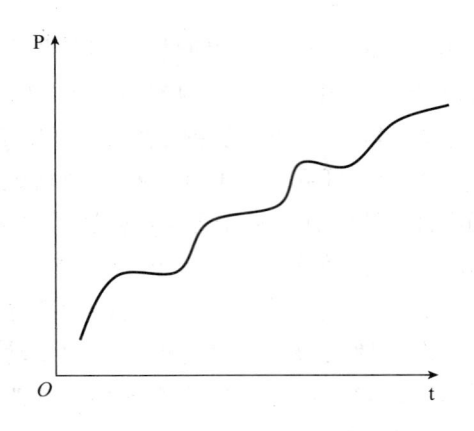

图 18－10　价格水平的中长期增长

3. 价格波动因子分析法

价格波动因子分析法主要是通过对价格波动一致指标组的周期成分构建动态因子模型，从而获得价格波动因子，最后利用该合成指标进行研究分析。

（1）一致指标组的筛选。本章在借鉴前人研究成果的基础上，以居民消费价格指数（CPI）为基准指标，选取生产者价格指数（PPI）、商品零售价格指数（RPI）加入价格指数一致指标初选框。这样设定指标组能够比较全面地包含社会生产生活各方面价格波动信息。

（2）一致指标的预处理。首先，由于季度或月度的时间序列往往会受到年内季节变动的影响，所以，我们应当先对一致指标组中所有的时间序列数据进行季节调整。本章采取 X—12 季节调整法。

其次，分别对所有进行季节调整后的一致指标进行趋势分解。本章基于离差循环法的思想，运用 HP 滤波法对一致指标数据分解出趋势项和波动项。

最后，将每个一致指标的波动项数据进行标准化处理。分离出的波动项数据序列可以视为各指标的波动因子，体现了宏观经济不同方面的波动特征。由于初始一致指标的单位和量纲差别较大，在建立因子模型前，需要对各个波动因子进行标准化处理，以消除由于单位和量纲不同造成的差异。

（3）动态因子模型的构建。根据处理好的一致指标组，建立动态因子模型，求出价格波动因子。

（4）价格波动因子的分析。对价格波动因子进行分析研究，归纳中国价格波动的特征和规律。

价格波动因子分析法的步骤和流程可以用图 18-11 表示。

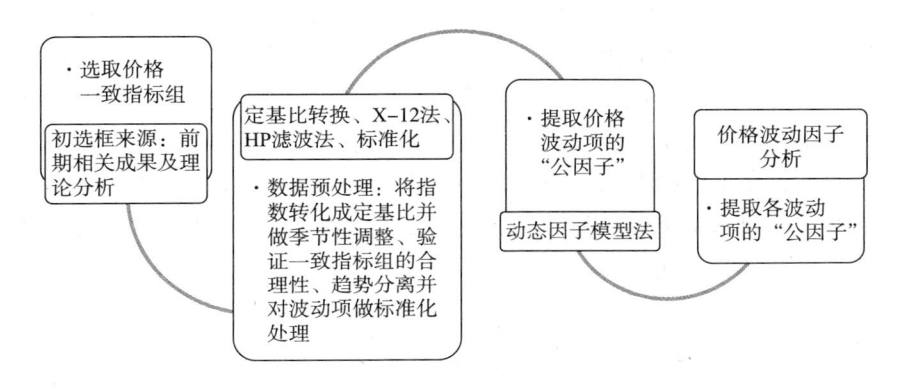

图 18-11　价格波动因子分析法的步骤和流程

（二）价格波动因子的合成过程

1. 一致指标的筛选

（1）一致指标的初步筛选

国际上比较普遍使用消费价格指数（CPI）来作为衡量通货膨胀率的指标。此外，通过景气指数也可以研究价格水平的波动。在物价景气指数构建方面，国内的研究成果并不丰富，部分学者进行了一些尝试。比较有代表性的是高铁梅（2006，2012）对物价景气指数构建的初步探索[1]，运用合成指数方法构建了指数。本章在借鉴前人研究成果的基础上，将 CPI 作为基准指标，选取 PPI、RPI 加入价格指数一致指标初选框。

（2）一致指标的最终筛选

①一致指标的合理性分析。在中国，CPI 和 PPI 的变化并不完全一致。原因在于根据价格传导规律，整体价格水平的波动如果出现在生产领域，那么会通过产业链向下游产业扩散，最后波及消费品。产业链可以分为两条：一条是以工业品为原料的生产，另一条是以农产品为原料

---

[1] 高铁梅：《构建多维框架景气指数系统的初步尝试》，《数量经济技术经济研究》2006 年第 7 期。

的生产。前者的路径为由原材料价格传导至生产资料,再传至生活资料。后者的路径为由农业生产资料传导至农产品,再传导至食品。在中国,农业路径的传导比较充分,工业路径的传导基本失效。原因在于工业品市场处于买方市场以及政府对公共产品价格的控制。

RPI 入选一致指标组的原因是 RPI 中含有流通环节的因素。中国的流通成本比较高,主要原因有:一是高速公路的收费制度,世界上 70% 以上的收费公路都在中国。二是房租成本高,厂房租赁费用会抬高价格水平。三是劳动密集型产业较多导致人工成本高。

②一致指标的时差相关分析。利用时差相关分析法来验证 CPI、PPI 和 RPI 为一致指标是否合理。以 CPI 为基准指标,计算 PPI、RPI 同 CPI 各期的时差相关系数,具体结果见表 18-7。

表 18-7　　　　　时差相关系数——以 CPI 为基准

指标	l = 0	l = -1	l = 1	l = -2	l = 2	l = -3	l = 3
PPI	0.7981	0.7866	0.7515	0.7757	0.6999	0.7677	0.6442
RPI	0.9962	0.9642	0.9678	0.9311	0.9331	0.8962	0.8956

2. 一致指标的数据预处理

(1) 一致指标数据的来源。本章选取 2001—2017 年共 68 个季度的数据作为实证分析对象。季度数据时效性更强,能够更加细致地对波动性进行描述与分析。主要数据来源为国家统计局、国家信息中心、方正证券数据库、CEIC DATA MANAGER、WIND 数据库。

(2) 一致指标数据的形式调整。将所有指数换算成定基比形式。已经发布的 CPI、PPI、RPI 季度数据大多为环比数据或同比数据,首先要换算成定基比数据,然后进行下一步分析。本章以 2001 年 1 月的数据为基准进行换算。

(3) 一致指标数据的季节调整。时间序列的观测值往往显示出季节的循环变动,掩盖了经济发展的客观规律。因此,在建立模型之前,先要对宏观经济数据进行季节性调整。采取 X—12 的季节调整方法对三类价格指数进行季节性调整。

(4) 一致指标数据的趋势项分离。

①CPI 的 HP 滤波分析。从图 18-12 中可以看出,在目标区间内,CPI 共经历了 3—4 个长周期波动,在每个长周期内,还有若干小幅波动。

从振幅来看,最高峰值点出现在 2008 年第一季度。就波谷点位置而言,各周期差别并不明显。

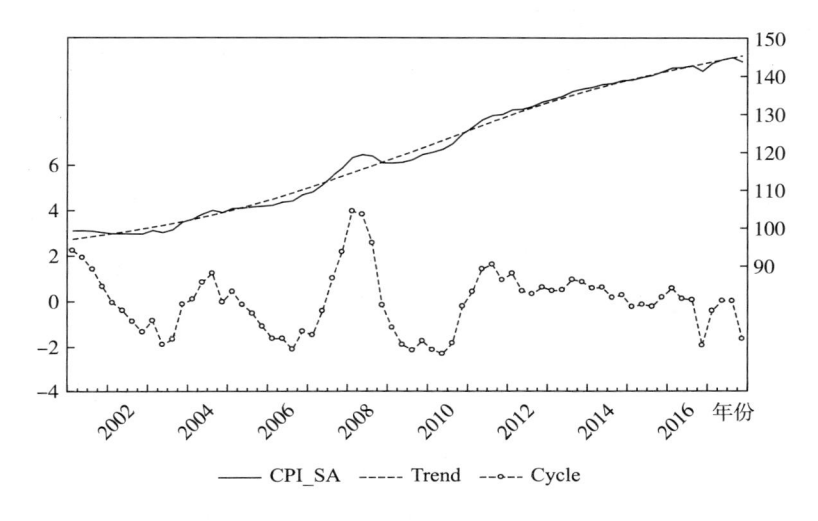

图 18-12　CPI 的 HP 滤波分析

②PPI 的 HP 滤波分析。如图 18-13 所示,在 68 个季度中,PPI 共经历了 3 个长周期波动,波动规律在不同周期差别较大。

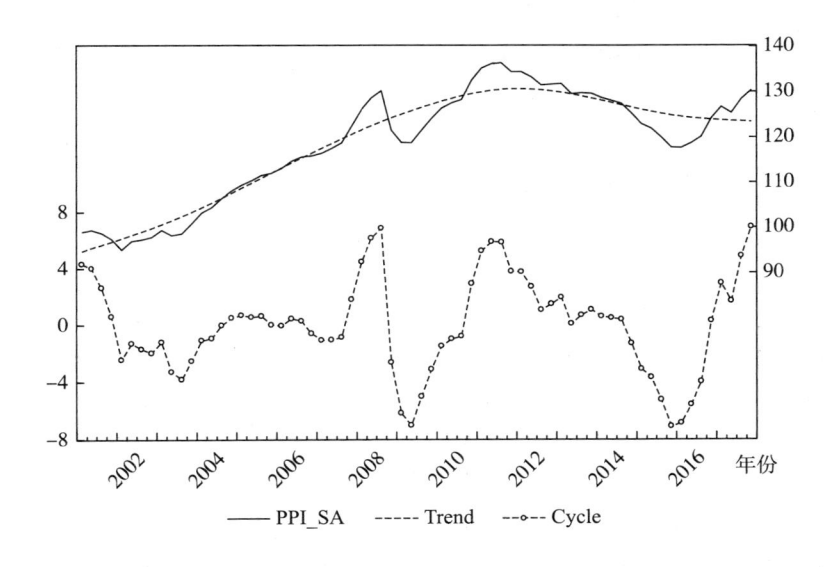

图 18-13　PPI 的 HP 滤波分析

③RPI 的 HP 滤波分析。如图 18-14 所示，在 68 个季度中，RPI 经历了 3—4 个长周期波动以及若干小周期。最高峰值点出现在 2008 年第二季度，三个波谷点的位置差别并不明显。

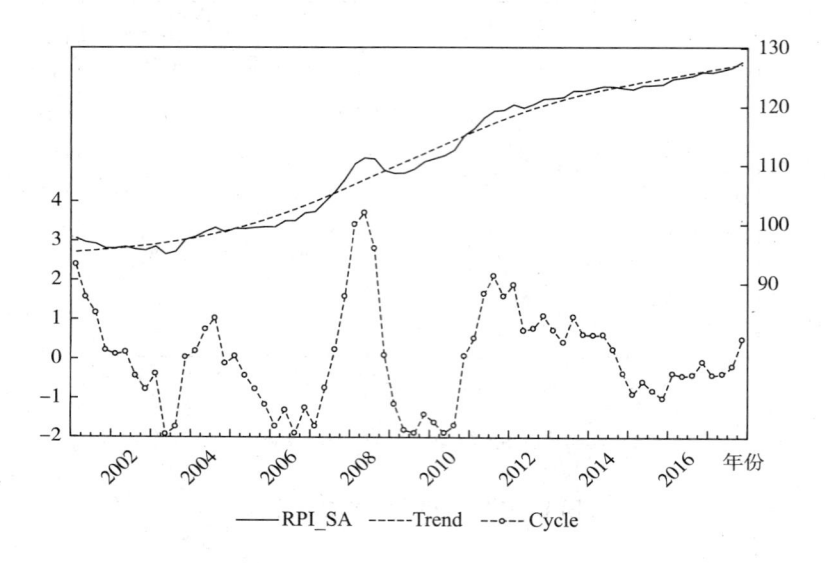

图 18-14　RPI 的 HP 滤波分析

（5）一致指标数据的标准化。分离出的波动项数据序列可以视为各指标的波动因子，体现了价格水平不同方面的波动特征。由于初始一致指标的单位和量纲差别较大，在建立因子模型之前，需要对各个波动因子进行标准化处理，以消除由于单位和量纲不同造成的差异。本章采取标准差标准化方法对数据进行处理。

3. 动态因子模型的构建

（1）一致指标变量的说明。合成价格波动因子过程中出现的各变量名称如表 18-8 所示。

表 18-8　　　　　　合成价格波动因子的变量说明

指数名称	指标缩写	原变量	进行季节调整后的变量	趋势项	波动项	波动项标准化值
消费者价格指数	cpi	CPI	cpi_sa	trcpi	ccpi	scpi
生产者价格指数	ppi	PPI	ppi_sa	trppi	cppi	sppi
零售价格指数	rpi	RPI	rpi_sa	trrpi	crpi	srpi

(2) 价格波动因子的合成

①波动项的平稳性检验。表 18-9 显示了波动项数据的平稳性检验结果，三个指数的波动项数据均通过平稳性检验。

表 18-9　　　　　　　平稳性检验结果（价格指数指标组）

变量	形式（c, t, p）	ADF 值	5% 临界值	P 值	结论
ccpi	(1, 0, 0)	-4.6215*	-2.9069	0.0003	平稳
cppi	(1, 0, 0)	-3.7227**	-2.9062	0.0058	平稳*
crpi	(1, 0, 0)	-4.4788*	-2.9069	0.0006	平稳*

注：(c, t, p) 中，c 代表截距项，t 代表趋势项，p 代表回归差分项的滞后阶数。当 c 或者 t 为 0 时，代表检验模型不包含截距项或者趋势项。*、** 分别代表 ADF 统计量在 10%、5% 的显著性水平下拒绝原假设。

②价格波动因子的数据合成。在前文工作基础上，构建动态因子模型，运用 Stata13.0 软件进行计量，得到序列数值，如表 18-10 所示。该序列即为本章构建目标——价格波动因子（Factor Price Cycle，FPC），在后面的分析中简称 FPC。

表 18-10　　　　　　　　　价格波动因子

时间	价格波动因子	时间	价格波动因子	时间	价格波动因子
2001 年第二季度	0	2003 年第三季度	-0.6265617	2006 年第一季度	-0.1984474
		2003 年第四季度	-0.0275834	2006 年第二季度	-0.262887
2001 年第三季度	-0.3637272	2004 年第一季度	0.763828	2006 年第三季度	0.1287515
2001 年第四季度	-0.236083	2004 年第二季度	0.1993509	2006 年第四季度	-0.2216924
2002 年第一季度	-0.4397355	2004 年第三季度	0.2517976	2007 年第一季度	0.2320933
2002 年第二季度	-0.1403792	2004 年第四季度	0.1666658	2007 年第二季度	-0.1479111
2002 年第三季度	0.0100121	2005 年第一季度	-0.4635413	2007 年第三季度	0.3797722
2002 年第四季度	-0.2506801	2005 年第二季度	0.0040234	2007 年第四季度	0.492312
2003 年第一季度	-0.1911865	2005 年第三季度	-0.1984816	2008 年第一季度	0.6539381
2003 年第二季度	0.1451491	2005 年第四季度	-0.179779	2008 年第二季度	0.8865262

续表

时间	价格波动因子	时间	价格波动因子	时间	价格波动因子
2008 年第三季度	0.2577553	2011 年第四季度	0.2694892	2015 年第一季度	-0.281016
2008 年第四季度	-0.3622407	2012 年第一季度	-0.2002461	2015 年第二季度	-0.2734754
2009 年第一季度	-1.262719	2012 年第二季度	0.0834273	2015 年第三季度	0.0873714
2009 年第二季度	-0.7398266	2012 年第三季度	-0.4702196	2015 年第四季度	-0.0839095
2009 年第三季度	-0.3802467	2012 年第四季度	-0.0710917	2016 年第一季度	-0.0947076
2009 年第四季度	-0.0758691	2013 年第一季度	0.1367467	2016 年第二季度	0.2509029
2010 年第一季度	0.2037727	2013 年第二季度	-0.1235449	2016 年第三季度	0.0190492
2010 年第二季度	-0.0476798	2013 年第三季度	-0.1582464	2016 年第四季度	0.0124838
2010 年第三季度	-0.1202747	2013 年第四季度	0.2500058	2017 年第一季度	0.1177026
2010 年第四季度	0.0693277	2014 年第一季度	-0.1358784	2017 年第二季度	-0.0733007
2011 年第一季度	0.7759606	2014 年第二季度	-0.0458681	2017 年第三季度	0.0015585
2011 年第二季度	0.3326558	2014 年第三季度	0.0040981	2017 年第四季度	0.0938001
2011 年第三季度	0.5195115	2014 年第四季度	-0.160131		

(三) FPC 周期及其特征

1. FPC 的周期波动

由图 18-15 可以直观地看出 FPC 的周期性波动特征。利用 FPC 来讨论总体价格水平的波动情况，是建立在剥离了一致指标趋势项的前提基础上的。在经济的长期增长中，随着投入产出比的上升，总体价格水平呈现上涨趋势。用滤波技术处理后，将趋势项和波动项分离之后提出的价格水平波动"公因子"，可以全面细致地刻画总体价格波动情况。

价格波动因子 FPC 围绕 0 值做周期波动。具体的周期划分和特征如表 18-11 所示。①

2. FPC 的特征分析

根据"谷—谷"周期法划分，2001 年第一季度至 2017 年第四季度共 68 个季度，FPC 经历了 16 次周期性波动，周期的平均长度为 12.75 个月。从波长来看，周期长度最短为 6 个月，周期序号分别是第 5、第 6、

---

① 划分方法：以一个"谷—谷"法定义周期。

第 10、第 12；最长为 21 个月，为第 7 周期；除此之外，长度为 9 个月的周期有 4 个，为第 1、第 2、第 15、第 16 周期；长度为 12 个月的周期有 3 个，为第 11、第 13、第 14 周期；长度为 15 个月的周期有 1 个，为第 4 周期；长度为 18 个月的周期有 3 个，为第 3、第 8、第 9 周期。从振幅来看，最大振幅为 1.4665，出现在第 8 周期；最小振幅为 0.1642，出现在第 13 周期。

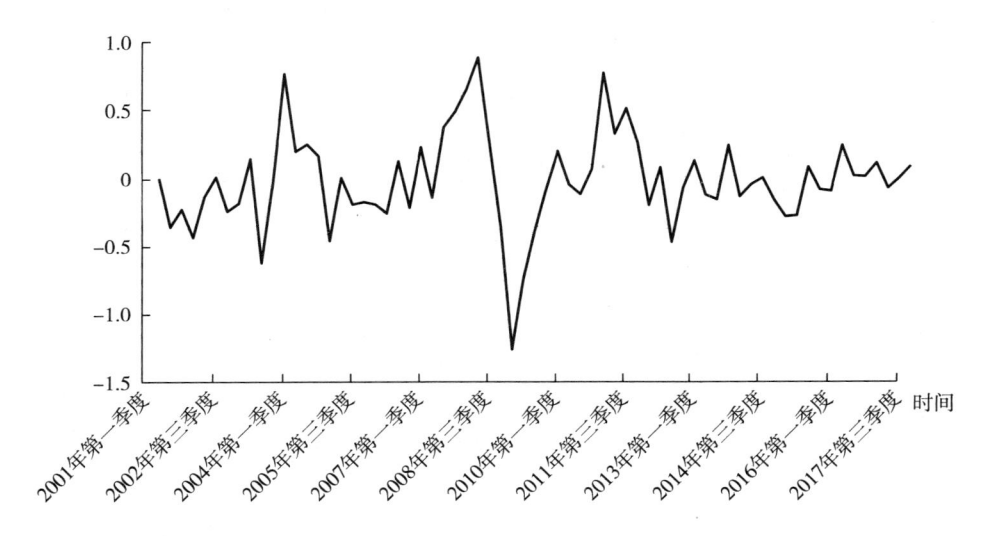

图 18-15 FPC 折线

在第 7 周期中，FPC 上涨达到了所有周期里的最高峰。第 7 周期从 2007 年第二季度开始，至 2008 年第二季度达到峰值点，之后急速下降至 2008 年第四季度末结束。从具体成因来看，在第 7 周期开始之前，FPC 的上涨是消费、投资和出口等需求拉动的结果，在价格水平全面上升之后，必然会给之后成本推动的价格水平上涨埋下伏笔。原材料、能源、机械设备等的价格上涨，将会抬高生产成本，而成本上升一定会推动价格水平的进一步上涨，这种上涨趋势较需求拉动型来说更是势不可当。第 8 周期也是我们所讨论的时间段里 FBC 比较特殊的一个周期。第 8 周期从 2009 年第一季度开始，到 2010 年第二季度结束，历时 18 个月，最高点位于 2010 年第一季度，最低点位于 2009 年第一季度，振幅为 1.4665。从 2008 年第二季度开始，FPC 值由最高位开始急速下降，2009 年第一季

表 18-11　FPC 的周期划分和特征

周期编号	周期长度（月）	开始时间	结束时间	FPC 极小值时间	FPC 极小值	FPC 波峰时间	FPC 波峰值	振幅
1	9	2002 年第一季度	2002 年第三季度	2002 年第一季度	−0.4397355	2002 年第三季度	0.0100121	0.4497476
2	9	2002 年第四季度	2003 年第四季度	2002 年第四季度	−0.2506801	2003 年第一季度	0.1451491	0.3958292
3	18	2003 年第三季度	2004 年第四季度	2003 年第三季度	−0.6265617	2004 年第一季度	0.763828	1.3903897
4	15	2005 年第一季度	2006 年第一季度	2005 年第一季度	−0.4635413	2005 年第二季度	0.0040234	0.4675647
5	6	2006 年第一季度	2006 年第三季度	2006 年第一季度	−0.262887	2006 年第二季度	0.1287515	0.3916385
6	6	2006 年第四季度	2007 年第一季度	2006 年第四季度	−0.2216924	2007 年第一季度	0.2320933	0.4537857
7	21	2007 年第二季度	2008 年第四季度	2007 年第二季度	−0.1479111	2008 年第一季度	0.8865262	1.0344373
8	18	2009 年第一季度	2010 年第四季度	2009 年第三季度	−1.262719	2010 年第一季度	0.2037727	1.4664917
9	18	2010 年第三季度	2011 年第四季度	2010 年第三季度	−0.1202747	2011 年第一季度	0.7759606	0.8962353
10	6	2012 年第一季度	2012 年第四季度	2012 年第一季度	−0.2002461	2012 年第一季度	0.0834273	0.2836734
11	12	2012 年第三季度	2013 年第三季度	2012 年第三季度	−0.4702196	2013 年第一季度	0.1367467	0.6069663
12	6	2013 年第三季度	2013 年第四季度	2013 年第三季度	−0.1582464	2013 年第三季度	0.2500058	0.4082522
13	12	2014 年第一季度	2014 年第四季度	2014 年第一季度	−0.160131	2014 年第四季度	0.0040981	0.1642291
14	12	2015 年第一季度	2015 年第四季度	2015 年第一季度	−0.281016	2015 年第三季度	0.0873714	0.3683874
15	9	2016 年第一季度	2016 年第四季度	2016 年第一季度	−0.0947076	2016 年第二季度	0.2509029	0.3456105
16	9	2016 年第四季度	2017 年第二季度	2017 年第二季度	−0.0733007	2017 年第二季度	0.1177026	0.1910033

度末降至最低点，之后进入反弹期，至 2010 年第一季度升至峰值点。此阶段的背景一是由美国 2007 年次贷危机引起的国际经济危机，说明此次经济危机对中国价格水平的影响是从 2008 年第二季度开始初露端倪的；二是中国经济从 2007 年年末开始下行，在下一章节中将对此做详细解释。中国政府为了应对经济危机采取的 4 万亿元强刺激政策虽然是从 2008 年年末开始实施的，但由 FPC 的表现可知 2009 年第二季度开始，价格水平回升。

另外两个比较特殊的周期是第 3 周期和第 9 周期。第 3 周期从 2003 年第三季度开始至 2004 年第四季度结束，最高点位出现在 2004 年第一季度，最低点位出现在 2003 年第三季度。在这个周期里，FPC 的峰值点在所讨论时间段内排名第三，比较其他周期，峰值点明显高出很多。2004 年第一季度，市场需求增长旺盛，粮食供求形势紧张，粮价持续上涨；能源原材料供求紧张形势未能明显缓解，在某些领域紧张形势持续加剧；生产资料价格持续大幅上涨。以上原因综合起来导致 FPC 出现较大峰值点。

对于第 9 周期，从 2010 年第三季度开始至 2011 年第四季度，共历时 18 个月，同样出现了较大峰值点，位于 2011 年第一季度。分析其现实背景，2010 年中国进出口贸易顺差为 1831 亿美元，约有 355 亿美元的"热钱"流入。至 2010 年年底，中国外汇储备累计 2.85 万亿美元，中央银行为此抛出了近 20 万亿元人民币进行对冲。同时，2010 年新增人民币贷款 7.95 万亿元，超出 2010 年年初制定的 7.5 万亿元信贷规模，且 M2 同比增长 19.7%。显然，流动性的大幅增长是造成这一时期出现第二高峰值点的重要原因。

FPC 的最小振幅出现在第 13 周期，从 2014 年第一季度开始至 2014 年第四季度，说明这一段时期价格水平总体情况相对稳定。

3. FPC 的比较优势

本节将 FPC 与 CPI 波动率做比较。选取 2001 年第一季度至 2017 年第四季度的 CPI 数据，对 CPI 数据进行季节性调整后，用 HP 滤波法将其趋势项和波动项相分离。比较结果见图 18-16。为了便于比较，将 CPI 的波动项也做了标准化处理。

比较 CPI 波动率与 FPC 在 2001—2017 年 68 个季度的折线图，可以看出，FPC 的波动更加频繁，周期个数更多。FPC 在 68 个季度里经历了 16

个周期，而 CPI 波动率由"谷—谷"法划分仅经历了 5—6 次周期波动。比较而言，FPC 在描述价格波动性问题时具有以下优势。

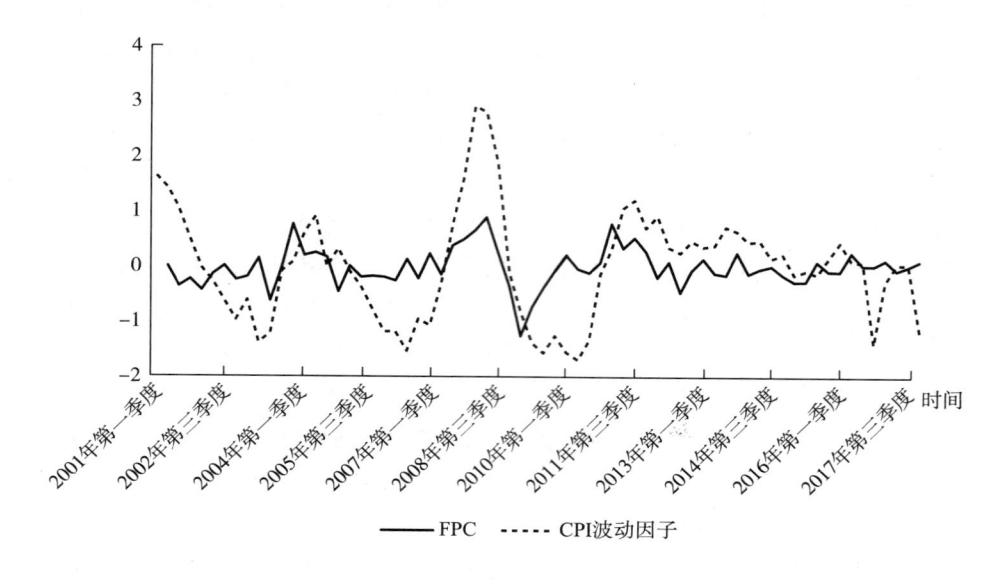

图 18-16 FPC 与 CPI 波动率比较

第一，FPC 的波动频率更高，对价格波动周期的描述更准确，刻画更细腻。

第二，FPC 包含经济社会领域从生产、销售到消费各领域的价格水平变动信息，对价格波动周期的刻画更加全面。

第三，在大部分周期里，FPC 的变动领先于 CPI 波动率。因此可以认为，FPC 在反映价格波动以及反馈经济政策效应方面更加灵敏，更具时效性。

综上所述，本部分在比较了各种指数优缺点的基础上，通过构建价格波动因子，试图找到一种能更全面反映各领域价格波动情况的综合指标，用于刻画价格的周期性波动特征。将趋势分离与动态因子模型的思想相结合，在理论分析的基础上，筛选并确定一致指标组。利用 2001 年第一季度至 2017 年第四季度共 68 个季度的数据，经过定基比转换、季节性调整、滤波处理、平稳性检验、标准化以及动态因子提取各步骤之后，最终构建出价格波动因子 FPC。并对 FPC 的周期进行划分并做特征分析。

在讨论区间内，FPC 划分为 16 个周期，周期的平均长度为 12.75 个月。从波长看，最短为 6 个月，最长为 21 个月。从振幅看，最大振幅出现在 2009 年第一季度至 2010 年第二季度这个周期。最小振幅出现在 2014 年第一季度至 2014 年第四季度这个周期。

四　价格波动的影响因素分析

学术界对于价格水平的波动及其影响因素，一直难以达致相同的结论。在这个问题的研究史上，经济学家的研究基本上可以分为三种分析模式和框架：一是早期的凯恩斯学派研究的主要是总体价格水平的形成和波动机制，这一分析是在总供给—总需求框架下形成的。二是以弗里德曼为代表的货币主义学派在针对货币供给的基础上提出了货币数量论。三是以动态随机一般均衡模型（DSGE）为基本分析框架的两个学派：基于真实经济周期的模型学派和新凯恩斯学派。货币主义者经过分析研究认为，中国的整体货币数量效应是能够影响物价水平波动的最为关键的因素；结构主义者则认为，中国的价格水平在短期内受到抑制是因为，中国普遍存在的产能过剩问题。也有部分的学者认为，中国物价上涨显著地受到资产价格溢出效应的影响。自中国 2001 年加入世界贸易组织以来，持续多年的国际贸易顺差也被认为是推动中国物价持续上涨的重要因素。可以说，这些观点对于理解中国整体的价格水平的波动具有非常重要的理论意义和现实价值。本章拟就这些争论的核心问题，即对于哪些关键因素影响中国的价格水平进行详细讨论。

（一）价格波动方程的推导

本节推导价格波动方程的具体形式，对中国价格波动问题做更深入的研究。

经典的 IS—LM 曲线模型形式为：

IS 方程：$Y = C + I + G + NX$

LM 方程：$L = M/P$

式中，Y 代表总需求，C 代表消费，I 代表投资，NX 代表净出口；L 代表货币需求，M 代表货币供应量，P 代表总体价格水平。

首先，做以下四个假设：

(1) 消费函数为：$C = c \cdot Y$，其中，c 为边际消费倾向。

(2) 投资函数为 $I = \alpha \cdot e^{\beta \cdot (i - \pi^e)}$，其中，$i$ 为利率，π^e 为通货膨胀预期，且 $\alpha > 1$，$\beta < 0$。

(3) 货币需求函数为 $L = Y^{\mu_0} \cdot e^{\mu_1 - \mu_2}$，其中，$\mu_0$、$\mu_1$、$\mu_2 > 0$。

(4) $G = 0$ 且无国际因素影响，则 IS—LM 方程可以改写成以下形式：

IS 方程：$Y = c \cdot Y + \alpha \cdot e^{\beta \cdot (i - \pi^e)}$ \hfill (18.7)

LM 方程：$Y^{\mu_0} \cdot e^{\mu_1 - \mu_2} = \dfrac{M}{P}$ \hfill (18.8)

对 IS 方程两边取对数，得：

$$\ln Y = \ln \dfrac{\alpha}{1-c} + \dfrac{\beta}{1-c}(i - \pi^e) \tag{18.9}$$

对 LM 方程两边取对数，得：

$$\mu_0 \ln Y + \mu_1 - \mu_2 = \ln M - \ln P \tag{18.10}$$

将 IS 方程代入式（18.10），消去 i，整理得：

$$\ln P = \left[\dfrac{\mu_2(1-c)}{\beta} - \mu_0\right] \cdot \ln Y + \ln M + \mu_2 \cdot \pi^e - \mu_1 - \dfrac{\mu_2(1-c)}{\beta} \cdot \ln \dfrac{\alpha}{1-c} \tag{18.11}$$

整理式（18.11），令 $a_0 = -\mu_1 - \dfrac{\mu_2(1-c)}{\beta} \cdot \ln \dfrac{\alpha}{1-c}$，$a_1 = \dfrac{\mu_2(1-c)}{\beta} - \mu_0$，$a_2 = \mu_2$，可得：

$$\ln P = a_0 + a_1 \cdot \ln Y + a_2 \cdot \pi^e + \ln M \tag{18.12}$$

在开放条件下，加入汇率 EX 的影响：

$$\ln P = a_0 + a_1 \cdot \ln Y + a_2 \cdot \pi^e + \ln M + a_3 \cdot \ln EX \tag{18.13}$$

将式（18.13）对时间 t 求导，得到价格水平波动方程的表达式：

$$\dfrac{P'}{P} = a_1 \cdot \dfrac{Y'}{Y} + a_2 \cdot \pi^{e\prime} + \dfrac{M'}{M} + a_3 \cdot \dfrac{EX'}{EX} \tag{18.14}$$

即价格水平波动率可以用产出水平波动率、通货膨胀预期变化、货币供应量波动率、汇率波动率的线性组合来表达。

（二）价格波动方程的系数估计

本节将尝试用中国现实数据对上一节推导得出的价格水平波动方程式（18.14）进行拟合，估计各项系数。其中，FPC 代表价格水平波动率，FBC 代表产出水平波动率。

1. 指标说

本节使用的指标说明如表 18-13 所示。

表 18-13　　　　　指标说明（价格波动方程）

变量分类	变量名称	指标名称	单位	数据来源
被解释变量	价格波动因子	FPC		经计算所得
解释变量	宏观经济波动因子	FBC		经计算所得
	汇率增长率①	GEX	%	经计算所得
	货币供应量 M1 的增长率②	GM1	%	经计算所得
	价格波动因子的滞后一期项	FPC（-1）		经计算所得

2. 加入货币发行因素的价格波动模型

根据计量经济学理论，利用 Eviews8.0 对 2001 年第三季度至 2017 年第四季度 66 个季度的数据进行拟合③，估计模型系数。实证步骤和结果如下：

（1）平稳性检验。在估计回归方程之前，需要对所有解释变量和被解释变量做平稳性检验，只有通过了平稳性检验，才能进行参数估计。检验结果见表 18-14，所有变量均原阶平稳。

表 18-14　　　　ADF 单位根检验结果（价格波动方程 1）

变量	形式（c, t, p）	ADF 值	5% 临界值	P 值	结论
FPC	(1, 0, 0)	-4.8843*	-2.9069	0.0001	平稳
FBC	(1, 0, 0)	-5.1336*	-2.9069	0.0001	平稳
GEX	(1, 0, 0)	-3.4957**	-2.9069	0.0111	平稳
GM1	(1, 0, 0)	-3.2112**	-2.9100	0.0241	平稳

注：(c, t, p) 中，c 代表截距项，t 代表趋势项，p 代表回归差分项的滞后阶数。当 c 或者 t 为 0 时，代表检验模型不包含截距项或者趋势项。*、** 分别代表 ADF 统计量在 10%、5% 的显著性水平下拒绝原假设。

---

① 采用直接标价法的数据。
② M1 为狭义货币供应量，是指流通中的现金加上单位在银行的可开支票进行支付的活期存款。
③ 因子合成数据结果从 2001 年第三季度开始。

（2）回归系数的估计结果。首先对加入货币供应量因素的价格波动模型做系数估计，估计结果如表 18-15 所示。模型整体估计的 F 统计量值为 11.8948，P 值为 0。

表 18-15　　　　　系数估计结果（价格波动方程 1）

因变量	估计系数值	T 统计量	P 值
C	-0.0522	-1.0299	0.3072
FBC	0.2128	4.4158	0.0000
GEX	-6.7938	-2.1146	0.0386
GM1	0.4504	0.4492	0.6549
FPC（-1）	0.2385	2.1778	0.0334

（3）多重共线性的检验。多重共线性是指线性回归模型的解释变量之间的相关性或由于准确度高的估计的失真或难以准确估计的相关性的存在。通常来说，由于经济数据大多都存在一定的局限性，如果模型设计不当，就通常会导致设计矩阵中不同的解释变量之间存在一定的相关性。多重共线性的主要原因包括经济变量具备共同的变化趋势、滞后变量和样本数据的局限性等。根据本节研究的问题，进行多重共线性的检验显得十分必要。一般情况下，相关系数小于 0.7 就可认为不存在多重共线性。多重共线性检验结果见表 18-16。

表 18-16　　　　　多重共线性检验结果（价格波动方程 1）

	FPC	FBC	FPC（-1）	GM1	GEX
FPC	1	0.5731	0.4605	-0.1192	-0.3450
FBC	0.5731	1	0.3716	-0.1562	-0.1460
FPC（-1）	0.4605	0.3716	1	-0.2776	-0.2910
GM1	-0.1192	-0.1562	-0.2776	1	0.1219
GEX	-0.3450	-0.1460	-0.2910	0.1219	1

（1）残差的序列相关检验。Breush-Godfrey LM 检验用于检验回归残差序列是否存在高阶自相关，且在方程中存在滞后因变量的情况下，LM 检验仍然有效。当 P=2 时，LM 检验结果显示，F 统计量为 0.6430，P 值为 0.5294，接受原假设，即残差序列不存在二阶自相关。

(2) 异方差检验。利用 BP 检验即布罗施—帕甘检验来判断是否存在异方差问题，BP 检验结果显示，F 统计量为 0.2474，P 值为 0.9101，接受原假设，即不存在异方差问题。

在考虑货币发行因素的前提下，估计的回归方程为：

$$FPC = -0.0522 + 0.2128 \times FBC - 6.7938 \times GEX + 0.4504 \times GM1 + 0.2385 \times FPC(-1) \tag{18.15}$$

GM1 的估计系数没有通过 T 检验，尝试剔除这个变量估计方程系数，对模型做改进。

(3) 剔除货币发行因素的价格波动模型。将货币供应量变动率这一影响因素剔除，重新对模型系数进行估计，模型整体 F 统计量值为 16.0018，P 值为 0。系数估计结果见表 18-17。

表 18-17　　　　　系数估计结果（价格波动方程 2）

因变量	估计系数值	T 统计量	P 值
C	-0.0360	-1.0166	0.3133
FBC	0.2116	4.4263	0.0000
GEX	-6.7328	-2.1113	0.0388
FPC (-1)	0.2275	2.1453	0.0359

此外，LM 检验结果显示，当 P=2 时，F 统计量为 0.6256，P 值为 0.5384，接受原假设，即残差序列不存在二阶自相关。BP 检验 F 统计量为 0.3322，P 值为 0.8020，不存在异方差问题。

回归方程形式为：

$$FPC = -0.0360 + 0.2116 \times FBC - 6.7328 \times GEX + 0.2275 \times FPC(-1) \tag{18.16}$$

（三）价格波动的原因探寻

价格水平波动的原因到底是什么？在通货膨胀和通货紧缩这两种相对立的货币经济现象中，由于通货膨胀更加常见，因此，对通货膨胀的理论研究较之通货紧缩更为深入。在历史上，1929—1933 年的大危机、20 世纪 90 年代以及 2007 年美国次贷危机之后，通货紧缩几乎成为全球性问题。

1. 对通货膨胀成因的主要解释

不同流派的经济学家从需求、成本、经济结构、供给等不同角度进行阐述，主要有新古典综合派、新剑桥学派、货币学派、哈耶克理论、理性预期学派等几派理论。

新古典综合派从需求和供给两个方面研究通货膨胀的成因，认为只要总需求增长超过了一国经济潜在生产能力的水平，通常就会导致需求拉动的通货膨胀，造成价格水平上涨。另外，总供给的减少和生产成本的迅速增加会引发成本推动型通货膨胀。

新剑桥学派认为，工资推动是通货膨胀的主要因素，工人为维持实际工资不变而提高货币工资是合理的，存在的问题是资本家为取得垄断利润而操纵产品价格，从而导致物价上涨。

货币学派的通货膨胀定义特别重视货币因素，认为单个商品的价格变动和一次性货币因素导致的价格变化并没有通货膨胀，只有货币量过多造成价格水平普遍、持续上涨，才是通货膨胀。

哈耶克也认同通货膨胀是一种货币现象，价格水平的上升是否能够被定性为通货膨胀性，主要是看这种价格水平的上涨到底是什么原因造成的。如果货币的过度增长使流动性超过了市场能够接受的数量，即会导致物价上涨，那就是通货膨胀；如果不是由于货币数量过多而是其他原因造成的价格水平上涨，就不能称为通货膨胀。

理性预期学派与货币学派的观点较为相似，在一定程度上可以被称为"第二号货币主义"。认为政府在实施货币政策时，货币供给的变化会因为给公众造成信息障碍而带来产出的暂时改变，但理性的公众很快会修正错误的预期，这种短期效应会随之消失，因此货币是中性的。

2. 对通货紧缩成因的主要解释

对于通货紧缩的定义，学术界主要有两种：一种定义是主流观点，认为通货紧缩是一国一般价格水平的持续下降。另一种定义强调通货紧缩是货币供给增长率过低而不适应货币需求的一种货币现象。对于通货紧缩的成因，主要代表观点有以下几种。

凯恩斯经济学派从实体经济角度解释通货紧缩的成因，指出在一个经济周期的繁荣后期，资本边际收益率下降，相应地，实际利率上升，使投资增速下降，并通过投资乘数效应使有效需求下降，有效需求不足导致产出下降，最终酿成经济萧条。

费雪从供给角度解释通货紧缩，提出了债务沉积—通货紧缩理论。认为经济主体的过度负债和通货紧缩相互作用，相互增强。

货币学派认为，货币存量的大幅变动是一般价格水平大幅变动的充分必要条件，过低的货币供给增长率以及货币流通速度下降使通货紧缩向恶性方向发展。治理通货紧缩非常容易，只要增加流通中的货币供应量就可以了。

伯南克在费雪理论的基础上提出了信贷中介成本理论，认为较高的信贷中介成本使总供给和总需求水平降低了，从而导致经济处于通货紧缩之中。

克鲁格曼认为，通货紧缩的出现必然因为某种因素而限制了总需求的增加，需求不足在不同的国家和不同的时期有不同的社会以及制度根源。以日本为例，人口老龄化和缓慢的人口增长率制约着社会总需求，形成了通货紧缩的局面。

3. 中国价格波动的影响因素

本章估计出的价格波动因子 FPC 的表达式为：

$$FPC = -0.0360 + 0.2116 \times FBC - 6.7328 \times GEX + 0.2275 \times FPC(-1)$$

（18.17）

对模型的系数估计结果做分析，可以得出以下结论：

第一，宏观经济波动因子对价格波动因子的影响系数为 0.2116，说明 FBC 对 FPC 有同向拉动效应。即在经济运行过程中，当宏观经济波动值正向增大时，价格水平波动值也表现为正向运动；当宏观经济的综合波动效果为负向时，也会将价格水平的波动值向负向拉动。

第二，FPC 的滞后一期值也是影响价格波动的显著因素，系数为 0.2275。说明价格波动预期（更接近于适应性预期的概念）对于宏观经济当期波动值影响系数为正值，且影响系数较大。西方学者很早就注意到预期对宏观经济的重要影响。20 世纪 70 年代，以卢卡斯为代表的"理性预期"学派认为，人的预期可以分为以下两种：理性预期和适应性预期。其中，适应性预期主要是指某一个经济主体能够根据过去的信息，同时结合前期的预测误差来综合形成当前的预期，这是一种被动式的、后视的预期；而理性预期则是指经济主体能够充分利用现有的一切可得信息，对于未来的变量发展变化进行合理的预期，这是一种主动性的、前瞻式的预期。一旦市场上的消费者和投资者认为某些产品和资产比如房地产、股票和大宗商品的价格会上升，并且价格的上升速度会高于存款利率的提升速度，这些经济主体就会将存款从银行取出，去购买这些产品和资产，进而达到保值或者对冲通货膨胀的目的。这种心理上的理性预期引致的商品需求会导致此类资产价格的加快上涨。同时，如果这些产品和资产的价格一旦上涨，又会进一步加剧价格上升的预期，刺激消费者加大购买欲望，从而最终导致通货膨胀出现螺旋式上升。目前，中国经济正处于转型期，价格调控体系尚未完善，监管效率较低，这就更加需要对通货膨胀预期进行有效管理，这也是对于单纯利用货币政策进行价格调控的一种补充。

第三，汇率的增长率对于 FPC 的影响系数为 -6.7328。结果表明，实际汇率增长率每增加（减少）1 个百分点，对价格波动因子的影响是反方向的。实证分析时选取的数据为直接标价法的汇率值，由结果可知：当人民币升值时，会正向拉动价格波动值；当人民币贬值时，对价格波动的影响效应为负向。

第四，货币供应量的因素在这里根据实证检验结果被剔除了，可见，运用货币供应量这个工具来稳定价格水平效果并不显著。由此可以猜测货币政策支持中国经济也许并不适用。中国的经济结构改革需要时间，内生增长的动力不足，资产价格泡沫伴随着高债务、高杠杆的金融体系，使增加的货币供应并没有流入实际提高产出的领域，甚至流入了境外。例如，2015 年货币供应量的增加主要流入了股市，而 2016 年则主要流入了房地产市场。

综上所述，基于 IS—LM 模型推导出关于价格波动因子的决定方程，通过利用本章构造的两类因子以及其他影响变量的季度数据进行实证分析，估计出模型参数，结合中国现实国情进行分析，结果表明，宏观经济波动、价格波动预期以及汇率因素是中国价格波动周期的显著影响因素，而货币供应量并不是价格管理的有效工具。

比较各个影响因素的系数，由大到小依次为汇率增长率（系数为 -6.7328）、价格波动预期（系数为 0.2275）以及宏观经济波动因子（系数为 0.2116）。在其他条件不变时，汇率增长率每变动 1 个百分点，FPC 会反向变动约 6.7328 个百分点。价格波动预期会使价格水平同向波动，并且这种预期具有"加速"特点（比如物价上涨的幅度如果高于上次通货膨胀的最高点，或者上涨幅度超过了政府承诺的那个目标值，预期的波动会加剧）。假设其他条件不变，预期每变动 1 个百分点，FPC 同方向变动约 0.2275 个百分点。在固定其他变量的条件下，宏观经济波动因子每变动 1 个百分点，FPC 会同向变动 0.2116 个百分点。

五　经济波动周期与价格波动周期的相关分析

（一）FBC 与 FPC 的周期特征比较

"多周期叠加"是中国经济增长速度回落的直接原因。经济周期不仅表现为经济运行缺口的波动，也表现为价格水平的波动。实证分析表明，价格波动周期是作为宏观经济运行周期的孪生物存在的，两者之间存在着内在联系。本节对经济周期和价格波动周期的关系做讨论。

1. FBC 与 FPC 的直观对比

在经济运行过程中，不仅存在着经济波动周期，也存在着价格波动周期。将 FBC 与 FPC 的周期做比较，具体情况如图 18-17 所示。

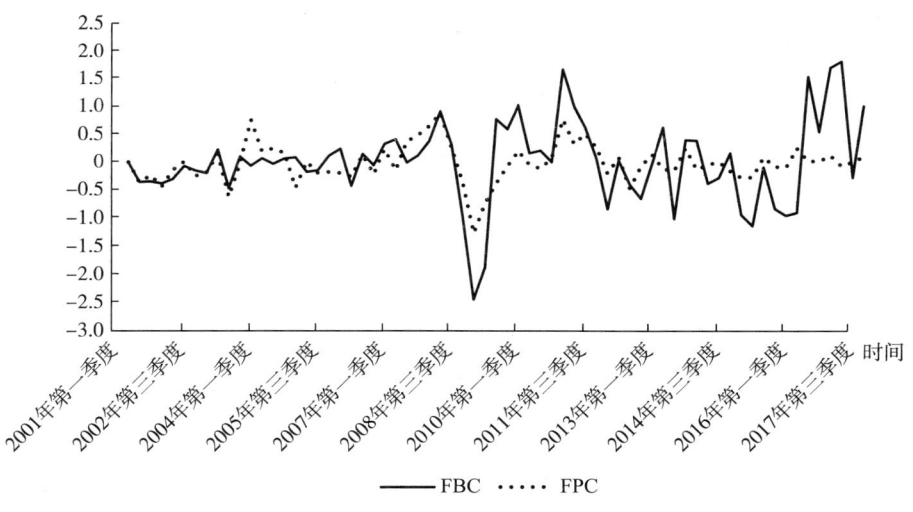

图 18-17　FBC 与 FPC 对比

直观地比较 FBC 与 FPC 的周期，2001—2017 年，两者的运行周期均划分为 16 个。由图 18-17 可以看出，周期长度以及波峰、波谷点出现的时间存在差异。本章首先对 FBC、FPC 的周期长度、振幅以及波峰波谷点的时间进行比较和讨论。①

---

①　由于因子构成过程中经过了标准化运算，因此，振幅的绝对值不在讨论范围之内，只比较各周期振幅的相对值。

2. FBC 与 FPC 的特征比较

将 FBC 与 FPC 的周期划分以及波峰、波谷点的位置做比较,具体情况如表18-18所示。

表 18-18　　　　　　FBC 与 FPC 的周期特征比较

周期	FBC 周期长度（月）	FPC 周期长度（月）	起止点时间	波峰时间
1	18	9	起点相同，FBC 终点滞后 9 个月	FBC 滞后 9 个月
2	6	9	FBC 起点滞后 9 个月，终点滞后 6 个月	FBC 滞后 6 个月
3	6	18	FBC 起点滞后 6 个月，终点领先 6 个月	FBC 滞后 3 个月
4	9	15	FPC 起点滞后 6 个月，终点滞后 12 个月	FPC 滞后 3 个月
5	12	6	FPC 起点滞后 12 个月，终点滞后 6 个月	FPC 滞后 6 个月
6	6	6	FPC 起点滞后 6 个月，终点滞后 6 个月	FPC 滞后 6 个月
7	9	21	FPC 起点滞后 6 个月，终点滞后 18 个月	FPC 滞后 12 个月
8	18	18	FPC 起点滞后 18 个月，终点滞后 18 个月	FPC 滞后 21 个月
9	21	18	FPC 起点滞后 18 个月，终点滞后 15 个月	FPC 滞后 21 个月
10	15	6	FPC 起点滞后 15 个月，终点滞后 6 个月	FPC 滞后 15 个月
11	9	12	FPC 起点滞后 6 个月，终点滞后 9 个月	FPC 滞后 9 个月
12	9	6	FPC 起点滞后 9 个月，终点滞后 6 个月	FPC 滞后 6 个月
13	9	12	FPC 起点滞后 6 个月，终点滞后 9 个月	FPC 滞后 12 个月
14	12	12	FPC 起点滞后 9 个月，终点滞后 9 个月	FPC 滞后 9 个月
15	9	9	FPC 起点滞后 9 个月，终点滞后 9 个月	FPC 滞后 9 个月
16	21	9	FPC 起点滞后 9 个月	FBC 滞后 3 个月

对比周期长度以及起止点，在第 4 周期至第 15 周期，FPC 周期始终滞后于 FBC 周期，滞后时长为 6—18 个月不等。在第 3 周期，FBC 的周期比 FPC 的周期长 12 个月，因此 FPC 的终点"赶超"了 FBC 的终点。比较波峰点出现时间，在第 4 周期至第 15 周期，FPC 的波峰点滞后时长为 3—21 个月。

3. 两周期的差异分析

价格水平波动周期是经济波动周期的必然伴侣。在市场经济条件下，可以将价格水平的运动视为产出水平运动的货币表现。一般来说，当宏观经济波动出现正缺口时，价格水平波动值也会相应地运动到水平线上方的位置；当宏观经济波动出现负缺口时，价格的波动也会相应地运动到 0 值下方。

由前述分析可知，FPC 有 12 个周期始终滞后于 FBC 周期，同样，在这 12 个周期，FPC 波峰点位置滞后于 FBC。FBC 和 FPC 以上表现可以用菜单成本论来解释，并且由于中国寡头垄断企业的数目相对较多使价格黏性进一步加强。由菜单成本论可知，经济中有一定垄断力的企业是价格的决定者。而菜单成本的存在阻碍了企业调整价格。[①] 菜单成本的存在使名义价格水平有了黏性。在价格黏性的条件下，企业对需求变动的反应是改变产量。这样，总产量随总需求的变化而变动，经济中就会出现大的波动。因此，当总量开始失衡时，产出（存货）变动机制总是先于价格机制发生作用，在市场机制之下，寡头垄断企业的特点使价格黏性的强度加大。由此验证了前述观点。另外，注意到 FPC 的第 8 周期开始点的位置相对高出很多，这是由于除经济波动周期运动规律以外，此阶段还有自然灾害影响和国际石油价格上涨的原因，这个高位点是以上原因共同作用的结果。

（二）FBC 与 FPC 相关性的实证研究

本节对于 FBC 与 FPC 数据的真实相关性进行实证分析，建立 FBC 与 FPC 的向量自回归模型和脉冲响应方程，定量分析两者的关系。

1. 向量自回归模型设计

在研究同一系统内两种变量关系的时候，向量自回归模型（VAR）是一种比较有效的研究方法。向量自回归模型（VAR）基于数据的统计性质，可以把经济系统中每一个内生变量表示为系统中所有变量的滞后值的函数，是处理多个相关经济指标的分析与预测最容易操作的模型之一，有助于我们分析内部相互联系的经济系统，以及模型的扰动项对整个经济系统的动态冲击，解释各种经济冲击对每个经济变量的影响效果。VAR 模型的具体表达如式（18.18）所示。

$$y_t = \Gamma_1 y_{t-1} + \Gamma_2 y_{t-2} + \cdots\cdots + \Gamma_p y_{t-p} + \varepsilon_t \tag{18.18}$$

式中，矩阵 y_t 由本节所研究的两个变量 FBC、FPC 的时间序列组成；

[①] 菜单成本是指调整价格时所花费的成本，包括研究和确定新价格的成本、重新编印价目表的成本、通知销售点更换价格标签的成本等。有些机会成本也叫作菜单成本。

y_{t-p} 表示矩阵 y_t 的 p 阶滞后向量；Γ_p 代表该模型的待估参数；ε_t 代表该模型的扰动项，在本章中可以解释为外生冲击。通过建立 VAR 模型，可以研究 FBC 与 FPC 的相互联系以及不同冲击对变量的影响效果。

2. 数据的检验

（1）平稳性检验。向量自回归模型理论要求模型中每一个变量都是平稳的，因此，在建立向量自回归模型之前，首先需要对数据进行平稳性检验。将 FBC 与 FPC 视为系统的内生向量，只有通过了平稳性检验，才可以建立 VAR 模型。前文已对 FBC 和 FPC 进行了平稳性检验，结果显示均原阶平稳。①

（2）约翰森协整检验。约翰森协整检验不是一次能完成的独立检验，而是针对不同取值的连续检验过程，EVIEWS8.0 从检验不存在协整关系的零假设开始，直至最多 N–1 个协整关系，共进行 N 次检验。比较而言，约翰森协整检验比 EG 检验的功效更稳定，可以给出全部协整关系，当 N 大于等于 2 时，最好使用约翰森协整检验。

约翰森协整检验结果如表 18–19 所示，结果表明，FBC 与 FPC 在 5% 的显著性水平下存在两个协整关系。

表 18–19　　　　　　　　约翰森协整检验结果②

原假设	特征根	迹统计量	P 值	结论
0 个协整关系	0.2694	36.9772	0.0000	拒绝原假设
至少一个协整关系	0.2320	16.8901	0.0000	拒绝原假设

3. VAR 模型的建立

根据 AIC 信息准则，当 Lag = 2 时，FPE = 0.0442，AIC = 2.5566，HQ = 2.6932，因此，选取最优滞后阶数为 2。在此基础上建立 VAR 模型，方程估计结果如下：

$$\widehat{FBC} = 0.2947 \times FBC(-1) + 0.1473 \times FBC(-2) + 0.7756 \times \\ FPC(-1) - 0.9462 \times FPC(-2) + 0.0141 \quad (18.19)$$

---

① 参见价格调整方程的建模过程。

② 在 "y_t 有确定性线性趋势，但协整方程只有截距" 这一协整方程形式的基础上得到的检验结果。

$$\widehat{FPC} = 0.0087 \times FBC(-1) + 0.0747 \times FBC(-2) + 0.4534 \times$$
$$FPC(-1) - 0.1248 \times FPC(-2) - 0.0065 \qquad (18.20)$$

4. 脉冲响应分析

在进行脉冲响应分析之前，先要对模型进行稳定性检验，即看单位根的倒数是否都落在单位圆内，如果都落在单位圆内，则表明模型是平稳的，就可以进行脉冲响应分析和方差分解。结果如图 18-18 所示，结果表明，构建的 VAR 模型是稳定的，可以进行脉冲响应分析。

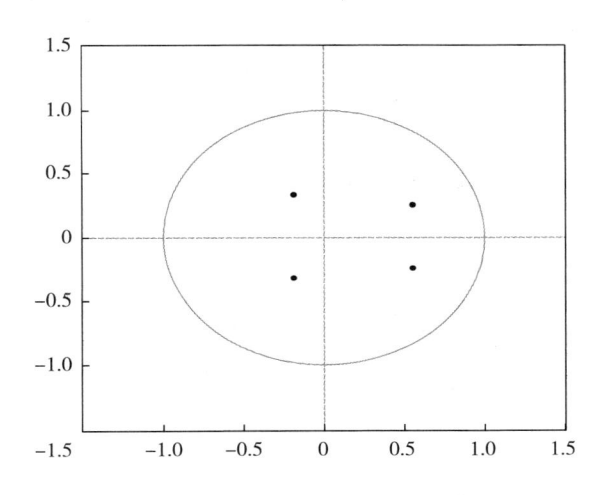

图 18-18 模型稳定性检验

由于 VAR 模型不是一个理论性模型，对于变量无须做任何先验性约束，因此，在实际分析时，往往不研究一个变量对其他变量的影响如何，而是分析当一个误差项发生变化时，或者说模型收到某种冲击时对系统的动态影响，即脉冲响应函数的方法。脉冲相应函数是用于衡量随机扰动项的一个标准差冲击对内生变量当前和未来取值的影响。在已建立的 VAR 模型基础上，分别对 FBC 和 FPC 做外生冲击，来观察这种冲击对另一个变量的当前值和未来值的影响。本章构建的 VAR 模型为 VAR（2），具体形式为：

$$FBC(t) = a_1 \times FBC(t-1) + a_2 \times FBC(t-2) + a_3 \times FPC(t-1) +$$
$$a_4 \times FPC(t-2) + \varepsilon_{1t} \qquad (18.21)$$
$$FPC(t) = b_1 \times FBC(t-1) + b_2 \times FBC(t-2) + b_3 \times FPC(t-1) +$$

$$b_4 \times FPC(t-2) + \varepsilon_{2t} \quad (18.22)$$

假定随机扰动项是具有如下性质的白噪声向量：

$E(\varepsilon_{it}) = 0$，对于 $\forall t$，其中 $i = 1, 2$

$VAR(\varepsilon_t) = \{\sigma_{ij}\}$，对于 $\forall t$

$E(\varepsilon_{it}\varepsilon_{is}) = 0$，对于 $\forall t \neq s$，$i = 1, 2$

另假定上述系统从 0 期开始活动，且 FBC（t-1）=FBC（t-2）=FPC（t-1）=FPC（t-2）=0，另设第 0 期给定了扰动项 $\varepsilon_{10} = 1$，$\varepsilon_{20} = 0$，并且其后均为 0，即 $\varepsilon_{1t} = \varepsilon_{2t} = 0$（t=1，2，…）称此为第 0 期给 FBC 以脉冲，此时 FBC（0）=1，FPC（0）=0，将其结果代入式（18.21）和式（18.22）中，得到 t=1 时，FBC（1）和 FPC（1）的值。依次迭代运算下去，即得到由 FBC 脉冲引起的 FBC 的响应函数，用同样的方法可以得到由 FBC 脉冲引起的 FPC 的响应函数。如果第 0 期的脉冲反过来，从 $\varepsilon_{10} = 0$、$\varepsilon_{20} = 1$ 出发，即可得到由 FPC 的脉冲引起的 FPC 和 FBC 的响应函数。响应函数能够明显地捕捉到外生冲击对于经济变量的冲击效果，在本章中，能够用来分析宏观经济运行冲击和价格冲击能够引起双方的变化的方向与大小。

（1）FPC 脉冲引起 FBC 的响应。FPC 对 FBC 的脉冲响应结果如图 18-19 所示。当在本期给 FPC 一个标准差单位的冲击后（冲击类型为暂时冲击，例如某种价格冲击），FBC 产生正向波动，在第 2 期达到最大值，之后随着时间的推移而逐渐减小，到第 3 期时回归到 0，之后开始向下运动，产生负向变化，到第 9 期时回复到原始位置。这表明对 FPC 的一个外生冲击会使 FBC 在前 2 期有同向变化，这种变化随时间推移而逐渐减小，在第 3—8 期冲击影响转为负向。FBC 的变化不具有持续性，最终会回到原位置。

（2）FBC 脉冲引起 FPC 的响应。FBC 对 FPC 的脉冲响应结果如图 18-20 所示。当在本期给 FBC 一个标准差单位的外生冲击后（冲击类型为暂时冲击，例如某种消费冲击、需求冲击或者供给冲击），FPC 产生正向反应，这种反应随着时间的推移而逐渐减弱，到第 7 期末回归至零值，之后与坐标轴交叉，持续一段时间弱负向反应后回归到零。这表明对 FBC 的一个外生的暂时性冲击会使 FPC 在前 7 期有同向的反应，在第 8 期这种冲击的影响会转化为负向，但不具有持续性，持续一定的弱负向变化后影响消失，最终会回复到原始位置。

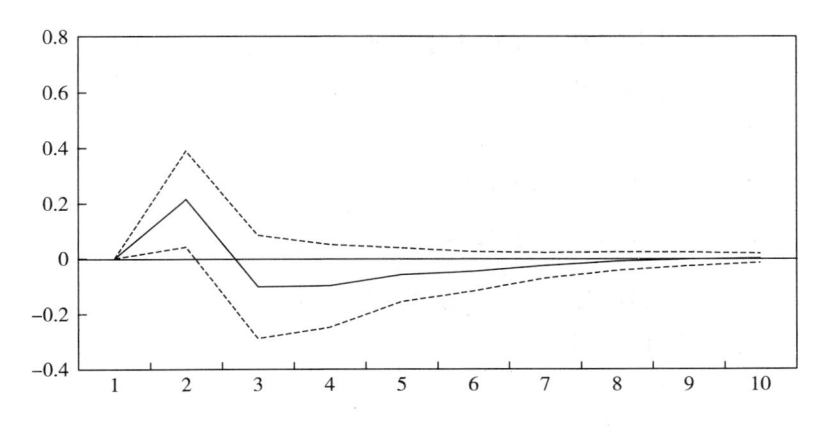

图 18-19　对 FPC 冲击引起 FBC 的响应

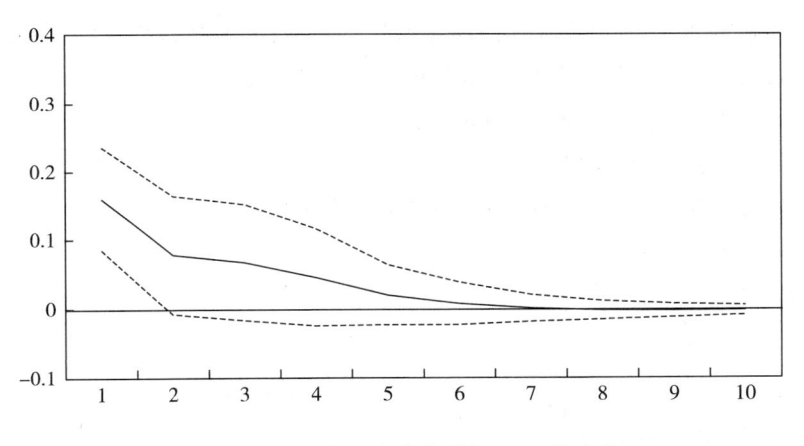

图 18-20　对 FBC 冲击引起 FPC 的响应

(三) FBC 与 FPC 分区制关系研究

1. MS (q) —VAR (p) 模型的原理

当需要考察经济变量所构建的系统在不同时期的结构性变化时，传统的 VAR 模型存在一定的局限性。在经济增长的不同阶段，所刻画的模型系统的结构是否存在变化，FBC 周期与 FPC 周期的关系是否应当根据增长速度或波动率的不同，划分为不同的阶段去讨论，是本节所考察的内容。汉密尔顿（1989）提出了可拟合经济变量在不同状态、时间段和作用机制下的性质特征的马尔科夫转移（Markov Switching，MS）模型，也就是说，可观测的时间序列向量 y_t 数据产生过程取决于不可观测的取值变量s_t，于是可将均值调整 VAR 模型转换为区制转移模型：

$$y_t - \mu(s_t) = \beta_1(s_t)[y_{t-1} - \mu(s_{t-1})] + \cdots + \beta_p(s_t)[y_{t-p} - \mu(s_{t-p})] + \varepsilon_t \tag{18.23}$$

区制转移的概率可表述为：

$$p_{ij} = Pr\{s_{t+1} = j \mid s_t = i, \sum_{j=1}^{N} p_{ij} = 1\}, \forall i,j \in \{1,2,\cdots,N\} \tag{18.24}$$

设s_t有 N 个取值状态，在各状态之间的转移概率可以用马尔科夫转移矩阵来表示，矩阵形式为：

$$P = \begin{bmatrix} p_{11} & \cdots & p_{1N} \\ \vdots & \ddots & \vdots \\ p_{N1} & \cdots & p_{NN} \end{bmatrix}$$

区制转移会引起y_t过程均值的即刻变化，假定区制转移均值平滑地到达新的水平，运用区制依赖的截距项来描述y_t过程：

$$y_t = \alpha(s_t) + \beta_1(s_t) y_{t-1} + \cdots + \beta_p(s_t) y_{t-p} + \varepsilon_t \tag{18.25}$$

对于给定区制和滞后内生变量$Y_{t-1} = (y'_{t-1}, y'_{t-2}, \cdots, y'_1, y'_0, \cdots, y'_{1-p})$，在$\varepsilon_t$服从正态分布的假定条件下，进一步进行如下设定：

$$\delta_t = \begin{bmatrix} R(s_t = 1) \\ \vdots \\ R(s_t = N) \end{bmatrix}$$

式中，$R(s_t = a) = \begin{cases} 1, & s_t = a \\ 0, & 其他 \end{cases}$ 以及 $\theta_t = \begin{bmatrix} p(y_t \mid \delta_t = 1, Y_{t-1}) \\ \vdots \\ p(y_t \mid \delta_t = N, Y_{t-1}) \end{bmatrix}$,

可得条件概率为 $p(y_t \mid \delta_t, Y_{t-1}) = \theta'_t P' \delta_{t-1}$。

给定Y_0和特定观测值Y_T，解下列联立方程组：

$$\begin{cases} p(Y \mid \delta) = \prod_{t=1}^{T} p(y_t \mid \delta_t, Y_{t-1}) \\ p(Y, \delta) = p(Y \mid \delta) p(\delta) = \prod_{t=1}^{T} p(y_t \mid \delta_t, Y_{t-1}) \prod_{t=2}^{T} Pr(\delta_t \mid \delta_{t-1}) Pr(\delta_t) \\ p(Y) = \int p(Y, \delta) d\delta \end{cases}$$

解得观测条件下的区制概率为：$Pr(Y \mid \delta) = \dfrac{P(Y, \delta)}{P(Y)}$。

2. MS(q)—VAR(p)模型的构建准备

(1) 单位根检验。建立模型前，为保证所有样本数据的平稳性，必须对各变量数据进行平稳性检验。根据上一节的结论，FBC、FPC 均通过平稳性以及协整检验。

(2) 最优模型选择。需要确定模型中 p 和 q 的取值，q 值代表区制数，p 值代表滞后阶数。首先，需确定区制数 q。在分析宏观经济问题时，可以考虑根据增长率的大小或波动频率振幅的大小划分区制，分为中高速增长区域和低速增长区域；或者分为中高频波动区域和低频波动区域。程序的运行结果验证了只有在 q = 2 时能估计出模型系数。其次，需要确定滞后阶数 p。根据残差是否服从正态分布来筛选，运用 JB 统计量来判断。JB 统计量即是 Jarque—Bera 统计量，是用来检验一组样本是否能够认为来自正态总体的一种方法。它依据 OLS 残差对样本进行检验（或称为渐进检验）。令 p = 1，p = 2，p = 3，分别建立模型，这里，原假设为残差服从正态分布，检验结果如表 18 – 20 所示。

表 18 – 20   JB 统计量检验结果（中国 MS—VAR）

滞后阶数	JB 统计量	P 值	结论
p = 1	9.628	0.047	残差不服从正态分布
p = 2	4.285	0.369	残差服从正态分布
p = 3	14.863	0.005	残差不服从正态分布

由以上结果可知，p = 1 时残差不服从正态分布，p = 2 时满足 JB 条件，可以进行下一步建立模型。

3. MS(2)—VAR(2) 模型的建立

(1) 区制划分结果。如图 18 – 21 和图 18 – 22 所示，将 2001—2017 年共 68 个季度分为两个区制。区制 1 包括 2002 年第一季度至 2005 年第一季度和 2008 年第三季度至 2016 年第一季度；区制 2 包括 2005 年第二季度至 2008 年第二季度和 2016 年第二季度至 2017 年第四季度。FPC 与 FBC 的关系在两区域明显不同。

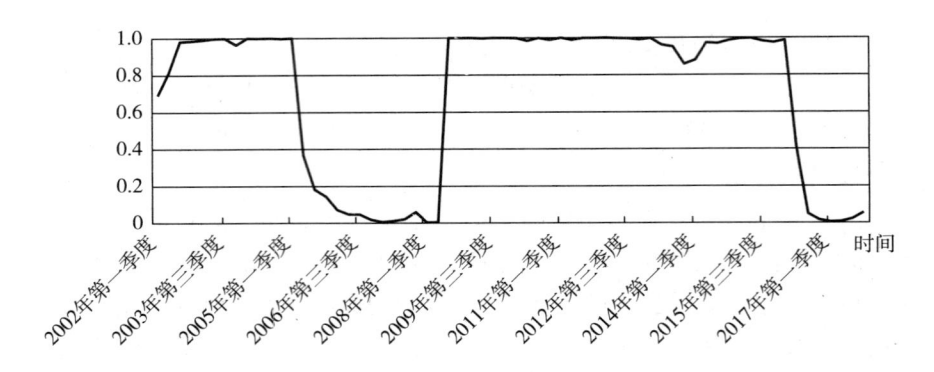

图 18-21 区制 1 的概率分布

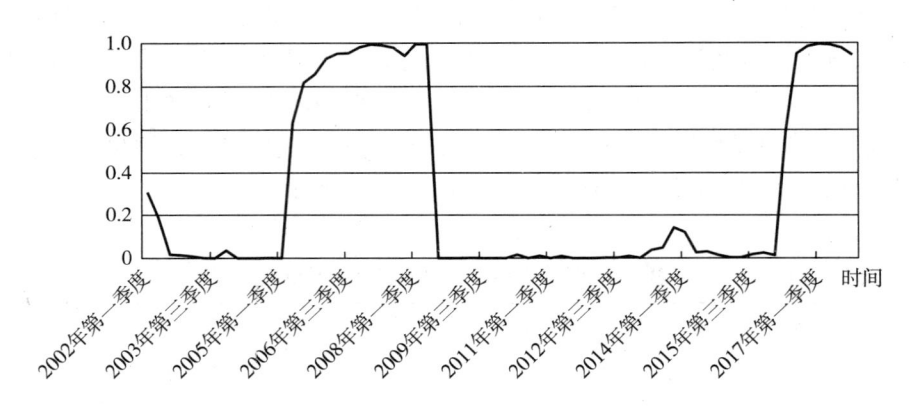

图 18-22 区制 2 的概率分布

两个区制的划分以及 FBC、FPC 的对比结果见表 18-21。

表 18-21　　两个区制的特征比较

	时间段	FBC	FPC	滞后性	
区制 1	2002 年第一季度至 2005 第一季度	第 1—4 周期	第 1—3 周期	FBC 周期滞后	在区制 1，FBC 和 FPC 波动均较强
	2008 年第三季度至 2016 年第一季度	第 9—15 周期	第 8—14 周期	FPC 周期滞后	
区制 2	2005 年第二季度至 2008 年第二季度	第 5—8 周期	第 4—7 周期	FPC 周期滞后	
	2016 年第二季度至 2017 年第四季度	第 16 周期	第 15—16 周期	FBC 周期滞后	

（2）模型估计。MS（2）—VAR（2）的模型形式如式（18.26）所示。

$$\begin{pmatrix} FBC_t \\ FPC_t \end{pmatrix} = \begin{pmatrix} \beta_1 \\ \beta_2 \end{pmatrix} + \begin{pmatrix} b_{11} & b_{12} \\ b_{21} & b_{22} \end{pmatrix} \begin{pmatrix} FBC_{t-1} \\ FPC_{t-1} \end{pmatrix} + \begin{pmatrix} C_{11} & C_{12} \\ C_{21} & C_{22} \end{pmatrix} \begin{pmatrix} FBC_{t-2} \\ FPC_{t-2} \end{pmatrix} + \begin{pmatrix} \varepsilon_{1t} \\ \varepsilon_{2t} \end{pmatrix}$$

(18.26)

估计结果见式（18.27）与式（18.28）。

区制1：

$$\begin{pmatrix} \widehat{FBC_t} \\ \widehat{FPC_t} \end{pmatrix} = \begin{pmatrix} -0.094150 \\ -0.033190 \end{pmatrix} + \begin{pmatrix} 0.338320 & 0.622403 \\ 0.067441 & 0.354312 \end{pmatrix} \begin{pmatrix} \widehat{FBC_{t-1}} \\ \widehat{FPC_{t-1}} \end{pmatrix} +$$

$$\begin{pmatrix} 0.150792 & -1.062289 \\ 0.162376 & -0.376111 \end{pmatrix} \begin{pmatrix} \widehat{FBC_{t-2}} \\ \widehat{FPC_{t-2}} \end{pmatrix}$$

(18.27)

区制2：

$$\begin{pmatrix} \widehat{FBC_t} \\ \widehat{FPC_t} \end{pmatrix} = \begin{pmatrix} -0.300151 \\ 0.115432 \end{pmatrix} + \begin{pmatrix} 0.069978 & 1.010955 \\ -0.183883 & 0.471024 \end{pmatrix} \begin{pmatrix} \widehat{FBC_{t-1}} \\ \widehat{FPC_{t-1}} \end{pmatrix} +$$

$$\begin{pmatrix} 0.207844 & 0.146336 \\ 0.091725 & 0.968938 \end{pmatrix} \begin{pmatrix} \widehat{FBC_{t-2}} \\ \widehat{FPC_{t-2}} \end{pmatrix}$$

(18.28)

系数估计结果见表18-22。

表18-22　　　　　　MS（2）—VAR（2）的系数估计结果

	区制1				区制2			
变量	估计值	标准差	T统计量	P值	变量	估计值	标准差	T统计量	P值
β_1	-0.0942	0.0912	-1.0327	0.3090	β_1	0.3002	0.1597	1.8791***	0.0688
β_2	-0.0332	0.0477	-0.6957	0.4914	β_2	0.1154	0.0367	3.1434*	0.0035
b_{11}	0.3383	0.1885	1.7948***	0.0816	b_{11}	0.0700	0.2241	0.3122	0.7568
b_{21}	0.0674	0.0957	0.7046	0.4859	b_{21}	-0.1839	0.0502	-3.6636*	0.0008
b_{12}	0.6224	0.3795	1.6402	0.1102	b_{12}	1.0110	0.5578	1.8123***	0.0788
b_{22}	0.3543	0.1919	1.8467***	0.0735	b_{22}	0.4710	0.1300	3.6242*	0.0009
C_{11}	0.1508	0.1889	0.7983	0.4303	C_{11}	0.2078	0.1987	1.0463	0.3028
C_{21}	0.1624	0.0979	1.6579	0.1065	C_{21}	0.0917	0.0456	2.0132***	0.0521

续表

区制 1					区制 2				
变量	估计值	标准差	T 统计量	P 值	变量	估计值	标准差	T 统计量	P 值
C_{12}	-1.0623	0.3559	-2.9851 *	0.0052	C_{12}	0.1463	0.6893	0.2123	0.8331
C_{22}	-0.3761	0.1858	-2.0240 ***	0.0509	C_{22}	0.9689	0.1596	6.0724 *	0.0000
σ_1	0.3502	0.0774	4.5232 *	0.0001	σ_1	0.3616	0.1233	2.9334 *	0.0060
σ_2	0.0950	0.0205	4.6391 *	0.0001	σ_2	0.0177	0.0061	2.8888 *	0.0067

注：* 、***分别代表 T 统计量在 10%、1% 的显著性水平下拒绝原假设。

由表 18-22 可以看出，大部分系数的 T 统计量显著，这意味着模型估计的整体效果较好。各系数的含义如表 18-23 所示。

表 18-23　　　MS（2）—VAR（2）模型系数的含义与比较

系数名称	含义	区制 1 的估计值	区制 2 的估计值
b_{11}	FBC 滞后一期对 FBC 的影响系数	0.3383	0.0700
b_{21}	FBC 滞后一期对 FPC 的影响系数	0.0674	-0.1839
b_{12}	FPC 滞后一期对 FBC 的影响系数	0.6224	1.0110
b_{22}	FPC 滞后一期对 FPC 的影响系数	0.3543	0.4710
C_{11}	FBC 滞后二期对 FBC 的影响系数	0.1508	0.2078
C_{21}	FBC 滞后二期对 FPC 的影响系数	0.1624	0.0917
C_{12}	FPC 滞后二期对 FBC 的影响系数	-1.0623	0.1463
C_{22}	FPC 滞后二期对 FPC 的影响系数	-0.3761	0.9689

（3）结果分析。由估计结果可以看出，FBC(-1) 和 FPC(-1) 对其各自当期值的影响系数在区制 1 和区制 2 中均为正。区制 2 中，FBC(-1) 对 FBC 影响系数的绝对值很小，说明影响较弱。区制 1 中，FBC(-1) 和 FPC(-1) 对当期值的交叉影响系数分别为 0.0674 和 0.6224。区制 2 中，这两个系数分别为 -0.1839 和 1.0110。

区制 1 和区制 2 的特征区别主要有三点：第一，上一期的 FBC 对于当期 FPC 的影响系数在区制 1 中为正，在区制 2 中为负。第二，对于上一期的 FBC 对于当期 FBC 的影响系数，区制 1 是区制 2 的约 5 倍。第三，FPC 的滞后两期值对 FBC 和 FPC 当期值的影响系数在区制 1 中为负，在区制 2 中为正。这一结果验证了开始提出的假设，即经济波动周期和价格水平波动周期的相互作用方式和效果在不同经济阶段存在比较明显的差异，可以根据两者波动剧烈程度的不同分区制讨论。

（4）转移概率矩阵。转移概率是将马氏链分为 m 个状态后，从任意一个状态出发，经过一次转移，必然出现在状态 1，2，…，m 中的一个，这种状态之间的转移称为转移概率。当样本中状态 m 可能发生转移的总次数为 i，而由状态 m 到未来任一时刻转为状态 a_i 的次数时，则在 m + n 时刻转移到未来任一时刻状态 a_j 的转移概率为：$P_{ij}(m, m+n) = P\{X_m + n = a_j | X_m = a_i\}$。

两个区制状态的转移概率矩阵可以表示为 $P(S_t | S_{t-1}) = \begin{pmatrix} P_{11} & P_{12} \\ P_{21} & P_{22} \end{pmatrix}$，具体计算结果如表 18 - 24 所示。

表 18 - 24　　　　　　　　转移系数矩阵

区制划分	区制 1	区制 2
区制 1	0.9463	0.0983
区制 2	0.0537	0.9017

在经济运行过程中，如当期运行在区制 1，那么下一期继续在本区制运行的概率为 0.9463，转移到区制 2 运行的概率为 0.0983。如当期运行在区制 2，那么下一期继续在本区制运行的概率为 0.9017，转移到区制 1 运行的概率为 0.0537。有了概率转移矩阵，就得到了状态之间进一步和多步转移的规律，这些规律就是价格波动状态间演变规律的表，当初始状态已知时，可以查表做出不同时期的预测。

（5）稳态概率。稳态概率用于解决长期趋势预测问题，即当转移步数不断增加时，转移概率矩阵 P 的变化趋势，计算结果如表 18 - 25 所示。

表 18 - 25　　　　　　　　稳态概率

区制划分	稳态概率
区制 1	0.6468
区制 2	0.3532

无论经济系统现在处于何种状态，在经过足够多的状态转移之后，均达到一个稳态。由表 18-25 可以看出，在长期中，经济运行处于区制 1 的概率为 0.6468，处于区制 2 的概率为 0.3532。

综上所述，"多周期叠加"是中国经济运行的现实状况，"供给自动创造需求"只是一个理想的经济运行机制，但是，这个过程并不会自发地实现，随时可能中断。一旦中断，整个宏观经济就会偏离均衡，经济增长速度也会放慢，甚至出现长期经济下行。此外，经济周期不仅表现为经济运行缺口的波动，也表现为价格水平的波动。价格波动周期是经济波动周期的必然伴侣。本章旨在研究经济波动周期与价格波动周期的特征与关系，基于前文构造的 FBC 与 FPC 进行实证检验。实证分析表明，价格波动周期是作为宏观经济运行周期的孪生物存在的，两者之间存在着内在联系。同时，实证结果表明经济，波动周期和价格波动周期的相互作用方式、表现形式以及效果在不同经济阶段存在明显的差异。

六　结论和政策启示

通过本章研究，得出以下几点结论和政策性启示。

第一，基于合成指数的思想构建经济波动因子 FBC 来描述宏观经济波动，与传统方法相比较，FBC 刻画出的周期数目更多，对经济周期的描述更加灵敏和细腻，能更快地"感知"经济波动的状况，从而为政府更加灵活、适时、适度地运用经济政策平抑经济波动和价格波动提供了依据。

自 1992 年决定建立社会主义市场经济体制以来，中国经济在市场经济体制下运行的时间还不长，政府运用经济政策干预宏观经济运行的经验还不够丰富，经济政策经常具有滞后性的特点。例如，在 1997 年经济已经持续下行了 5 年，甚至已经出现了产出负缺口的情况下，当年 9 月，党的十五大依然强调要继续实行始于 1996 年下半年的"适度从紧的财政政策和货币政策"。当 1998 年下半年成千上万的工人下岗、农民工因失业回乡的情况下，适度从紧的经济政策才被终止，转而实行积极的财政政策和稳健的货币政策。政策的滞后性是显而易见的。

按照 FBC 刻画出的经济周期，中国经济从 2007 年第二季度便开始掉头向下，2008 年断崖式下行的态势更为明显。按照相机抉择的原则，从 2007 年第三季度开始，就应当终止从紧的货币政策，但是，从 2007 年 8 月 15 日到 2008 年 6 月 7 日，中央银行连续 10 次上调法定存款准备金率，把存款准备金率从 11.5% 上调到 17.5% 的历史最高水平，直到 2008 年 9 月 25 日，才把中小金融机构的法定存款准备金率下调至 16.5%，大型金融机构的法定存款准备金率依然保持在 17.5% 的水平。此时，距离这一轮经济周期的波谷 2009 年第一季度只有两个季度了。显然，在这一轮经济下行的过程中，滞后的货币政策起到了雪上加霜的作用。此后，为了刺激经济增长，政府不得不出台 4 万亿元刺激经济的计划。在这一轮经济周期中，货币政策不仅滞后于 FBC 刻画的经济周期四个季度，甚至滞后于 GDP 增长率刻画的经济周期两个季度。

显然，在政府调控经济运行的过程中，如果能够及时得到经济波动的信息，就可以最大限度避免经济政策的滞后性。而 FBC 刻画的经济周期可以为政府制定前瞻性经济政策提供依据。

第二，通过构建综合各领域价格波动信息的因子 FPC，进一步证实了中国价格波动周期主要是宏观经济波动缺口、价格波动预期和国际传导因素引起的。而货币供应量的变化并不能显著地影响价格波动。

从用 IS—LM 方程导出的价格波动方程来看，货币供应量的过快增长在经济持续下行的条件下，理应推动价格水平的相应上涨，但是，从实证分析得出的结论可以看出，货币供应量对中国物价波动的影响并不显著。可能有两个方面的原因。除前面提到的货币政策的制定和实施具有滞后性外，另一个重要原因是增加的货币供应量没有进入商品市场，而是流向了股票市场和房地产市场等。在 FPC 刻画的价格波动周期中，并未反映股票价格的波动和房地产价格的变动。

从股票市场来看，2014 年上半年，上证指数还在 2000 点附近徘徊，但从下半年开始便迅速拉升，到 2015 年 6 月中旬，仅仅一年的时间，便被拉升到了 5100 多点，同期，深证成指从 7300 多点被拉升到 18000 多点。2014 年 6 月，沪深两市股票流通总市值为 22.49 万亿元，到 2015 年 6 月中旬，沪深两市股票流通总市值高达 71.24 万亿元。而 2014 年下半年至 2015 年上半年四个季度的 GDP 增长率分别只有 7.2%、7.2%、7.0%、7.0%，经济处在下行区间，显然，这是一种极不正常的现象。2015 年股灾后，大量资金从股市逃离，开始流入房地产市场。从 2015 年

7月到2017年2月，中国70个城市新建商品住宅价格的上涨幅度高达12.13%，一线城市涨幅更高达38.95%。

进入2017年，沪深股票指数分别在3000点左右和10000点左右徘徊，在经济持续下行、企业经营状况没有根本好转以及目前严格监管证券市场的背景下，应该不会有大规模的资金进入股票市场；与此同时，全国大中城市甚至二、三线城市均纷纷出台了历史上最严格的商品房限购政策。可以预期，由于房地产需求受到了严格控制，未来流入房地产市场的资金会大幅度减少。在上述情况下，中央银行如果延续之前的宽松的货币政策，中国经济就有可能出现滞胀的风险。由此给我们的政策启示是：如果要避免可能出现的经济滞胀，就必须稳定经济增长，同时实行适度从紧或中性的货币政策。

第三，在前面的分析中，我们还得出一个重要结论，即在平抑价格波动时，对于汇率的控制最为重要；其次是价格波动预期。价格波动在固定其他效应的前提下，汇率增长率（直接标价法）1个百分点的变化会引起其反方向变动约6.7328个百分点；价格波动预期1个百分点的变化会引起其同方向变动约0.2275个百分点；宏观经济波动1个百分点的变化会引起其同方向变动0.2116个百分点。由此得到的政策启示是：要想实现价格水平的稳定，必须稳定汇率。而汇率的基本稳定主要取决于两个方面：一是保持经济持续稳定增长，这是稳定汇率的根本所在；二是提高经济效率，挖掘自身潜力，进一步夯实基本面，以进一步提振市场信心。中国目前正处于经济转型期，伴随经济持续下行，人民币持续贬值的压力很大，为此，要稳定汇率和价格水平，最根本的出路是实现经济可持续稳定增长。

第四，本章通过实证分析，证实了价格波动周期一般滞后于经济波动周期。价格波动周期是作为经济运行周期的孪生物存在的，两者之间存在着内在联系。价格波动周期滞后于经济波动周期，在理论上可以用价格黏性来解释。经济波动周期和价格波动周期的相互作用方式及作用效果在不同经济阶段存在明显的差异。在经济的扩张期，尤其是在经济出现正缺口的时候，价格水平会持续上升；即使在经济进入收缩期的一段时间内，价格水平还会持续上行一段时间并达到高点，随着产出正缺口的缩小，价格水平会自然回落。

价格波动周期滞后于经济波动周期这一事实为我们管理好通货膨胀

预期提供了一个时间窗口，从而为政府制定经济政策提供了一个有利的时机；同时给我们的政策启示是：当经济下行，特别是当经济出现产出负缺口时，政府需要关注和避免的是怎样稳定经济增长和可能出现的通货紧缩，而不是通货膨胀，因为即使不实施从紧的货币政策，价格水平也会自然回落；相应地，当经济上行特别是出现正缺口时，政府则应更多地关注和避免可能出现的经济过热和随之而来的通货膨胀，并及时终止扩张性的经济政策。

中国的通货膨胀预期管理近几年才提上日程。在中国，尽管不存在高的通货膨胀预期导致高的劳动成本进而推动实际通货膨胀的机制，但只要存在普遍的较高的通货膨胀预期，家庭和企业部门就会增加对消费品和投资品的购买，从而推动实际价格水平的上升。近十年来商品房价格的普遍上涨就是例证。因此，要控制价格水平的波动，必须管理好通货膨胀预期。

总之，政府在使用宏观经济政策干预经济运行时，应当依据宏观经济波动和价格波动的规律性及特征，相机出台财政政策、货币政策或两者的组合，才能在稳定经济增长的同时又能平抑价格波动。

在发展中国家，无论是需求侧还是供给侧，都具有不稳定的特点。同时，由于政府对经济的过多干预，以及垄断程度较高或市场竞争不充分，市场机制的作用也就不能得到充分的发挥。在此情况下，无论是一次供给冲击，还是需求冲击，都可能会导致与经济发达国家不同的结果。由此可以得出如下结论和启示：要使中国经济运行得更平稳，避免经济系统外部冲击对经济运行的不确定性影响，必须进一步推进市场化取向的经济体制改革，提高市场化程度，充分发挥市场机制在资源配置中的决定性作用。

参考文献

[1] 卞志村、高洁超：《适应性学习、宏观经济预期与中国最优货币政策》，《经济研究》2014 年第 4 期。

[2] 卜永祥、靳炎：《中国实际经济周期：一个基本解释和理论扩展》，《世界经济》2002 年第 7 期。

[3] 曹永福：《美国经济周期稳定化研究述评》，《经济研究》2007 年第 7 期。

［4］曾昭法、左杰：《基于谱分析的我国东中西部经济周期波动研究》，《统计与决策》2013年第19期。

［5］陈昆亭、龚六堂：《中国经济增长的周期与波动的研究》，《经济学》（季刊）2004年第7期。

［6］陈昆亭、周炎、龚六堂：《中国经济周期波动特征分析：滤波方法的应用》，《世界经济》2004年第10期。

［7］陈浪南、刘宏伟：《我国经济周期波动的非对称性和持续性研究》，《经济研究》2007年第4期。

［8］陈乐一、彭晓莲、李玉双：《我国地区经济周期的差异性研究》，《经济学家》2012年第10期。

［9］陈乐一、杨云：《经济体制改革对经济周期波动的调节和缓解作用研究》，《经济社会体制比较》2016年第3期。

［10］陈磊、高铁梅：《利用Stock—Watson型景气指数对宏观经济形势的分析和预测》，《数量经济技术经济研究》1994年第5期。

［11］陈利锋：《基于非线性RBC模型的我国经济周期波动研究》，《南京审计学院学报》2013年第5期。

［12］陈太明：《中国经济周期的福利成本：1978—2004》，《数量经济技术经济研究》2007年第1期。

［13］陈太明：《中国经济周期的福利成本差异性研究》，《管理世界》2008年第5期。

［14］陈太明：《经济周期波动对中国经济增长的影响——基于GARCH—M模型的实证研究》，《兰州商学院学报》2012年第2期。

［15］陈彦斌：《中国新凯恩斯菲利普斯曲线研究》，《经济研究》2008年第12期。

［16］程惠芳、岑丽君：《FDI、产业结构与国际经济周期协动性研究》，《经济研究》2010年第9期。

［17］董进：《宏观经济波动周期的测度》，《经济研究》2006年第7期。

［18］董文泉、高铁梅等：《经济周期波动的分析与预测方法》，吉林大学出版社1998年版。

［19］杜两省、齐鹰飞、陈太明：《经济波动对中国经济增长影响的稳健性研究》，《云南财经大学学报》2011年第4期。

［20］傅强、朱映凤、袁晨：《中国通货膨胀主要影响因素的判定与阐

释》,《中国工业经济》2011 年第 5 期。

[21] 高铁梅、陈磊、王金明:《经济周期波动分析与预测方法》(第 2 版),清华大学出版社 2015 年版。

[22] 高铁梅、刘玉红、王金明:《中国转轨时期物价波动的实证分析》,《中国社会科学》2003 年第 6 期。

[23] 何青、钱宗鑫、郭俊杰:《房地产驱动了中国经济周期吗?》,《经济研究》2015 年第 12 期。

[24] 侯增艳:《基于马尔可夫链的我国 CPI 走势分析》,《中国物价》2008 年第 11 期。

[25] 胡永刚、郭长林:《财政政策规则、预期与居民消费——基于经济波动的视角》,《经济研究》2013 年第 3 期。

[26] 胡援成、张朝洋:《美元贬值对中国通货膨胀的影响:传导途径及其效应》,《经济研究》2012 年第 4 期。

[27] 郎丽华、张连城:《中国经济周期与对外贸易周期的关系研究》,《经济学动态》2011 年第 11 期。

[28] [美] 劳埃德·B. 托马斯:《货币、银行与金融市场》,马晓萍等译,机械工业出版社 1999 年版。

[29] 李彬、刘凤良:《我国通货膨胀动态和货币政策效果的行为宏观解释》,《管理世界》2007 年第 3 期。

[30] 李建伟:《居民收入分布与经济增长周期的内生机制》,《经济研究》2015 年第 1 期。

[31] 李正辉、郑玉航:《基于混频数据模型的中国经济周期区制监测研究》,《统计研究》2015 年第 1 期。

[32] 林建浩、王美今:《中国宏观经济波动的"大稳健"——时点识别与原因分析》,《经济学》(季刊)2013 年第 2 期。

[33] 刘金全、范剑青:《中国经济周期的非对称性和相关性研究》,《经济研究》2001 年第 5 期。

[34] 刘金全、付一婷、王勇:《我国经济增长趋势与经济周期波动性之间的作用机制检验》,《管理世界》2005 年第 4 期。

[35] [美] 鲁迪格·多恩布什、斯坦利·费希尔:《宏观经济学》,李庆云、刘文忻译,中国人民大学出版社 1997 年版。

[36] 殷剑峰:《中国经济周期研究:1954—2004》,《管理世界》2006 年

第 3 期。

[37] 殷剑锋:《二十一世纪中国经济周期平稳化现象研究》,《中国社会科学》2010 年第 4 期。

[38] 于震、李晓、丁一兵:《东亚经济周期同步性与区域经济一体化》,《数量经济技术经济研究》2014 年第 8 期。

[39] 张兵:《中美经济周期的协动性:基于马尔科夫区制转移模型的研究》,《南开经济研究》2015 年第 3 期。

[40] 张成思:《通货膨胀、经济增长与货币供应:回归货币主义?》,《世界经济》2012 年第 8 期。

[41] 张连城、韩蓓:《中国潜在经济增长率分析——HP 滤波平滑参数的选择及应用》,《经济与管理研究》2009 年第 3 期。

[42] 张连城、周明生:《内外失衡背景下中国宏观经济政策选择——2009 年中国经济增长与周期高峰论坛年会综述》,《经济研究》2009 年第 8 期。

[43] 张连城:《经济周期的制度特征与形成机制——兼及我国当前经济形势分析与展望》,《人民日报》2009 年 6 月 16 日第 7 版。

[44] 张连城:《中国经济增长路径与经济周期研究》,中国经济出版社 2012 年版。

[45] 张凌翔、张晓峒:《通货膨胀率周期波动与非线性动态调整》,《经济研究》2011 年第 5 期。

[46] Adrian, Tobias and Estrella, A., "Monetary Tightening Cycles and the Predictability of Economic Activity", *Economics Letters*, Vol. 99, No. 2, 2008.

[47] Backus, David K. and Kehoe, Patrick J., "International Evidence on the Historical Properties of Business Cycles", *American Economic Review*, Vol. 82, No. 4, 1992.

[48] Backus, David K., Kehoe, Patrick J. and Kydland, Finn E., "International Real Business Cycles", *Journal of Political Economy*, Vol. 100, No. 4, 1992.

[49] Baele, L., Bekaert, G., Cho, S., Inghelbrecht, K. and Moreno, A., "Macroeconomic Regimes", *Journal of Monetary Economics*, Vol. 70, No. 3, 2015.

[50] Baldwin, Richard E., Martin, P. and Ottaviano, G. I. P., "Global Income Divergence, Trade, and Industrialization: The Geography of Growth Take-Offs", *Journal of Economic Growth*, Vol. 6, No. 1, 2001.

[51] Baumeister, C., Durinck, E. and Peersman, G., *Liquidity, Inflation and Asset Prices in a Time-varying Framework for the Euro Area*, National Bank of Belgium, October 2, 2010.

[52] Agénor, Pierre-Richard, McDermott C. John and Prasad, Eswar S., "Macroeconomic Fluctuations in Developing Countries: Some Stylized Facts", *The World Bank Economic Review*, Vol. 14, No. 2, 2000.

[53] West, M. and Harrison, P. M., *Bayesian Forecasting and Dynamic Models*, New York: Springer, 1997.

[54] Westlund, A. H. and Öhlén, S., "On Testing for Symmetry in Business Cycles", *Empirical Economics*, Vol. 16, No. 4, 1991.

[55] Woodford, M., *Interest and Prices: Foundations of a Theory of Monetary Policy*, Princeton: Princeton University Press, 2003.

[56] Yan Huiyun and Shi Yimin, "Nonlinear Dynamical Analysis and Demonstration on Chinese Business Cycle", *Applied Mathematics & Computation*, Vol. 218, No. 5, 2011.

第十九章 结构变迁背景下的通货膨胀及其预期管理[*]

在经济由低收入阶段向高收入阶段迈进的过程中,由于消费结构、产出结构等结构变迁,会带来不同类型商品的价格相对变化,这一价格的相对变化和货币政策规则相结合,就会产生出经济中的结构性通货膨胀现象。由于中国经济正在经历快速的结构变迁和经济增长减速,因而居民的通货膨胀预期具有一些新的特征,这给宏观经济政策带来了重要影响。中国的通货膨胀以食品价格上涨最快,这反映了中国经济结构变迁条件下农业劳动力紧缺所带来的劳动成本上升的影响,在这些因素不会有显著变化的背景下,居民的食品通货膨胀预期还将进一步加强。这一结构变迁所导致的通货膨胀及其预期可能对中国经济进一步确保增长水平、推进产业升级和结构变迁会有较大影响。

通过对中国居民的通货膨胀预期数据进行实证分析,我们可以发现,与结构变迁有关的经济变量对中国经济的通货膨胀有着重要的影响,而货币政策往往不具备结构性特征,因此,在进行预期管理的过程中,政府决策者需要深入理解结构性通货膨胀的特征,在此基础上理解基于结构性通货膨胀的预期管理政策。首先,货币政策逐渐失效。旨在消除通货膨胀压力的紧缩性货币政策本身难以消除通货膨胀的压力,反而会造成通货膨胀。其次,中国经济未来将不可避免地持续推进城镇化、经济非农化特别是服务化的趋势。根据本章实证结果,农业就业比重下降,将给经济带来逐渐上升的通货膨胀压力,而服务业比重上升,会降低经济的通货膨胀压力。考虑到经济就业的非农化发展潜力和速度远不如服务业继续发展的潜力和速度,同时经济增长也在持续下行,因此,从未来看,中国经济面临普遍性的通货膨胀只有很小的概率。最后,房产等

---

[*] 本章由陆明涛执笔。

资产价格上涨,对于居民的通货膨胀预期有着不能完全确定的关系,其主要原因在于房产价格上涨既可能通过财富效应提升通货膨胀预期,从而造成通货膨胀,也有可能通过替代效应挤出居民(购房者)的其他消费,降低居民消费水平,从而造成通货膨胀。这两种机制何时发挥作用,未来可以进一步研究,但有一点是确定的,要做好通货膨胀预期管理,在居民住房消费比重进一步提高的背景下,维持一个价格平稳的房产市场非常重要。

一 引言

中国经济自加入世界贸易组织以来保持着高速增长的势头,即便是近年来的经济增长进入了结构性减速阶段,其增长速度也高于绝大多数发展中国家和发达国家。但与此同时,中国的货币增速一直保持着更快的增长速度,而中国的价格水平一直维持在相当低的水平。在应对国际金融危机期间,我国实行了宽松的财政和货币政策,从 4 万亿元投资到低利率政策,使中国的 M2/GDP 远高于其他国家,位居世界第二,仅次于日本。经济学基本原理所提出的货币数量往往会带来通货膨胀,这意味着中国经济中积累了一定程度的通货膨胀压力,因此,如何处理未来经济中的通货膨胀压力,合理引导和管理通货膨胀预期,成为保证经济平稳增长的重要环节。如何理解经济结构变迁与通货膨胀和通货膨胀预期之间的关系,如何通过调整经济结构来控制通货膨胀、有效管理通货膨胀预期,从而实现我国经济的持续、平稳、较快发展,是我国经济目前面临的重大理论问题和现实问题。

对于中国的通货膨胀,学者已有大量的研究。杨子晖、周林洁和李广众(2014)认为,中国的通货膨胀具有"供需混合驱动"的特征,而在长期则面临着"成本推动型通货膨胀"的风险。尹力博和韩立岩(2014)认为,中国存在一定的输入型通货膨胀的风险。

部分研究注意到中国经济所存在的结构性通货膨胀风险特征,如伍戈和曹红钢(2014)基于总供给—总需求框架的实证发现,贸易部门相对非贸易部门生产率的快速提升,加剧了中国通货膨胀的结构性不平衡程度;在需求方面,政府支出、居民收入和货币因素等也能解释结构性通货膨胀的变化；大宗商品价格冲击等也都显著影响结构性通货膨胀。侯成琪和龚六堂（2013）注意到中国食品价格上涨是中国结构性通货膨胀的重要体现。孙坚强、崔小梅和蔡玉梅（2016）论证了CPI/PPI表示的通货膨胀率与产业结构有着重要的关联，提出了产业链关系这个通货膨胀及其预期管理的微观机制。因此，深入探讨产业结构变迁与通货膨胀预期之间的关系，对于目前处于结构变迁过程中的中国维持经济增长和通货膨胀的平衡至关重要。但是，很少有研究从产业结构变迁角度探讨需求和供给结构造成的通货膨胀及其影响。

通货膨胀预期对于实际通货膨胀有较强的预测作用，管理通货膨胀预期对于维持宏观经济稳定具有重要的意义，因此，大量文献认为，应加强通货膨胀预期管理。姚余栋和谭海鸣（2013）研究发现，通货膨胀预期是影响当前我国通货膨胀的重要决定因素；通货膨胀预期冲击对我国实体经济的影响很大，而通货膨胀本身对实体经济的影响相对较小；由于通货膨胀预期存在很强的惯性，必须深入理解通货膨胀预期，才能更好地对通货膨胀进行管理。郭豫媚、陈伟泽和陈彦斌（2016）认为，中国货币政策的有效性已出现下降，表现为货币政策稳定宏观经济波动的能力明显减弱，因此，在货币政策有效性不足的情况下，引入预期管理，可以大幅降低社会福利损失，因此，中国在货币政策有效性下降的背景下，应加强对预期管理的重视。王曦、王茜和陈中飞（2016）区分并探讨了预期与未预期的货币政策冲击对我国通货膨胀的作用，发现我国货币政策预期冲击的效果要远远强于未预期冲击。

学术界已经广泛注意到目前经济存在结构性减速和通货膨胀压力的双重局面，马文涛等（2016）提出，政府应将有效通货膨胀预期管理作为宏观调控的重要前提，因为只有有效通货膨胀预期管理，才能塑造并引导公众形成符合"新常态"的政策预期，也才能稳定经济转型和实现经济平稳增长。因此，我们也将在结构变迁背景下探讨通货膨胀预期的决定因素，并深入探讨在经济增长和结构变迁背景下通货膨胀的预期管理。

二 结构性通货膨胀机制与发展趋势

与我们有关结构变迁的研究类似，一些研究探讨了发展中国家的货币数量与通货膨胀相对于发达国家的差异。

（一）消费结构变迁与通货膨胀率权重紧密相关

从理论上说，根据 CPI 的计算办法，CPI 的权重应当来自调查数据得到的消费者的消费结构，而这一消费结构理应与宏观数据中的居民消费结构保持一致。我们从美国 BEA 网站获取了美国消费者 1929—2016 年个人消费权重数据，并从经济合作与发展经济统计网站获取了美国经济 1997—2017 年的 CPI 权重。可以看出，两者之间有较大的差异。

美国的消费者通货膨胀的衡量指标，除 CPI 之外，还有一个 PCE 价格指数（PCE）。PCE 价格指数与 CPI 指数在计算公式、权重等方面都有较大的不同（Clark，1999）。在计算公式方面，PCE 价格指数的优势包括①：（1）与实际消费者行为更加一致的支出构成的变化；（2）基于更全面支出测量的权重；（3）PCE 数据可以更容易修正以考虑新的可用的信息和改进的测量技术。一般认为，CPI 反映的是消费者完全自主承担的项目，而 PCE 价格指数反映的不仅包括消费者个人，还包括雇主、保险公司和政府等以消费者个人名义承担的其他支出。

由于难以获取 PCE 价格指数权重的时间序列数据，我们选取了 2015 年美国 PCE 价格指数的权重和 CPI 价格指数的权重，可以看出，PCE 价格数据的权重更接近美国个人消费结构数据。因此，这一发现印证了 PCE 价格指数更接近个人消费结构的数据。

从上述的分析可以看出，无论是 CPI 还是 PCE，其计算过程中都依赖消费结构的变化。因此，在结构变迁过程中，消费结构的变化与产品价格的变化一起导致经济中的通货膨胀变化。

（二）不同消费品价格有显著差异

我们进一步分析消费品的价格长期变化趋势。在图 19－1 的基础上，我们获取了美国 1947—2018 年各主要消费品与服务的 CPI 价格指数（见图 19－2）。数据结果表明，在美国价格增长最快的几类消费品分别是教育类的学费、医疗服务、医疗产品、法律和金融。这些大都是知识密集型的现代服务业，这意味着这些现代服务业的兴起，其数量可能并没有太大的变化，而变化的主要是其价格。相反，许多耐用品包括家具、家电和衣物、娱乐类产品的价格上涨幅度非常小，凸显了制造业产品价格

---

① http：//www.businessinsider.com/pce－vs－cpi－weight－comparisons－2014－6.

不断下降的特征。

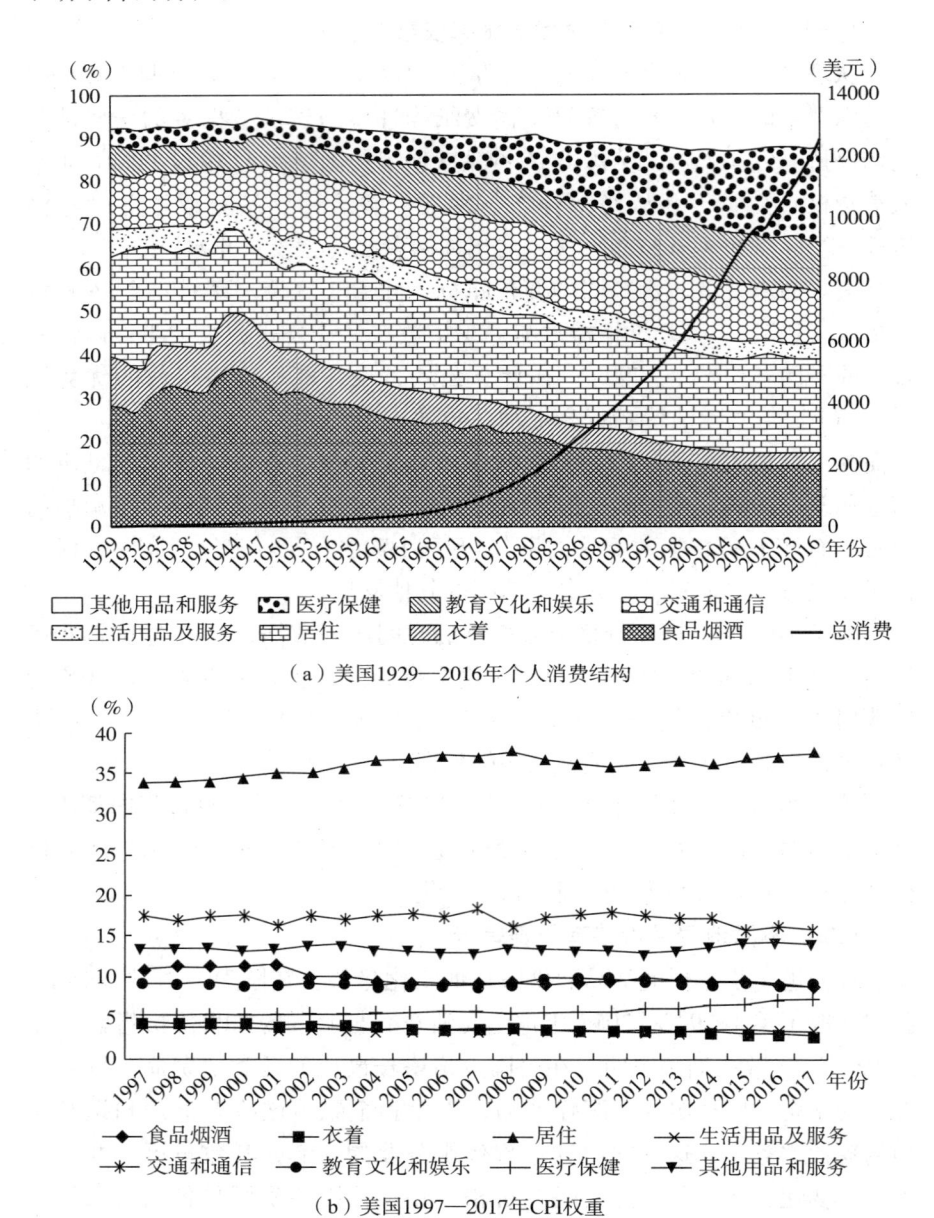

（a）美国1929—2016年个人消费结构

（b）美国1997—2017年CPI权重

第十九章 结构变迁背景下的通货膨胀及其预期管理 | 537

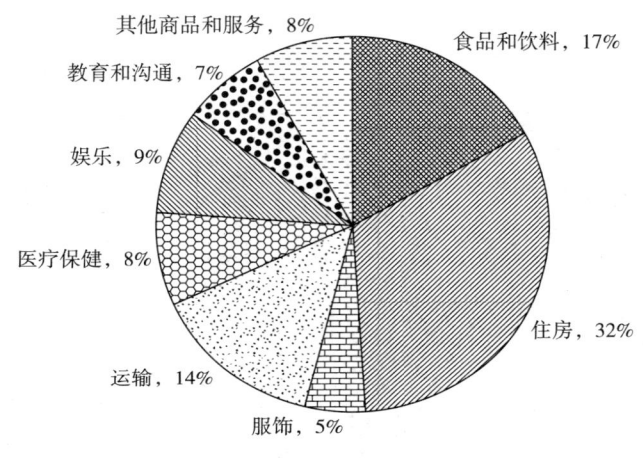

（c）美国2015年PCE权重

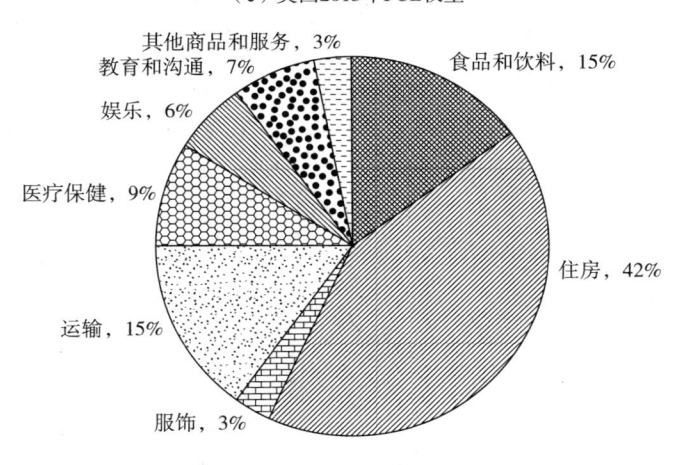

- 其他商品和服务，8%
- 教育和沟通，7%
- 娱乐，9%
- 医疗保健，8%
- 运输，14%
- 服饰，5%
- 住房，32%
- 食品和饮料，17%

（d）美国2015年CPI权重

- 其他商品和服务，3%
- 教育和沟通，7%
- 娱乐，6%
- 医疗保健，9%
- 运输，15%
- 服饰，3%
- 住房，42%
- 食品和饮料，15%

图 19-1 美国通货膨胀指数与消费结构计算

资料来源：PCE 权重和 CPI 权重数据来自美国经济分析局说明文档①；个人消费结构来自 BEA 网站 Table 2.5.5 按功能计算个人消费支出；CPI 权重来自 OECD 数据库国家 CPI 权重；消费结构和 CPI 权重都按中国 CPI 最新结构进行归并。

---

① https://www.bea.gov/papers/ppt/PCE-CPI-NABE-July2017.ppt.

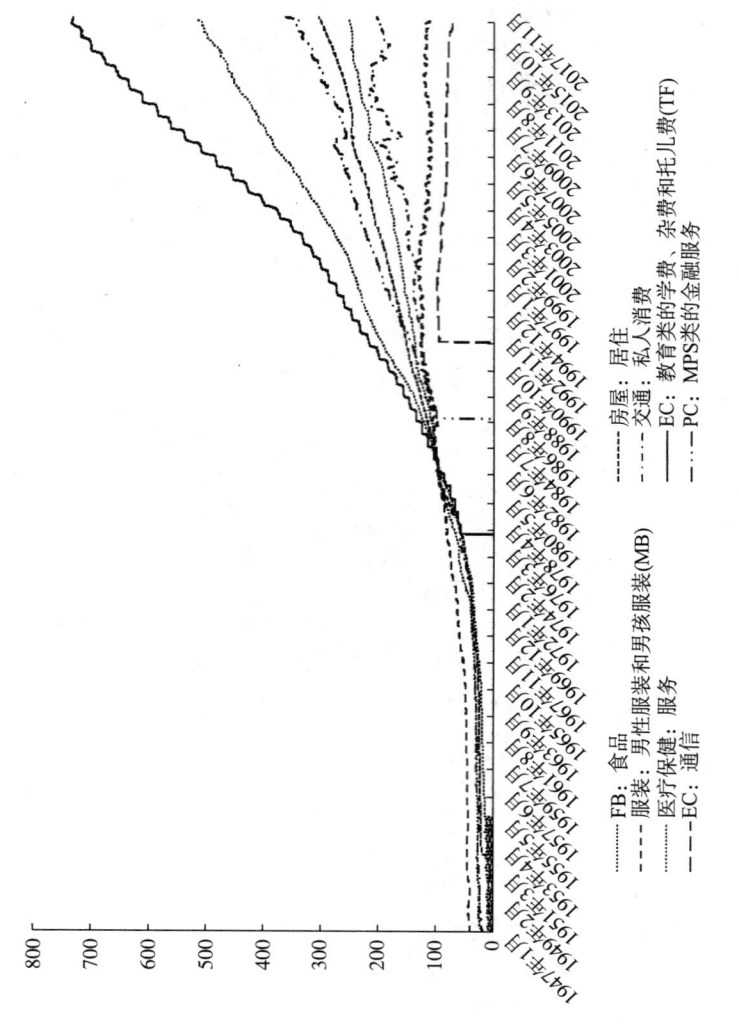

图 19-2 1947—2018 年美国各主要消费品与服务价格指数

FB：食品　　　　　　　　　　　　　房屋：居住
服装：男性服装和男孩服装(MB)　　　　私人消费
医疗保健：服务　　　　　　　　　　　EC：教育类的学费、杂费和托儿费(TF)
EC：通信　　　　　　　　　　　　　 PC：MPS类的金融服务

资料来源：根据CEIC提供的美国劳工局数据整理。

（三）中国 CPI 与美国有着显著差异

根据中国经济的数据，我们测算了 1993—2017 年 CPI 计算中价格与消费比重（见图 19-3）。数据结果表明，中国自 1993 年来价格提高最快

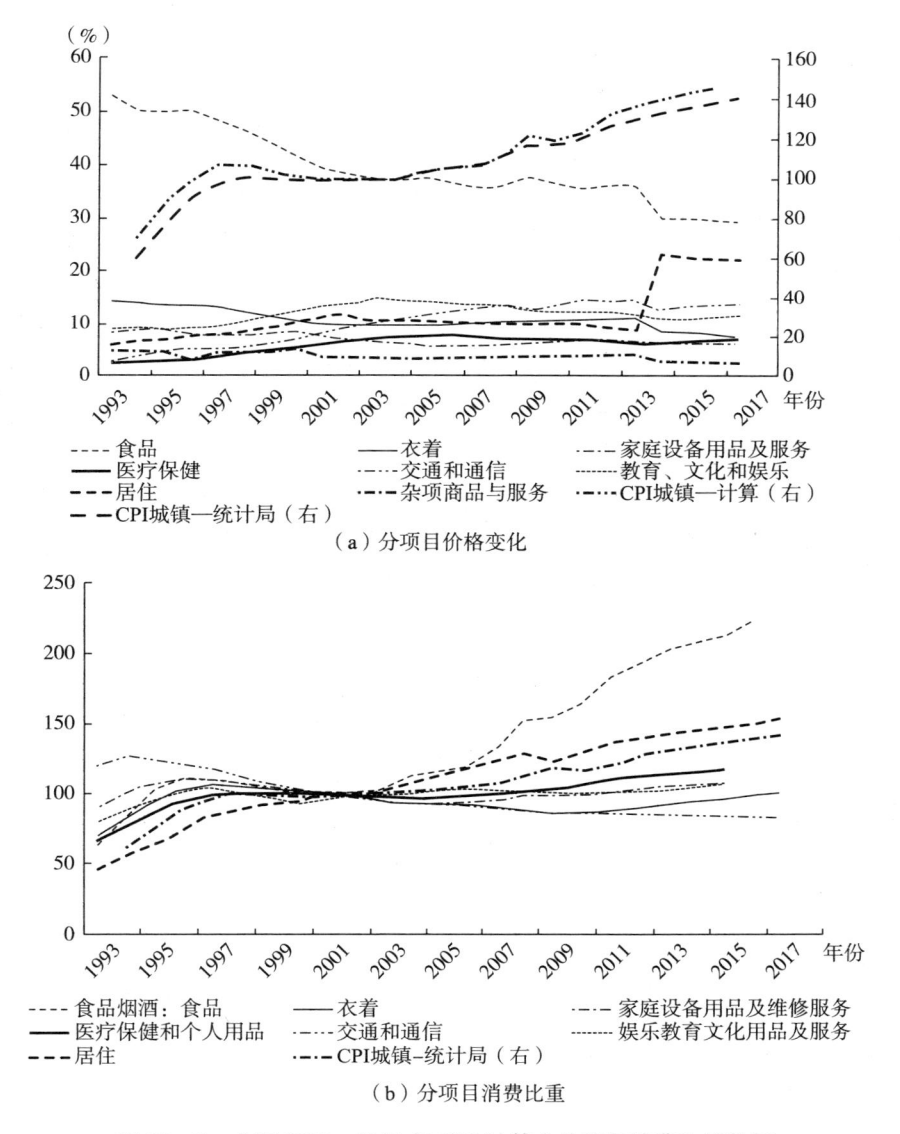

（a）分项目价格变化

（b）分项目消费比重

图 19-3　中国 1993—2017 年 CPI 计算中价格与消费比重数据

资料来源：分项目价格根据国家统计局公布的城镇 CPI 价格计算；分项目消费比重为根据城镇居民消费结构数据计算。

的是食品，其次是居住价格，下降最快的是交通和通信，医疗保健和教育、文化和娱乐的价格上涨幅度低于 CPI 平均值。这些数据充分表明，中国的通货膨胀具有鲜明的结构性特征。若从支出比重来看，食品的支出比重在不断下降，作为制造业代表产品的衣着和家庭设备用品及服务消费比重也在显著下降，而交通和通信、教育、文化和娱乐等服务业产品的比重显著上升，特别是居住的比重迅速上升，呈现出鲜明的消费结构变迁现象。

对比中美两国的价格变化和支出结构变化，可以看出，消费结构与收入水平确实有着极为重要的联系。中国经济仍然处在劳动力从农村向城镇、从农业向非农业转移的过程中，目前农村人口占总人口比重仍然高达 40% 左右，农业就业人口仍达 30% 左右，因此，我国的农业人口减少带来食品价格上升。而美国由于具有较高的国民收入水平，从而具有相应的人力资本水平，服务业特别是现代服务业非常发达，但服务业的主要特征是劳动（人力资本）密集且没有规模报酬，现代服务业中的科教文卫都是劳动份额较大的部门，由于劳动成本不断上升，价格也会相应地快速上升。因此，我们从中美两国的比较中可以看出，结构变迁和持续增长带来的收入提升会内生出结构性价格变化，经济呈现出结构性通货膨胀的特征。

三　中国居民通货膨胀预期计算

（一）通货膨胀预期计算方法

判断我国通货膨胀预期的大小和性质，需要对通货膨胀预期进行测算并对其特征进行检验。测度通货膨胀预期主要有证券名义收益利差法、调查数据法和计量法。证券名义收益利差法是将期限较长的债券名义收益率与期限较短的债券名义收益率之差作为预期通货膨胀率，并考察该指标对实际通货膨胀的预测能力，理论上说，长期债券的收益率由短期债券收益率和对未来的通货膨胀预期共同决定（姚余栋、谭海鸣，2011）。计量法根据卡尔曼滤波算法推断预期通货膨胀率（赵留彦，2005）；如通过对实际通货膨胀率进行建模，以残差的条件方差作为对通货膨胀预期不确定性的代替变量（苏梽芳，2010）。这两种方法都依赖于非常复杂的数据和实证方法，其经济含义往往不够明确，因此，大多数研究选择采用调查数据法。

通货膨胀预期调查的基本做法是：选定一定的样本，并对样本进行问卷调查，得出他们对未来通货膨胀的判断；然后将样本预测数据进行统计分析，得出未来通货膨胀的预测值。通货膨胀预期大都基于对居民的大规模调查（Armantier et al., 2013），而这种调查往往需要较大样本，对问卷设计的要求较高。对中国通货膨胀预期的数据分析结果大都表明，我国公众的通货膨胀预期在短期是学习型适应性预期，在长期属无偏性、有效性的非完全理性预期（肖争艳、陈彦斌，2004；黄正新、黄金波，2014）。由于我国的利率市场化程度低，债券流动性差，我国的不同期限的债券收益率尚不具有预测通货膨胀预期的信息。大多数对中国通货膨胀预期的研究都选择中国人民银行的调查数据测度我国的通货膨胀预期。

在利用储户调查数据研究通货膨胀预期的研究中，张健华和常黎（2011）研究发现，真实通货膨胀水平对通货膨胀预期影响最大，要想有效地降低通货膨胀预期就必须降低真实通货膨胀。产出缺口反映了经济的周期性波动，对通货膨胀预期也有重要影响。近年来，伴随着房地产价格的快速上涨，房价对通货膨胀预期的影响日益显著。名义汇率变动对通货膨胀预期的影响不显著。国际油价代表的输入性通货膨胀虽然影响显著，但贡献度很小；超额工资增长在一定条件下会降低通货膨胀预期。

（二）城镇储户未来物价指数调查

城镇储户问卷调查是中国人民银行 1999 年起建立的一项季度调查制度。每季在全国 50 个（大、中、小）调查城市、400 个银行网点各随机抽取 50 名储户，全国共两万名储户作为调查对象。调查内容包括储户对经济运行的总体判断、储蓄及负债情况、消费情况和储户基本情况四个方面。城镇储户问卷调查报告中的指数采用扩散指数法进行计算，即计算各选项占比 ic，并分别赋予各选项不同的权重 iq（赋予"好或增长"选项权重为 1，赋予"一般或不变"选项权重为 0.5，赋予"差或下降"选项权重为 0），将各选项占比 ic 乘以相应的权重 iq，再相加计算出最终的指数。所有指数取值范围在 0—100%。指数在 50% 以上，反映该项指标处于向好或扩张状态；低于 50%，反映该项指标处于变差或收缩状态。中国人民银行根据得到的调查数据计算反映居民对下季物价判断的扩散指数。该指数的计算方法是：先扣除选择"看不准"的居民数；然后分别计算认为下季物价"上升"与"基本不变"的居民占比；再分别赋予权重 1 和 0.5 后，求和得出。

（三）中国居民通货膨胀预期计算

由于中国人民银行并未全面提供所有的调查数据，我们在未能得到授权数据的条件下，未能像很多研究一样重新计算通货膨胀预期（如张成思、党超，2016a；何启志、姚梦雨，2017；肖争艳、陈彦斌，2004），而只能通过 CEIC 获得中国人民银行直接提供的未来物价预期指数，因此，我们先将这一指数与季度 CPI 数据进行比较〔见图 19-4（a）〕，可以看出，未来预期指数与 CPI 的趋势基本一致，但 CPI 有非常大的波动。对于中央银行调查数据，有不同的处理方法，各种方法要么依赖于详细的数据，要么依赖于较强的假设（张成思、党超，2016b），我们则根据数据的统计特征，将未来物价预期指数标准化转换为与观测区间有相同均值和方差的统计序列，这样，既没有改变统计分布特征，也便于与 CPI 进行直接比较。由图 19-4（b）可以看出，我们的数据与 CPI 有着较为紧密的一致性，和其他国家采用标准化方法得到的通货膨胀预期指数具有非常好的可比性。

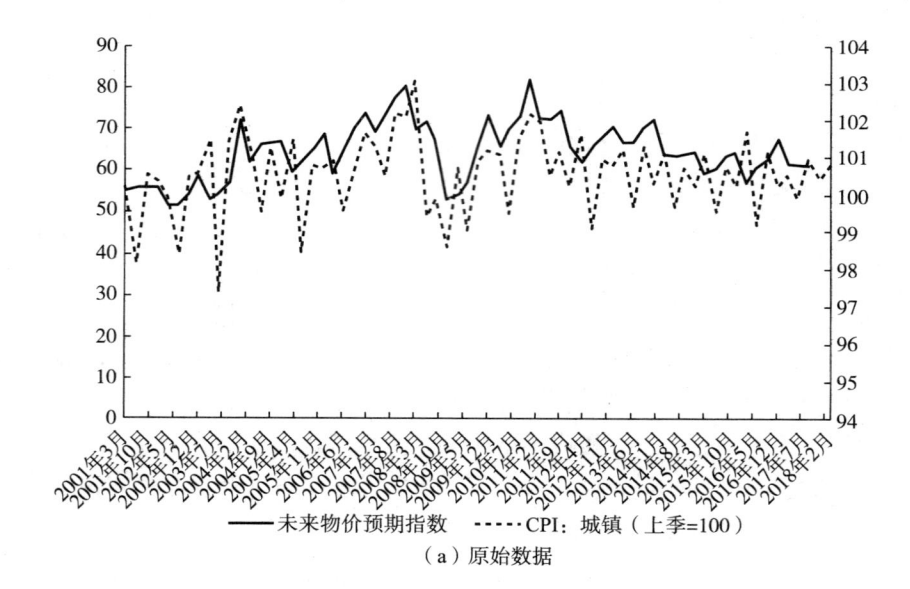

（a）原始数据

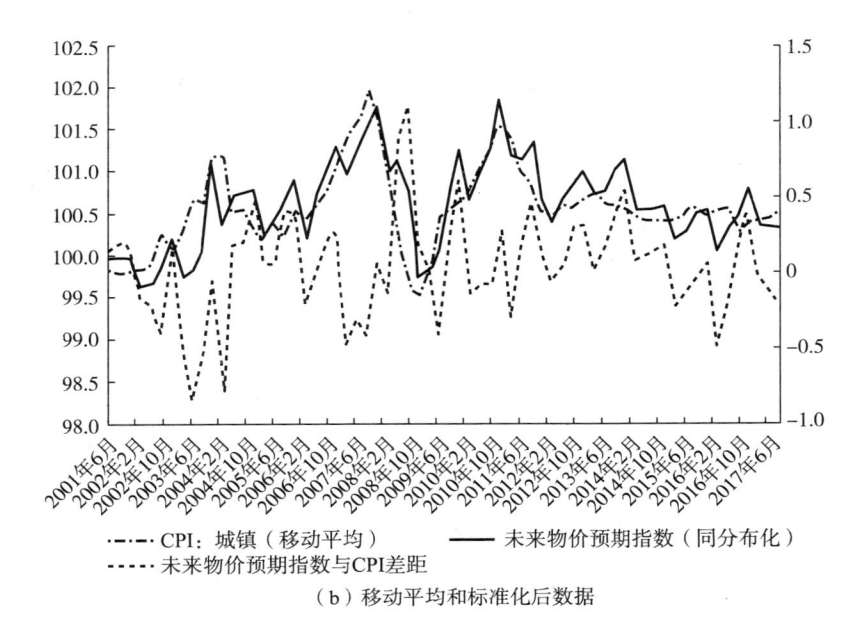

```
              —·—· CPI：城镇（移动平均）        —— 未来物价预期指数（同分布化）
              ······ 未来物价预期指数与CPI差距
                            （b）移动平均和标准化后数据
```

图 19 - 4　通货膨胀预期与 CPI 及 M2 增长率比较

资料来源：根据 CEIC 整理的中国人民银行"城镇储户问卷调查扩散指数：未来物价预期指数"、货币供给数据和统计局月度 CPI 数据进行计算。

由图 19 - 4 可以看出，我国的通货膨胀预期数据和 CPI 的运行轨迹非常接近，呈现出基本一致的运行态势。从数据的时间先后来看，未来物价预期指数在多个上升和下降区间都略滞后于 CPI，这表明居民是根据 CPI 来判断未来通货膨胀预期。

四　居民通货膨胀预期实证分析

根据前述研究，我们将经过移动平均和标准正态化的通货膨胀预期数据作为被解释变量，参考现有研究，加入一组常用被解释变量，并加入一些能表示结构变迁和经济增长的变量，以探讨通货膨胀预期与结构变迁及经济增长之间的关系。

（一）模型

根据上文分析，我们得到基本的结论是：经济增长和结构变迁将产生出对不同行业产品的通货膨胀压力，这种结构性通货膨胀与经济增长、资产价格、货币政策等共同作用，最终使中国居民通货膨胀预期管理产生出不同的特征。这种结构性特征在前人的文献中较少得到关注，因此，我们将进一步深入考察结构变迁与通货膨胀预期的关系。

由于通货膨胀预期是来自居民调查的结果，从理论上说，这种调查数据能够较好地避免经济变量对通货膨胀本身的直接作用，因此，将这种调查数据作为被解释变量可以较好地降低实证分析的内生性问题，毕竟主观调查的数据独立于许多经济系统之外。因此，本节的实证部分将以居民通货膨胀预期作为被解释变量，根据上述文献，建立实证方程来估计各影响因素。

我们主要关注经济增长和结构变迁变量对通货膨胀预期的影响，具体来说，主要考虑如下主要的解释变量：

GDP 增长率：三次产业结构数据。我们认为，产业结构的变化，对居民的消费行为和预期有着重要的影响。

城镇化率：城镇化率可能通过产业结构变化和房价变化对通货预期产生影响。

资产价格：房价对居民通货膨胀预期的影响机制比较复杂，一般从资产价格角度探讨房价对通货膨胀和居民通货膨胀预期的影响。研究一般认为，房产价格与通货膨胀是正相关的（如 Goodhart and Hofmann，2002；段忠东，2012）。

另外，根据前人的研究（如张健华、常黎，2011；张蓓，2009；杨继生，2009），我们将增加如下变量作为控制变量。

前一期的 CPI：居民是根据上一期的通货膨胀率来预测下一期的通货膨胀率，即适应性预期。

CPI 的预测缺口：根据理性预期理论，居民将根据上一期预测的差异来修正本期的预测，从而提高未来的预测效率。

货币（M2）：根据货币数量论，货币越多，通货膨胀率就越高。

国际大宗物资价格：当国际大宗物资价格上涨时，就会发生输入型通货膨胀，从而提高国内的通货膨胀水平。

利率：中央银行的名义利率政策会影响消费者对经济活跃程度和价格水平的判断。

汇率：汇率主要通过进出口等渠道影响通货膨胀预期。

（二）数据来源及估算方法

由于我们只有 2001 年第一季度到 2018 年第一季度的通货膨胀预期数据，为了最大限度地提高数据的利用程度，我们选择 2001—2018 年的全国季度数据作为分析范围。主要数据来源及其处理简述如下：

被解释变量：我们选择前面经过标准化的通货膨胀预期数据作为被解释变量，以降低数据的波动性和契合程度。由于计算了增加值和变化值，则季度观测变量为 66 个，时间为 2001 年第二季度到 2017 年第四季度。

解释变量：GDP 增长率，我们选择名义 GDP 计算环比增长率。

产业结构数据：我们选择三次产业的劳动就业比重数据作为解释变量。其主要原因是劳动就业数据相对增加值数据来说更容易被居民所观测，因而更有可能作为居民通货膨胀预期的指标进入分析框架。由于国家统计局并未提供分产业就业人口的季度数据，我们采用根据 Bloem 等（2001）提供的方法所开发出来的 Stata 命令 Denton，将年度劳动人口数据转换为季度人口数据，之后计算出各产业的人口比重。在计算过程中，需要提供一个参照的季度变量，作为季度间波动的参照，我们选择了各季度的 GDP 水平，从而使得到的分行业劳动人口季度数据与 GDP 季度数据具有一定的异质性。在分析过程中，由于工业就业人口呈现出典型的倒"U"形曲线，且为了避免多重共线性，我们主要采用农业和服务业人口比重进行分析。

城镇化率：我们选择以常住人口计算的城镇化率。

资产价格：我们选择国家统计局的全国平均房价月度数据转换成季度数据进行分析。

前一期的 CPI：根据上一季度的实际城镇 CPI 水平作为解释变量，但实际上选择全国 CPI 也几乎没有差别。

CPI 的预测缺口：根据上一期的真实 CPI 与上一期的通货膨胀预期之差。

M2：我们选择货币的增长率作为货币数量的分析。

国内大宗物资价格：我们选择布伦特（Brent）油价审视输入型通货膨胀的影响。

利率：我们选择居民可知的一年期存款名义利率作为利率的分析指标。

汇率：我们选择中国人民银行公布的美元汇率每月平均值计算出季度平均值。

由于各变量之间可能存在各种冲突，我们先将上述变量分为若干组，然后再分别进行回归。回归时，暂时采用 OLS 估计。若数据得到进一步扩展，我们将采用更为复杂的估计方法以获得更为精确的估计结果。

模型 1 主要是为了检验上期 CPI 和上期通货膨胀预期缺口，作为 CPI 估计的最基础模型；模型 2 主要检验结构性变量和我们关心的资产价格，主要新增了房价增长率、农业就业人口比重、服务业就业人口比重等；模型 3 主要检验常规的通货膨胀预期决定变量，主要包括房价增长率、货币增长率、布伦特原油价格、汇率、利率、出口增长率等；模型 4 把所有这些变量都加进去；最后，我们尝试剔除 CPI 之后和上期通货膨胀预期缺口等较为主观的变量，纯粹用这些可公开获得的经济变量来解释居民通货膨胀预期，以证实模型的稳健性。

（三）实证结果

根据估计结果，我们将实证结果列成表格，如表 19-1 所示。

模型 1 的分析结果表明，上一期的 CPI 对于居民通货膨胀预期有着最为重要的影响，而上一期通货膨胀也会对通货膨胀预期产生最大的影响。这一模型表明居民是根据上一期通货膨胀来预测未来的通货膨胀，并对上一期预测结果会有一个修正，体现出适应性预期的特征。

模型 2 的分析结果表明，结构性变量和资产价格显著提升了模型的解释力，其中房价增长率的影响为负，农业就业人口比重和服务业就业人口比重都为负，在计算的时候，若将货币同时纳入方程则两个变量都不显著；但城镇化率如果纳入，则会影响所有其他变量的系数。

模型 3 的分析结果表明，传统的分析结果变量都较显著，房价和货币都呈现出对通货膨胀预期的负相关关系，汇率的系数为负，存款利率为负，出口增长率为正，作为进口原油价格的布伦特原油价格为正。

模型 4 的分析结果表明，若综合考虑结构性因素和宏观变量，则分析结果有一定的变化。与模型 3 相比，由于城镇化率的引入，使房价增长率的系数由负变正，城镇化率表现出较强的负向影响；由于 GDP 增长率的引入，带来了较强的正向效果，也使出口增长率的系数由负变正；由于更多变量的引入，上期通货膨胀预测缺口的影响不再显著，因此被剔除了模型；房价增长率的系数反而变成正数，说明新变量的引入更好地刻画了房价增长对消费的替代效应,只留下了收入效应。

模型 5 的结果表明,若剔除 CPI 滞后变量和上期通货膨胀预期缺口,则城镇化率不再有效;其他变量的系数方向没有变化,农业就业人口比重和服务业就业人口比重的系数绝对值变得更大,凸显了更强的影响效果,值得注意的是,服务业人口比重的系数绝对值将大于农业就业人口比重;出口增长率再次为正。这表明,本章所建立的模型具有较好的解释力,并不依赖于滞后变量等时间序列因素。

表 19-1　　　　居民通货膨胀预期决定因素的估计结果

预期	模型 1	模型 2	模型 3	模型 4	模型 5
CPI 滞后 [cpi (-1)]	0.8390 (0.0000)	0.7709 (0.0000)	0.7358 (0.0000)	0.5422 (0.0000)	
上期通货膨胀预期缺口 (gap_expect)	0.2473 (0.0360)	0.2113 (0.1010)	0.3721 (0.0170)		
房价增长率 (house_gr)		-1.4134 (0.0230)	-0.2318 (0.7760)	1.8800 (0.0090)	2.5206 (0.0160)
货币增长率 (m2_gr)			-0.7305 (0.7480)	-3.7107 (0.0580)	-6.9371 (0.0110)
布伦特原油价格 (Brent)			0.0058 (0.0390)	0.0092 (0.0000)	0.0124 (0.0000)
农业就业人口比重 (Labor1)		-5.4947 (0.0200)		-20.1192 (0.0010)	-25.6287 (0.0010)
服务业就业人口比重 (Labor3)		-7.8075 (0.0340)		-14.1419 (0.0380)	-29.5153 (0.0020)
城镇化率 (Urban)				-10.9423 (0.0610)	
汇率 (exchange_rate)			-0.0087 (0.8950)	0.3357 (0.0370)	0.8822 (0.0000)
1 年期存款利率 (deposite1y)			-0.1572 (0.0600)	-0.2699 (0.0010)	-0.2548 (0.0000)
GDP 增长率 (gGDP)				2.5554 (0.0000)	3.2897 (0.0000)

续表

预期	模型1	模型2	模型3	模型4	模型5
出口增长率（Xg）			0.9613 (0.0550)	1.0468 (0.0300)	1.3606 (0.0460)
常数项	7.9974 (0.0470)	27.9190 (0.0040)	26.5150 (0.0080)	61.7659 (0.0000)	114.3650 (0.0000)
调整的 R^2	0.6340	0.6907	0.7356	0.8538	0.6694

注：每个模型中每个变量表格中第一个数据为系数，第二个数据为 P>t 值。

表 19-1 的研究结论是非常清楚的，即劳动的跨部门配置会带来通货膨胀预期的变化。根据估计的系数，我们可以知道，农业就业人口比重的下降，将带来通货膨胀预期的提升。而服务业就业人口比重的上升，将带来通货膨胀预期的下降。这一产业结构变迁对通货膨胀预期的影响，在控制各种经济金融和社会因素都能成立。

另一个显著的现象是房价增长率在加入 GDP 增长率后迅速从负变正，这意味着在控制 GDP 增长率的条件下，房价的进一步上涨会提高消费者的通货膨胀预期。在没有控制 GDP 增长率时，房价上涨会降低消费者的通货膨胀预期。但是，在现实中，由于房价和 GDP 之间存在紧密的关系，实际上，我们并不能控制 GDP 而单独考虑房价上涨对通货膨胀的影响。

进一步考虑货币增长，回归结果表明，货币增长率对通货膨胀预期的影响显著为负，这呼应了中国货币快速增长直至中国 M2/GDP 已成为世界第二高（仅次于日本）但并未造成 CPI 的显著提升。在控制 GDP 增长率、产业结构后，货币增长率会带来较高的通货膨胀预期，而在控制更多变量后我们发现，货币增长率系数的绝对值变得更显著了。这说明，我国经济中的货币增长，对于通货膨胀预期不仅没有正的功能，反而会产生负面的影响，这也从一定意义上证明了文献中有关货币政策的有效性不断下降的观点。

五 结构性通货膨胀及通货膨胀预期管理政策路径

基于上述分析，我们可以发现，与结构变迁有关的经济变量对中国经济通货膨胀有着重要影响，而货币政策往往不具备结构性特征，因此，在进行通货膨胀预期管理过程中，政府决策者需要深入理解结构性通货膨胀的特征，在此基础上理解基于结构性通货膨胀的预期管理政策。

首先，货币政策逐渐失效。旨在消除通货膨胀压力的紧缩性货币政策本身难以消除通货膨胀的压力，反而会造成通货膨胀。因此，为了消除未来的通货膨胀预期和通货膨胀压力，应主要考虑除货币政策之外的其他各种手段，包括使用货币政策规则，而不是采用相机抉择的货币政策，从而消除居民对未来通货膨胀不确定的担忧，降低通货膨胀风险。

其次，中国经济未来将不可避免地持续推进人口城镇化、经济非农化特别是服务化的趋势，根据本章实证结果，农业就业人口比重下降，将给经济带来逐渐上升的通货膨胀压力，而服务业就业人口比重上升，会给经济带来降低经济的通货膨胀压力。考虑到经济就业的非农化发展潜力和速度远不如服务业化继续发展的潜力和速度（服务业化的动力还可以来自工业部门），同时经济增长也在持续下行，因此，从未来来看，中国经济面临普遍性的通货膨胀只有很小的概率。

最后，房产等资产价格的上涨，对于居民的通货膨胀预期有着不能完全确定的关系，其主要原因在于房产价格的上涨，既可能通过财富效应提升通货膨胀预期从而造成通货膨胀，也有可能通过替代效应挤出居民（购房者）的其他消费，降低居民消费水平，从而造成通货膨胀。这两种机制何时发挥作用，未来可以进一步研究，但有一点是确定的：要做好通货膨胀预期管理，在居民住房消费比重进一步提高的背景下，维持一个价格平稳的房产市场非常重要。

参考文献

[1] 段忠东：《房地产价格与通货膨胀、产出的非线性关系——基于门限模型的实证研究》，《金融研究》2012 年第 8 期。

[2] 郭豫媚、陈伟泽、陈彦斌：《中国货币政策有效性下降与预期管理研究》，《经济研究》2016 年第 1 期。

[3] 何启志、姚梦雨：《中国通货膨胀预期测度及时变系数的菲利普斯曲线》，《管理世界》2017 年第 5 期。

[4] 侯成琪、龚六堂：《食品价格、核心通货膨胀与货币政策目标》，《经济研究》2013 年第 11 期。

［5］黄正新、黄金波：《中国通货膨胀预期陷阱研究》，《经济研究》2014年第11期。

［6］马文涛、冯根福、李成、魏福成：《宏观政策转型、行政性干预调整与通货膨胀预期管理》，《经济研究》2016年第4期。

［7］苏梽芳：《中国通货膨胀预期不确定性：结构型抑或冲击型》，《数量经济技术经济研究》2010年第12期。

［8］孙坚强、崔小梅、蔡玉梅：《PPI和CPI的非线性传导：产业链与价格预期机制》，《经济研究》2016年第10期。

［9］王曦、王茜、陈中飞：《货币政策预期与通货膨胀管理——基于消息冲击的DSGE分析》，《经济研究》2016年第2期。

［10］伍戈、曹红钢：《中国的结构性通货膨胀研究——基于CPI与PPI的相对变化》，《金融研究》2014年第6期。

［11］肖争艳、陈彦斌：《中国通货膨胀预期研究：调查数据方法》，《金融研究》2004年第11期。

［12］杨继生：《通货膨胀预期、流动性过剩与中国通货膨胀的动态性质》，《经济研究》2009年第1期。

［13］杨子晖、周林洁、李广众：《通货膨胀的驱动类型甄别：基于价格传导的非对称性研究》，《世界经济》2014年第5期。

［14］姚余栋、谭海鸣：《中国金融市场通货膨胀预期——基于利率期限结构的量度》，《金融研究》2011年第6期。

［15］姚余栋、谭海鸣：《通货膨胀预期管理和货币政策——基于"新共识"宏观经济模型的分析》，《经济研究》2013年第6期。

［16］尹力博、韩立岩：《中国输入型通货膨胀特征研究：程度、来源及渠道》，《数量经济技术经济研究》2014年第7期。

［17］张蓓：《我国居民通货膨胀预期的性质及对通货膨胀的影响》，《金融研究》2009年第9期。

［18］张健华、常黎：《哪些因素影响了通货膨胀预期——基于中国居民的经验研究》，《金融研究》2011年第12期。

［19］张成思、党超：《谁的通货膨胀预期影响了货币政策》，《金融研究》2016年第10期。

［20］张成思、党超：《基于中央银行调查数据的通货膨胀预期转化：算法基础与理解分歧》，《金融评论》2016年第1期。

[21] 赵留彦:《中国通货膨胀预期的卡尔曼滤波估计》,《经济学》(季刊) 2005 年第 3 期。

[22] Armantier, Olivier, Bruine De Bruin, Wändi, Potter, Simon, Topa, Giorgio, van der Klaauw, Wilbert, Zafar, Basit, "Measuring Inflation Expectations", *Annual Review of Economics*, Vol. 5, No. 1, 2013.

[23] Bloem, Adriaan M., Dippelsman, Robert, Maehle, Nils O., Hle, M. Ae, Yvind, Nils O., *Quarterly National Accounts Manual: Concepts, Data Sources, and Compilation*, International Monetary Fund, 2001.

[24] Clark, Todd E., "A Comparison of the CPI and the PCE Price Index", *Economic Review – Federal Reserve Bank of Kansas City*, Vol. 84, No. 3, 1999.

[25] Charles Odhart, Boris Hofmann, "Asset Prices and the Conduct of Monetary Policy", *Boris Hofmann*, 2002.

第二十章　结构性减速过程中的储蓄耗散：假说与事实[*]

基于发展经验的国际比较，本章对从工业化向城市化转型过程中，伴随着结构性减速而发生的储蓄下降趋势进行分析，并从这一角度分析引致隐性通货膨胀的可能性。结论认为：（1）经济体的经济增长速度处于6%以下的区域，是储蓄快速耗散和快速向低水平收敛的阶段。（2）储蓄耗散的路径有两类：一类是储蓄转换为资产泡沫，在资本市场不完善和储蓄无法完成向有效率路径转换的不利条件下，储蓄耗散将沿着资产价格膨胀的无效路径进行，且诱致城市化阶段持续的隐性通货膨胀；另一类是通过社会保障和资产市场，实现储蓄向财富的转换和跨期效率补偿。（3）进入结构性减速通道的中国经济，也正在进入储蓄耗散通道，如果实体部门不能有效地吸收储蓄，过多的储蓄必然要在房地产市场和资本市场寻找出路，从而导致资产价格膨胀。关键是如何通过更完善的制度设计，实现储蓄向资产转化过程中的真实效率。

一　引言

经济追赶国家从工业化向城市化演进过程中的储蓄下降和向低水平收敛的事实，是一个值得关注的问题。以日本、韩国从发展到发达水平升级的过程为例，其间，伴随着各自经济增长速度由上升到下降的倒"U"形趋势的出现，家庭储蓄率的倒"U"形转换动态也相应发生，并且收敛到发达国家普遍呈现的较低水平。

基于国际比较的经验观察，虑及追赶国家结构性减速时期实体部门投

---

[*] 本章由袁富华、张平执笔。

资及其增长,不足以吸收高水平储蓄这一经济逻辑,本章提出"储蓄耗散"假说,即对于从高速增长向低速增长转型的城镇化过程而言,当经济增长率跌落到一个较低的区域(如6%以下)或者持续低于大规模工业化时期平均增长速度一半的时候,经济发展便不足以吸收原有较高水平的储蓄。此时,如果国内缺乏诸如稳定而健全的金融环境、健全的社会保障等有助于家庭储蓄向有效率路径疏散或平滑的措施,那么,无效率的储蓄耗散将会迅速发生,最终后果将是城镇化阶段持续的"隐性通货膨胀"。

为了平滑储蓄耗散的风险,欧美发达国家普遍采取稳定的金融环境和发展社会保障两种措施。实现家庭储蓄向资产多样化的转换,并以此促进经济效率的提高和人力资本积累。现阶段,新常态下的中国经济正面临结构性减速,那么如何看待这种环境下的家庭储蓄变化趋势?中国是否也面临快速的储蓄下降和储蓄耗散?以及必要的应对措施是什么?对这些问题的探索是本章主旨,并且具有重要的现实意义。

二 工业化向城镇化转型以及城镇化时期储蓄变化的典型事实:储蓄下降和收敛

作为本章关于工业化向城镇化过渡时期储蓄耗散及其后果的一些意见的背景和铺垫,本部分首先对城镇化时期储蓄快速下降且向低水平收敛的典型化事实给出一些讨论。为分析方便见,我们采用通常的二分法——就发展的阶段性而言,资本驱动的大规模工业化超高速增长之后,紧跟着是低增长和资产或财富主导的现代城镇化过程。显然,这种简化对于东亚国家和地区的发展经验具有针对性,当然,在一定程度上也适合其他国家的分析。以日本、韩国这两个成功实现工业化向现代城镇化跨越的国家为例,近年来,对于它们未来增长争论的一个焦点,集中于家庭储蓄率的下降趋势上。根据我们对于经济追赶国家阶段性转换的界定(袁富华,2012;课题组,2012),这个问题可以归结为结构性减速和城镇化过程中的储蓄率收敛,这里,收敛的意义是指向发达国家同类指标水平的收敛。

(一)经济追赶国家家庭储蓄率倒"U"形变动趋势的典型化事实1:增长率下降导致储蓄率持续下降

图20-1展示了日本和韩国从发展到发达水平升级过程中,伴随着各

自 GDP 增长倒"U"形趋势而发生的家庭储蓄率倒"U"形变动状况。总体的判断是，随着大规模工业化过程结束，以及城镇化发展成熟，居民家庭储蓄率将呈现持续下降态势（见图 20-2）。

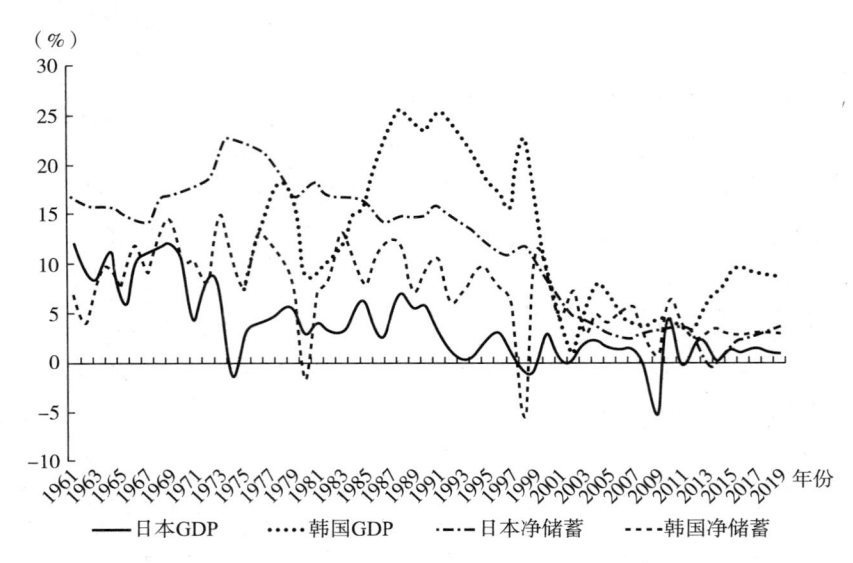

图 20-1　1961—2019 年日本、韩国 GDP 增长率与家庭净储蓄率（储蓄与可支配收入之比）变动趋势

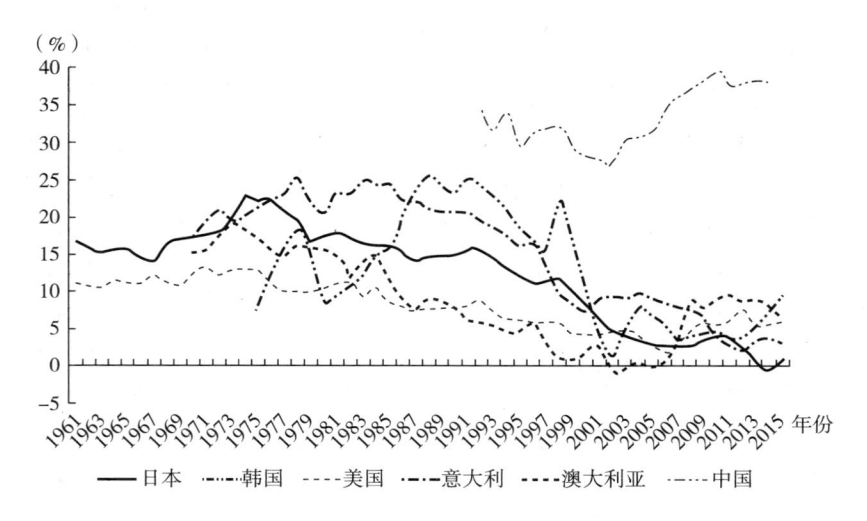

图 20-2　1961—2015 年部分国家庭净储蓄率变动趋势对比

资料来源：OECD Data。

日本的两个倒"U"形。(1) 20 世纪 50 年代中期直至 1973 年第一次石油危机,日本经济实现了近 20 年的超高速增长,1961—1973 年平均为 9.4%。持续高增长为家庭储蓄累积了巨大的动能,净储蓄率从 1961 年的 16.7% 上升到 1974 年的 23% 峰值。(2) 20 世纪 70 年代中期和 80 年代这个时期,日本经济进入中低速增长的调整。1975—1989 年平均增长率为 4.4%;这个过程,家庭储蓄率持续下降,从 1975 年的 22% 下降到 1989 年的 14.8%。(3) 受到房地产泡沫的打击以及经济持续低迷的影响,1990—2016 年日本经济处于低速增长通道,年均增长率为 1.2%;这个时期同时表现出了家庭储蓄率的持续快速下降,从 20 世纪 90 年代的 14.5% 下降到 2016 年的 2.5%。

韩国的两个倒"U"形。韩国的超高速增长从 20 世纪 60—80 年代持续了 30 年,20 世纪 90 年代以来进入中低速增长通道,家庭储蓄率也同时随着结构性减速的到来而出现下降。(1) 1961—1991 年,韩国的 GDP 年均增长速度为 9.6%,持续的超高增长为储蓄提供了源源不断的动力。在 20 世纪 80 年代中期以前,韩国家庭储蓄率并不高,如 1975—1985 年平均为 12.8%。超高增长的储蓄推动力,在 20 世纪 80 年代中期以后受到彻底激发,1991 年 GDP 增长达到 25% 的峰值,1986—1991 年平均为 24%。(2) 1992—2000 年,韩国经济增长进入中速增长的调整时期,GDP 年均增长率为 6.7%,同时家庭储蓄率开始出现下降,平均为 18%。(3) 2001 年以来,韩国经济步入低速通道,2001—2016 年年均增长率为 3.9%,家庭储蓄率陡降至 5.5%。

家庭储蓄率倒"U"形发生的背景:有必要重申一下两国家庭储蓄率变化的经济背景。日本两个倒"U"形发生的时代,正处于大规模工业化结束和城镇化趋于成熟的时代,根据 WDI 数据,20 世纪 70 年代中期,城镇化率达到 75%,也是基本达到发达水平的时期。韩国的情景亦然,只是程度上稍有不同:20 世纪 90 年代步入中低增长调整时期后,城镇化率接近 60%。这种背景对于评估中国的储蓄变动问题,具有借鉴意义。

(二)经济追赶国家家庭储蓄率倒"U"形变动趋势的典型化事实 2:增长率低于 6% 导致储蓄率快速向低水平收敛

在此,我们根据低水平增长率下,储蓄率的下降及其向低水平收敛趋势,首先给出一个较强的判断即在向城市化成熟阶段迈进的过程中,增长率低于 6% 将引致家庭储蓄率的迅速下降。尽管这是发达国家的经验，但是却可能是一种具有普遍性的规律。由于下文还要对这个重要现象进行分析，这里，我们只想就相关原因给出一个简单提示：过低的增长率不足以吸收高水平的家庭储蓄率。目前，认识到这一点就已经足够，我们现在转向储蓄率收敛的数据说明。

图20-2展示了几个令人深刻的现象：（1）20世纪80年代中期之后，发达国家家庭储蓄率普遍呈现下降趋势，进入90年代之后呈现快速下降趋势，收敛到一位数的较低水平。如美国在1961—1984年的平均水平为11.4%，1985—1992年平均为8%，1993—2015年平均为5%。意大利和澳大利亚的下降情形更加明显，两个国家在20世纪70年代和80年代都曾出现过高于或接近20%的高水平，20世纪90年代之后一路下降。（2）日本和韩国这两个工业化追赶成功的国家，在向城镇化成熟时期迈进时，家庭储蓄下降幅度更大。尤其是日本，似乎是在将最初的工业化"红利"耗尽之后，再也无法积累起像过去那样的储蓄，反而向着比老牌发达国家更低的储蓄水平上收敛。如整个20世纪70年代日本储蓄率平均为19.8%，80年代为16.1%，90年代为13%，2000年至今为3.3%；韩国在2000年之后出现了储蓄的陡降，近年来，尽管有回升的趋势，但是，储蓄率保持在个位数应该是常态。（3）总体上看，城镇化趋向成熟和"去工业化"及其所导致的结构性减速，是诱发家庭储蓄下降的根本因素。就经济增长历史表现来看，追赶国家如日本和韩国的GDP增长速度低于6%，即持续低于大规模工业化时期平均增长速度一半的时候，经济发展便不足以吸收原有较高水平的储蓄。当然，也可以说，这个低于6%的增长速度之下的向个位数家庭储蓄率的收敛，是城镇化阶段的普遍事实。

（三）经济追赶国家家庭储蓄率倒"U"形变动趋势的典型化事实3：伴随着储蓄率下降，家庭净财富增长

在城镇化快速发展和趋于成熟过程中，对于发达国家的消费者来说可能主要是出于主动的目的，一些原本以银行存款甚至以养老金形式进行的家庭净储蓄（这也是SNA2008的统计口径），可能转化为资产持有的形式，或者分流到资产市场上了。这种假设不是没有依据。以流行的关于发达国家公共政策制定和运作的解释为例，这种观点认为，大萧条和石油危机冲击所导致的经济风险和不稳定性，强化了人们的风险意识。由于生活在贝克（1992）所谓的不确定性和风险社会，外部环境的易

变性促使消费者和家庭行为的改变。换句话说，与工业化阶段相比，家庭的时间偏好改变了，人们似乎更加偏好于风险防范的未来投资，并最终使消费者向投资行为上转变，导致家庭资产和财富的偏好增加。

图20-3列示了1995—2014年20年间日本、韩国与其他发达国家的家庭净资产率（净资产与可支配收入之比）。有两点值得提一下：一是从总体上看，消费和服务业主导的城镇化阶段，发达国家存在家庭净资产率增长的趋势，如果考虑到家庭可支配收入普遍具有绝对的增加趋势，那么家庭净资产积累的趋势将会得到肯定。比如，20年间日本、加拿大、法国、美国、意大利的净资产率分别增长0.54倍、0.35倍、0.41倍、0.25倍、0.40倍。尤其是日本，尽管受到了经济泡沫和结构性减速的冲击，但是净资产增长却是显著的。韩国相关可获得数据较少，但是表现出追赶趋势。二是或许更加重要的是，我们强调家庭净资产率在发达国家之间存在收敛趋势，虽然发达国家各国表现出各自的制度模式，但是，不能据此就认为这种收敛是一种历史的偶然。我们认为，主导这种收敛的一种主要趋势，大概与城镇化阶段的消费者行为和偏好变化的一些共同性有关，正如刚刚给出的分析那样。

由此可以得到两种对比鲜明的收敛趋势即家庭储蓄下降和收敛；家庭净资产上升和收敛。从某种意义上说，这种事实与传统经济理论的均衡假设相违背，同时，在两种对比鲜明的趋势，确是城镇化时期不同于工业化的特征——特别是对于那些（经历了或正在经历）工业化向城镇化转型的新兴工业化国家而言。

（四）发达国家典型化事实4：伴随着储蓄率下降，财富多样化成为趋势

这里拟对消费者一些具体的投资倾向和投资选择给出具体的数据说明，主要集中于家庭财富中的金融资产。根据SNA2008定义和OECD Data指标设置，家庭金融总资产篮子中的项目主要包括以下几类：①货币和存款；②股票以外的证券；③股票；④共同基金股份；⑤寿险净权益；⑥养老金净收益。发达国家中，这六类资产占家庭总金融资产的比重一般在90%以上，英国、美国、法国、意大利、澳大利亚等国甚至接近100%。

首先介绍表20-1和表20-2的数据口径。表20-1"家庭资产中证券投资和养老金收益等5项合计"中的5项，包括：②股票以外的证券；

③股票；④共同基金股份；⑤寿险净权益；⑥养老金净收益。表 20-2 "家庭资产中证券投资等 4 项合计"中的 4 项，包括：②股票以外的证券；③股票；④共同基金股份；⑤寿险净权益。

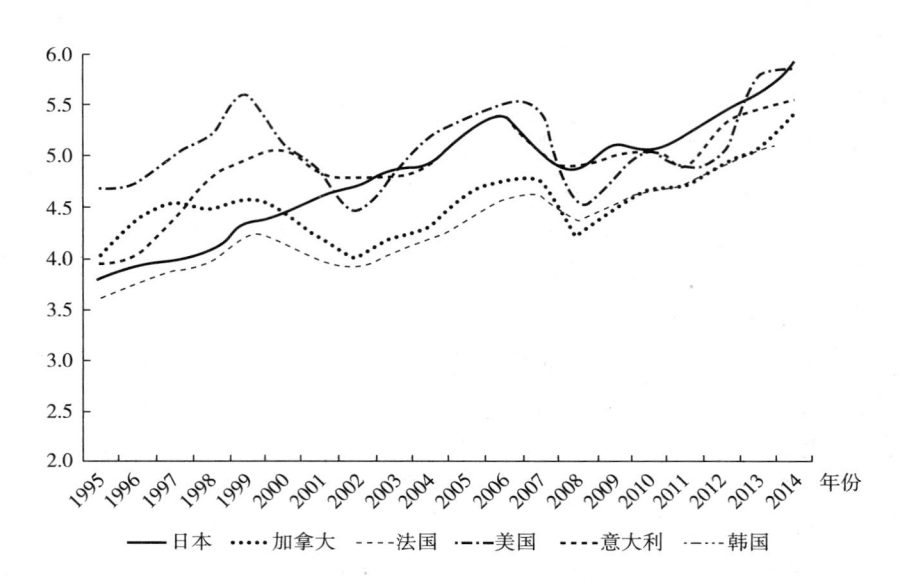

图 20-3　1995—2014 年日本、韩国与其他发达国家的家庭净资产率（净资产/可支配收入）对比

资料来源：OECD Data。

对于家庭金融资产组合的比较，可以归纳为以下两个结论：（1）欧美老牌发达国家普遍表现出家庭金融资产中的投资倾向和投资偏好，投资的领域包括有价证券和养老金。与发展中国家普遍表现出的家庭资产组合中"①货币和存款（表中未列出这个项目）"比重较大的态势不同，发达国家消费者资产投资偏好的稳定，一方面表明这些国家金融市场的稳定和完善，另一方面表明发达国家支持养老金储蓄这种形式，实际上，这两方面已经包含发达国家城镇化时期福利国家建设的现状和趋势。（2）与老牌发达国家相比，作为经济追赶成功的日本，家庭资产组合表现出了滞后问题，这与日本大规模工业化阶段所形成的金融体制改革的滞后有关，同时，也是 20 世纪 90 年代以来长期困扰日本经济的一大问题。

表 20-1　　家庭资产中证券投资和养老金收益等 5 项合计　　单位:%

年份	法国	意大利	日本	韩国	英国	美国	德国	澳大利亚
1995	53.4	56.7	44.2	—	73.2	84.6	52.0	68.1
1996	55.3	59.0	43.2	—	73.7	85.0	52.8	69.1
1997	56.1	65.0	41.9	—	74.5	86.2	54.8	69.5
1998	57.8	70.0	41.4	—	76.9	87.0	55.9	71.5
1999	60.9	72.1	42.6	—	77.3	88.1	58.6	73.5
2000	62.1	73.2	42.6	—	76.6	87.1	60.1	72.7
2001	60.4	71.4	41.4	—	75.0	85.7	59.8	72.4
2002	58.6	71.2	41.0	—	73.5	84.3	57.0	70.9
2003	59.7	70.6	42.1	—	72.9	85.0	57.9	70.7
2004	61.5	71.3	42.5	—	72.4	85.5	58.0	73.8
2005	62.7	72.7	46.2	—	73.0	85.7	59.1	76.3
2006	65.6	73.0	47.0	—	71.6	85.8	58.5	77.4
2007	65.6	70.3	43.2	—	71.0	85.3	58.8	77.4
2008	61.6	66.8	40.1	46.1	67.9	82.6	54.5	69.7
2009	62.6	66.0	41.0	48.6	69.2	83.2	54.9	72.6
2010	62.6	65.3	40.9	49.0	69.8	84.1	54.9	71.7
2011	61.2	64.4	40.3	47.6	71.1	83.0	53.8	70.3
2012	62.9	64.6	41.7	48.9	69.8	83.4	54.0	73.1
2013	63.2	65.2	42.4	48.8	69.2	84.7	54.2	73.7
2014	59.1	65.2	43.8	49.4	71.2	84.6	54.3	74.0
2015	59.5	65.5	42.9	50.0	70.8	84.2	54.3	74.1
2016	61.2	64.1	—	48.9	71.7	84.3	54.2	74.4

注：5 项包括：②股票以外的证券；③股票；④共同基金股份；⑤寿险净权益；⑥养老金净收益。

表 20-2　　家庭资产中证券投资等 4 项合计：表 20-1 中扣除养老金收益项目　　单位:%

年份	法国	意大利	日本	韩国	英国	美国	德国	澳大利亚
1995	53.4	51.1	36.3	—	32.6	54.5	41.1	21.5
1996	55.3	53.5	34.8	—	33.6	54.4	42.1	22.5
1997	56.1	59.9	32.6	—	33.7	56.3	44.4	22.4

续表

年份	法国	意大利	日本	韩国	英国	美国	德国	澳大利亚
1998	57.8	65.3	31.8	—	35.0	57.6	45.6	24.8
1999	60.9	67.5	33.2	—	39.3	59.8	48.7	26.0
2000	62.1	68.6	31.7	—	37.1	57.2	49.6	24.1
2001	60.4	66.6	29.8	—	34.6	55.1	49.1	25.6
2002	58.6	66.2	28.3	—	29.9	52.1	45.7	22.4
2003	59.7	65.4	31.5	—	31.0	54.0	46.7	22.0
2004	61.5	66.1	32.2	—	30.4	55.4	46.7	26.5
2005	62.7	67.7	37.0	—	31.0	56.1	47.8	29.8
2006	65.6	68.1	38.2	—	31.1	56.9	46.5	28.7
2007	65.6	65.1	34.2	—	30.9	56.1	46.7	25.5
2008	61.6	61.2	30.9	44.2	27.2	51.2	41.3	19.5
2009	62.6	60.2	32.0	46.8	29.5	50.9	41.5	19.4
2010	62.6	59.3	32.1	47.1	29.5	51.1	41.4	17.6
2011	61.2	58.2	31.5	45.3	26.0	49.6	39.8	16.7
2012	62.9	58.4	33.2	46.2	25.0	50.6	40.0	17.8
2013	63.2	59.3	34.1	45.7	26.4	53.4	40.1	18.1
2014	59.1	59.1	35.3	45.7	25.4	54.2	40.0	18.1
2015	59.5	59.5	34.6	46.0	26.3	53.9	40.1	18.1
2016	61.2	58.0	—	44.6	26.0	54.3	40.1	17.3

注：4 项包括：②股票以外的证券；③股票；④共同基金股份；⑤寿险净权益。
资料来源：OECD Data。

（五）储蓄率下降的解释及其问题

对于上述居民储蓄率变动的原因，文献中给出了诸多解释和争论。以 Horioka（2008）对 20 世纪 70 年代中期前后日本家庭储蓄率先上升后下降的解释为例，他认为，有 8 类因素决定了储蓄率的变动：人口年龄结构；公共养老金体制；收入增长率；家庭财富持有状况；消费信贷；额外津贴；税收减免；储蓄促进活动。快速的老龄化、公共养老金计划的普及、经济减速、居民财富持有量的上升，以及消费信贷市场的健全等，成为居民储蓄率降低的主要因素。争论的问题集中于人口老龄化是否是家庭储蓄下降的主要动因，如 Movshuk（2007）不同意 Dekle

(2005) 和 Koga (2006) 人口结构显著冲击的观点，认为人口结构这种慢变量不能解释储蓄下降的快速性和非线性。尽管这一组代表性文献的争论表明了关于储蓄率变动的一些基本问题。但是，我们试图从一个不同的角度，对家庭储蓄率变动问题给出解释。受到消费者储蓄和投资倾向变动的启发，我们更加关注经济转型过程中家庭储蓄率下降的深层次原因及其危害，这种思路显然是针对中国发展可能面临的问题设置的。

三 结构性减速与储蓄耗散假说的新的分析视角：两种分化与耗散路径

暂时回到中国现实以及国际比较，作为这部分理论假说建立的一个引子。图 20-2 列示了中国 1992—2014 年居民家庭储蓄率与各国的对比，总体印象是：1992—2004 年年均 33% 的储蓄率确是空前的。这种空前的高储蓄水平既是改革开放以来超高速增长和劳动生产率提高的结果，也是资本驱动的超高速增长的根本动力。这里，请注意此处对超高速增长——或者，按照我们的术语——结构性加速的强调。

之所以做出这种强调，是因为我们打算针对中国超高储蓄水平的可持续问题做出提问，并论证这种高水平储蓄将很快耗散的假说——之所以是假说，一方面因为这是可以成立的判断，另一方面也请读者注意这个判断成立的前提条件。

中国高水平储蓄最容易给人造成的错觉是——储蓄不会很快降低，就像处于高增长经济环境中从来不会认为经济会出现持续的减速那样。但是，如果要问：做出这种乐观估计的依据是什么？这就引申了导致储蓄变动的结构条件的潜在变化的问题。关键是，如果考虑到现阶段中国工业化向城镇化转型过程中，正在发生的结构性减速趋势（或者，新常态），那么，这种乐观的心态可能需要修正。我们的基本假设是：伴随着结构性减速和城镇化的发展，中国的储蓄正在处于持续下降通道中，如果经济增长速度下落到 6% 以下，那么将会出现向发达国家低储蓄水平的快速收敛。更加正式的表述是：对于转型经济而言，储蓄向低水平的快速收敛，本质上与经济增长速度有关。

我们的这种表述，意味着储蓄率的持续甚至快速的下降，与转型时期经济发达程度不相关：就工业化向城镇化的转型而言，无论一国是否克服了向高收入水平持续迈进的阻碍——亦即借用眼下时髦的用词——无论后工业化转型国家是否能够跳出中等收入陷阱，只要因为大规模工业化动力消失了，那么接下来的结构性减速，将导致储蓄率的持续下降——起初可能是缓慢一些，但是一旦经济增长较以往高速增长下滑较大（比如说，跌至原来的一半以上），那么储蓄将会很快耗竭。这就是本章对储蓄耗散的初步印象。接下来，我们分析一下储蓄为什么耗散，以及以怎样的方式耗散。

（一）结构性减速与储蓄耗散：储蓄悖论

为方便起见，我们对传统的商品市场和金融市场的二分法稍加改变，从实体部门、金融部门和房地产部门组成的结构方面对储蓄问题进行贴近现实的分析。之所以进行这样的处理，是为了与SNA2008统计指标中家庭资产项目相对应。实体部门即通常所谓依赖投资支撑的商品产出部门，包括实物产出和劳务产出，对应于传统的商品市场。这三个部门或市场之间的关系，随着经济发展环境的变化而变化。就长期增长过程来看，比如东亚新兴工业化国家或地区的高速增长时期——实体部门与金融部门的联系占主导地位；但是，随着城镇化的发展直至走向成熟，一种新的关系出现——消费者或家庭投资行为与金融市场和房地产市场的联系越来越显著，国际统计指标中的所谓家庭资产即与这两类市场密切联系。换句话说，经济过程中，投资主体由工业化时期单一的企业，演变为城镇化富裕时期企业投资和消费者投资两类主体。家庭储蓄的下降与此有关。

仍以高速增长为例，假设投资—增长螺旋可以持续，此时不用担心储蓄过剩的问题。即使不存在家庭投资市场，在投资等于储蓄和增长可持续的假设下，实体部门的扩张已经足够吸收家庭储蓄，此时，随着经济增长，家庭收入和消费也将持续增长。但是，现实问题是，这种投资（储蓄）—增长螺旋不可能永远持续下去，结构性减速——一种系统性的持续的减速的出现，会导致实体部门的发展不足以吸收高速增长时期累积的大量家庭储蓄，迫使多余储蓄向非实体部门分流，储蓄耗散的通道也因此打开。

因此，这里的储蓄耗散是针对大量储蓄面对经济持续减速，进而无法由实体部门吸收的现象来说的。也正是因为如此，当我们把结构含义赋予文献中通常使用的"储蓄下降"这种总量表述，那么储蓄耗散这个视角似乎可以更容易揭示更多的东西。储蓄耗散包含两层含义：一是时间上，假定经济中积累了超过投资能力的储蓄，现在应该考虑多余储蓄或储蓄向未来平滑的问题，如果不能得到平滑，就有可能转化为资产泡沫和隐性通货膨胀，也就是无效率的储蓄。二是路径上，从理论上说，多余的投资总得有一个疏通或平滑的窗口，这些窗口与金融市场和房地产市场甚至一些非正规的放贷渠道相连通，一旦这些市场结构不完善或存在系统性缺陷，那么多余储蓄向未来投资效率转化的通道将会出现堵塞，不能为实体经济吸收的这部分储蓄转化为资产泡沫，储蓄耗散以一种根本无效率的形式发生。

于是，我们在这里遇到了一种可以说是"储蓄悖论"的东西，即在结构性减速（金融、房地产等与消费者有关的）和资产市场不完善的情况下，储蓄越多导致效率损失越大，或者，发展中国家资源使用的机会成本很大。也就是说，在结构性减速时期，并不是储蓄越多越好——不仅是国内储蓄，也包括国际储备之类的国外储蓄。当然，储蓄耗散也可能以一种投资效率提高的方式发生，即未来投资对当前储蓄的替代，这要以资产市场的完善为前提。接下来的分析中，我们将围绕这两种储蓄耗散路径展开，并对前文关于中国储蓄下降趋势的判断，给出进一步的解释。

（二）从资本时代到资产时代：两种储蓄耗散路径

作为对前文关于城镇化与风险社会观点的回应，我们以几个文献的一些有益见解，开启本部分对于发达经济阶段储蓄耗散及其效率平滑路径的考察。

经典发展思想，如加尔布雷思（Galbraith，1971）、罗斯托（Rostow，1960），不约而同地将目光集中于后工业化时代的社会再平衡问题上，这种充满智慧的关注不是偶然的。这种视角的变化，与经济发展的阶段性的演进即围绕产出和供给的工业化时期的驱动的增长，转变为城镇化时期的围绕资产运转的增长密切相关。新的问题也由于城镇化而浮现出来。城镇化阶段社会再平衡的实质，在于私人投资与公共投资的再平衡，或者说经济产出与公共支出的再平衡。

按照社会风险观点，城镇化过程本身就是一个充满不确定性的过程，不同于以往工业化时期人们对收入增长的关注，这个时期受到低增长速度和隐性通货膨胀以及其他外部冲击的影响，个人更加关注的是"要保护的"：能否保护自己的就业能力，能否保护自己的健康，能否保护消费能力，等等。这种关注及其后果，实际上也不是个人可以解决的问题了，需要国家力量的介入，这从根本上影响到了消费者行为。

1. 资本驱动增长时代的结束与高价城镇化

张平和张晓晶（2003）在观察中国资本形成路径变化时，提出过一个很有见地的观点，即在长期增长过程中，当大规模工业化结束时，将发生低价工业化向高价城镇化的演替。类似的观点也出现在结构性减速时期的日本，当时服务业和消费主导格局的形成以及城镇化趋向成熟，使人们不得不正视高价城镇化的现象，认为这是民生经济和社会开发的正常情况，表明了生活质量的提高和人力资本价值的提高（宫崎勇，2009）。

与工业化时期产出规模扩张诱致的工业品价格长期下降趋势不同，城镇化时期由于服务供给的刚性约束，包括居住和劳务价格在内的城市生活成本处于上升趋势。正常情况下，工业化规模扩张时期，由于劳动生产率的较高增长导致的收入增长，连同相对低廉的商品价格，成为居民储蓄积累的源泉。对于家庭和消费者来说，不论工业化是以怎样的方式展开——这个资本积累或资本驱动的时代，都是生活成本相对较低的时代。问题出在城市化时期的结构性减速上，这种结构性减速的背景是工业或制造业行业停滞扩张，尤其是当国内剩余劳动力吸收殆尽、环境刚性约束增大时，原来支撑规模效率的工业行业被迫退出，转而由资本形成能力较低的服务业行业替代。更加困难的情况是，在工业部门萎缩的同时，如果具有实际产出的服务业不能及时进行弥补，那么，就会出现实体部门投资低于储蓄的现象，这部分多余储蓄将会以隐性通货膨胀的形式呈现，典型如没有进入居民消费价格核算的资产价格。也正是因为如此，我们可以说，鉴于结构性条件的变化，产出扩张并不能消除通货膨胀（Galbraith，1971），传统通货膨胀指标甚至不再适用于城市化时代。

2. 城镇化的资产时代与风险预防

以（隐性）通货膨胀为核心的经济和社会风险，在城镇化时代再度受到关注，上文所述家庭资产保护自然成为关注话题，由此也导致社会态度的转变和风险思维的产生。Hacking（1990）把风险定义为一种思维和行为方式：立足于现在，对可能的未来进行预测，以此对现在进行干预，以便控制那些可能的未来。这种思想在林德特（Linder，2004）那里得到了充分的反映。与经典发展理论中社会保护的思想一致，林德特从经济历史的角度，论述社会保护的重要性及其与经济效率改善的一致性。他对包括养老金、公共健康、住房津贴、教育支出等广泛的社会保护议题进行了探讨——特别是第二次世界大战后至1980年发达国家公共支出项目的迅速增长，这些项目本身也直接构成了家庭资产的内容。

城镇化时代的风险意味着养活人的代价，远比工业化阶段的代价要高。储蓄率的快速下降，在低增长的城市化过程中，几乎成为无法阻止的系统性趋势，并作为城镇化内在规律起作用。此时，家庭储蓄意愿被风险防范意愿所替代（对于发展中国家而言），大规模工业化过程中那种积极的储蓄意愿消失了。此时，迫切需要寻找储蓄的替代路径，与资产多样化有关的风险控制计划因此产生——它以消费者个体的风险防御动机为主导，并力求得到国家和商业机构的支持。

3. 两种储蓄耗散路径

从发达国家和发展中国家的增长经验来看，引致家庭储蓄耗散的路径有两类：一类是无效率的跨期储蓄动员即储蓄转化为资产泡沫；另一类是有效率的跨期风险平滑即通过社会保障和资产市场，实现储蓄向财富的转换和跨期效率补偿。

理想的风险平滑路径和有效率的家庭储蓄替代模式。家庭储蓄耗散于有效率的增长路径上的情况，可以从发达国家尤其是第二次世界大战后风险分散机制和宏观经济稳定体系完善的经验中看到，包括社会保障体系建设、资本市场建设以及经济稳定化政策的实施，这些都有利于分散家庭储蓄过高的集中风险，使家庭在用资产多样化替代储蓄的同时，与经济效率的改善路径相一致。（1）从社会保障方面来看，林德特提供了翔实的数据，证明福利国家的社会保障并没有降低经济效率。从储蓄耗散和风险平滑方面来理解，似乎可以这样认为，福利国家通过较高的收入税和消费税，把潜在的家庭储蓄转化为公共支出，为养老、健康、教育、就业提供公共支持。另外，正如表20-1和表20-2所展示的那样，社会养老金的缴纳和支付，也是一种分散和平滑个体家庭储蓄风险的机制，而且在金融市场健全的发达国家，养老基金的投资策略有利于企业的发展和经济效率的改进。（2）金融市场的完善和稳定，为家庭投资和财富保有提供稳定的预期。表 20-1 和表 20-2 数据直接给出了发达国家尤其是英美等老牌发达国家消费者在资产组合中偏好于证券投资的情况。鉴于这些国家较好的金融环境和未来收益预期的稳定性，这种储蓄耗散路径及其对效率改善的支持，由于这是被广泛认同的事实，这里不用多费笔墨。（3）房地产。作为家庭资产的一类重要构成项目，根据 OECDdata 数据，第二次世界大战后，欧美发达国家的房地产（名义）价格表现出了缓慢的上升趋势。名义房地产价格与名义可支配收入之比，在欧美发达国家普遍表现出缓慢下降，或基本稳定的态势。这种情况至少表明发达国家家庭的购房负担没有发生显著的加剧，而且这部分资产投资价值基本稳定和可预期。

　　转型与资产泡沫：无效率的储蓄耗散。尽管通过大规模工业化实现了赶超，但是，作为工业化发展最成功的经济体——日本和韩国，在城镇化发展阶段却遇到了资产泡沫以及相应无效率储蓄耗散的问题。这种情况与政府主导和银行主导的金融体制的改革滞后有关，当然，也与社会保障体系建设滞后有关，尤其是作为超大经济体的日本，储蓄耗散过程中经历的困难更大，向有效率的路径上的转型也似乎更加艰难。以日本为例，OECDdata 数据显示，房地产价格指数在 1960 年、1970 年、1980 年、1991 年分别为 6.7、33.3、92.0、181.2（2010 年 = 100），1975 年后，日本房地产价格上涨幅度超过所有发达国家，这种持续加速的价格膨胀直至泡沫破灭。这个过程同时导致了消费者的负担大幅提高，直至 2008 年以前，日本家庭债务与名义可支配收入之比在七国集团国家中最高，近年来虽然呈现下降趋势但仍然居于较高水平。

　　从工业化阶段的储蓄动员和资本驱动，到城镇化阶段资产泡沫的形成，这似乎是高增长之后的必然现象。大规模工业化在储蓄促进方面太成功了，然而，也正是因为这种成功，导致了更大的无效率的储蓄耗散。在结构性减速过程中，实体部门对投资的吸收能力不足，实际上，只是迫使资产泡沫膨胀和储蓄下降的一个因素。另一种原因也是一种痛苦，即向充满不确定性的未来的人力资本转化——就像福利国家公共支出所做的那样（从这个角度来看，以科教文卫升级为主导的消费结构升级，是一种必然要求）。

　　无效率的储蓄耗散与城镇化时期的家庭资产分化。上述分析的一个自然推论是，城镇化阶段无效率的储蓄耗散，将进一步导致家庭收入分配格局固化和家庭财富积累的分化，此时，消除两极分化也将越来越困难。面对这种困境，唯一的治理途径就是提高效率，抑制收入差距，以培育一个稳固的中产阶层。

四 启示：中国的结构性减速与储蓄耗散趋势

以新常态和供给侧结构性改革战略的提出为标志，中国经济开始进入引致储蓄下降的结构性减速通道。以前文所提供的资料和理论假说为参照，这里提供一些我们对于中国储蓄耗散可能性的一个思想实验。

（一）增长速度 6% 以下，将是一个储蓄快速耗散的临界区域

中国经济结构性减速发生的背景和机制是：第一，支撑起来过去 30 多年工业化超高速增长的工业部门，由于越来越受到高城镇化的成本约束，以及资源环境刚性约束而是可持续的动力。同时，随着经济基础设施的完善，中国城镇化加速发展时期也会很快结束，经济减速因此逐渐成为常态。第二，未来一二十年里，服务业的发展将替代制造业成为新的动力源泉，但是，这个动力的形成需要服务业结构升级即以有效率的服务业来维持经济的可持续。但是，服务业的效率本质上属于人力资本和知识过程范畴，不同于资本驱动的物质品生产供给规模化、标准化特征。第三，创新驱动经济增长的内生机制，在短期内无法建立起来，因此，在服务业替代工业的过程中，效率提升的补偿环节存在缺失。

结构性减速导致的问题，很可能因为过高的储蓄水平而进一步强化。正如前文分析的那样，在实体部门不能有效吸收储蓄即通过投资驱动转化为增长效率的情况下，过多的储蓄不得不在房地产市场、资本市场和其他方面寻找出口，结果将是一些众所周知的现象：炒作和资产价格膨胀。一旦经济增长降低到 6% 以下，低水平的增长速度将会进一步把储蓄推向泡沫层面，这就是所谓城镇化时代的"隐性通货膨胀"问题，即使工业化价格是下降的，但是，这种实体部门的价格下降与服务业部门的资产价格膨胀不相关。

正如前文所述，过低的增长速度下，过高的储蓄通过资产价格（或被炒作的其他物品价格）进行耗散，这不是主观储蓄意愿所能掌控的局

面。其结果往往是整个社会的负和博弈：不仅仅是资产在个体家庭之间的再分配，隐性通货膨胀将进一步打击实体经济，抑制真实效率的提高，迫使经济进入不良循环。

（二）不利的结构性条件：储蓄向资产的转换渠道狭窄：隐性通货膨胀问题的再讨论

实际上，一些不利的结构性条件，也会加剧中国的储蓄耗散。（1）与日本和韩国等不同的是，中国经济是在中等收入水平上发生的结构性减速。这种情况的不利之处在于效率的双重损失：一是本来可用于投资的储蓄，却因为实体经济的萎缩而无法吸收，无法用于真实效率的形成；二是对于广大家庭和消费者而言，房地产价格膨胀不仅抑制了当期消费，而且削弱了未来投资的可能性，这些投资可能性本来可以用于人力资本积累或者企业效率改进。（2）与中国较低人均收入水平相联系的是国家或商业介入——并因此平滑风险的机会——受到局限。无论是老牌发达国家（特别是西欧诸强），还是大规模工业化结束之后的日本、韩国，均凭借其高收入水平，通过收入、消费税收的征收，把潜在储蓄向公共支出转化，这实际上是一种风险平滑。（3）老龄化、风险平滑与经济效率。中国大规模工业化超高速时期，正值人口红利窗口开启的时期，随着结构性减速的发生以及新常态的到来，中国快速老龄化时期也正好与社会福利建设的城镇化联在一起。一是这种老龄化趋势和福利社会建设，是发生在相对较低的人均收入水平，资产市场的价格风险本身不足以保证个人储蓄的持续增加和对未来风险的有效防范。二是目前虽然已经建立起基本的社会保障网络，但是，如何在经济效率和公共支出之间建立起良性循环，进而形成相互促进以追赶发达水平，仍然有许多问题有待观察和深入讨论。（4）也许更为关键的是，在城镇化过程中，中国能否尽快建立起一个有效率的资本市场，以分散储蓄无效率耗散的风险。当然，根据发达国家的经验，消费者或家庭经由这个途径实现储蓄向投资的转化，同时也需要一个很好的经济环境——主要是企业的创新，以保证这部分投资的利润。

城镇化时期，结构性减速伴随着高成本城市化，已经是不争的事实。可以说，中国的大规模工业化以其强大的规模扩张效率，创造了整个高速增长过程中应对冲击的经济组织弹性，并使储蓄积累持续了40年。但是，根本不同于工业化时期低成本增长机制，服务业对工业化行业的替代,将会导致各种各样的隐性通货膨胀问题的发生,就像上文述及的那样。关键在于,受制于不利的结构性条件,在中国储蓄耗散无效率风险仍然存在的情况下,如何遏制潜在的财富分化风险以及收入分配格局的进一步固化甚至恶化,也是一个极为重要的问题。

(三) 制度建设与内部化问题

我们不是强调在新常态时期,中国的消费者和家庭如何去尽力保持高储蓄水平,根据前面的假设和分析,这几乎是不可能的事情。相反,我们强调如何建立一条让储蓄转换为有效率的未来投资的路径。总之,我们强调的是应该极力避免城镇化过程中的"脱实向虚",为的是避免经济增长过度向"资产循环"这个虚拟层面偏移。这也是现阶段大多数研究者明确意识到的问题。我们的意见大致上可以归纳为:改变大规模工业化阶段围绕资本积累和商品生产供给的发展方式,把人力资本积累和金融市场完善与稳定作为城镇化时期的主要立足点。第一,制度建设方面。以金融结构调整和资本市场完善为基础,促进"投资—创新—效率"循环形成,稳定未来市场预期。在城镇化过程中,消费者行为日趋积极主动,根据前文所述,拥有资产的家庭行为开始具有投资积极性,一个健全的金融体系尤其是资本市场的建设,有利于消费者对经济过程的参与,通过其投资行为对企业和创新形成激励。这是资产多样化下,储蓄向资产转换过程中的效率含义。第二,内部化问题。围绕人力资本积累和升级,健全社会保障体系和公共支出能力,实现经济发展成果向生活质量和未来发展的转化。换句话说,把发展成果体现在人的发展方面,这也是体现家庭储蓄向有效率路径转换的一个重要方面。

参考文献

[1] 宫崎勇:《日本经济政策亲历者实录》,中信出版社 2009 年版。
[2] 袁富华:《长期增长过程中的"结构性加速"与"结构性减速"》,《经济研究》2012 年第 3 期。
[3] 张平、张晓晶:《经济增长、结构调整的累积效应与资本形成》,《经济研究》2003 年第 8 期。
[4] 中国经济增长前沿课题组:《中国经济长期增长路径、效率与潜在增长水平》,《经济研究》2012 年第 11 期。
[5] Beck, U., *Society: Toward a New Modernity*, London: Sage, 1992.

[6] Dekle, R., *Understanding Japanese Savings: Does Population Aging Matter?*, London: Routledge, 2005.

[7] Galbraith, J. K., *The Affluent Society*, Boston: Houghton Mifflin Company, 1971.

[8] Hacking, I., *The Taming of Chance*, New York: Cambridge University Press, 1990.

[9] Horioka, C. Y., "The Flow of Household Founds in Japan", *Public Policy Review*, No. 4, 2008.

[10] Koga, M., "The Decline of Japan's Saving Rate and Demographic Effects", *The Japanese Economic Review*, Vol. 57, No. 2, 2006.

[11] Linder, P. H., *Growing Public*, New York: Cambridge University Press, 2004.

[12] Matter, *Routledge Curzon Studies in the Growth Economies of Asia*, Routledge.

[13] Movshuk, O., "Demographic Change and the Saving Rate of Japanese Households: The Aggregate Effect is Almost Nil", Department of Economics, University of Toyama, 3190 Gofuku, Toyama, 930 – 8555, Japan, November 7, 2012.

[14] Rostow, W. W., *The Stages of Economic Growth: A Non – Communist Manifesto*, New York: Cambridge University Press, 1960.

第二十一章 结构性减速、通货膨胀与资产价格综合管理*

中国经济在结构性减速过程中出现了通货膨胀率下降但资产价格上升的现象,这为保持宏观经济平稳增长带来了理论和政策的挑战。本章在一个世代交叠模型中考虑了资产价格和通货膨胀价格,分析了结构性减速条件下同时出现通货膨胀增长率下降和资产价格增长率上升的机制。研究认为,在资本回报率下降造成低利率的经济与政策环境下,资产价格可能孕育出符合理性预期、自我实现的偏离资产基础价值的资产价格上涨现象,这种现象被称为理性泡沫。这种理性泡沫由于符合个人理性原则,在其增长率保持在利率以下则能永续存在而不破灭。理性泡沫在低利率条件下产生,为居民提供了一种可行的跨期资本配置方案,因而在资本存在过度积累即动态无效率的条件下可以提升居民的福利。为了应对这种理性泡沫,我们需要根据经济综合状况调整财政政策和货币政策。当经济中因资本报酬边际递减导致利率降低而出现经济泡沫的时候,我们应当从理性泡沫的视角来审视这些泡沫,保持适度的利率政策,确保理性泡沫的增长率在适度的范围内,以避免泡沫破灭造成的经济危机。

一 引言

中国经济自加入世界贸易组织以来一直保持了较高的经济增长率,而差不多与此同时房地产市场也开始了快速的增长,因此经济增长与资产价格及其泡沫的关系问题就成为学术界和决策层高度关注的问题。

---

* 本章由陆明涛执笔。

2006—2008 年，中国经济前所未有地面临"高资产价格与高通货膨胀并存"的现象（虽然 2007 年、2008 年 CPI 年增长率也分别只有 4.75%、5.86%）。从经济政策的角度来看，价格稳定是经济政策目标的重要内容，但价格稳定并不能直接转换为消费者价格稳定或生产者价格稳定或 GDP 平减指数稳定，资产价格波动对经济平稳增长往往也有重要影响，资产价格上涨往往会带来经济增长的显著提高，而资产价格泡沫的破灭会带来经济增长的停滞（Martin and Ventura，2018）。因此，为了实现经济平稳增长，研究资产价格稳定应和研究通货膨胀同等重要。

资产价格的快速上升即为泡沫经济，是宏观经济与金融学的重要研究课题。宏观经济学中关注的是在完全理性框架下仍然可能产生泡沫经济，主要是在 OLG 模型中理性人将泡沫资产作为一种价值储存的资产，从而使理性泡沫产生和持续存在。Blanchard（1979）、Blanchard 和 Watson（1982）、Tirole（1985）等很早就对理性泡沫进行了深入分析，Salge（1997）给出了理性泡沫的全面分析框架，Martin 和 Ventura（2018）对最新文献进行了全面的梳理。

刘霞辉（2002）研究日本经济后发现，常规的通货膨胀指标并不能完全反映经济中的全部价格影响，日本在泡沫经济快速发展的时候其他经济价格变化也非常稳定，但最后资产价格泡沫带来了经济的崩溃。因此，考虑结构性价格变化，必须突破只介绍 CPI 而不谈资产价格。特别是在中国通货膨胀多年来趋于平稳的背景下，CPI 已经越来越不能起到反映价格的全面变化，特别是对于确保经济平稳增长的宏观政策而言远远不够了。

由于资产价格往往被视为金融领域的问题，因而宏观经济管理当局是否应当干预资产定价并未达成一致意见。陈仪和张鹏飞（2017）就货币当局是否需要对资产价格的波动做出反应，对近 20 年特别是国际金融危机后的国外文献进行了梳理。

中国经济增长前沿课题组（2012，2014），陆明涛、袁富华和张平（2016）等提出的中国经济将经历结构性减速的论断已被经济学术界广泛接受。在结构性减速的背景下，许多经济变量都发生了根本性的变化，通货膨胀与资产价格变迁将如何演变？中国经济减速将蕴含什么样的长期风险？经济减速是否会造成资产泡沫并引发其他风险？如何应对这种可能的风险？本章将在结合前人研究的基础上，在一个世代交叠模型的基础上探讨经济减速条件下的通货膨胀和资产价格的综合管理。

二 典型化事实

（一）中国结构性减速同时伴随着通货膨胀下行和资产价格上行

中国经济近年来出现的结构性减速，造成资本边际产出逐渐下降，经济潜在产出水平逐年下滑。我们收集了中国近年来经济增长率、资本边际产出、一年期存款利率、全国平均房价增长率、全国 CPI 变化率等若干指标，放入图 21-1 进行比较。从图中可以看出，随着经济增长率的下滑，资本边际产出下行趋势非常明显。自 2000 年以来，利率迅速下降，且在 2008 年后进一步下降，这一过程中伴随着房价的快速上升。与此同时，CPI 保持着较为稳定的态势。

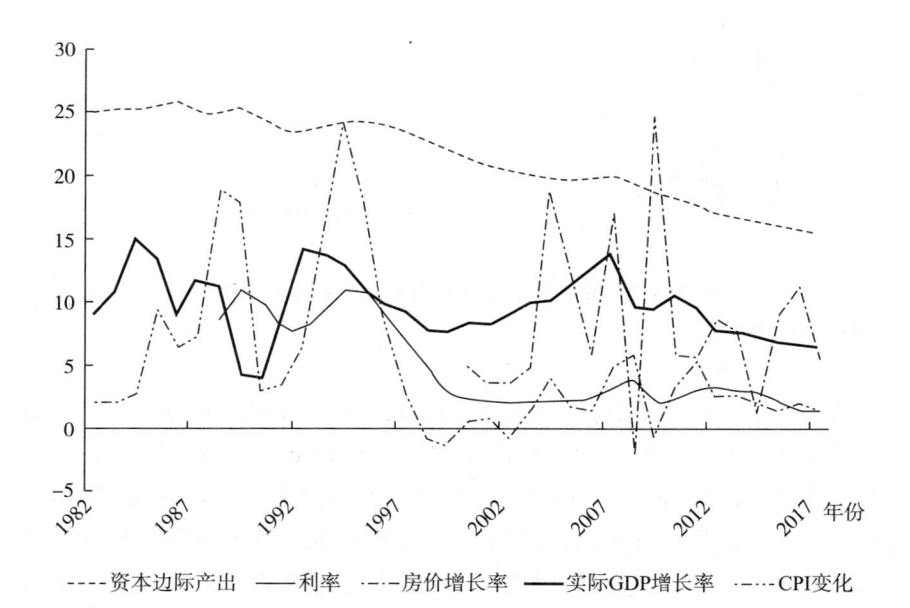

图 21-1 中国通货膨胀与资产价格比较

资料来源：利率为根据一年期存款日利率进行平均计算；房价增长率根据全国数据计算；实际 GDP 增长率为国家统计局数据；CPI 变化根据月度数据计算；资本边际产出根据陆明涛、袁富华和张平（2016）计算。

(二) 消费者价格指数与资产价格存在反向关系

日本的泡沫经济膨胀和破灭过程中,都没有发现通货膨胀发生太大变化(刘霞辉,2002)。为了进一步理解资产价格与通货膨胀的关系,我们从 WDI 中获取了世界各国 CPI 与股市资本化率(市值)占 GDP 比重。我们计算出各国资本化率年增长率,把超过 100% 以上的国家和地区的资本化率和当年的 CPI 变化率放入一个散点图(见图 21-2)中。为了更精准地理解,在比较时我们剔除了一些非常不发达国家(如非洲国家)和部分资本化率在 5% 以内但变化率非常高的国家,剔除这些国家是因为这些国家在资本市场建设的早期会有较大波动,但是,这种波动和建成资本市场以后的资产价格波动是迥然不同的情景。

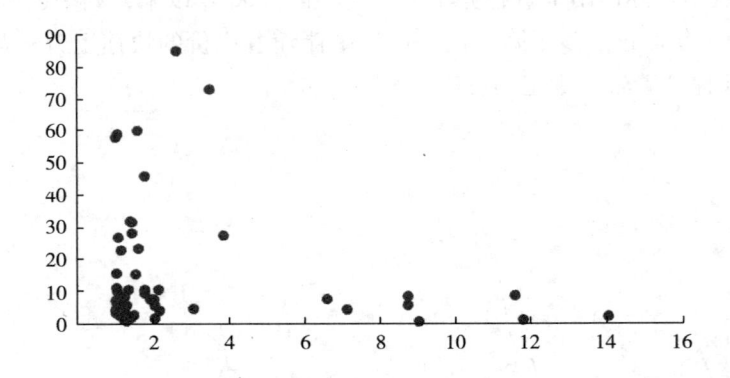

图 21-2 股市资本化比率增长率与 CPI 散点图

资料来源:WDI。

图 21-2 表明,股市资本化比率的增长率与 CPI 的变化率呈现出类似于此消彼长的关系,虽然大多数国家都保持在较低的资本化率增长率和低 CPI 区间,较高资本化增长率的国家往往都会出现更低的资产价格。这一负相关的关系为日本泡沫经济、中国台湾泡沫经济和中国经济中的泡沫提供了一个颇有深意的注脚。资产价格与通货膨胀之间的关系值得我们深入理解。

(三) 真实利率下行与泡沫经济如影随形

我们进一步从 WDI 中提取出各国的真实利率,可以看出各国利率有较为突出的高度波动的特征。我们主要关注若干个国家出现众所周知的泡沫经济时的状况(见图 21-3)。可以看出,中国经济在数据样本期间的（2005—2006年）股市出现较大泡沫的时候，真实利率都跌到0以下。日本的泡沫经济也是源自其低利率政策带来的严重后果。美国的次贷危机也是因为低利率造成的次级贷款ABS飞速膨胀，最后在利率提高后泡沫破灭。从这些案例中我们可以看到，资产泡沫的产生往往都和利率下行有关。

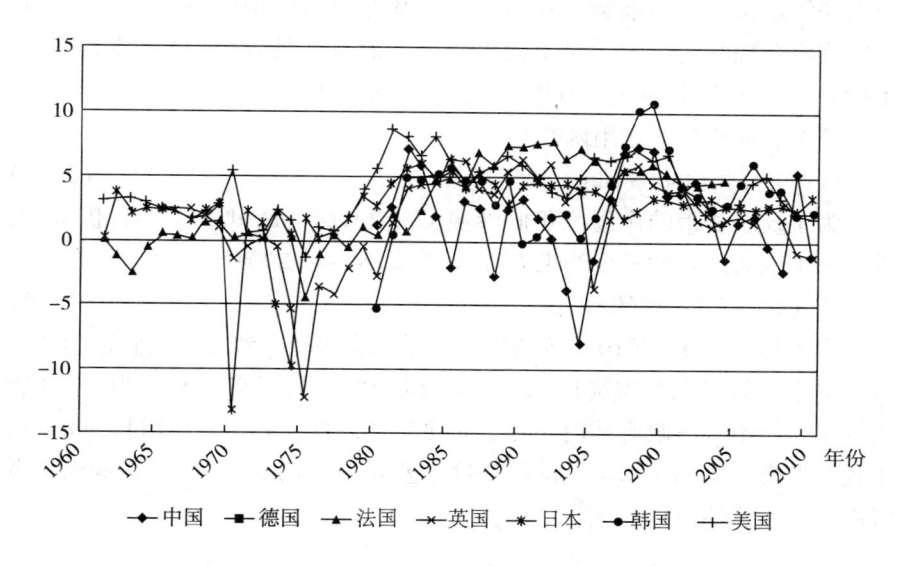

图21-3 中国与多个国家的真实利率比较

资料来源：世界银行WDI（2018）。

三 理论模型

我们将在一个世代交叠（OLG）模型下探讨经济增长结构变迁中的通货膨胀和资产价格。之所以选择在OLG模型中分析，是因为OLG模型才能反映人们的有限寿命，从而更有助于我们理解经济中的一些短期经济现象。就本章研究目的而言，OLG模型才能够揭示泡沫经济的存在性。在拉姆齐模型框架中，经济人将永续存活，为了保证模型有解而把泡沫存在的条件给排除了。

（一）模型设置

1. 消费者

与各种世代交叠模型［如戴蒙德（Diamond, 1965）模型］一样，我们假定消费者只存活两期,第一期工作以赚取工资,然后将工资收入用来支持自己的消费,并将消费后余额用于投资生产性资本 K、货币 M 和非生产性资产 B;第二期退休不工作,所有收入都取决于第一期资本回报、货币和非生产性资产的回报。同时,要把结构变迁、通货膨胀一起放入经济增长的模型框架,我们假定家庭部门的效用函数由消费水平和真实货币余额共同决定。对于代表性个人而言,其效用应与实际人均货币持有量 $m_t = M_t/P_t$ 有关,其中, P 为平均价格水平。

消费者面临如下效用函数[①]:

$$u(c_t^Y, c_t^O) = \ln c_t^Y + \beta \ln c_{t+1}^O \tag{21.1}$$

为了反映货币的作用,我们参照 CIA(Cash in Advance)分析范式,设立一个购买消费的现金约束方程(McCandless,2008)。

$$P_t(C_t^Y + C_t^O) \leq M_t \tag{21.2}$$

为了与 Walsh(2010)等货币经济学研究保持一致,我们假定消费者持有货币(假定没有收益)、唯一的金融资产债券(名义利率为 i)和物质资本,但不考虑政府部门。为了简便起见,我们假定人口增长为 0。由于我们考虑了不同时间不同部门的价格差异,则 t 期进入经济中的消费者所面临的预算约束应写成:

$$c_t^Y = w_t - K_{t+1} - \frac{B_{t+1}}{Q_t} - \frac{M_{t+1}}{P_t} \tag{21.3}$$

$$c_{t+1}^O = (1 + r_{t+1})K_{t+1} + \frac{(1+i)B_{t+1}}{Q_{t+1}} + \frac{+M_{t+1}}{P_{t+1}} \tag{21.4}$$

上式表明,t 期进入经济汇总的消费者会用自己的工资来支持第一期的消费和进行追加投资,同时他还需要向当期的老年人购买全部的实体资产、金融资产和货币(因为老年人会全部退出经济)。第二期则会得到实体经济的回报、金融资产的回报和货币。

假定金融资产数量各期维持不变,只有实体经济资本会折旧,两期资产之间还存在如下转换关系:

$$K_{t+1} = (1 - \delta)K_t + I_t \tag{21.5}$$

2. 企业行为

我们将生产函数写成:

---

① 我们用 y 表示青年时期(young),o 表示老年时期(old)。由于 OLG 模型中存在物理时间 t 和生存世代 y/o 两个时间变量,因此,我们将世代变量写成上标,物理时间写成下标。

$$Y_t = AK_t^{\alpha_t} \cdot L_t^{1-\alpha_t} \tag{21.6}$$

每个产业产品价值的分配方式为：

$$P_t Y_t = w_t L_t + r_t K_t \tag{21.7}$$

（二）模型求解

求解由目标函数式（21.1）、约束条件式（21.2）至式（21.4）的最大化问题，运用拉格朗日算子求解 K、M、B 的一阶条件，可得：

$$\frac{P_{t+1}}{P_t} = \frac{C_t^Y}{C_{t+1}^O} = \frac{1}{\beta(1+r_{t+1})} \tag{21.8}$$

$$\frac{Q_{t+1}}{Q_t} = \frac{1+i}{1+r_{t+1}} \tag{21.9}$$

式（21.8）即欧拉条件，表示居民在不同时期的消费替代关系，以及不同期产品价格与实际利率之间的关系。式（21.9）则给出了实体经济回报率、金融证券回报率和价格水平之间的关系。式（21.8）和式（21.9）提供了资产价格和一般产品价格变化的重要启示，那就是产品价格和资产价格往往会存在价格的背离，这为我们后续分析通货膨胀和资产价格提供了一个分析框架。

四 资产价格泡沫的产生与发展

（一）资产价格的理性泡沫产生

参照 Salge（1997）的定义，理性泡沫是符合理性预期假设、具有自我实现特征的对于基础价值的偏离。陆明涛（2009）认为，满足理性预期、自我实现和偏离基础价值三个条件的价值变化就可以定义为理性泡沫。这一广义的定义，就可以将汇率泡沫、通货膨胀泡沫等包含在内，同时，列举泡沫现象的三个必要条件，使用定义来判断泡沫的存在性成为可能，可以通过判断某一经济现象是否符合这三个条件来检验该现象是否是理性泡沫。

在这一模型中，我们一直假定金融资产只能产生固定数量的回报，且我们假定这种金融资产的数量没有变化，将这一金融资产的数量单位化为 1，则有：

$$Q_t = E_t\left(\frac{Q_{t+1}}{1+r_{t+1}}\right) + \frac{i}{1+r_{t+1}} \tag{21.10}$$

上式表明，资产在 t 期的价格应相当于在 t+1 期的价格折现到 t 期的预期值，加上 t 期的收入。

布兰查和费希尔（Blanchard and Fischer，1989）提出，任意可写成形如下式的随机差分方程的经济系统就可以认为出现了理性泡沫：

$$y_t = \alpha E[y_{t+1} | I_t] + x_t \tag{21.11}$$

若我们将经济中 t 期以后的利率求出几何平均数，将利率设定为常数 r，则式（21.10）完全符合上述要求。根据求解判定条件，式（21.10）是一个稳定的差分方程，则方程存在非零正泡沫解。由于下一期资产价格 Q 的系数 <1，可采用前向解法，其解为：

$$Q_t^* = \sum_{i=1}^{\infty} \alpha^i E[x_{t+i} | I_t] = \frac{i}{r} \tag{21.12}$$

Salge（1997）也给出了随机差分方程式（21.11）前向解存在的三个条件：

（1）与权重的减少相比，外生随机过程 $\{x_t, t \in T\}$ 不会过快地增长或收缩（取决于 x_t 的符号）；

（2）$|\alpha| < 1$；

（3）$\lim_{t \to \infty} y_t < \infty$。这一条件也被称为横截条件。

本章所包含的理论模型完全符合上述所有条件。横截条件表明，在遥远的无穷期，资产价格不能永远趋向无穷大，这就使资产价格的理性泡沫有别于疯狂上涨的非理性泡沫。

由于差分方程式（21.10）是一个线性非齐次方程，因此，它的解应该包括它对应的线性齐次方程的通解和一个使该线性非齐次方程成立的特解两部分。特解已经由式（21.12）所解出，而差分方程式（21.10）所对应的线性齐次方程为：

$$Q_t = \frac{1}{1+r} Q_{t+1} \tag{21.13}$$

其通解为：

$$Q_t = (1+r)^t Q_0 \tag{21.14}$$

这样，我们就解出了差分方程式（21.10）的解，即：

$$Q_t = \frac{i}{r} + (1+r)^t Q_0 \tag{21.15}$$

当引入随机过程，差分方程式（21.11）变成随机差分方程。由于这

第二十一章 结构性减速、通货膨胀与资产价格综合管理

两个方程的特解相同，只要分析对应的线性齐次差分方程的解，我们可以把该解改写为包含鞅的形式，得到一个包含鞅的解：

$$Q_t = \sum_{i=1}^{\infty} \frac{1}{(1+r)^i} E_t[i_{t+i} | I_t] + (1+r)^t M_t \tag{21.16}$$

式中，M_t 为一个鞅，满足下式：

$$M_t = \frac{1}{(1+r)^t} b_t \tag{21.17}$$

这个鞅过程意味着泡沫的运动过程如下：

$$b_t = \frac{1}{1+r} E_t b_{t+1} \tag{21.18}$$

实际上，鞅过程就是随机差分方程的通解，泡沫运动方程则为泡沫所应服从的鞅过程。由于随机差分方程唯一决定了鞅过程和泡沫运动方程的形式，因此，只要能得到一个随机差分方程，就能够推导出鞅过程和泡沫运动方程。虽然上面的推导是基于资产泡沫进行的，但根据前述的理性泡沫的正式定义，不难证明上述随机差分方程具备上文所说的资产泡沫的三个要素，从而可以将上述分析扩展到其他研究中去。

在式（21.11）中，由于资产 Q 在 t+1 期的价格无法事先知道，因此，在对于 Q 在 t+1 期预期价格的处理，采用了理性预期方法，使其等于在 t 期所能获得的信息集的条件数学期望，从而使式（21.16）形式简单，易于计算，且符合经济学有关理性人的假设。这样，整个理性泡沫的分析就包含在理性预期的框架内了。

同时，式（21.16）表明，本期资产价格与下期资产预期价格相关，那么只要预期下期资产价格会上涨，则由于有套利的存在，本期资产价格一定也会上涨，从而形成对于下期资产价格的预期成为现实，显示出其自我实现的特征。

对于基础价值的偏离则由式（21.16）给出。式（21.16）关于本期资产价格的解分为两个部分，第一部分是用现金流法得到的资产价格的标准解，这个解是不含泡沫的资产定价方程，由于这是由资产定价理论给出，并且由于每期红利与利率可看成为外生变量，在给定每期红利与利率后，资产的价值可以唯一确定，符合上述基础价值的定义，这个解就唯一地确定了基础价值。与此相对照，由于资产泡沫只需要满足式（21.17），而满足式（21.17）的随机过程的实现有无限多个，泡沫可能

路径也有无限多种，这就是泡沫与基础价值模型决定上的区别。因此，泡沫体现的是对于基础价值的随机但持续的价值偏离。

综上所述，理性泡沫从概念上应符合理性预期、自我实现和价值偏离三个条件，这三个条件都在泡沫推导的随机差分方程、鞅过程、泡沫运动方程中得到体现。本章所探讨的资产价格泡沫满足这些条件，可以视为一种理性泡沫。

（二）理性泡沫的存在条件

Tirole（1985）指出，理性泡沫的存在是建立在经济处于动态无效条件的基础上的，没有这个条件，理性泡沫就不会存在。经济动态无效，意味着经济中出现了资本的过度积累，这里的过度是相对于资本存量的黄金法则而言的。对于人口增长率为 n，技术进步率为 μ，资本折旧率为 δ 的索洛经济，资本积累的黄金法则要求下式成立：

$$f'(k^*) = n + \mu + n\mu + \delta \tag{21.19}$$

式中，k^* 表示黄金法则下的人均资本存量，$f(\cdot)$ 表示以人均形式表示的生产函数。式（21.19）表明，当人均经济增长率与人口增长率、技术进步率和资产折旧率相等时，经济就处于最优增长路径上，人均资本存量为 k^*。Phelps（1961）证明，此时每期成员都实现了消费最大化（从而效用最大化）。如果经济处于另一条路径，当人均资本存量超过黄金法则水平时，经济中存在着帕累托改进，每个人都可以通过减少资本积累来增加消费，从而达到效用最大化，这种状况称为经济的动态无效。

Tirole（1985）、史永东和杜两省（2001）等对于世代交叠模型中的黄金法则给出了证明。根据模型设定，可以得出，t 期的净资本积累为 t 期总产出减去消费，即：

$$(1+n)k_{t+1} - k_t = f(k_t) - (1+n)^{-1}c_{2t} - c_{1t} \tag{21.20}$$

当经济处于稳定时，人均资本积累水平不变，即 $k_t = k_{t+1}$，这样，利率 r 也就固定下来，同时，记 $c_t = (1+n)^{-1}c_{2t} + c_{1t}$。这样，有：

$$c_t = f(k) - nk \tag{21.21}$$

根据消费者效用最大化要求，需要求解消费最大化时的资本存量水平，对上式求导，就可得到该最大化问题的解，有：

$$f'(k) = n \tag{21.22}$$

在世代交叠模型中，市场经济的竞争性均衡状态有可能发生资本的过度积累。刘宪（2004）举例证明，当 $f(k) = Ak^\alpha$ 和 $u(c) = \ln c$ 时，均衡时有：

$$f'(k^*) = r^* = \frac{\alpha(2+\theta)(1+n)}{1-\alpha} \qquad (21.23)$$

由上式可知，在均衡时，资本的边际产量并不必然等于黄金律水平，不同的参数取值既可能导致 $r^* > n$，又可能导致 $r^* < n$。当均衡时，如有 $r^* < n$，即资本边际产出高于经济增长率，经济中出现了资本的过度积累，资本存量水平超过了黄金法则要求的水平，消费者就可以通过减少储蓄、增加消费来提高自己的福利水平，这种状态就称为经济动态无效状态。

布兰查和费希尔（1989）指出，只有经济处于动态无效，理性泡沫才能存在。如果经济中利率高于经济增长率，则按照利率增长的泡沫出现，势必减少资本积累从而进一步提高利率。并且由于泡沫增长速度超过经济增长率（人口增长），泡沫将在一段时间后超过年轻人的收入，而这将是不可持续的，这就证明了不存在利率小于人口增长率时人均泡沫将不断增长的情形。

当戴蒙德经济处于经济无效时，经济中则有出现泡沫的可能，即从动态来看，存在一条泡沫为正的稳定路径。结合前面的模型，式（21.23）已经表明，利率大于人口增长率，人均泡沫逐渐收敛至零，理性泡沫将在经济中消失，因此，存在正泡沫的稳定路径要求利率与人口增长率相等。由于利率与经济增长率 n 相等，泡沫也随着经济增长而增长，这样，从经济总体来看，泡沫的规模相对于经济而言没有发生变化，从而不会出现泡沫过大以至于经济无法容纳的现象。这就是理性泡沫存在的必要条件。

（三）资产价格泡沫的生成机制

只要满足持有泡沫的回报率等于其他资产的回报率，泡沫就能在经济中得以存在。这说明理性泡沫的存在是以对泡沫的未来预期为前提的，也就是说，泡沫必须在有与其他资本相同的回报率的基础上才能出现。根据这一假定，当泡沫在经济中产生，只要消费者预期未来能够以其他资本的回报率一样从泡沫资本中获取回报，那么消费者持有泡沫资产就是合乎理性预期假设的。

从代表性消费者的角度来分析，如果除了储蓄，还有另外一种资产，称为泡沫资产，预期能提供比储蓄更高的回报率，则理性的消费者应该将所有的资本投入这种泡沫资产中，以便在下一期获取更高的回报以提高自己的下期消费，最大化自己的效用。只要这种泡沫资产的预期收益率高于储蓄回报率即利率，就应该进行投资。这样，由预期引发、由资产回报率决定的需求，将泡沫资本投资量不断往上拉动，形成了一种需求拉动的泡沫，泡沫资产值只有当其回报率与储蓄相等的时候才停止增长，保持稳定。从这方面来看，戴蒙德经济泡沫也有着与局部均衡中资产泡沫相似的性质。

另外，由于本章经济的一般均衡性质决定了该理性泡沫表现了与局部均衡泡沫的不同特征。在局部均衡的条件下，个人往往无须考虑除消费之外的其他部门状况，从而使经济中容易出现非理性泡沫，而这种非理性泡沫在学术上并不存在太大的研究价值。在政策层面，若直接假定消费者为非理性，则只能得出用政府干预经济的结论。然而，事实上，现代经济研究结果表明，消费者都至少是渐进理性的，将消费者购买房地产等行为归结为非理性无助于对问题的深入理解和采用恰当政策解决问题。

因此，本章所构建的经济中的理性泡沫与局部均衡泡沫的产生机制相似，都是高收益预期 – > 投资需求 – > 扩大投资 – > 产生泡沫，但与局部均衡泡沫扩大投资规模不同，这种理性泡沫降低了资本的积累水平，可以称其为一种压缩基础价值的需求拉动型泡沫。

（四）随机理性泡沫

在理性泡沫的一般均衡分析中，一般都没有讨论泡沫的破灭。如在戴蒙德经济中的理性泡沫，只要经济处于动态无效率的状态下该泡沫增长的速度与经济增长率相等，该泡沫就能持续存在，不会破灭。然而，永续存在的泡沫似乎与直觉不符，需要引入能够破灭的泡沫。另外，理性泡沫理论的发展，使局部均衡分析中的泡沫破灭研究不断出现，可以将局部均衡分析中的泡沫破灭机制引入戴蒙德经济，使戴蒙德经济中的泡沫更贴近现实，为进一步的实证研究打下基础。

永续存在的泡沫主要是确定性泡沫和持续再生泡沫。确定性泡沫是理性泡沫研究最早提出的形式，由布兰查（1979）与布兰查和沃森（1982）提出，在布兰查和费希尔（1989）中被称为"不断增长的泡沫"。对于式（21.10）对应的资产定价模型而言，确定性泡沫可以表示为：

$$b_t = (1+r)^t b_0 \qquad (21.24)$$

持续再生泡沫则为泡沫加上一个随机项，使泡沫也有随机波动的性质。对应于式（21.24）的确定性泡沫，相应的持续再生泡沫为：
$$b_{t+1} = (1+r)b_t + \mu_{t+1} \tag{21.25}$$

虽然持续再生泡沫相对确定性泡沫而言更符合实际，但这两种泡沫都因为其一旦产生就永远不会破灭而与现实相去甚远。因此，布兰查和沃森（1982）提出了随机破灭泡沫，布兰查和费希尔（1989）称其为爆炸性泡沫。对于资产定价模型而言，这种泡沫可以表示为：

$$b_{t+1} = \frac{(1+r_{t+1})b_t}{\pi} - \frac{1-\pi}{\pi}\mu_{t+1}, \text{以概率}\pi = \mu_{t+1}, \text{以概率} 1-\pi \tag{21.26}$$

上式表明，随机破灭型泡沫以 π 的概率增长，以 $1-\pi$ 的概率破灭。由于有破灭的危险，所以，这种泡沫在未破灭时比式（21.25）表示的持续再生泡沫要增长得更为迅速，通过更快速增长来补贴其破灭对于投资者的损失。这种泡沫比前述泡沫更能反映经济现实，但很明显，这种泡沫只有两种状态，要么继续膨胀，要么完全破灭，这一性质使其无法解释现实中泡沫有可能部分破灭的情形。再者，泡沫一旦破灭，就不可能再出现，这与经济中破灭、膨胀不断反复的现实不符。这两个问题分别被范·诺登（Van Norden，1996）所提出的不完全破灭泡沫和埃文斯（Evans，1991）提出的周期性破灭泡沫所克服。

范·诺登（1996）假设泡沫在破灭时有可能部分破灭，且泡沫继续增长的概率随着泡沫的增长而下降。范·诺登将泡沫继续增长的概率定义为：

$$q_t = q(b_t), \text{且} \frac{\mathrm{d}q(b_t)}{\mathrm{d}|b_t|} < 0 \tag{21.27}$$

因此，范·诺登资产定价泡沫可以表示为：

$$E_t b_{t+1} = \frac{(1+r)b_t}{q_t} - \frac{(1-q_t)u(b_t)}{q_t}, \text{以概率} q_t$$
$$E_t b_{t+1} = u(b_t), \text{以概率} 1-q_t \tag{21.28}$$

其中，$u(\cdot)$ 为连续、处处可导函数，且有 $u(0)=0$，$\frac{\mathrm{d}u(b_t)}{\mathrm{d}b_t} \geq 0$。可以看出，由于对于 $u(\cdot)$ 不再是白噪声，从而该泡沫在破灭的时候不需要为 0，即存在不完全破灭的可能。同时，泡沫破灭的概率成为内生条件，从而使该泡沫更具有现实性。

埃文斯的周期性破灭泡沫，对于资产定价模型而言，这种泡沫可以表示为：

$$b_{t+1} = (1+r)b_t u_{t+1}, \text{ 当 } b_t \leq \alpha \text{ 时}$$

$$b_{t+1} = \{\delta + \pi^{-1}(1+r)\theta_{t+1}[b_t - (1+r) - 1\delta]\}u_{t+1}, \text{ 当 } b_t > \alpha \text{ 时}$$

(21.29)

式中，δ 和 α 都是正参数，并有 $0 < \delta < (1+r)\alpha$，u_{t+1} 服从外生的独立同分布的对数正态分布，其均值为1。θ 以概率 π 取1，以概率 $1-\pi$ 取0。这样，这种泡沫在未达到临界值 α 之前不断增长，在达到 α 之后则以概率 π 部分破灭，这就使周期性泡沫能够更加贴近现实。然而，从式（21.29）可以看出，这种泡沫由于过于复杂，从而使其应用价值大打折扣。

由上述分析可知，具有破灭性质的泡沫只是在保证原有泡沫的随机差分方程和泡沫的鞅过程成立的前提下，对于泡沫的运动过程进行修正，以符合经济现实。结合上述局部均衡中资产定价泡沫的破灭机制，有必要在戴蒙德模型中导入具有破灭机制的理性泡沫。为便于分析，在本章理性泡沫模型中引入 Van Norden 泡沫。同样，也保持随机差分方程式（21.16）与泡沫的鞅过程继续成立，同时，使泡沫的运动方程式（21.17）变为：

$$E_t b_{t+1} = \frac{(1+r_t)b_t}{(1+n)q_t} - \frac{(1-q_t)u(b_t)}{q_t}, \text{ 以概率 } q_t$$

$$E_t b_{t+1} = u(b_t), \text{ 以概率 } 1 - q_t$$

(21.30)

其中，$u(\cdot)$ 仍为连续、处处可导函数，且有 $u(0) = 0$，$\dfrac{du(b_t)}{db_t} \geq 0$。

容易看出，若泡沫遵循上式所代表的运动方程，则这种泡沫的均值仍然服从式（21.18）所代表的运动过程，即式（21.18）与式（21.30）服从同样的鞅过程。根据这一设定，经济中出现了不完全破灭的理性泡沫，同时这个泡沫破灭的概率与泡沫的规模相关，泡沫破灭的概率成为内生条件，从而使该泡沫更具有现实性。

（五）理性泡沫的产生及其对经济的影响

将随机泡沫引入本章研究中，也使理性预期下一般均衡框架内泡沫的产生与破灭机制更易于解释。对于经济而言，只要理性泡沫的运动过程满足式（21.17）表示的鞅过程，就能在该经济中持续存在。为简便起见，回到布兰查和沃森（1982）的随机破灭泡沫。令泡沫在t期存活的状态记为 S_t，将泡沫在t期破灭的状态记为 V_t，则戴蒙德经济中随机破灭型泡沫可写为：

第二十一章　结构性减速、通货膨胀与资产价格综合管理

$$b_{t+1} \mid S_{t+1} = \frac{(1+r)}{(1+n)\pi} b_t，以概率 \pi$$

$$b_{t+1} \mid V_{t+1} = 0，以概率 1-\pi \tag{21.31}$$

由于随机过程可以有很多实现路径，可以假定这一鞅过程的一个实现满足下述条件，即该泡沫在 t-1 期以前都不存在，泡沫在 t 期产生，这样，就从一个无泡沫的经济进入一个含有泡沫的经济。根据上式所表示的泡沫运动方程，有：

t-1 期：$b_{t-1} = 0$

t 期：$b_t = \dfrac{1+r}{\pi(1-\pi)^{t-1}(1+n)} b_0$ \hfill (21.32)

这样就得到了经济从无泡沫到泡沫产生的一个机制。由于只选取了一条符合式（21.16）表示的鞅过程的理性泡沫的实现路径中的两个时间点，并不影响整个路径的分析，这样就成功地在经济中从无泡沫阶段引入了泡沫。

由于前文论证了无泡沫的 OLG 经济是动态无效率的。现在引入泡沫之后，消费者的跨期资产配置就比原有的实体资本、金融资本增加了更多且收益率更高的选择，从而无须将大量资本配置在受资本边际回报率递减的实体经济中，提高了居民的选择福利。根据模型设定，泡沫不能为负，并且均衡的资本存量是固定的，由于泡沫的出现，居民不需要进行那么多的储蓄以保证资本存量达到均衡状态，就能将减少的储蓄用于消费，从而提高自己的总体福利。对于整个经济而言，从资本存量与泡沫的运动方程可知，当资本存量与泡沫都处于稳态路径上，即 $k_t = k_{t+1}$，$b_t = b_{t+1} > 0$ 时，资本利率与人口增长率是一致的，这说明这种理性泡沫在保持资本存量不变的前提下降低了个人储蓄，提高了社会福利，并且在泡沫稳定路径上，泡沫的产生使经济回到了动态有效状态。

从价格水平来看，由于泡沫经济的存在，资本价格增长率可能超过因资本回报率下降而不断下降的商品价格增长率，特别是在经济结构性减速的条件下，由于资本边际收益的降低，在经济可能中产生出通货膨胀速度放缓、资产价格上升的现象。

（六）理性泡沫的破灭及其对经济的影响

由于永续存在的确定性泡沫不符合经济实际，且无法解释泡沫的突然产生，也无法解释泡沫的破灭。在生成机制的基础上，可以分析戴蒙

德经济中理性泡沫的破灭机制及其对经济的影响。

泡沫经济的存在，其主要机制是式（21.18）所代表的鞅过程。这一过程得以维系的主要原因是稳定的利率得以存在。如果利率并不是稳定的，那么式（21.18）就将变成：

$$Q_t = \sum_{j=1}^{\infty} \frac{1}{\prod_{j=1}^{\infty}(1+r_{t+j})} E_t[i_{t+j} | I_t] + (1+r)^t M_t \qquad (21.33)$$

由于政府通过货币政策设定名义利率，所以，当通货膨胀没有发生变化时，政府调高名义利率，将降低式（21.33）所得出的资产价格；当资产价格大幅降低时，理性泡沫就将迅速被击破，从而带来理性泡沫的破灭。

假定经济中的泡沫遵循式（21.15）所代表的随机过程，到 t-1 期为止，泡沫一直都存在，但在 t 期泡沫将破灭，则与生成机制相反，该随机过程一个实现路径的两个点上的状态分别为：

t-1 期：$b_{t-1} = \left[\frac{1+r}{\pi(1+n)}\right]^{t-1} b_0$

t 期：$b_t = 0$ $\qquad\qquad\qquad\qquad\qquad\qquad\qquad (21.34)$

根据模型假设，泡沫在 t 期破灭，使 t 期资本存量骤然下降，导致产出下降。根据产出分配原则，减少的产出由处在经济中的两代人分别承担，从而减少了两代人的收入，降低了他们的消费水平和福利水平。进一步说，由于产出减少，t 世代出生的居民用于积累的资金也相应减少，使经济偏离均衡路径。因此，对于经济而言，出现了可能破灭的泡沫，就意味着经济中所有成员福利又可能因泡沫的破灭而降低。虽然泡沫的产生带来了动态效率，但泡沫的破灭会造成破灭时期居民的福利降低，从而是具有相当成本的。

五　中国结构性减速条件下的通货膨胀与资产泡沫

（一）中国资产价格是否有理性泡沫

对于中国资产价格的理性泡沫有多种检验方法，如孟庆斌和荣晨（2017），高波、王辉龙和李伟军（2014）等各自建立理论模型进行检验。

我们认为，中国最重要的资产泡沫为房地产资产泡沫，因此，本章将把上述理论运用到房地产市场。我们将根据前述理论模型进行检验，即考虑式（21.15），将房价视为资产价格，将房租视为回报，若不存在泡沫且假定房租和利率都为常数的条件下，房价应等于租金除以利率。例如，若房租为每年 10 万，利率为 5%，则无泡沫的房价定价应为 200 万元。由于中国租房市场数据的可得性和质量问题，我们将在未来进行深入分析，但很容易看出，大多数住房都存在较为显著的泡沫。

（二）中国资产价格理性泡沫的存在条件

中国经济是否出现动态无效率，即中国是否出现了资本的过度积累，是学者探讨的重要问题。从大量的研究结果来看，中国经济近年来出现了资本回报率的下降，金融资金难以寻找到合适的投资项目，这些均表明经济中确实出现了理性泡沫。因此，在这样的背景下，理性泡沫通过给居民提供较高的回报率，为居民提供了较好的跨期资金配置方案。

（三）中国资产价格理性泡沫控制的政策思路

由上述分析可以看出，中国经济中资产价格理性泡沫的出现，主要是因为中国利率的降低，房地产稳定的租金流使房地产市场的资本回报率与实体经济的投资回报率逐渐接近，从而使房地产价格决定方程符合了理性泡沫的产生机制，从而在房地产中开始出现持续的、符合理性预期的、自我实现式的相对于基础价值的背离，生成了房地产市场的理性泡沫。

为了应对这种理性泡沫，我们需要根据经济综合状况，调整财政政策和货币政策。传统经济学理论认为，在经济遭遇困境的时候，可以通过低利率的货币政策来刺激需求；而在经济出现泡沫时，应当通过提高利率，收紧银根，减少经济中的投机现象。然而，我们的分析结果表明，低利率的经济将为理性泡沫的产生提供了极好的条件，而在泡沫形成后如果通过快速提高利率，只会造成泡沫迅速被挤破，给居民和经济带来迅速的冲击。根据本章的理性泡沫理论，当经济中因资本报酬边际递减导致利率降低而出现经济泡沫的时候，我们应当从理性泡沫的视角来审视这些泡沫，保持适度的利率政策，确保理性泡沫的增长率在适度的范围内，以避免泡沫破灭造成经济危机。

六 结语和启示

中国经济在结构性减速的过程中出现了通货膨胀率下降但资产价格上升的现象，这为保持宏观经济平稳增长带来了理论和政策的挑战。本章在一个世代交叠模型中考虑了资产价格和通货膨胀价格，分析了结构性减速条件下同时出现通货膨胀增长率下降和资产价格增长率上升的机制。

本章研究认为，在资本回报率下降造成低利率的经济与政策环境下，资产价格可能孕育出符合理性预期、自我实现的偏离资产基础价值的资产价格上涨现象，这种现象被称为理性泡沫。这种理性泡沫由于符合个人理性原则，在其增长率保持在利率以下则能永续存在而不破灭。理性泡沫在低利率条件下产生，为居民提供了一种可行的跨期资本配置的方案，因而在资本存在过度积累即动态无效率的条件下可以提升居民的福利。为了应对这种理性泡沫，我们需要根据经济综合状况，调整财政政策和货币政策。当经济中因资本报酬边际递减导致利率降低而出现经济泡沫的时候，我们应当从理性泡沫的视角来审视这些泡沫，保持适度的利率政策，确保理性泡沫的增长率在适度的范围内，以避免泡沫破灭造成经济危机。

参考文献

［1］陈仪、张鹏飞：《资产价格波动与货币政策之争》，《经济学动态》2017年第2期。

［2］高波、王辉龙、李伟军：《预期、投机与中国城市房价泡沫》，《金融研究》2014年第2期。

［3］刘霞辉：《资产价格波动与宏观经济稳定》，《经济研究》2002年第4期。

［4］刘宪：《中国经济中不存在资本的过度积累——兼与史永东、袁志刚商榷》，《财经研究》2004年第10期。

［5］陆明涛：《政府投资泡沫的一般均衡分析》，硕士学位论文，中南大学，2009年。

［6］陆明涛、袁富华、张平：《经济增长的结构性冲击与增长效率：国际比较的启示》，《世界经济》2016年第1期。

［7］孟庆斌、荣晨：《中国房地产价格泡沫研究——基于马氏域变模型的实证分析》，《金融研究》2017年第2期。

［8］史永东、杜两省：《资产定价泡沫对经济的影响》，《经济研究》2001年第10期。

［9］中国经济增长前沿课题组：《中国经济增长的低效率冲击与减速治理》，《经济研究》2014年第12期。

［10］中国经济增长前沿课题组：《中国经济长期增长路径、效率与潜在增长水平》，《经济研究》2012年第11期。

［11］Blanchard, Olivier Jean, "Speculative Bubbles, Crashes and Rational Expectations", *Economics Letters*, Vol.3, No.4, 2006.

［12］Blanchard, Olivier, Fischer, Stanley, *Lectures on Macroeconomics*, Cambridge, MA: The MIT Press, 1989.

［13］Blanchard, Olivier J. and Watson, Mark W., *Crises in the Economic and Financial Structure: Bubbles, Rational Expectations and Financial Markets*, Lexington, MA: D.C. Heathand Company, 1982.

［14］Diamond, Peter A., "National Debt in a Neoclassical Growth Model", *The American Economic Review*, Vol.55, No.5, 1965.

［15］Martin, Alberto and Ventura, Jaume, "The Macroeconomics of Rational Bubbles: A User's Guide", *Annual Review of Economics*, No.10, 2018, pp.505–539.

［16］McCandless, George T., *The ABCs of RBCs: An Introduction to Dynamic Macroeconomic Models*, Cambridge, MA: Harvard University Press, 2008.

［17］Phelps, Edmund, "The Golden Rule of Accumulation: A Fable for Growthmen", *The American Economic Review*, Vol.51, No.4, 1961.

［18］Salge, Matthias, *Rational Bubbles: Theoretical Basis, Economic Relevance, and Empirical Evidence with a Special Emphasis on the German Stock Market*, Berlin: Springer, 1997.

［19］Tirole, Jean, "Asset Bubbles and Overlapping Generations", *Econometrica*, Vol.53, No.6, 1985.

[20] Van Norden, Simon, "Regime Switching as a Test for Exchange Rate Bubbles", *Journal of Applied Econometrics*, Vol. 11, No. 3, 1996.

[21] Walsh, Carl E., *Monetary Theory and Policy* (3rd Edition), Cambridge, MA: The MIT Press, 2010.

第二十二章　异质性通货膨胀预期、现实通货膨胀形成与货币政策*

在各国中央银行货币政策的制定和实践中，通货膨胀预期都被视为核心关键变量，对其进行有效管理是现代宏观经济管理的重要任务，将有助于稳定物价水平。因此，理解和掌握经济主体的通货膨胀预期对于宏观经济运行状态的准确判断以及前瞻性货币政策的有效制定都至关重要。基于此，本章通过微观调查数据获取居民和专家这两组异质性经济主体的通货膨胀预期定量数据，并以此作为研究对象，一是通过考察专家和居民预期对现实通货膨胀的预测能力，以此分析不同经济主体预期对现实通货膨胀形成的动态影响机制；二是建立包含通货膨胀预期变量的数量型和价格型货币政策反应函数，考察居民和专家预期对货币政策的不同影响，为评价货币政策有效性提供实证依据。主要结论如下：(1) 专家预期和居民预期对现实通货膨胀都有显著的正向影响，这也证实了通货膨胀预期的自我实现能力。其中，专家预期对通货膨胀变动的影响更大。(2) 异质性通货膨胀预期对现实通货膨胀形成的动态影响存在显著差异，表现在作用力度、收敛速度方面。专家预期具有更强的即期效应，而居民预期具有更强的滞后效应，对通货膨胀的影响表现出"迟钝"和"持久"的特征。(3) 我国中央银行货币政策确实考虑了不同信息主体通货膨胀预期的信息，但对专家预期的反应要更强，对居民预期的反应则不足。另外，中央银行价格型货币政策工具对预期变量的反应也可能存在不足。(4) 货币政策中介指标滞后变量基本都在1%的显著性水平下显著，说明中央银行在货币政策制定和实践过程中，不但利用具有前瞻性的预期信息，而且也将历史信息考虑其中。同时，与货币供给增量相比，利率的平滑系数都相对较小，这也反映了我国近年来经济结构调整、经

---

* 本章由田新民执笔。

济增长与经济稳定等各种矛盾相互交织在一起，经济发展形势较为复杂，这也就增加了中央银行货币政策制定和实践的难度，迫使中央银行采用更为谨慎的利率调整方式以平抑经济波动。因此，我国中央银行货币政策应该同时包含并引导不同信息群体对通货膨胀的预期，以强化对通货膨胀预期的管理。

一 引言

通货膨胀预期会直接影响经济个体的消费行为、储蓄和投资决策，又通过宏观加总影响总需求和总供给，进而对未来一般物价水平变化趋势及货币政策传导效果产生影响。事实上，在各国中央银行货币政策的制定和实践中，通货膨胀预期都被视为核心关键变量，对其进行有效管理是现代宏观经济管理的重要任务，将有助于稳定物价水平。因此，理解和掌握经济主体的通货膨胀预期对于宏观经济运行状态的准确判断以及前瞻性货币政策的有效制定都至关重要。在当代宏观经济理论框架下，通货膨胀预期具有同样重要的地位。为了确保理论分析更贴合现实状况，现代主流宏观模型的设定和运用都引入预期因素。以货币政策反应函数为例，从1993年提出的泰勒规则，到发展至今的前瞻性泰勒规则，其将经济主体预期因素纳入模型中，足以体现对预期变量的重视日益加强。

学术界对通货膨胀预期的形成方式的研究主要围绕个体预期是理性预期还是适应性预期，两者存在明显的差别。理性预期假设经济主体具备完全理性的特征，能够对所获取的全部信息进行充分处理，并以此形成对未来经济趋势的无偏预期。而适应性预期则是以当前信息为依据，通过不断修正前期预测偏误来对预期进行适度调整。在现实生活中，经济个体的预期并非单一的、同质的，由于专业素养、认知能力、社会地位等因素的不同，对信息的获取和处理能力存在明显的差异，表现为经济个体预期的异质性。在构建含有微观个体的宏观模型时，对个体预期异质性的考虑非常必要。相较于普通居民，专家掌握的相关专业知识和信息获取能力更强，对通货膨胀的预测更吻合现实通货膨胀率。也就是说，专家对通货膨胀的预期更趋近于理性。与此同时，普通居民在经济体中占比较大，其决策和预测行为更可能对未来的物价走势造成影响。

许志伟等（2015）基于异质性新凯恩斯模型，发现我国经济主体的预期行为具有显著差异性，适应性预期所占比重达到80%左右，成为经济个体预期行为的主要特征。① 因此，本章将对居民预期和专家预期加以区分，以体现通货膨胀预期的异质性。

目前，对通货膨胀预期的实证研究涉及预期的测度、形成机制以及宏观效应等方面。在通货膨胀预期测度方面，由于我国缺乏可以直接获取的居民通货膨胀预期的数据，已有的文献一般根据中国人民银行公布的城镇居民调查问卷数据，并采用差额法和概率法将定性调查数据转化为定量数据（肖争艳等，2005）。② 孙毅等（2014）在大数据视角下，基于网络搜索行为，测度通货膨胀预期，并实证通货膨胀预期与现实通货膨胀之间存在长期稳定的协整关系。③ 在通货膨胀预期的形成机制方面，张蓓（2009）的研究表明，我国居民的通货膨胀预期会对现实通货膨胀产生影响，并存在较强的自我实现能力。④ 张成思等（2015）基于经典的流行病学模型进行实证分析，研究结果表明，居民和专家预期之间存在交互影响机制。⑤ 王益军等（2017）基于新凯恩斯菲利普斯曲线，对异质性通货膨胀预期与现实通货膨胀的动态关系进行实证研究，研究结果表明，不同经济主体的预期会对现实通货膨胀产生影响，并进一步证实居民预期和专家预期对现实通货膨胀的动态影响路径存在显著差异。⑥ 王少林（2017）利用时变参数模型，分析居民通货膨胀预期自我实现的异质性，以及中央银行对通货膨胀预期异质性应该做出何反应。⑦ 在通货膨胀预期的宏观效应方面，尽管我国当前货币政策实践更多地强调前瞻性的泰

---

① 许志伟、樊海潮、薛鹤翔：《公众预期、货币供给与通货膨胀动态——新凯恩斯框架下的异质性预期及其影响》，《经济学》（季刊）2015年第7期。
② 肖争艳、唐寿宁、石冬：《中国通货膨胀预期异质性研究》，《金融研究》2005年第9期。
③ 孙毅、吕本富、陈航等：《大数据视角的通货膨胀预期测度与应用研究》，《管理世界》2014年第4期。
④ 张蓓：《我国居民通货膨胀预期的性质及对通货膨胀的影响》，《金融研究》2009年第9期。
⑤ 张成思、党超：《异质性通货膨胀预期的信息粘性与信息更新频率》，《财贸经济》2015年第10期。
⑥ 王益军、宋长青、王紫瑜：《异质性通货膨胀预期对通货膨胀形成机制的动态影响——基于混合新凯恩斯菲利普斯曲线的实证分析》，《财经理论与实践》2017年第5期。
⑦ 王少林：《居民通货膨胀预期的偏差、异质性与政策干预》，《财贸研究》2017年第11期。

勒规则，但在将预期变量纳入前瞻性货币政策规则时，忽视了经济主体通货膨胀预期的异质性。与居民预期相比，专家预期更能影响货币政策（张成思等，2016）[①]，货币政策规则未能反映信息强势主体，即专家的预期可能是造成近年来中央银行货币政策效力差的重要原因（岳正坤等，2013）。[②]

如何对不同经济主体的通货膨胀预期进行干预和引导，并以此考察货币政策反应成为货币当局研究的重要课题。虽然已有的研究成果就中央银行通货膨胀预期管理进行探讨，但是，异质性通货膨胀预期究竟如何影响现实通货膨胀形成以及能在多大程度上对货币政策产生影响，无法从中央银行公开信息中得到确切结论。因此，为了更全面地把握异质性通货膨胀预期的动态特征，需要从包含预期变量的货币政策规则的实证研究中寻找答案。同时，本章通货膨胀预期的数据都来源于现实中微观调研数据，因此，能更真实、更准确地反映不同经济主体对未来物价水平的判断。

基于此，本章通过微观调查数据，获取居民和专家这两组异质性经济主体的通货膨胀预期定量数据，并以此作为研究对象，一是通过考察专家和居民预期对现实通货膨胀的预测能力，结合 GMM 与 VAR 两种估计方法，分析不同经济主体预期对现实通货膨胀形成的动态影响机制；二是建立包含预期变量的数量型和价格型货币政策反应函数，考察居民和专家预期对货币政策的不同影响，为评价货币政策有效性提供实证依据。

二　异质性预期与现实通货膨胀的动态关系

（一）预期数据说明

基于被调查者的不同，微观调研数据一般分为居民预期和专家预期，用以体现在专业知识、信息获取及预测能力存在显著差异的两组群体的通货膨胀预期。我国没有可以直接获取的居民预期数据，需要依据中国人民银行公布的城镇居民调查问卷数据转化得到，代表居民的适应性通货膨胀预期。专家预期则由《证券市场周刊》中"远见杯"各机构预测

[①] 张成思、党超：《谁的通货膨胀预期影响了货币政策》，《金融研究》2016 年第 10 期。
[②] 岳正坤、石璋铭：《预期异质性、泰勒规则与货币政策有效性》，《财贸经济》2013 年第 3 期。

所提供，用以衡量理性通货膨胀预期。很显然，这两组异质性群体的预期数据都源于现实中实时调查问卷中数据的汇总，因而更能直接、准确地反映经济主体对未来一般物价水平的预测和判断。

对于居民预期，本章利用中国人民银行公布的城镇居民调查问卷数据，并采用C—P概率法将定性调查数据转化为定量数据。这种方法有两个假定：一是被调查者的通货膨胀预期服从一定的概率分布（本章假定服从正态分布）；二是被调查者对未来物价水平的判断存在一个以0为中心的"敏感性"区间，当预期通货膨胀率落在这一区间内时，被调查者认为，未来物价水平"基本不变"；当落在这一区间左右两侧时，则被调查者相应认为，未来物价水平"下降"和"上升"。进一步假定"敏感性"区间的边界不随时间而改变。同时，长期来看，假定居民在对未来物价水平进行预测时不会出现系统性错误，以此保证样本期间内，预期通货膨胀率和现实通货膨胀率的均值相等。这样，将调查问卷中预期物价"下降"和"上升"的居民人数占比作为概率，并根据正态分布的逆函数求得居民预期通货膨胀率。

通常居民依赖于公共媒体获取宏观经济的数据信息，而我国公共媒体侧重于同比数据报道，因此，被调查的居民在对物价进行预测时更倾向于参考同比数据。基于此，本章在数据转化过程中所使用的现实通货膨胀率是同比数据而非环比数据。现实通货膨胀率是由国家统计局公布的月度同比CPI数据，通过计算算术平均值得到季度同比数据。专家预期数据来源于《证券市场周刊》中"远见杯"各家专业机构对每季度通货膨胀率的预测值，并通过计算其算数平均值得到。考虑到调查问卷数据的可得性，本章选择的样本区间为2001年第一季度至2017年第三季度。图22-1显示了专家预期（ECPI）、居民预期（RCPI）和现实通货膨胀率（CPI）在样本期内的基本走势。从图中可以看出，预期通货膨胀与现实通货膨胀趋势相似，但是，各序列的波动性、波峰波谷出现的时间存在明显差异，体现出两组群体通货膨胀预期的异质性。特别是相较于居民预期，专家预期对现实通货膨胀具有较高的拟合度，并表现出一定的前瞻性。进一步地，表22-1给出了各变量的描述性统计和ADF单位根检验结果。从表22-1可以看出，预期通货膨胀率与现实通货膨胀率在统计性质上也较为相似，各变量在ADF检验中均拒绝存在单位根的原假设。因此可以认为，各序列是平稳的。

（%）

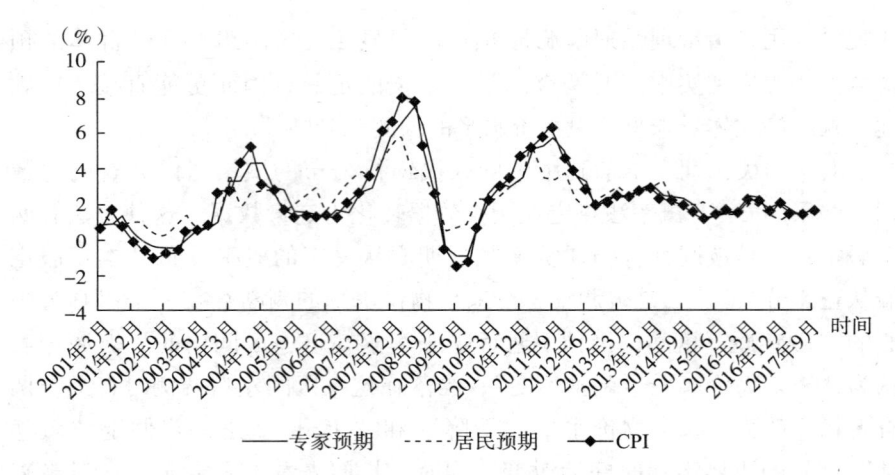

图 22-1　通货膨胀预期及现实通货膨胀率（2001年3月至2017年9月）

表 22-1　变量的描述性统计及单位根检验结果

变量	均值	中位数	最大值	最小值	标准差	偏度	峰度	ADF（P值）
ECPI	2.33	2.28	7.52	-0.90	1.83	0.60	3.26	0.0039
RCPI	2.25	2.20	5.83	0.24	1.22	0.72	3.61	0.0159
CPI	2.32	2.07	8.03	-1.53	2.06	0.69	3.49	0.0002

（二）异质性预期对现实通货膨胀的动态影响

首先，本章采用回归模型考察专家预期和居民预期对现实通货膨胀的影响程度，也可以看作是这两种预期对现实通货膨胀的预测能力。回归模型设定如下：

$$CPI_t = \alpha_0 + \alpha_1 CPI_{t-1} + \alpha_2 E_t + \alpha_3 R_t + \varepsilon_t \tag{22.1}$$

式中，CPI_t、CPI_{t-1} 分别为 t 期和 $t-1$ 期的现实通货膨胀率，E_t 为专家预期，R_t 为居民预期。这里采用分步回归方式进行回归，即在回归模型中预期变量只包含专家预期、只包含居民预期、同时含有专家预期和居民预期，分别记为方程1、方程2和方程3。具体的估计结果见表22-2。

表 22-2　通货膨胀预期对现实通货膨胀影响的回归分析

方程	α_0	α_1	α_2	α_3	R^2
1	-0.2156** (0.1057)	-0.2325* (0.1325)	1.3209*** (0.1463)		0.9164

续表

方程	α_0	α_1	α_2	α_3	R^2
2	−0.5032** (0.2279)	0.5899*** (0.0919)		0.6523*** (0.1401)	0.8370
3	−0.3385** (0.1671)	−0.1992 (0.1308)	1.2120*** (0.1631)	0.1333 (0.1139)	0.9183

注：***、**、* 分别表示在1%、5%和10%的显著性水平下显著，括号内数值是标准差。

从方程2和方程3的回归结果可以看出，专家预期和居民预期系数均在1%的显著性水平下显著，说明两者对现实通货膨胀都有显著的正向影响，对未来通货膨胀走势都具有明显的预测能力。而且相比于居民预期，专家预期系数 α_2 明显大于 α_3，因而对通货膨胀变动的影响力更强，也就是说，专家预期对通货膨胀的预测能力更强。当回归方程中（方程3）同时包含专业预期和居民预期时，专家预期的系数仍然在1%的显著性水平下显著，而居民预期则不再显著，这同样也说明专家预期对现实通货膨胀的影响更大，预测能力更强。

其次，本章通过构建专家预期、居民预期和现实通货膨胀的三变量VAR模型，进一步分析异质性预期对现实通货膨胀的动态影响。根据AIC准则，滞后阶数选择为2。脉冲响应结果见图22-2。

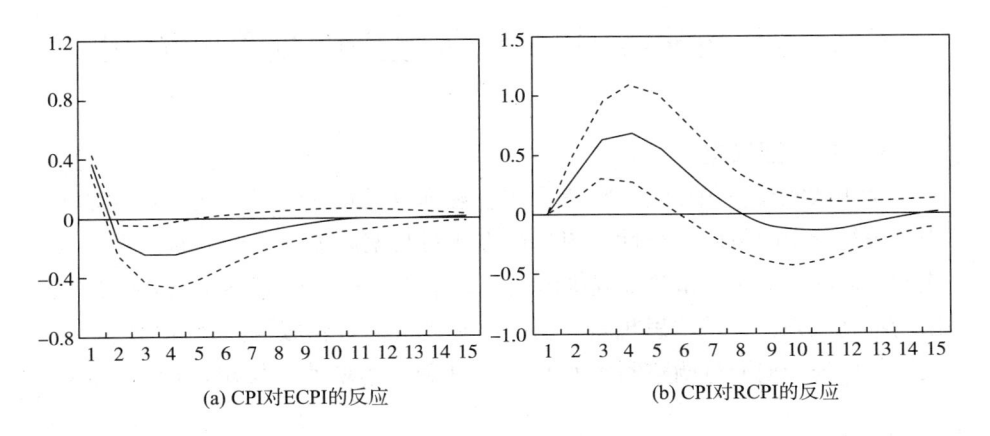

(a) CPI对ECPI的反应

(b) CPI对RCPI的反应

图22-2 脉冲响应函数分析

图 22-2（a）和图 22-2（b）分别描述的是现实通货膨胀受到 1 个单位标准差的专家预期和居民预期冲击所产生的脉冲响应曲线。专家预期 1 个单位的正向冲击，会导致现实通货膨胀迅速上升 0.36%，此时对现实通货膨胀的影响力达到最大，随后迅速下降，到第 2 期开始出现对现实通货膨胀的负向影响，到第 9 期之后开始逐渐收敛，恢复均衡。居民预期 1 个单位的正向冲击，导致现实通货膨胀逐渐上升，到第 4 期达到 0.52%，此时对现实通货膨胀的影响力达到峰值，随后居民预期对现实通货膨胀的影响力呈现出逐渐衰弱的趋势，在第 8 期左右开始由正向影响转变成负向影响，直到第 14 期以后才逐渐收敛。

异质性预期的正向冲击都会对现实通货膨胀产生正向影响，也证实了通货膨胀预期的自我实现能力。因此，中央银行应该更加重视对通货膨胀预期管理以稳定物价水平。同时，比较专家预期和居民预期可以发现，异质性预期对现实通货膨胀的动态影响存在显著差异：一是从作用力度看，专家预期对现实通货膨胀的影响在当期迅速达到最大，而居民预期则在滞后 4 期后逐渐达到峰值。二是从收敛速度看，居民预期收敛到均衡的时间更长，对现实通货膨胀的影响力也就更持久。也就是说，专家预期具有更强的即期效应，而居民预期具有更强的滞后效应。原因在于居民预期更趋于适应性预期，居民对未来通货膨胀的预测依赖于对过往信息及经验学习的过程，因而对通货膨胀的影响才会表现出"迟钝"和"持久"的特征。

三 异质性通货膨胀预期对货币政策的影响

（一）模型设定

货币政策反应函数通过将货币政策规则以量化的形式表述，用以刻画中央银行货币政策以系统性、规律性方式对其偏离最终目标的状况做出反应或者调整。对于货币政策规则的研究，最重要的突破是泰勒（1993）提出的泰勒规则，其基本思想是：当产出和现实通货膨胀偏离目标值时，中央银行应该如何通过调整利率水平或者基础货币增速以做出反应。[①] 近年

[①] Sim, C. and Zha, T., "Were There Regime Switches in U. S. Monetary Policy?", *American Economic Review*, Vol. 96, No. 1, 2006, pp. 54–81.

来,学者对泰勒规则做出进一步的改进,一是引入预期变量使货币政策规则具有前瞻性,即认定中央银行依据通货膨胀预期进行利率的调整;二是引入利率滞后变量使利率具有平滑性,即中央银行采用逐步调整的方式使利率达到目标水平。同时,这也有助于考虑到货币政策规则可能具有的后顾性,可以在一定程度上有效地避免解释变量遗漏问题(Sims and Zha,2006)。[①]

在各国货币政策规则的制定和实践中,尽管价格型工具应用广泛,备受重视和青睐。但是,在我国,货币政策的中介目标是货币供给量,因而数量型货币政策工具在实际应用更为频繁。另外,虽然我国政府在不断推进利率市场化的进程,但是,利率仍长期处于管制状态,并未实现完全市场化。基于这两方面的考虑,在分析我国货币政策反应函数时,不仅要考虑利率这一指标,同时也应考虑将货币供给量纳入模型。因此,本章设定的货币政策反应函数如下:

$$MI_t = \alpha_0 + \sum_{i=1}^{p} \beta_i MI_{t-i} + \alpha_1 E_t + \alpha_2 R_t + \alpha_3 GDP_t + \varepsilon_t \quad (22.2)$$

式中,MI_t 为 t 期的货币政策中介指标,本章中为利率和货币供给量指标。MI_{t-i} 为货币政策中介指标的滞后变量,p 为最优滞后阶数,E_t 为专家预期,R_t 为居民预期,GDP_t 为期实际 GDP 的季度同比增长率。ε_t 为扰动项。

关于模型的设定需要进一步说明以下两点:首先,由于本章研究的是通货膨胀预期对货币政策的影响,关注的是货币政策对专家和居民两类异质性预期反应的差异性。因此,并没有将通货膨胀和产出的目标值纳入模型中。模型中引入的是实际 GDP 的同比增长率,而非产出缺口。其次,模型中引入货币政策中介目标的滞后变量,既能体现货币政策工具的平滑性,又赋予模型的动态特征,能最大限度地避免模型设定可能出现的序列相关问题。这里,对最优滞后阶数的选择,通过对 M2 和利率各自建立自回归模型,以"向下检验"和 AIC 准则确定最优的滞后阶数。结果显示,两者最优滞后阶数 p 相同,均为 2。

(二) 货币政策中介指标说明

对于价格型货币政策工具,本章选取 7 天同业拆借利率指标来衡量,

[①] Taylor, J. B., "Discretion Versus Policy Rules in Practice", *Carnegie – rochester Conference Series on Public Policy*, Vol. 39, No. 1, 1993, pp. 195 – 214.

并以交易量作为权重计算得到季度利率数据。对于数量型工具,选取 M2 同比增长率来表示,季度数据由月度数据算术平均得到。数据都来源于中经网。

通过对比 M2、利率和现实通货膨胀(见图 22-3)可以看出,货币政策目标变量与现实通货膨胀之间似乎存在某种动态关系,M2 同比增长率要先行于现实通货膨胀率,而同业拆借利率与现实通货膨胀率之间变动相对同步。但是,货币政策指标变量与现实通货膨胀之间的关系不能等同于其与两类通货膨胀预期变量之间的关系,还需要进一步对货币政策反应函数进行回归,来分析货币政策对异质性预期的不同反应。M2 同比增长率和 7 天同业拆借利率变量的描述性统计及平稳性检验结果如表 22-3 所示。

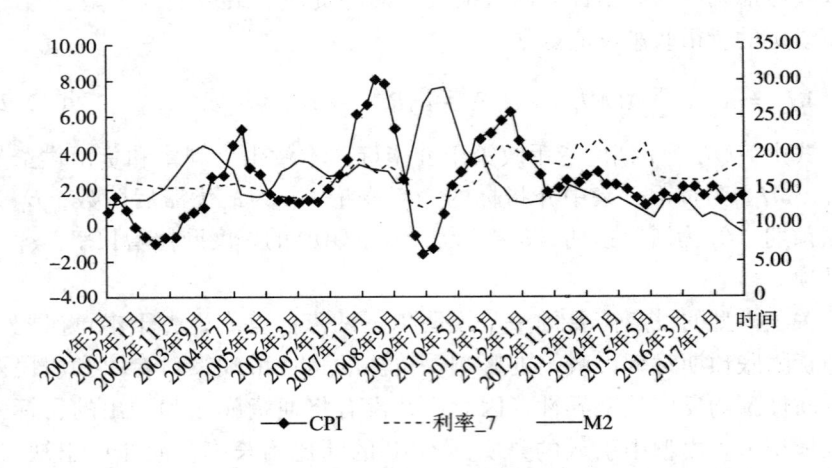

图 22-3 货币政策中介目标(2001 年 3 月至 2017 年 1 月)

表 22-3 变量的描述性统计及单位根检验结果

变量	均值	中位数	最大值	最小值	标准差	偏度	峰度	ADF(P 值)
M2	16.00	15.28	28.98	9.09	4.05	1.22	4.85	0.0575
CHIBOR	2.74	2.50	4.70	1.00	0.88	0.35	2.50	0.0821

(三)实证分析

为了避免异方差和序列自相关的影响,本章采用 GMM 方法进行估

第二十二章 异质性通货膨胀预期、现实通货膨胀形成与货币政策

计。工具变量选取模型中各解释变量的一阶滞后项。在回归模型中，预期变量只包含专家预期、只包含居民预期、同时含有专家预期和居民预期，分别记为方程1、方程2和方程3。具体估计结果如表22-4和表22-5所示。

表22-4　　　货币政策反应函数的回归结果（MI = M2）

方程	α_0	β_1	β_2	α_1	α_2	p—J
1	1.9546*** (0.6583)	1.2688*** (0.1374)	-0.4510*** (0.1294)	-0.2046** (0.0847)		0.3643
2	2.0902*** (0.6020)	1.3434*** (0.1433)	-0.5285*** (0.1339)		-0.2243* (0.1219)	0.4338
3	2.2186*** (0.6272)	1.2750*** (0.1378)	-0.4782*** (0.1185)	-0.2675** (0.1064)	0.0753 (0.1522)	0.4170

注：p—J表示汉森（1982）J检验，原假设为所有工具变量均为外生。***、**、*分别表示在1%、5%和10%的显著性水平下显著，括号内数值是标准差。

表22-5　　　货币政策反应函数的回归结果（MI = CHIBOR）

方程	α_0	β_1	β_2	α_1	α_2	p—J
1	0.6253** (0.2872)	0.7358*** (0.1127)	0.0246 (0.1027)	0.0707** (0.0391)		0.5987
2	0.5249 (0.3186)	0.7172*** (0.1484)	0.0493 (0.1243)		0.1299 (0.0663)	0.7206
3	0.6410** (0.2826)	0.6717*** (0.1075)	0.0692 (0.0964)	0.0400 (0.0382)	0.0721 (0.0702)	0.7343

注：p—J表示汉森（1982）J检验，原假设为所有工具变量均为外生。***、**分别表示在1%和5%的显著性水平下显著，括号内数值是标准差。

从表22-4和表22-5的估计结果可以看出，首先，我国中央银行的货币政策确实考虑了不同信息主体通货膨胀预期的信息，而且对专家预期和居民预期的反应有所不同。就专家预期而言，不论是在数量型还是价格型货币政策反应函数中，其系数都在5%的显著性水平下显著。专家对下一期通货膨胀的预期每提高1%，中央银行会在当期将货币供给增长

率降低 0.2%，同业拆借利率上浮 0.07%。而居民预期的系数仅在数量型货币政策反应函数中显著，而且仅在 1% 的显著性水平下显著。同时，表 22－4 中方程 3 的结果显示，当同时包含专业预期和居民预期时，专家预期的系数仍然在 1% 的显著性水平下显著，而居民预期则不再显著。说明专家作为信息强势群体，中央银行对专家预期的反应要更强，而对居民预期的反应不足。尽管实证结果显示我国中央银行货币政策对居民预期的反应要弱于专家预期，但预期的异质性要求货币政策应该同时包含并引导不同信息群体对通货膨胀的预期。从整体来看，价格型货币政策反应函数中预期变量的显著性要明显弱于数量型的，意味着中央银行价格型货币政策工具对预期变量的反应也可能存在不足，这种不足可能是由于我国货币市场发展尚不够完善发达，存在市场分割等原因所造成的。

其次，回归方程中预期变量系数的正负符号表明：当经济主体预期物价上升时，中央银行将采取减少货币供给量或者提高利率等一系列紧缩性的货币政策；当通货膨胀预期下降时，中央银行将采取增加货币供给或者降低利率等一系列扩张性的货币政策。这充分体现了中央银行货币政策遵循相机抉择的原则，利用通货膨胀预期信息，试图维持物价水平和经济的稳定。

最后，货币政策中介指标滞后变量基本都在 1% 的显著性水平下显著，说明中央银行在货币政策制定和实践过程中，不仅利用具有前瞻性的预期信息，而且也将历史信息考虑其中。而且与货币供给增量相比，利率的平滑系数都相对较小，这也反映了我国近年来经济结构调整、经济增长与经济稳定等各种矛盾相互交织在一起，经济发展形势较为复杂，这也就增加了中央银行货币政策制定和实践的难度，迫使中央银行采用更为谨慎的利率调整方式以平抑经济波动。

四 结论和政策建议

基于通货膨胀预期在货币政策制定和实践中的重要作用，本章以不同群体的微观调查数据为基础，度量了我国专家和居民的通货膨胀预期，以此分析异质性预期对现实通货膨胀形成的动态影响机制，并进一步通过建立货币政策反应函数，考察我国中央银行对居民预期和专家预期不同反应。实证结果表明：首先，预期通货膨胀会对现实通货膨胀产生正向影响，证实了通货膨胀预期的自我实现能力。其中，专家预期对现实通货膨胀的影响更大，预测能力更强。其次，专家预期具有更强的即期效应，而居民预期具有更强的滞后效应。原因在于居民预期更趋于适应性预期，居民对未来通货膨胀的预测依赖于对过往信息及经验学习的过程，因而对通货膨胀的影响才会表现出"迟钝"和"持久"的特征。最后，我国中央银行货币政策确实重视通货膨胀预期，而且对专家预期和居民预期的反应有所不同。中央银行对专家预期的反应要更强，而对居民预期的反应不足。同时，中央银行价格型货币政策工具对预期变量的反应也可能存在不足，这种不足可能是由于我国货币市场发展尚不够完善发达，存在市场分割等原因所造成的。

本章的分析结论提供以下三方面的政策建议：

第一，由于专家预期更趋近于理性预期。因此，中国人民银行前瞻性的货币政策可以重点锚定专家预期，同时也应该加强对居民预期的及时反应，从而有助于提升货币政策的传导效力。

第二，预期的异质性要求货币政策应该同时包含并引导不同信息群体对通货膨胀的预期，以强化对通货膨胀预期的管理。就居民预期而言，中央银行应进一步加强自身信息透明度，通过公共媒体等渠道及时向公众沟通并坚定传达政府政策制定的立场，降低居民获取与预期相关信息的成本，引导居民预期趋向于理性预期，降低通货膨胀的持久性。另外，对于专家预期，中央银行也应该拓宽与专业机构的沟通渠道，加强信息披露，引导专家预期形成合理的理性预期。通过提高专家和居民通货膨胀预期的质量，降低异质性预期的差异，以此达到有效执行货币政策的目的，最终实现物价稳定。

第三，我国应该通过构建货币供给量与利率之间灵活联动的金融市场，建立单一的货币政策中介目标，同时提高货币当局的独立性，提高货币政策制定与实践的效率，为更好地发挥其对宏观经济调控作用提供有力的制度保障。

参考文献

[1] 孙毅、吕本富、陈航等：《大数据视角的通货膨胀预期测度与应用研究》，《管理世界》2014年第4期。

［2］王少林:《居民通货膨胀预期的偏差、异质性与政策干预》,《财贸研究》2017年第11期。

［3］王益军、宋长青、王紫瑜:《异质性通货膨胀预期对通货膨胀形成机制的动态影响——基于混合新凯恩斯菲利普斯曲线的实证分析》,《财经理论与实践》2017年第5期。

［4］肖争艳、唐寿宁、石冬:《中国通货膨胀预期异质性研究》,《金融研究》2005年第9期。

［5］许志伟、樊海潮、薛鹤翔:《公众预期、货币供给与通货膨胀动态——新凯恩斯框架下的异质性预期及其影响》,《经济学》(季刊)2015年第7期。

［6］岳正坤、石璋铭:《预期异质性、泰勒规则与货币政策有效性》,《财贸经济》2013年第3期。

［7］张蓓:《我国居民通货膨胀预期的性质及对通货膨胀的影响》,《金融研究》2009年第9期。

［8］张成思、党超:《异质性通货膨胀预期的信息粘性与信息更新频率》,《财贸经济》2015年第10期。

［9］张成思、党超:《谁的通货膨胀预期影响了货币政策》,《金融研究》2016年第10期。

［10］Sim, C. and Zha, T., "Were There Regime Switches in U. S. Monetary Policy?", *American Economic Review*, Vol. 96, No. 1, 2006.

［11］Taylor, J. B., "Discretion Versus Policy Rules in Practice", *Carnegie-rochester Conference Series on Public Policy*, Vol. 39, No. 1, 1993.

第二十三章 杠杆调整和汇率脱钩*
——我国宏观经济形势分析与展望

在目前全球经济放缓、我国经济处于经济转型的关键阶段,债务和汇率问题成为众多经济问题中的焦点。我国经济去杠杆的最重要原则应该是充分的灵活性。首先,要注意区分不同部门、不同地区和不同行业,杠杆率应该有升有降,不能一概而论。其次,消减债务要适度,要密切关注对实体经济和资产市场造成的影响,资产价格的大幅下滑会严重影响去杠杆进程,甚至导致去杠杆失败。最后,去杠杆应该从银行贷款入手,应该鼓励有条件的企业发行债券和进行股权融资,即间接融资去杠杆,直接融资加杠杆。同时,在美元进入强势周期的背景下,采取更灵活的汇率体制,有利于避免货币政策被动收紧和降低国内的通货紧缩风险。

一 引言

国际金融危机以来,我国几乎每年都在说当年是我国经济发展最困难的一年。从实体经济层面看,这些判断基本准确。我国经济增长连续六年出现滑坡,外部冲击和内部调整叠加,各方面压力重重,一年比一年更困难。在增速换挡和结构调整的经济疲弱期,如何平衡好实体经济和金融、国际和国内,以及政府、企业和居民等各种经济关系,考验着决策者的定力和智慧。本章在对我国的宏观经济形势进行分析和展望的基础上,重点关注债务和汇率两大热点问题。

---

* 本章由汤铎铎、张莹执笔。

二 我国宏观经济运行的基本态势

近几年，我国经济运行态势总体平稳，经济增速有所放缓，增长重心逐渐从投资与制造业向消费与服务业转移；物价水平稳中有降，就业水平稳定，但劳动力市场供求均呈下降态势；投资增速继续回落，外贸进出口双降；国内金融市场宽幅震荡，股市与汇市形成联动共振的态势，私人部门资本外流规模骤升，货币政策转型面临两难局面。国际经济层面，全球经济和贸易活动依然疲弱，美国在经济稳步复苏的背景下开始收紧货币政策，欧元区和日本则继续执行货币宽松的政策；受美联储加息预期和大宗商品价格大幅下跌的影响，新兴市场和发展中经济体经济增长出现显著分化。

（一）经济增长结构性放缓，第二、第三产业出现明显分化

根据国家统计局公布的初步核算数据，2015年，我国GDP为676708亿元，名义GDP和实际GDP的增速分别为6.4%和6.9%，比2014年回落1.7个和0.4个百分点。不过，总产出和人均产出仍然保持中高速增长，在世界主要经济体中位居前列。

从图23-1可以看到，我国经济已经连续14个季度在8%以下运行。2015年第三季度继续下降到6.9%，接近2009年第一季度国际金融危机时6.4%的低位。从2014年第四季度到2015年第一季度，我国经济增长出现了一个新特点，即第二产业和第三产业增长率出现明显分化。2014年，第二产业年增长率为7.3%，第三产业年增长率为7.8%。在2015年前三个季度，第二产业的增长率降到7%以下，第三产业的增长率则上升到8%以上，在图23-1中形成一个明显的分叉。

显然，产业结构调整与优化初显成效。三次产业增加值在总产出中占比依次为9%、40.5%和50.5%，年增速分别为3.9%、6%和8.3%。服务业在国民经济中的重要性继续提升，首次超过50%。同时，服务业内部的增长也出现明显分化。比如，服务业中金融业占8.5%，较上年提高了0.8个百分点，其名义和实际增长率分别为23%和15.9%，是国民经济中增速最快、最有活力的行业之一。相比之下，房地产和交通运输、仓储和邮政业的实际增速则较为缓慢，分别为3.8%和4.6%。

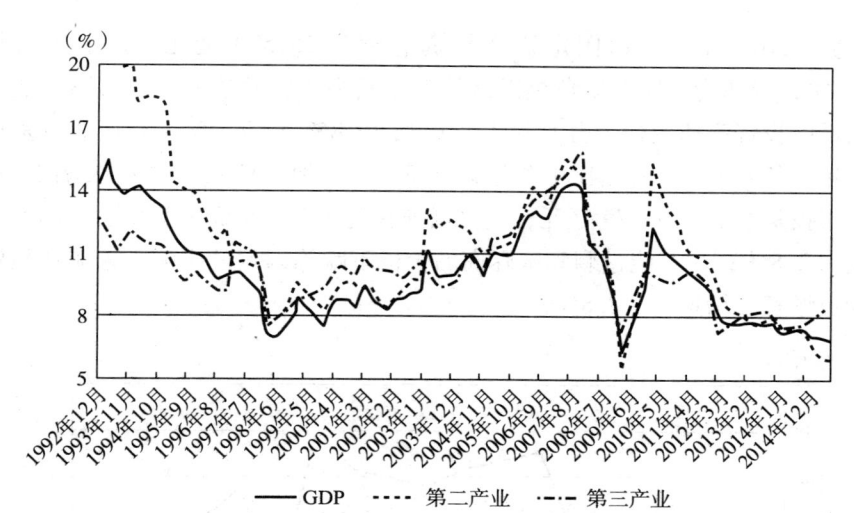

图 23-1 我国 GDP 和第二、第三产业增长率

资料来源：Wind。

（二）劳动力市场运行平稳，供求均呈下降态势

根据人力资源和社会保障部的相关数据，2015 年，我国就业形势总体稳定，城镇新增就业 1312 万人，比 2014 年少增 10 万人；城镇失业人员再就业 567 万人，比 2014 年增加 16 万人；大城市调查失业率为 5.1%，城镇登记失业率则依然为 4.05%。97 个城市的公共就业服务机构市场供求信息表明，劳动力市场需求略大于供给，供求与 2014 年同期相比均呈下降态势，而且需求下滑幅度大于供给，显示劳动力市场趋于疲弱。2015 年第一季度至第四季度，用人单位通过公共就业服务机构招聘各类人员约为 525 万人、560 万人、505 万人、439 万人，比去年同期分别下降 15.7%、5.4%、9.3%、9.8%；同时期进入市场的求职者约为 469 万人、528 万人、462 万人、400 万人，比去年同期分别下降 15.1%、2.7%、7.4%、5.9%。

从行业需求看，除信息传输、计算机服务和软件业，交通运输、仓储和邮政业，租赁和商业服务业三个行业的用人需求分别增长了 23.7%、17.3% 和 1.0% 外，其余各行业的用人需求均较 2014 年有所下降，其中下降较多的行业为建筑业（-26.1%）、房地产业（-16.0%）、制造业（-14.5%）、住宿和餐饮业（-9.4%）以及批发和零售业（-8.3%）。

（三）固定资产投资增速回落，消费成为经济增长的稳定器

如图 23-2 所示，近年来，全国固定资产投资同比增速呈逐年下滑的

趋势。2015 年，城镇固定资产投资总额为 551590 亿元，比上年增长 9.9%，增速为国际金融危机以来最低。其中，农林牧渔业和第三产业基础设施投资增速较快，分别比上年增长 30.8% 和 17.2%；制造业投资比上年增长 8.1%，增幅比上年下降 5.3%；房地产业投资增速大幅下滑，全年投资总额为 96979 亿元，名义增速仅为 1%，经价格调整后实际增速仅为 2.8%；受产能过剩和国际商品价格下跌等因素的影响，采矿业投资为负增长，增速为 -8.8%。

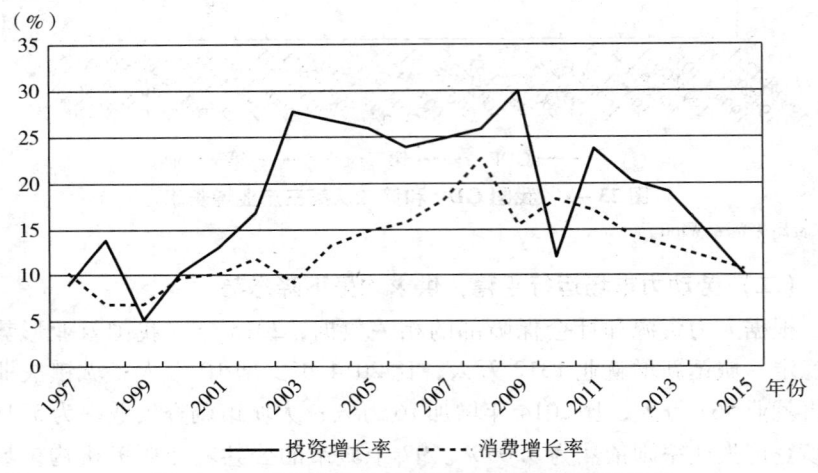

图 23-2 我国固定资产投资增长率与消费增长率

资料来源：Wind。

在固定资产投资增速放缓时，消费发挥了经济增长"稳定器"的作用。2015 年，全年实现社会消费品零售总额 30.1 万亿元，名义增长 10.7%，扣除价格因素实际增长 10.6%。虽然增速比 2014 年下降 0.3 个百分点，也是近五年来最低，但是，消费对我国国民经济增长的贡献率上升了 15.4 个百分点，达到 66.4%。其中，电商平台的销售规模继续快速扩张，实物商品网上零售额达到 3.2 万亿元，比上年增长 31.6%，占消费品零售总额的 10.8%。此外，居民境外消费继续高速增长。根据国家外汇管理局公布的数据，2015 年，我国国际收支平衡表经常项目"旅行"项下资金流出规模约为 1.5 万亿元①，比 2014 年上升 53%；该项目逆差为 1.2 万亿元，比

---

① 经常项目中的"旅行"项下记录旅行者在其作为非居民的经济体旅行期间消费的物品和购买的服务，包括我国居民境外旅行、留学或就医期间购买的非居民货物和服务。

2014年上升80%。这既说明我国居民消费需求相当旺盛，又表明国内商品和服务的供给与居民消费需求不相匹配。

（四）外贸形势低迷，进出口再现双降

2015年，我国对外贸易继2009年后再次出现进出口双降的情况，但由于进口相对于出口的大幅下滑，2015年贸易顺差总值直逼历史峰值。此外，由于全球贸易增长缓慢，我国的出口额在全球贸易总额中所占份额有所上升，达到了13.4%，仍为全球货物贸易第一大国。我国全年货物贸易进出口总值为24.57万亿元，同比下降7%。其中，出口总值为14.13万亿元，同比下降1.8%，其中，对俄罗斯、巴西和中国香港的出口降幅较大，分别为35.2%、21.4%和8.7%；进口总值为10.45万亿元，同比下降13.2%；货物贸易顺差为3.68万亿元，比上年增加13244亿元。服务贸易方面，根据外汇管理局公布的数据，全年服务贸易出口0.66万亿元，进口2.05万亿元，服务贸易逆差高达1.39万亿元。全年货物和服务贸易顺差总额为3695亿美元，该数值仅次于2008年的历史峰值（见图23-3）。此外，2015年净出口在GDP中占比继续回升，较上年提升1.3个百分点，达到3.4%。但值得注意的是，衰退式贸易顺差的实现主要源于进口相对于出口的大幅下降，这是国内经济增长速度放缓、国际大宗商品价格下跌和全球经济复苏乏力，外需不振等因素的综合体现。

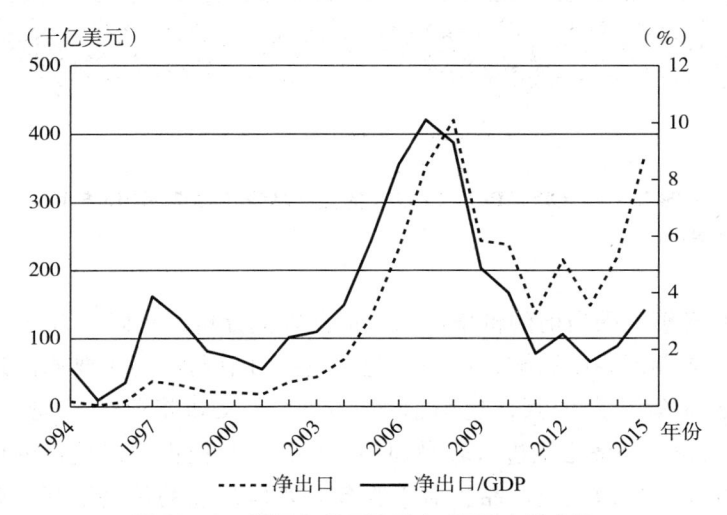

图23-3 我国净出口及其在GDP中的占比

资料来源：Wind。

（五）价格水平稳中有降，轻微通缩态势依然持续

2015 年，全年国内价格水平总体上稳中有降，居民消费价格温和上涨，生产者价格指数（PPI）和 GDP 平减指数则均呈下跌态势（见图 23-4）。2015 年，全年 CPI 同比温和上涨 1.4%，涨幅持续两年收窄 0.6%。其中，食品和衣着类价格分别上涨 2.3% 和 2.7%，交通和通信类则下降 1.7%。与 CPI 的变动趋势相反，生产者价格指数则连续 46 个月负增长，全年降幅为 5.2%，工业生产者购进价格下降 6.1%，企业商品价格指数（CGPI）下降 6.4%，固定资产投资价格下降 1.8%。值得注意的是，GDP 平减指数也在第三季度由正转负，全年同比下跌 0.5%。

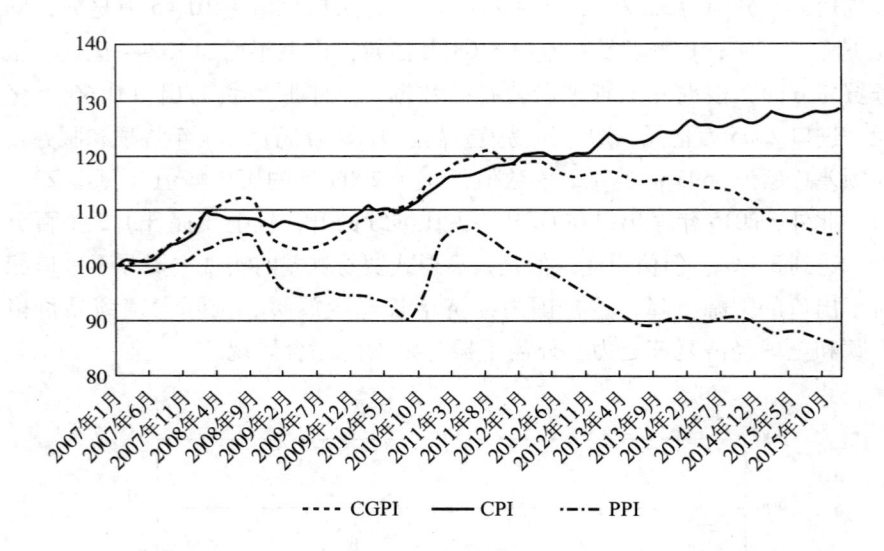

图 23-4　CPI、PPI 和 CGPI 的变动趋势（2007—2015 年）

资料来源：Wind。

如何理解我国当前的价格波动？根据以上分析，我们认为：（1）虽然有某些短期因素的影响，但是，造成我国目前局面的主要原因还是产业结构调整等长期因素，这与前面的经济增长和就业分析完全一致；（2）虽然我国经济已经进入轻微通缩，但是，目前占主导地位的仍然是相对价格调整，即工业产品相对于服务等其他产品的价格下降，而不是总体价格变化；（3）我国经济当前面临的各种挑战，其根源主要在实体经济，而不是货币环境。

(六) 全球增长乏力,美国经济率先复苏

2015年,全球主要经济体GDP增长率如表23-1所示,除美国和英国经济继续稳步复苏外,其他主要发达经济体的增长前景依旧低迷。美国经济已经从大衰退中强劲复苏,失业率从2009年的10%下降到现在的5%,非农就业人数比危机前还多450万人。尽管失业率的下降部分归因于劳动参与率的下降,并且美联储加息的预期造成美元大幅升值,拖累前三季度GDP增速至少0.5个百分点(Yellen,2015)。然而,美国经济的良好发展势头还是促使美联储于2015年12月走出了货币正常化的第一步,正式进入加息周期。

表23-1　　　　全球主要经济体GDP增长率　　　　单位:%

国家和地区	近五年平均	2015年	2016年预测
新兴市场和发展中经济体			
中国	7.8	6.9	6.3
印度	6.2	7.3	7.5
东盟五国	5.2	4.7	4.8
俄罗斯	1.2	-3.7	-1.0
巴西	0.4	-3.8	-3.5
发达经济体			
美国	2.0	2.4	2.6
日本	0.6	0.6	1.0
德国	1.5	1.7	1.8
英国	1.6	2.2	2.2
法国	0.7	1.1	1.3
加拿大	2.0	1.2	1.7
澳大利亚	2.6	2.3	2.5

注:2016年经济增长预测值来自国际货币基金组织(IMF,2016);东盟五国包括印度尼西亚、马来西亚、菲律宾、泰国和越南。

反观其他发达经济体则远没有那么乐观。2015年,德国和法国的经济

增长率只有 1.7% 和 1.1%，虽略高于过去五年平均增速，但在叙利亚难民危机阴影笼罩下，欧洲仍有陷入长期经济停滞之虞。日本经济在"安倍经济学"效应逐渐消退后再现疲弱态势。继 2015 年 12 月欧洲中央银行进一步下调欧元区隔夜存款利率至 -0.3% 后，日本中央银行也于 2016 年 1 月 29 日宣布，对金融机构存放在日本中央银行的超额存款准备金执行 -0.1% 的负利率政策，并将通货膨胀目标 2% 的实现推迟到 2017 年。

2015 年，新兴市场和发展中经济体的增长态势则出现分化。一方面，中国和印度仍保持了中高速的经济增长，并且印度经济增速预计将首次超过中国，达到 7.3%，东盟五国也保持了 4.7% 的增速。另一方面，受石油、铁矿石等大宗商品价格大幅下跌和美联储加息预期引发资本大规模外流的影响，部分国家经济增长放缓或陷入衰退，如俄罗斯和巴西经济均出现了负增长，分别为 -3.7% 和 -3.8%。

三　杠杆调整

2008 年国际金融危机后，最时髦的经济学术语之一是"去杠杆"。杠杆是债务的度量。简而言之，债务增加意味着杠杆增大，债务减少意味着杠杆减小。所谓去杠杆，其实质是削减债务。然而，由于债务和实体经济的互动关系，去杠杆在现实经济中有着不可忽视的复杂性。杠杆是一个比值，分子是债务，分母是产出或资产。因此，去杠杆实际上有两条路径：一是减小分子；二是做大分母。如果削减债务导致实体经济大幅下滑，产出或资产的减小幅度超过了债务的减小，那么杠杆率反而会上升，风险会进一步加大，这是失败的去杠杆。反之，如果债务增加能够促进实体经济繁荣，产出和资产的增加幅度超过了债务的增加，那杠杆率反而可能会下降，这就是加杠杆的经济逻辑。

债务的历史和人类社会的历史一样久远，现代经济更是须臾不可无债务。但是，无论对单个经济主体还是整个经济而言，过度举债都蕴藏着巨大风险，其破坏力惊人，往往酿成严重灾难。而且，无论在理论上还是现实中，都没有一个广泛接受的过度举债或高杠杆警戒线，危机和灾难的发生总让人猝不及防。正如莱恩哈特和罗戈夫（Reinhart and Rogoff, 2009）所言："不幸的是，高度杠杆化的经济可能会在金融危机的边缘悄然运行很多年，直到外部环境的变化或者偶然性因素触发信心危机，最终导致国际金融危机的爆发。"

麦肯锡近年来三次以"债务和去杠杆"为主题，推出大篇幅的分析报告（MGI，2010；2012；2015），指出了很多有趣事实，引起广泛关注。其最近一次的报告指出，危机以来的全球去杠杆进程乏善可陈。2007—2014年，全球债务不但没有下降，还新增了57万亿美元，债务/GDP的比率也上升了17%。可见，去杠杆绝非易事，欠债还钱似乎并非顺理成章。该报告还专门用一章讨论中国的杠杆问题，指出，2007年以来中国的总债务增长迅猛，其中房地产市场、影子银行和地方政府债务隐藏着较高风险（MGI，2015）。国际货币基金组织（IMF）也在近年来高度关注杠杆与债务风险。特别是在2015年的《国际金融稳定报告》中，IMF设专章分析新兴市场国家的杠杆问题，指出，自2011年以来，新兴经济体非金融企业部门的杠杆率不断攀升，其中中国的相应指标升幅尤甚。中国社会科学院试编了中国国家和部门资产负债表（李扬等，2012；2013；2015），对中国的债务和去杠杆问题进行了详尽细致的分析。李扬等（2015）指出，我国资产负债表总体相对健康，但是局部存在风险。这些风险大多和体制扭曲有关，只能通过经济和金融结构调整以及发展方式转变，来提升增长质量和优化资产负债表。

图23-5从货币、贷款、股票和债券四个方面测度我国经济的总体杠杆率水平。截至2015年年底，我国M2与GDP比值为206%，贷款与GDP的比值为139%，股票总市值与GDP的比值为79%，债券余额与GDP比值为54%。从1992年起，贷款增速开始显著低于M2增速，贷款/GDP比值一度出现下滑，表明在新的改革阶段直接融资逐步开始发挥重要作用。2004—2008年，M2和贷款的增速双双减缓，表明总体经济在去杠杆，实现的主要渠道是压缩间接融资，即银行贷款。这五年是我国经济自改革开放以来比较罕见的去杠杆阶段。五年间，M2的平均增速为16.5%，处在改革开放以来的低位；平均名义经济增长率则为18.4%，明显高于货币增速。这一时期，金融方面的一个重大事件是国有商业银行在2004年和2005年两次剥离不良资产，四大商业银行在完成股份制改制后，自2006年起陆续上市。同时，我国股票市场和债券市场都有了较大发展，2006—2007年出现了我国股票市场建立以来的最大牛市。国际金融危机结束了这一罕见的去杠杆进程。自2009年起，我国经济总体杠

杆率又开始急速攀升。2009—2015 年 M2 的平均增速为 16.7%，与前五年大致持平，但是，平均名义经济增长率仅为 11.5%，从而导致杠杆水平急剧升高。从贷款与 GDP 的比值看，与此前去杠杆的渠道一样，本轮加杠杆的主要渠道也是银行贷款。

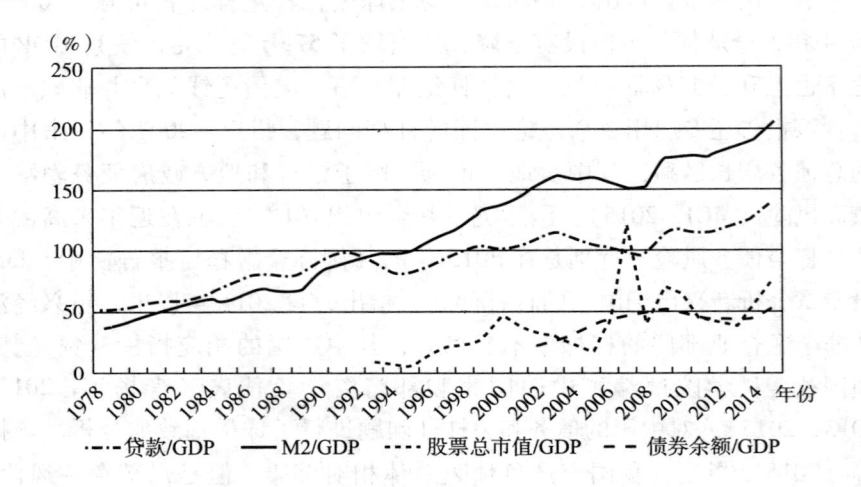

图 23-5 我国经济总杠杆率水平

资料来源：Wind 及笔者计算。

图 23-6 显示的是我国政府、居民和非金融企业三大部门债务/GDP 比重的变化，我们称为部门杠杆率。首先，三部门债务合计的全社会杠杆率与图 23-5 的 4 个指标所示趋势一致，即 2004—2008 年出现明显的去杠杆趋势，而从 2009 年至今杠杆率又开始飙升。2013 年以来，三部门债务总计已经超过 GDP 的两倍。其次，虽然各部门的债务均有增长，但是，总量差异很大。截至 2014 年年底，政府债务与 GDP 的比值为 58%，居民债务与 GDP 的比值为 36%，非金融企业债务最高，占 GDP 的 123%。显然，企业部门是我国当前债务风险最大的部门，其债务率显著高于其他经济体，并且近年的增幅居前。从另一个角度看，衡量企业债务水平的另一指标——资产负债率——也在不断攀升，如图 23-7 所示，其中，钢铁、煤炭、有色金属等过剩产能集中的行业问题尤为突出。

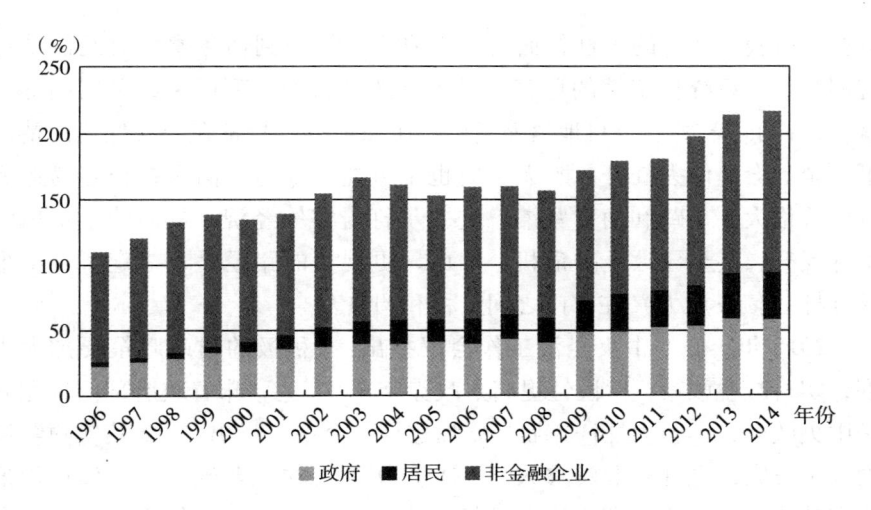

图 23-6 我国各部门杠杆率水平

资料来源：李扬等（2015）。

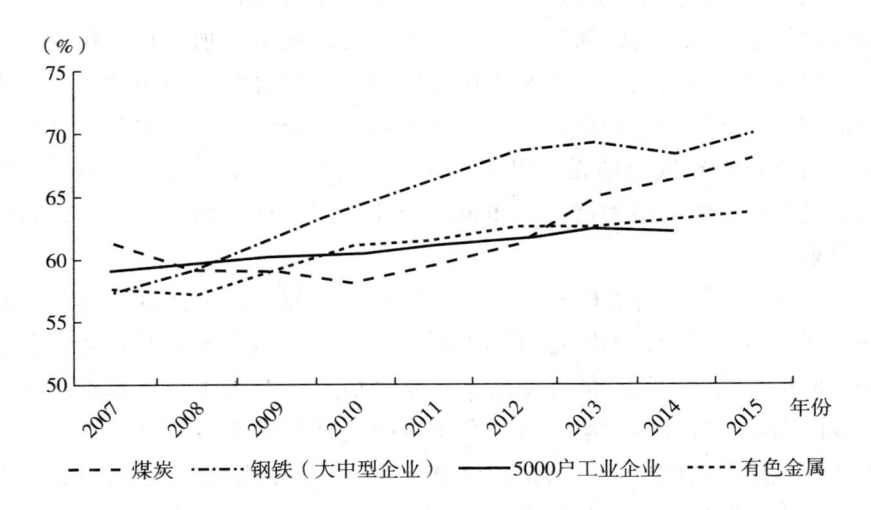

图 23-7 我国非金融企业行业资产负债率

资料来源：CEIC、中国人民银行（2015）。

无论是 2015 年年底的中央经济工作会议和 2016 年 3 月的"两会"，还是《中华人民共和国国民经济和社会发展第十三个五年规划纲要》和 2016 年政府工作报告，都把去杠杆作为一项重要任务提了出来。可见，我国经济隐藏的金融风险已经在决策层引起高度重视。然而，基于前述分析，就我国经济的去杠杆而言，既要充分认识到债务累积对经济结构转型和金融系统稳定性的危害，又不能忽视行业、部门、经济周期等因素，"一刀切"式、盲目地紧缩货币，压缩债务。特别在经济低迷的情况下，全社会整体去杠杆，既无必要也不可能。因为全面紧缩很容易造成资产价格大幅下跌和通货紧缩，进一步打击实体经济，从而使金融风险不降反升，甚至导致金融危机。因此，更现实的路径是在一定条件下推动杠杆（债务压力）在部门之间转移和调整。

2015年年底的中央经济工作会议指出："积极的财政政策要加大力度，实行减税政策，阶段性提高财政赤字率。"这意味着政府部门，尤其是中央政府，不会去杠杆，而是要加杠杆。会议还指出："要落实户籍制度改革方案，允许农业转移人口等非户籍人口在就业地落户，使他们形成在就业地买房或长期租房的预期和需求。要明确深化住房制度改革方向，鼓励自然人和各类机构投资者购买库存商品房，成为租赁市场的房源提供者。"这意味着房地产去库存的主力是居民部门，由于我国按揭贷款存量处于低位，居民部门也不应该去杠杆，而是要加杠杆。相反，金融危机后有很多贷款（主要来自国有银行）涌向经济效益不佳、资产质量低下、缺乏硬预算约束，甚至已资不抵债的企业，并由此催生过剩产能与高库存，导致市场无法出清。其中，钢铁、煤炭、有色金属、水泥四大基础行业情况最为严重。非金融企业部门去杠杆已势在必行，而且任务艰巨。

总之，我国经济去杠杆的最大原则应该是充分的灵活性。首先，要注意区分不同部门、不同地区和不同行业，杠杆率应该有升有降，不能一概而论；其次，消减债务要适度，要密切关注对实体经济和资产市场造成的影响，分母的大幅下滑会严重影响去杠杆进程，甚至导致去杠杆失败。最后，去杠杆应该从银行贷款入手，应该鼓励有条件的企业发行债券和进行股权融资，即间接融资去杠杆，直接融资加杠杆。

四　强势美元周期和人民币汇率

国际金融危机爆发后，美国采取了量化宽松的非传统货币政策，这可能会对金融市场的风险承担行为造成长期不良影响。出于对此的担忧，同时基于美国经济稳步增长和劳动力市场复苏的良好势头,美联储开启了加息周期,正式走向货币政策正常化。美元也因市场对美国经济和美联储货币政策转向的预期而提前进入强势周期。从图23-8可以看到,从1973年"布雷顿森林"体系崩溃以来,美元经历了两个完整的强势周期和两次周期性下跌。从实际美元指数看,第一次的上涨是从1978年10月的84.1至1985年3月的128.4,历时6年6个月(78个月),总涨幅为53%。第二次的上涨是从1995年7月的84至2002年2月112.8,历时6年8个月(80个月),总涨幅为34%。第一次下跌是从1985年3月的128.4至1995年7月的84,历时10年5个月(125个月),总跌幅为35%。第二次是从2002年2月的112.8至2013年1月的83,历时11年(132个月),总跌幅为27%。目前来看,从2013年开始的第三个强势美元周期已经初露端倪。本轮周期已经历时3年多,总涨幅19%左右。根据前两次周期的经验,本轮周期可能会延续到2019年前后,而实际美元指数至少还有15%的涨幅。

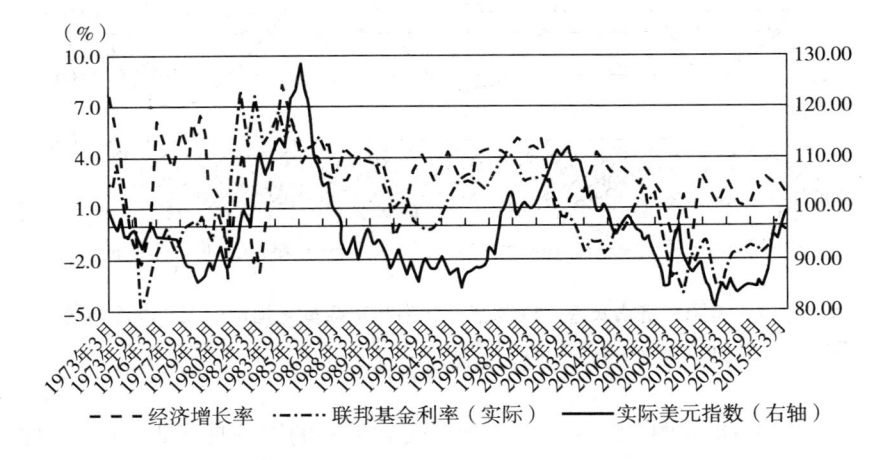

图23-8　美国经济增长率、联邦基金利率和实际美元指数

资料来源：Wind及笔者计算。

图23-8同时显示了美国的经济增长率和实际利率(联邦基金利率)。由于各时间序列波动频繁,不容易看出三者的相关关系。因此,我们利用HP滤波法对原始序列进行处理,去掉短期波动成分,只留下长期趋势项,结果如图23-9所示。首先,联邦基金利率(实际)和经济增

长率在长期具有比较明显的正相关关系,即在经济增长强劲的时候,实际利率会逐步走高,而在经济陷入低迷的过程中,实际利率会逐步降低。这体现了美联储货币政策的逆周期特征。其次,美元周期和美国的经济周期明显相关,即美国经济增长强劲的时候,美元走强;反之则美元走弱。而且,美元周期要滞后于经济周期,即美元周期见顶要晚于经济周期见顶,美元周期探底要晚于经济周期探底,这在第二轮周期中尤为明显。最后,美国实际利率自 20 世纪 80 年代以来趋势性持续走低,美元指数也呈现出轻微的趋势性下行。从图 23-9 提供的信息来看,此时断言美元指数见顶为时尚早。此轮强势美元周期的终结,至少要等到此轮经济周期反转,届时美联储加息周期会终结,实际利率也会出现反转。

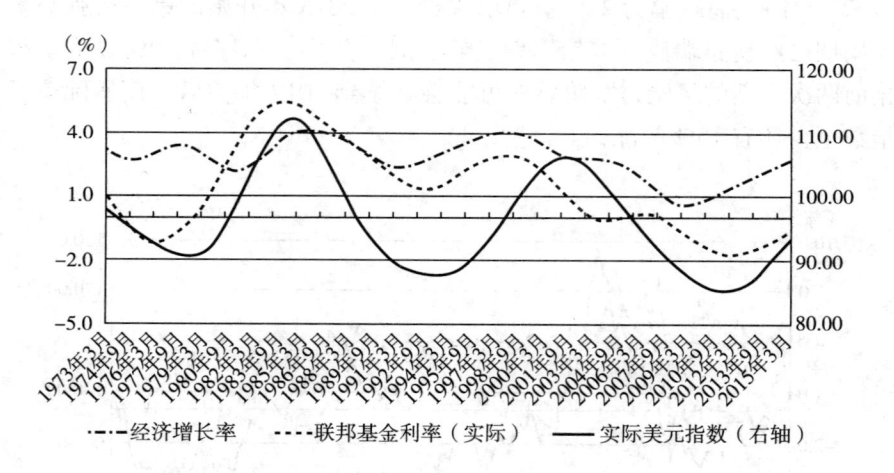

图 23-9 美国经济增长率、联邦基金利率和实际美元指数的 HP 滤波趋势
资料来源:Wind 及笔者计算。

从图 23-8 和图 23-9 可以看到,美元汇率的涨跌具有非常明显的长期趋势,上涨和下跌都有很强的持续性。而且,在每次强势美元周期的末期,都会出现很难用基本理论进行解释的美元投机热潮。比如,1984 年 6 月至 1985 年 3 月,美元经历了最后的上涨。许多经济学家认为,"外汇市场已经被非理性的'投机泡沫'冲得晕头转向"(费尔德斯坦,2000)。又比如 21 世纪初,美国互联网泡沫破裂,经济陷入衰退,纳斯达克股指暴跌 65%,可是,美元币值却顽强地维持到 2002 年。伦敦《金融时报》的评论生动地刻画了人们的困惑,"美元在如此长的时间里违背地心引力并不能证明美元高估的观点是错误的,它仅仅意味着我们不能预知美元何时贬值"。因此,在美国本轮经济周期反转之后,美元很可能仍然会经历一个投机泡沫阶段,从而其反转滞后于经济周期。

汇率变动会从商品贸易和资本流动两方面影响经济。一般来说,强势货币会造成本国贸易赤字扩大,而赤字扩大会引起贬值压力,从而自动遏制强势货币;同时,强势货币会引发资本净流入,而过多的资本流入会压低利率抬高通货膨胀,从而引发贬值预期。也就是说,市场经济有自动调节汇率变动的机制。从图 23 – 10 可以看到,美元升值都会引起美国贸易状况的恶化,而美元贬值在一定程度上都会缩小贸易逆差,改善贸易状况。同时,从图 23 – 11 可以看到,美元升值一般会引起资本净流入,而美元贬值会遏制资本流入,缩小资本流动净额。从图 23 – 10 和图 23 – 11 还可以看到,从长期来看,美国的贸易逆差在持续恶化,美国已经连续 40 年出现贸易逆差,而且逆差还在持续扩大;同时,美国也保持了长期的资本净流入,只在少数特殊时期,才有资本净流出。另外,资本流动的波动幅度也越来越大。

图 23 – 10 美国贸易赤字和实际美元指数

资料来源:Wind。

盛极必衰,否极泰来。经济生活也存在明显的周期循环规律,不过,与自然现象相比,这种周期波动在频率和波幅上并不严格和精确。通过前面的分析可知,美元的未来走势应该有如下特点:

图 23-11 美国资本流动净额和实际美元指数

资料来源：Wind。

首先，对照前两次美元汇率周期，本轮周期的上升阶段（第三个强势美元时期）在时间和空间上都还没有结束。就时间而言，本轮周期至少还应该持续两年才会见顶；就空间而言，本轮美元升值至少还有 10% 的空间。前两次见顶前都出现了明显的非理性投机泡沫，目前显然还没有出现对过度投机美元的担忧。

其次，美元汇率和美国经济密切相关。如果美国经济能够比较顺利地走出衰退，步入正轨，美联储的加息进程也能够比较顺利地进行，那么，美元升值的步伐就会继续下去。相反，如果美国经济出现新的麻烦，美联储的加息进程被阻碍甚至出现逆转，那么本轮美元升值可能会提前结束。目前来看，出现后一种情况的可能性不大。

最后，如果美元在未来两年继续升值 10% 左右，那么判断本轮升值何时结束应该从两个方面入手：第一要看美国贸易逆差的恶化程度；第二要看资本净流入的大小和美元投机的热度。

对美元未来走势的预判对我国的汇率政策意味着什么呢？在过去十年中，中国经济已经超越日本，成为东亚经济增长的主要引擎，人民币汇率正在取代美元和日元成为东亚地区的主要货币锚。[①] 人民币汇率波动

---

① Subramanian 和 Kessler（2013）指出，过去几年中，人民币已经成为重要的参考货币。特别在东亚，10 种货币中有 7 种与人民币的"协动系数"高于美元。

对国际金融市场的外溢效应已经今非昔比，这一点在"811汇改"给国际金融市场造成的冲击中已经展露无遗。在美元进入强势周期的背景下，采取更灵活的汇率体制有利于避免货币政策被动收紧，降低国内的通缩风险。

其一，自2005年汇率形成机制改革以来，我国实质上实行的是爬行盯住美元的汇率制度，这曾经是中国经济发展与国内价格稳定的重要基础，但这一机制在当前已经成为我国经济中通货紧缩风险的重要来源。根据实际汇率理论，实际汇率在中长期由真实经济变量决定，在短期由资本账户项下的跨境资本流动决定。当实际汇率出现贬值趋势时，中央银行就必须在名义汇率贬值和通货紧缩之间进行取舍，如果此时继续选择维持名义汇率的稳定，那么国内将会面临较大的通缩压力。如图23-12所示，2011—2014年，以PPI计算人民币兑美元的实际汇率与名义汇率的变动趋势存在明显背离，名义汇率高估程度约为10%，同期，以GDP平减指数计算的实际汇率也呈贬值趋势（见图23-13）。因此，适时与美元脱钩，并允许人民币名义汇率适度贬值，能在很大程度上缓解国内的通缩压力。

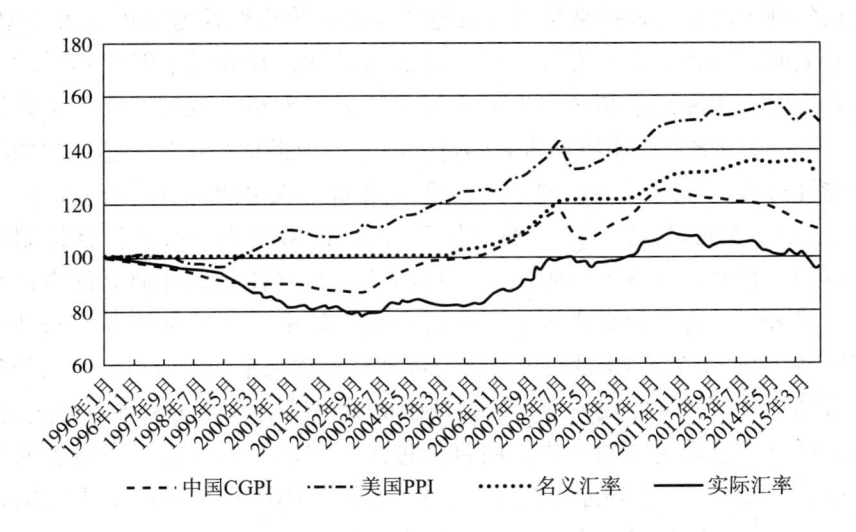

图23-12　基于PPI的人民币兑美元名义与实际汇率（1996年1月=100）

资料来源：中国人民银行和美国劳动统计局。

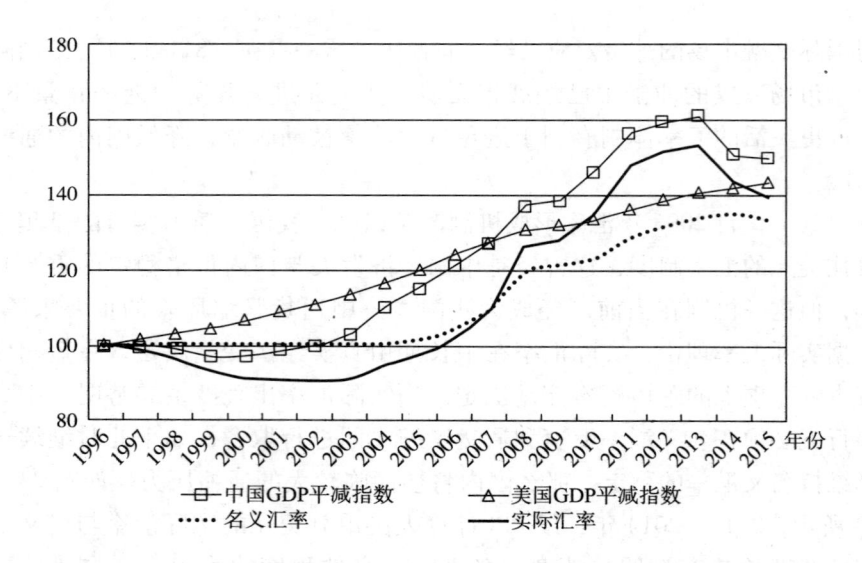

图 23-13　基于 GDP 平减指数的人民币兑美元实际汇率（1996 年 =100）

资料来源：IMF IFS 数据库。

其二，在当前中国货币数量论失效的情况下，传统的盯住货币供给或信贷规模的总量调控型货币政策迫切需要向价格调控型货币政策转型。经验表明，当货币对双方皆采用通货膨胀目标、开放资本账户和浮动汇率制度时，实际汇率和名义汇率的变动趋势几乎是一致的，相关系数接近于 1，此时名义汇率刚性带来的持续高估（或低估）给经济造成扭曲的可能性最低。如图 23-14 所示，世界主要货币大多遵循这一规律，如美元/欧元、美元/英镑、美元/澳元等。① 然而，由于我国微观价格机制尚不健全，政府对价格进行管制和干预的情况普遍存在，再加上价格指数缺乏代表性，将通货膨胀水平作为货币政策最重要的参考依据的条件尚不具备。在 2015 年 10 月底中央银行放开对存款利率的管制后，我国的利率市场化改革初步完成，货币政策开始从货币供给目标向利率目标过渡，待条件成熟后再逐步向通货膨胀目标过渡。在这一系列改革和转型的过程中，名义汇率与美元脱钩已成定局，而通货膨胀目标机制又未明确建立，中央银行缺乏能够有效地稳定国内经济增长和价格水平的完备政策

---

① 美元/日元是一个例外，这主要是因为日本经济长期处于通货紧缩，以及日本中央银行对日元汇率的干预。

体系，中国金融市场和宏观经济波动性将会不可避免地上升。

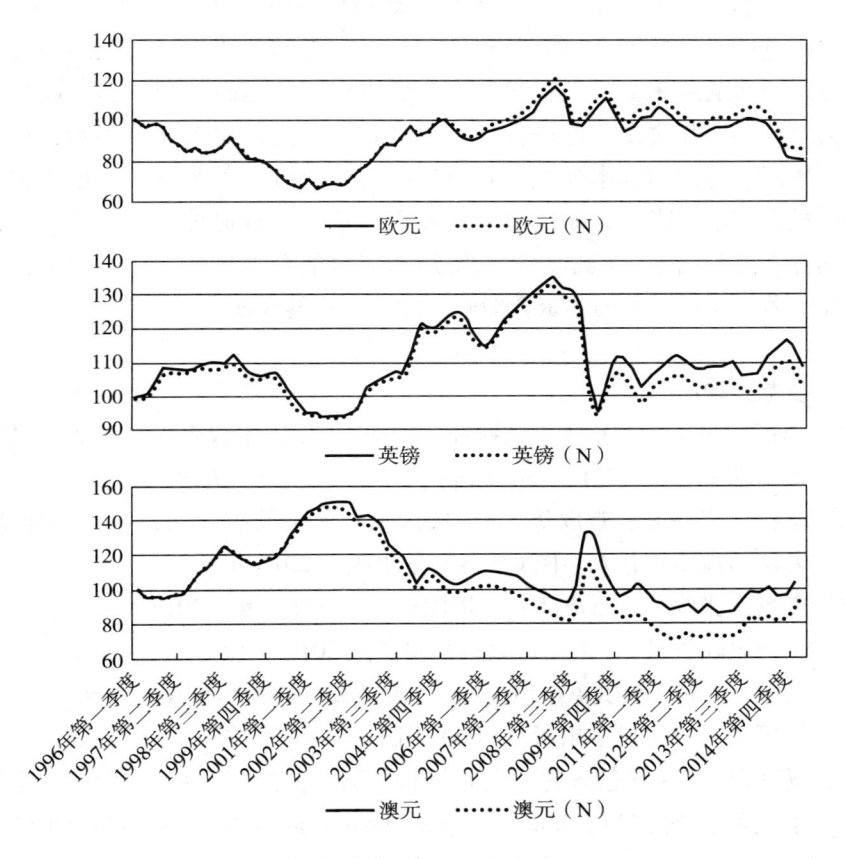

图 23-14　欧元、英镑、澳元兑美元的名义与实际汇率（1996 年 = 100）

注：N 表示名义汇率，用虚线表示；实际汇率均以实线表示。

资料来源：FRED Economic Data 和 IMF IFS 数据库。

展望未来，由于国内储蓄相对投资长期过剩的状况没有改变，资本账户的逐步开放和人民币贬值预期会继续推动私人部门资产配置多元化进程，资本外流的趋势不会改变，但是，随着中央银行宏观审慎监管政策的推出和人民币汇率趋稳，资本外流的速度和规模可能会有所收窄。因此，人民币实际汇率和名义汇率在短期内仍有贬值压力。从中长期来看，当前我国经济中存在人口老龄化、财政支出规模上升等导致实际汇率升值的因素，同时存在资本净流出、服务业生产率提高等导致实际汇率贬值的因素，实际汇率的变动趋势将由以上因素相互抵消产生的净效应决定，名义汇率应与实际汇率的变动趋势一致。自 2012 年 5 月以来，人民币兑美元实际汇率呈贬值趋势，而在过去的一年中，这一趋势更加明显。虽然从总体来看，实际汇率的贬值有利于提高一国产品的国际竞争力，改善国际收支和促进长期经济增长。但是，如果导致实际汇率贬值的原因是持续的资本外流，对经济的负面效应则不容忽视，主要包括国内投资需求下降、通缩风险上升和资产负债表衰退等。虽然我国当前仍然存在过剩储蓄，但是，缺乏发达和完善的资本市场，如果资本持续外流，若干年后可能面临资金短缺、融资困难的局面。

参考文献

[1] 李扬、张晓晶、常欣、汤铎铎、李成：《中国主权资产负债表及其风险评估》（上、下），《经济研究》2012 年第 6—7 期。

[2] 李扬、张晓晶、常欣等：《中国国家资产负债表（2013）——理论、方法与风险评估》，中国社会科学出版社 2013 年版。

[3] 李扬、张晓晶、常欣等：《中国国家资产负债表（2015）——杠杆调整与风险管理》，中国社会科学出版社 2015 年版。

[4] ［美］马丁·费尔德斯坦主编：《20 世纪 80 年代美国经济政策》，王健等译，经济科学出版社 2000 年版。

[5] 汤铎铎：《新常态下的三大分歧和我国当前经济形势》，中国社会科学院经济研究所，http：//www.china.com.cn/opinion/think/2015 - 03/20/content_ 35109361.htm，2015 年 3 月 20 日。

[6] 中国人民银行：《中国金融稳定报告（2015）》，中国金融出版社 2015 年版。

[7] International Monetary Fund, Monetary and Capital Markets Department, *Global Financial Stability Report*, IMF, April 2016.

[8] Roxburgh, B. C., Lund, S. and Wimmer, T. et al., *Debt and Deleveraging: The Global Credit Bubble and Its Economic Consequences*, McKinsey Global Institute, 2010.

[9] Croxson, K., Daruvala, T. and Dobbs, R. et al., *Debt and Deleveraging: Uneven Progress on the Path to Growth*, McKinsey Global Institute, 2012.

[10] Dobbs, R., Lund, S. and Woetzel, J. et al., "Debt and (not much) Deleveraging", *Finweek*, 2015.

[11] Reinhart, Carmen M. and Rogoff, Kenneth S., "This Time is Different: Eight Centuries of Financial Folly", *The Economic History Review*, Vol. 63, No. 4, 2010.

[12] Subramanian, A. and Kessler, M., "The Renminbi Bloc is Here: Asia Down, Rest of the World to Go?", *Journal of Globalization & Development*, Vol. 4, No. 1, 2013.

[13] Tyers, R. and Zhang, Y., "Appreciating the Renminbi", *The World Economy*, Vol. 34, No. 2, 2011.

第二十四章　跨越中等收入阶段的国际经验比较*

当前我国尚处于中等收入国家行列，能否平稳地实现向高收入阶段迈进是我国经济发展的关键所在，而国际经验对我国成功跨越中等收入阶段具有重要意义。借鉴世界银行对于各国发展阶段的划分，本章选取了特征明显的几个成功跨越中等收入阶段国家和一些陷入中等收入陷阱的国家，从人均 GDP 增长率、资本产出比、产业结构变迁、人力资本水平和汇率变动程度五个方面对两种类型的经济体在中等收入阶段的基本特征进行了对比分析。分析结果表明，已落入"中等收入陷阱"的国家均存在一些共同特征：经济增长的长期低迷已经无法推动这些国家向高收入阶段的跨越；资本利用效率较低且波动较大；受制于第二产业的粗放型及消耗型发展方式，无法实现产业结构优化；教育水平均落后于发达国家组两个百分点以上；落入中等收入陷阱国家特别是几个拉美国家存在剧烈的汇率波动。

本章还选取了日本、韩国和智利三个跨越中等收入阶段的典型国家进行了分析，经验表明，转变经济发展模式、进行市场化改革、提高全要素生产率、改善收入分配状况、制定合理税收政策对于跨越中等收入阶段具有重要意义。对以拉美国家为代表的陷入中等收入陷阱的原因分析表明，拉美国家未能及时转变进口替代的工业化发展模式，未能实现真正的技术创新，未能及时进行经济转型，加之政府低效的宏观经济管理、政治局势的不稳定，是导致拉美国家无法实现向高收入阶段跨越的真正原因。

---

* 本章由钟阳执笔。

一 典型国家经济发展水平的划分及中等收入国家的基本特征

(一) 高中低收入国家的界定

对于高中低收入国家的界定,理论界形成了不同观点。Woo(2011)以各国收入水平与美国收入水平的比重作为划分标准,通过设定两个临界值来对国家进行分组。Robertson 和 Ye(2013)也进行过相似的分析,他们将各国人均 GDP 占美国人均 GDP 的比重进行划分,通过设定 8% 和 36% 两个标准值来定义高、中、低收入国家。然而,Woo(2011)、Robertson 和 Ye(2013)均是以美国作为标杆而进行高、中、低收入国家的界定,未充分考虑美国的经济政策以及社会发展的相应变化所产生的不确定影响,在指标的设定和计算上也缺乏客观性。相比较而言,世界银行对于高、中、低收入国家的界定更为科学合理。

最初世界银行在对高、中、低收入国家划分时,综合分析了人均国民收入水平和一系列相关人文经济发展指标(如国家贫困发生率、婴儿死亡率等)。发现两者存在较为平稳关系后,世界银行仅按照各国人均国民收入作为分类标准。考虑通货膨胀等因素影响,世界银行依据各国(经济体)价格变化对设定的人均国民收入分类阈值进行动态调整,形成了历年分类标准(见表 24 – 1)。据此分类标准,世界银行把各国或经济体分为低收入、中低收入、中高收入和高收入国家。

表 24 – 1   世界银行划分各国发展阶段的界定标准

单位:当年美元价格

年份	低收入标准	中低收入标准	中高收入标准	高收入标准
1987	480 美元及以下	481—1940 美元	1941—6000 美元	6000 美元以上
1988	545 美元及以下	546—2200 美元	2201—6000 美元	6000 美元以上
1989	580 美元及以下	581—2335 美元	2336—6000 美元	6000 美元以上
1990	610 美元及以下	611—2465 美元	2466—7620 美元	7620 美元以上
1991	635 美元及以下	636—2555 美元	2556—7910 美元	7910 美元以上
1992	675 美元及以下	676—2695 美元	2696—8355 美元	8355 美元以上
1993	695 美元及以下	696—2785 美元	2786—8625 美元	8625 美元以上

续表

年份	低收入标准	中低收入标准	中高收入标准	高收入标准
1994	725 美元及以下	726—2895 美元	2896—8955 美元	8955 美元以上
1995	765 美元及以下	766—3035 美元	3036—9385 美元	9385 美元以上
1996	785 美元及以下	786—3115 美元	3116—9645 美元	9645 美元以上
1997	785 美元及以下	786—3125 美元	3126—9655 美元	9655 美元以上
1998	760 美元及以下	761—3030 美元	3031—9360 美元	9360 美元以上
1999	755 美元及以下	756—2995 美元	2996—9265 美元	9265 美元以上
2000	755 美元及以下	756—2995 美元	2996—9265 美元	9265 美元以上
2001	745 美元及以下	746—2975 美元	2976—9205 美元	9205 美元以上
2002	735 美元及以下	736—2935 美元	2936—9075 美元	9075 美元以上
2003	765 美元及以下	766—3035 美元	3036—9385 美元	9385 美元以上
2004	825 美元及以下	826—3255 美元	3256—10065 美元	10065 美元以上
2005	875 美元及以下	876—3465 美元	3466—10725 美元	10725 美元以上
2006	905 美元及以下	906—3595 美元	3596—11115 美元	11115 美元以上
2007	935 美元及以下	936—3705 美元	3706—11455 美元	11455 美元以上
2008	975 美元及以下	976—3855 美元	3856—11905 美元	11905 美元以上
2009	995 美元及以下	996—3945 美元	3946—12195 美元	12195 美元以上
2010	1005 美元及以下	1006—3975 美元	3976—12275 美元	12275 美元以上
2011	1025 美元及以下	1026—4035 美元	4036—12475 美元	12475 美元以上
2012	1035 美元及以下	1036—4085 美元	4086—12615 美元	12615 美元以上
2013	1045 美元及以下	1046—4125 美元	4126—12745 美元	12745 美元以上
2014	1045 美元及以下	1046—4125 美元	4126—12735 美元	12735 美元以上
2015	1025 美元及以下	1026—4035 美元	4036—12475 美元	12475 美元以上

资料来源：世界银行，http：//clata.worldbank.org/about/coiintry – classifications/a – short – history。

由于世界经济不断增长、各国收入水平逐步提高以及通货膨胀的作用，不同组别的标准值总体上处于上升趋势。因而，每年落入低收入、中等收入（包括中低收入和中高收入）和高收入区间的国家也在发生相应的变化（见表 24 – 2）。

（二）陷入中等收入陷阱国家与跨越中等收入阶段国家（地区）的划分

自 2006 年世界银行首次提出"中等收入陷阱"以来，学术界对其含义做出了不同解释和说明。Milan Brahmbhatt（2006）对"中等收入陷阱"的解释为：一些经济体从低收入阶段成长为中等收入阶段所依赖的战略，已不能继续有力地推动这些经济体向高收入经济体迈进，经济增长被原

表 24-2　　　　　　　1987 年以来典型国家（地区）发展情况

国家（地区）发展阶段		国家和地区
高收入国家和地区	稳定在高收入阶段	澳大利亚、新西兰、奥地利、巴哈马、比利时、加拿大、塞浦路斯、丹麦、芬兰、法国、德国、中国香港、冰岛、爱尔兰、以色列、意大利、日本、科威特、卡塔尔、阿联酋、卢森堡、荷兰、挪威、新加坡、西班牙、瑞典、瑞士、中国台湾、英国、美国
	中高收入升为高收入	韩国、中国澳门、葡萄牙、希腊、匈牙利、巴林、巴巴多斯、马耳他、阿曼、斯洛文尼亚、乌拉圭
	中低收入升为高收入	智利、俄罗斯、克罗地亚、波兰
中高收入国家和地区	稳定在中高收入阶段	阿根廷、巴西、加蓬、利比亚、南非、委内瑞拉
	中低收入升为中高收入	阿尔及利亚、白俄罗斯、保加利亚、哥伦比亚、哥斯达黎加、古巴、多米尼加、厄瓜多尔、斐济、牙买加、约旦、黎巴嫩、马来西亚、毛里求斯、墨西哥、巴拉圭、秘鲁、泰国、土耳其
	低收入升为中高收入	中国、马尔代夫
中低收入国家和地区	稳定在中低收入阶段	玻利维亚、埃及、危地马拉、摩洛哥、菲律宾、乌克兰
	低收入升为中低收入	不丹、加纳、圭亚那、印度、印度尼西亚、肯尼亚、老挝、毛里塔尼亚、缅甸、尼日利亚、巴基斯坦、斯里兰卡、苏丹、赞比亚、越南
低收入国家和地区	稳定在低收入阶段	阿富汗、贝宁、柬埔寨、中非、埃塞俄比亚、几内亚、海地、尼泊尔、索马里、坦桑尼亚
	中等收入降为低收入	朝鲜、津巴布韦

注：罗马尼亚有波动：中高—中低—中高，未列出；沙特阿拉伯：高—中高—高；乌兹别克斯坦：中低—低—中低。

有的增长机制锁定，人均国民收入难以越过 1 万美元的标准，该经济体很容易进入经济增长的停滞徘徊期。2007 年，世界银行发布了《东亚复兴：关于经济增长的观点》的报告，首次明确提出了东亚国家或地区未来发展要特别关注如何避免落入中等收入陷阱（World Bank，2007）。根据世界银行的观点，中等收入陷阱是指一国或地区达到中等收入水平后，难以突破高收入标准，也就是当一国（地区）经济发展到一定阶段以后，其借助于一定的战略从低收入经济体成长为中等收入国家（地区），但这种战略已不能有效地推动它向高收入经济体攀升，以至于该国家（地区）的经济和社会发展停滞或徘徊，在较长时期内难以出现质的提升。同时指出，很多经济体可以很快达到中等收入阶段，却很少能从这种状态中走出，主要是由于国家（地区）在向更高阶段攀升时，将需要进行更为有效的政治改革和制度变迁，经济、政治和社会领域也将面临较大挑战。郑秉文（2011）指出，中等收入陷阱是指一些发展中国家走出"低水平均衡陷阱"之后，虽然人均 GDP 超过了 1000 美元，进入中等收入行列，但却很少有国家能够顺利进入高收入行列，长期徘徊在中等收入区间，它们或是陷入增长与回落的循环之中，或是较长期处于增长十分缓慢甚至停滞的状态。中国社会科学院发布的《产业蓝皮书》（2012）中指出："所谓'中等收入陷阱'，指的是一个国家在成为中等收入国家之后，经济增长乏力、经济增长放慢、人均收入水平难以提高的现象。"

在上述分析的基础上，我们将中等收入陷阱界定为：一国（地区）达到中等收入水平以后，因受制于各方面因素（经济、政治和社会发展）的限制，其经济发展出现停滞、倒退或较长时期内徘徊于中等收入水平区间，难以摆脱中等收入状态并向高收入阶段跨越，形成了国际社会的一种普遍规律，被视为当代世界客观存在的现象。

对于国家经济发展水平标准的划分实际上是一个动态的过程。判断一国（地区）是否超越了低等收入或中等收入阶段而进入更高收入组别的行列中，取决于一国（地区）的人均收入在世界中的位置。历史上也看到了一些国家曾经进入高收入（中等收入）国家的行列，但是，随后又回到了中等收入（低收入）的行列，也就是说，中等收入和高收入国家的门槛标准处于动态变化中。因而，世界银行采用了更为科学的方法，以 1987—2015 年对各国每年的经济发展阶段进行了动态界定。根据这一动态划分结果，排除经济发展严重依赖自然资源的国家、人口数少于 50 万的小国以及发生过重大政治和体制变革的（如南斯拉夫、因东欧剧变而分裂出的国家等）在经济发展模式上不具有广泛借鉴意义的国家，我们对世界典型国家（地区）进行了归纳整理，绘制了图 24-1，并根据 1987 年、2015 年各国（地区）的发展情况列出了表 24-3。可以看出，各国（地区）经济发展的变化趋势大体可以分为五类：始终处于低收入阶段、由低收入转变为中等收入阶段、始终处于中等收入阶段、由中等收入跨入高收入行列和始终处于高收入阶段。

由低收入转变为中等收入阶段的国家包括中国、斯里兰卡、印度尼西亚、印度、苏丹、巴基斯坦、尼日利亚、越南、老挝、加纳、赞比亚、毛里塔尼亚、缅甸、肯尼亚、柬埔寨等国。其中，中国是由低收入国家发展为中高收入国家的典型代表。自 1987 年始，中国在低收入阶段停留大约 10 年后即升入中低收入国家行列，又历经短短 13 年时间步入中高收入国家行列，至今已有 6 年时间保持在中高收入阶段，中国经济发展速度之快令人瞩目。而其他国家则是仅升入中低收入国家行列后未出现继续前进的步伐。

始终处于中等收入阶段的国家包括委内瑞拉、阿根廷、加蓬、利比亚、墨西哥、马来西亚、毛里求斯、巴西、南非、黎巴嫩、哥斯达黎加、土耳其、保加利亚、牙买加、阿尔及利亚、秘鲁、哥伦比亚、厄瓜多尔、泰国、约旦、巴拉圭、菲律宾、危地马拉、玻利维亚、摩洛哥、埃及等国。这些国家被视为陷入中等收入陷阱的国家。其中，委内瑞拉、阿根廷、加蓬、利比亚、墨西哥、马来西亚、毛里求斯、巴西、南非、黎巴嫩、哥斯达黎加、土耳其均长时间滞留在中高收入阶段，难以跨越中等收入水平。保加利亚、牙买加、阿尔及利亚、秘鲁、哥伦比亚、厄瓜多尔、泰国、约旦、巴拉圭尽管由中低收入国家发展为中高收入国家，但是，其经济发展较为缓慢，长期在中低收入阶段徘徊，从中低收入转变为中高收入国家历时较长。菲律宾、危地马拉、玻利维亚、摩洛哥、埃及则深陷中低收入的泥潭难以自拔。

葡萄牙、中国澳门、希腊、韩国、巴林、匈牙利、波兰、乌拉圭、智利[①]则由中等收入国家（地区）上升为高收入的国家（地区），是成功跨越中等收入阶段的国家（地区）的典范。其中，葡萄牙、中国澳门和希腊均在较短时间内便跨越中等收入水平而跃升为高收入国家（地区）的行列，韩国和巴林经过一定时期的徘徊后上升为高收入国家，匈牙利、波兰、乌拉圭、智利则经过较长的徘徊期后发展为高收入国家。

结合图 24-1 及上述分析可以发现，陷入中等收入陷阱的国家均在中低或中高收入阶段徘徊较长时间，且始终没能达到高收入国家的标准；而

---

① 其中，葡萄牙、希腊、韩国、匈牙利、波兰、智利六国属于经济合作与发展组织成员国。

632 | 第五篇 通货膨胀与通货膨胀预期管理研究

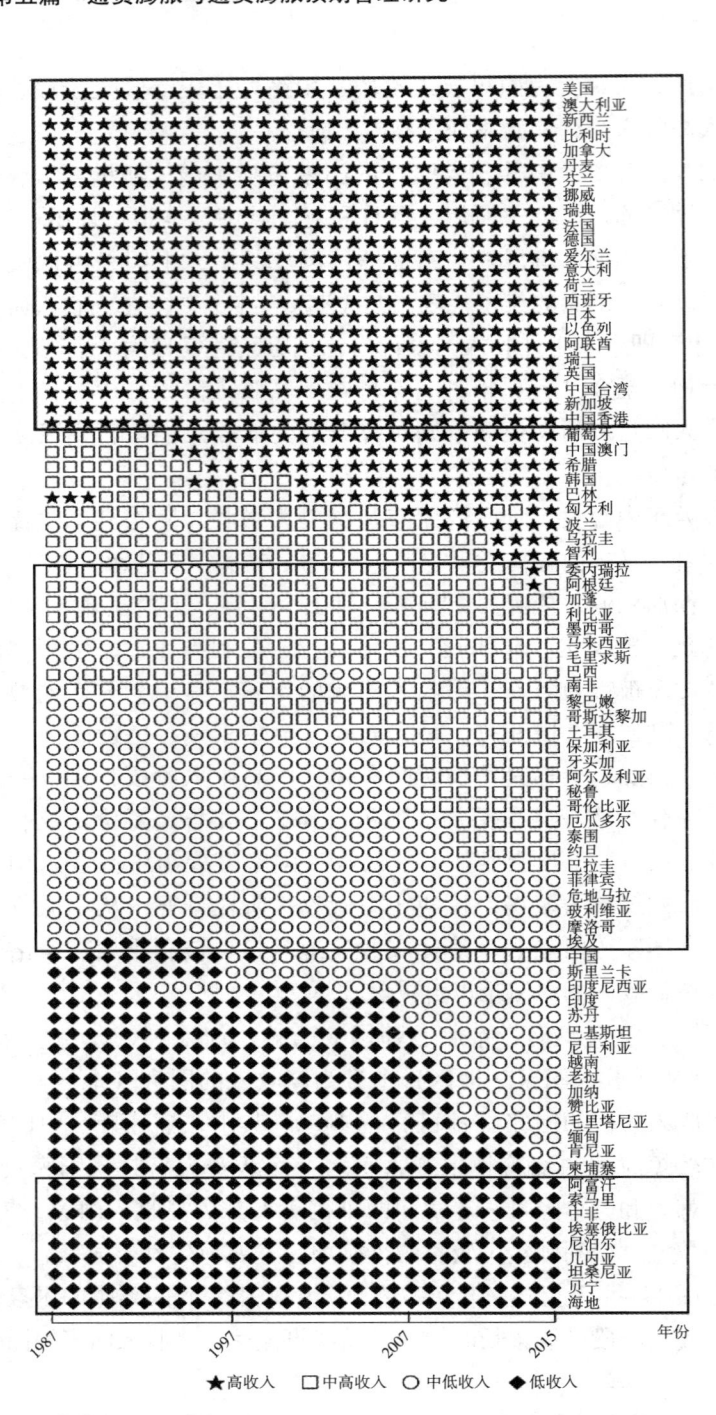

图 24-1 陷入中等收入陷阱国家（地区）与跨越中等收入阶段国家（地区）的划分

表 24-3 各国（地区）的经济发展状况比较：以 1987 年和 2015 年为分析节点

国家和地区	1987 年	2015 年	国家和地区	1987 年	2015 年	国家和地区	1987 年	2015 年
澳大利亚	高	高	委内瑞拉	中高	中高	中国	低	中高
新西兰	高	高	阿根廷	中高	中高	斯里兰卡	低	中低
加拿大	高	高	加蓬	中高	中高	印度尼西亚	低	中低
美国	高	高	利比亚	中高	中高	印度	低	中低
丹麦	高	高	毛里求斯	中低	中高	越南	低	中低
芬兰	高	高	墨西哥	中低	中高	老挝	低	中低
挪威	高	高	马来西亚	中低	中高	缅甸	低	中低
瑞典	高	高	巴西	中高	中高	柬埔寨	低	中低
法国	高	高	南非	中低	中高	巴基斯坦	低	中低
德国	高	高	黎巴嫩	中低	中高	苏丹	低	中低
比利时	高	高	哥斯达黎加	中低	中高	尼日利亚	低	中低
爱尔兰	高	高	土耳其	中低	中高	加纳	低	中低
意大利	高	高	保加利亚	中低	中高	赞比亚	低	中低
荷兰	高	高	牙买加	中低	中低	毛里塔尼亚	低	中低
西班牙	高	高	阿尔及利亚	中高	中高	肯尼亚	低	中低
瑞士	高	高	秘鲁	中低	中高	阿富汗	低	低
英国	高	高	哥伦比亚	中低	中高	尼泊尔	低	低
日本	高	高	厄瓜多尔	中低	中高	索马里	低	低
以色列	高	高	泰国	中低	中高	中非	低	低
阿联酋	高	高	约旦	中低	中高	埃塞俄比亚	低	低
新加坡	高	高	巴拉圭	中低	中高	几内亚	低	低
中国台湾	高	高	菲律宾	中低	中低	坦桑尼亚	低	低
中国香港	高	高	危地马拉	中低	中低	贝宁	低	低
葡萄牙	中高	高	玻利维亚	中低	中低	海地	低	低
希腊	中高	高	摩洛哥	中低	中低			
匈牙利	中高	高	埃及	中低	中低			
中国澳门	中高	高						
韩国	中高	高						
乌拉圭	中高	高						
智利	中低	高						
波兰	中低	高						

跨越中等收入阶段的国家通常是指经过一定时期的徘徊和发展后而跃升为高收入阶段的国家（地区）。

（三）中等收入国家（地区）的类型和基本特征

根据上面的分析，我们明确了跨越中等收入陷阱和落入中等收入陷阱的界定标准，并以所得结果为依据，确定一些国家（地区）跨越了中等收入阶段而另一些国家（地区）落入了中等收入陷阱。本部分我们将对两种类型经济体在中等收入阶段的基本特征进行分析。

探讨一国（地区）的经济特征要以一国（地区）的人口规模为基础，因此，我们选取人口规模大于1000万的中等收入国家或地区（下称大型经济体，人口总数少于1000万的国家或地区本章称为小型经济体）作为对象展开分析。另外，对于经济发展严重依赖自然资源的国家（经济合作与发展组织成员国等）在分析中也不予讨论。最终，我们选取了特征明显的几个跨越中等收入阶段和一些陷入中等收入陷阱的国家进行比较研究。

1. 典型国家人均GDP增长规律分析

经济学中经常以人均GDP作为反映一国（地区）经济发展水平的一个重要指标，自然，人均GDP增长率的大小在较大程度上能够反映一国（地区）经济的发展速度，也就是一国（地区）人均GDP增长率的变化程度关系到其经济发展的状态和动向，关系到其经济能否在较低层面快速攀升，抑或是达到中等水平后进一步发展或突破障碍而由较低的均衡水平达到较高的均衡状态。下面我们将重点探讨处于中等收入阶段的两组典型国家的人均GDP增长特征。

为分析跨越中等收入阶段国家（地区）人均GDP增长率特征，我们根据日本、亚洲"四小龙"[①]、葡萄牙、希腊和智利的人均GDP增长率数据绘制了图24-2。图24-2显示，1961—2015年，8个国家的人均GDP增速均有10年以上超过了4.5%，除智利外，其他7个国家（地区）的人均GDP均经历了10年以上超过6%增速的高速增长时期。结合图24-1和各国经济发展史[②]可知，这种高速增长均在各国（地区）由中等收入

---

① 自20世纪60年代，日本和亚洲"四小龙"都经历了中等收入阶段。因此，我们将这5个经济体添加进来进行分析。

② 据已有研究可知，日本在进入20世纪70年代中期以后步入了高收入国家（地区）行列；新加坡和中国香港在20世纪80年代中期步入高收入国家（地区）行列；中国台湾和韩国在20世纪90年代以后先后步入了高收入国家（地区）行列。

阶段向高收入水平提升的过程中出现的，也就是说，各国人均 GDP 的快速增长推动了本国（地区）向高收入水平跨越的步伐，并且各国（地区）分别经历了不同的时间段而先后实现了赶超，进入到高收入国家（地区）行列。

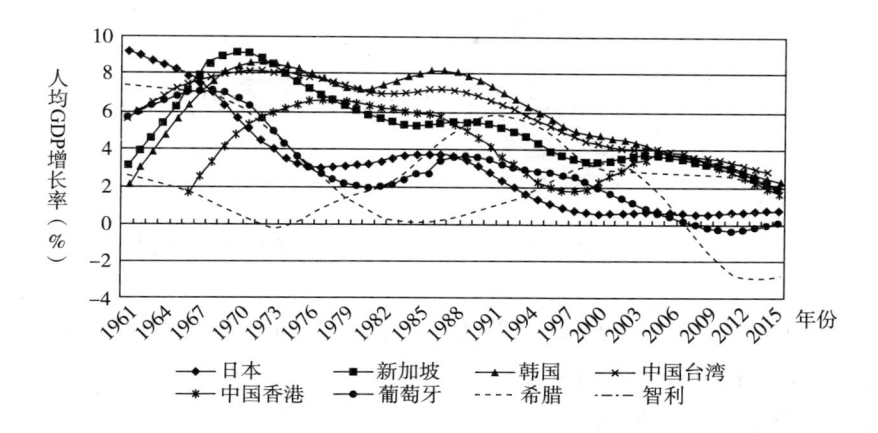

图 24－2　跨越中等收入阶段国家（地区）人均 GDP 增长率特征

对于陷入中等收入陷阱国家的人均 GDP 增长特征，我们利用图 24－3 进行描述。图 24－3 显示，自 1961—2015 年，除泰国外，其他 7 个国家大部分年份的人均 GDP 增长率都低于 4%，阿根廷、南非和菲律宾的人均 GDP 还出现过不同程度的负向增长。虽然泰国、巴西和马来西亚的人均 GDP 增速在一定时期内高于 5% 甚至达到 7%，但随后又出现了回落，经历了大幅度降低后再也没能越过 4% 的增长界限。由图 24－3 还可以看到，近 20 年来，8 个国家的人均 GDP 增速几乎均低于 4%，其中阿根廷、巴西和南非的人均 GDP 增速均经历了较大幅度的下降，巴西和南非的人均 GDP 还出现了一定程度的负增长。可见，经济的长期低迷已经难以推动这些国家向高收入阶段跨越，最终长期陷入中等收入陷阱难以自拔。

2. 资本产出比

一国（地区）的资本产出比（资本存量与总产出的比值）通常可以反映该国（地区）资本的利用效率。资本产出比较大表明资本消耗相对于产出较大，资本的可利用程度较低；反之，该比值较小表明利用较少

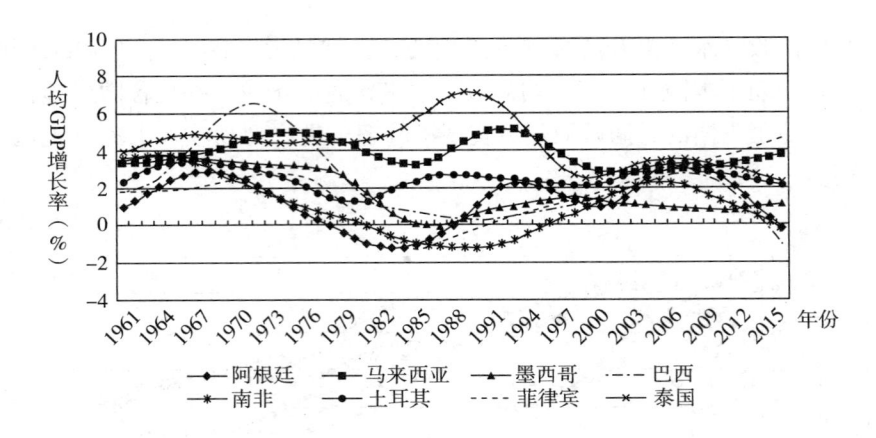

图 24-3 陷入中等收入陷阱国家人均 GDP 增长率特征

的资本即能获取较大的产出；若资本产出比长期在某值附近小幅波动，可确定资本的利用率相对稳定。下面我们将具体分析落入中等收入陷阱与跨越中等收入阶段经济体的资本产出比所呈现的特征。

根据人口规模和数据的可得性，并排除经济发展严重依赖自然资源的国家（经济合作与发展组织成员国等），我们最终以跨越中等收入阶段的 7 个国家（地区）（日本、葡萄牙、智利、韩国、新加坡、中国香港、中国台湾）和落入中等收入陷阱的 10 个国家（阿根廷、巴西、墨西哥、泰国、菲律宾、南非、马来西亚、哥伦比亚、委内瑞拉、厄瓜多尔）的资本产出比数据为依据绘制了图 24-4。图中跨越中等收入阶段的国家（地区）组的柱形图是以各经济体在跃升为高收入行列之前的 20 年数据为准绘制而成，而落入中等收入陷阱国家组图示是根据 2014 年以前 20 年数据绘成。同时，三类柱型分别表示各国（地区）20 年间的资本产出比均值、最大值与均值之间的差值以及均值与最小值之间的差值。

根据各国（地区）的资本产出比均值可以看出，与跨越中等收入阶段的国家（地区）相比，落入中等收入陷阱国家组的资本产出比普遍较高，除南非以外，其他 9 个国家的资本产出比均高于 2.6，其中，委内瑞拉的资本产出比高达 3.84；而在跨越中等收入阶段的 7 个国家（地区）中，只有葡萄牙的资本产出比较高，达到了 3，而智利和新加坡的资本产出比偏高，超过了 2，其他 4 个国家（地区）的资本产出比在 1.77 以下，其中，中国香港和中国台湾的资本产出比低至 1.36 以下。由此可以判断，总体而言，落入中等收入陷阱的国家资本利用效率较低，跨越中等收入阶段的国家（地区）资本利用效率较高。

从资本产出比的最大值偏差来看，落入中等收入陷阱国家组的资本产出比最大值偏差大多较高（哥伦比亚除外），巴西、泰国、南非和委内瑞拉的偏差值甚至在 1.1 以上。跨越中等收入阶段国家（地区）（葡萄牙除外）的资本产出比最大值偏差大多较低，智利为 0.57，日本、韩国、中国香港和中国台湾均低于 0.29；而通过观察资本产出比的最小值偏差，同样可以看出，落入中等收入陷阱国家组的资本产出比最大值偏差大多较高（马来西亚除外），巴西、委内瑞拉和厄瓜多尔的资本产出比的最小值偏差均超过了 0.7，墨西哥、泰国和菲律宾的资本产出比的最小值偏差均在 0.55 以上。跨越中等收入阶段国家（地区）（葡萄牙、智利除外）的资本产出比最小值偏差大多较低，日本、韩国、新加坡、中国香港和中国台湾资本产出比最小值偏差均低于 0.38，因此，与跨越中等收入阶段的国家（地区）相比，落入中等收入陷阱的国家资本利用效率的波动幅度较大。资本利用效率的波动越大意味着投资的风险越大，这一定程度上会对投资产生抑制性作用，常常会阻碍资本形成，进而导致经济的增长速度下滑。

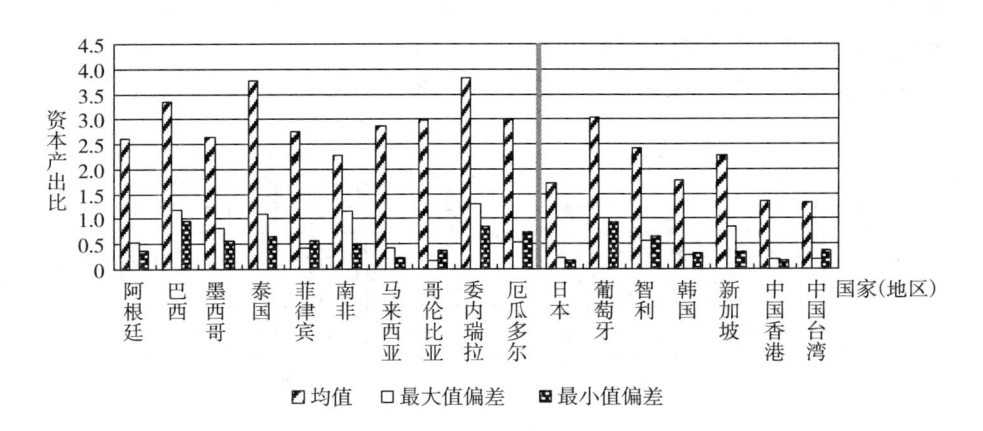

图 24-4　落入中等收入陷阱与跨越中等收入阶段国家（地区）的资本产出比相关统计值比较

综上所述，与跨越中等收入阶段的国家（地区）相比，落入中等收入陷阱的国家资本利用效率较低,且资本利用效率不平稳,波动较大,一定程度上会对经济增长产生负面影响。

3. 产业结构优化

为实现跨越中等收入阶段的目标,适时并合理分配和发展三次产业是各国需要重点关注的问题。

从世界各国的经济发展史来看,各国从低收入阶段发展为中等收入阶段,再由中等收入水平向高收入水平跨越时,几乎都伴随着自身产业结构由第一产业向第二产业占优,最终转变为以第三产业为主的产业结构变迁过程。根据 WDI 数据库获取的数据,我们计算了最近 20 年 8 个落入"中等收入陷阱"国家和 8 个跨越中等收入阶段国家(地区)1995—2014 年三次产业占比的均值,并绘制了图 24-5。通过比较图 24-5 中各国(地区)的三次产业比重可以得到,除墨西哥第一产业比重偏低以外,其他 7 个落入中等收入陷阱国家(地区)的第一产业占比均高于"跨越中等收入阶段"国家的第一产业比重,其中,玻利维亚、菲律宾和埃及的第一产业比重比跨越中等收入阶段的 8 个国家高出 9 个百分点以上;从第二产业占比来看,除了巴西的第二产业比重略低于 30%,其他 7 个落入中等收入陷阱国家(地区)的第二产业占比均高于 30%,而在 8 个跨越中等收入阶段国家(地区)中,除韩国和智利的第二产业比重在 30%—40% 及波兰的第二产业比重略高于 30% 以外,其他几个国家第二产业比重几乎都低于 30%。总体而言,与落入中等收入陷阱国家(地区)

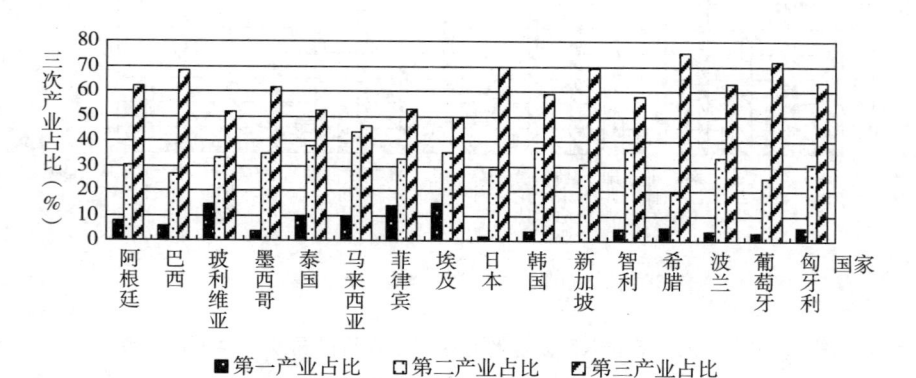

图 24-5 落入中等收入陷阱和跨越中等收入阶段国家(地区)1995—2014 年三次产业占比的均值比较

的第二产业构成相比,跨越中等收入阶段国家(地区)的第二产业比重较低;从第三产业占比的构成来看,跨越中等收入阶段国家(地区)的第三产业比重几乎都高于60%,落入中等收入陷阱国家第三产业比重大多集中于50%上下,因此,跨越中等收入阶段国家(地区)的第三产业比重普遍高于落入中等收入陷阱的国家。

同样,根据上面1995—2014年三次产业占比的数据,我们分别计算了落入中等收入陷阱国家组和跨越中等收入阶段国家(地区)组的三次产业平均值,并绘制了图24-6至图24-8。图24-6至图24-8更为清晰地展示出落入中等收入陷阱国家(地区)组和跨越中等收入阶段国家(地区)组三次产业的分布差异。通过观察不难发现,落入中等收入陷阱国家组第一产业比重的均值明显高于跨越中等收入阶段国家(地区)组,且经济发展水平较高的国家(地区)在逐渐降低第一产业占比,降低的幅度也大于落入中等收入陷阱的国家组;从第二产业构成来看,总体上看,落入中等收入陷阱国家组的第二产业比重有上升趋势,跨越中等收入阶段国家(地区)组的第二产业比重出现趋势性下降,且下降幅度较大。同时,与跨越中等收入阶段的国家(地区)组相比,2000年以前,落入中等收入陷阱国家组第二产业比重略高于跨越中等收入阶段国家(地区)组。2000年以后,跨越中等收入阶段国家(地区)组的第二产业比重与落入中等收入陷阱国家组进一步拉大距离,且扩大趋势越来越明显;反观两个国家(地区)组第三产业的发展可以看出,跨越中等收入阶段国家(地区)组的第三产业比重呈现趋势性上升,而落入中等收入陷阱国家组的第三产业比重几乎没有呈现趋势性变化。同时,跨越中等收入阶段国家(地区)组的第三产业比重均高于60%,并逐渐接近于70%,而落入中等收入陷阱国家组的第三产业比重长期在50%—60%徘徊。结合图24-6、图24-7和图24-8可以看出,跨越中等收入阶段国家(地区)组在不断缩小第一、第二产业比重的同时,正在逐渐促进第三产业的发展,使产业结构不断适应其经济发展阶段并支撑和服务于自身的经济进步。尽管落入中等收入陷阱国家组在缩小第一产业的比重并积极推进第二产业发展,但受制于第二产业的粗放型和消耗型发展方式,造成第二产业内部的畸形,无法跨越更高级的阶段,同时,这种不良发展又使部分资源转移至尚未发育完善的服务业部门,从而不但导致服务业出现不健康的"过度化",也造成这些国家第三产业停滞不前,未能使这类国家实现真正意义上的经济结构优化。

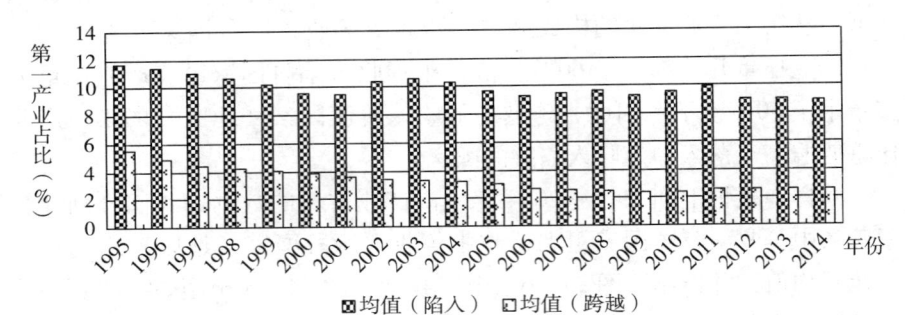

图 24-6 1995—2014 年落入中等收入陷阱与跨越中等收入阶段国家（地区）组第一产业均值比较

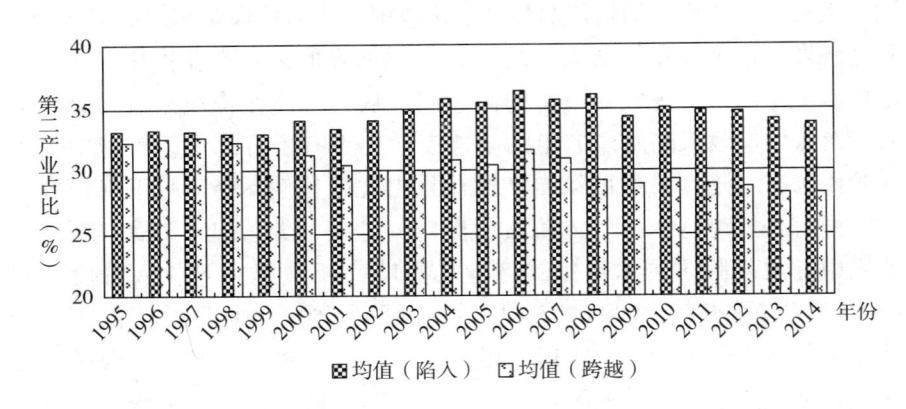

图 24-7 1995—2014 年落入中等收入陷阱与跨越中等收入阶段国家（地区）组的第二产业均值比较

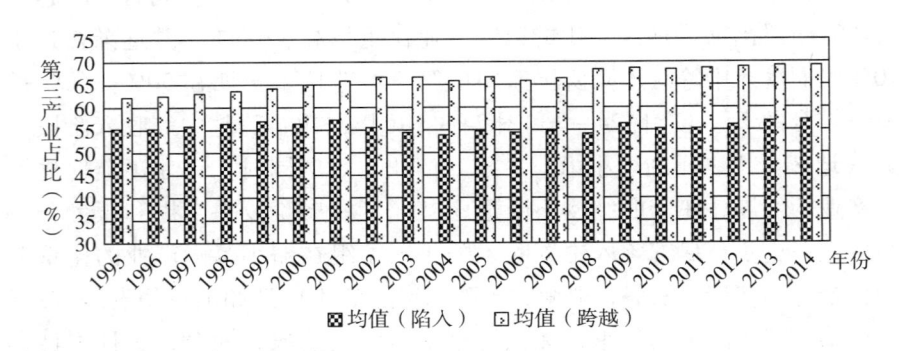

图 24-8 1995—2014 年落入中等收入陷阱与跨越中等收入阶段国家（地区）组的第三产业均值比较

4. 人力资本水平

罗默（1986）和卢卡斯（1988）将人力资本纳入经济增长模型，建立了内生经济增长理论。由此，人力资本也越来越被学术界和各国政府所重视，将其视为经济增长的一个非常重要的因素。目前，学术界对于人力资本水平的衡量提出了不同的观点，但由于数据的可得性，大多采用与教育程度相关的指标来度量人力资本情况。为保证数据覆盖多个国家（地区）以及较长的时间区间，我们采用平均受教育年限来衡量各国（地区）的人力资本水平，并对跨越中等收入阶段国家（地区）和落入中等收入陷阱国家（地区）的人力资本发展程度进行比较分析。

表24-4是两组国家（地区）1950—1990年的15岁及以上年龄人口平均接受教育年限数据。从各国（地区）1950—1990年15岁及以上年龄人口平均受教育年限的平均值来看，在跨越中等收入阶段国家（地区）中，除新加坡的平均受教育年限均值低于5以外，其他国家（地区）的平均受教育年限平均值都大于6.4；在落入中等收入陷阱国家（地区）中，除阿根廷和南非的平均受教育年限平均值分别高于6和4.6以外，其他国家（地区）的平均受教育年限平均值都在4.6以下。通过比较两组国家（地区）15岁及以上年龄人口平均受教育年限的平均值可以发现，大多落入中等收入陷阱国家（地区）的人力资本水平要低于跨越中等收入阶段国家（地区）的人力资本水平，与跨越中等收入的国家（地区）存在一定差距。其中，人力资本水平均值最低的危地马拉与人力资本水平均值最高的日本相差6个点之多，巴西和土耳其也比跨越中等收入的国家（地区）中人力资本水平最低的新加坡低大约两个点。

从跨越中等收入阶段国家（地区）组和落入中等收入陷阱国家组15岁及以上年龄人口平均受教育年限的平均值来看，1950—1990年，跨越中等收入阶段国家（地区）组的教育水平均高于落入中等收入陷阱国家组两个点以上，后者在人力资本水平上难以超越前者。因此不难看出，人力资本水平的高低也是一国（地区）能否成功跨越中等收入阶段的一个重要条件。

表 24-4　1950—1990 年跨越与落入中等收入陷阱的国家（地区）平均受教育年限

	1955 年	1960 年	1965 年	1970 年	1975 年	1980 年	1985 年	1990 年	均值
跨越中等收入阶段的国家（地区）									
日本	7.37	8.01	7.82	8.2	8.74	9.25	9.76	9.97	8.64
希腊	5.51	7.38	6.42	6.53	6.78	7.1	7.89	8.58	7.02
匈牙利	7.32	7.48	7.66	8.15	8.65	9.08	9	8.8	8.27
波兰	5.66	6.04	6.59	7.14	7.59	8.05	8.46	8.5	7.25
智利	5.02	5.22	5.65	6.08	6.56	6.97	7.74	8.4	6.46
韩国	5.13	4.34	5.47	6.34	7.28	8.29	9.14	9.35	6.92
新加坡	3.07	3.66	4.31	5.18	5.02	5.24	5.96	6.63	4.88
中国香港	4.66	4.91	5.71	6.3	6.91	7.977	8.68	9.35	6.81
中国台湾	4.65	4.98	5.47	6.1	6.81	7.61	8.17	8.74	6.57
均值	5.13	5.52	5.86	6.38	6.91	7.51	8.1	8.51	
最大值	7.37	8.01	7.82	8.2	8.74	9.25	9.76	9.97	
最小值	2.92	3.21	3.48	3.79	4.72	5.24	5.96	6.63	
落入中等收入陷阱的国家（地区）									
阿根廷	5.19	5.67	5.93	6.3	6.85	7.3	7.85	8.34	6.68
巴西	1.76	2.05	2.38	2.81	2.57	2.77	3.78	4.6	2.84
哥伦比亚	2.7	3.07	3.43	3.92	4.35	4.9	5.5	5.99	4.23
玻利维亚	2.79	3.1	3.61	4.01	4.59	5.47	6.37	7.26	4.65
危地马拉	1.41	1.45	1.53	1.76	2.06	2.91	3.21	3.57	2.24
墨西哥	2.59	2.77	3.17	3.56	4.15	4.89	5.73	6.4	4.16
马来西亚	2.38	2.84	3.37	4.17	4.8	5.75	6.71	6.97	4.62
南非	4.31	4.4	4.45	4.6	4.85	5.11	5.11	6.79	4.95
土耳其	1.39	1.77	2.09	2.43	2.92	3.55	4.58	5.01	2.97
均值	2.78	3.06	3.39	3.82	4.26	4.89	5.55	6.22	
最大值	5.19	5.67	5.93	6.3	6.85	7.3	7.85	8.34	
最小值	1.39	1.45	1.53	1.76	2.06	2.77	3.21	3.57	

5. 汇率变动程度

在金本位制度下，一个国家（地区）会受其他国家或（地区）的衰退或通货膨胀的影响，且随着世界经济不断增长，黄金越来越不能满足日益扩大的商品流通的需要，因黄金数量限制而导致的各种国际经济问题凸显。但是，金本位制度可以限制政府或银行滥发纸币，使各国（地区）汇率基本保持固定。第二次世界大战结束以后，以美国主导的布雷顿森林体系的建立，标志着以美元为中心的固定汇率制度得以形成。但是，由于布雷顿森林体系下的国定汇率制度不能灵活地反映外汇供求关系，使汇率的市场性丧失或削弱，汇率市场性的丧失或削弱又使其不能反过来调节外汇的供求关系。由于这种汇率制度所固有的一些缺陷，20世纪六七十年代相继爆发美元危机，投机者在外汇市场大规模抛售美元，最终布雷顿森林体系还是于1973年解体了。布雷顿森林体系瓦解后，由国际货币基金组织（IMF）和国际货币制度临时委员会于1976年年初达成《牙买加协议》，确立了以信用制度为特征的牙买加体系。在这一体系下，浮动汇率制被合法化，美元对世界主要国家货币汇率波动呈现出不同的趋势。

由于金本位制度和以美元为中心的固定汇率制度存在一些弊端，以及这两种汇率制度下各国（地区）汇率缺乏弹性，我们对浮动汇率制度出现以后（1976年后）各国（地区）货币汇率进行分析。最终选取落入中等收入陷阱的6个国家（墨西哥、巴西、阿根廷、泰国、菲律宾、马来西亚[①]）和跨越中等收入阶段的4个国家（地区）（日本、韩国、新加坡、中国香港[②]）货币1976年以后的汇率数据绘制了图24-9。

图24-9显示，在拉美地区，巴西和阿根廷的货币汇率自1976年以后经历了巨大的变动，近20年间，货币贬值幅度达到了上亿甚至是上百

[①] 墨西哥1989年由对美元的固定汇率制转向爬行盯住汇率制，1991年年末又转为爬行区盯住汇率制。1994—1995年金融危机爆发后，1995年墨西哥比索开始实行自由浮动汇率制；巴西在1993—1999年实行向下爬行盯住汇率制度。1999年金融危机后，巴西放弃了有管理的浮动汇率制，走向自由浮动汇率制度；2002年年初，阿根廷在严重的货币投机危机压力下放弃了实行11年的货币局制度，开始实行有管理的浮动汇率制度；自1984年起，泰铢采用盯住汇率制，盯住以美元为主的"一篮子"货币。1997年亚洲金融危机爆发后，泰国政府宣布放弃盯住汇率制度。1999年以后，泰国实行浮动汇率制度；1980—1984年和1985—1994年，马来西亚分别实行盯住汇率制度和中间汇率制度。自1995年起，马来西亚开始实行浮动汇率制度；菲律宾在1980—1989年实行中间汇率制度，1990年以后采用浮动汇率制度。

[②] 日本从20世纪80年代起一直实行浮动汇率制度；韩国1982—1997年实行有管理的浮动汇率制度，1997年以后开始实行浮动汇率制度；新加坡1987—1989年实行有管理的浮动汇率制度，1990—1994年新加坡又重新实行了盯住汇率制，1995年以后新加坡采用浮动汇率制度；中国香港在1935年开始即实行与英镑关联的联系汇率制度，到1974年时改为浮动汇率制度，1983年中国香港再次启用联系汇率制度，并将美元作为联系货币。迄今为止，中国香港仍旧保持这种汇率制度。

亿。20世纪90年代中期以后，汇率变化才逐渐趋缓。与这两个国家相比，虽然墨西哥的货币贬值幅度较小，但是，1980—1990年，墨西哥比索贬值幅度也达到了几百倍，20世纪90年代中期以后，汇率变化也逐步缓和。与货币汇率的剧烈变化相对应，自1976年后，巴西和阿根廷两国的经济均出现了一定程度的下滑，进入20世纪80年代后，两国的经济发生了强烈震荡，经济进入了"失去的十年"，汇率的剧烈变动对经济产生了强烈冲击。同样，在此期间，随着比索的大幅贬值，墨西哥的经济也进入了较长的低迷期。与上述三个拉美国家的货币汇率变动不同，菲律宾的货币汇率变化相对缓和。迄今为止，菲律宾的货币汇率基本都在10倍区间缓慢贬值，但菲律宾的汇率波动幅度仍然大于其他几个国家。从图中可以看出，马来西亚和泰国的货币汇率波动幅度比较微小，甚至低于个别发达国家货币汇率波动程度。总体而言，日本、韩国、中国香港和新加坡几个发达国家（地区）的货币汇率波动幅度均保持很小的程度，对经济产生的负面冲击相对微小。

从图24-9中可以看到，跨越中等收入阶段的4个国家（地区）的

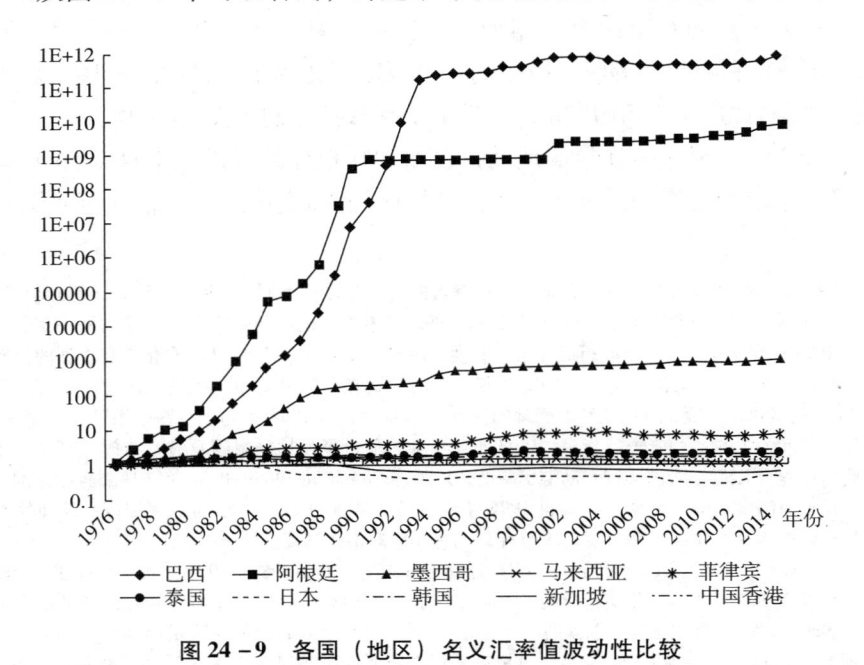

图24-9 各国（地区）名义汇率值波动性比较

注：各国（地区）货币汇率数据采用以美元为锚货币的直接标价法；为便于比较，每种货币各年份汇率以1976年为基数（1976年汇率等于1）进行换算。

货币汇率波动总体较小,但变动方向却不尽相同。日本和新加坡的货币汇率总体处于升值状态,其中,日元的升值幅度偏大。而韩国和中国香港的货币汇率总体呈现小幅贬值状态。4 个国家(地区)货币汇率的小幅波动为本国(地区)的经济发展创造了良好的外在条件。

在落入中等收入陷阱的国家中,几个拉美国家的货币汇率贬值程度十分惊人,其中,巴西和阿根廷的货币汇率变化极为剧烈,远远超出墨西哥比索的贬值程度。然而,与拉美国家相比,东南亚的几个国家(马来西亚、菲律宾和泰国)货币汇率贬值幅度都不高。其中,菲律宾的货币贬值幅度偏大,马来西亚和泰国的货币贬值幅度相对微小。可见,东南亚的 3 个发展中国家货币汇率相对较为稳定,对经济发展没有造成太多负面影响。对于陷入中等收入陷阱的几个拉美国家而言,汇率的剧烈变动给经济发展以重创,使这些国家经济陷入中等发展阶段难以自拔。

二 跨越中等收入阶段国家(地区)和步入高收入国家行列的经验分析

(一)日本跨越中等收入阶段的经验分析

日本在第二次世界大战中付出了沉重代价。在战争结束以后,经过十年时间使其国内经济得以恢复。但此后 20 年,日本经济的快速增长使其分别于 20 世纪 60 年代中期和 70 年代进入了中低收入、中高收入阶段。到 20 世纪 80 年代初,日本人均 GDP 突破 1 万美元,在 80 年代中后期,成功跨越了中等收入陷阱,成为高等收入国家。日本缘何以如此之快速度越过中等收入陷阱,我们从以下几个层面具体分析。

第一,采用科学合理的方式,进行经济发展方式转型。20 世纪 50—80 年代,日本完成了从轻工业到重工业再到第三产业的科学转型和升级,实现了由"贸易立国—技术富国—文化强国"的发展方式。在战后国内经济发展需求和国际形势不断变化的条件下,日本先后进行了三次大型的产业结构变革。自 20 世纪 50—70 年代,日本从以轻工业产品出口的贸易国家,转变为以重工业为主导,并以此带动相关产业发展并促进对外贸易快速发展的模式。1955—1976 年制造业对实际 GDP 增长的贡献率达到 38.4%,制造业成为工业化的主导产业,同时,交通、运输、通信和公共事业也实现了持续的高速增长。1956—1976 年，交通、运输、通信和公共事业平均增长率达到 9.7%，对制造业的发展起到了重要支持作用。20 世纪 70 年代，日本机械行业在出口中占比大幅上升，其中，汽车制造业的迅速崛起，带动了钢铁、石化等重工业和化工业的快速发展，机械电子工业逐步成为日本最具国际竞争力的产业。

1973 年的第二次石油危机对日本的经济产生了较大冲击，为应对危机并适应国际经济环境的变化，日本进行了第二次大型的产业结构转型。日本政府推行相关政策，不断降低重化工业的占比，把工业重心转移到发展知识密集型产业，并逐步加快实施以产业"绿色化"为核心的产业结构调整，积极建设资源节约型和环境友好型经济结构。从 20 世纪 70 年代开始，日本便开始开发新能源，开展"企业能耗瘦身"运动，大力开发节能技术、新能源和石油替代技术，明确了促进高能耗产业向节能型产业转变，以此来突破经济增长的资源能源制约，并对环境保护产生了积极作用。

自 20 世纪 80 年代以来，日本将以往大量消耗资源、劳动和产生严重污染的重、化工业转移到发展中国家，国内鼓励发展消耗资源少、环境污染小、高附加值的知识密集型产业和服务业，政府主要以最终消费为目标来促进产业结构的调整。在政策驱动下，以文化创意为发展方向的第三产业比重迅速提升。1980 年，日本的三次产业占比分别为 3.6%、37.7% 和 58.7%，此时日本政府把服务业作为重要的主导产业来推动本国经济的增长。进入 21 世纪以后，日本文化产业的产值占 GDP 的比重接近 20%，日本的文化产业已成为仅次于制造业的第二大支柱产业。显然，与亚洲大部分国家（地区）相比，日本在进入中高收入和高收入国家行列时，产业结构均实现了高度化。

第二，借助全要素生产率的不断提升推动经济增长，尤其是依靠技术创新富国。经过 1955—1970 年的快速发展，日本工业化进程已经基本完成。80 年代以前，日本通过吸收国外的先进技术，基本上完成了技术追赶过程。日本政府意识到要想进一步实现技术创新，必须加强基础性研究创新。在进入 21 世纪之前的 20 年中，在"技术立国"和"科学技术创造立国"的战略引导下，日本的科学技术水平得到了大幅提升。同时，日本还实施积极有效的教育政策，普及基础教育和中等教育，推出教育保障计划，并适时提出职业教育改革，使职业教育得到重视，强化学生工作技能，制定法律保证经费、训练等进一步完善。20世纪70年代，日本便开设了无线电工业高等专科学校和专修学校，保证了工业上急需技术人员的来源。进入80年代以后，日本不断增加对高等教育和研发的投入，国家投入大量的资金来发展教育事业，既为国家的经济发展培养高素质的储备人才，也为产业结构的逐步高端化奠定了基础。在中等收入阶段时，日本的研发投入在GDP中所占比重比较大，随着经济的增长，投入也不断增长，研究人员数量持续增加，促使本国科学技术水平逐步提高，推动经济较快增长。到70年代中期，日本引进了两万多项技术，并利用不到30年时间和几十亿美元，就把美国等西方国家用了半个多世纪、花了上千亿美元的研究成果转化为本国技术资源。日本还通过实行税制优惠措施、补足金与委托费低息融资等政策优惠，支持企业研发，扶持民间部门研究，并专门立法促进"创新中心"型科技园区的成立和发展，特别是鼓励电子工业的发展。1980—2000年，技术进步对日本经济增长贡献率达到70%以上。因此，技术创新为日本跨越中等收入陷阱提供了坚实条件。

第三，有效地解决了劳动力流动和劳动者收入问题。劳动者既是社会财富的创造者，也是社会财富的需求者，因此，理解并处理好劳动者与经济社会发展的关系尤为重要。一个能有效地解决劳动力流动和收入问题的国家，才能使劳动者为经济社会进步所服务，才能使劳动者充分发挥自身对经济发展的巨大作用。第二次世界大战以后，日本农村生产率不断提高，导致农村出现了大量的剩余劳动力，同时，伴随20世纪50年代工业的蓬勃和快速发展，工业领域对劳动力的需求不断增加，工业部门的工资水平也不断上涨，以上因素促使劳动力持续流向工业部门，这解决了农村剩余劳动力问题，也增加了劳动者收入。此外，日本政府在1960年推行的"国民收入倍增计划"，不仅通过促进农地的流转推动一定量的农民迁往城市工作生活，还通过振兴区域经济的计划来鼓励企业到农村地区投资，为解决农村劳动者工作和收入问题提供了有利条件，进而推动经济不断向前发展。

第四，调整收入分配格局，增强经济社会公平性。在经济腾飞的时期，日本的基尼系数也是不合理的，呈现出了很大的偏离。20世纪50年代，日本的基尼系数曾经高达0.47。20世纪60年代，日本经济进入了低迷期。为了解决过度依赖投资带动增长、将要失去的人口红利效应、消费需求不足等一系列问题，日本制定了包括农业改革、最低工资水平、教育公平性政策、促进区域之间和城乡之间均衡发展的"国民收入倍增计划"，这使国民收入不断增加，居民消费需求随之增强，民间投资率显著上升。仅用 7 年时间，日本就实现了国民收入的翻番，中等收入阶层也显著上升。同时，随着日本向高收入国家迈进，并借鉴欧美国家福利制度的经验，构建了适合本国国情的社会福利保障体系。20 世纪 60 年代，日本建立了包括年金、医疗、雇佣、劳灾和看护五项社会保险制度，社保支出占国民收入比重也逐年提高。其间的一系列激励措施使日本再分配后基尼系数大幅下降。1979 年，日本的基尼系数降至 0.3 左右。社会福利的提高不仅带动了居民消费力的提升，还促使投资和出口不断增加，为经济增长注入了活力。进入 20 世纪 80 年代以后，日本又重点实施收入、医疗、教育、居住四项基本保障计划。在泡沫经济发生以前，日本基本完成了社会保障体系和社会福利制度建设，后期阶段，其基尼系数基本稳定在 0.25 左右。同时，日本也积聚了用于抵御后来经济冲击的力量。此外，日本还采取巨额行政罚款等多项措施来限制垄断，有效地打击了不合理的市场竞争行为，使正常的市场经济秩序和良好的市场机制为经济发展提供了保证。

第五，税收制度和政策发挥了重要作用。首先，政府通过完善所得税和物品税制，促进社会公平和经济发展。中等收入时期，日本以直接税为中心的税收制度，对经济社会发展卓有成效。尤其是个人所得税，政府通过采用较高的超额累进税率，加强对高收入者征税，同时，不断上调最低课税额和工薪所得各项税前扣除额，减轻工薪收入家庭的税负，更好地协调了居民收入分配。同时，在消费税领域，政府对以酒税、物品税为主的间接税加大征收力度，对高尔夫用具、大型游艇等高档消费品征收高比重税。此阶段，日本政府还大幅度提高了继承税比重。这些举措对于调整社会收入分配不公发挥了积极作用，也在一定程度上促进了经济增长。其次，政府通过下调法人税率，巩固中小企业税制来推动企业发展壮大，进而带动经济快速增长。最后，政府通过出台定向、力度大的税收优惠政策，支持经济社会发展，如政府推行让利于民众和企业的减税政策，推进社保制度建设的财税改革，促进经济社会的整体繁荣。此外，为加强城市化健康发展和生态环境改善，政府还实施了解决公害和城市拥堵等问题的财税优惠政策。

(二) 韩国跨越中等收入陷阱的经验探讨

20世纪50年代，受战争的影响，韩国的经济和国力衰弱，其在世界上也是一个较为贫穷的小国。然而，随着60年代广泛实行的出口导向型经济发展战略，韩国的经济增长较为迅速。伴随着韩国政府在70年代初所推行的"新乡村运动"和"韩国五年经济计划"，韩国的经济进入高速增长期，这一阶段的增长也被称为"汉江奇迹"。1977—1995年，韩国经济的平均增长率接近8%。其中，1981—1990年均增长率达到8.74%。经济的高速增长推动国民收入不断上升。60年代初，韩国的人均GDP仅在150美元左右，70年代中期增长到600美元以上。到1977年，韩国人均GDP超过1000美元，进入中低收入国家行列，而在80年代末达到中上等收入程度，又于90年代中期达到高收入国家标准，成功跨越了中等收入陷阱。从韩国的经济发展进程来看，韩国的经济发展战略是成功的。

第一，韩国政府审时度势，较好地利用国内国际条件制定合理的发展战略，积极有效地调整经济发展方式。朝鲜战争结束以后，为保护国内经济，韩国采取了面向国内市场的进口替代工业化发展模式。尽管这一发展模式使国内轻工业得到迅速发展，并使进口替代产业具有一定规模，但由于资金、技术和原材料短缺，外汇奇缺，国内市场空间十分受限等，韩国的经济增长较为缓慢。1953—1961年，韩国的GDP年均增长率仅为3.9%。到20世纪60年代，韩国凭借其拥有的丰富劳动力资源，积极承接经济发达国家劳动密集型产业的转移，韩国开始了从进口替代工业化发展模式向出口导向型的工业化发展模式转变的征程。随着经济的快速增长，60年代中期以后，韩国开始增加资本密集型产品和半成品的进口，这种重工业产品和原材料进口的扩大对韩国扩大重工业生产提出了挑战。随着1973年朴正熙所发表的《重化学工业宣言》，韩国开始向重工业中间产品生产阶段迈进。随着发达国家资本密集型产业的转移，韩国的重工业得以迅速发展，资本密集型产品的出口不断增加，韩国进入了重工业中间品出口工业化阶段。70年代末，韩国劳动力短缺问题逐渐暴露出来，凭借低劳动成本优势推动经济增长已不可行，加之贸易保护主义抬头和新型工业化国家产品的竞争优势，韩国以前的产业发展模式已难以为继。此时，韩国政府再次审时度势，顺应世界产业结构调整所提供的机遇，使主导产业从劳动密集型产业转向资本密集型产业，大力发展电子、电器和汽车工业，还面向世界积极出口，使资本密集型产业迅速发展为出口主导产业。20世纪80年代以后，在世界新技术革命以及西方国家贸易保护主义对韩国出口导向型经济的影响下，韩国提出"产业结构高级化"的政策目标，加速向其他国家转移劳动密集型产业，从依托增加资金投入、维持廉价劳动力的粗放型发展战略，转为主要依靠增加研发投资和提高产业科技含量提升竞争力。韩国把过去片面追求经济高速增长的发展方式转变为追求经济的稳定增长，政府主导开始转变为民间主导，经济的外延扩大转变为内延发展，加大科技投入和加快科技研发，以发展技术知识密集型产业。20世纪90年代后，韩国以信息化产业带动经济增长，重点发展计算机、生物工程和智力服务等行业，促进新一轮产业升级，使产业结构向技术知识集约和节能型方向发展。90年代中期，韩国的工业化成果使其达到高收入国家标准，实现了经济持续稳定的快速增长，成功跨越了中等收入陷阱。

第二，依靠提高全要素生产率，尤其借助于技术创新促进经济发展。20世纪60年代，韩国开展大规模经济开发时，企业的技术基础主要是通过集中引进国外技术、模仿、消化、吸收而形成的。70年代，韩国主要依靠引进先进技术和低劳动力成本优势相结合来促进工业化发展。尽管这一时期韩国的资本投入增长速度非常快，但全要素生产率对经济增长的贡献却几乎为零，经济增长主要依靠的是要素投入。80年代，韩国全要素生产率对经济增长的贡献率达到了28.94%，全要素生产率对经济增长的贡献超过了劳动投入部分，成为仅次于资本的第二大发展动力。其中，1982年，韩国提出的"科技立国"战略，也明确了其主要目标是利用先进技术来推动产业发展，韩国的经济发展也开始从技术引进向技术创新转变。进入90年代以后，为减轻本国对发达国家的技术依赖程度，韩国通过进一步加大科研投入、鼓励科技创新等措施发展本国高新技术产业。1970—2007年，大学研发经费的比重从4%稳步增长到11%，企业研发经费的比重增长速度更为客观，从1970年的12%上升到2007年的76%，到2010年，韩国总的研发经费达到了31万亿韩元以上，居世界第7位，处于国际领先地位。1998—2011年，韩国全要素生产率对经济增长的贡献率达到44.87%，成为促进经济增长的主导因素。韩国真正实现了经济转型，转变为依靠全要素生产率发展的创新型经济发展模式。

第三，实现城乡、工农业均衡发展。历史上，韩国是一个农业资源相对稀缺的国家，其人均耕地面积十分有限。但是，通过土地改革，国家实现了"耕者有其田",广大农村地区由于农民获得了耕地而较为安定,为经济长期稳定、健康发展奠定了坚实基础。20世纪60年代,韩国开启了工业化进程,在这一时期,工农差别逐渐显现出来。为此,韩国积极推行工业反哺农业政策,并于1970年开展了"新村运动",以缩小城乡差距,促进工农业协调发展。这些措施使韩国农业生产力迅速提高,达到现代化水平,也满足了粮食的自给自足,还使农民收入迅速上升。20世纪90年代初,韩国农村居民人均收入已经达到城市居民人均收入的95%,城乡收入差距已基本消失。在"新村运动"期间,韩国的工业进一步发展,需要越来越多的劳动力,于是农村劳动力大量迁移至城市,以适应社会发展需要,也加快了城市化进程。韩国《农林统计年报》显示,1970年,韩国农村人口占全国人口的44.7%,2005年下降到6%。随着越来越多的劳动力转移到城市,农业劳动力供不应求问题凸显。为解决这一问题,韩国积极鼓励农业的机械化和集约化经营,使农业生产创造了更高价值。到20世纪90年代,韩国农业集约化经营程度在亚洲区域内名列前茅。伴随着农业劳动力向工业、服务业转移,农村人口的绝对数量大量减少,农业机械化的程度在不断加深,农民的人均收入也在不断增加,城乡收入分配发生了显著变化。一系列农业倾向性政策较为全面地解决了韩国的"三农"问题,并使农业在经济增长中发挥了卓有成效的作用。

第四,合理的收入分配结构助力经济发展。韩国不仅能够保持持续稳定的经济增长,而且还能使社会收入分配长期保持较为合理的水平。自20世纪60年代起,韩国开始建立社会保障制度,至今,韩国的基尼系数一直处于较低水平。1961—1979年,朴正熙政府实行国家主导型经济开发政策,强调以经济发展为中心。尽管如此,政府还是制定了十几个有关社会保障的法令,以减少社会收入分配的失衡。1965年,韩国的基尼系数处于0.34的合理水平,20世纪70年代中期到80年代,韩国基尼系数值有所增加,达到0.39的历史高位,但此后不断降低。80年代,韩国政府还推行了全国医保制度与养老金制度,并出台了《最低工资法》,以保障居民的收入水平(1989年和1999年实现了国民医疗与养老全覆盖)。1987年后,韩国的社会保障覆盖面逐渐扩大,扩展后的范围包括一般国民。到1995年,逐步形成了包括雇用保险、年金保险、健康保险和产灾保险的四大社会保险。1995年,韩国的基尼系数值降至0.28。这一时期，中产阶级和城市人口占全社会人口比重超过了 70%。尽管受 1997 年亚洲金融危机的影响，韩国的收入差距有所增大，但基尼系数始终没有超过警戒线。1998 年，金大中政府执政以后，提出应该为有劳动能力的人提供工作，为特殊人群提供保障，以保证其基本的生存权。进入 21 世纪以后，各界政府均按照公平合理的原则优化收入分配结构，为经济的可持续性提供了基础和保障。

第五，税收政策对改善民生产生了积极效果。20 世纪 70 年代中后期，韩国实行比较彻底的综合个人所得税制，对储蓄与投资所得单独设计了税率，对促进经济增长和改善国民生活水平产生了一定影响力。进入 90 年代以后，韩国以分类所得税和综合所得税为基础，进一步细化了个人所得税的征收条例。为照顾低收入人群和弱势群体，韩国多次提高个人所得税的免征额，不断降低税率，降低征收档次，减轻低收入者的税收负担。对高收入者则提高其税率，增加对持有不动产的征税，实行累进的综合土地税，提高对土地征收的财产税等，打击不动产投机，以缩小由不动产带来的国民贫富差距。

第六，通过规范市场秩序、减少行业垄断来刺激经济增长。韩国在 20 世纪 60 年代经济起飞过程中，为推动经济增长有意识地扶持一些重点企业，但也造成少数企业对有些行业的高度垄断。为规范公平交易，减少行业垄断，1980 年政府出台了《限制垄断及公平交易法》，成为了韩国反垄断的根本大法。1981 年，韩国政府单独设立了对垄断和市场交易问题进行统一管理的国家公平交易委员会。据统计，1981—2007 年，该委员会共查处上万件不公平交易和垄断行为案件，为维护公平的市场秩序提供了有力保障，以加快经济增长。

（三）智利步入高收入国家过程中的经验借鉴：经济发展视角

从 20 世纪 30 年代开始，智利开始实施进口替代工业化发展模式，与其他拉美国家一样，智利主要面向国内市场发展本国工业，仅有少数初级产品对外出口。在当时的历史条件下，这一发展模式对经济增长起到了推动作用。到 70 年代时，阿连德政府强制推出"社会主义之路"规划，导致物资紧张，货币大幅度贬值，通货膨胀加剧，经济低迷，社会动荡不安。1973 年，阿连德政府被推翻，皮诺契特上台执政直到 1990 年。自此，智利进行了重大战略转型：完全否定国家主导的、强力保护下的进口替代发展模式，主张市场经济高度自由化，实行全面对外开放，由以前政府主导的进口替代工业化发展模式转向市场主导和出口导向型发展模式，以推动经济增长。智利政府经济发展战略的调整对扩大对外贸易，减轻政府财政压力，增加企业经济效益，控制通货膨胀产生了前所未有的效果。即便是在拉美地区经济处于"失去的十年"期间，智利仍然没有出现低于3%的经济增长率，尤其是80年代中期以后，其实现了连续多年的较高经济增长率。1990年之后，智利在继承和延续以往自由市场模式的同时，不断增强社会改革和社会建设，努力推进经济效率和社会公平均衡发展。1990—1993年，智利实现了7.7%的年均经济增长率，贫困人口比重由40%降低至27%。1994—2000年，年均经济增长率保持在5.6%，至2000年将贫困人口比重降至20%、赤贫人口比重从12.9%减少到5.7%。进入21世纪以后，智利政府通过增加公共设施的投资力度，创造更多的就业机会，提高对最贫困人口的政府开支，提升国民受教育水平、加大社会保护力度和提升生活质量等兼顾公平和效率的三大政策等促进经济社会协调稳定和持续健康发展。智利国内经济发展受国际金融危机和世界经济低迷的影响较小，到2010年，智利人均GDP首次突破1万美元，2010—2014年，年均经济增长率仍然处于5.3%的较高水平。2013年，智利还被世界银行列为"高收入经济合作与发展组织成员"。与大多数拉美国家不同，智利通过调整经济发展战略和持续合理的改革来推动经济稳步增长，成功步入高收入国家行列，其经济发展的诸多经验值得借鉴。

第一，顺应国内国际经济形势，及时转变经济发展模式。第二次世界大战后，几乎所有拉美国家都实行进口替代工业化发展战略，其主要特点是国家实施诸多干预和保护。但随着国际环境的不断变化，大多拉美国家都没有适时转换经济发展模式。但智利却与世界经济全球化趋势同步，在合适的历史时期顺势而为，调整经济发展战略。20世纪70年代，皮诺契特政府摒弃了进口替代工业化发展模式，主张建立彻底的自由市场经济，实行全面对外开放，自此，智利经济发展转向出口导向型模式，智利也成为最早进行市场化、自由化和私营化改革的拉美国家。在经过一段时期的"激进休克式"改革发现一些弊端后，智利能够迅速调整策略，较早地放弃了新自由主义路线，逐步减缓市场化速度，采取渐进可控方式继续改革。20世纪90年代之后，智利对内继续加速经济结构调整，鼓励创业创新，努力提高国家的产业竞争力，对外加大自贸协定谈判力度，全面拓展国际市场。通过改变经济发展模式，智利既实现了经济转型和产业升级，又提升了产品产业在外部市场的竞争力。根据本国的实际出发，智利不断调整改革政策，走出一条适合本国国情的发展道路，使经济增长保持稳定并得以维持。

第二，有效的市场化改革激发了经济发展活力。拉美大部分国家，体制变革受到利益集团羁绊，严重滞后于经济发展。利益集团常常干预经济政策制定，阻碍经济社会领域的一些变革，造成社会财富高度集中，也导致"寻租"、投机和腐败现象蔓延，使市场难以高效执行其配置资源的功能。然而，智利却较早意识到这种人为干预经济的发展模式难以为继，在阿连德之后的历届政府都积极推行适度的市场自由化改革，政府不再是企业创建者、经营者和直接生产投资者，而是充分利用市场机制这个"看不见的手"来主导经济发展，刺激市场主体的活力，发挥市场配置资源的关键性作用，而政府这只"有形的手"通过制定经济发展规划与相关机制，引导国民经济的发展方向和速度，通过经济和法律手段进行宏观调控。智利政府通过实施国有企业私有化、市场开放化、贸易自由化等改革增强了生产资源的优化配置效果，完成了经济体制由政府主导向市场主导的转型，使比较优势得以充分发挥，激发了市场和社会的活力，推动经济稳步增长。据美国传统基金会 2013 年公布的 178 个国家经济自由度评估报告，智利经济自由度得分 78.7，在拉美排名第一，并且连续三年保持世界第七位，甚至超过了美国、英国、德国、日本等发达国家。

第三，政府对经济发展进行适度干预，实施稳健的财政政策和灵活的货币政策，积极推进金融领域的改革。智利遵循从管制经济到市场经济、从金融抑制到金融深化、从固定汇率到浮动汇率、从资本账户管制到资本市场开放的规律进行经济改革。从 20 世纪 70 年代中期以后，智利积极推行经济自由化改革，大幅削减政府对经济的控制力，使市场充分发挥配置资源的功能。自 20 世纪 80 年代以来，智利从放松利率管制、推动银行私有化、取消信贷控制、放松资本管制并开放资本市场等方面积极推进金融改革。其中，资本项目的开放使智利获得了进行国内经济建设的急需资金，不仅为本国的经济增长提供了强有力的资金支持，而且有利于平衡国际收支。资本账户开放后，为控制金融风险，智利金融监管当局还加强了对内外资银行的监管，提高银行经营管理的透明度，并明令禁止外资银行从事股票、投资基金和财务顾问等经济活动。同时，进入80年代以后，为了提升产业竞争力以及促进出口贸易，智利政府实行小幅波动的爬行汇率，使货币汇率更富于弹性和市场化。20世纪90年代，为降低外资特别是短期私人资本的大量流入对本国经济造成的冲击，智利制定了新的汇率政策：放弃本币单独与美元挂钩，改用盯住多种货币即"货币篮子"的方式。另外，为减少短期资本过度流入所产生的负面影响，智利于1991年推出无偿储备金制度，规定除出口信贷外的所有外资都须将总金额的20%甚至30%存放在智利中央银行一年且不能获取利息。为减轻外资流入过多所产生的消极影响，从90年代起，智利政府还逐步放宽了对资本流出的约束。在财政改革方面，90年代以后，智利政府根据本国国情，通过适度限制公共开支、建立稳定化基金和保持公共财政结构性盈余等措施，逐步建立起稳健、负责任的财政政策，使智利逐渐摆脱了外债带来的种种压力和限制。同时，政府财政状况显著转好，不仅为国家基础设施投资提供保障，而且为社会保障体系的资金投入提供了支持条件。目前，智利已成为拉美地区经济市场化程度最高、金融体系最开放的国家之一，政府对经济的干预审慎克制，使整个国民经济呈现出活力和生机。

第四，积极推进贸易自由化，大力扶持中小企业发展。在对外贸易方面，智利积极实施"多边主义的贸易伙伴"战略，在单边自由化、双边自贸协定和多边体制三个方面寻求合作。进入20世纪90年代后，智利相继与拉美、北美、亚洲、欧洲的国家或地区集团签署了双边自由贸易协定。进入21世纪以来，智利分别与中国、印度、日本签署了自由贸易协定。迄今为止，智利已成为国际上对外缔结双边自由贸易协定最多的国家之一，这种对外积极开放的贸易政策促使本国企业充分参与国际竞争，尤其是能够推动中小企业通过竞争加强企业实力，使这些企业能在国际市场立足，也极大地拓展了本国的对外贸易市场。在国内政策层面，智利建立了较为系统的支持中小企业的政策体系和与之配套的体制架构。2009年，智利出台了《中小企业法》，通过实施"中小企业投资融资"和"小工业投资融资"计划、信贷保险金折扣单计划、生产投入和国外营销融资、小额出口退税简化系统、出口企业管理支持计划等支持中小企业发展壮大。2010年，智利实施20多亿美元的应急计划，包含完善国家采购机制、改善中小企业的融资环境、通过小企业担保基金和互助担保协会对中小企业的银行贷款进行担保等扶持政策。此外，智利政府还实行中小企业研发援助，建立面向中小企业的技术援助基金，专门资助中小企业聘请优秀人才，解决经营管理中出现的难题。据统计，2015财年智利中小型企业占企业总数的比重接近99%。可见，中小企业的稳定发展对于推动智利的经济增长至关重要，也能在一定程度上增强抵抗国际经济的冲击。

第五，努力促进社会公平分配和完善政治制度。智利在进入中等收入阶段后，努力推行促进均衡分配和社会公平的改革举措，将市场化、经济稳定增长与建设公平社会有机结合起来。政府在进行市场化改革的同时，对养老、医疗等社会保障制度进行了调整，以利于对弱势群体进行有效保护。在改革过程中，智利通过推行各种社会保障政策让不同阶层的国民享受了经济增长的福利，并促进了社会的公平与稳定。自20世纪80年代起，智利将以往以现收现付为主的养老金制度，更换为以个人账户为基础的完全积累制养老模式，实行养老金私有化。并且对于积累制缺乏互济功能，不同收入、性别人群的养老金待遇存在较大差距等问题，智利进行了政策调整，规定财政资金向符合条件的老人提供救济养老金。为保证养老基金的安全和收益，智利政府对基金公司注册资本、经营范围、投资政策、信息披露等方面做出了严格规定和审查。尤其是为保证养老基金的合理收益，智利政府规定了最低投资回报率标准。养老金制度改革不仅克服了传统模式的种种弊端，还为退休者的晚年生活提供了保证，为在职者消除了后顾之忧。政府也能避免支付较多的社会保险补贴，长期的财政失衡难题得到了有效解决。因此，政府可以把更多的资金用于社会救助计划，让最贫困阶层享受到福利，发挥社会保障制度的再分配功能，促使社会和谐均衡发展。可以说，新的社会保障体系使智利的经济和社会逐渐走向了双重的良性循环。智利医疗保健体系的结构性改革始于20世纪80年代。政府根据本国实际情况，建立了独特的混合医疗保健制度，即由公立与私营医疗机构联合向人们提供医疗服务。由此，智利的医疗保健资金管理体系就形成了由相当于国家补贴和类似于商业医疗保险相结合的双轨制局面。此外，在教育层面，政府力求照顾到各阶层民众利益，特别是贫困阶层的利益。20世纪90年代中期以后，政府对中小学教育系统进行了深入且力度较大的改革。改革的内容包括增加校舍、对教师进行积极培训、提升学生招收比率，给予家庭贫困的孩子较多的入学机会。政府计划建立几十所重点学校，让生活困难却成绩优异的孩子能够得到优质教育，以改善贫困阶层的教育水平。

拉美许多国家因政局不稳、社会动荡而出现经济在"增长—衰退"的怪圈中循环，难以跳出中等收入陷阱。然而，智利之所以能实现经济稳定发展，最终步入高收入国家行列，与其政治改革和政治发展方向密不可分。智利文人政府执政后，不断改革传统政治体制，较快地实现了国家的"民主宪政"，且一直保持着稳定的、鲜有中断的宪政民主统治。智利的法律制度较为完善，是一个较为彻底的法治化国家。智利既是拉美民主宪政体制最完善、政治最稳定的国家之一，又是拉美最民主和最廉洁的一个国家。智利通过市场化改革，减少政府对经济的直接干预，大力推行政务信息公开，并成立反腐机构，有效地遏制了官僚们收受贿赂和其他政治违规行为，力求从根本上解决腐败问题。智利在反腐倡廉方面的努力取得了较好效果，市场中的权力"寻租"现象得到有效控制，为智利的经济改革提供了保证。智利的发展经验表明，经济的市场化与政治的民主化、法制化相辅相成并形成合力，共同促进经济发展。

（四）小结

20世纪60年代和70年代，日本经济实现了较高的增长率，经济的增长也使其很快步入中高收入阶段。到20世纪80年代中后期，日本凭借其快速的经济增长成功跨越了中等收入陷阱，步入高收入国家行列。日本之所以能取得如此高的发展成就，是由于国家适时地调整经济发展方式，凭借要素生产率的快速上升尤其是技术上的推陈出新，对劳动力流动、劳动力收入和收入分配问题的重视以及实施合理的税收政策等因素在发挥作用。日本也因此在20世纪50—80年代实现了"贸易立国—技术富国—文化强国"的发展轨迹。

朝鲜战争结束以后，韩国经济十分落后，经历了近十年的经济调整期。20世纪60年代，韩国的经济增长开始提速，进入经济上升期。到70年代，韩国步入经济增长的快车道。20世纪70—90年代，韩国的经济增长率总体处于较高水平，经济的快速增长使国民收入不断提高，韩国分别于20世纪80年代末、90年代中期达到中高收入和高收入国家标准。韩国政府审时度势，通过积极有效地进行经济发展方式转变，以提高科技水平为主促进全要素生产率提升，协调城乡、工农均衡发展以及合理调整收入分配结构，推行先进的税收政策以及通过规范市场秩序、减少行业垄断来刺激经济增长,实现了向高收入国家的成功跨越,总体来看,韩国的经济发展战略取得了巨大成功。

与其他拉美国家相似,智利自第二次世界大战以后主要面向国内市场发展本国工业,采取进口替代型的工业化发展模式。20世纪70年代以后,这一发展模式对经济增长的促进作用逐渐消失,因此,智利对经济发展战略进行了全面调整,主张市场经济高度自由化,实行全面对外开放,由以前政府主导的进口替代工业化发展模式转向市场主导和出口导向型发展模式,以推动经济增长。智利政府经济发展战略的调整对经济增长产生积极效果。即便是在拉美地区经济处于"失去的十年"期间,智利仍然没有受到影响。进入21世纪以后,智利政府通过实施多种政策来促进经济社会协调发展。智利国内经济发展受国际金融危机和世界经济低迷的影响较小,2010—2014年,智利年均经济增长率仍然在5%以上。2013年,智利还被世界银行列为"高收入经济合作与发展组织成员"。与大多数拉美国家不同,智利政府通过调整经济发展模式和持续合理的市场化改革,实施稳健的财政政策、灵活的货币政策、积极推进金融发展,推进贸易自由化和大力扶持中小企业发展以及促进社会公平分配并完善政治制度等改革成功步入高收入国家行列,其经济发展的诸多经验具有重要的启示性。

三 典型国家陷入中等收入陷阱的原因分析:以拉美国家为例

(一)拉美地区经济发展概况及特征

第二次世界大战以前,随着拉美殖民地时期的初级产品出口战略难以适应经济发展的需要,拉美各国逐步转向以进口替代工业化为主的发展模式。第二次世界大战结束后,拉美国家制定和实施了相应经济发展战略,经济状况呈现出了共同的特征。总体而言,其经济发展可以概括为以下三个阶段:

第一阶段是拉美各国普遍实施的"进口替代工业化发展模式"。战后,拉美经历了进口替代工业化的"黄金时期",借助于工业化的迅速发展,各国在经济方面取得了显著成就,其经济增长率在1950—1980年的

30年中平均每年递增5.6%，这一增速不仅在发展中国家名列前茅，同时也超过了除日本以外的各西方发达国家。20世纪50年代，拉美地区年人均GDP增长率为1.7%，60年代增加到2.2%，70年代则达到3%。这一时期，拉美地区的金属加工、机器制造、石油化工和电子工业等新兴部门也得到了迅速发展，主要大国都陆续建立了较为完整的工业体系，该地区工业产值占GDP比重达到了30%，大部分国家都进入了中等收入阶段。其中，巴西、阿根廷和墨西哥三国经济发展水平位居前列，以一种"新兴工业化"国家的姿态出现在国际经济舞台上，1977年，三国制造业产品出口在其出口总额中占1/3以上，很多制成品打入了发达国家市场。哥伦比亚、智利、委内瑞拉和乌拉圭等国次之，玻利维亚、苏里南、中美洲和加勒比地区的大部分国家（地区）经济发展较为迟缓，经济发展受到一定限制。

在进口替代战略下，拉美各国为保护本国工业的发展，为企业提供了大量的税收优惠或者补贴，同时，为保障民众生活，政府承担了大量补贴，财政支出规模较大。但是，由于企业经济效益普遍低下，财政收入增加较为缓慢。因此，总的来说，拉美国家财政状况表现普遍不佳。

在实行进口替代工业化发展模式期间，拉美各国的国际收支状况也不尽如人意。总体来看，这一期间拉美国家经常账户几乎处于赤字状态。为维持国际收支平衡，拉美国家大量引进外资，这也成为后期银行业危机和债务危机的隐患。

尽管19世纪初拉美各国相继推翻殖民统治，实现民族独立，但土地分配不平等现象仍然十分显著，少数家族和利益集团控制着国家经济命脉和政治生活。普遍认为，拉美地区是世界上收入分配最不公平的区域之一。许多没有土地的人迁往城市，但在工业发展不能适应人口迅速增长的情况下，大量人口的就业难以得到保证，又出现"过度城市化""贫困城市化"现象，也使拉美地区的经济增长并没有实现人人共享增长收益的"帕累托改进"，民众生活陷入困境。因此，阶级对立情绪愈演愈烈，加之腐败盛行、政府公信力下降等原因，导致政局起伏动荡，长时间受到困扰。

第二阶段是20世纪80年代拉美债务危机爆发到90年代，拉美经济增长受阻，这一时期被称为拉美地区"失去的十年"。20世纪80年代后，拉美国家在发达国家新自由主义思想的影响下开始自由化改革，许多拉美国家不断增加初级产品在出口总额中的比重，又重新转向以初级产品出口为主的外向型发展模式。由于拉美国家在债务和产业结构上对外部资本的依附性逐渐增强，最终爆发了债务危机；同时，拉美各国内部通货膨胀居高不下，经济发展陷入困境，导致了内部矛盾不断激化以及社会经济政治的动荡。而社会经济政治的不稳定反过来又制约经济结构调整，加剧社会矛盾，进而阻碍拉美地区经济持续健康发展。拉美因此进入"失去的十年"。

20世纪80年代以前，进口替代工业化发展模式限制了拉美国家的工业生产效率与国际竞争力，这也为拉美国家的经济发展埋下了祸根。进入80年代以后，尽管经济发展转向外向型发展模式，但由于工业化发展滞后，拉美国家只能选择大量出口初级产品，以促进经济增长，因此，这一时期，初级产品在出口总额中的比重相对较高，但初级产品出口状况主要取决于国际市场需求，全球经济形势对拉美国家的贸易收支状况有直接影响。在外部需求下降时，国际收支与财政状况急剧恶化。20世纪70年代，西方国家陷入滞胀，1973年的两次石油大幅度提价造成国际资金市场供过于求，实际利率大幅度降低，这诱使拉美国家大量借入以浮动汇率计息的商业贷款。到80年代初，国际货币市场利率水平迅速上升，拉美各国债务形势急剧恶化，拉美地区陷入了严重的债务危机。

第三阶段是20世纪90年代以来，拉美国家实行进口替代和出口相结合的方式，同时，为恢复经济水平，拉美国家尝试进行各种改革，推行多种经济政策，拉美国家进入了边改革、边发展阶段。90年代以来，尽管拉美国家被迫接受不合理的国际分工，一定程度上回到以资源和原材料等初级产品出口为主的发展模式，但在中国等新兴国家对初级产品大量需求而推动初级产品价格上升的条件下，拉美一些国家的经济增长较为强劲。同时，墨西哥湾各国以出口加工为主导形成了面向美国的出口平台，经济增长开始加快。但1999年的巴西金融危机和阿根廷金融危机的爆发，再次将拉美地区经济拖入泥潭，GDP增长率快速下降，回到了20世纪80年代的水平，进入了5年低迷期，直到2004年拉美地区经济才开始企稳回升。但好景不长，2008年国际金融危机到来，拉美经济再次受到冲击。不断的危机促使拉美持续进行改革，不断调整经济政策，拉美步入"边改革、边发展"时期。

20世纪90年代初，随着"华盛顿共识"提出，新自由主义即成为拉美国家经济改革的主流指导思想。在这种思潮的影响下，拉美国家的经济改革在 90 年代取得了一定成效。以市场化和自由化为导向的改革使拉美国家经济实现了恢复性增长，在恶性通货膨胀得到控制的同时，财政失衡的现象有所减缓。但是，经济的恢复性增长并没有达到债务危机爆发前的水平。90 年代中期以来，拉美国家频繁发生的金融危机，加剧了拉美宏观经济波动，危机的滞后效应和扩散使拉美恢复性增长放缓。拉美国家经济十分脆弱，受到的外部冲击也持续增强。21 世纪初，随着国际形势的变化，拉美国家的政治形势也发生了巨大的变化。新自由主义在拉美国家开始"退潮"。虽然拉美国家在进入 21 世纪后大力进行改革，债务问题得以改善，但目前仍有不少国家债台高筑，超过国际上 30% 的安全底线，如阿根廷、萨尔瓦多和乌拉圭等国甚至达到过 50% 的水平。

20 世纪 90 年代以来，随着经济开放度的提升，拉美国家适应经济全球化的趋势，逐渐增进与世界各国之间的经济贸易联系。向外向型经济发展模式的转变在一定时期对拉美国家的经济增长产生了推动作用，但在全球化趋势加速发展和国际资本大量流动的环境下，又对本身既有经济脆弱性的拉美国家产生负面影响。拉美国家贸易和外资的增长主要依赖于由自然资源禀赋形成的天然比较优势，这导致其国际竞争力有限，对外部门始终处于收支不平衡的状态。1990—2005 年，初级产品在拉美国家出口中的比重一直超过 40%，而一些重要工业制成品属于资源密集型和劳动密集型产品，借助于"数量积累"型发展方式增长，加之该地区严重的通货膨胀所造成的币值高估，使进出口发展处于不平衡状态，经常项目长期保持逆差。就外资而言，拉美国家优惠的外资政策使该地区成为全球外商直接投资的主要目的地之一，但外资的流入并未使自身的国际竞争力提升，反而因过度依赖外资而减弱了拉美国家抵御国际经济变化和冲击的能力。同时，拉美地区国家呈现出国际收支明显失衡。

20 世纪 90 年代以来，新自由主义推崇的国有企业私有化在拉美国家被广泛采用。但是，由于改革的步伐和强度较大，拉美国家的失业、收入分配不公和社会分化加剧，贫困人口大量增加。世界银行报告显示，进入 21 世纪以后，拉美国家贫困人口占总人口的 44%，同时，10% 的富人与 10% 的穷人分别占国民收入的 48% 与 1.6%，差距悬殊。近年来，尽管拉美各国不断推行改革政策以解决贫富差距问题，使基尼系数在一定程度上有所下降，但这一数值大都仍处在 0.4 的国际警戒线以上，拉美国家的收入分配失衡问题仍然十分严重。失业、贫困和收入分配两极分化等问题导致社会治安形势严峻、内部矛盾尖锐及政治动荡，严重阻碍拉美国家经济的持续稳定发展，拉美国家至今也没有形成有持续竞争力的新的增长模式。

（二）典型中等收入国家经济发展历程及现状

1. 巴西的经济发展历程及现状

1945 年到 20 世纪 60 年代初，巴西进入进口替代工业化发展时期，由于受投资波动影响较大，巴西经济呈现较大幅度起伏性增长。1949—1953 年，巴西国内生产总值年均增幅达到 6.3%，1959 年经济增长率超过 10%，但是，到 1962 年和 1963 年，经济增长率分别降到 5.2% 和 0.87%。1964—1980 年被称为巴西经济增长的奇迹阶段，其经济增长速度十分可观。1964—1971 年，巴西经济增长率从 4% 快速升至 15%；1971 年以后，巴西的经济增长在波动中下滑；到 1980 年，经济增长率仍接近 10%。20 世纪 60 年代，巴西人均 GDP 增长率为 3.28%，人均 GDP 增长率标准差为 3.61%；到 20 世纪 70 年代，巴西人均 GDP 增长率迅速上升到 5.97%，而人均 GDP 增长率标准差仅为 3.39%。20 世纪 80 年代以后，巴西经济增长在出现停滞甚至下滑的同时，其经济增长波动性呈现加剧状态。进入 80 年代，巴西人均 GDP 增长率急速下滑到了 −0.43%，人均 GDP 增长率标准差却高达 4.65%。20 世纪 90 年代，巴西经济增长缓慢回升，人均 GDP 增长率小幅上升到了 1%，人均 GDP 增长率标准差迅速降为 2.13%。2001—2010 年，巴西经济复苏步伐有所加快，人均 GDP 增长率回升至 2.5%，经济波动也同时增加，其人均 GDP 增长率标准差达到 2.57%。巴西经济增长逐渐向好，因此，也被列入"金砖四国"。尽管如此，2015 年，巴西人均 GDP、人均 GNI 分别为 8538.59 美元和 9850 美元，巴西仍没有跨越中等收入阶段，至此，巴西已经在中等收入阶段徘徊长达几十年。

第二次世界大战后，由于取消对进口的限制，巴西在第二次世界大战期间积累的大量外汇储备迅速消耗殆尽了。为了解决日益严重的国际收支失衡问题，巴西政府开始实施多种外汇管制措施。进入 20 世纪 50 年代后，巴西政府在经济活动中的强力干预以及进口替代工业化为主导的发展模式对防御外部冲击产生了一定效果，同时，对巴西实现现代化和提高经济增长速度更具推动作用。在进口替代发展战略的指导下，巴西政府通过提高关税税率、发放进口许可证、实施多重汇率并存制度、高估本币等方式来保护国内市场和扶植幼稚工业，同时，还采取利用外资、大力投资基础设施建设和扶持重工业生产等一系列措施来促进本国经济发展。工业化的发展在一定程度上推动了经济增长，但这种"不惜一切代价工业化"的做法也对农业的发展形成了挤压和限制，产业的失衡同时又潜在地制约了经济的持续健康发展，使自然的要素禀赋对经济增长的效应没能得到充分发挥。另外，巴西政府通过引进外资和赤字财政的做法也导致了较明显的国际收支失衡和通货膨胀等问题。

1964年，巴西军人通过政变登上政治舞台，军人独裁统治长达20多年。这个时期，在负债发展理论的影响下，巴西开始积极利用外资举债发展。引进的外资很大比重上用于促进中心城市的工业发展，尤其是用于支持钢铁、交通运输、公路建设、电力和卫星等重工业的发展。1967—1973年，巴西的工业年均增长率高达13.3%，同期，GDP的增幅也高达11.9%，工业发展对巴西的经济增长产生了较大的推动作用。工业的快速增长使巴西在较短时期内建立了完整的工业体系，工业和服务业在国民经济结构中逐渐占据主导地位，从而顺利地实现了从传统的农业经济向工业—农业二元经济的转型。但随着进口替代战略的推进，巴西需要进口更多本国缺乏的中间品和资本品，对外部市场的依赖也逐渐增强，进口替代战略的结构性问题也为巴西的经济发展埋下了隐患。20世纪70年代早期，正当巴西政府踌躇满志地计划未来20年经济的宏伟发展目标时，70年代中期的两次石油危机使巴西高速的经济增长戛然而止。第一次石油危机爆发之时，巴西较为短缺的石油有80%需要依赖进口，因此，巴西受石油危机的冲击要远大于其他拉美国家。这次危机使巴西国内生产总值增长率从1973年的14%迅速下降到1975年的5.2%。与此同时，巴西国内的社会矛盾也十分紧张：在巴西军政府"先发展后分配"的经济发展战略下，20世纪六七十年代，巴西经济的高速增长并没有对国内的收入分配产生积极影响，反而使贫富差距进一步增大。1974年新一届政府执政后，为维持经济增长速度和满足执政需求，巴西政府继续进行负债发展，仍然试图通过增加投资来维持经济的高速增长和社会稳定，这一举措又进一步加剧了巴西国内的社会矛盾。第一次石油危机使国际市场上充斥着大量的石油美元，国际利率低廉，新政府恰好利用这一低成本机会大举借债，以弥补国内资本的短缺。1973—1978年，外债总额由 126 亿美元迅速上升到 435 亿美元。尽管在外债的拉动下，巴西在 1980 年以前仍然保持着较高的增长速度（1975—1979 年平均增长率大约为 6.5%）。但是，巴西的经济增长已经从 1974 年开始走向下坡路。1979 年第二次石油危机的爆发使发达国家纷纷陷入经济危机，对初级产品需求大幅下降，伴随国际资本短缺、国际利率大幅上涨，导致巴西财政严重赤字，投资率大幅下降，投资率大幅下降导致 70 年代末和 80 年代初开工的大批工程项目停工。国际和国内多种因素最终导致 20 世纪 80 年代巴西债务危机的全面爆发。据统计，1984 年，巴西的外债总额已高达 910.9 亿美元，外债总额与 GDP 的比重从 1973 年的 15.9% 升高到 1984 年的 53%，通货膨胀率从 4.9% 飙升至 220.6%，到 1985 年，巴西外债规模突破千亿美元，居世界第一位。

自 20 世纪 70 年代开始，巴西不断增加对外负债以发展本国经济，在带动经济一定程度增长的同时，也使巴西债台高筑。受两次石油危机的直接和间接影响，巴西的债务规模空前扩张。随着债务规模的高度膨胀，巴西难以承受各种压力，严重的债务危机最终于 80 年代初爆发。同时，由经济发展过程中所采取的激进经济政策（对资本货物、中间品、耐用消费品的进口依赖性，政府采取赤字财政，依靠需求刺激来发展经济，为弥补财政赤字而扩大货币发行量，汇率的大幅贬值所诱发的物价升高）以及债务危机的间接影响，又使巴西产生了严重的通货膨胀压力。巴西经济自此转入负增长，1981 年经济增长率降至 -5%，1983 年为 -2.8%。经济形势的恶化，使曾经被誉为"未来之国"的巴西被"经济低迷之国"所取代，也使巴西经济进入了"失去的十年"。1980—1990 年，巴西的国民经济一直都在衰退和低增长中徘徊。这一时期，巴西年均通货膨胀率超过 400 个百分点，1988 年，巴西通货膨胀率达 1038%，到 1993 年，巴西的通货膨胀率飙升至 2477%。1994 年，巴西时任财政部长卡多佐推出著名的"雷亚尔计划"，这一计划使通货膨胀问题得到了有效控制。巴西经济"失去的十年"迫使巴西进行一系列经济改革。90 年代的新自由主义思想对巴西的经济改革产生较大影响。经济改革主张取消对外保护政策，要求对外加大开放力度，实行贸易自由化、私有化和国际化，从内向型工业化向出口导向型工业发展。尽管如此，政府出台的数个经济稳定计划也未能使巴西从经济低迷的阴霾中完全走出来。这次危机使巴西经济停滞不前，工业产能急剧收缩，国际收支账户严重失衡，自此到进入 21 世纪以前，巴西经济几乎处于零增长状态。

在新自由主义思想影响下，巴西的经济在改革中进入 21 世纪。21 世纪初，巴西经济逐渐复苏。随着金融动荡以及汇率制度改革的影响逐渐减退，巴西的利率水平也在降低，巴西中央银行所采取的增加信贷供给、削减信贷成本等措施也开始发挥作用。2012 年以前，巴西对外贸易保持旺盛增长势头，经常项目大多保持盈余，2011 年顺差接近 300 亿美元，外债负担大为降低，2011 年外汇储备超过 3000 亿美元。尽管巴西经济在 2000 年有所复苏（2000 年巴西 GDP 增长率为 4.3%，人均 GDP 增长率为 3.1%），然而受美国经济不景气、国际政治经济形势不稳定以及内部因素的影响，2000—2003 年，巴西平均经济增长率并不显著。2003 年年初，巴西新总统卢拉对巴西的社会发展进行了总体规划，并主张经济社会的协调健康发展。2003 年下半年，国际经济形势整体向好，全球初级产品价格总体上升，这促使巴西经济增长加速。这一时期，巴西政府以控制通货膨胀率为主要目标，在努力推行紧缩财政货币政策的同时，鼓励企业积极出口，提高投资水平，以拉动内需。这些举措具有一定效果，2004 年 GDP 增长率升至 5.7%，虽然 2005 年和 2006 年 GDP 增长率有所下降，但在 2007 年，随着巴西政府"PAC 计划"出台，巴西经济强劲增长，GDP 增长率达到 6% 以上，人均 GDP 增长率也接近 5%。随着巴西宏观经济趋于稳健，国际投资信用评级机构纷纷调高巴西的信用等级，吸引了大量外资涌入巴西，外资流入的增加对经济增长产生了一定的积极推动作用。2008 年下半年，国际金融危机开始影响巴西。为应对危机，巴西政府采取包括减免税收、扶持制造业、增加货币流动性、加大基础设施建设、支持农业稳定等一系列宏观调控措施。这些措施卓有成效，在拉美地区，巴西成为最早走出经济衰退的国家。2010 年，巴西 GDP 增长 7.5%，增速为近 20 年以来新高，人均 GDP 增速也达到 6.5%，成为世界第七大经济体。2011 年，经济总量超过英国跃升至世界第六大经济体。但好景不长，由于国内受产业结构升级缓慢、基础设施落后、生产成本居高不下、高税负、经济自由度（政府对经济的控制力提升）以及政府公信力下降、政策缺乏连续性、教育低下和社会公平正义等问题影响，国际层面受西方国家经济复苏缓慢，尤其是"欧债危机"的负面影响，本就过度依赖外资的巴西，其经济自 2012 年起再次走入低迷。联合国拉美经委会的报告在分析当前巴西经济形势时，也提到外部经济环境的不确定性对巴西经济存在一定负面冲击。国际发展研究机构有关报告显示，2010年以来，巴西的国际竞争力水平排名持续下降，从第38位、第44位和第46位降至2014年年初的第56位。到2015年，巴西GDP增长率已降至-3.85%，人均GDP增长率也降至-4.67%，巴西经济持续走低，其发展前景令人担忧。

2. 阿根廷的经济发展历程及现状

在第二次世界大战结束后较长的历史时期内，世界经济尤其是国际贸易发展非常迅速。然而，阿根廷却不再以出口为依托来推动经济增长，而是将重心转向国内市场，促使大量资本向工业转移，建立和扩大面向国内市场的工业，实施"进口替代工业化发展"模式。第二次世界大战后到70年代，阿根廷先后经历了40年代的纺织品，50年代的中间产品，60年代的汽车制造，70年代的石化、电子、金属冶炼等工业化发展，工业的发展降低了本国对外部消费品的依赖程度，在特定的历史时期也推动了经济增长，第二次世界大战后的几年内经济实现了6%以上的增长。然而，这种发展模式也存在种种弊端：它没有解决发展的外部约束问题，带来了整个经济的严重失衡；农业生产长期陷入停滞状态，农产品出口持续下降；政府主要通过设置高关税壁垒，不愿革新技术和扩展生产结构，造成工业品缺乏竞争力而无法取代农产品出口地位。进入20世纪50年代后，阿根廷外贸赤字和外债水平都相对较高，经济增长也较为迟缓。1949—1952年经济增速较低，增长率处于1%以下，同时，通货膨胀高企，1952年通货膨胀达到40%。进入60年代以后，在政治和经济矛盾双重因素的挤压下，1962年3月阿根廷发生了军事政变，阿根廷进入伊利亚政府时期。随着1963年新一届政府所推行的"激进经济"[①]，阿根廷的工业显著恢复，经济也实现了强劲增长。1964年和1965年经济增长率均在10%以上。1966年以翁加尼亚为首的军人发动政变上台后建立军政权，自此至20世纪70年代初期，阿根廷进入了军事经济时期。这一时期，阿根廷农业得到恢复，出口收入增加，国际收支改善；通货膨胀下降，冻结物价，提高工资，恢复公共工程和公共开支；扩大内需，工业得以恢

---

① 伊利亚政府通过政府法令推动工业增长，政府控制经济，严格控制工资的增长。国会通过了药品和医疗产品自给自足法及价格调整的法律。随后，政府通过冻结物价，适度提高了工资，恢复公共工程和增加公共开支，推动国内消费。比索贬值58%，农业出口增加，促进了经济增长。

复和增长。但科尔多瓦事件发生后,阿根廷经济再度陷入危机。1973 年,由庇隆夫人领导的政府再次实行国家主义、民族主义和分配主义模式,但由于这种模式不利于企业的发展,也无法使国家走出经济危机,最终庇隆政府的经济政策以 1976 年军人再次发动政变而画上了句号。

1976—1981 年,时任军政府经济部长的马丁内斯·德奥斯提出了自由主义经济思想,主张建立一种自由竞争和限制国家干预的经济(被称为正统自由主义经济模式)。他在任初期,主要采取控制通货膨胀,削减财政赤字,平衡国际收支;改变汇率政策,促进货币贬值;吸引国外投融资,来增加国内投资。上述经济措施使经济危机得到初步控制。此后,政府开始实行经济开放,降低进口关税,中止对工业出口的补贴,重点发展农牧业和石油开采,改革金融体制,实行金融市场自由化(利率自由化,实行高利率,允许建立新的金融机构,推动国内与国际金融市场的联系),实行汇改和政府保证美元的自由买卖等经济政策。高利率和美元交易制度,使大量投机资金涌向金融市场而非流向生产领域,这不仅没有促进工业的发展,而且还对金融市场形成较大冲击。同时,进口的大幅放开,使本国工业生产部门受到严重冲击,生产停滞甚至减少,失业率升高,企业纷纷倒闭,民族工业陷入严重衰退。工资冻结制度导致工资占国家收入的比重大幅下降。这些因素导致国内经济持续走低,财政失衡严重。为此,马丁内斯·德奥斯采取举借外债和吸引外部投资来解决国内投资乏力和财政赤字等问题,这又造成公共外债急剧增加,国家偿债压力巨大。进入 20 世纪 80 年代后,由于多家金融机构破产,资本大量外流,政府被迫再次大量举借外债以缓解资金外流形成的缺口,破产金融机构的债务也转嫁给政府。在各种内外因素的共同作用下,终于在 1981 年爆发了严重的债务危机。当年比索贬值 400%,年通货膨胀率达到 100%。抵押贷款利率高达 100%,大量私人企业没有能力偿还贷款。国家再次将这些私人债务国有化,导致国家债务问题十分严重。最终,马丁内斯·德奥斯的经济改革彻底失败。

1982 年马岛战争爆发,英国和美国等对阿根廷实行经济封锁,阿根廷经济陷入全面危机。这一年,拉美国家债务危机全面爆发,包括阿根廷在内的整个拉美国家进入了"失去的十年"。但是,70 年代的自由主义经济改革为 90 年代梅内姆政府的新自由主义经济改革做好了准备。1983 年军人交出政权,通过民主选举产生的总统阿方辛上台执政。阿方辛政府采取了以控制恶性通货膨胀为中心的经济调整措施，但效果不佳。1988年经济形势迅速恶化，阿方辛政府开始实施"春季计划"，谋求开放经济，降低通货膨胀率，减少财政赤字。但是，也没达到预期的效果。恶性通货膨胀带来了严重的社会和政治冲击，危机加剧，生产衰退，失业急剧增加，导致数以百万计的人沦为穷人。终于在1989年5月阿方辛政府被迫解散，梅内姆上台执政。

梅内姆政府上台时面临的形势较严峻。1989年7月，通货膨胀率达到196%；1989—1990年，消费物价增长了594%。由于梅内姆上台后全面接受了新自由主义思想，从1989年起，梅内姆政府着手调整和稳定经济，控制通货膨胀，同时开始实施以私有化为主要内容的全面经济改革。他采取的政策为：通过重新定位公共企业的作用，以立法的方式对国有企业全面实施私有化；全面对外开放市场，特别是金融业等服务业的开放，取消对进出口的限制等；进一步实行金融开放和自由化，实行财政、货币、金融和汇兑制度全面改革，完全自由化；1992年实行美元和比索汇价一比一的联系汇率（固定汇率）制度，确立以外汇储备为基础确定货币发行量的货币发行制度，以严格限制货币发行量；调整对外政策，奉行亲美政策；实施社会保障体制改革和国家政治体制改革。这一系列改革初见成效，短期内经济开始复苏。1991年和1992年阿根廷经济增长率均在10%以上，1993年、1994年经济增长率分别为6%和8%，1991—1994年消费实现40%的增长。零售物价增长率则从1991年的171.7%下降至1992年24.9%，1993年和1994年又分别降至10.6%和3.9%。1992年和1993年阿根廷的财政也实现盈余。90年代，阿根廷的经济总体上较为乐观，除1995年和1999年经济为负增长以外，其他年份均保持一定程度的增长，年均增长率接近5%。与此同时，90年代也是阿根廷社会财富和人均收入快速增长时期，其人均国内生产总值由1989年的2605美元上升到1998年达到9084美元，增长了近3.5倍。这一时期，对外贸易取得了长足发展，外资流入和国际储备均有一定程度增长。私有化期间流入的外资总额达650亿—1200亿美元；1999年国际储备达到280多亿美元。此外，产业结构也发生了较大变化，第三产业，特别是金融业、大型商业等得到较大发展。第三产业占国民经济的比重上升。相比较而言，第一产业和第二产业发展迟缓，在国民经济的比重有所下降。其中，制造业所受破坏较为严重，产业方面出现了新的结构失衡。90年代，阿根廷的经济改革在促进经济发展的同时，也存在一些隐患问题。在改革过程中，政府过分强调私有化、市场化，忽视政府对宏观经济的调控作用，使大批企业破产，制造业受到较大冲击，也使第一产业发展扭曲，只有少数人拥有土地，大批小农和农业工人破产，被迫迁往城市。同时，农业高度依赖少数农作物发展，国家对农牧业和初级产品出口的依赖性增强。政府在经济结构、金融和财政等领域几乎不作为；由于政府极力偏重于经济增长目标，忽视收入分配和相关体制改革，导致社会贫富差距不断扩大，远超出合理水平，且社会保障体制不健全，覆盖范围远远不够，结果出现了较严重的贫困化现象；改革过程中国家大量引进外资，使本国大量经济活动被跨国企业掌控，对外依赖程度过高威胁着国家的经济安全，为经济危机的发生埋下了祸根。

20世纪90年代进行的新自由主义经济改革所积累的矛盾终于在世纪之交爆发。1999年开始阿根廷经济出现了较大幅度下滑，此后又经历了连续四年的经济衰退，并在2001年年底发生了经济和金融危机。2002年，阿根廷经济下滑达10.9%，跌落至谷底，人均GDP降幅超过60%（从2001年的7203美元直接骤降到2710美元），外债占GDP的比重也达到50%以上。此时期，阿根廷生产停滞，消费和投资大幅减少，外债激增，财政严重赤字，金融崩溃，对外贸易萎缩。由于大量借债，加之经济衰退加剧，国家风险受到严重质疑，阿根廷已难以筹集到外部资金，政府不得不宣布停止偿债，从而陷入有史以来最严重的债务危机之中。同时，经济危机造成资本大量外逃，2002年的资本净流出量达到约270亿美元。2003年基什内尔担任总统后，他采用了与梅内姆时期不同的经济改革思想，尝试探索新的增长方式来促进经济持续发展。一方面，改革更倾向于加强政府在经济中的主导和干预作用。如政府采取冻结物价和价格比索化，限制基本生活必需品的出口以抑制通货膨胀；通过对大型石油企业实施国有化、对油气价格实施管制、强制企业进行投资；更为注重社会公平正义性，增加对贫困阶层的福利和救济，形成了长期保护与应急救助相结合的社会保障体系。另一方面，将扩大内需、消费和生产作为经济增长的动力，以提升增长的内生性。政府通过实施谨慎扩张的财政政策来促进生产和消费，强调生产部门的重要性，提出以生产增长来刺激经济的恢复和增长。此外，政府加强了金融领域的改革，并重视对外贸易的发展，适当降低经济的开放程度。在货币政策方面，政府取消了货币局制度对中央银行的各种限制，使其拥有了更多的权力以及空间推行货币政策和向财政提供资金。在汇率政策上，废除固定汇率制，采取了中央银行管理下的浮动汇率制度。同时，政府要求对外贸易保持贸易顺差以充实外汇储备、征收出口税以扩大财政收入，以便实现"再工业化"和进口替代战略的基本目标。经过一系列改革，阿根廷的经济得以恢复并出现了迅速增长态势。2003—2007 年，阿根廷平均经济增长率处于 8%—9% 的水平。就阿根廷而言，持续五年平稳而快速的经济增长较为罕见。2007 年，费尔南德斯担任总统后，继承了前期的基本政策，而且在某些方面还有所强化①，一定程度上保证了政策的连续性。但由于基什内尔执政时期财政支出和货币投放规模过大，外汇管制和低利率政策导致市场上本币流动性增加，限制进口加剧了商品的供求矛盾以及工资大幅上涨等造成的较高通货膨胀率，加之政府对经济的过度干预引发的矛盾和外债问题没有得到根本解决，同时，受 2008 年国际金融危机的影响，阿根廷的经济在 2008 年以后的两年内受到了一定冲击。然而，不可否认的是，基什内尔的经济改革的确使阿根廷的国内经济条件有所改善，并且新政府一系列保增长措施的出台，使阿根廷经济受国际金融危机打击的程度要远远小于以往。到 2010 年，经济逐渐恢复，GDP 增长率实现 10.35% 的增长，人均 GDP 增长率为 8.2%（2010 年达到 9000 美元）；2011 年 GDP 增长率为 6.15%，人均 GDP 也获得了 5.04% 的增长；但 2012 年以后，阿根廷的经济再次出现衰退态势，2012 年和 2014 年经济均出现负增长，2013 年和 2015 年经济增长也较为迟缓，GDP 增长率均在 2% 左右。

（三）陷入中等收入陷阱的原因分析

拉美主要国家几乎都在中等收入阶段徘徊了几十年而一直无法跃升为高收入国家，巴西和阿根廷被很多学者视为陷入中等收入陷阱的典型。究其原因，可以归纳为以下五个方面。

---

① 在费尔南德斯上台时，阿根廷经济较为坚挺，准备向新的高度迈进，这使新政府面临着较大挑战。在这种情况下，费尔南德斯政府执政风格趋向强硬，政府加大了对经济的干预程度。2008 年 3 月，政府宣布将农产品出口税率由固定税率改为浮动税率后，造成农业团体全国性的大罢工，导致长达数月之久的农业危机。引起阿根廷国内对政府强势干预经济的广泛质疑。2012 年，政府采取的外汇管制、进口限制等干预经济的措施因触及企业和普通民众的切身利益而接连引发抗议活动。

第一，国家没有适时地转变经济增长模式而错失战略转型的机会。经验表明，很多发达国家在其经济发展的早期都实施过进口替代工业化模式。无可否认，这一模式在特定的历史条件下可以促进国家的经济发展，但拉美国家的问题在于长期依赖于该模式，长期依靠高投资率和高物质消耗来推进经济增长，没有在合适的历史时期，根据本国国情、经济发展阶段和国际经济形势做出适时调整，从而错过最佳调整时间，造成"断裂式"发展，使国家经济难以持续健康增长。他们的错误在于夸大了对进口替代的期望：他们坚信借助于进口替代模式，就能达到西方国家的工业化水平和经济多样化。但他们忽略了进口替代仅仅是发展进程中的一个阶段。拉美各国在战略转型以适应国际形势变化方面表现出严重的滞后性。当某种经济发展模式出现结构性失衡时，即使当原增长方式取得了显著成效时，仍需要及时调整或进行改革。如果在第一次石油危机后，拉美国家利用国际利率低廉的利好因素适度借债而非大举借债，立即进行结构性调整转变增长模式，或许债务危机可以避免，并会产生较好的经济效应。亚洲"四小龙"正是在20世纪60年代及时地完成了由进口替代向鼓励出口的贸易战略转型，并参与了国际化分工的浪潮。拉美国家较晚才察觉到世界经济的逐步变化，也较晚才发现进口替代工业化模式正在衰竭。拉美国家长期以来的进口替代工业化模式，对经济造成了诸多负面影响：首先，对于资本本来就匮乏的发展中国家来说，强行推行资本密集型的重工业优先发展，"完全违背了它们要素禀赋结构所决定的比较优势"；其次，随着进口替代战略实施到第二阶段，替代战略的成本不断加大；再次，产业升级困难，经常项目严重失衡；最后，"不惜一切代价工业化"的信条对农业部门造成了严重损害。自20世纪50年代开始，狂热的进口替代完全将农业部门的发展笼罩在阴影之中，农业发展受到较大影响。因此，在经济发展过程中，适时调整和转变经济增长模式尤为重要，决定了一国能否跻身于世界经济强国之列。

第二，国家没有在经济增长方式转型中实现真正的技术自主创新。在发达国家制造业部门或生产过程向外转移的过程中，发展中国家有可能通过引进外资、外购技术来加速完成其经济的主导产业从农业向工业的转型升级，并在一定时期内保持较快的经济增长。拉美国家的经济在进入中等收入阶段后，低技术含量产品生产的低成本优势逐渐消退，在低端市场难以与低收入国家竞争，建立在外源技术基础上的经济增长也会十分有限：本地研发能力如果没有得到特意扶持就会受到外源技术的抑制，从而削弱对产业结构的自我升级能力。由于发达国家在后工业化时期向外转移产业逐步减弱，发达国家也不会轻易将其高新技术向外输出，发展中国家产业升级所需的技术将越来越多地要依赖自己的研发支持，在自然资源相对丰富的拉美国家，对人力资源的开发与升级常常得不到应有的重视，最终落入需要其自行研发时却缺乏自主研发能力的窘境，导致产业结构难以升级。在中高端市场，拉美国家常常由于研发能力和人力资本条件制约，其产品难以与高收入国家抗衡，在这种进退两难的情况下，国家逐渐丧失了经济增长的动力导致经济增长受阻。主要是因为国家缺乏自主创新的激励机制和国家对人力资本的及时投入，没能激发出新的竞争优势。

第三，拉美国家不仅没有充分利用"人口红利"的经济效应，也没能促进人口城市化科学发展，在一定历史时期没有抓住机遇利用要素禀赋来推动经济增长。历史经验表明，为数不多的几个东亚国家（地区）之所以能够成功跨越中等收入陷阱，其中的一个重要因素是：在特定的时期，这些国家（地区）的劳动年龄人口抚养比较低和由"人口红利"带动投资来推动经济持续大幅增长，被人们称为"亚洲经济奇迹"。反观拉美国家，在一定时期也先后出现过人口低抚养比等有利的要素禀赋条件，但是，这些国家却没有充分利用"人口红利"的"窗口"机会，即未能有效利用丰富的劳动力资源，反而出现社会失业率长期居高不下的现象，国家也不重视人力资本的培养，不但没有为经济发展注入活力，还在一定程度上抑制经济的快速增长。一旦"人口红利"的"窗口"开始关闭，这些国家又将面临新一轮人口老龄化所带来的经济社会问题，从而难以跨越中等收入陷阱。同时，拉美国家在人口资源丰富时期，还出现了大批低素质农村劳动力和家庭无序流入城市的现象。由于这些人缺乏稳定的职业和收入来源，成为城市贫困人口，影响了城市产业升级和经济社会各层面的正常运转。据统计，拉美国家的城市化率由20世纪50年代的41.4%快速升至20世纪90年代的70%以上，超过欧洲69.8%的城市化率，2010年更是达到了79.6%，仅次于北美国家的城市化率。过度的人口城市化带来城市贫民窟、社会治安恶化、失业率大幅上升等一系列"城市病"问题，阻碍经济的持续健康发展。

第四，政府低效的宏观经济管理、政治体制改革滞后和政局不稳阻碍经济发展。首先，国家干预作用过于极端。国家干预要么发挥到极致，降低了市场运行效率，催生了腐败行为；要么在经济改革中被极度削弱，没有能力通过公共政策来弥补"市场失灵"，造成拉美国家的产业、技术等政策缺乏稳定性。其次，国家的财政失衡状况在较长的历史时期没能得到根本解决，有些年份财政赤字巨大。在20世纪70年代，拉美国家普遍出现明显的财政预算失控，依靠赤字维系运转，致使债台高筑，通货膨胀居高不下。再次，宏观调控措施失当造成经济危机频发，导致民间投资信心不足和资金、人才大量流失，对经济持续增长造成严重冲击。最后，拉美国家经济社会发展缺乏中长期的规划蓝图引导，政府公共投入与布局缺乏目标，公共投资效率不高。

第二次世界大战后，拉美国家的政治环境复杂和政局动荡，成为经济发展的桎梏。经济发展需要有一个稳定的政治环境和先进的政治体制，这是人所共知的常识。然而，拉美国家的政治体制改革常常受到利益集团羁绊，严重滞后于经济发展。一些所谓精英集团和政党片面追求经济增长和财富扩张，反对在社会结构、价值观念和权力分配等领域进行变革，或者把这种变革减少到最低限度，导致"寻租"、投机和腐败现象滋生，市场配置资源的能力没有得到合理利用，限制市场机制发挥的体制性障碍始终没有得以解决，无法提高资源配置效率。同时由于政治权力的不断集中而经常漠视低收入阶层的诉求和新兴中产阶级的政治参与意愿，从而加剧了社会冲突，造成经济增长受阻，有些国家由此形成一些极端民族主义性质的政权，重新掀起对石油等行业的国有化浪潮，引发一系列经济问题和社会动荡。另一个较为普遍的现象是：一些拉美国家政权更替频繁，军人政变与还政于民交替发生，执政时间长短不一，甚至有不到两个月的执政例子。随着政权更迭，政策随之改变，政府的经济政策朝令夕改，反复无常，无法为经济发展提供稳定的社会环境，对经济产生了极大的负面影响。

第五，拉美国家对社会财富分配和对公民自由发展的公平性处理不当加剧了经济社会矛盾，阻碍经济的发展。拉美国家长期实行"重增长、轻分配"的发展方式，不平等现象逐步恶化。20世纪70年代，拉美国家在进入中等收入阶段后，基尼系数达到0.4—0.6，到20世纪90年代初收入不公格局一度达到顶峰，直至今日，拉美地区仍被视为世界上最不公平的地区之一。拉美国家对市场竞争形成的收入两极分化趋势未能及时加以遏制，没有构建收入分配的公平制度：一方面，社会不同阶层的矛盾不断加深，社会动荡不安，难以为经济发展提供良好的环境。另一方面，由于收入的边际消费倾向递减，有效的社会消费总需求不足，对经济发展造成不利影响。此外，不公平的收入分配还从微观经济层面增加了劳动者的不合理流动与岗位变换或空缺，使企业不能形成稳定的人力资源系统，降低了企业的创新活力，阻碍了经济的有序增长。

（四）小结

第二次世界大战结束后，拉美各国普遍实施"进口替代工业化发展模式"。借助于工业化的迅速发展，各国在经济方面取得了显著成就。其中，巴西和阿根廷的经济均实现了快速增长：巴西在20世纪五六十年代经济增速在6%—10%，进入60年代以后经济增长率有所下降，但在1964—1975年又进入经济增长的快车道。在进入80年代以前，两次大型的石油危机使巴西经济增长下滑，80年代初严重的债务危机又使巴西的经济衰退十年之久。阿根廷在战争结束后的几年内均保持6%的增速，20世纪50年代后，经济增长率有所下滑。60年代初期，阿根廷在进入伊利亚政府统治以后，经济实现了快速增长，经济增幅一度达到10%以上。1966年新政府上台后，阿根廷进入了军事经济时期。到70年代中期，工业和经济均实现一定程度的发展。但科尔多瓦事件发生后，阿根廷经济再度陷入危机。1973年，由庇隆夫人领导的政府再次实行国家主义、民族主义和分配主义模式，但仍未使经济走出阴霾。1976—1981年，阿根廷实行自由主义经济改革，主张建立一种自由竞争和限制国家干预的经济（被称为正统自由主义经济模式）。由于经济自由开放，使大量投机资金涌向金融市场而非流向生产领域，这不仅没有促进工业的发展，而且还对金融市场形成较大冲击。同时，进口的大幅放开，使本国工业生产部门受到严重冲击，失业率增加，企业纷纷倒闭。这些因素导致国内经济持续走低，财政失衡严重。因此，政府采取举借外债和吸引外部投资来解决国内投资乏力和财政赤字等问题，又导致公共外债急剧增加。进入20世纪80年代后，阿根廷爆发了严重的债务危机，最终经济改革以失败而告终。

20世纪80年代以前，进口替代工业化发展模式限制了拉美国家的工业生产效率与国际竞争力，使拉美国家的各种经济问题在20世纪80年代集中爆发，经济进入了"失去的十年"。90年代的新自由主义思想对巴西的经济改革产生较大影响。经济改革主张取消对外保护政策，要求对外加大开放力度，实行贸易自由化、私有化和国际化，从内向型工业化向出口导向型工业发展。然而，巴西出台的数个经济稳定计划也未能使其从低迷的经济中走出来。自此至21世纪末，巴西经济几乎处于零增长状态。自1989年起，梅内姆领导的阿根廷政府开始了自由化的经济改革。90年代，阿根廷的经济总体上较为乐观，除1995年和1999年经济为负增长以外，其他年份均保持一定程度的增长，年均增长率接近5%。

1999年的巴西金融危机和阿根廷金融危机的爆发，再次将拉美国家经济拖入泥潭，GDP增长率快速下降，进入了5年低迷期，2004年以后拉美国家经济开始复苏并呈现快速增长态势。在新自由主义思想影响下，巴西的经济在改革中进入新世纪。2004年以后，巴西经济增长开始加速。2004—2010年，GDP年均增长率达到4.4%，人均GDP增长率回升至3.37%。巴西经济增长逐渐向好，因此，也被列入"金砖四国"。2011年，巴西成为世界第六大经济体。但直至今日，巴西仍没有跨越中等收入阶段，至此，巴西已经在中等收入阶段徘徊长达几十年。新自由主义经济改革在对阿根廷经济产生积极影响的同时，也积累了诸多矛盾。在这种负面因素的影响下，1999年开始阿根廷经济出现了较大幅度下滑，此后又经历了连续四年的经济衰退，并在2001年年底发生了经济和金融危机。2002年，阿根廷经济下滑达10.9%，跌落至谷底。2003年，基什内尔担任总统后，他尝试探索新的增长方式来促进经济持续发展。经过一系列改革，阿根廷的经济得以恢复并出现了迅速增长态势。2003—2007年，阿根廷平均经济增长率处于8%—9%的水平。2007年费尔南德斯担任总统后，继承了前期的基本政策，一定程度上保证了政策的连续性。到2010年，经济逐渐恢复，GDP增长率实现10.35%的增长，人均GDP增长率为8.2%。2011年GDP增长率为6.15%，人均GDP也获得了5.04%的增长；但2012年以后，阿根廷的经济再次出现衰退态势，2012年和2014年经济甚至出现了负增长。

巴西和阿根廷都在中等收入阶段徘徊了几十年无法步入高收入国家行列，主要是由于国家没有适时转变经济增长模式而错失战略转型的机会，没有在经济增长方式转型中实现真正的技术自主创新，没有充分利用人口红利的经济效应，也没能促进人口城市化科学发展，没有抓住机遇利用要素禀赋来推动经济增长，政府低效的宏观经济管理、政治体制改革滞后、政局不稳以及国家对社会财富分配和对公民自由发展的公平性处理不当而阻碍经济的发展，使自身无法跨越中等收入陷阱。

参考文献

[1] 蔡昉：《"中等收入陷阱"的理论、经验与针对性》，《经济学动态》2011年第12期。

[2] 蔡昉：《人口转变、人口红利与刘易斯转折点》，《经济研究》2010年第4期。

[3] 陈亚琦：《基于供求视角的"中等收入陷阱"分析与对策——来自日本与韩国的经验》，《河北经贸大学学报》2014年第5期。

[4] 丁一凡：《中国会不会重蹈拉美和东亚经济体的覆辙?》，《国际经济评论》2015年第6期。

[5] 傅缨捷：《产业结构转型与跨越"中等收入陷阱"：基于贸易和金融影响维度的研究》，对外经济贸易大学出版社2016年版。

[6] 关丽洁：《"中等收入陷阱"与中国经济发展战略》，博士学位论文，吉林大学，2013年。

[7] 郭正模：《"中等收入陷阱"：成因、理论解释与借鉴意义》，《社会科学研究》2012年第6期。

[8] 江时学、李千、蔡同昌：《阿根廷危机反思》，社会科学文献出版社2004年版。

[9] 李玲玲：《收入差距、有效需求不足与经济增长放缓》，博士学位论文，暨南大学，2013年。

[10] 李芊池：《从日本经验看中国跨越"中等收入陷阱"问题研究》，《农村经济与科技》2016年第22期。

[11] 刘霞辉：《供给侧的宏观经济管理——中国视角》，《经济学动态》2013年第10期。

[12] 刘馨颖：《日本跨越"中等收入陷阱"的经验及启示》，《税务研究》2015年第11期。

[13] 罗伯托·杜马斯·达马斯、生延超：《巴西经济的历史与展望》，《湖南商学院学报》2010年第2期。

[14] 乔俊峰：《跨越"中等收入陷阱"的公共政策因应：韩国做法及启

示》,《改革》2011 年第 8 期。

[15] 秦佳:《中等收入陷阱:理论、经验与中国发展道路》,博士学位论文,南开大学,2014 年。

[16] 秦祖明、尤鹏:《二战后阿根廷衰落的原因探析》,《法制与社会》2007 年第 1 期。

[17] 沈安:《阿根廷危机回顾与思考》,世界知识出版社 2009 年版。

[18] 宋宇、杨佩卿:《中等收入陷阱的东亚式规避:韩国经验及其启示》,科学出版社 2014 年版。

[19] 苏振兴、张勇:《从"进口替代"到"出口导向":拉美国家工业化模式的转型》,《拉丁美洲研究》2011 年第 4 期。

[20] 孙琦峰:《中国进入高收入国家行列的路径研究》,博士学位论文,北京交通大学,2015 年。

[21] 韦洛索、佩雷拉、郑秉文:《跨越中等收入陷阱:巴西的经验教训》,经济管理出版社 2013 年版。

[22] 叶书宏:《智利成功跳出"中等收入陷阱"》,《经济参考报》2011 年 7 月 28 日第 5 版。

[23] 仪明金、郭得力、王铁山:《跨越"中等收入陷阱"的国际经验及启示》,《经济纵横》2011 年第 3 期。

[24] 张平:《中等收入陷阱的经验特征、理论解释和政策选择》,《国际经济评论》2015 年第 6 期。

[25] 张晓晶:《跨越中等收入陷阱:国际经验与中国出路》,《国际经济评论》2015 年第 6 期。

[26] 赵亮亮:《中等收入阶段的经济增长:中国的挑战和国外经验的启示》,博士学位论文,南开大学,2013 年。

[27] 郑之杰:《跨越"中等收入陷阱"的国际经验教训》,《红旗文稿》2014 年第 19 期。

[28] 中国经济增长前沿课题组、张平、刘霞辉、袁富华、陈昌兵:《突破经济增长减速的新要素供给理论、体制与政策选择》,《经济研究》2015 年第 11 期。

[29] 钟阳:《货币国际化影响因素的实证研究》,博士学位论文,吉林大学,2013 年。

[30] 郏立涛:《促进我国经济结构调整的财政政策研究》,博士学位论

文,财政部财政科学研究所,2014年。

[31] Barro, Robert J. and Jong – Wha Lee, "A New Data Set of Educational Attainment in the World, 1950 – 2010", *Journal of Development Economics*, Vol. 104, 2013, pp. 184 – 198.

[32] Bloom, David E. and Finlay, Jocelyn, "Demographic Change and Economic Growth in Asia", *Asian Economic Policy Review*, Vol. 4, No. 1, 2009, pp. 45 – 64.

[33] Jesus Felipe and Arnelyn Abdon, "Utsav Kumar: Tracking the Middle – Income Trap: What is It, Who is in It, and Why, 2012", Levy Economics Institute of Bard College, *Working Paper*, No. 715.

[34] Porter, M. E., *The Competitive Advantage of Nations*, New York: Free Press, 1990.

[35] Shekhar Aiyar, Romain A. Duval, Damien Puy, Yiqun Wu and Longmei Zhang, "Growth Slowdowns and the Middle – Income Trap", *IMF Working Paper*, Vol. 13, No. 71, 2013.

[36] Arndt, Sven W., "Globalization and the Gains from Trade", in Karl – Josef Koch and Klaus Jaeger eds., *Trade, Growth and Economic Policy in Open Economies*, Springer, 1998, pp. 3 – 12.